Fernand de Brinon
l'aristocrate de la Collaboration

DU MÊME AUTEUR

ROMANS

Figurants pour un convoi, Mercure de France.
I — *L'attente devant un piédestal.*
II — *L'envol d'un migrateur.*
III — *Mémorial d'un autre âge.*
Méphisto Club, Orban.
Le Grand Résident, Albin Michel.

HISTOIRE — DOCUMENTS

Combattants du Vercors, Fayard, premières éditions, réédition chez
   De Borée.
Mission sans retour — L'affaire Wallenberg, Albin Michel.
L'affrontement, Albin Michel.
*Une si douce Occupation. Simone de Beauvoir, Jean-Paul Sartre,
   1940-1944*, Albin Michel.

Gilbert Joseph

Fernand de Brinon l'aristocrate de la Collaboration

Albin Michel

© Éditions Albin Michel S.A., 2002
22, rue Huyghens, 75014 Paris

www.albin-michel.fr

ISBN 2-226-11695-8

PREMIÈRE PARTIE

« J'aborde une époque remplie de catastro-
phes, ensanglantée de batailles, déchirée par des
révoltes, féroce même durant la paix. »

Tacite, *Histoires*.

CHAPITRE PREMIER

Le tiroir

Le général Colson, ancien chef d'état-major de l'armée de terre, l'un des responsables du désastre militaire, s'approcha d'une fenêtre de l'hôtel des Bains.

Tassé sur ses courtes jambes et comme appesanti par sa propre personne, il avait l'air soucieux et résolu tout à la fois. Officiant en tant que ministre de la Guerre, il commandait des armées qui n'existaient plus et régnait sur un ministère réduit à quelques chambres d'hôtel où traînaient des dossiers qu'on ne pouvait même pas mettre sous clé.

Il se tourna vers le gros et jovial commandant Henri Coudraux, l'un des experts militaires les plus compétents en matière de régulation des chemins de fer, et lui dit : « La plupart d'entre nous portent des ceinturons usés ou en sont dépourvus. Il faut procurer des ceinturons neufs à nos officiers. Je compte sur vous. Mission difficile compte tenu des circonstances. Priorité absolue[1] ! »

Le commandant Coudraux acquiesça, mais « moralement », comme il devait l'écrire sur un carnet, il haussa les épaules. Derrière la fenêtre, le regard du général Colson tentait de percer les frondaisons du parc des Sources derrière lesquelles s'élevait l'hôtel du Parc, siège du nouveau gouvernement, du nouvel État, du nouveau régime de la France.

— Écoutez... On ne voit rien ! constata le général Colson.

Le commandant Coudraux qui consigna ces mots dans ses notes journalières les ponctua d'une interrogation : « Comment peut-on écouter ce qu'on ne voit pas[2] ? »

Ce que le général Colson brûlait d'apercevoir, c'étaient les quatre marches d'accès de l'hôtel du Parc où trois personnes pouvaient se présenter de front et auxquelles une coutume récente et déjà enracinée donnait une dimension scénique. Il était de la première importance de stationner sur ces degrés de marbre pour échanger quelques mots et se faire voir. Les personnages les plus fameux du nouveau régime s'y immobilisaient un instant : le maréchal Pétain, souverain, saluait à la ronde, arrachant des applaudissements aux badauds ; le général Weygand, l'air d'un « vieux jockey », portait la main à son képi d'une manière qui suspendait en lui tout autre signe de vie ; Pierre Laval s'y attardait volontiers, le chapeau dans une main et dans l'autre une canne, attribut le plus visible de sa notabilité. Et tant d'autres encore, promus par la défaite, prenaient la pose sur l'une des quatre marches où le spectacle était permanent. Si bien qu'en faisant défiler leurs photos sous nos yeux, nous percevons à travers le temps le déclic d'une caméra installée à poste fixe.

Vers la fin de la matinée du 15 juillet 1940, Fernand de Brinon, un journaliste sans emploi, âgé de cinquante-cinq ans, gravit prestement les quatre marches. Il se trouvait en territoire connu. Pendant une trentaine d'années, il avait été le familier des cercles les plus huppés du Vichy estival dont l'hôtel du Parc était l'un des lieux d'élection. Un petit homme le suivait, Angelo Chiappe, préfet des Basses-Pyrénées, qui, sur l'ordre de Pierre Laval, l'avait conduit jusqu'à Vichy. Dressé sur ses talons pour ajouter à sa courte taille et à demi masqué par des lunettes à grosses montures, Angelo Chiappe saluait avec un empressement excessif tous ceux qu'il était avantageux de saluer.

Brinon entra dans le grand hall à colonnes où, enveloppée par un vacarme de voix, fermentait une multitude de gens répandue jusqu'au fond des salles voisines. Quatre jours avaient passé depuis que le maréchal Pétain avait promulgué les actes constitutionnels qui abolissaient la IIIe République dont le souffle ne se faisait même plus entendre. L'ordre nouveau dont le maréchal Pétain avait proclamé l'avènement deux semaines plus tôt, immédiatement après la signature de l'armistice, était devenu une réalité. Là, sous les yeux de Brinon, s'accomplissait la mutation instantanée d'une société qui se mettait en place dans l'antre même du pouvoir. Femmes et hommes luttaient pour se faire entendre dans une cacophonie venue presque d'un autre monde. Brinon prit une vue de cette affluence très parisienne. Il repéra tant de gens connus que, façonné par trente ans de journalisme, il agençait malgré lui des mots cruels, des formules incisives qu'il coucherait sur le papier au premier moment de répit, ce qui nous permet, certains jours, de le suivre à la trace.

En gagnant la chambre qui lui était réservée, il se trouva face à face avec le député nationaliste Jean Ybarnegaray, fidèle à un éternel béret basque comme à la partie la plus originale de sa personne. Quelques mois avant la guerre, devant la commission des Affaires étrangères de la Chambre des députés, Ybarnegaray avait porté contre lui cette accusation : « Je tiens M. de Brinon pour un homme des plus suspects[3]. » Accusation reproduite par la presse. Aujourd'hui, Ybarnegaray avait reçu un portefeuille de sous-secrétaire d'État dans le nouveau gouvernement. Ils n'eurent pas un mot, muselés par leur présence dans le même camp.

Quand Brinon fut passé, Ybarnegaray interpella Angelo Chiappe. Pendant la « drôle de guerre », il lui avait demandé d'ouvrir une enquête sur Brinon, alors domicilié à Orriule dans les Basses-Pyrénées. Chiappe s'y était opposé. Maintenant, Ybarnegaray le menaçait de dénoncer son acte d'insubordination devant le Conseil des ministres. Chiappe riposta avec ce manque de mesure qui le caractérisait et se précipita à l'audience de Laval pour lui dire de se méfier d'Ybarnegaray qui était un anglophile notoire, pensant que dans le nouvel État sa conduite lui vaudrait de l'avancement[4].

Peu après, Pierre Laval reçut Brinon dans une chambre du deuxième étage transformée en bureau. Le désordre et l'odeur du tabac composaient le milieu où Laval aimait travailler. Brinon avait déjà servi Laval et Laval s'était déjà servi de Brinon. En quelques phrases, Laval exposa la situation et signifia la portée de la mission : l'Allemagne avait gagné la guerre ; la France était écrasée. Le tour de l'Angleterre viendrait bientôt. Il fallait brusquer les préliminaires de la paix ou, à défaut, que le chancelier Hitler sache que la France entendait lier son sort à celui de l'Allemagne victorieuse et maîtresse de l'Europe. Un Allemand servirait d'intermédiaire : Otto Abetz, installé à l'ambassade d'Allemagne, conseiller diplomatique du Reich auprès du haut commandement militaire allemand en France. Brinon le connaissait. Laval, lui, avait la volonté de forcer le destin. « Je crois pouvoir vous rendre des services[5] », avait écrit Brinon dans une lettre qu'il avait adressée à Laval quelques jours plus tôt. Il donna des aperçus rassurants sur la personnalité d'Abetz dont le nom, à force d'être répété, sonnait comme un vocable politique forgé par les circonstances. Il fut convenu que Brinon, muni d'un ordre de mission, représenterait personnellement Laval auprès des autorités d'occupation. C'était une manière de montrer d'entrée de jeu que Laval avait ses hommes à lui et que, à défaut de régner en titre sur le nouvel État français, il s'était emparé de l'essentiel du pouvoir qui consistait à traiter avec les Allemands dont dépendait l'existence de la France. Fidèle à un principe qui avait toujours marqué son action publique, il entendait promouvoir son importance personnelle par la proclamation d'un dessein politique qu'il prétendait incarner.

Laval ouvrit un tiroir du bureau et en tira plusieurs liasses de billets de banque. « Il m'a donné cinquante mille francs et quelques jours après encore cinquante mille [6] », dira Brinon à son procès.

D'autres versements suivront, prélevés sur les fonds secrets.

Sans le savoir encore, Brinon faisait partie d'un trio de journalistes que Laval employait à la même tâche.

Le premier s'appelait Jean Fontenoy, âgé de quarante et un ans, une célébrité de l'Occupation. Depuis bien des années déjà, il confessait avoir enduré tout « le cafouillis » des passions humaines et se définissait comme « un Briard mâtiné de Gâtinais, Français jusqu'à l'os [7] ».

Devenu, à vingt-six ans, le correspondant à Moscou de la prestigieuse Agence Havas, journaliste talentueux mais porté à l'esclandre, il s'était estimé hors d'état de remplir convenablement ses fonctions dans un pays où « la lâcheté et la délation jouissent d'une égale popularité [8] ».

Ayant sollicité une autre affectation, il avait été envoyé en Chine en 1917 où il ajouta l'opiomanie à son ivrognerie et montra d'inquiétantes capacités à la cruauté et à émarger à toutes sortes de caisses occultes.

Malgré ses excès, Fontenoy fut promu inspecteur adjoint du service de l'étranger de l'Agence Havas. « En cette qualité, il vint à Londres à plusieurs reprises, témoigne un ancien correspondant de Havas. J'eus chaque fois la plus grande peine à éviter qu'il ne fît scandale. Privé de drogue, il la remplaçait par un litre de whisky par jour. Sitôt dopé, il devenait, à l'égard des Anglais qu'il abhorrait, d'une extrême violence [9]... » L'Agence Havas le licencie en 1936 à la veille de la victoire du Front populaire. Aussitôt, Fontenoy se pose en victime de Léon Blum et écrit des articles antisoviétiques, puis pronazis. En même temps, il adhère au Parti populaire français de Jacques Doriot et collabore à *L'Émancipation nationale*. Il divorce de sa première femme qu'il avait failli tuer sous le coup de l'ivresse ou des drogues, et se remarie en 1938 avec l'aviatrice Madeleine Charnaux tout acquise aux idées extrémistes. « Cependant, ses amis ne se gênaient pas à partir de 1936 pour lui attribuer des liens sentimentaux d'un genre particulier : il est certain qu'on rencontrait fréquemment dans son entourage familier de jeunes Allemands nazis dont les tendances n'étaient que trop visibles [10]. »

Quand, à l'avènement de Hitler, Brinon s'engagea dans la croisade d'une entente avec l'Allemagne nationale-socialiste, il côtoya bien des fois Fontenoy et l'invita chez lui, en vedette, à sa table où il ravit les convives par le récit de ses prouesses à Moscou et à Shanghai.

Réformé pour déséquilibre mental, Fontenoy ne participa pas à la « drôle de guerre », mais quand éclata le conflit russo-finlandais, à la fin de 1939, il s'engagea dans l'armée finnoise et eut, comme il aimait à le répéter, le cerveau gelé par le froid polaire. De retour en France, il fut partisan de la paix immédiate avec l'Allemagne. Il demeura à Paris, fort réjoui de la défaite de son pays, et y accueillit l'armée allemande. Il se précipita à l'ambassade du Reich, fut reçu à bras ouverts par son ami Abetz dans un grand concert de tutoiements. Abetz le chargea d'établir la liaison avec Laval [11].

Laval avait une trop longue pratique pour ne pas participer aux frais de Fontenoy dont il connaissait la réputation.

Le troisième émissaire de Laval s'appelait Jean Luchaire, journaliste comme les deux précédents. On le remarquait à son sourire amolli, son regard noyé dans le bleu pâle et un ton conciliant, si conciliant que Luchaire semblait bâti pour le compromis, ce que suggéraient aussi son corps longiligne un peu voûté et une allure nonchalante. Dès qu'il avait appris sa présence à Vichy, Laval l'avait convoqué : « Je me préoccupai, déclara ce dernier, d'utiliser les relations françaises que pourrait avoir M. Abetz pour faciliter l'accomplissement de ma tâche. C'est ainsi, en effet, que connaissant les rapports qui unissaient M. Luchaire et M. Abetz – dont la femme avait été la secrétaire de M. Luchaire – je priai ce dernier de reprendre ces contacts et de me renseigner d'une manière générale sur l'état d'esprit qui régnait à l'ambassade [d'Allemagne] et d'une manière plus particulière tout ce qui pourrait être utile au gouvernement français sur les intentions allemandes. M. Luchaire accepta de remplir cette mission [12]. »

Jean Luchaire, né en 1901 à Sienne, en Italie, appartenait à une famille d'universitaires français. Tôt marié, toujours à court d'argent, il entame une carrière de journaliste en un temps où la presse, suivant le mot d'un connaisseur, avait sombré dans une « abominable vénalité [13] ». Il finit par fonder un journal, *Notre Temps*, qui suivant les aléas d'une trésorerie vite asséchée, avait été tour à tour mensuel, bimensuel, hebdomadaire et même quotidien en fonction des subventions versées, en particulier, par les ministères de l'Intérieur et des Affaires étrangères, et de subsides récoltés dans des lieux moins avouables tels que les caisses patronales. Toujours en quête de provende, Luchaire faisait le tour des missions diplomatiques, disposé, moyennant rétribution, à écrire un article favorable à la politique suivie par ce pays-ci ou ce pays-là, obtenant, de surcroît, la vente d'un nombre déterminé d'exemplaires de *Notre Temps*. Il fréquenta assidûment les ambassades d'Italie et d'Allemagne. L'allemande souscrivit quatre mille abonnements, et le chef du bureau de presse de cette ambassade, Eugen Feihl, se souviendra qu'il était chargé de lui remettre chaque mois quinze cents francs [14]. À cause de ses agissements et de sa prostitution notoire vis-à-vis de l'Allemagne, le polémiste Galtier-Boissière l'avait surnommé « Louche Herr ».

Il faut ajouter, s'agissant de ses relations avec Abetz, que, quand celui-ci fut expulsé de France deux mois avant la déclaration de guerre, Luchaire fut le seul journaliste français qui osa revendiquer son amitié avec cet Allemand dont il avait facilité le travail de renseignement en France.

Luchaire se rendit à la convocation de Laval qui le chargea de « contacts » avec Abetz et de l'informer de l'humeur et des projets des vainqueurs. Une fois encore, Laval ouvrit le tiroir de son bureau.

Le surpeuplement des hôtels de Vichy forçait Luchaire à partager la chambre de son ami Jacques Nels. Celui-ci relate : « Il arriva à l'hôtel vers dix heures du soir. À peine entré dans la chambre, il sortit un portefeuille épais, renflé, plein de billets de banque : – Qu'est-ce que c'est ? lui demandai-je. – Laval. Je pars demain pour Paris pour trouver Abetz [15]. »

Brinon s'opposait à Luchaire en bien des points et ne l'estimait guère, mais ils avaient milité ensemble en faveur de l'entente, voire de l'alliance de la France avec l'Allemagne nationale-socialiste.

Des cinq hommes que nous venons de rencontrer au début de leur aventure issue de la défaite, quatre connaîtront un sort identique : Pierre Laval, Fernand de Brinon, Jean Luchaire, le préfet Angelo Chiappe seront jugés, condamnés à mort et fusillés après la Libération. Quant à Jean Fontenoy, sa danse infernale le conduira, au cours de l'agonie du IIIe Reich, jusqu'à Berlin, non loin du bunker où se terrait Hitler. Il périra sans doute de sa propre main au cours des ultimes combats dans la capitale allemande, peu avant la capitulation sans conditions de l'Allemagne.

CHAPITRE 2

Le vicomte Fernand

Fernand de Brinon est né le 16 août 1885 à Libourne. Le lendemain, son père le déclarait à la mairie : « Marie Fernand vicomte de Brinon. » Par la suite, à une date indéterminée, une main anonyme raya sur l'acte original le titre de vicomte d'un épais trait, mais il subsiste dans la table des matières qui récapitule les naissances de l'année 1885[1].

Le père du nouveau-né se présentait comme étant le dénommé Sigismond François Robert comte de Brinon, officier des haras, vingt-sept ans. La mère, née Mercier de Lacombe, sans profession, était âgée de vingt et un ans. Quant aux témoins, l'un était brigadier-chef et l'autre palefrenier des haras. La IIIe République, proclamée quatorze ans plus tôt mais assise sur des bases constitutionnelles depuis dix ans seulement, avait négligé d'abolir les titres de noblesse et les considérait comme un accessoire honorifique du nom patronymique et dénués de toute qualité personnelle, ce qui leur conférait un caractère abstrait. Aux termes de la loi, les ayants droit pouvaient en faire usage et en exiger l'inscription dans les actes d'état civil.

À Libourne, Robert, le père de Fernand de Brinon, occupait les modestes fonctions de surveillant de deuxième classe après cinq années de service dans l'administration des haras. Il était d'une famille ayant peu de gras sur l'os mais qui conservait des parchemins ancestraux remontant au XVIe siècle[2]. Son mariage avec Jeanne Mercier de Lacombe ne lui avait guère fourni de quoi augmenter la dépense. Le seul havre où Robert de Brinon pouvait mener une vie d'Ancien Régime était cette propriété de 71 hectares, La Chassagne, située en mauvaise terre creusoise couverte de forêts et dont la construction isolée s'élevait en retrait d'une route étroite et sinueuse. Ses propriétaires l'anoblissaient du nom de château. La mère de

Robert, née Courthille de Saint-Avit, l'avait apportée en dot, ce qui donnait aux Brinon une assise terrienne et entretenait en eux ce peu d'orgueil qu'il leur restait face à un sort médiocre. La Chassagne était localisée aux abords de Felletin, sur la commune de Saint-Quentin-la-Chabanne dont la rusticité s'annonçait par le clocher-mur de son église dépourvu de tout ornement. Le train de vie était réduit à deux serviteurs, souvent des adolescents, aux gages infimes suivant les principes du temps.

Si le nouveau-né Fernand était vicomte, Robert, le père, comte, le grand-père Achille était marquis, mais un marquis des plus subalternes : employé par l'administration des forêts et en panne d'avancement. D'après ses lettres, s'il en manifeste du regret, il ne se défait pas d'une douce résignation. L'échec et les déboires l'avaient conduit à s'en remettre à Dieu. Ce qui prédomine dans sa correspondance, c'est l'esprit de famille, la conscience de n'avoir pas réussi et la tristesse d'être sans fortune. Son fils Robert en fut pénétré, et pendant son enfance Fernand en fut imprégné, ce qui créa en lui cet attachement à la noblesse de sa famille et aussi ce dégoût pour une vie régie par une économie des plus strictes et des convenances périmées.

Plus de cinquante ans après, au temps de l'Occupation, Fernand de Brinon, d'abord vicomte, puis comte et, enfin, marquis, s'enorgueillira par voie de presse d'être issu d'un lignage qui lui conférait l'éminente dignité de se compter parmi les Français les plus français. Estimant que son père et son grand-père paternel, au sujet desquels il se montrait discret, ne se prêtaient pas à la mise en valeur de lui-même à travers leur exemple, il exhuma de la chronique ancestrale trois personnages qu'il jugeait mémorables et dont il se prévalait.

Sans se perdre dans les rameaux généalogiques, la famille de Brinon se divise à l'origine en deux branches principales ayant chacune une cadette : la branche normande remontant au xve siècle et la branche bourbonnaise au xvie siècle, la seule qui ait bourgeonné jusqu'à nos jours et dont Fernand de Brinon est issu. Très tôt, les Brinon s'établirent à Paris. Un certain Rossa en posa les fondements par une publication en librairie datée de 1657. « Entre les plus nobles et anciennes maisons de Paris, l'on peut mettre à bon droit et avec justice celle de Brinon[3]. » Le premier Brinon dont on trouve trace est Guillaume Ier de Brinon, mort en 1416, qualifié « bourgeois de Paris et seigneur de Villaines. » Guillaume II fit ériger en 1471, en l'église Saint-Séverin, la chapelle dite de Brinon où plusieurs membres de cette famille eurent leurs sépultures.

Les Brinon ont toujours été qualifiés « écuyers » ou « chevaliers », et comme il n'est point de noblesse sans armoiries, cette maison portait « d'azur au chevron d'or au chef denché de même, avec deux aigles essorants comme support et un demi-aigle essorant sur son cimier de marquis », et pour devise : « *Non generat aquilas colombas.* » Parmi les parchemins ancestraux encore conservés figurent des lettres de reconnaissance [4].

Cette longue lignée donna quantité de grands et de petits seigneurs, des présidents et des conseillers au Parlement, des présidents de Chambre de comptes, des trésoriers, des religieuses, des courtisans, multipliant au cours des siècles de belles et de moins belles alliances.

Des trois dont Fernand de Brinon tirait honneur, le premier était Jean de Brinon (1510-1554), « l'ami des poètes » avec qui s'acheva la branche aînée et qui fut fêté par les plus renommés de son temps, dont ceux de la Pléiade, auxquels il dispensa une partie de sa fortune. En contrepartie, les dédicaces et les envois flatteurs ne manquèrent pas. À sa mort, Ronsard lui-même composa cet épitaphe :

> *Ne vis-tu pas hier Brinon*
> *Parlant et faisant bonne chère*
> *Lequel aujourd'hui n'est sinon*
> *Qu'un peu de poudre en bière* [5] *?*

Le deuxième fut Yves de Brinon, homme de lettres et courtisan, qui laissera une trace en étant le premier traducteur français des *Histoires florentines* de Machiavel qu'il dédia à Catherine de Médicis dont il était gentilhomme de la chambre. Il traduisit aussi quelque peu Tacite. Si Fernand de Brinon se flattait de compter parmi ses ancêtres ce fin lettré si bien en cour, il se gardait d'achever le tableau. À côté de l'exercice des lettres, Yves de Brinon donnait dans la délation, ce qui lui valut le surnom d'« espion de la reine ». En ces temps de guerres civiles qui ajoutèrent à l'horreur avec la Saint-Barthélemy, Yves de Brinon s'introduisit dans un cercle de conspirateurs, manigançant de mettre sur le trône le duc d'Alençon, quatrième fils de Catherine de Médicis, pour le substituer à Charles IX. Yves de Brinon, qui avait feint d'épouser leur cause, les dénonça. Deux des conjurés, le Piémontais Annibal de Coconasso et le Provençal Boniface de la Mole eurent la tête tranchée. Là-dessus le roi Charles IX décède subitement. N'importe ! En récompense des services rendus dans cette affaire, Yves de Brinon fut nommé gentilhomme de la chambre du nouveau roi Henri III et reçut une baronnie. On dit que ce fut en se rendant dans ses nouvelles terres qu'il fut assassiné. Pas plus que « l'ami des poètes », « l'espion de la reine » ne laissa d'enfants [*].

---

[*] Dans *Le Rouge et le Noir*, Mathilde de la Mole, maîtresse de Julien Sorel et descendante de Boniface de la Mole, se souviendra de l'énergie de Margue-

De cette lignée des Brinon, la personne la plus connue, et dont Fernand parlait le plus volontiers, est Marie de Brinon, la dame de la maison de Saint-Cyr, née en 1631 sous le règne de Louis XIII. Au cours d'une morne jeunesse que la pauvreté vouait à la vie religieuse des Ursulines, elle rencontra la future Mme de Maintenon alors épouse du poète burlesque Scarron. Quand Marie de Brinon eut ouvert successivement deux écoles maigrement fréquentées par quelques élèves, elle reçut l'appui de la veuve Scarron, devenue à la Cour de Versailles gouvernante des enfants de Mme de Montespan et de Louis XIV, et propriétaire de la terre de Maintenon dont elle allait prendre le nom. La faveur royale fit le reste. Mansart fut chargé de construire dans le val de Saint-Cyr la maison d'éducation modèle. Marie de Brinon fut nommé supérieure à vie. Elle ne resta que deux ans, entrée en conflit avec Mme de Maintenon qui lui reprochait ses grands airs, son côté abbesse et le caractère trop mondain de l'éducation donnée aux jeunes filles. Une lettre de cachet mit en demeure Marie de Brinon de quitter la maison dans les vingt-quatre heures. Grâce à la protection de la duchesse de Hanovre, cette femme de caractère sera une intermédiaire entre Bossuet et Leibniz qui correspondirent pendant plusieurs années en vue de parvenir à une réconciliation entre catholiques et protestants. Finalement, la maison de Hanovre, sommée par le roi d'Angleterre et les princes allemands, pria Leibniz de rompre ces négociations qui pouvaient affaiblir et dénaturer le protestantisme. Retirée dans un couvent des Ursulines à Maubuisson, Marie de Brinon, malgré sa disgrâce, resta en relation avec Mme de Maintenon et mourut en 1701.

Ces relations entre cette très lointaine parente et celle que Louis XIV devait épouser secrètement, honoraient nos Brinon. Dans la bibliothèque de La Chassagne, cinq volumes des lettres de Mme de Maintenon étaient soigneusement conservés[6].

De l'enfance de Fernand de Brinon, rien ne subsiste dans ses papiers personnels ni dans les archives familiales. Après son exécution en 1947, sa mère, sa sœur et surtout Simone Mittre, sa secrétaire et maîtresse, vouèrent un culte à sa mémoire, mais elles ne collectèrent aucun document et ne se livrèrent même pas à une reconstitution de son bel âge. Simone Mittre créa de toutes pièces l'enfance dorée d'un jeune aristocrate doté de précepteurs privés et de gouvernantes allemandes jusqu'à sa douzième année. La réalité est plus plate.

------

rite de Valois qui avait embaumé la tête de son lointain ancêtre, et quand Julien Sorel sera décapité, elle s'emparera de sa tête et ira l'ensevelir dans une grotte.

Son père, Robert de Brinon, placé à vingt et un ans devant la nécessité de choisir une carrière, était entré dans l'administration des haras qui recrutait ses officiers notamment parmi l'ancienne noblesse terrienne. En 1880, il sortit diplômé de la rue École-du-Pin et fut affecté au dépôt d'étalons de Cluny en tant que surveillant stagiaire sans rémunération pendant la première année ; il s'y fit remarquer par « sa raideur avec les éleveurs et les inférieurs » et aussi par « son manque de perçant[7] ». Puis, en l'espace d'un an et demi, il fut en poste successivement à Villeneuve-sur-Lot, Lamballe, Bergerac, Pompadour, avec un traitement de dix-huit cents francs.

Le 11 août 1884, Robert épousait à Clermont-Ferrand Jeanne Mercier de Lacombe, fille d'un homme de lettres et historien royaliste, éphémère député à l'Assemblée nationale de 1871[*]. Le jeune couple s'installera à Libourne, nouvelle affectation de Robert, où naquit Fernand qui sera baptisé en l'église de Saint-Quentin-la-Chabanne attenante au domaine familial de La Chassagne où les Brinon étaient enracinés[8].

Libourne, vieille cité anglaise, avait prospéré dans l'odeur du vin et de l'encens. Située à la jonction des voies fluviales de la Dordogne et de l'Isle, elle était soumise au mouvement des marées par l'estuaire de la Gironde. Le jeune ménage Brinon s'était établi 46, rue Saint-Jean, une voie de largeur variable issue d'une ancienne ruelle, ici citadine, là campagnarde. Comme dans les villes d'autrefois, les ateliers des artisans, les petites fabriques et un menu commerce se mêlaient aux maisons bourgeoises. Une seule rue séparait la demeure des Brinon de la place du Port et des quais bordant la Dordogne où s'alignaient d'immenses entrepôts, des chaix et des comptoirs de négoce qui plaçaient Libourne en rivale de Bordeaux. Les quais étaient encombrés de merrain, ce bois à fabriquer les tonneaux, et de barriques vides ou pleines en attente de chargement. Les gabares qui remontaient la Dordogne étaient tirées par des bœufs le long d'un chemin de halage, et l'on changeait d'attelage à chaque relais. De ces quais s'élevait l'odeur pénétrante du bois et de la vinasse dont était saturé l'air marin de l'estuaire qui se répandait jusque chez les Brinon. C'est sur ces quais que Fernand, poussé dans un landau, accomplit ses premières promenades.

La vaste maison louée par les Brinon était située devant l'église

---

[*] Charles de Lacombe publia entre autres ouvrages *Henri IV et sa politique*. Lié à l'avocat Pierre-Antoine Berryer, le Démosthène du parti légitimiste, il fera paraître après la mort de ce dernier son œuvre maîtresse : *Vie de Berryer* en trois volumes.

Saint-Jean, gardienne de la ville, et la dominant de partout avec son insolite clocher d'aspect gothique qui sentait le neuf. Les Brinon, qui étaient à la messe en quelques pas, vivaient au son varié des cloches. Des processions se formaient sur le parvis. En ces temps où la République faisait la loi, elles parcouraient la ville comme des cortèges d'opposants montrant leur force.

Le train de vie de la maisonnée était modeste si l'on se rapporte aux canons de l'époque. Après cinq années d'activité, Robert restait toujours surveillant au traitement inchangé de dix-huit cents francs avant de passer, après encore un an d'attente, au grade de surveillant de première classe avec deux mille francs. La feuille de recensement de 1886 indique que le personnel domestique des Brinon se limitait à une bonne et une nourrice[9].

L'année de la naissance de Brinon, la IIIe République achevait sa consolidation. Proclamée sur les ruines du second Empire, aussitôt menacée d'une restauration, ce n'est qu'en 1875 qu'elle reçut une assise constitutionnelle qui établissait le régime parlementaire, sans que la menace royaliste se relâchât. En 1879, au terme d'un combat de huit ans, les républicains, ayant conquis la Chambre et le Sénat, purent élire en la personne de Jules Grévy un président de la République sorti de leurs rangs, qui succédait au légitimiste maréchal de Mac-Mahon. La victoire républicaine s'accompagna d'une puissante réaction anticléricale motivée par le combat incessant que le clergé catholique avait livré contre la République en s'alliant à tous ses ennemis, en raison notamment de son quasi-monopole de l'enseignement privé et de sa présence dans les conseils de l'Université. La naissance de Fernand de Brinon suivit de quelques mois la chute de Jules Ferry dont l'œuvre décisive avait ouvert la République au peuple et cimenté la démocratie : enseignement privé, laïque et obligatoire, réorganisation de l'enseignement supérieur, liberté de la presse, droit d'association et de réunion. Il en résultera l'interdiction à de nouvelles congrégations d'ouvrir des écoles et la dissolution de la Compagnie de Jésus. À l'extérieur, l'agrandissement considérable du domaine colonial était soutenu par une politique d'expansion.

Libourne achevait sa mue démocratique. Les républicains venaient de conquérir la majorité. La lutte entre républicains et monarchistes s'effectuait en grasses lettres d'imprimerie par leurs organes de presse respectifs, *L'Union républicaine* et *L'Union monarchiste*, appuyée par un clergé actif dans une ville où églises, chapelles et couvents faisaient recette.

Robert de Brinon se trouvera mêlé indirectement à l'une des péripéties. Le haras de Libourne, créé en 1829, était situé au bout de la ville, en face du carmel. L'administration était logée dans un pavillon de style néoclassique. Bien que la ville fût dotée du gaz d'éclairage depuis vingt-cinq ans, le haras était encore dépendant de lanternes et de bougies. Robert de Brinon, dont la bonne volonté et le désir de bien faire furent consignés dans un rapport d'inspection, suppléait le sous-directeur dans des conditions rudimentaires [10]. Le haras tenait particulièrement au cœur des royalistes locaux. Il avait été construit grâce à la protection du duc Decazes, favori de Louis XVIII, dont la statue se dressait devant. Or une information, reprise par *L'Union monarchiste* de Libourne, annonçait la suppression du dépôt d'étalons. Les esprits s'étant échauffés, Robert de Brinon se fit repérer comme royaliste.

En avril 1887, la jeune Mme de Brinon donnait le jour à une fille, Marie, qui décédait une heure après l'accouchement [11]. Dès lors, Robert chercha à quitter Libourne. Ayant entendu parler d'un poste vacant à Annecy, il formula une requête. Grâce à son beau-père, Charles de Lacombe, il obtint l'appui du sénateur Émile Lenoël qui écrivit au directeur des haras : « Mon ancien collègue, M. de Lacombe beau-père de M. de Brinon me prie de venir en aide à son gendre dont on a critiqué autrefois l'attitude politique. Le fait seul de s'adresser à moi me semble indiquer qu'il n'y a pas de sa part une hostilité véritable contre le principe du gouvernement que j'ai toujours défendu [12]. »

Cette lettre se croisa avec une dépêche que le ministre de l'Agriculture avait expédiée au préfet de la Gironde pour obtenir des renseignements sur le comportement politique de Robert de Brinon. Le secrétaire général de la préfecture répondit : « J'ai l'honneur de vous faire connaître que M. de Brinon jouit à Libourne de la considération publique. Il vit au milieu de sa famille et n'a d'autre fréquentation que celle de ses collègues. Son attitude politique est correcte [13]. »

Cinq jours plus tard, Robert de Brinon était nommé à Annecy et promu sous-directeur de troisième classe [14].

CHAPITRE 3

« La plus noble conquête
que l'homme ait jamais faite »

Les Brinon ne restèrent que onze mois à Annecy. Mme de Brinon accoucha en 1880 d'une deuxième fille, Odette, dont l'état maladif et l'arriération mentale nécessiteront des soins constants jusqu'à sa mort en 1957. C'étaient ses troisièmes couches en quatre ans. Puis ce fut le haras de Rodez où ils demeurèrent trois années. Robert obtint le grade de sous-directeur de deuxième classe au traitement annuel de trois mille francs. D'après les notes d'inspection, il était jugé à cette époque consciencieux, désireux de bien faire et soucieux de sa santé. On lui reprochait toujours son manque de « perçant[1] ». Rien ne plaidait en faveur d'une carrière brillante. En 1893, une autre fille naît, Simone dont nous aurons l'occasion de parler. Cette naissance coïncida avec la mutation de Robert au dépôt d'étalons de Saintes où il demeura sept années, jusqu'en 1900.

En arrivant à Saintes, Fernand de Brinon avait huit ans. Il avait suivi son père dans ses différentes affectations et commencé sa scolarité chez des religieux. Seule exigence pédagogique de ses parents : il n'était pas question qu'il échappât à l'emprise confessionnelle. Ses vacances, il les passait à La Chassagne où ses grands-parents menaient un petit train fait d'économies, vivant surtout du produit de leur ferme exploitée par une famille de cultivateurs de sept personnes[2]. Dans ce lieu de la Creuse, c'était la vie de campagne d'autrefois où quelques familles titrées dominaient les villages d'alentour. Les Brinon allaient cérémonieusement de l'une à l'autre en berline, avec un petit paysan qui tenait les rênes. Durant ces vacances, il arrivait aussi que des membres de la nombreuse parentèle paternelle viennent en visite, des chapelets de cousins et de cousines dont la fréquentation suscitera en Fernand, au fil du temps, l'extinction du sentiment familial.

La grande liberté de mouvements et les distractions naturelles dont il jouissait dans le haras en faisaient un enfant heureux, d'autant que sa mère, pieuse personne vouée aux choses les plus conventionnelles, voyait en lui un prodige, et son père, que tout inclinait à la modestie, n'avait pas de raisons de se montrer sévère envers ce rejeton éveillé, curieux, prometteur. Cet ensemble créait un état d'équilibre que Fernand trouvait déjà en lui-même, n'étant pas un révolté de naissance. Son histoire individuelle commençait par un développement harmonieux entre lui et le milieu qui lui était imposé. Dans ce milieu, figuraient au premier plan le cheval et l'environnement du haras.

À Saintes, les Brinon furent accueillis par le directeur du haras, le vicomte Charles-Gaston de Lastic de Saint-Jal, âgé de cinquante-quatre ans, qui y mit les manières du Grand Siècle. Comme Robert de Brinon, il avait le malheur d'être sans fortune, ce que l'administration s'était empressée de consigner[3]. Tout n'était pas rose pour le vicomte de Lastic de Saint-Jal. En plus d'une dureté d'oreille qui tournait à la surdité, gênante pour lui-même et les autres, et l'empêchait d'être un bon directeur, « il est bavard, léger, sans méthode ni valeur comme homme de métier, enfin parce qu'il a besoin d'être surveillé dans sa façon d'administrer son établissement[4] ». Il se montra favorable à Robert de Brinon « M. le sous-directeur de Brinon, récemment arrivé à Saintes, est bien élevé et me paraît au courant de son service. Je demande pour lui la première classe de son grade[5]. » Demande accordée en haut lieu. Cette promotion valut à Robert de Brinon un traitement annuel de trois mille cinq cents francs après treize années de service.

Créé en 1846, au sud-est de Saintes, le haras s'étendait sur un espace clos de neuf hectares. Une douzaine d'années plus tard, la gare de chemin de fer s'ouvrit à proximité, symbolisant la fin de la civilisation multiséculaire du cheval, et le nombre de cheminots qui peupla tout un quartier dépassa de loin celui des palefreniers. Les bâtiments du haras, construits dans le style second Empire, offraient un ensemble architectural dont l'administration vantait la splendeur.

La vie dans le haras était isolée du reste de la ville. Les grilles d'accès, encadrées par la loge du concierge et celle du trompette, étaient toujours fermées de crainte qu'un cheval ne s'échappât. Un règlement disciplinaire régissait l'ensemble des habitants du haras où, en plus du directeur et du sous-directeur et de leurs familles, vivaient environ quatre-vingt-seize personnes réparties en vingt-quatre ménages composés surtout des palefreniers, de leurs femmes et enfants. C'est à des heures fixes et au commandement que les femmes devaient vider les seaux d'aisance et se livrer à des tâches subalternes qui participaient à la vie commune. Outre le personnel hébergé, il y avait aussi des gagistes qui demeuraient au-dehors et recevaient une petite indemnité de logement.

Les Brinon occupaient les deux derniers étages du pavillon de l'administration, un appartement de dix pièces desservi par deux escaliers. En tant que sous-directeur, Robert de Brinon disposait d'un ordonnance et d'un chauffeur qui entretenait le feu dans les cheminées. Sur ses propres deniers, il employait une cuisinière, une gouvernante et un jeune domestique de dix-huit ans. Ses journées se passaient en grande partie au rez-de-chaussée, dans un bureau des plus sommairement meublé. Servant d'agent comptable du dépôt, il couchait sur ses livres le fourrage, l'avoine, la paille des litières, tous les matériaux nécessaires à la vie du haras. Dans un grand coffre-fort noir placé derrière lui, il serrait l'argent avec lequel il procédait à presque tous les règlements. De l'autre côté du couloir, il y avait une sellerie dont il détenait la clé.

L'établissement de sa famille à Saintes fut pour Fernand de Brinon le commencement des souvenirs qui nourrissent l'expérience. Lui qui plus tard allait se montrer prodigue, il fut confronté aux excès de la plus stricte économie. Des règles draconiennes régissaient les dépenses du haras. N'étaient remplacés que les objets usés jusqu'à l'âme qui donnaient lieu à un bulletin de réforme après un examen minutieux. Dans ce système de rationnement qui stipulait que rien ne devait être perdu, l'herbe fauchée était vendue[6].

Le jeune Fernand s'instruisait à la source. On ne parlait que de chevaux, et pour mieux en parler on remontait dans le passé. Cette évocation faisait du cheval une sorte d'animal fabuleux avec lequel Fernand était en complicité et dont il s'était imprégné dès son tout jeune âge, si bien que pour lui le cheval et l'humanité, c'était tout un.

Fernand de Brinon, qui devait se révéler un chroniqueur hippique, hors pair, excellera dès son enfance dans le langage imagé par lequel on décrit l'extérieur du cheval : un cheval distingué et harmonieux, un cheval élégant dans son avant mais moins bien dans son épaule, un cheval bien fait dans son dessin à la tête expressive, un cheval commun dans son ensemble ou un cheval bon modèle à l'ensemble distingué, et ainsi de suite. À un âge où la découverte du monde s'accompagne de celle des mots, il devint aussi érudit dans la description de chaque partie de l'animal, dans ses maladies et ses tares. Dans le bureau de son père, il consultait le descriptif de chaque étalon qui remplissait un état de douze colonnes et se concluait par une décision sans appel : à conserver ; à conserver faute de mieux ; à conserver provisoirement ; à réformer ; à réformer et à abattre. Cette dernière mention, qui aurait dû émouvoir Fernand, le laissait insensible. Le sort misérable de « la plus noble conquête que l'homme ait jamais faite » était inhérent à l'état de servitude d'un animal qu'on ne voyait nulle part en liberté.

Pendant les sept années qu'il passa à Saintes, Fernand fréquenta en compagnie de son père le champ de courses de la ville subventionné par les sociétés d'encouragement. Parfois, il le suivait sur d'autres hippodromes, car si la Charente-Maritime en comptait sept, Robert de Brinon, faute de crédits ou d'autorisation, ne pouvait se rendre ailleurs qu'à ses frais. Fernand put constater que son père était toujours reçu avec respect, car l'élevage local n'existait que grâce à l'administration des haras qui améliorait le niveau de la production chevaline et dont les étalons surpassaient par leurs qualités ceux que produisait l'industrie privée.

Alors que les parents de Fernand, comme tous les gens de leur monde, laissaient leur fils dans l'ignorance complète de la sexualité, le garçon fit son apprentissage à la paysanne, en observant les bêtes. Il y glana de quoi ébahir tous les enfants de la paroisse. Sa mère était une femme de son temps, très pieuse, éternellement mineure devant son mari et totalement dévouée à sa famille. Son père ajoutait aux préjugés sociaux de l'époque ceux de sa naissance, mais ne se livrait à aucune manifestation outrancière, et dans cette existence où il vivait et travaillait dans un même lieu, parmi ses subordonnés, il plaçait la paix familiale au rang des félicités nécessaires.

Les époux Brinon confièrent l'instruction de Fernand d'abord à une école religieuse située à Pons, à une vingtaine de kilomètres de Saintes. Un drame avait empêché le jeune Fernand d'entrer à l'institution Saint-Pierre, le collège religieux de Saintes, un de ces drames sur lequel, aujourd'hui encore, plus d'un siècle après, l'archevêché observe un silence obstiné et met l'embargo sur ses archives. Quelques années plus tôt, en 1888, arrivait à Saintes, comme porté par un nuage noir, celui qu'on appelait l'abbé Jean qui devint aussitôt directeur de l'institution Saint-Pierre où enseignaient des prêtres choisis par l'évêque. « C'est assez dire, spécifiait le prospectus de l'école, que l'éducation y est avant tout chrétienne[7]. » L'abbé Jean voyait grand : il avait subjugué deux riches paroissiennes, la mère et la fille, et s'était lancé dans l'édification d'un vaste ensemble éducatif et religieux sur les terrains qu'elles lui avaient abandonnés au nord de la ville tout en lui dispensant des sommes substantielles.

Las ! Accusé de pratiques homosexuelles, l'abbé Jean disparaît, son œuvre scolaire ferme ses portes. Les bâtiments sont vendus quelques mois après l'arrivée des Brinon à Saintes. Au bout de quatre années de scolarité à Pons, Fernand est inscrit à Saintes à l'externat Saint-Pierre qui vient d'être créé au cœur de la vieille ville, rue de la Loi, dans un ancien hôtel édifié au XVIe siècle, passé par bien des mains, quelque temps résidence de l'évêque de La Rochelle également évêque de Saintes [8]. La profession de foi de l'externat était exempte de doute : « Convaincus que l'instruction et l'éducation sont particulièrement importantes et délicates pour les enfants de cet âge, nous nous appliquerons à développer chez eux, avec les connaissances littéraires et scientifiques qui leur conviennent, la franchise, l'esprit de discipline, le goût du travail, le patriotisme et la foi religieuse qui font des hommes de valeur et des chrétiens. Nos moyens seront les encouragements, les reproches tempérés par l'affection, l'appel au sentiment du devoir, à l'émulation, à l'amour de la famille, à la piété plutôt que les punitions [9]. »

Le collège était dirigé par l'abbé Ovide Bauré, haute silhouette, visage blême, intelligence supérieure. Les professeurs et les surveillants étaient des ecclésiastiques ou des laïcs nommés par l'autorité diocésaine. Les élèves, tous en uniforme, étaient retenus à l'externat de huit heures moins le quart à onze heures et demie, et de une heure à six heures et demie du soir.

Le palmarès de la distribution des prix de 1898 montre que Fernand de Brinon, tel qu'il l'avait été à Pons, fut un élève des plus brillants. Nommé dix-sept fois, il fut inscrit au tableau d'honneur, remporta un prix d'excellence, se distingua dans toutes les disciplines y compris l'instruction religieuse et le grand catéchisme [10].

À Saintes, en cette fin du XIXe siècle, Fernand de Brinon atteignit l'âge sensible aux passions politiques qui agitent les aînés. Dans cette ville que les républicains avaient fini par conquérir, comme à Libourne, la tendance monarchiste était active et virulente. Elle s'exprimait surtout par le *Bulletin religieux du diocèse de La Rochelle-Saintes* et *Le Moniteur de la Saintonge*, un bihebdomadaire que Fernand trouvait sur la table familiale. *Le Moniteur de la Saintonge*, dont la devise était « Dieu et le Roi », se faisait le rapporteur complaisant des événements mondains qui concernaient la Famille de France : deuils, mariages, naissances, déplacements, échos divers. Il avait mentionné la prise de service de Robert de Brinon au dépôt d'étalons [11]. Pour ces deux organes, l'ennemi c'était le franc-maçon, ces francs-maçons dont l'influence était décisive dans les clubs révolutionnaires. Le credo social du *Moniteur de la Saintonge* se résumait à des mises en garde pour que la France ne périsse pas par le socialisme. Lors du centenaire de la mort de Louis XVI, ce journal, dont les articles étaient rarement signés, relata la manière dont « la justice divine » s'était exercée à l'encontre des régicides. Selon son décompte, quarante-sept d'entre eux avaient été guillotinés à leur tour et vingt-deux autres périrent de mort violente ; il donnait la liste[12].

Lors de l'affaire Dreyfus, *Le Moniteur de la Saintonge* s'enflamma. Dreyfus sera toujours le juif, le traître, le stipendié. Après la révision du procès en septembre 1899, *Le Moniteur de la Saintonge* publia dans son numéro du 26 octobre un document daté de 1793 qui montrait que même la République révolutionnaire tant honnie avait su parfois traiter les juifs comme il fallait : « Armée du Nord : il est défendu aux juifs de suivre l'armée, à peine de mort. Les généraux, les commandants de postes de l'armée et le comité de surveillance de la commune de Mons recevront les dénonciations contre les contrevenants, et les feront arrêter sur-le-champ pour être exécutés dans les vingt-quatre heures. Mons, 16 Messidor, l'an II de la République une et indivisible. Le représentant du peuple près l'armée du Nord, signé : Laurent. »

Pour Fernand de Brinon, observateur précoce, Saintes fut le cadre où s'édifièrent les fondements d'une première expérience de la vie. Avec ses pesanteurs provinciales, Saintes était réputée légitimiste au sens où elle se donnait à l'homme fort qui représentait le régime du moment : royaliste avec le roi, bonapartiste sous le second Empire, républicaine avec les républicains. Fernand n'oubliera jamais la puissance et l'influence des grands notables locaux, et perçut que la France, à sa manière, était une mosaïque de fiefs.

Sans doute, comme une image fixe, restait très vivace dans l'esprit de Fernand, après ces premières années d'apprentissage, la vision d'une province qui perpétuait un genre de vie où la ville et la campagne se fondaient. Tels les jours de foire, ces paysans venus en carriole à Saintes, vêtus d'une ample blouse et d'un canotier de paille, et se perdant en palabres. Ou encore, au haras, les palefreniers moustachus, coiffés de la casquette plate qui, à cheval, s'alignaient certains jours sur le devant des beaux bâtiments avant la promenade dans un ensemble qui avait grande allure.

CHAPITRE 4

« Un jeune homme de la Renaissance »

L'installation de Robert de Brinon au dépôt d'étalons de Cluny s'accompagna de l'entrée en internat de Fernand au collège dominicain Albert-le-Grand à Arcueil, près de Paris. Le célèbre P. Didon, qui en avait assumé la direction pendant une décennie, venait de mourir soudainement à soixante ans. Le collège restera imprégné de l'esprit et de l'humeur de ce religieux aux convictions inébranlables et militantes qui avait trouvé dans la direction de cet établissement l'accomplissement d'une vie entrecoupée de phases chaotiques ayant commencé dès son noviciat soumis aux rudes pratiques de la macération inspirées par le P. Lacordaire restaurateur de l'ordre dominicain. Et ce sera l'existence d'un religieux porté vers la prédication et qui ne parvient pas toujours à se dominer. Ses supérieurs le condamneront à une retraite forcée en Corse. Il pourra enfin donner sa pleine mesure quand il deviendra le prieur du collège Albert-le-Grand dont il allait être le réformateur. Cette élévation fut suivie par la publication de son ouvrage, *Vie de Jésus*, dont le succès le plaça au sommet de l'élite catholique[1].

À peine installé le P. Didon remplaça les cours grillées et murées comme des prisons par des espaces verts. Il accorda aux élèves des sorties plus fréquentes et assouplit la discipline trop coercitive par le développement de l'initiative et de la responsabilité. Il encouragea les sports, accordant une importance primordiale à la force physique. Par ses initiatives dans tous les domaines, il donna au collège d'Arcueil une prospérité nouvelle.

Fernand de Brinon entra au collège Albert-le-Grand l'année scolaire 1900-1901. La brochure éditée par le P. Feuillet, successeur du P. Didon, montre que les principes édictés par son devancier étaient devenus le credo de l'école et à quelles règles Fernand fut soumis :

« Nous nous efforçons de développer l'énergie volontaire sous toutes ses forces, d'allier la plus ferme discipline à un sage esprit de liberté, de façonner par une culture appropriée des natures laborieuses, robustes, endurantes, des hommes d'action et d'initiative et, par-dessus tout, des hommes de foi et de conscience[2]. » Le culte de la famille et l'amour de la patrie font partie de la culture maison. Le lever avait lieu entre cinq et six heures du matin et le coucher entre huit et dix heures du soir suivant la saison et l'âge des élèves. Des maîtres couchaient dans les dortoirs.

Le système d'éducation auquel Fernand de Brinon fut assujetti pendant ses années d'internat n'était pas conçu pour les faibles. Sa clé de voûte était « la culture de la volonté ». Allant jusqu'à l'extrême de sa pensée, le P. Didon assurait : « La volonté est la faculté maîtresse de toutes les autres. La faculté religieuse ou la puissance d'adorer Dieu, l'intelligence, la mémoire, l'imagination, le sens esthétique ne peuvent rien sans elle [...]. Autant l'homme sans volonté est débile, autant celui qui sait vouloir, qui ne laisse pas tomber sa résolution et qui fait tout converger vers son but est une puissance invincible[3]. »

Le P. Didon reconnaissait avoir une préférence pour les ambitieux. L'outil de la puissance, c'est l'argent, exposait-il à ses élèves. En leur lançant le mot d'ordre « Enrichissez-vous ! », il leur recommandait de le faire sans complexe, avec une inlassable énergie.

Pour le P. Didon, la femme et la mère se confondent dans une même répulsion. Leur nature est perverse. Il considérait que les mères sont « toujours complaisantes » et que par leur sentimentalité, leur incompréhension de ce qui est réellement grand et valable dans la vie, par le vent qu'elles brassent et le son même de leur voix, elles ne sont pas aptes à l'éducation de leurs fils. Quant aux femmes en général, il voulait en préserver ceux de ses élèves en âge ou en situation de succomber à leur « charme ». Il en appelait à « cette vertu divine, la chasteté[4] ».

Dans le domaine de la liberté humaine, le P. Didon faisait l'éloge de la démocratie et de la tolérance. C'est un progrès décisif, disait-il, qu'on ne tue plus ceux qui pensent autrement que vous ou professent une autre religion. Au cours d'un voyage en Allemagne, il avait été frappé par l'antisémitisme des Allemands. Le fin mot de son enseignement, c'était de forger des esprits chrétiens qui devaient s'incarner dans des hommes forts prêts à obéir à plus forts qu'eux. Il exposait aussi que la patrie est chose sainte car c'est la famille et le foyer agrandis. Aucune insulte à la patrie ne doit être endurée. Porter le drapeau de la religion apprend à porter le drapeau de la patrie. Savoir se gouverner. La seule imprenable forteresse, c'est le citoyen maître de lui-même[5].

C'est sous un tel patronage que Fernand de Brinon, porté par sa seizième année, entra pour la première fois dans les énormes bâtisses du collège Albert-le-Grand occupé par des bataillons d'élèves en uniforme. Ayant franchi la cour d'honneur, il fut d'abord introduit dans le sanctuaire de l'administration qui faisait face à la grande école, un immense corps de bâtiments qui renfermait trois cours dont chacune portait le nom d'une autorité religieuse et surmontées d'armoiries portant l'inscription : « Allons les amis, pour le bon Dieu. »

L'horaire des journées était programmé sans échappatoire : onze heures consacrées au travail, trois heures et quart aux repas et aux récréations, neuf heures au sommeil. L'élève pouvait se rendre à Paris chez un correspondant au minimum deux dimanches par mois et quatre si sa conduite était bonne. Les correspondants de Fernand à Paris étaient ses grands-parents maternels, les Mercier de Lacombe. Sans doute le jeune homme aurait-il pu habiter chez eux et être externe à Paris à l'école Saint-Dominique fondée par le P. Didon. Vu l'état d'esprit religieux de sa famille, il fut considéré que l'internat, tel que le concevait le P. Didon, était une école d'où Fernand sortirait mûri et prêt à assumer son destin d'homme.

Au collège Albert-le-Grand, Fernand de Brinon fera sa seconde, obtiendra le deuxième prix de narration française et le deuxième prix d'histoire littéraire, qui lui seront remis lors de la distribution présidée en juillet 1901 par le nonce apostolique, Mgr Lorenzelli. La deuxième année, il terminera sa classe de rhétorique par le deuxième prix de discours français[6].

Il quittera le collège sevré de religion et professant un anticléricalisme « pour gens distingués », dira-t-il par la suite. Il terminera ses études secondaires en passant son baccalauréat ès lettres philosophie à Poitiers. Il sera resté quelque temps chez un maître, M. Hélot, dont on sait peu de chose si ce n'est qu'il était lié avec le grand-père Charles de Lacombe*. Quarante ans après, le 20 mars 1947, condamné par la Haute Cour et dans l'attente de son exécution, Brinon rédigera dans sa cellule une page où il évoquera ces temps heureux : « Mes études chez M. Hélot, si libérales, si étendues, mes immenses lectures de cette époque m'ont confirmé dans ces dispositions intellectuelles. J'étais un garçon plein de passions, d'appétit de la vie, téméraire d'esprit et de corps, mais honnête et, si l'on peut

---

* M. Hélot publia le *Journal politique* de Charles de Lacombe, Éditions Alphonse Picard et Fils, 1907.

dire, naïf : un jeune homme de la Renaissance aux environs de 1905[7]. »

Ce fut une vie d'homme libre qu'il allait mener à Paris où il prépara une licence de droit. Il goûta à pleines dents l'existence des étudiants concentrée dans le quartier Latin où l'on était entre jeunes gens animant de leurs chahuts les brasseries et autres cafés enfumés par le tirage des pipes. Ils se répandaient par toutes les rues du quartier, silhouettes familières cravatées haut et chapeautées de travers. C'est peut-être à cette époque que Fernand de Brinon contracta l'habitude de chanter dans le vent, ce qu'il fit toute sa vie. Il avait adhéré à l'Association générale des étudiants, l'A, où les joutes oratoires marquaient les oppositions. Il rompit les lances avec le président de l'A, Louis Noguères, qui présidera le tribunal de la Haute Cour qui le condamnera à mort. Noguères dut démissionner à cause de sa mauvaise gestion après avoir reçu le coup de grâce de César Campinchi, futur ministre, orateur exceptionnel, qui le supplantera à la présidence. Brinon composera à ses dépens une chansonnette dont voici le refrain :

> *Comm' je passais devant les* Débats
> *J'entre et je dis : C'est moi Noguères*
> *Ce nom veillez à c'qu'on l'insère*
> *À la place qu'il vous plaira*[8].

Il obtint le diplôme de licencié en droit en juillet 1907. La matière à option sur laquelle il avait été interrogé était les voies d'exécution, diplôme signé par le ministre de l'Instruction publique, Aristide Briand, contre lequel, Brinon devenu journaliste, allait se passionner[9]. Alors qu'il commençait ses études de droit, Fernand de Brinon avait pris une inscription d'ensemble en première année à l'École libre des Sciences politiques. Peut-être suivit-il quelques cours et fréquenta-t-il la bibliothèque. Il est avéré en tout cas que son nom ne se trouve sur aucune des listes de diplômés des années 1905 à 1908[10].

Suivant les textes, « la licence en droit est, par la volonté du législateur, la preuve minime des études juridiques ». Dans la pratique, on sait que la profession d'avocat ouvre toutes les voies et n'en ferme aucune. C'était ce qu'en attendait Brinon en la période de gestation qui suivit la fin de ses études. Il montra dès le début qu'il n'avait pas une vocation irrésistible en ne se rendant même pas aux exercices du stage, ce qui était le moins. À l'époque, les stagiaires ne figuraient pas sur la liste des avocats et leur état nominatif n'était pas communiqué au public, ce qui les désavantageait. Un stagiaire faisait un peu figure de novice. Pour être un avocat confirmé, il fallait s'inscrire au tableau après cinq ans.

En novembre 1908, il est admis au barreau de Paris comme avocat stagiaire, sur le rapport de Me Chaumat, membre du conseil de l'Ordre. Ce dernier cite les bonnes relations existant entre Brinon et l'avocat Georges Berryer, neveu du grand Berryer dont il n'avait ni la fougue ni le talent[11]. Il mentionne aussi avec faveur que Brinon demeure dans la même rue que sa grand-mère Lacombe. Brinon entreprend son doctorat en droit, mais renonce après la première année. Son représentant légal est alors son père, demeurant au haras de Cluny.

En janvier 1912 – il a élu domicile 5, rue de l'Université – Brinon donne sa démission du barreau, puis la retire quelques jours plus tard. Un mois après, dans l'hebdomadaire *Bravo*, dont il tient la rubrique judiciaire, il se distingue aux dépens de Me Marréaux-Delavigne dont il caricature les travers et de M. Chevalier, greffier d'une chambre de tribunal. Ce comportement anticonfraternel n'est pas apprécié et l'article incriminé figurera à charge dans son dossier[12]. Déjà, l'année précédente, en janvier 1911, Brinon, membre de l'Association de la presse judiciaire, se prend de querelle avec son confrère Pierre Prud'hon. Échange de témoins. Le président de l'association intervient et règle pacifiquement le différend[13].

À toutes fins utiles, Brinon présente ses excuses pour son manque d'assiduité aux exercices du stage, les conférences. En 1913, il expliquera cette défection par ses activités de journaliste : « J'ai commencé par faire aux *Débats* la chronique judiciaire en octobre 1908. Je suis resté d'ailleurs titulaire de la rubrique. Mais ensuite, je suis passé au service de la grande information politique et étrangère qui m'oblige à des déplacements continus[14]. » Notons que les lettres de Brinon au conseil de l'Ordre sont écrites sur le papier à en-tête du *Journal des débats**.

D'après les neuf instructions en vigueur à l'époque relatives à l'accomplissement du stage au barreau de Paris, on constate que Brinon ne se soumit à aucune des plus impératives : « assister très régulièrement aux conférences », ou « ne pas s'absenter sans avoir obtenu de M. le Bâtonnier soit une excuse soit un congé si l'absence doit être supérieure à trois mois ». S'il ne se plie pas à cette dernière obliga-

---

* Dans la *Liste des avocats inscrits au stage*, on note que Brinon demeura 47, rue Saint-Placide de 1909 à 1913 (Alcan Lévy, éditeurs). Pendant cette période, il eut d'autres adresses : rue de l'Université, rue de Navarre, ce qui indique une certaine stratégie dans sa vie privée.

tion, l'avocat stagiaire peut être privé du bénéfice de son stage. Brinon ne signait jamais la feuille de présence et ses lettres qui l'engageaient à l'assiduité n'étaient que vaines promesses. Il prétendait dans une lettre au bâtonnier qu'il se reposait à Berck, dans une autre qu'il a obtenu des ordres de mission pour les Balkans où il restera plusieurs mois. Il demandera même un sursis d'une année. Parvenu à ce point, l'ordre des avocats jugea qu'il exagérait. Par ses absences continuelles, il encourait d'abord l'omission qui se traduirait par la suppression de son nom sur la liste des avocats stagiaires et, en fait, lui retirerait sa fonction.

Dans une lettre du 9 mars 1914, Brinon expose qu'il est hors d'état de remplir les obligations qui incombent à l'avocat stagiaire et se déclare disposé à donner sa démission si nécessaire. Le conseil de l'Ordre prend acte de ces explications et, constatant que Brinon n'a pas l'intention de s'inscrire au tableau, il « omet » son nom sur la liste du stage par décision du 21 avril 1914 [15]. Le dossier de Fernand de Brinon ne contient pas de documents postérieurs à cette date qui clôt sa carrière avortée d'avocat.

Ainsi s'achevait la partie la plus motivante de sa jeunesse, celle des choix qui conduisent forcément à des ruptures. Sa décision de devenir journaliste, suivant la conception qu'il s'en était faite et l'avenir qu'il ambitionnait, rompait avec le conservatisme familial et le libérait de la tutelle du passé.

CHAPITRE 5

Le *Journal des débats*

« Il était minuit ; la comtesse était au lit, lisant les *Débats*, attendant le retour de son mari qui était à l'Opéra. La porte s'ouvre silencieusement. » Apparaît l'inquiétant et richissime Ignace Ephrussi qui, aspirant à devenir l'amant de la belle comtesse Potocka s'était introduit chez elle au plus profond de la nuit. Simple diversion. Après l'avoir vertement congédié, Mme Potocka, hussarde de la vie parisienne, se replongea dans la lecture de son journal[1]. Tel était le pouvoir d'attraction du *Journal des débats politiques et littéraires*.

À l'origine appelée *Journal des débats et des décrets*, fondée en septembre 1789 par un député du Tiers État d'Auvergne, cette publication qui, dès le commencement, se manifesta par la qualité, fut reprise sous l'Empire par les frères Bertin, devenant le *Journal de l'Empire*, et sortit de la lignée des Bertin en 1893 quand elle fut rachetée par les frères Collas, entrepreneurs de travaux et fondateurs de diverses sociétés, qui surent profiter du second Empire si favorable aux initiatives privées.

Étienne de Nalèche épousa l'une des héritières Collas. Il était né en 1865 au Monteil-au-Vicomte dans la Creuse, fils d'un député et notable de ce département. Secrétaire d'ambassade à Vienne où il fut en poste pendant six ans (1887-1893), il démissionna pour entrer au *Journal des débats* que venait d'acquérir son beau-père. Il avait vingt-huit ans. Pendant deux années, il sera secrétaire du conseil d'administration, se rodant aux responsabilités ; en 1895, il prit la direction du journal qui publiait alors une édition du matin et une du soir, l'une sur papier blanc, l'autre sur papier saumon. Il accédait au poste de directeur à l'heure où la dégradation du capitaine Dreyfus donnait à l'Affaire son dénouement le plus tragiquement spectaculaire et mettait fin à « l'époque des œufs de vanneaux », celle où les plus riches maisons juives de Paris offraient ce mets coûteux à leurs invités avant que l'Affaire ne vide leurs salons.

Le jour même de la dégradation, le *Journal des débats* publia le récit de l'événement. Sans avoir à rendre compte ici du cérémonial infamant auquel fut soumis Dreyfus et de ses cris d'innocence auxquels répondent les huées de la foule massée alentour, indiquons que le rédacteur s'appuie sur une information rigoureuse et objective, et son abondance documentaire épuise la connaissance de cet épisode sans autre effet que celui de la vérité. C'est ainsi qu'on apprend incidemment que quelques heures avant la dégradation un prisonnier a décousu les galons et les passepoils de l'uniforme du capitaine Dreyfus de manière à ce que l'exécuteur donne l'illusion de les arracher. Le rédacteur précise que le sabre du condamné avait été limé la veille par un armurier. Contrairement au dessin fameux de *L'Illustration* et du *Petit Journal* qui, dans un désir de théâtralité, montraient un formidable garde républicain brisant la lame sur son genou, celui-ci la piqua dans le sol et la rompit d'un coup de pied[2].

Pareille maîtrise était de règle au *Journal des débats* à propos de tous les événements où se confondent les mœurs et l'histoire. Nous signalerons encore le long texte minutieux – Brinon est aux *Débats* depuis un an – d'un rédacteur relatant l'exécution capitale d'un jeune homme qui a tué sa mère, et dont les abolitionnistes auraient pu faire leur texte de référence. Avec une sobre et terrible précision, on assiste aux préliminaires de l'exécution publique à Paris. Sur le boulevard Arago, près de la prison de la Santé, arrivent à une heure trente du matin des maçons qui s'appliquent à niveler la chaussée à l'endroit où la guillotine doit être dressée d'aplomb. Bientôt, du cœur de la nuit, surgit un cheval blanc traînant le fourgon contenant les bois de justice. En descendent le bourreau Deibler et ses aides en tenue de travail. Ils montent la machine, ajustent le couperet, l'essaient. Leur tâche achevée, ils prennent dans le fourgon leurs habits, s'en revêtent et coiffent un haut-de-forme. Retour à la prison. Un groupe d'hommes indistincts s'attroupent sans bruit devant la cellule. On assiste au réveil du condamné à mort, profondément endormi, devant la délégation officielle qui fonctionne comme une mécanique. L'effet de surprise est total. Aussitôt, le greffier bafouille la lecture du rejet du pourvoi. « Ah, tiens ! » fait le condamné qui ne s'attendait pas à cela. Le rite des derniers instants : la prière, la cigarette, le verre d'alcool. Le silence, et enfin le bruit des pas. Le condamné, pieds nus par châtiment, un voile noir sur la tête, monte dans une voiture à cheval qui stationne dans la cour de la prison et roule vers le boulevard Arago. Aux abords de la guillotine, la foule observe.

En descendant de la voiture, le jeune homme, entièrement soumis, penche la tête et le voile noir tombe. Il a des cheveux blonds. Le bourreau s'empare de lui. Suit un enchaînement de gestes rapides : « Le couteau s'abat. L'opération a à peine duré un quart de seconde. Le sang a giclé alors que le corps est versé dans le panier. L'un des aides prend aussitôt la tête par les deux oreilles et la jette entre les jambes du supplicié[3]. »

En 1889, quatre ans avant qu'Étienne de Nalèche n'entre au *Journal des débats*, le peintre Jean Béraud réalisait un tableau : *La Rédaction du Journal des débats*. Une petite salle occupée par trente-huit rédacteurs au nombre desquels des écrivains renommés. Une fenêtre aux carreaux jamais lavés. Un plafond et des murs irréguliers incrustés de crasse, un plancher maculé jonché de dépêches. Quelques-uns sont assis sur de vieilles chaises qu'on croit entendre grincer. On reconnaît plusieurs d'entre eux : Taine, Jules Simon, le vicomte de Vogüé, Paul Bourget, Jules Lemaitre, Ernest Lavisse... Un personnage central est placé en point de convergence, c'est Renan, vieux, obèse, écroulé sur une chaise, le visage délité par l'âge. De cet espace réduit, il émane une concentration de compétences et chaque physionomie semble présenter le bilan d'une vie. Une trentaine d'années plus tôt, au commencement du second Empire, un autre peintre, Gustave Courbet, qui menait sa guerre contre les valeurs établies, fustigeait l'esprit conventionnel de l'époque dans son célèbre tableau, *Atelier du peintre*, en traçant dans un coin de la toile un crâne de mort posé sur le *Journal des débats*.

Le *Journal des débats* continuera jusqu'à la Grande Guerre à faire appel aux meilleures têtes. Depuis sa création en 1789 jusqu'à 1914, deux cent trente-trois membres de l'Institut de France avaient collaboré aux *Débats* et l'on dénombre pour la même période deux mille cinq cent quarante collaborateurs les plus connus de leur temps dont quarante-quatre femmes de lettres[4].

Quand Brinon fut engagé aux *Débats* en 1908, c'était encore l'âge d'or de la presse, qui allait s'achever en 1914. Le vieux journal était installé au 42 de la rue des Prêtres-Saint-Germain-l'Auxerrois depuis le 5 Pluviôse an VIII (janvier 1800) : « C'est une petite rue qui longe l'église, belle à ses premières maisons, sordide au milieu et à son extrémité opposée. Le *Journal des débats* qui est dans la partie vieille et sale de la rue, dans une ancienne maison qui a bon air encore sous la couche de noir dont le temps a badigeonné les murs[5]. » Dans cet immeuble se trouvait aussi l'imprimerie du journal, l'une des plus antiques, qui, au milieu d'un fracas de rouages et de cylindres, tirait les quelque sept mille cinq cents exemplaires au papier épais où s'alignaient sur six larges colonnes les articles de rédacteurs de grand talent qui, dans toutes les disciplines, mettaient en évidence un humanisme sans équivalent dans la presse quotidienne. Le *Journal des débats* était de si grand format que la caricature de Daumier montrant un lecteur étalé dessus correspondait à l'impossibilité de le lire pleine feuille dans une position normale, à moins de le plier en quatre, ce que la nature du papier, gaufré par les caractères d'imprimerie, ne facilitait pas.

« Entrons au *Journal des débats*. La vieille maison des Bertin est sise au flanc de l'ancienne paroisse royale dont la cloche donna le signal de la Saint-Barthélemy [...]. Une porte ronde et basse forme un arc surbaissé avec un écriteau de bois : "Journal des débats". Nous entrons sous les yeux du portier qui pour nous surveiller ouvre sa petite fenêtre à carreau *. L'escalier s'engage comme dans une tourelle de château où les marches sont montées sur un noyau à vis. Une main courante en bois se détache sur les murs aux tons délavés. Les marches usées sont formées de carrelages rouges, disjoints, retenus par des bandes de bois vermoulues. Il faut monter tout de suite au second. C'est là qu'est la salle de rédaction. Sur le palier qui a vue sur une cour sombre aux murs tristes, deux portes basses dont l'une échancrée vers le bas laisse passer les chats de la maison, hôtes héréditaires. À droite, c'est la bibliothèque où les collections des *Débats* sont soigneusement rangées. Comme un escalier qui monterait vers la gloire, le petit *Journal des débats et des décrets* grandit. Les volumes deviennent de plus en plus hauts. La noble poussière du temps les accable. Contre le mur, dans une vitrine, on découvre la collection des *Débats* hebdomadaires, sorte de revue pour les pays d'outre-mer. Une table ovale tient le milieu de la pièce. C'est là où l'on reçoit souvent les étrangers. La pièce est exiguë : Il ne faudra pas croire que la salle de rédaction à laquelle on accède par la porte de gauche soit vaste. Les personnages illustres qui l'ont fréquentée l'ont seuls rendue grande et ont suffi à lui donner un aspect légendaire [...]. À côté de la salle de rédaction, par une porte basse, on pénètre dans une petite pièce où le secrétaire général distribue le travail [...]. Entre ces deux pièces, circulent les collaborateurs quotidiens de la maison : MM. Maurice Demaison et Henri Bidou.

------

* En réalité, le portier était une concierge. Mme Isidore, véritable institution que tout le monde respectait, entrée toute jeune aux *Débats*, avait soixante ans de maison. Elle passait pour avoir été la maîtresse d'Ernest Reyer, compositeur de musique très mêlé à la vie parisienne, et qui avait été un des critiques littéraires des *Débats* (AN 2 AV, témoignage de Simone Mittre).

MM. Adolphe Julien, Fernand de Brinon [...]. Tous ces messieurs causent, chacun apportant son mot, piquant son anecdote[6]. »

Ces rédacteurs, on les appelait les Débattistes. Certains portaient un monocle, la plupart conservaient dans leurs poches un bout de ficelle avec laquelle ils mesuraient la longueur de leurs articles. Le patron, Étienne de Nalèche appartenait à ces privilégiés dont la couche est faite avant la naissance. Il était comte d'Empire par son père et même, disait-on, comte romain par la faveur du pape. Il tenait à son titre, encore qu'il admît avec une ironie compensatrice qu'un titre, c'est comme une décoration, ça ne se mérite pas toujours. Il était président du syndicat de la presse parisienne et du comité général des associations de presse. Il avait fait ses études au distingué collège Stanislas et était licencié en droit. Comme la majorité des hommes de son milieu, il était membre d'un club, le sélect club de l'Union. Il siégeait au conseil d'administration de la Compagnie du canal de Suez, ce qui était un apanage. C'était un grand bourgeois, richement marié et qui, par l'influent *Journal des débats*, était au centre d'une élite intellectuelle et sociale.

Il demeurait rue de Chanaleilles dans le bel hôtel qui fut la demeure de Mme Tallien et appartenait à sa femme. Celle-ci passait pour douée d'une telle vertu que la vertu en rougissait. Or il suffisait à Nalèche de voir un jupon posé sur une chaise pour tourner autour. Quand il rentrait tard dans la nuit, cet homme chauve, massif, au teint coloré, aux yeux saillants, aimait à raconter qu'il se déchaussait comme dans un vaudeville et gagnait sa chambre au premier étage loin de son épouse qui couchait en bas, derrière les salons couverts de housses car, quoique étant du monde, elle recevait juste ce qu'il fallait recevoir[7].

Le matin, il quittait sa demeure à pied et marchait pendant une demi-heure jusqu'à son bureau, traversant le faubourg Saint-Germain où il comptait tant de relations ; il franchissait le pont des Arts devant l'Institut dont il allait être, vers la fin de sa vie, membre extérieur de l'Académie des inscriptions et belles-lettres. Passant devant la colonnade du Louvre, il gagnait l'adresse si connue du *Journal des débats*, rue des Prêtres-Saint-Germain-l'Auxerrois, non loin du café Momus, repaire d'écrivains bohèmes.

Il était le premier lecteur et le correcteur de son journal qui tombait à quinze heures. Ensuite, il écrivait son courrier personnel, fort important, dont il achevait souvent la rédaction tard dans la nuit au retour d'une soirée.

S'il allait maintenir la qualité du *Journal des débats* et se montrer un excellent animateur de rédaction, Nalèche, piètre gestionnaire, était hors d'état de moderniser le journal. Peu à peu, il tombera sous la dépendance d'actionnaires que son sens du compromis et le désir de ne pas troubler sa quiétude le porteront à ménager.

Brinon était entré aux *Débats* plein d'espoir. Il avait vingt-trois ans et Nalèche n'avait pas d'enfants. C'était une relation de la Creuse sans autre lien de parenté que le cousinage à la mode de la campagne. La paie était maigre mais le prestige grand. Brinon recevra le titre de rédacteur judiciaire et le conservera pendant les vingt et un ans qu'il passa aux *Débats*. Contrairement à ce qu'il accréditera par la suite, il ne fut jamais nommé rédacteur en chef, fonction intermittente que Nalèche finira par supprimer au début de la guerre de 1914. Longtemps, il espéra succéder un jour à Nalèche qui demeurera directeur du journal pendant cinquante ans, jusqu'à la disparition du titre au lendemain de la Libération. Au plus haut de sa faveur, Brinon sera une sorte d'adjoint à la direction et aura la pleine confiance de Nalèche. L'ancienneté de sa famille le servit dans ce journal dont les actionnaires étaient attentifs à la naissance.

Désigné par ses études, Brinon commença par rédiger des comptes rendus de procès et traita de questions relatives au droit. Ses articles figuraient sous la rubrique étoffée des « faits divers ». Il travaillait vite et en profondeur. À l'instar de ses collègues, il était un journaliste d'érudition. Le premier article qu'il fut autorisé à signer – sous le pseudonyme de F. Carbine –, paru dans le numéro du 9 mai 1909, était consacré à l'utilité des paris aux courses et préludait aux nombreux papiers qu'il consacrera au monde du cheval. D'entrée de jeu, il montra quelle serait sa manière. S'il rappelait que sans l'apport financier des paris il n'y aurait pas de course, il dressa un historique de la question, et après de longues considérations, rappela que Napoléon avait signé en 1805 un décret réglementant les courses, premier acte officiel en la matière.

Au fil de l'actualité hippique et ayant succédé au spécialiste des *Débats* appelé « Touchstone », Brinon livrera des chroniques traitant du cheval dans tous ses emplois, déployant un savoir encyclopédique et une connaissance approfondie aussi bien de l'animal que des gens de courses. Sa notoriété l'introduira dans le monde fermé des propriétaires, le plus souvent titrés, qu'on appelle dans le langage des hippodromes la noblesse de crottin, et il sera recherché par les éleveurs et les amateurs de courses. Parfois, au pseudonyme de Carbine, il substituait l'abréviation de son nom : « Bryn », en usant de l'*y* ancestral dont les poètes du XVIe siècle orthographiaient le nom de leur ami et mécène, Jean de Brinon.

Il résumera d'une ligne l'évidence qui l'inspire : « Le cheval est un chef-d'œuvre de l'espèce animale. » Il dissertera sur le cheval de selle et le cheval de trot, les trotteurs et les galopeurs, les postiers bretons qualifiés par ses admirateurs de « cosaques des chevaux. » Il écrira sur le doping qui menace la régularité des courses et la santé des chevaux... L'ensemble de ses articles constitue une somme[8]. À une époque où il y avait quatre-vingt-dix mille automobiles circulant en France, le cheval demeurait un thème de civilisation.

Ce fut par ce biais qu'il aborda la première fois, une question sociale dans un article très sévère sur « la Crise des courses », à propos de la grève des garçons d'écurie, les lads. « Le lad, écrit-il, c'est le gamin qui, soigneusement guêtré et coiffé d'une casquette de coupe très anglaise, promène dans les paddocks les concurrents des épreuves de la journée ; à l'écurie, il panse les chevaux et monte dans les galops d'entraînement. » Astreints à un emploi du temps épuisant, subissant souvent des mauvais traitements, ces enfants démarrent dans le métier à douze ans. Même s'il admet que dans les écuries de Maisons-Laffitte certains employés puissent être rudoyés, Brinon rejette l'accusation globale en dehors de cette exception. Il affirme que la grève des lads « est un mouvement révolutionnaire [...]. En ce qui concerne les salaires, nous pouvons affirmer que la condition du personnel des courses est excellente. Un garçon de quatorze ans, défrayé de tout, gagne en moyenne soixante francs par mois ». Toutefois, les propriétaires sont disposés à faire un geste en matière de caisse d'assurance : « Le prince Murat, le marquis de Ganay, le vicomte d'Harcourt sont prêts à examiner ces questions avec la plus grande bienveillance, à condition toutefois que cela ne porte pas atteinte au principe d'autorité[9]. »

Ce principe, que Brinon révérera toujours, était combattu par les syndicats. Il les dénonce sans ménagement, ignorant l'idée maîtresse de la lutte syndicale de son temps : « Le syndicalisme est la force réalisant le droit. »

Son talent s'exerce aussi, avec un mélange d'ironie et de causticité, dans la chronique parisienne. Il décrit les après-midi littéraires donnés, notamment, sous l'égide de la Société des conférences, l'un des sanctuaires de la pensée académique et mondaine, où le sang bleu côtoie la bourgeoisie richement rentée, où les inévitables ecclésiastiques applaudissent de leurs mains gantées de fil noir, où les jeunes filles nubiles accompagnent leurs mères, où de vieux militaires prennent la pose des champs de bataille, en un mot où l'on trouve ce que l'on s'attend à trouver. Il nous donne en spectacle tout un monde littéraire dont les célébrités étalaient leur importance[10]. Étouffant ici un rire, là un bâillement, il est d'autant plus cruel qu'il s'applique à être sérieux. Quand certains articles trop satiriques paraissaient ailleurs que dans les *Débats*, il signait : Fernand Bryn.

Rompu à tous les genres journalistiques, ce fut à l'occasion d'un reportage à Reims en 1913 que Brinon se lia à un personnage dont la fréquentation devait avoir des conséquences lointaines et décisives en l'introduisant, vingt ans plus tard, dans le cercle des hauts dirigeants nazis. Le fastueux marquis Melchior de Polignac, alors âgé de trente-trois ans, était l'héritier des champagnes Pommery. Il se poussait dans le milieu sportif, marchant dans les pas du baron Pierre de Coubertin, restaurateur des jeux Olympiques. Au lendemain de ceux de Stockholm de 1912 où l'athlétisme français n'avait connu que des défaites, deux journalistes avec lesquels Brinon allait se lier d'amitié, Jean de Pierrefeu et Jean-Raymond Guasco, eurent l'idée de préparer de futures victoires pour les prochaines olympiades en créant un centre d'entraînement spartiatement appelé Le Monastère des athlètes avant que le mot collège fût adopté. « Il leur fallait un mécène intelligent. C'est Zeus sans doute qui les engagea à s'adresser au marquis de Polignac[11], écrit Brinon dans un article : « Les fêtes du Collège d'athlètes ».

Il s'agissait bien de fêtes que Melchior de Polignac donnait aux membres du congrès des jeux Olympiques dans le parc Pommery construit et équipé en moins d'un an sur les plateaux de craie du sud-est de Reims. Ce furent les plaisirs du stade enchanté. On s'extasia surtout devant « les beaux moniteurs au corps de bronze et les monitrices harmonieuses et souples qui semblent sorties d'une frise grecque[12] ». L'apothéose de Polignac eut lieu le soir quand « tout un peuple antique se groupe harmonieusement en péplums orange et violets, en robes vertes et mauves ou en tuniques blanches[13] ». Un orchestre symphonique accompagnait les danses interprétées par les étoiles de l'Opéra. « Aucun spectacle semblable n'est comparable à ce que nous avons connu hier soir, relatait Brinon. Tout y était réuni, la plastique, l'art et la conviction des exécutants. C'est un grand sujet de fierté pour nous, et il faut le dire[14]. » Applaudissements pour les exécutants. Ovations pour le marquis Melchior de Polignac.

En cette année 1913, Brinon était satisfait de ses perspectives d'avenir. Il lui fallait travailler beaucoup pour vivre et paraître. À ses débuts au *Journal des débats*, il touchait trois cents francs par mois. En même temps, il rédigeait pour *Le Petit Bleu*, un quotidien de faible tirage mais influent dans les milieux d'affaires, l'éditorial politique qui lui rapportait cent soixante-quinze francs chaque semaine. De plus, à l'occasion des grands procès, il faisait les comptes rendus pour *Lyon républicain* et le *Petit Ardennais*. De sorte qu'avant 1914 il arrivait à ramasser douze cents francs par mois [15].

Les menaces se précisaient. La course aux armements et l'accroissement des effectifs militaires allemands créaient les conditions d'une guerre. Les hostilités dans les Balkans menaçaient une Europe déséquilibrée. Devant le péril, le gouvernement français rétablit le service militaire de trois ans. Cette situation n'altérait pas l'équilibre du pays qui connaissait la stabilité monétaire et budgétaire, guère de bouleversement social et s'arrondissait dans ses colonies. Les structures, les clivages, les privilèges d'un autre âge persistaient, et c'est en se fondant sur ces données sociologiques que des historiens datent la fin du XIXe siècle du début de la guerre de 1914.

1913, Brinon fit sa première apparition à Vichy où il allait prendre ses habitudes chaque été. Il le fit par la porte royale du concours hippique organisé dans la cité thermale dont les *Débats* devaient rendre compte par sa plume [16]. Ses débuts à Vichy avaient lieu dans les conditions les meilleures puisque, ses articles étant très appréciés, il devenait une personnalité de premier plan de cette ville dont le champ de courses était le centre des élégances et de la vie mondaine.

Une semaine plus tard, il se rend à Saumur dont l'école est « le conservatoire de la cavalerie française [17] », et où se déroulait la « Grande Semaine » consacrée aux chevaux de guerre. En variante, Brinon peut décrire avec complaisance les scènes du pesage où « le coup d'œil est unique et charmant des toilettes élégantes et des uniformes français et étrangers, des habits rouges et des chevaux [18] ». Tout, jusqu'aux éternelles rivalités entre les propriétaires, semblait exclure les menaces de guerre alors que les chevaux, soumis à l'épreuve des jurys, seront bientôt broyés par dizaines de milliers dans les carnages qui se préparaient.

CHAPITRE 6

« Les hommes couverts de boue
sont éblouissants de beauté »

Un entrecroisement de déclarations de guerre incendia l'Europe.

Le 28 juin 1914, l'archiduc héritier d'Autriche-Hongrie, François-Ferdinand, et son épouse étaient assassinés à Sarajevo, près de la citadelle dominant la ville serbe.

Après s'être entendue avec l'Allemagne qui voulait la guerre, l'Autriche-Hongrie adresse un ultimatum à la Serbie considérée comme responsable de ce double crime, la mettant en demeure de renoncer à son indépendance politique. Deux jours plus tard, l'Allemagne faisait parvenir un ultimatum à la Russie lui accordant un délai de douze heures pour démobiliser ses troupes prêtes à se porter au secours de la Serbie.

Par le jeu des alliances, l'Allemagne et l'Autriche-Hongrie se trouvèrent opposées à la France, à la Grande-Bretagne et à la Russie puis à la Belgique qui avait rejeté la demande allemande exigeant le passage de ses troupes sur le territoire belge.

Le 3 août, l'Allemagne déclarait la guerre à la France qui depuis la veille procédait à la mobilisation générale des armées de terre et de mer.

À l'annonce de la mobilisation générale, le tocsin avait retenti aux clochers des églises de France. Les hommes qui rejoignaient leurs régiments ou qui quittaient les casernes partaient sous les acclamations et au milieu des larmes d'un peuple soulevé par sa foi en la juste cause que la nation devait défendre les armes à la main. La jeunesse du pays se portait aux frontières. Des fleurs étaient lancées aux mobilisés qui se rendaient en cortège aux lieux de rassemblement ou de départ. Dans les villes et les villages, le long des routes et des voies de chemin de fer, c'étaient les mêmes saluts, les mêmes pleurs. *La Marseillaise* fusait de partout et partout c'était l'angoisse et la certitude de la victoire. Une communion patriotique étreignait le pays : l'Union sacrée. Personne ne le savait encore, mais c'était l'incarnation d'une France qu'on ne reverrait jamais plus.

Deux armées allaient s'affronter dès l'été 1914, chacune grosse d'environ quatre millions d'hommes, bien que la France comptât vingt-cinq millions d'habitants de moins que l'Allemagne.

Dès les premiers jours, une guerre de mouvement fut imposée par les Allemands. Le général en chef Joffre décidait de venir à la rescousse de la Belgique envahie. L'armée du général Lanrezac est chargée de se porter sur Charleroi. Deux cent mille hommes débarquent au cœur des Ardennes de trains qui se succèdent sans discontinuer. Le contact est pris avec l'ennemi. Les régiments français sont décimés. De tous côtés arrivent des blessés que l'on porte et des morts que l'on traîne. Ce ne sont que du sang, des cris, des larmes, l'affreuse déroute sous les tirs de l'artillerie ennemie.

On raconte que le général Lanrezac qui commandait et activait la retraite ne pouvait que répéter : « Plus de sang ! Plus de sang[1] ! »

C'est du chemin de croix des rescapés de Charleroi que sortit à l'initiative de Joffre l'offensive des Alliés, aux mouvements compliqués, qui s'étendit sur une semaine : la bataille de la Marne. L'ennemi qui piaffait à 22 kilomètres de Paris fut rejeté à 100 kilomètres de la capitale, ruinant son plan militaire initial qui devait anéantir rapidement l'armée française en la débordant par la Belgique et le Luxembourg afin d'être en mesure de se retourner en puissance contre les forces russes qui avançaient en Pologne.

La guerre surprend Brinon en Turquie où il était parti à la fin du mois de juin 1914 avec Pierre de Vauréal, beau-frère de Nalèche, président de la Compagnie des phares ottomans et administrateur du *Journal des débats*. Il portait de l'amitié à Brinon. Ce dernier l'accompagnait pour se familiariser avec la politique turque. Suivre Vauréal en tournée d'inspection sur les côtes de l'Empire ottoman était une initiation au monde politique interlope de la Sublime Porte où grouillaient toutes sortes d'aventuriers.

Le 3 août, à la déclaration de guerre, Vauréal et Brinon se trouvaient à Brousse, une capitale provinciale dont les échanges commerciaux s'effectuaient surtout par le port de Mundenya, en mer de Marmara, immense sas maritime donnant accès à la Russie par le double verrou des détroits des Dardanelles et du Bosphore. Ils s'embarquèrent aussitôt sur un navire français, la *Frigie*, qui fut arraisonné pendant quelques heures par deux croiseurs allemands, le

Goeben et le *Breslau*, et ils purent poursuivre leur voyage jusqu'à Marseille.

De retour en France, Brinon, qui n'avait pas été mobilisé – il avait bénéficié d'une réforme en 1908 pendant qu'il effectuait son service militaire à Mâcon dans une compagnie de cavaliers de remonte – reprit ses activités professionnelles au *Journal des débats*[2]. Par obligation, celui-ci paraissait sur une page de six colonnes recto verso et était vendu provisoirement cinq centimes.

La position de Brinon au *Journal des débats* se renforçait. Les opérations de guerre étendaient son champ d'investigation. Il effectua des reportages non pas en accompagnant la troupe au combat mais sur les arrières immédiats. Dans la petite salle de rédaction vétuste et crasseuse du journal, il rédigeait de longs articles nourris des notes prises sur le vif, et, souvent, avant d'être de retour à Paris, son article était écrit et dicté par téléphone. Par sa haute tenue, son impartialité, le *Journal des débats* était apprécié des autorités militaires qui le considéraient comme étant le plus français des journaux français.

Pour sa part, Brinon s'évertuait à rapporter les faits et à dissiper les idées toutes faites. Ainsi, quand il rendit compte de la bataille des Flandres en octobre 1914, où figurèrent des manœuvres qualifiées par les communiqués officiels de combats de cavalerie, il releva à ce propos à quel point « la bravoure française » était inappropriée à la guerre conçue et imposée par les Allemands :

« Quand on parle d'actions de cavalerie, on se représente des escadrons face à face et des charges furieuses. Ce n'est plus cela du tout. Le temps des chevauchées héroïques est passé ; les Allemands ont adapté l'art de la guerre à leur tempérament. Chaque fois, durant la campagne, qu'un de leurs régiments de cavalerie, fût-il des hussards de la mort chers au Kronprinz, s'est trouvé devant un des nôtres, il a tourné bride. La lance des uhlans est plus longue de 10 centimètres que celle de nos dragons, mais cela ne suffit pas à leur faire affronter le choc ; ils n'aiment pas l'arme blanche. En revanche, ils n'ont pas leur pareil pour organiser une embuscade, se tapir derrière une haie et, invisibles, prendre tout leur temps pour viser, abattre minutieusement une reconnaissance. Nos hommes enragent, mais c'est ainsi. Il faut accepter la guerre qu'on nous fait [...]. Les combats de cavalerie dans le Nord ont été dans la réalité des combats d'infanterie[3]. »

Une autre fois, il se met en scène et rapporte comment, venant de Paris avec deux de ses confrères, André Tudesq du *Journal* et Jean Raymond Guasco de *L'Opinion** , il va parcourir la partie de l'Alsace

---

* Raymond Guasco devait être tué quelques mois plus tard.

reconquise grâce à l'autorisation du général gouverneur de la place de Belfort. Le général déclare :

« Eh bien, nous avons aujourd'hui deux autos qui partiront pour Thann ; on vous emmènera. Et vous avez de la chance, vous pourrez passer par une route qui est complètement nettoyée d'Allemands depuis deux jours seulement. Si vous receviez des coups de fusil...

» – Tant mieux !

» – Vous n'en recevrez pas. Quant au canon, on ne peut rien garantir.

» – Ce sera très chic.

» – En auto, vous ne risquez pas grand-chose. »

Les trois journalistes s'embarquent. Brinon décrit la route, mentionne les villages traversés. Émotion ! À un endroit du parcours, ils se trouvent à 800 mètres des Allemands : « Mais on ne voit rien, on n'entend rien, toute la guerre est d'observer. » Et Brinon d'affirmer : « La guerre, en effet, est faite de silence, d'attentes, bien plus que de combats. » C'est ainsi qu'il n'entendra même pas la « grande voix du canon ». La note tragique sera marquée par la vision d'une femme folle de douleur : le cadavre du mari est enseveli sous une maison [4]. D'un numéro à l'autre, il poursuivra sa visite de l'espace alsacien provisoirement libéré.

Parvenu à cette période de la guerre, Brinon passera en novembre 1914 devant la commission de réforme de la Seine qui le classera dans le service armé [5]. Avant de recevoir une affectation, il poursuit son travail au *Journal des débats**.

La bataille de la Marne avait rassuré le peuple français dès que l'ennemi avait été refoulé des abords de Paris. Cette victoire, Brinon la célébra dans un long article qui occupa presque la totalité d'un numéro des *Débats* sous le titre : « Le Prodige de septembre ». La presse avait été conviée par l'état-major général à parcourir ces champs de bataille. Brinon retraça minutieusement les phases de l'offensive, cita les unités, expliqua les manœuvres, et le mérite tout entier semblait exclusivement revenir à ceux qui commandaient : « Il nous suffisait, conclut-il, d'indiquer ici les grandes lignes de la bataille en évoquant le nom des chefs qui en ce commencement de septembre ont été les artisans du prodige qui sauva la France [6]. »

À ces combats où avaient péri tant d'hommes succéda un phénomène, symbole même de la Grande Guerre : les tranchées. Pour les

---

* Les principaux articles de Brinon seront repris dans un petit livre de 76 pages intitulé *En guerre. Impressions d'un témoin, par Fernand de Brinon, rédacteur au Journal des débats, 1914-1915*, Bloud et Gay.

Allemands, ce fut un acte délibéré réalisé sur des sites en ligne continue choisis de longue date. Bloqués face à face, les Français durent en faire autant, mais ils l'accomplirent dans l'improvisation.

Brinon offrit aux lecteurs du *Journal des débats* une visite aux tranchées, à l'armée de Champagne : « ... C'est une vision poignante, douloureuse, à la fois sublime, mais il n'en est pas de plus réconfortante. On a trop dit et trop écrit : "Nos soldats, ils s'amusent dans les tranchées, c'est un métier dont on s'accommode très bien et qui a des charmes, ils ne voudront plus les quitter[7]." »

Dans ce secteur, la plupart des actions s'effectuaient pendant la nuit. Durant la journée « aucune vie, pas un mouvement, rien, sauf le tonnerre continu du canon qui ébranle et assourdit. Ce sont les tranchées où vivent des centaines d'hommes muets, anxieux, dans une continuelle alerte [...]. La mort stupide, la mort traîtresse attend l'audacieux qui montrera sa face, elle frappe sournoisement par l'ouverture des créneaux [...]. Dormir dans les chambres de repos ? Tout est humide et glacé et les réveils sont atroces [...]. Parler de n'importe quoi, oublier le temps mais surtout attendre la nuit qui délivrera des cauchemars des jours avec l'action et la mort[8]. »

Vient la chute du jour : « Dans la tranchée, chacun est à son poste, l'arme prête, attendant l'instant de la fusillade, et les canons grondent toujours, les obus continuent à passer ; la nuit tombe, l'eau coule, elle suinte de la terre, pénètre les défenses de paille ou de planche et alourdit le sol sous les pieds. On s'enlise, une boue laiteuse étreint le bas des jambes, mais les efforts sont inutiles, on ne bouge pas, on se laisse enfoncer dans la terre. Soudain, un bruit connu, des murmures, des appels. C'est la soupe qui arrive car le service de l'intendance ne peut se faire que dans l'obscurité [...]. La nourriture est portée dans des seaux par des hommes à pied. Imaginez ce qu'est le trajet : quatre et cinq kilomètres dans la nuit inquiétante, dans les boyaux des tranchées. Les porteurs sont accablés sous le poids, ils sont fatigués et, moitié pour se décharger, moitié parce qu'ils ont soif, ils boivent du vin dans les seaux. Ils reprennent la route, ils s'arrêtent encore, ils tâtonnent, heurtent les murs et la terre éraflée tombe dans le vin, dans les plats. Quand on est au terme, le repas si abondant est froid, réduit, horrible [...]. Et pour dessert, voici la bataille [...]. Maintenant, les chefs de section vont répétant l'ordre de se préparer à sortir et de mettre baïonnette au canon. On se hisse hors de ces trous, certains sont si fortement enlisés qu'il faut les prendre sous les bras et les tirer à quatre pour les aider à sortir[9]. » D'autres, trop englués, sont abandonnés à eux-mêmes. Et c'est l'attaque à laquelle Brinon n'assiste pas.

Un an plus tard, le président de la République Poincaré, entouré de généraux, passa en revue trois régiments sortis des tranchées depuis deux jours mais encore couverts de boue. La vaillance, la fierté qui irradiaient d'eux émurent même les plus cuirassés. Poincaré déclarera : « Les hommes couverts de boue sont éblouissants de beauté [10]. »

Le 15 février 1915, Brinon fut affecté au 26e régiment de dragons. Il y reste le temps de se faire muter au 5e escadron du train des équipages, service peu exposé au feu. Puis, il fit un tour au 48e régiment d'artillerie et n'y resta que quinze jours, promu brigadier. Enfin, il fut affecté au service d'information du Grand Quartier général installé à l'hôtel du Grand-Condé à Chantilly, une nomination qu'il convoitait et qu'il obtint grâce à Maurice Pernot, ancien correspondant du *Journal des débats* à Rome et à Vienne, qui dirigeait ce service. Brinon passa sous-lieutenant à titre temporaire par une exigence de convenance en vertu de laquelle officiers supérieurs et généraux ne pouvaient côtoyer ou convier à leur table un sous-officier. Brinon dira plus tard, en toute modestie, que « le GQG avait fait appel à sa collaboration [11] ».

Le général Pellé, polytechnicien, ancien attaché militaire à Berlin, homme de culture et de grande prestance, assumait le commandement de la section d'information. Brinon qui, sous ses manières pralinées, se montrait expéditif, précis, travailleur et de bonne compagnie, plut à ce général exigeant.

Au GQG, initiales magiques du gotha de l'armée, appelé aussi « l'Olympe militaire », Brinon, qui aimait les sommets, se sentait à l'aise. Sa réputation de journaliste, la façon dont il avait rendu compte des premiers mois de la guerre inspiraient confiance. Il y retrouvait des amis, notamment Jean de Pierrefeu. Celui-ci résumait l'importance de la hiérarchie des grades génératrice de préséances et de petits avantages, en notant : « Ce n'est jamais dans les yeux que se regardent les officiers ; c'est sur la manche [12]. »

Parmi les journalistes et les hommes de lettres en poste au GQG, deux étaient des officiers supérieurs : le commandant Henry Bordeaux, était un spécialiste apprécié du roman social à base de moralisme religieux. Marcel Prévost, en uniforme de lieutenant-colonel, très prisé pour sa célébrité d'écrivain et aussi parce qu'il était polytechnicien comme le général en chef Joffre qui le traitait en camarade. On rencontrait aussi Louis Madelin, historien du Consulat et de l'Empire et auteur d'un ouvrage notoire sur Fouché ; Renaud de Jouvenel, journaliste d'opinion encore qu'il n'en eût aucune qui eût vraiment sa préférence. De même, Maurice Legrand dit Franc-Nohain, qu'on qualifiait de charmant poète à cause de l'extrême simplicité de ses textes qui se récitaient en public avec ce qu'il faut de complaisance dans la voix pour créer un effet là où il faut.

En dehors de ces aînés, la plupart des trente-six officiers informateurs se rapprochaient de l'âge de Brinon, tel François de Tessan, journaliste à l'époque, plus tard député et secrétaire d'État. Il connaîtra pendant l'Occupation un sort tragique.

Officier informateur, Brinon aura l'occasion d'être en mission auprès de grands chefs militaires. Le premier sera le général Philippe Pétain. Verdun. C'est par l'abattoir de Verdun que Philippe Pétain devait naître à la postérité.

Âgé de cinquante-huit ans à la veille du conflit, Philippe Pétain était colonel après trente-six ans de carrière. En un an, la guerre allait le promouvoir général de brigade, puis divisionnaire, chaque nomination étant accompagnée d'une montée dans l'ordre de la Légion d'honneur, d'abord officier, ensuite commandeur. Pétain fut appelé à Verdun après le choc dévastateur des cinq premiers jours décisifs de la bataille où chaque soldat était une guerre à lui tout seul, chacun organisant une résistance. À eux tous, pendant les mois à venir, ils permettront que la victoire sortît du carnage. À l'arrivée de Pétain, les combattants continuaient à s'affronter sur un espace si dévasté qu'un aumônier témoignera que les corps tombaient en formant des couches successives. C'étaient la ruée et la mêlée, la forme la plus rudimentaire de la guerre, une de ces hécatombes dont Napoléon disait froidement : « Voilà une grande consommation. »

Le général Pétain demeura deux mois à son commandement de Verdun sur les sept que dura la bataille. Il lui fallait des hommes, toujours plus d'hommes qu'il lâchait dans la fournaise. Sur sa décision, les relèves s'effectuaient à une cadence plus rapide afin que les pertes, réparties sur le plus grand nombre possible d'unités au lieu d'en saigner seulement quelques-unes à blanc, fussent moins visibles.

Si l'énormité des sacrifices humains poussait à croire qu'à Verdun se jouait le sort de la France, il ne déplaisait pas au général Pétain d'être à la tête des opérations. Pourtant, vingt-trois jours après sa prise de commandement, son action était critiquée par la représentation nationale. Étienne de Nalèche, directeur du *Journal des débats*, écrivait à un ami : « Verdun continue à être la question passionnante. Les journaux en sont pleins naturellement et comme cela se comprend. À la Chambre, on est dans le même état d'esprit bête et mauvais. Tous ces gens qui ont déjeuné confortablement discutent. On reproche tout au commandement, on n'a pas fait assez de chemins de fer stratégiques, les transports de munitions n'ont pas été suffisamment prévus, enfin toutes les petites vilenies, si ce ne sont les grosses infamies. Les ambitions avaient vu poindre une aurore avec un désastre ou tout au moins un insuccès [13]. »

Verdun fut un double piège. Piège pour les unités françaises qui s'y anéantissaient. Piège pour l'opinion publique qui, devant tant de souffrances et de sacrifices, pensait qu'un retrait de Verdun équivaudrait à un désastre national, Verdun qu'on représentait comme l'archétype de la ville chargée d'histoire et un verrou vital contre l'invasion ennemie. Se battre et mourir pour Verdun, c'était sauver la France. Verdun devint cette chose inexprimable qui est l'âme d'un peuple, le point culminant d'une communion nationale, une grande messe des morts.

Venu en délégation sur le site de Verdun, après la bataille, Joseph Paul-Boncour, député et ancien ministre, qui avait été un combattant, écrira : « Même Verdun tombé, le dispositif général des armées françaises n'eût pas été disloqué ; des tranchées eussent été creusées plus loin ; des réseaux de fils de fer barbelés se seraient ajoutés aux réseaux [...]. Et quand, à la fin de la bataille, envoyé en liaison avec un groupe d'officiers d'état-major des armées voisines, je contemplai ces forts démolis, sous lesquels nous en avions creusé d'autres, ce paysage tellement broyé, tellement crevassé qu'il avait un aspect pareil à celui sous lequel nous imaginons les planètes dépeuplées, et d'où sortaient encore, avec la ferraille, des débris de corps humains, jambes enfoncées dans la terre, bras qui se levaient comme pour un appel suprême, je me demandais : pourquoi [14] ? »

Le général en chef Joffre estimait que Pétain était incapable de rompre les lignes ennemies bien que l'effectif de cent quarante mille hommes concentré à Verdun au début fût passé à cinq cent mille, supérieur à celui des Allemands, et que l'artillerie ait été considérablement renforcée. Il décida une permutation. Le 2 mai 1916, le général Nivelle, jugé énergique et entreprenant, fort bien vu du gouvernement, quittait le commandement des armées du Centre pour celui de la IIᵉ armée qui englobait Verdun. Il devenait subordonné à Pétain qui le remplaça à la tête des armées du Centre, accrochant une étoile de plus à son képi, et, troisième promotion en vingt mois, recevait les insignes de grand officier de la Légion d'honneur. Par ce nouveau commandement, Pétain tient toujours Verdun sous son contrôle. Il poursuivra ses demandes de renfort. Après avoir constaté que sur les quatre-vingt-quinze divisions que comprenait l'armée française, soixante-six étaient passées par Verdun, Joffre chargera un agent de liaison de transmettre ce message : « Dites au général Pétain qu'il n'est plus temps de ne songer qu'à soi-même ; dans la situation actuelle, les bons généraux d'armée doivent penser à économiser tout ce qu'ils peuvent au profit de l'attaque du Nord. Verdun passe maintenant au deuxième plan. Il faut que le général Pétain le comprenne [15]. »

Pendant les deux mois où le général Pétain avait dirigé les combats de Verdun, Brinon s'était rendu à son poste de commandement de Souilly. Il avait réuni matière à reportages dont il incombait aux services du général Pellé au GQG d'extraire ce qui était susceptible d'être communiqué à la presse. Rien n'était encore dit ou écrit de nature à glorifier le général Pétain qui avait nourri la bataille de chair et de sang plutôt qu'il ne l'avait gagnée.

L'attaque du Nord, dont parlait le général en chef Joffre dans son message rappelant Pétain à l'ordre, ce fut la bataille de la Somme. Sous le commandement du général Foch, les forces franco-britanniques furent engagées pendant quatre mois, du 1er juillet au 13 novembre 1916, sur un front d'une cinquantaine de kilomètres.

À la veille de cette bataille, Brinon se présenta au général Fayolle, commandant de la VIe armée, qui allait supporter le plus gros de l'opération. Le général Pellé avait adressé à Fayolle cette communication : « Afin d'être en mesure de fournir à la presse et à nos agents à l'étranger des indications exactes et contrôlées sur l'action offensive que votre armée doit engager, j'ai décidé d'établir un service spécial qui sera organisé de la manière suivante : Le sous-lieutenant de Brinon de la section d'information du GQG se rendra dans la zone de la VIe armée. Il sera spécialement chargé de me fournir sur les opérations des récits anecdotiques et des renseignements propres à être utilisés par la presse française, alliée et neutre, et pour notre propagande. Il pourra librement circuler à l'avant et à l'arrière et communiquera directement soit par téléphone soit par lettre avec le GQG où, afin d'éviter toute perte de temps, seront examinées et censurées les communications. Vous voudrez bien donner toutes facilités à cet officier pour l'accomplissement de sa mission [16]. »

La bataille de la Somme fut « brillante », c'est-à-dire excessivement meurtrière, et l'avancée la plus extrême ne dépassa pas une dizaine de kilomètres. Toutefois, les engagements de la Somme décongestionnèrent le secteur de Verdun et permirent de dégager les alentours de la ville.

Le 15 septembre 1916, le président de la République se rendit à Verdun où s'étaient réunis les hauts représentants des pays alliés. En leur présence, Poincaré déclara entre autres : « Messieurs, voici les murs où se sont brisées les suprêmes espérances de l'Allemagne impériale [...]. Les admirables troupes qui, sous le commandement du général Pétain et du général Nivelle, ont soutenu pendant de si longs mois le formidable choc de l'armée allemande, ont déjoué par leur vaillance et leur esprit de sacrifice les desseins de l'ennemi [17]. »

À ce point de l'histoire, l'association des noms de Pétain et de Nivelle montre, avant même que le mythe s'en emparât, qu'il ne venait à l'esprit de personne de consacrer Pétain, comme l'unique « vainqueur de Verdun » et que l'hommage était rendu avant tout « aux admirables troupes ».

La bataille de la Somme, par ses maigres gains territoriaux, entraîna la disgrâce du général en chef Joffre. Le monde étoilé se rétrécissait autour du général Pétain qui aspirait au poste de général en chef. Il se vit préférer le général Nivelle dont l'énergie et la confiance affectée constituaient à elles seules tout un programme vers la victoire. Ancien polytechnicien, artilleur, Robert Nivelle était né la même année que Pétain. Comme lui, il était colonel à la déclaration de guerre et bénéficia également d'une promotion fulgurante. Il imposa une opération qui, selon lui, déboucherait sur la victoire finale. L'offensive du Chemin des Dames, où devait se consommer la rupture définitive du front allemand, était le point d'orgue de vastes mouvements combinés en Champagne et dans l'Artois. Conçue et voulue par ce général en chef, elle échoua dès les premières heures jusqu'à son interruption brutale à la suite des pertes qui, du côté français, alignèrent cent vingt mille morts en moins d'une semaine. Nivelle parla de reconstituer cinq divisions « assez touchées » et d'en « recompléter vingt-trois autres [18] ».

À la Chambre régnait une atmosphère de deuil et de panique. On apprenait que des trains sanitaires circulaient bondés de blessés et d'agonisants. L'opinion publique s'alarmait. Étienne de Nalèche écrivait à propos du sort réservé aux Sénégalais : « Il y a eu une hécatombe de Noirs [19]. » Plus tard, ayant eu l'occasion de rencontrer le général Nivelle, Nalèche notera : « J'avoue qu'après avoir passé une heure avec lui je reste confondu de penser que c'est à un pareil bonhomme qu'on a livré la conduite de nos armées et la vie de millions de Français. C'est effarant ! Je n'ai pas senti une seule minute une lueur, une flamme, quelque chose enfin qui m'eût paru justifier le choix que l'on avait fait [20]. »

Se plaignant d'être abandonné, Nivelle refusa de démissionner. Huit jours après, il fut évincé. Conformément aux usages complaisants de la République, on le plaça au commandement d'un groupe d'armées qui n'existait pas encore.

Le général Pétain accéda à la fonction de général en chef.

Conscients que, dans une guerre, il y a les morts nécessaires et les morts inutiles, les soldats français savaient que le nombre de morts inutiles l'emportait de beaucoup sur celui des morts nécessaires. Depuis longtemps, ils avaient pris une autre figure et ne ressemblaient plus à ce qu'ils avaient été. Leurs visages, tels que les photographies nous les montrent, avaient de l'uniformité. Sous la barbe ou la moustache – les Poilus –, ils n'avaient plus d'âge.

Après les tueries de l'offensive Nivelle, le soldat juge l'appareil militaire avec réalisme et dégoût. Il est en état de légitime révolte. Elle s'exprime dans la plupart des régiments sur des modes divers. Les cas de désertion augmentent sans atteindre encore un niveau alarmant. Des troupes refusent de sortir des tranchées, notamment celles qui ont été laminées à Verdun puis au Chemin des Dames. Les actes d'insubordination affectent environ trente-cinq mille hommes. Un historien a calculé que soixante-huit divisions sont touchées[21]. Rappelons que soixante-six divisions étaient passées par l'abattoir de Verdun. Devant ces réactions, le mot fatidique est lâché : mutinerie. Quelques drapeaux rouges sont brandis et l'Internationale entonnée. L'émoi grandit chez les autorités militaires et gouvernementales qui craignent que le grand souffle de la révolution russe – qu'on appelle timidement la crise russe – qui a mis à bas le tsarisme, ne contamine l'armée. Sous différents vocables, le code militaire qualifie ces actes que sanctionne la peine de mort. La répression est immédiate. Des prisons se remplissent, les conseils de guerre sont saisis et leur nombre accru dans une fièvre d'improvisation. On juge à la va-vite ; les sentences sont sans appel. Parfois, elles sont influencées par l'impasse où se trouve l'armée française, incapable de vaincre l'envahisseur. Il incombe au général en chef Pétain d'en finir avec les mutineries. Il le fera d'une manière inexorable, tenant compte que l'état d'esprit des troupes empêche toute opération militaire d'envergure et qu'on doit rassurer l'opinion publique. Il faut fusiller ! C'est l'avis et la décision du général Pétain pour qui les mutins sont surtout des « Rouges », un terme qu'il charge de malédiction et dont le sens l'influencera toute son existence.

Quelques mesures bien modestes sont prises en faveur des soldats et qui leur étaient dues depuis longtemps : amélioration de l'ordinaire, régularisation des permissions.

Le 29 août 1917, en grande pompe, dans la ville de Verdun, le président de la République Poincaré remet à Pétain la grand-croix de la Légion d'honneur, sa quatrième promotion dans cet ordre depuis trois ans, la plus haute de toutes.

Cette période de répression n'affecta pas la sensibilité de Brinon

qui, par nature, était toujours du côté de l'autorité. Après avoir été
en mission, durant les combats de Verdun, au poste de commandement de Pétain à Souilly, puis affecté auprès du général Fayolle pendant la bataille de la Somme, il hantera durant quelque temps le
Grand Quartier général qui de Chantilly avait été transféré dans les
ors du palais de Compiègne où régnait Pétain depuis qu'il était
devenu général en chef. Il y avait foule. Des militaires en proie à
l'intrigue, plus nombreux chaque jour, pavoisaient dans les plus belles pièces de l'immense édifice totalement occupé par des services
pléthoriques. Les chefs de service ne consentaient à travailler que
lorsque le conservateur du château leur avait procuré mobilier d'époque et objets d'art. Voués au même destin que les petits nobles d'autrefois, les officiers de moindre importance occupaient les chambres
de domestiques. Brinon y retrouva des gens qui lui convenaient, tel
Melchior de Polignac, nommé à la mission américaine après l'entrée
en guerre des États-Unis, le prince d'Arenberg, le duc de Lévis-
Mirepoix et autres descendants de grandes maisons. Brinon qui haïssait la solitude était toujours en colloque avec les uns et les autres.
Un album de photographies de guerre nous le montre très entouré[22].
À le voir dans un uniforme tiré à quatre épingles, on se rend compte
que la boue des tranchées n'est pas son élément, sauf lorsqu'il suit
un groupe d'officiers généraux en inspection. Il en citera plusieurs
qui lui témoignèrent « estime et amitié ». Le général Fayolle, promu
maréchal de France trois années après l'armistice ; le général de Sérigny, homme lige de Pétain ; le prestigieux général Pellé ; le général
de Castelnau, pieux personnage surnommé « le capucin botté », qui,
ayant la confiance de Joffre, avait proposé de confier à Pétain le
commandement du secteur de Verdun ; le général Duval, baroudeur
pendant les combats de Champagne, dirigera les forces aériennes qui
contribueront à la victoire finale.

Brinon guidera aussi des hommes politiques britanniques sur le
front. Il précisera que Winston Churchill, alors Premier Lord de
l'Amirauté, fut de ceux-là. Il prendra goût à ces exercices de relations
publiques et, de novembre 1917 à mai 1918, chargé du même service
d'officier informateur auprès de l'armée française en Italie, il entretiendra « les mêmes rapports amicaux » avec le commandement britannique[23].

Ses activités à l'armée ne l'empêchaient pas de conserver des liens
étroits avec le *Journal des débats* auquel il collaborait sous forme
de « Lettres au directeur », publiées sans signature, par lesquelles il
commentait « les conditions présentes de la guerre », s'étendant sur
le rôle de l'aviation, de l'artillerie et développant des idées générales.

Après la fin des mutineries et la reprise en main de l'armée française, le général en chef Pétain lancera des opérations qui entretiennent la guerre sans la résoudre. La révolution russe, la prise du pouvoir par Lénine et les bolcheviks qui signèrent à Brest-Litovsk un traité de paix avec l'Allemagne amputant l'ancien empire tsariste, permet au grand état-major allemand de ramener près de huit cent mille hommes sur le front de l'Ouest. Les forces germaniques passent à l'offensive de mars à juillet 1918, menaçant de nouveau Paris. Les États-Unis ont déclaré la guerre aux empires centraux le 2 avril 1917. L'apport décisif des unités et du matériel américains, le renforcement de l'armée britannique – l'armée française ne représente plus que 37 % de l'effectif global – incitent le général Foch, qui assume le commandement enfin unifié des armées alliées, à opérer une série de contre-offensives suivies d'une offensive générale qui provoque la retraite totale de l'ennemi. Le haut commandement allemand informe son gouvernement qu'un armistice est indispensable si l'on veut tenter de sauver le *Vaterland*. En Allemagne, la société se désagrège ; des émeutes révolutionnaires éclatent dans plusieurs villes, des troupes se mutinent, notamment à Kiel. À travers le pays, des conseils d'ouvriers et de soldats se constituent. L'effondrement de la discipline chez ce peuple qui ne peut s'en passer se traduit par des violations permanentes de la loi et une dégénérescence accélérée des mœurs. Contraint d'abdiquer, l'empereur Guillaume II remet tous les pouvoirs de l'armée au feldmarschall von Hindenburg ; celui-ci figure sur la liste des criminels de guerre dont les Alliés exigent la mise en accusation, mais celle-ci demeurera lettre morte.

Quand le 11 novembre 1918, à onze heures, retentit sur le front le clairon du cessez-le-feu, les soldats des deux camps se hissèrent hors des tranchées au milieu d'un silence propice au surgissement des spectres ; ils éprouvèrent l'étrange sensation de pouvoir se tenir droits en pleine nature et non plus courbés comme ils l'avaient fait sous les projectiles pendant plus de quatre ans. Au cours des jours qui suivirent la conclusion de l'armistice, deux millions de soldats allemands, sur un front de 500 kilomètres, vont se retirer en ordre et repasser le Rhin pendant qu'à Berlin l'effondrement des anciennes structures politiques et de tous les principes de discipline disloquent l'État.

Quelques heures après la signature de l'armistice, la séance exceptionnelle qui se tint à la Chambre des députés constitua l'un des sommets de l'histoire parlementaire de la IIIᵉ République. Les noms de deux chefs militaires furent livrés aux ovations de l'assistance, ceux du maréchal Foch qui mena les armées alliées à la victoire et du maréchal Joffre qui, sur la Marne, avait endigué et repoussé l'invasion ennemie [24].

Le 19 novembre, huit jours après la signature de l'armistice, Brinon assistera à l'entrée glorieuse dans Metz du général Pétain auquel, le matin même, la dignité de maréchal de France a été conférée par décret. Pour se montrer dans la capitale de la Lorraine libérée après quarante-sept années d'annexion, il chevauchait un cheval blanc.

Brinon publie dans le *Journal des débats* un substantiel article relatant les cérémonies et faisant le point sur la situation de Pétain à la fin des hostilités :

« ... Le nom du maréchal Pétain se trouve mêlé à toutes les grandes dates des quatre dernières années et à l'histoire même des conceptions militaires au cours de la guerre. À l'époque de l'offensive d'Artois de mai 1915, que le général Foch dirigeait, le général Pétain, à la tête de son corps d'armée, avait obtenu des résultats remarquables qui donnaient une idée de ses qualités de méthodes et d'organisation. Quelques mois plus tard, il avait le commandement d'une armée et participait aux opérations de septembre 1915 en Champagne, dont le général de Castelnau avait la direction. C'est dès ce moment, après la série des offensives de 1915, que le général Pétain eut une claire vision de l'évolution de la guerre. Pour les avoir saisies de près et pour y avoir réfléchi, il connaissait les conditions du combat moderne, le rôle essentiel du matériel et de la puissance des feux, la nécessité d'une organisation scientifique des défenses. Avec l'intelligence nette des réalités, il avait le courage de faire prévaloir ses idées qui n'étaient pas encore toujours acceptées partout, mais que l'expérience ne cessait de justifier. Appelé en février 1916 à défendre Verdun, il y a rendu les plus signalés services ; il a rétabli une situation délicate : il a brisé l'entreprise offensive de l'Allemagne qui depuis la bataille de l'Yser avait renoncé aux opérations de grande envergure sur notre front et jouait à Verdun une partie capitale.

» Lorsqu'il a été élevé au commandement des armées françaises, le général Pétain a fait preuve au mois de mai 1917 des plus grandes vertus du chef. Il avait désormais le pouvoir d'appliquer ses idées, et les événements réclamaient un chef qui vit clair. Il a eu le souci du moral de ses troupes, et à un moment où se produisaient des fluctuations comme il y en a dans toutes les guerres longues, il a su, en alliant la bonté et l'énergie, en s'occupant des conditions matérielles et spirituelles de la vie du soldat, en se montrant un chef humain et ferme qui inspirait le respect et la confiance, il a su rétablir intégralement l'armée dans sa force [25]... »

À quelques jours de là, le maréchal Pétain entra à Strasbourg. Par l'étroite rue Mercière, il arriva en apothéose devant la cathédrale à la tête des troupes.

De retour à Metz, ce fut le 8 décembre que le « sacre » de Pétain eut lieu en présence des principaux chefs militaires alliés. Le président de la République lui remit le bâton de maréchal sur l'esplanade au cours d'une revue militaire. Une photographie montre Pétain éclatant de bonheur en recevant l'emblème de sa dignité. Il y a d'étranges coïncidences et de cruelles anticipations de l'histoire. Alors que les cloches de la cathédrale Saint-Étienne sonnaient à toute volée pour célébrer cette promotion et le retour de la ville à la mère patrie, des habitants de Metz se souvenaient que, quarante-huit ans plus tôt, le glas retentissait au clocher de la cathédrale. Le maréchal Bazaine, commandant en chef de l'armée du Rhin, faisait capituler son armée de cent soixante-treize mille hommes et livrait la ville sans combat aux Prussiens. Le maréchal Pétain en ce jour de liesse n'aurait pu concevoir que vingt-deux ans plus tard, la défaite de l'armée française le placerait à la tête d'un État accouplé avec l'Allemagne hitlérienne et que, devant ses capitulations répétées face aux exigences de l'ennemi, la Résistance française le surnommerait « Bazaine-Pétain ».

CHAPITRE 7

Premiers pas en Allemagne

Le 11 novembre 1918, le vieux Clemenceau réveillé avant l'aube par son chef de cabinet militaire, le général Mordacq, venu lui annoncer la conclusion de l'armistice, répliquait : « Oui, nous avons gagné la guerre ; maintenant il va falloir gagner la paix et ce sera beaucoup plus difficile [1]. »

La paix allait démontrer une fois encore que les coalitions victorieuses se fragmentent en nations rivales à la fin des hostilités. Quant aux Allemands, leurs plénipotentiaires avaient déclaré en signant les clauses de l'armistice qu'ils n'étaient pas et ne se sentaient pas vaincus [2]. Bientôt retentiront comme un défi les paroles du maréchal von Hindenburg, investi de tous les pouvoirs militaires, affirmant que l'Allemagne, invaincue au combat, a été poignardée dans le dos. Le socialiste Ebert, nommé chancelier après l'abdication du Kaiser, accueillera à Berlin le retour des troupes en proclamant à son tour que l'armée allemande n'a pas été vaincue. L'Allemagne n'a pas subi l'invasion.

Le 18 janvier 1919, la conférence de la paix s'ouvre par une séance solennelle à Paris, quai d'Orsay, devant les représentants de vingt-six nations alliées et associées. La Russie, absorbée par sa révolution, était absente ; les relations diplomatiques n'étaient pas établies avec le nouveau pouvoir. Une commission des Dix fut chargée du gros de la besogne. Alors que les combattants survivants connaissaient la valeur de chaque mètre de territoire dont la perte et la reconquête remplissaient les cimetières, les hommes politiques parcouraient de l'œil des distances immenses sur des cartes et, à coups de crayon, taillaient, rectifiaient, amputaient, annexaient. Ils se livraient à un remodelage de l'Europe centrale qui allait engendrer un véritable séisme géopolitique exacerbant le nationalisme et l'irrédentisme.

Les trois principaux alliés de l'Allemagne subirent la loi des vainqueurs par des traités séparés. L'Empire d'Autriche-Hongrie cesse d'exister, et l'on verra par la suite ce qu'il en advint. L'Empire ottoman est démembré et la Turquie refoulée aux confins de l'Europe. La Bulgarie doit céder la Thrace à la Grèce qu'on n'avait pas vue briller sur les champs de bataille.

Inspirateur de la « nouvelle diplomatie », et se voulant impartial, Woodrow Wilson, le président des États-Unis, réussira à faire adopter la plupart de ses volontés. Son point phare fut la création de la Société des Nations où tous les conflits de la planète devaient se résoudre par les voies pacifiques et, suivant une belle formule, mettait la guerre hors la loi. Paradoxalement, l'Allemagne en fut exclue. Celle-ci dut restituer l'Alsace-Lorraine à la France. Les pays que l'Allemagne avait arrachés à la Russie bolchevique par le traité de Brest-Litovsk devinrent indépendants : les États baltes, la Finlande, les territoires polonais. La partie la plus septentrionale de l'Allemagne, le Schleswig, fut donnée au Danemark qui n'avait pas participé à la guerre. L'Allemagne perdait toutes ses colonies. Son armée fut réduite à cent mille hommes et elle dut rendre son armement lourd – terrestre, maritime, aérien. Elle était astreinte à payer d'énormes réparations financières qui seraient détaillées ultérieurement par une Commission des réparations. Des zones d'occupation temporaires furent tracées. Elle fut contrainte de signer une clause par laquelle elle reconnaissait sa responsabilité dans le déclenchement de la guerre.

Le refus opposé par le président Wilson à l'annexion par la France des territoires allemands de la rive gauche du Rhin et au rattachement de la Sarre considérée comme une des clés de la sécurité française, avait été compensé par la signature d'un pacte franco-anglo-américain qui stipulait : « Les États-Unis et la Grande-Bretagne viendront immédiatement apporter leur assistance à la France en cas d'une agression non provoquée dirigée contre elle par l'Allemagne[3]. » Le Sénat américain qui par la suite refusa d'entériner le traité de Versailles rendit caduc cet engagement et, par là, celui de la Grande-Bretagne solidaire de l'intervention américaine. L'avenir était inscrit dans ce rejet.

Exécré par les Allemands et qualifié de *Diktat*, mot qui recelait une exhortation à la revanche, le traité de Versailles allait devenir l'aiguillon d'un pangermanisme délirant. Malgré les amputations territoriales, l'unité allemande était préservée. Les puissances financières et industrielles germaniques, étroitement liées, demeuraient intactes et portaient en elles les potentialités d'une nouvelle guerre.

Dès la réunion à Paris de la conférence de la paix, le gouvernement français s'efforçait d'influencer la presse, seul vecteur de l'information. Le sérieux *Journal des débats*, aussi actif que ses confrères, était doté d'un informateur qui prenait du poids, Fernand de Brinon.

Lors de la signature de l'armistice, Brinon était hospitalisé à Paris au Val-de-Grâce, victime d'une bronchite contractée au camp d'Avors où, affecté pendant trois semaines à un régiment d'artillerie, il s'était initié à la défense antiaérienne[4]. Puis il rentra chez lui, 5, rue de l'Université, pour un congé de convalescence au cours duquel il fréquenta assidûment l'antichambre de Clemenceau. Il en rapportait des anecdotes et décrivait des scènes divertissantes à son patron, Étienne de Nalèche, qui les appréciait et s'en faisait l'écho[5]. Il arrivait aussi que les propos de Brinon fussent mal interprétés et répétés à Clemenceau sans que cela nuisît vraiment à sa position. Son savoir-faire, mélange d'aplomb et de tact, lui valut, début janvier 1919, d'être affecté, par l'entremise de Georges Mandel, au bureau de l'information militaire dépendant du cabinet de la présidence du Conseil. Bien qu'il fût encore sous l'uniforme – il sera démobilisé le 3 avril – cet emploi ne l'empêcha pas de reprendre une activité au *Journal des débats* tout en assurant la liaison entre Étienne de Nalèche et le cabinet de Georges Clemenceau où régnait en majesté Georges Mandel. Clemenceau disait que sans celui-ci, sans sa collaboration, la victoire contre l'Allemagne n'aurait pas été possible[6]. Tous deux communiaient dans le mépris des puissants, la défiance à l'égard de l'Allemagne, la dévotion à la République et le culte de l'autorité. À cela s'ajoutait la personnalité de Mandel. Habillé sans souci de mode, il était petit et déjà bedonnant, figé dans ses attitudes, et sa voix ajoutait à sa parole une sorte de grincement. Son rôle d'éminence grise et son apparence suscitaient la médisance des milieux politico-journalistiques où certains, tel Nalèche, le lardaient de mots cruels tout en le ménageant.

Grâce à Brinon, la facilité de contact avec le vieux président du Conseil convenait à Nalèche qui n'en était plus au temps où, en pleine bataille de Verdun, il le traitait d'« affreux pitre », et qualifiait de « vitupérage quotidien » les critiques que Clemenceau adressait au gouvernement et aux militaires dans son journal *L'Homme enchaîné*[7].

De tout temps, Mandel avait surveillé les journaux. En tant que chef de cabinet de Clemenceau pendant la dernière année de la guerre, il avait eu la haute main sur la censure. Il ménageait le *Journal des débats*, très lu dans le monde diplomatique, en vue de l'inciter à publier des articles conformes aux thèses françaises à l'heure où les représentants des pays étrangers, conviés à la conférence de la paix, résidaient à Paris, d'autant que la bataille s'annonçait rude. À trente-quatre ans, Brinon entrait dans le jeu de la grande politique. Durant cette période, ses relations avec Mandel étaient presque quotidiennes. Sachant ce qu'on attendait de lui et connaissant son monde, Brinon épiait ses confrères et apportait à Mandel des renseignements utiles.

Parfois les services rendus par le *Journal des débats* étaient plus directs. Nalèche écrit ainsi à un correspondant : « Ce matin, Fernand de Brinon arrive au journal et me demande un entretien à part. Il m'expose qu'il a été appelé chez Mandel dès huit heures et demie et que celui-ci, lui faisant lire l'article du *Figaro*, évidemment inspiré, lui déclare que ce journal a été très maladroit*. Il lui montre les télégrammes dont il était question dans mon mot d'hier et lui demande comme un service de me prier de refaire un article aujourd'hui même. Je n'ai pas cru devoir refuser [8]. » Le papier incriminé du *Figaro* rapportait que pas un seul journal français n'était distribué en Allemagne et que l'action de la propagande française aux États-Unis diminuait de moitié, faute de crédit, alors que l'Allemagne, nation vaincue, y étendait une influence offensive à travers la presse, circonstance d'autant plus préjudiciable que les États-Unis, en la personne de leur président, montraient souvent, pendant les pourparlers de paix, un comportement favorable à l'Allemagne au détriment des intérêts français [9].

La tension avec les États-Unis portait les dirigeants français à des provocations au moins verbales et à huis clos. L'occasion s'offrit quand Brinon alla voir Mandel en compagnie de Pierre de Vauréal. De retour d'une tournée en Turquie pour le compte de la Société des phares ottomans, celui-ci avait été chargé de communiquer au niveau supérieur plusieurs informations glanées à Constantinople : « La conversation a eu lieu et Mandel reconduisait ces messieurs à la porte lorsqu'il dit tout à coup : "Permettez, M. de Vauréal, je voudrais dire un mot à M. de Brinon." Il prend donc Brinon à part et lui dit ceci : "Voyons, croyez-vous qu'une rupture avec le président Wilson aurait une grande répercussion sur le public ?" Brinon répond ce qu'il peut et Mandel reprenant : "Je crois que le président Wilson prend toujours le parti des Allemands ou, plus exactement, travaille surtout pour les Allemands [10]. »

---

* Mandel s'exprimait clairement pour une fois, mais, souvent, Brinon n'obtenait rien qui fût explicite et son interlocuteur lui laissait entendre que, même s'il lui montrait les télégrammes du jour, les *Débats* n'en pourraient rien publier.

Évoquer, même par défi, une rupture avec le chef de la plus puissante nation du monde grâce à qui la victoire des Alliés avait été rendue possible et auquel les Français avaient réservé un accueil triomphal montrait le désarroi et le pessimisme des gouvernants.

À mesure qu'approchait le jour de la signature du traité de paix, des rumeurs et des échos persistants faisaient craindre que la France ne soit acculée par ses partenaires à des concessions préjudiciables à ses intérêts vitaux. Le 7 mai 1919, à quinze heures, dans le grand salon de l'hôtel Trianon Palace à Versailles, Clemenceau, entouré des délégués des nations alliées et associées, devait donner lecture des conditions imposées à l'Allemagne. « À onze heures et demie, Fernand de Brinon est demandé d'urgence chez le président du Conseil par Mandel, écrira Nalèche à son correspondant habituel. Il saute dans un fiacre et revient à midi. Il me dit confidentiellement que Mandel vient de lui remettre un exemplaire du résumé des conditions de paix. En dehors de toute censure, il désire que les *Débats* fassent un petit article. Il avait accueilli Brinon par ces mots : "Je pense que les *Débats* vont naturellement se montrer mécontents du traité." Réponse : "Les *Débats* n'imprimeront aucune opinion avant d'avoir connu ce traité et c'est après l'avoir examiné qu'ils feront connaître leur avis." J'envoie immédiatement Brinon conférer avec Gauvain *. Et à une heure un quart, Brinon fait le petit article que tu as lu et qui était fort bien résumé. Mandel voulait évidemment qu'une note optimiste fût donnée par la presse du soir [11]... »

Une fois encore, Brinon court s'entretenir avec Auguste Gauvain qui publiera un article qualifiant les conditions de paix de « glorieuses et réconfortantes [12] ».

La signature solennelle du traité de paix entre les puissances alliées et associées et l'Allemagne doit avoir lieu le 28 juin. Des doutes précédèrent cette ratification : les Allemands signeront-ils ou ne signeront-ils pas ? La dramatisation n'était pas dépourvue d'arrière-pensée de la part du gouvernement français qui comptait sur la presse pour entretenir une attente crispée. Du côté des *Débats*, Brinon fut appelé un soir par Mandel « qui croit que les Allemands vont refuser de signer. Ils tâcheront de faire ce chantage. Il voudrait que nous fassions un article pour demander les élections le plus tôt possible », écrivait Nalèche à son ami Lebaudy [13]. Le gouvernement espé-

---

* Auguste Gauvain, l'un des rédacteurs les plus appréciés des *Débats*, était chargé des questions diplomatiques et étrangères ; pendant la guerre, il « avait écrit des centaines d'articles que collectionnaient les chancelleries ».

rait obtenir aux élections une majorité apte à affronter pendant la durée d'une législature les conséquences nuisibles du traité de paix.

Une semaine plus tard, « le même personnage Mandel demande à voir Brinon de suite. C'était pour lui dire que certains articles avaient paru le matin et qu'il y avait nécessité immédiate à faire quelque chose de très net sur les conditions de paix et demander de la fermeté. Aussitôt, Brinon se rend chez Gauvain qui est absolument de cet avis et a de suite écrit le filet que tu as lu ce soir [14] », relate Nalèche.

Le 28 juin eut lieu la signature du traité à Versailles dans la galerie des Glaces. Parmi la foule de diplomates et d'hommes politiques en redingote, on distingue quelques uniformes. Un grand absent, le maréchal Foch, qui estime que le traité n'assure pas la sécurité de la France. Une délégation de Poilus personnifie ceux dont le sacrifice a permis ce dénouement. Le cérémonial se déroule sans encombre. Deux délégués allemands signent le traité. « Je vous présente le livre de la paix [15] », leur dit Clemenceau.

Le 14 juillet 1919, trois semaines après la signature du traité de Versailles, le grand défilé de la victoire prenait place sur les Champs-Élysées. Ouvrant la marche, s'avança d'abord une délégation des invalides de guerre : aveugles, amputés, gueules cassées, vision hallucinante du champ de bataille. Puis, passant sous l'Arc de triomphe, chevauchant côte à côte, les maréchaux Foch et Joffre considérés comme les grands chefs victorieux, l'un en uniforme bleu horizon, l'autre en dolman noir, chacun saluant de son bâton de maréchal comme avec un sceptre. Les Alliés marchaient à la suite. L'armée française fermait le défilé avec, à sa tête, le maréchal Pétain campé sur un cheval blanc et levant vers la multitude son bâton constellé. Les fantassins emboîtaient le pas en rangs serrés, et la foule innombrable se libéra de son émotion en ovationnant la masse compacte de ces survivants d'où jaillissaient les herses des fusils dont les baïonnettes étincelaient au soleil.

Maintenant, on connaît les pertes humaines de la guerre. En tout, neuf millions de morts. Pour la France, sur huit millions et demi de mobilisés il y avait eu un million quatre cent mille morts, deux millions huit cent mille blessés dont sept cent mille invalides, soit un total de victimes s'élevant à près de 50 % des mobilisés et à 12 % de la population française.

Parmi l'affluence qui occupait tous les espaces disponibles sur le parcours du défilé, il y avait sans doute de ces esprits réfléchis qui, devant la parade triomphale des chefs militaires, pensaient comme Henri V, le roi d'Angleterre, dont l'armée avait écrasé les Français à

Azincourt, cinq siècles plus tôt. Ayant participé à la hideuse bataille, Henri V adressa cette mise en garde à ses principaux lieutenants et qui valait pour lui-même : « Que la peine de mort soit proclamée dans notre armée contre quiconque oserait se vanter qu'on lui doit cette victoire [16]. »

Durant la guerre, Brinon n'avait cessé de s'intéresser à la politique dont l'influence était si sensible dans les états-majors. Il avait suivi attentivement les changements de ministères, les élévations et les chutes, les intrigues et les trahisons, tout le train ordinaire qui se poursuivait comme si de rien n'était pendant qu'au front des hommes tombaient par dizaines de milliers. L'exercice du pouvoir le fascinait autant que la pompe officielle.

La signature du traité de paix donna à Brinon une place de choix au *Journal des débats*. Il livra de juillet à août 1920 une série de treize articles sous le titre : « La France dévastée », immense enquête où il décrivait avec abondance de détails l'ampleur de la tâche malgré l'énormité des travaux déjà effectués. Environ 8 % du territoire était concerné, dix départements sur lesquels se trouvait le principal de la grosse industrie : 223 132 usines, établissements et immeubles privés avaient été détruits en totalité et 340 000 partiellement. 3 200 000 hectares avaient été bouleversés. Un cheptel de 14 millions d'animaux avait péri. 6 000 kilomètres de chemin de fer et 52 000 kilomètres de routes avaient été effacés du sol. Dans certains départements, le regard se portait à l'infini sur une terre morte.

Rien de surprenant que les Français veuillent voir l'Allemagne payer. Le mot « réparations » cristallisa cette volonté. Brinon partage d'abord l'intransigeance des partisans de Clemenceau qui exigent l'application intégrale du traité de Versailles. À la mi-juillet 1920, la Commission des réparations se réunit à Spa où le Kaiser Guillaume II avait abdiqué : « L'hôtel de Laeken à Spa était l'hôtel des délégations. On ne saurait s'imaginer quelles furent les mœurs qui régnèrent dans ce local. On pénétrait dans les chambres des femmes, on se tripotait dans les coins, etc. Il y avait dans l'hôtel, attachées aux délégations, douze dactylos dont une ou deux fort jolies. On prenait des numéros [17]... »

Au moment où se produisaient les joyeusetés de l'hôtel de Laeken, à Deauville des scènes annonçaient les « années folles ». Des sommes énormes provenant des profits de guerre roulaient sur les tapis du casino. Les femmes dansaient en agitant leurs colliers dans un bruit de perles et les hommes endiablés braillaient, enterrant en vitesse les deuils du pays.

Au lendemain d'élections législatives qui portaient à la Chambre une majorité d'anciens combattants – d'où l'appellation de Chambre bleu horizon – les parlementaires s'apprêtent à élire le président de la République, Poincaré ne se représentant pas. Ce fut le premier combat politique de Brinon.

Par une sorte de coquetterie qui attend tout de la reconnaissance nationale, Clemenceau, dédaignant de solliciter ouvertement le suffrage des parlementaires, laissa entendre qu'il accepterait l'honneur d'être élu président de la République. Aristide Briand, qui a derrière lui un riche palmarès ministériel, voue une détestation particulière à Clemenceau dont l'élection entraverait sa carrière. À force d'intrigues, son candidat, l'aimable Paul Deschanel, président de la Chambre des députés, sera porté à l'Élysée malgré de multiples signes de dérangement mental qui le forceront au bout d'un an de mandat à démissionner à la suite d'un épisode burlesque.

Brinon, partisan de Clemenceau, avait tenté d'entraîner en sa faveur le maître de forges Guy de Wendel, élu récemment député de la Moselle, avec qui il s'était lié pendant la guerre. Brinon espérait que Guy de Wendel pourrait s'allier à son cousin François de Wendel, également député, chef de la maison qui portait le nom familial et, parmi cent autres intérêts, administrateur du *Journal des débats*, afin de rallier une fraction des parlementaires hostiles au vote en faveur de Clemenceau.

Brinon rencontra aussi des difficultés du côté du *Journal des débats* qui n'appuyait pas Clemenceau. Il entama sa première querelle avec André Chaumeix, un de ces notables de la presse et du monde des lettres qui se mettait souvent en travers de son chemin. Chroniqueur politique et littéraire, son influence lui avait permis d'établir sur la rédaction une sorte de magistère. Fin stratège de ses intérêts, Chaumeix n'avait pas l'intention d'aller à l'encontre de François de Wendel, opposé à Clemenceau.

L'échec de Clemenceau secoua ses amis. André Tardieu, qui ne le pardonna jamais à Aristide Briand, fonda l'année suivante *L'Écho national*, un journal commandité par Basil Zaharof, le richissime munitionnaire. Il regroupait les traditionnels amis du Tigre. Brinon manifestera sa sympathie à cette feuille. Ses liens avec Tardieu se resserreront*.

---

* André Tardieu (1876-1945), ancien élève de l'École normale supérieure, puis secrétaire du président du Conseil Waldeck-Rousseau et brillant chroniqueur diplomatique du *Temps*, s'était fait élire avant la guerre député de l'Oise. Quand la guerre éclata, il crée la section d'information de l'armée où Brinon est engagé. Après l'entrée en guerre des États-Unis, il est nommé haut-commis-

Trois mois après la mise à l'écart de Clemenceau, Brinon eut un entretien avec le général Duval devenu chef d'état-major de l'armée et entré au ministère de la Guerre après le retrait de Clemenceau. Nalèche écrit : « Brinon avait été jusqu'ici assez clémenciste. Il revient très dégrisé par ses anciennes amours. Duval l'a mis un peu au courant de ce qu'il a trouvé, c'est-à-dire le gâchis complet. On vivait au jour le jour sans ordre, sans organisation, procédant uniquement par à-coups sans fin. C'est du reste bien l'impression que cela donnait [18]. »

Moins assis sur ses certitudes, Brinon s'ouvre à d'autres courants. Il constate les désaccords qui séparent les deux principaux alliés de la guerre, la France et la Grande-Bretagne : « Convaincu que les clauses relatives aux réparations seraient très difficilement exécutables, il [Brinon] soutint qu'un accord durable devait être trouvé qui pût harmoniser les vues anglaises et françaises avec les possibilités allemandes [19]. » Cherchant une voie journalistique, il pense se spécialiser dans la politique d'application du traité de Versailles et les rapports avec l'Allemagne [20]. Il effectue son premier voyage dans ce pays au printemps 1920. Avant de partir, il participe à la campagne menée dans les *Débats* contre Mirman, le commissaire de la République à Metz, qui avait été installé solennellement par le maréchal Pétain lors de son entrée dans la ville en novembre 1918. Au cours de discussions avec des agents allemands inféodés au mouvement ouvrier, Mirman avait tenu des propos imprudents qui avaient provoqué son rappel [21]. Brinon y mit d'autant plus de mordant que toute trace d'esprit révolutionnaire teintée de communisme le raidit dans une opposition intransigeante.

La nouvelle Constitution allemande votée cinq mois plus tôt à Weimar, loin du chaudron berlinois, instaurait la République pour laquelle peu d'Allemands se sentaient faits. À Berlin, Brinon rencontra Roland de Margerie, l'ambassadeur de France, et lord d'Abernon celui de Grande-Bretagne. Il parcourut cette ville si souvent saisie par la violence. Un an plus tôt s'affrontaient révolutionnaires et contre-révolutionnaires. La répression des spartakistes, achevée par l'assassinat de Karl Liebknecht et de Rosa Luxemburg, avait mis un terme à la révolution dont les chefs voulaient confier les pouvoirs exécutif, législatif et judiciaire aux conseils d'ouvriers et de soldats en instaurant la dictature du prolétariat. Tant d'émeutes, tant de représailles, tant de sang ! se demandait Brinon devant la vie de fête et de faste

saire de France à Washington. À la signature de l'armistice, Tardieu élabora un plan de paix que Clemenceau adopta en grande partie.

qui allumait les quartiers les plus favorisés de la ville et le Kürfurstendamm où les lieux de plaisir s'alignaient sur un air de kermesse. « Qu'ils dansent mais qu'ils paient[22] », déclarait Brinon à cette époque.

Il se familiarisa avec l'immensité berlinoise dont les parcs, les plans d'eau, les bois entourent les quartiers citadins et diversifient cette mégalopole où le granit des affaires et de l'administration s'entoure de visions bucoliques. Il constata surtout que l'Allemagne faisait tourner ses usines, que son commerce fonctionnait, que les banques concouraient au développement de l'économie, que tout exsudait la volonté de puissance.

À cette époque, Brinon cultivait deux idées simples. Il était partisan de l'application intégrale du traité de Versailles et il considérait que la révolution communiste, comparable à nulle autre, pouvait gagner le centre de l'Europe et contaminer la France. Il fallait la contenir. D'où la nécessité de soutenir les pays émergents d'Europe centrale qui se dressaient contre le bolchevisme : la Tchécoslovaquie et la Pologne. Au *Journal des débats*, on étudiait cette nouvelle donne politique ; la plupart des rédacteurs estimaient que la lutte devait être menée en priorité contre le communisme. La crainte que l'Allemagne n'apportât un soutien à la Russie communiste, dont elle tirerait un surcroît de force, prédominait aussi. C'est dans cette partie de l'Europe menacée que, selon Brinon, il fallait agir.

À son retour à Paris, il rencontra Maurice Pernot, collaborateur du *Journal des débats* et de *La Revue des deux mondes*, qui l'avait introduit au grand quartier général comme officier informateur. Attaché à la mission militaire française à Berlin, il s'était rendu dans la capitale allemande quinze jours à peine après la signature du traité de Versailles. Parallèlement à ses fonctions officielles, il renseignait l'influent Horace Finaly qui dirigeait la Banque de Paris et des Pays-Bas en lui adressant des rapports sur la situation de l'Allemagne[23]. Très vite Pernot estima, après des entretiens avec des banquiers et des politiciens allemands, que les conditions du traité étaient trop contraignantes ; par ailleurs, ses interlocuteurs avaient besoin de connaître le montant des réparations et sous quelle forme elles seraient matérialisées. Il se fit l'écho de l'inquiétude des entrepreneurs allemands qui voulaient reprendre des relations d'affaires avec la France dans les meilleurs délais, assurant que l'efficacité recommandait que l'Allemagne travaillât d'abord pour elle-même afin d'être en mesure de se désendetter envers la France. Maurice Pernot présenta Brinon au professeur Émile Haguenin. Avant la guerre, cet agrégé de lettres a enseigné la littérature française à l'université de

Berlin, s'efforçant de faire connaître en Allemagne les œuvres d'écrivains français contemporains. Durant le conflit, il s'était retrouvé au bureau de presse de l'ambassade de France à Berne. Dès l'armistice, avant même la reprise des relations diplomatiques avec l'Allemagne, il avait été dépêché à Berlin à la tête d'une mission économique. On le voyait fréquemment dans les salons du prestigieux hôtel Adlon devenu le centre des délégations alliées.

En 1921, le professeur Haguenin qui voulait amener Brinon à plus de compréhension à l'égard de l'Allemagne l'introduisit auprès de Walther Rathenau, propriétaire d'AEG (compagnie générale d'électricité) fondée par son père, un *Konzern* disposant d'un capital de plusieurs milliards de marks-or, de trois cent sept succursales et d'un nombre prodigieux de mines, de compagnies de navigation et qui assure l'éclairage de plusieurs villes dans le monde entier : « Ingénieur électricien, il a reçu l'instruction scientifique la plus étendue. Mais sa culture morale n'est pas moins profonde. Chez ce représentant éminent de la communauté israélite, on sent revivre l'esprit des Prophètes. Cet homme fabuleusement riche qui habite à Freienwalde, l'ancien château de la reine Louise, meublé avec un goût exquis, méprise la richesse. Il veut transformer la société [24]. »

Patriote avant tout, Rathenau avait organisé, à la déclaration de guerre en août 1914, l'Office des matières premières nécessaires à l'économie de guerre allemande. Il avait participé à l'élaboration du plan Bethmann Hollweg concernant les buts de guerre de l'Allemagne quand elle serait victorieuse à l'Est comme à l'Ouest, véritable charte de l'expansionnisme germanique.

Brinon rencontra Rathenau en février 1921, sept mois après la conférence des réparations tenue à Spa qui avait décidé d'accorder à la France, première victime de l'agression germanique, 52 % du montant global versé aux Alliés.

Quand il apparut devant Brinon, son allure ne manqua pas de l'impressionner : « Walther Rathenau, tombé quelques mois plus tard sous les coups des assassins, était l'une des plus puissantes personnalités de cette Allemagne industrielle, suprême pensée des chefs du moment. Philosophe, théoricien et homme d'affaires, il avait mis son intelligence au service de l'entreprise formidable appelée AEG dont il était l'une des têtes. C'était un industriel pratique que les conceptions socialistes n'effrayaient pas pourvu qu'il puisse les contrôler et les diriger. C'était aussi un homme aimable et séduisant qui menait une conversation ainsi qu'une conférence. Élancé, nerveux, les yeux mobiles pareils à deux flammes sombres dans un visage mat et osseux, une physionomie ascétique et des allures de félin, il paraissait constamment en proie à la volonté d'expliquer et de convaincre. » Il s'exprima en français sur les réparations : « Chacun, aujourd'hui parle de milliards. Mais savez-vous ce que c'est qu'un milliard ? Vous le représentez-vous ? Non, ni vous ni personne. En lettre de change, en papier, nous l'imaginons sans doute, mais dans la réalité ? Un milliard, est-ce l'herbe d'un pré, les gouttes d'eau d'un lac ? C'est tout, ce n'est rien. Il n'y a d'ailleurs pas tellement de milliards dans le monde [...]. Aujourd'hui, tout se résout en travail, production, débouchés. Vous parlez de la mauvaise volonté de l'Allemagne, vous brandissez des sanctions. Ce n'est pas une solution que la force. Il y a actuellement un certain nombre d'Allemands – je n'en suis pas – qui disent : "Eh bien ! voyons donc l'efficacité de ces fameuses sanctions militaires." C'est un sentiment dangereux. Occupez la Ruhr, détournez tout son charbon, arrêtez l'industrie allemande, réduisez-nous à la misère. J'attends les résultats. Le monde aujourd'hui est saturé d'horreurs. Il n'en peut plus supporter [25]. »

Il estimait que la France, principale victime, pourrait recevoir pendant quelques années 100 % des annuités des réparations. Il ajouta que ce ne sont pas les hommes politiques qui à peine arrivés dans une conférence pensent déjà à en repartir qui trouveront les solutions. « Si les chefs de gouvernement sont impuissants à les résoudre, qu'ils prennent garde que les industriels, les techniciens, les intellectuels, les travailleurs, les peuples enfin ne se mettent en tête de les résoudre un jour [26] », fit-il avant de reconduire Brinon.

C'était le premier protestataire allemand que Brinon entendait s'exprimer sur le refus de l'Allemagne de souscrire aux réparations telles que les exigeaient les vainqueurs *.

Grâce à l'obligeant professeur Haguenin, Brinon rencontra ensuite Maximilien Harden, « dédaigneux, tranquille, dévoré d'activité, le plus célèbre polémiste d'Allemagne, l'homme le plus détesté de la Prusse de Guillaume II [...]. Je me souviendrai toujours de l'accueil de Maximilien Harden, de l'expression de ses grands yeux clairs

---

* Nommé ministre des Affaires étrangères en janvier 1922, Rathenau signe à Rapallo un traité avec les Soviétiques, rétablissant les relations entre les deux pays et garantissant leur neutralité au cas où l'un d'eux serait engagé dans un conflit. Une clause secrète assurait la formation en Russie d'officiers allemands aux armes interdites par le traité de Versailles.

Le 24 juin 1922, Walther Rathenau était assassiné par un membre du mouvement d'extrême droite pangermaniste et antisémite l'Organisation *Konsul* avec lequel le jeune parti national-socialiste dirigé par Adolf Hitler entretenait des rapports étroits.

attachés sur son visiteur français et de l'allure hautaine de cet homme à la fois déférent et cordial. "Vous êtes ici, me dit-il, dans un moment grave. Les esprits sont excités de part et d'autre. On ne peut savoir ce que demain sera, d'autant qu'il faut toujours faire la part des difficultés intérieures de chaque gouvernement[27]" ».

Sorte de porte-foudre, toujours prêt à se déchaîner, Harden, malgré son pangermanisme, avait mené une lutte acharnée contre Guillaume II et son entourage, et ses articles n'avaient cessé de susciter l'intérêt des dirigeants français, même pendant la Grande Guerre. Comme Rathenau, Harden ne put que reconnaître devant Brinon que l'Allemagne était bien vaincue : « Nous devons payer. Il est juste que nous payions. Mais il faut voir comment et combien[28]. » Il critiqua les potentats de l'industrie qui se répandaient en protestations, tel Hugo Stinnes, un magnat de la Ruhr : « Je les ai vus beaucoup durant la guerre. Ils avaient en cas de victoire des projets fantastiques [...]. L'esprit de ce peuple est empoisonné [...]. On assiste à cette chose inimaginable : Hindenburg acclamé à Brême, Ludendorff fêté partout où il va ! Ces gens-là sont responsables de la guerre, de la défaite, de tout. On les acclame. On enregistre sans frémir d'indignation et de dégoût les interviews de Guillaume II qui a fui lâchement devant les résultats de son œuvre. Je ne pense pas qu'on ait jamais vu dans l'histoire un peuple passionné pour les auteurs de ses malheurs et les responsables de son châtiment. Quelle confiance aurait-on dans ce peuple-là ? Avant de lui faire des concessions qui sans doute seraient équitables, comment ne pas lui demander de cesser d'adorer les coupables[29] ? »

Brinon intervint : « Ce ne sont pas seulement les ruines des combats qu'il faut relever. Ce sont celles des dévastations injustifiables[30]. » Il cita des villes françaises ravagées sans utilité militaire, pour le plaisir de les détruire. Son interlocuteur en convint. Comment s'entendre après une guerre aussi épouvantable ? « Mais ce qu'il faudrait surtout préparer, dit Harden, c'est la transformation du sentiment public. Il faudrait changer la mentalité de ce peuple trop docile qui semble ne point apprécier les facteurs moraux. Ici, on n'admire pas un homme parce qu'il a une belle âme, parce qu'il est passionné de bien, mais celui dont on dit ceci : c'est une "adroite crapule" a aussitôt une grande clientèle enthousiaste[31]. »

Quand Brinon le quitta, Harden, dont le grand homme était Bismarck, exprima son étonnement qu'un Français lui ait rendu visite deux ans seulement après la fin de la guerre.

De sa tournée berlinoise du premier trimestre 1921, mentionnons encore la visite de Brinon à Victor Naumann qui, durant la Grande

Guerre, avait rempli les fonctions de directeur de l'office impérial de la presse au ministère des Affaires étrangères :

« C'était un homme cordial, débonnaire, plein d'affabilité et de culture [...]. Précisément, parce qu'il appartenait à cette classe sociale qui avait accès à la Cour et qui occupait hier les avenues du pouvoir, il n'avait pas gagné de fortune durant la guerre. C'est dans une très modeste pension de famille qu'il contemplait avec amertume le débordement de fêtes et de dilapidations ostentatoires, qui faisait de Berlin la capitale scandaleuse d'une nation vaincue [32]. »

Naumann entonna le couplet des regrets et des remords : « Nous avons été bien coupables de faire une politique antifrançaise [...]. Aujourd'hui, nous sommes des vaincus. Nous devons payer scrupuleusement les vainqueurs et nous conduire comme les vaincus. Mais concevez notre état, examinez la réalité, ne demandez pas l'impossible. – Cependant, interrompis-je en retrouvant ce raisonnement que j'entendais tous les jours comme par l'effet d'un mot d'ordre, de tous mes interlocuteurs allemands, l'Allemagne ne paraît point si misérable. Son industrie fonctionne à plein rendement. Voyez son état. Tenez, voyez ses routes admirablement entretenues. Les routes de France ne sont pas si belles. Pourquoi donc utiliseriez-vous vos ressources à des dépenses en somme somptuaires, tandis que la faillite nous menace ? – Hélas, Monsieur, vous ne connaissez par l'Allemagne, répondit M. Naumann. Vous nous voyez au travail et vous êtes étonné de notre labeur. Mais c'est notre seule ressource. Nous n'avons que notre industrie, nos cerveaux et nos bras, nous sommes un pays pauvre mais net [33]. » Naumann continuait à brosser le tableau d'une Allemagne indigente qui s'échine à gagner son pain. Il avança que les Allemands, qui avaient admiré l'esprit guerrier des Français, commençaient à se déprendre de la France. Pourquoi ? « Parce que vous prononcez des chiffres impossibles, parce que l'Allemagne croit que vous voulez nous affamer et nous détruire [34] », se lamenta-t-il. Brinon écouta encore quelques instants les idées de M. Naumann et comprit qu'il était « partagé entre la crainte du bolchevisme et la terreur de voir l'Allemagne régler sa dette envers les Alliés [35] ».

D'autres rencontres, modulant les mêmes thèmes, achevèrent de convaincre Brinon que la contrition générale et les révérences aux vainqueurs n'étaient qu'une stratégie politique de circonstance. Sous ses airs de repentance, l'Allemagne entendait jouer des rivalités entre les Alliés et même les susciter, afin de réduire le *Diktat*. Un voyage en Bavière acheva de lui montrer la réalité allemande. Les Alliés y exigeaient la dissolution d'une nouvelle milice populaire et réactionnaire, l'*Einwohnerwehr*, dont les effectifs et l'armement contrevenaient aux dispositions du traité de Versailles. À cette situation s'ajoutait la présence activiste du dernier maître de l'armée allemande, le général Ludendorff, devenu un gangster politique, tôt séduit par Hitler qui, cette même année, implantait en Bavière le parti national-socialiste, y ensemençait ses idées et ses mots d'ordre et recrutait ses premières troupes de choc. En bref, partout sur la terre germanique on n'aimait pas la république. Avant de quitter la Bavière, Brinon rendit visite à un diplomate de l'ancienne école, le comte de Leyden dont il trace un portrait amusé. Après des digressions sur son amour de la paix et l'incompréhension de la France à l'égard de son pays, le comte de Leyden déclara : « Je vais vous parler librement, avec ma conscience et mon cœur. Il est temps de nous expliquer. Depuis longtemps, je pense aux origines de la guerre et à ses responsabilités. Je me demande quelle fatalité ou quelle folie a livré le monde à cette catastrophe. Eh bien, j'ai la conviction qu'en 1914 la guerre était pour l'Allemagne une question de vie ou de mort [36]. » Il laissa entendre que la seule faute commise par l'Allemagne après avoir déclaré la guerre, ce fut de la perdre : « Le comte de Leyden s'emportait. Ce n'était pas uniquement le diplomate courtois citant ses relations à travers les continents et devisant des usages de la carrière dans son salon plein de bibelots rares. C'était l'Allemagne tout entière qui parlait par sa bouche [37]. »

Ayant formé son opinion sur l'unité allemande faite de tout et de tous et reposant sur l'exacerbation du sentiment nationaliste dès qu'il s'agit de la prééminence du pays, Brinon acheva sa première enquête sur l'Allemagne de l'après-guerre.

Deux mois plus tard, le 27 avril 1921, la Commission des réparations fixait le montant de la dette allemande à cent trente-deux milliards de marks-or. Pour les responsables allemands, la situation apparaissait moins alarmante que ne le laissaient présager ces chiffres. L'année précédente, le Sénat des États-Unis avait refusé d'entériner le traité de Versailles. En conséquence, la garantie américaine à la France en cas d'attaque allemande était annulée et la Grande-Bretagne, solidaire de cette garantie, n'était plus engagée. Liée par les seules contraintes des réparations, l'Allemagne allait entreprendre de s'en libérer par le jeu des alliances économiques et des intérêts financiers que les industriels et les banquiers allemands sauraient nouer en priorité avec leurs homologues anglo-saxons. Les dirigeants allemands verront avec bonheur s'enliser les vingt-quatre conférences internationales qui se tinrent au cours des trois années qui suivirent le traité de Versailles, même s'ils ne participèrent qu'à six d'entre elles, et dont le résultat le plus encourageant se trouvait dans la désunion des Alliés et leurs divergences croissantes sur la question allemande. Quant à la France, après une année d'intransigeance patriotique, le jeu des intérêts particuliers avait dissocié les deux grands pouvoirs économiques traditionnels. L'industrie lourde voulait bénéficier des réparations ; les grandes banques jugeaient les réparations financières irréalistes et, par leurs réseaux, entretenaient avec leurs collègues allemands des relations qu'elles estimaient plus bénéfiques que le système des réparations. Le mot « réparations » était devenu un des termes majeurs de la vie politique française.

CHAPITRE 8

Les travaux et les femmes

À son retour au *Journal des débats*, en 1919, Brinon sera l'homme de confiance et tiendra lieu de secrétaire général dans ce quotidien où, en dehors du directeur, il n'existe guère de hiérarchie bien définie, l'influence de chacun étant un composé d'ancienneté, de talent et d'art de plaire. Sa classification professionnelle, jamais modifiée, sera celle de rédacteur judiciaire. Nalèche, faisait grand cas de la manière dont il savait découvrir des informateurs et créer des relations de confiance ; il appréciait aussi son incessante activité et son honnêteté. Nalèche écrira à l'un des avocats de Brinon pendant l'instruction du procès devant la Haute Cour : « J'ai su qu'il lui a été reproché d'être un affairiste. Je dois à la vérité d'affirmer qu'il ne s'est jamais montré tel pendant toute la durée de sa collaboration aux *Débats*, n'ayant même jamais porté un ordre de publicité [1]. » Enfin, les origines familiales de Brinon constituent dans le milieu élitiste et mondain des *Débats* une plus-value sociale : il était le comte de Brinon.

Il avait aussi la faveur des membres du conseil d'administration, notamment de son président, Pierre de Vauréal, beau-frère de Nalèche, qui approuvait les idées de Brinon relatives à la rénovation du vieux journal, encore que rien ne fût entrepris. De 1920 à 1921, Vauréal l'invita à chasser dans sa propriété de Sologne. Apportant ses deux fusils, Brinon partageait une chambre au deuxième étage du château avec Brisson, un habitué des dîners mensuels des *Débats*, et il contribuait à l'agrément de ces réunions que l'isolement des bois et l'immuabilité des mœurs placent hors du temps [2].

Parmi les bailleurs de fonds des *Débats* figurait en première place François de Wendel dont l'emprise s'accentuait à mesure que les difficultés financières du journal augmentaient. Il entendait que la ligne éditoriale épousât ses énormes intérêts industriels, financiers et politiques. Il était devenu le lecteur le plus critique des *Débats* et, au moindre désaccord, il écrivait dans un style direct et percutant des lettres de réprimande à Nalèche qui y répondait aussitôt avec souplesse et bonhomie.

François de Wendel en imposait à Brinon qui avait côtoyé le pouvoir politique et le pouvoir militaire, tous deux octroyés, et se trouvait placé pour la première fois sous l'empire d'un pouvoir dynastique qui, selon lui, n'était limité par rien et contenait tous les autres pouvoirs. Pensant renforcer sa situation aux *Débats*, il se mit au service de François de Wendel, d'autant que pendant la guerre il s'était lié à son cousin et associé Guy de Wendel. Il servira de prête-nom pour l'acquisition en 1921 de l'imprimerie de *L'Écho de l'Est*, propriétaire du *Burgerzeitung*, un journal publié à Forbach et destiné à renforcer les positions politiques de la famille de Wendel en Lorraine. Ses complaisances valaient à Brinon d'être invité une fois par an, au mois d'août, au château de Guy de Wendel à Hayange, en Moselle, siège de Les Petits-fils de François de Wendel et Cie. Brinon se rendait aussi à l'hôtel de François de Wendel, rue de Clichy, derrière l'église de la Trinité, où le maître de forges lui remettait le dossier dont il devait s'inspirer avant de rédiger l'article désiré. Brinon poussera le zèle jusqu'à emménager temporairement dans un immeuble de la rue de Clichy. Il sera également convié à Vaugien, le château de François de Wendel dans la vallée de Chevreuse et participera en confident à de nombreux déjeuners où se retrouvaient les actionnaires du *Journal des débats*.

Une affaire montée en scandale national, celle de Briey, permettra à Brinon de servir les Wendel. Le bassin lorrain de Briey, jouxtant la frontière allemande, formait un riche gisement ferrifère exploité par les Wendel. Dès le premier jour de la guerre, Briey fut occupé par l'armée du Kaiser sans que les Français, dont le repli était prévu, n'aient détruit les installations sidérurgiques que les Allemands purent exploiter pendant la durée des hostilités. Les usines et les mines contribuèrent à leur production de guerre. Pourquoi n'avaient-elles pas été mises hors d'usage et ne furent-elles pas bombardées ? Quelle raison empêcha qu'une offensive fût engagée à partir de 1917 pour reprendre Briey ? L'émotion fut grande après la guerre quand le public français connut l'affaire. Accusation et défense rivalisèrent d'arguments. Une commission d'enquête ne put faire toute la lumière sur ce qui apparaissait comme un accord occulte entre intérêts capitalistes privés.

Brinon rédigea un éditorial qui parut sans signature dans les

Débats du 7 février 1919, se livrant sur deux longues colonnes à une démonstration visant à annihiler les accusations portées contre les Wendel, qu'il se garda de nommer, suivant lesquelles la guerre aurait été prolongée de deux ans faute de bombardements effectués sur le bassin de Briey. Il tenta de démontrer que des bombardements, même efficaces, n'auraient pu empêcher l'exploitation des bassins miniers par les Allemands ; il assura que ce n'était qu'à partir de 1918 que l'aviation française avait disposé d'avions pouvant emporter les bombes nécessaires. Il posa d'autres postulats concourant à laver les Wendel du soupçon de collusion avec l'état-major. De telles accusations, écrivait-il, nuisaient à l'image d'une France patriote et ne servaient que ses ennemis. Le style avait la froideur de l'objectivité avec ce rien de distance qui accrédite les justifications.

Ses premiers essais en politique étrangère concernent la Russie. L'un des textes élaborés et signés par les participants de la conférence de la paix, le 23 janvier 1919, reconnaissait le droit du peuple russe à diriger ses propres affaires et assurait qu'en aucune façon et en aucune circonstance les Alliés ne donneraient leur appui à une tentative de contre-révolution[3]. C'est pourtant ce qu'ils firent en soutenant celles de l'amiral Koltchak et du général Denikine. Enfin, ils aideront le général Wrangel qui entreprend à partir de la Crimée une guerre de reconquête à la tête de trente mille hommes, des cosaques notamment.

Alors qu'un des augures de l'armée française, le général Weygand, croit au succès final de Wrangel, Brinon déjeune, au mois d'octobre 1920, avec le lieutenant Pechkoff, le fils adoptif de Gorki. Engagé dans l'armée française, il avait pris une position hostile à la révolution russe. À la demande de Nalèche, Brinon revoit le lendemain le lieutenant Pechkoff qui part pour la Crimée afin de se rendre auprès du général Wrangel. Brinon rapporte ses propos qui prédisent les événements : « Pechkoff engage à être prudent vis-à-vis de Wrangel. Il ne croit pas que jamais le général puisse arriver à des résultats bien considérables. Il a peu de monde et manque de matériel. La France peut difficilement en fournir, pas plus que de l'argent [...]. Les cosaques ? Mais les cosaques, on ne sait jamais avec qui l'on traite. Quand on a conclu un arrangement avec l'un qui se dit le grand chef, on en voit surgir un second qui lui aussi se prétend l'ataman général, puis, ce second liquidé, surgit un troisième. Dans ces conditions, il est difficile de faire quelque chose de bien stable. Il ne faut donc pas trop compter sur des succès militaires d'envergure d'ici assez longtemps, et peut-être même pas avec ce général[4]. »

Deux semaines plus tard, au début de novembre, l'armée Rouge concentre toutes ses forces contre Wrangel qui perd 60 % de ses effectifs. Le reliquat de ses troupes est transporté par cent vingt bateaux jusqu'à Istanbul où il compte reprendre la lutte, refusant de s'avouer vaincu. La France, son dernier soutien, après l'avoir encouragé, décide de ne plus le reconnaître[5].

Par sa perception rapide des choses et sa manière de jauger les hommes, Brinon sélectionnait des informateurs qui lui semblaient sans préjugé et sans passion. Pour lui, la contre-révolution russe était mort-née.

Le lendemain de la déclaration des puissances alliées concernant la non-ingérence dans les affaires russes, Lénine créait la IIIe Internationale, le Komintern, destiné à promouvoir la révolution mondiale sous la direction du parti communiste soviétique. En France, la minorité agissante du parti socialiste était séduite. Seule la révolution déboucherait sur les temps nouveaux. Pour la plupart des travailleurs, la fin de la guerre avait été un retour au taudis. Paris, centre de toutes les agitations, n'était qu'un noyau de richesses enchâssé dans une couronne de misère. Les pensions indigentes versées aux blessés, aux invalides, les entraides insignifiantes, l'indifférence des pouvoirs publics, la dureté du travail, la hausse des prix provoquée par la chute du franc, les paies et les salaires incitaient à compenser cette grande détresse matérielle et morale par l'action révolutionnaire.

Il n'y eut pas de pause. Dès le début de l'année 1919, des troubles éclatèrent dans le pays. Le 1er mai, jour symbolique, des manifestations imposantes appuient à Paris les revendications.

Au siège du *Journal des débats*, dans la tranquille rue des Prêtres-Saint-Germain-l'Auxerrois, on discute de ces événements. Le journal est tenu d'éclairer ses lecteurs par une explication générale des récentes grèves et de celles qui s'annoncent dans lesquelles certains voient une guerre civile succédant à la guerre étrangère. Brinon intitule son article de la formule apaisante : « L'évolution du travail ».

« Nous assistons sans aucun doute à une évolution considérable des conditions du travail et des relations entre le capital et la main-d'œuvre. Tous ceux qui réfléchissent sans parti pris à la situation du monde actuel arrivent à la conclusion qu'il y a des traditions qui ne peuvent plus se perpétuer telles quelles, même si elles ont eu leur rôle, leur raison d'être et leur légitimité dans le passé. Le monde ouvrier, dans son ensemble, est plus raisonnable que certaines manifestations tapageuses, entachées d'ailleurs de politique, voudraient le faire croire. Malheureusement, le despotisme ouvrier a ses flatteurs comme tous les despotismes ; ceux qui savent la vérité et qui pourraient la faire entendre à leurs "camarades" se croient obligés à des

précautions oratoires qui affaiblissent l'effet de leurs conseils [...].
La vieille méthode de la lutte des classes ne peut amener que la ruine
universelle [...]. L'ouvrier est défiant ; il l'est à l'égard du patron, il
l'est aussi, et plus qu'on ne le croit, à l'égard des utopistes qui cherchent à l'illusionner. Il a au fond le désir de voir le progrès social
s'accomplir sans coup de force et sans guerres civiles. La procédure
bolcheviste ne lui dit rien qui vaille, et ce n'est pas lui qui s'étonne
qu'elle n'ait produit que la ruine universelle. Mais ce bon sens pratique ne l'empêche pas de croire a priori que l'employeur est nécessai-
rement un ennemi, ou tout au moins un adversaire dont les intérêts
sont inconciliables avec ceux de ses employés [...]. Les révolutionnaires s'appliquent à combattre toute "collaboration de classes" parce
que leur calcul est d'empêcher tout progrès pacifique. Cette collaboration au contraire est voulue par tous ceux qui croient que les trans-
formations sociales ne peuvent être durables et fécondes que si elles
sont l'œuvre commune de tous ceux qui ont des communes destinées [6]. »

Brinon préconise que les patrons versent aux ouvriers des ressources conformes à leurs besoins et si possible supérieures afin de leur
donner le sentiment de construire leur existence en leur permettant
d'épargner.

Quelles que fussent les explications, elles ne dissipaient pas les
hantises de la bourgeoisie. La guerre avait rassemblé d'immenses
armées d'invasion, la paix allait ameuter d'immenses foules d'autant
plus menaçantes qu'elles revendiquaient leur droit à la justice
sociale.

Au mois d'août 1920, une présence féminine s'immisça parmi les
mâles rédacteurs du *Journal des débats*. En ce temps où Brinon se
voyait déjà un peu le maître et esquissait des réformes nécessaires à
la modernisation du quotidien, la nouvelle venue, Simone Mittre, lui
servit de confidente. Elle le restera, et davantage encore, jusqu'au
terme de sa vie. C'était une jeune femme brune plutôt petite, sans
grâce physique particulière mais pleine de vivacité et dont la voix
chaude était plaisante à entendre. Née à Laval en 1897, elle avait
douze ans de moins que Brinon. Son père avait dirigé *L'Avenir de
la Mayenne*, un journal républicain, et était entré pendant un bref
laps de temps au cabinet de Maurice Rouvier, l'homme des grandes
banques, pendant quelques mois président du Conseil. La mère de
Simone Mittre, sans profession, devint veuve à vingt-neuf ans avec
quatre enfants à élever. Dès lors, l'existence de Simone Mittre est
celle d'une jeune personne méritante, comme les aiment les romans
populaires, qui se bat contre la destinée.

Ayant passé plusieurs années au couvent des Ursulines à Mortain, dans la Manche, elle dut quitter la Normandie et s'installa à Nice où demeurait une de ses tantes. Au début de la Grande Guerre, sa mère perdit son avoir et la jeune Simone apprit la dactylographie pour subvenir à leurs besoins respectifs. Elle avait dix-sept ans. Pendant une année, elle travailla dans une compagnie d'assurances, puis chez un exportateur russe et elle espéra pouvoir s'installer en Russie. Devant l'opposition de sa mère, elle monte avec l'une de ses sœurs une affaire de vente de machines à écrire et de travaux de copie. Trois années d'efforts peu rentables y mirent un terme. Départ pour Paris où Simone Mittre retrouve Joseph Kessel, un camarade de Nice, qui fait ses premières armes de journaliste aux *Débats*. Dans ce journal où tout le monde trempe sa plume dans l'encrier, on a enfin décidé de créer un poste de dactylographe destiné à la rédaction. Simone Mittre postule l'emploi d'autant que Kessel parle avec enthousiasme de son patron, Étienne de Nalèche, allant jusqu'à dire : « Je voudrais qu'il se foute à l'eau pour aller le chercher, tellement je l'aime[7]. » Kessel la présente à Brinon qui l'embauche. Elle restera neuf ans aux *Débats*. Quelques jours après son engagement, le frère de Joseph Kessel, Lazare, dit Lola, se suicide à vingt ans, jeune homme des plus doués pour le théâtre aux dires de ceux qui l'avaient connu. Simone Mittre conservera toute sa vie une sorte de testament humoristique qu'il lui avait dédié et dont le refrain disait :

> *Rigolons, faut pas s'faire de bile,*
> *Et rigolons jusqu'au cercueil.*
> *La peinture, ça s'fait à l'huile*
> *Et l'amour, ça s'fait à l'œil[8].*

Seule femme de l'équipe et gâtée par tout le monde, Simone Mittre considérera que ce furent les meilleures années de sa vie. Elle se sentait placée sous la protection de Nalèche : « Tout le monde aimait Nalèche, on ne pouvait pas ne pas l'aimer[9] », déclarera-t-elle en 1981 en évoquant ses souvenirs. Toute la rédaction se réunissait dans la salle quand il corrigeait les épreuves au moment où le journal tombait. Il racontait des histoires, aimant évoquer sa jeunesse, et rapportait des anecdotes de sa Creuse natale. « Je vieillis, vous comprenez ! Avant, il y avait la boulangère ou la bouchère avec qui je pouvais flirter un petit peu, tandis que, maintenant, j'attends les accidents de la route avec l'espoir de voir arriver une jolie femme[10]. » Il ouvrait volontiers une bouteille de champagne pour trinquer avec des collaborateurs. Ce qui enchantait aussi Simone Mittre, qui était sans attaches, c'était l'atmosphère de tradition qui régnait entre les vieux murs. « Il y avait toute la collection du journal dans une grande pièce du fond où personne n'allait, et il y avait dans la grande salle où Nalèche recevait les personnes qui venaient, gens de lettres ou autres, un grand tableau de tous les anciens des *Débats*, le fauteuil de Renan, la table de Chateaubriand. Tout le monde était très attaché à ce journal. Quand on y entrait, on n'avait plus envie de s'en aller. C'était vraiment la maison [11]. »

Simone Mittre prenait son service à dix heures et demie et le quittait à trois heures et demie de l'après-midi. Ses appointements étaient si modiques que, disposant de loisirs, elle sténographiait des cours de droit à la faculté, qu'elle dactylographiait à ses moments perdus. Elle se livrait encore à d'autres travaux. Sachant qu'elle travaillait hors des *Débats*, Brinon lui proposa de s'occuper de son courrier et de dactylographier ses articles : « C'est ainsi que commença ma collaboration avec lui [12]. »

Pendant sept ans, toujours à la tâche, elle soignera elle-même sa mère très malade, se levant plusieurs fois la nuit : « J'étais donc épuisée de soucis et de fatigues et n'avais pas de loisir pour la politique », dira-t-elle, énumérant encore d'autres tâches qu'elle accomplissait jusque tard dans la nuit : « Malgré toutes ces occupations, je trouvais encore le temps, le soir, pour dactylographier bénévolement les œuvres de mes deux amis Kessel et Xavier de Hauteclocque qui tous deux, à leurs débuts, n'étaient pas très argentés [...]. Mais, en juillet 1928, je subis une très grave opération qui me tint plusieurs mois en clinique et j'en sortais si affaiblie que tout en reprenant mon travail et une vie de garde-malade, je n'avais plus ni force ni courage [13]. »

Cet état dépressif la conduit à épouser M. Taffe, joueur et aimable paresseux, dont elle divorça au bout de deux ans : « J'abandonnai au moment de mon mariage une partie de mon travail, mais ni les *Débats* ni M. de Brinon [14]. »

Du travail aux confidences, elle était devenue pour Brinon une simple passade entre deux aventures plus sérieuses. Simone Mittre, quoique éprouvant le sentiment mortifiant d'être déclassée, tenait par-dessus tout au comte de Brinon qui, privilégiant le langage des affaires, l'appellera toujours, dans leur correspondance, « Ma chère Mittre ». Les événements finiront par la servir, comme on le verra.

La sœur cadette de Brinon, Simone de Morineau, rapportera que dans sa jeunesse son frère s'était épris d'une jeune fille qu'il n'avait pu épouser. Il y avait laissé à jamais sa dépouille d'amoureux. Dès lors, cultivant l'indifférence, mais soucieux de son image et un rien snob, Brinon se voulait homme à succès et évoluait dans le milieu

de la Comédie-Française. Les mœurs y étaient celles d'une cour rava-
gée par les jalousies et les intrigues. Seules les coulisses auraient pu
dire par quoi les comédiennes devaient passer pour obtenir le rôle
convoité. Comme au XVIIIe siècle, elles cherchaient des protecteurs.
Les nouveaux seigneurs étaient surtout les hommes politiques et ceux
en qui s'incarnait un pouvoir.

Brinon, habitué des champs de courses, aimait se montrer à
Auteuil et à Longchamp aux côtés d'une comédienne du Théâtre-
Français. C'est sans difficulté que certaines faisaient un tour au
pesage avec le comte de Brinon. À défaut de cadeaux, il pouvait
susciter des articles dans la presse et, surtout, ses hautes relations
étaient sans nombre. On le rencontra en compagnie de Berthe Bovy
et de Madeleine Renaud, ayant pour cette dernière une prédilection
durable. Il se liera aussi avec l'éruptive Marie Marquet, pendant quelque temps la maîtresse d'André Tardieu, et avec l'actrice Arletty.
Cultivant volontiers sa réputation d'homme à femmes, il prêtait à
son physique si particulier une sorte de distinction aristocratique et
se reconnaîtra plus tard dans le portrait autorisé que l'on dressera de
lui : « Taille, 1 m 70 environ, yeux marron, nez bourbonien, front
large et haut, cheveux noirs, visage forme ovale, profil très découpé,
voix nette et précise, cependant grave, aux inflexions chaudes et
nuancées. Impression d'ensemble : simplicité et grande distinction
naturelle. Qualité distinctive : vaste intelligence, nuancée, finesse,
diplomatie, énergie et distinction [15]. »

C'est avec Yvonne Ducos que Brinon aura une longue liaison. Née
en 1887 à Marseille, elle avait obtenu au Conservatoire de Paris le
premier prix de tragédie et de comédie en 1911. Aussitôt engagée à
la Comédie-Française, elle faisait ses débuts sous la férule de Jules
Claretie, rompu comme nul autre à la vie parisienne, alors âgé de
soixante et onze ans et qui exerçait dans sa plénitude la fonction
d'administrateur.

Yvonne Ducos dut se soumettre aux clauses d'un contrat qui en
disait long sur la misère morale que cachait le prestige de la Comédie-Française. L'article VI stipulait : « En cas de clôture du théâtre
pour quelque cause que ce soit, les appointements seront suspendus
et ne recommenceront à courir que le jour de la réouverture du théâtre. En cas de maladie, les appointements seront réduits de moitié ou
même supprimés tout à fait selon la cause de l'empêchement. Si la
maladie dure plus de trois mois, l'Administrateur général de la
Comédie-Française aura le droit de résilier l'engagement sans réci-
procité. »

D'autres articles révèlent le caractère vexatoire de certaines dispositions et illustrent le côté paradoxal de la vie de ces comédiennes traitées en reines dans les salons et en domestiques sous les cintres.

Yvonne Ducos débuta dans le rôle d'Iphigénie. À l'époque, les débuts étaient un événement à relents de cabale d'où sort le triomphe ou la défaite. Elle ne fut pas victorieuse. Ceux qui voulurent la critiquer s'y prirent sans ménagement, ceux qui la louèrent le firent sans ardeur. En réalité, le dossier de presse est assez mince. Le mauvais et le tiède alternent [16]. Sa carrière s'enlisa. Il faut croire qu'elle se résigna puisqu'elle resta à la Comédie-Française malgré quelques voix isolées qui l'invitaient à quitter ce monde aux passions intestines. Tel lui prédit une carrière cinématographique et estime qu'elle est « une des plus grandes artistes de sa génération. Sa voix est mélodieuse et douce comme une musique [17] ». Tel autre la félicite pour ses interprétations et surtout parce qu'elle défend les jeunes poètes auxquels par sa diction, son art de dire les vers, elle confère « des minutes de beauté [18] ». Vient la Grande Guerre. Le piège se referme sur elle. Neuf ans après son entrée dans l'illustre théâtre, elle reste victime des chausse-trapes de la maison et des chefs d'emploi qui ne la laissent se produire dans les rôles importants que pendant les mois d'été. Elle demeure vouée au pensionnariat et ne s'en extirpera jamais. Elle exécrera l'administrateur général, Émile Fabre, un plat auteur dramatique qui régnera sur la Comédie-Française pendant vingt-trois ans, de 1913 à 1936. On trouve trace de son aversion jusque dans une lettre qu'Édouard Daladier, alors député du Vaucluse, et déjà plusieurs fois ministre, écrivait en 1926 à Brinon dans laquelle il surnomme Mlle Ducos : « Yvonne Fabrophobe [19] ».

En 1930, après vingt années de carrière, tandis qu'elle vivait à Neuilly en concubinage avec Brinon, un journaliste lui rendit visite : « Mes projets ? Pour ce qui est du théâtre, je n'en ai pas d'autres que ce que la Comédie-Française veut bien former pour moi. Notre maison est une caserne : troupier discipliné, j'attends les ordres du commandant [...]. Modeste troupier voué aux corvées de quartier, comment pourrais-je porter un jugement sur l'état-major qui nous fait tuer ? J'obéis sans essayer de comprendre. » Que ferait-elle si elle pouvait disposer de son temps ? « Je m'occuperais de l'amélioration de la race chevaline et d'un élevage de chiens, cela me consolerait de la fréquentation des humains [20]. »

La résignation d'Yvonne Ducos pouvait convenir à Brinon qui n'aimait pas plus la révolte chez la femme que dans le peuple. Elle était physiquement le type de la Méridionale brune aux yeux noirs, nez un peu aquilin, bouche large et bien dessinée. Brinon établira avec elle une liaison d'une dizaine d'années qui s'achèvera lors de sa rencontre avec Mme Ullmann qu'il épousera. Elle lui conféra une sorte de prestige, celui du mâle qui pêche dans le bon vivier. Il abandonnera son appartement de la rue de Clichy, près de l'hôtel de François de Wendel, et retournera loger rue de l'Université, non loin d'Yvonne Ducos qui demeurait dans la rue du Cherche-Midi, avant qu'ils ne s'installent ensemble à Neuilly.

CHAPITRE 9

Retour en Allemagne

En 1923, Brinon retourna en Bavière et à Berlin en compagnie de Guy de Montjou, député de la Mayenne et ancien aviateur. Il gardait le contact avec le professeur Haguenin et, sous l'influence de cet universitaire qui sacrifiait les belles-lettres aux affaires politiques, il s'intéressa à la construction d'avions métalliques conçus par l'ingénieur allemand Claudius Dornier. Faisant là ses premiers pas d'intermédiaire, Brinon étudiera la possibilité de faire travailler Dornier en France[1]. Ce projet sera contrecarré par Henri de Kérillis, un as des combats aériens de la Grande Guerre, blessé et trépané. Devenu après les hostilités l'un des directeurs des usines d'aviation Farman, Kérillis ne pouvait tolérer que Dornier, qui avait produit les meilleurs appareils de chasse allemands, construisît en France des avions de guerre dont le traité de Versailles interdisait la fabrication en Allemagne. Douze ans après, devenu député et journaliste, Kérillis se révélera un adversaire mordant et acharné de Brinon.

Déjà impressionné par la puissance industrielle de l'Allemagne, Brinon constata que la population du pays comptait une jeunesse nombreuse et active, fruit d'une croissance démographique commencée quatre-vingts ans plus tôt, quand la population française stagnait et vieillissait, d'autant que 28 % des jeunes hommes de dix-huit à vingt-six ans avaient été tués pendant la guerre.

Brinon considéra que la politique française, axée sur le paiement des réparations, négligeait toute idée de réconciliation avec l'Allemagne. Or lui-même inclinait à un rapprochement entre les deux pays.

Dans ces circonstances, le gouvernement français prit une décision qui devait être la dernière manifestation de volonté agissante de la IIIe République à l'encontre de l'Allemagne. Devant la mauvaise foi des Allemands qui, pour ne pas payer, réclament à deux reprises un moratoire, Poincaré, devenu président du Conseil, décide d'appliquer les sanctions prévues par le traité de Versailles. Le 11 janvier 1923, malgré l'opposition britannique, les troupes françaises occupent la Ruhr, secondées par des détachements belges, et entendent saisir toute la production de charbon.

Estimant que la sécurité de la France dépendait de l'alliance avec la Grande-Bretagne, Brinon soutint la politique du Premier ministre britannique Bonar Law visant à réduire les dettes financières imposées à l'Allemagne et penchant pour un paiement en nature.

À propos de l'occupation de la Ruhr, Brinon écrira : « La France victorieuse se reposait sur son droit écrit dans le traité de Versailles [...]. Cependant, l'Allemagne ne payait pas. Elle avait fait des livraisons de matériels, de chevaux ou de bétail. Les industriels français repoussaient les prestations en nature qui pouvaient enlever au marché national la clientèle des régions dévastées. Nous relevions nos ruines à coups d'emprunts[2]. »

Brinon devint le porte-parole des Wendel accusés de profiter de l'occupation de la Ruhr pour mettre la main sur le charbon et, par cet approvisionnement vital, s'assurer le monopole du fer. Il démontrera que des hommes considérables par leur influence économique et politique – les Wendel – qui possédaient des intérêts en Allemagne étaient néanmoins d'intraitables opposants à tout rapprochement franco-allemand, ne serait-ce qu'à cause de l'annexion de l'Alsace-Lorraine qui avait scindé leur famille de chaque côté de la frontière. Il en était résulté un patriotisme qui prévalait sur certains intérêts.

Au service des Wendel, Brinon consacra deux longs articles à cette question, non sans les leur soumettre avant publication. La rédaction définitive ne leur donna pas entière satisfaction : « Ils me remettent un dossier spécial sur leurs charbonnages. Mes conclusions sont d'ordre plus général et provoquent un commencement de conflit avec François de Wendel[3]. » Ses intérêts portaient Wendel à désapprouver l'occupation de la Ruhr qui faisait peser des contraintes sur les propriétés industrielles qu'il possédait en territoire allemand[4].

Au début de l'année 1924, Fernand de Brinon se rendit dans la Ruhr occupée. Sous la couverture du journaliste, il était mandaté par le puissant Comité des forges, présidé par François de Wendel, afin de rapporter des informations et de transmettre des messages. C'est en tant qu'envoyé de ce Comité que les services de renseignement français repéreront Brinon[5].

En janvier, il fut reçu par Hugo Stinnes, « magnat de l'Allemagne », qui lui fit des déclarations corrigées de sa main. L'entretien de deux heures eut lieu à Mülheim-sur-la-Ruhr, au domicile de

Stinnes, une grande maison que rien ne distinguait des autres :
« M. Hugo Stinnes est assis devant la table en face de son interlocuteur. Vêtu d'un complet noir, cravaté de noir sur le haut col
droit, barbe noire, sourcils broussailleux et sombres, des cheveux
noirs aux reflets roux et extraordinairement fins dressés en brosse,
la tête penchée sur de larges épaules, il donnait l'impression d'une
force un peu morne[6]. »

Ce que Stinnes énonça en martelant ses propos de ses poings
appartenait au répertoire commun à tous les seigneurs allemands de
l'industrie : nos ressources financières s'épuisent, nos caisses se
vident : la seule richesse dont dispose l'Allemagne, c'est son travail ;
l'occupation de la Ruhr est injuste car elle met à la charge de quelques particuliers, notamment les industriels, de payer la dette de la
nation. Stinnes se ralliait aux idées de sa caste selon lesquelles l'Allemagne pourrait payer des réparations, non pas en produits financiers,
mais par des prestations en nature, telles que les livraisons de charbon, de coke, de produits chimiques que le gouvernement du Reich
réglerait aux usines allemandes, ce qui aurait le double avantage de
faire travailler l'Allemagne et de payer des réparations en nature à
la France et à ses alliés : « J'ai peur, conclut Hugo Stinnes, que les
Français ne connaissent pas la désespérance de l'Allemagne[7]. »

Brinon partit ensuite à la rencontre de Fritz Thyssen, fils et successeur d'August Thyssen, fondateur du *Konzern* portant son nom et qui
avait coiffé son inlassable activité de cette devise : « Si je m'arrête,
je me rouille. » Brinon voit « la plaine monotone de la Ruhr sous un
ciel gris ; de hautes constructions de ciment couvertes d'enseignes
industrielles en lettres énormes, les cheminées d'usines, les hauts
fourneaux noirs aux formes étranges et les fumées blanches et sombres qui fondent leurs traînes dans les nuages. Au long des canaux
où les chalands innombrables sont alignés en files régulières, pas un
arbre, mais aussi loin que porte le regard des grues immenses font
au bord des eaux comme une végétation de fer. C'est ici Ruhrort, le
plus grand port fluvial du monde. À côté, Hamborn et ses aciéries,
domaine de Thyssen qu'on a nommé le roi européen de l'acier parce
que ses seules usines de Hamborn sortaient plus de quatre mille tonnes d'acier par jour[8] ».

Fritz Thyssen énonça les mêmes arguments que Hugo Stinnes :
l'unique richesse allemande, c'est le travail et la production, puis il
bifurqua sur la politique : « Vous avez l'habitude de la République,
je prétends d'ailleurs que votre République ne ressemble pas à la
nôtre. Mais la démocratie chez nous, cela ne représente rien. Cela ne
donne confiance à personne. On veut un gouvernement. Ne vous

étonnez pas que ceux que vous avez connus jusqu'ici aient tout signé et rien tenu. Ils étalaient chaque jour leur faiblesse et ne pouvaient inspirer aucune confiance. Je vais vous surprendre, mais j'affirme que, pour régler les réparations de la guerre, il eût mieux valu un gouvernement de droite. Pour redresser les choses, il faut des hommes supérieurs[9]. »

Qu'entendait-il par « hommes supérieurs », celui qui se tenait devant Brinon, « élégant dans sa haute taille, visage rasé, les cheveux blonds qui grisonnaient séparés par une raie, les traits réguliers [...]. Il ne fait pas songer à un prophète oriental comme feu Rathenau, ni à un doctrinaire sûr de son enseignement comme M. Stinnes ; il est souriant, nonchalant, cordial[10] ». Était-ce déjà Hitler, l'homme supérieur, ennemi de la République et de la démocratie auquel songeait Fritz Thyssen ? L'année précédente, il avait été le plus important bailleur de fonds du parti national-socialiste et avait remis lui-même en main propre à Hitler d'importants subsides qui, au total, s'élèveront à 1 million de marks. Cela, Brinon ne pouvait le savoir.

Pour des raisons personnelles, Brinon fluctuait sur la question clé des réparations même si, politiquement, il était partisan d'une solution de compromis entre la France et l'Allemagne. Il voulait accorder ses intérêts à ceux des Wendel et surtout avec le plus redoutable d'entre eux, François, intraitable sur les réparations et auprès duquel il espérait trouver un appui dans ses ambitions de carrière. La première trace de cette allégeance se trouve dans une lettre de septembre 1922. Brinon n'hésite pas à cafarder Étienne de Nalèche et tient l'emploi de « taupe » au sein des *Débats* : « Cher monsieur et ami, écrivait-il à François de Wendel. Je viens demander votre secours. Mon excellent patron a été goûté hier chez Loucheur et il en est revenu convaincu[11]... » Il s'agissait d'une de ces innombrables intrigues politiques visant à renverser le gouvernement, en l'occurrence celui que dirigeait Poincaré. Loucheur, richissime industriel engagé dans la politique, estimait que Poincaré était trop intransigeant sur la question des réparations et trop fermé aux concessions à faire aux catholiques. Brinon écrivait à Wendel que ces idées séduisaient Nalèche qui pourrait trouver dans le *Journal des débats* des journalistes imprégnés des idées conciliatrices d'Aristide Briand qui se plieraient à ces combinaisons. « Je vous mets au courant avec confiance, poursuivait Brinon. C'est, il me semble, pour le bien du journal et en définitive pour celui de Nalèche de toute manière. Vous pourriez très facilement lui parler de la politique à soutenir ; il est possible qu'à ce propos il vous parle de cette conversation de Louveciennes [avec

Loucheur], qu'il a rapportée à Chaumeix qui, très content, s'est montré ravi et va travailler dans ce sens[12]. »

Par cette insinuation, Brinon espérait exposer son ennemi André Chaumeix au ressentiment de Wendel ! Chaumeix disposait d'une arme efficace : il était académisable, position fort prisée aux *Débats* où l'on avait le culte de l'Institut. Son élection était d'autant plus assurée qu'il disposait des appuis nécessaires et que, signe favorable, il avait souvent publié ses chroniques en bas de la première page et l'on savait d'expérience que « le rez-de-chaussée » du *Journal des débats* était l'antichambre de l'Académie française.

D'un gouvernement à l'autre, le problème des réparations finissait par devenir une matière protéiforme. L'affaire prit un tour encore plus obscur quand, en vue de contraindre l'Allemagne à payer quelque chose, un comité d'experts se réunit sous la présidence de Charles Dawes, homme d'affaires américain ayant dans l'armée le grade de général. Adopté le 1er mai 1924, le plan Dawes revoyait à la baisse le montant des réparations. Il imposa à l'Allemagne le paiement d'annuités s'élevant de 1 à 2,5 milliards de marks-or, suivant sa situation économique, assorti d'une complexité de procédures techniques. La singularité du plan Dawes était que le nombre des annuités n'était pas fixé et pas davantage le nouveau montant global de la dette allemande.

Brinon prendra connaissance du rapport de Jacques Seydoux, haut fonctionnaire au Quai d'Orsay, spécialiste des questions économiques et financières, qui, après avoir analysé la nature même du plan Dawes, concluait que les sommes que les Allemands avaient déjà payées aux Français étaient absorbées par les frais d'occupation : « Il reste donc que l'Allemagne a encore à payer la presque totalité de sa dette des réparations [...]. Si même le plan Dawes durait des milliers d'années, l'Allemagne ne s'acquitterait jamais de sa dette telle qu'elle a été fixée au 1er mai 1924[13]. » De surcroît, le mois suivant, le président du Conseil Édouard Herriot faisait évacuer la Ruhr, privant la France du seul gage qu'elle détenait encore, sans même demander aux Allemands des contreparties qu'ils étaient disposés à payer. Brinon le critiquera durement dans une lettre adressée à François de Wendel[14].

Afin de clore le chapitre des réparations, ajoutons qu'en juin 1929 un autre plan d'experts fut élaboré sous la direction de l'Américain Owen Young qui minimisait encore la dette allemande. Payable en cinquante-neuf annuités, elle venait à échéance en... 1988. Le plan Young liait dans un ensemble inextricable la dette allemande et les dettes contractées par la France à l'égard des Alliés, notamment des

États-Unis, exigibles dans leur totalité. La crise financière qui sévit en Allemagne en 1931, savamment amplifiée par les banquiers allemands, permit à ceux-ci d'influencer leurs collègues américains qui obtinrent du président Hoover un moratoire gelant la dette allemande pendant un an. À l'échéance du moratoire, se tint en 1932, à Lausanne, une conférence qui supprima la dette allemande. L'année suivante, l'accession de Hitler au pouvoir envoya le souvenir même des réparations aux oubliettes.

Jusqu'à l'année 1926, Brinon put imaginer qu'il occupait aux *Débats* la place d'héritier présomptif, même si Étienne de Nalèche, comme tout homme heureux, n'était pas disposé à s'en aller. Brinon participait à tous les aspects de la vie du journal et était mêlé aux conciliabules qui entouraient ses perpétuels besoins de financement. Il était des déjeuners qui réunissaient Nalèche et ses amis bailleurs de fonds chez le « cher vieux Lapérouse ». Brinon put même croire qu'une complicité le liait à Wendel qui, écoutant ses critiques à l'égard de Nalèche, écrivait à ce dernier dans le sens souhaité par Brinon[15]. Quoique fort à l'aise dans ses missives de mouchardage, Brinon entendait en rapporter davantage de vive voix : « Je serais heureux de vous voir quand vous viendrez à Paris, écrivait-il à François de Wendel. J'ai des choses à vous dire et il faudrait peut-être une action rapide qui, je le crois, serait heureuse[16]. » Une expression revient sous sa plume quand il cafarde Nalèche et d'autres : « C'est pour le bien du journal. » Cette révérence permanente portait Brinon, pourtant partisan d'une entente avec l'Allemagne, à se mettre au diapason de Wendel qui craignait que la politique incohérente et velléitaire de la France ne fasse réapparaître « la Germanie casquée et bottée d'avant guerre[17] ».

Les motifs de tension étaient fréquents et Wendel était prompt à dicter des lettres exposant à Nalèche, d'une manière mordante, son mécontentement, que ce fût à propos du contenu du journal ou de son financement. Wendel mit Brinon au courant de l'alliance qu'il projetait avec le baron Édouard de Rothschild pour renflouer les *Débats* agonisants[18]. Sans dévoiler son jeu, il lui fait part de son opposition grandissante aux options politiques et économiques prises par le journal ; Wendel en vient, comme il en instruit Brinon, à ne pas répondre aux convocations du conseil d'administration, menaçant de se désintéresser des *Débats*[19]. Stratagème destiné, au contraire, devant le trou financier qui accompagnerait sa démission, à renforcer sa position dominante en amenant Nalèche à contrition.

Huit mois après cette dernière communication et malgré une apparente entente avec François de Wendel, Brinon sentit que son sort lui échappait et se révolta. Ce fut à l'occasion de projets relatifs au renflouement du *Journal des débats*. Le commanditaire pressenti était le très prospère parfumeur François Coty, déjà propriétaire du *Figaro*. L'intermédiaire choisi pour régler cette éventuelle participation n'était autre que l'ennemi personnel de Brinon, André Chaumeix, à la fois collaborateur du *Figaro* et du *Journal des débats*. La machination parut si évidente à Brinon que, dans l'espoir de trouver un intercesseur, il courut chez Guy de Wendel, le cousin de François, avec lequel il avait des relations plus faciles. Guy de Wendel fut si frappé par les propos et le comportement de Brinon que, à peine celui-ci reparti, il en avisa François de Wendel par une lettre détaillée. « Il est évident, lui déclara Brinon, que sous prétexte d'une subvention Coty, c'est la direction des *Débats* qui se pose [20]. »

Brinon accusait Chaumeix de manœuvrer afin que cette direction lui soit attribuée. Brinon s'en était plaint à François de Wendel qui lui avait réservé un accueil plutôt froid. Quant à Nalèche, s'il saisit la situation, il n'a pas envie d'intervenir, « surtout préoccupé de vivre sans ennui et va où le vent le pousse [21] ». Pourquoi est-il subitement question de la participation de Coty ? Parce que Chaumeix veut une situation stable et qu'il ne l'a jamais obtenue. C'est un opportuniste qui ferraille pour le compte du puissant du jour. « Il a fait la preuve que son caractère n'est pas à la hauteur de son talent [22] », poursuit Brinon. Aujourd'hui, Chaumeix est à la fois à la solde du parfumeur Coty et de François de Wendel. Brinon rappelle qu'aux jours où il avait écrit ses articles sur la métallurgie et l'occupation de la Ruhr, Chaumeix, dans le désir de lui nuire, l'avait représenté comme étant « l'homme des Wendel ». D'où la rivalité entre Chaumeix et Brinon, le premier cherchant à supplanter le second auprès de François de Wendel. « Il semble y être arrivé ou du moins se fait passer pour tel [...]. Donc, poursuit Guy de Wendel transcrivant les propos de Brinon, aucun inconvénient à la subvention Coty si elle n'avait Chaumeix pour instrument, et Brinon s'étonne que François ne s'en rende pas compte. Il est d'autant plus déçu que François l'assurait il y a quelques semaines qu'il serait son représentant aux *Débats* et qu'il le dirait. Il est donc étrange que ce soit aujourd'hui à cause de François qu'une intrigue se noue qui causera très probablement le départ de Brinon des *Débats*. Brinon ne s'explique pas que François soit l'instrument principal d'une combinaison uniquement destinée à imposer l'autorité de Chaumeix et à le laisser, lui, Brinon, avec la réputation de demeurer "l'homme des Wendel" [23]. » Cela paraît à Brinon d'autant plus inexplicable que Chaumeix s'est toujours élevé contre les idées politiques et économiques défendues par François de Wendel. Brinon rappelle encore les services insignes qu'il a rendus à ce dernier, au nombre desquels celui de lui avoir ramené Nalèche qui avait pris ses distances.

Guy de Wendel conclut à l'intention de son cousin : « Voilà à peu près ce que m'a dit Brinon. Il y a évidemment des choses justes et j'ai pensé qu'il y avait intérêt à ce que tu connaisses le point de vue de Brinon. Pour moi, je considère simplement que malgré tout Brinon est le *seul* journaliste qui nous ait vraiment rendu des services, le seul sur lequel on puisse faire fond et j'estime qu'il a suffisamment de talent, de relations et j'ajouterai de sympathies pour que tout cela mérite d'être pris en très sérieuses considérations [24]. »

Avant de lui répondre, François de Wendel annota en marge la lettre de son cousin. « Évidemment une tare », inscrivit-il à l'endroit où Brinon se disait taxé d'être « l'homme des Wendel ». « Brinon a toujours cherché à me faire cette représentation, ce que je n'ai jamais fait », nota-t-il à l'endroit où Brinon assurait que François de Wendel lui avait promis de dire qu'il était son représentant aux *Débats*. À la ligne où Guy de Wendel soulignait que Brinon était le *seul* journaliste qui leur ait vraiment rendu des services, François de Wendel écrivit : « On en trouvera facilement d'autres surtout si on les traite comme son [un mot illisible]. »

François de Wendel adressa à son cousin une lettre dont nous donnons le texte intégral, unique document privé de cet entre-deux-guerres qui soit consacré à la personnalité de Brinon :

« Mon cher Guy,

» J'ai bien reçu ta lettre.

» Brinon est un très gentil garçon que nous aimons bien, dans lequel nous avons confiance et qui nous a rendu certains services. Il écrit fort bien et il n'est pas douteux que, lorsqu'on le documente convenablement, il est capable de faire des articles utiles et qui sont d'ailleurs remarqués.

» Mais cela ne veut pas dire qu'il n'ait pas certains défauts et nous le connaissons depuis trop longtemps pour ne pas nous en être aperçus. Comme beaucoup de journalistes d'ailleurs, il est un peu amateur et n'est pas, je crois, un cheval de travail. Mais son plus gros défaut est à mon avis d'être extrêmement influençable et de trop changer d'opinion selon le hasard des rencontres *.

» Le hasard l'ayant mis sur mon chemin à des moments où les

---

* C'était aussi l'avis de Nalèche (cf. Pertinax, *Les Fossoyeurs*, Le Sagittaire, 1946, t. II).

circonstances m'avaient donné raison, j'ai eu le plaisir de lui voir adopter ma manière de voir, mais, si flatté que j'en fusse, je n'en ai pas moins tiré certaines conclusions.

» Ceci étant, que dire de l'avenir de Brinon aux *Débats* ? Peut-on affirmer qu'il sera un jour le directeur du journal ? J'avoue que je n'en sais rien. Serait-il le directeur rêvé ? Je ne le crois pas. Serait-il en revanche un directeur meilleur, en raison de ses qualités et de son honorabilité, que ceux qu'on aura sous la main au moment où Nalèche disparaîtra ? C'est bien possible. Toujours est-il que nous ne pouvons le désigner par avance alors que la personne la plus qualifiée pour le faire, son parent, M. de Nalèche, ne le fait pas*.

» Voilà en vérité tout ce que je peux dire actuellement sur Brinon, auquel je compte bien qu'en aucun cas tu ne communiqueras cette lettre. Pour le reste, tout ce qu'il t'a raconté n'est qu'un tissu de bobards.

» Je n'ai pas l'intention, comme je te l'ai dit, de favoriser la mainmise de Coty sur les *Débats* et je ne suis tout de même pas assez jeune pour que l'on me conduise dans des petits chemins où je n'ai pas envie d'aller. Je connais Chaumeix depuis assez longtemps pour ne pas avoir besoin des confidences de Brinon pour savoir ce que je dois en penser. Mais je trouve intéressant de conjuguer les efforts du *Figaro* et des *Débats* et la personnalité de Chaumeix, dont le talent n'est pas contestable, me permettant de le faire, je ne vois pas pourquoi je n'en profiterais pas.

» Cela ne modifie en quoi que ce soit la position de Brinon au journal. Je dirai seulement que dans la mesure où celle-ci n'est plus ce qu'elle était, la faute n'en revient qu'à lui-même, car il n'a pas été créé de nouveau poste.

» Brinon se vante de m'avoir amené Nalèche. C'est un peu exagéré. Ce qui m'a ramené Nalèche, c'est le fait que le jour où, après nous avoir lâchés et vidé sa caisse, il n'a trouvé du côté de Lazard personne pour la remplir**. Il s'est retourné alors vers les vieux amis, et a cherché du côté que tu sais un concours que seul, je peux bien le dire, ma présence au journal a permis d'obtenir***.

---

* Nalèche passait aux yeux de bien des gens pour un parent de Brinon. D'ailleurs, par plaisanterie, Nalèche l'appelait parfois « le neveu ».

** La banque Lazard Frères versa trente mille francs, puis suspendit son concours.

*** Il s'agit notamment de la banque Rothschild dont les liens avec les *Débats* étaient très anciens. *Le Journal de la Bourse* du 7 mars 1880 publiait la note suivante : « Les *Débats*, organe de la maison Rothschild quand elle daigne donner des explications à un pays qu'elle traite en vassal. » AN F18/368.

» Il n'y a rien dans tout cela qui justifie l'inquiétude de Brinon. Les *Débats* sont aujourd'hui ce qu'ils étaient hier, sauf que M. Maroni n'y est plus et que le journal tire à six pages*.

» Si Brinon était raisonnable, il chercherait à profiter des nombreux atouts qu'il a pour améliorer sa situation au journal au lieu de rester sous sa tente et de demander qu'on le rétablisse par une intervention directe qui n'aurait que des inconvénients[25]. »

L'entrée du parfumeur Coty dans le capital du *Journal des débats* n'aboutit pas, mais André Chaumeix continua à jouir de la bienveillance de François de Wendel. Brinon était conscient que la machine ne fonctionnait plus en sa faveur et n'engendrait plus d'avenir pour lui. Les mois passant, son intention de quitter les *Débats* se renforçait. François de Wendel ne le ménageait plus. Il écrit à Nalèche pour se plaindre de lui : « Je n'ai pas fait de compliments à Fernand de Brinon de son compte rendu sur la situation électorale dans le Nord et il est vraiment insupportable pour les gens qui s'intéressent aux *Débats* – en disant cela, je ne parle pas seulement pour moi – de voir paraître à chaque instant, sous la signature des principaux collaborateurs du journal, des articles qui ne cadrent en rien avec leurs idées[26]. »

La réputation de journaliste de Brinon était solidement établie. L'intérêt qu'il manifestait pour l'Allemagne devenait prédominant et il éprouva des difficultés à faire prévaloir la nécessité d'un rapprochement franco-allemand dans un journal devenu hostile à tout compromis affectant les intérêts français tels que les concevaient les Wendel. Brinon distinguait fort bien les errements de la République de Weimar, incapable d'enraciner l'esprit démocratique dans le peuple allemand habité par l'obsession de sa puissance passée et par des réflexes d'autorité. Sa fréquentation quotidienne du monde politique français dont il connaissait si bien les acteurs et dont il analysait avec lucidité les faiblesses, les velléités, les naufrages occasionnés par les ambitions individuelles mettait en relief la vigueur du réalisme germanique et tout ce qu'il recelait de dangers pour la France.

Brinon a quarante ans. Ses projets de modernisation du journal et de prise du pouvoir sont ruinés. Il démissionne des *Débats* en octobre 1929. Étienne de Nalèche en prend acte : « M. Fernand de Brinon qui fut collaborateur de ce journal dès qu'il eut achevé ses études

---

* Fernand Maroni, spécialiste des marchés financiers et des affaires économiques aux *Débats*. Ses articles suscitèrent l'hostilité de F. de Wendel qui contraignit Nalèche à se séparer de lui. Les *Débats* étaient passés de quatre à six pages.

de droit, s'y montra excellent rédacteur et surtout bon informateur politique. Il nous a quittés de son plein gré, soit que ses opinions ne fussent plus d'accord avec nos doctrines, soit par un souci personnel de sa carrière dans la presse. Il n'y eut dans sa retraite aucun échange de lettres ni la moindre discussion [27]. »

Brinon installe son bureau à son domicile. Simone Mittre le suit et se met exclusivement à son service. Pendant presque quatre ans, Brinon va livrer ses éditoriaux à *L'Information* où il écrit depuis 1919. Pendant les deux premières années, il n'y mettra pratiquement pas les pieds, le journal envoyant chez lui un coursier chercher ses articles. Il rencontrera presque chaque jour Robert Bollack, un homme de presse important, aux multiples attaches, qui dirige le très sérieux quotidien *L'Agence économique et financière* ; tous deux s'entretiennent de l'actualité tant française qu'étrangère [28].

Ce changement d'existence améliora la situation financière de Brinon. *L'Information* lui versait le même salaire que les *Débats*, cinq mille francs mensuels, mais libéré de toute tâche administrative, il pouvait travailler avec d'autres organes de presse, notamment *La Revue de Paris*. Les rétributions obtenues, même modestes, se cumulaient, augmentant ses revenus qui, de quarante et un mille francs déclarés pour la dernière année passée aux *Débats*, se montèrent l'année suivante à soixante et onze mille francs [29].

La conséquence la plus notoire de son départ des *Débats* fut qu'il devint libre d'écrire sur l'Allemagne dans le sens de la réconciliation franco-allemande. Il commença à s'intéresser de près au parti national-socialiste et à Hitler, son chef, qui dominaient la vie politique d'outre-Rhin.

CHAPITRE 10

Brinon et l'Allemagne

L'automne venu, Brinon faisait la tournée des châteaux, toujours reçu avec plaisir, et revêtait un élégant costume de chasseur. Un matin de septembre 1932, il prit le train de Reims pour se rendre à une partie de chasse à l'invitation du marquis Melchior de Polignac, « le plus grand snob de France », aux dires de l'ambassadeur des États-Unis à Paris [1].

Polignac le présenta à un Allemand dont Brinon n'ignorait pas le rôle : Joachim von Ribbentrop. De son côté, l'Allemand savait que Brinon, journaliste influent, était à sa manière un spécialiste de l'Allemagne pour laquelle il manifestait un intérêt croissant ; il avait écrit des dizaines d'articles documentés consacrés à Adolf Hitler et au parti national-socialiste. Ribbentrop appartenait au cercle des familiers de Hitler, convaincu que le Führer, dont il était l'un des plats courtisans, serait bientôt au pouvoir. Marié à la fille de l'important fabricant de mousseux Henkell, Ribbentrop importait le champagne Pommery, propriété des Polignac. Ses grands airs, son physique avantageux ne pouvaient que plaire à Melchior de Polignac séduit par les thèses nazies. Dans le désir d'être agréable à son ami Ribbentrop, il avait organisé cette rencontre et l'avait renseigné sur la personnalité et la situation de Brinon.

À la fin de l'année précédente, en 1931, Brinon avait publié dans *L'Information* un article intitulé « La psychologie de l'hitlérisme [2] ». S'étant rendu à Berlin, il avait tenté de sonder et d'expliquer le phénomène hitlérien dont « le développement tumultueux » forçait à se demander si l'évolution de la crise mondiale dépendait de ses desseins. Il donnait de l'hitlérisme une vision lyrique : « On a déjà écrit qu'elle est une mystique, et c'est bien là sa plus sûre définition. L'hitlérisme est une réaction passionnée contre ce qui est. Il unit la fierté blessée au désespoir, le regret du passé au goût de l'aventure, de mesquins calculs aux vastes ambitions qui habitent les cerveaux germaniques. Il s'apparente aux mouvements qui dans le cours du temps ont traversé l'Allemagne comme des torrents romantiques. Il rappelle ainsi le moine Luther dressé contre la papauté ; il s'alimente du pessimisme et de l'idée de persécution facilement développée aux époques difficiles dans ces cœurs tourmentés. Si l'on demande à ceux qui ont fréquemment approché M. Adolf Hitler quelle impression il leur donne, tous vous répondront qu'il faut une imagination exaltée pour voir en lui un conducteur de peuples, un fondateur de religion ou un homme d'État. Son apparence est débonnaire, sa voix lente et douce, son regard pacifique. Dans les réponses qu'il fait dans le privé aux questions qu'on lui pose, il s'évade aussitôt des précisions, non pas par système, mais par le jeu naturel d'un esprit qui entoure toujours ce qui est de considérations nébuleuses. Les idées de M. Hitler sur le gouvernement de l'Allemagne n'ont d'ailleurs jamais été qu'une suite de truismes. Mais, sitôt qu'il est en contact avec les foules, il devient un personnage différent. Une éloquence chaude et chantante le saisit, le verbe le possède, transportant ses auditeurs convaincus qu'il tire du sépulcre la Patrie qui répand aussitôt sur eux diverses bénédictions[3]. »

Brinon reconnaissait que, en plus de la fascination que Hitler exerçait sur les foules, le parti national-socialiste avait su exploiter le caractère idiosyncrasique du peuple allemand, notamment son besoin de discipline collective dans laquelle il voit la source de l'égalité et le ralliement à des mots d'ordre inspirés par un nationalisme raciste et conquérant.

En somme, l'hitlérisme, germanique avant tout, se coulait sans difficulté dans le moule allemand. Restant dans les généralités, Brinon ne relevait pas d'une manière explicite les menaces que recelait l'idéologie nationale-socialiste. Il se contentait de dire : « Au vrai, leur doctrine n'est pas exprimable [...]. Dans de telles conditions, pourrait-on formuler le programme de l'hitlérisme ? Il est un état d'esprit ; il n'est pas une doctrine. Il a pour chef nominal un homme dont on connaît seulement que sa parole porte sur les foules mais dont personne ne peut dire exactement quelles sont les tendances et les intentions[4]. »

C'était dissimuler les objectifs du national-socialisme dont Hitler ne cessait de vociférer les points forts et qu'il qualifiait de révolution nationale. C'était omettre l'essentiel : il avait écrit *Mein Kampf* que Brinon lira avec la plus grande attention. Son apparente ignorance pourrait surprendre si, à ce point de son aventure personnelle, elle

n'avait eu pour mobile de ne pas se compromettre et que trop dire
le vrai nuirait à l'idée d'un rapprochement franco-allemand dont il
était partisan. En 1932, le danger allemand lui apparaissait clairement
dans l'accession probable de Hitler au pouvoir, même s'il en discernait mal les conséquences : « Devrons-nous ajouter, en ce qui
concerne nos intérêts, que le succès de l'hitlérisme, s'il doit apporter
dans la politique extérieure des modifications de forme plutôt que
des changements de fond, réclame cependant de l'opinion française
tout entière beaucoup de clairvoyance, de calme et d'intelligence. Il
possède des avantages parmi lesquels le premier est celui de la clarté.
C'est toujours un bénéfice de voir les choses telles qu'elles sont et
non telles qu'on les souhaiterait. Puisse donc l'avertissement qui
vient d'Allemagne nous préserver des illusions dangereuses, des coû-
teuses erreurs, des faiblesses funestes, et conduire enfin notre pays à
posséder un gouvernement fort, uni et raisonnable [5]... »

Dans d'autres articles, Brinon n'avait pas marqué de sympathie
particulière à l'égard de « la frénésie hitlérienne », mais c'était la
première fois qu'il signalait le danger. Rien de ce qu'il avait publié
ne pouvait heurter Ribbentrop qui estimait que Brinon, par ses efforts
de compréhension et son ton mesuré, valait qu'on lui prêtât attention
et qu'on l'entourât de prévenances. Sa situation sociale et l'étendue
de ses relations le justifiaient également. L'année 1932 qui marque
leur rencontre est celle où le parti national-socialiste s'impose
comme le destin inéluctable de l'Allemagne.

En juillet, l'Allemagne a obtenu à la conférence de Lausanne, dont
Brinon rend largement compte, la fin du paiement des réparations [6].
La France n'a reçu que six milliards sur les soixante-huit qui étaient
dus. À cette extinction de la dette s'ajoute l'évacuation achevée des
territoires occupés. Seul subsiste le plébiscite de la Sarre prévu pour
1935, conformément au traité de Versailles, par lequel la population
se prononcerait en faveur d'un rattachement éventuel à l'Allemagne.
1932 est surtout marqué par les triomphes électoraux du parti national-socialiste. Hitler s'est présenté à l'élection présidentielle de mars.
Bien que le vieux maréchal von Hindenburg ait été élu après un
ballottage, Hitler a pu se prévaloir d'avoir obtenu le score insigne de
37 % des voix. Les élections législatives de la fin du mois de juillet
firent du parti national-socialiste, avec 13 732 000 voix, le plus
important parti politique d'Allemagne. En août, aux élections de
Prusse, il se propulsait en tête, à la suite de quoi Hitler réclamait
pour lui-même et les siens, la chancellerie, deux ministères clés, la
présidence de la Prusse et les pleins pouvoirs. Hindenburg lui proposa le poste de vice-chancelier et deux ministères, offre repoussée

par Hitler qui voulait tout. Ce fut von Papen, un baron né dans la Saxe prussienne, qui fut nommé chancelier, succédant à Brüning. Papen avait la réputation justifiée d'être un personnage trouble et sans envergure, prêt aux pires concessions par ambition. Ancien officier de carrière, il avait commencé à faire parler de lui aux États-Unis, pendant la Grande Guerre, où il était attaché militaire, quand le gouvernement américain avait exigé son rappel à cause de ses activités d'espionnage.

Au moment où Papen allait prendre le pouvoir, Brinon jetait un long regard sur le passé que symbolisait la retraite du chancelier Brüning, le dernier dirigeant fréquentable de l'Allemagne d'après-guerre et qui, « dévoué aux ordres du Vatican, détestait les horreurs de la guerre qu'il avait faite lui-même, mais il jugeait que les revendications de l'Allemagne pouvaient se recommander d'un droit supérieur des peuples[7] ». Cet homme qui souhaitait des relations pacifiques avec la France était venu trop tard pour lutter contre les puissants courants qui soulevaient l'Allemagne. Devant l'arrivée de Papen ou de qui que ce soit d'autre, Brinon concluait à l'adresse de ses lecteurs par un constat : « Le fond ne change pas. Nous serons en présence des mêmes revendications, du même état d'esprit, des mêmes désirs. L'intelligence nous commandera de nous garder des mêmes illusions. Ce serait la pire de toutes d'imaginer que nous toucherons cette Allemagne en lui parlant de la solennité de ses engagements et de la sainteté de nos droits car, tout entière, aujourd'hui, elle oppose aux obligations qu'elle a souscrites dans des moments de détresse son éternelle mission qui est d'orgueil, d'espérance et d'audace[8]. »

À la nomination du nouveau chancelier, Brinon publia une série d'articles. Il notait que le cri de ralliement de Papen, « Vers une nouvelle Allemagne », marquait la fin de la République de Weimar et que Papen n'avait jamais dissimulé qu'il souhaitait l'accession des nazis au pouvoir. S'interrogeant sur la Constitution qui remplacerait celle de Weimar, Brinon affirmait que « la nouvelle Allemagne ne serait pas démocratique ». Toutefois, il jugeait que la présence de Papen rassurait tous ceux que « l'installation de l'hitlérisme au pouvoir menaçait dans leurs biens ou dans leurs vies ». Curieusement, il trouvait que Papen, dont le cabinet était condamné à brève échéance, avait en peu de temps donné des assises solides à son pays[9]. Dans le même temps, un de ses proches amis, le député François de Tessan, résumait en peu de mots ce qu'il convenait de dire : « Et l'Allemagne glissera-t-elle vers un gouvernement encore plus apparenté aux racistes, aux pangermanistes, aux nazistes. M. von Papen a consenti tant de concessions aux hitlériens qu'on ne perçoit guère ce qui le distingue d'eux[10]. »

Un mot s'était imposé en Allemagne que Papen avait su promouvoir : *Gleichberechtigung*. Signifiant l'égalité des droits et de traitement pour tous les États. Cela conférait à l'Allemagne le droit de posséder une armée dotée des mêmes armements que ceux des Alliés et entraînait l'abrogation de la partie V du traité de Versailles, la seule que l'Allemagne n'avait pas encore réussi à supprimer, mais qu'elle avait violée dans les faits par un réarmement clandestin. « Si l'Allemagne exige la reconnaissance d'un droit, c'est bien pour en faire usage et non pas pour l'inscrire dans quelque déclaration philosophique[11] », écrivait Brinon, soulignant que les responsables français se déclaraient prêts à accorder théoriquement ce droit tout en s'efforçant d'en empêcher les applications pratiques. Si vous ne voulez pas que nous possédions les mêmes armements que vous, nous vous l'accordons à condition que vous y renonciez aussi et détruisiez ceux que vous possédez déjà, répondaient les Allemands. Après le mythe des réparations, ce fut le mythe du désarmement, un thème qui se prêtait aux effets d'éloquence d'Aristide Briand, « le pèlerin de la paix » décédé en mars 1932, et qu'entonnait toute une partie de la classe politique française.

Dans ce contexte, au cours de leur entretien chez Melchior de Polignac, Ribbentrop questionna Brinon sur ses voyages en Allemagne. Quelles personnes y rencontrait-il ? Devant des noms d'hommes politiques tels que l'ancien chancelier Brüning et Stresemann, décédé, Ribbentrop, peu intéressé, insista. Oubliant toute réserve, Brinon cita les noms de personnes de l'entourage de Brüning comme Paul Kempner et ceux de plusieurs banquiers qui étaient des amis des banquiers français David-Weill et André Meyer, associés-gérants de la banque Lazard Frères propriétaire de *L'Information*. C'est ainsi qu'il nomma les directeurs de la Preussischeboden Kredit, de la Dresdner Bank et d'autres encore. « Mais vous voyez trop de juifs, lui dit Ribbentrop. Vous devriez connaître quelques nationaux-socialistes qui représentent l'avenir. Quand vous viendrez à Berlin, je vous mettrai en rapport avec mes amis. Je vous ferai faire certaines connaissances qui vous intéresseront[12]. »

Brinon ne resta que vingt-quatre heures à la partie de chasse et repartit par le train en compagnie de Ribbentrop et de Guy de Wendel dans le compartiment que Polignac faisait réserver pour ses invités.

Il ne perdit pas de temps. Il se rendit à Berlin accompagné par Lisette Ullmann qu'il allait épouser plus tard, et Marthe de Fels, une des « précieuses » de Genève, figure des salons politiques parisiens où, comme certaines dames, elle avait son champion : Alexis Léger, secrétaire général du Quai d'Orsay et poète sous le nom de Saint-John Perse. Grâce à Ribbentrop, Brinon rencontra le comte Wolf von Helldorf qui, à la fin de la guerre, avait participé aux rixes contre les communistes. Snob et décavé, appartenant au sélect Union Klub composé de gentlemen-riders, le comte von Helldorf avait adhéré au parti national-socialiste. Devenu le chef des SA (sections d'assaut) de Berlin, il pressait Hitler de prendre le pouvoir par la force. Ce lansquenet trouva vite un terrain d'intérêt commun avec Brinon : les chevaux.

Depuis quelques semaines le général von Schleicher qui avait remplacé Papen à la chancellerie renforçait le système autoritaire instauré par son prédécesseur. Même si le régime allemand en portait encore le titre, la République était enterrée.

Après cinquante-sept jours de pouvoir, l'ambitieux général von Schleicher dut s'effacer. Le 30 janvier 1933, Hitler était nommé chancelier par le maréchal von Hindenburg toujours nanti du titre de président de la République. Brinon se trouvait à Berlin lors de cet événement capital. Quand Hitler se rendit à la chancellerie, il se tenait le soir même sur un balcon de l'hôtel Adlon en compagnie de deux confrères, Philippe Barrès et François Le Grix. De la rue montaient des clameurs et des chants rythmés par des musiques martiales qui se répandaient dans tout Berlin. L'exaltation était au paroxysme. Les cohortes nazies défilaient en brandissant des flambeaux, interminable coulée de feu. Les deux confrères de Brinon étaient impressionnés et même enivrés par cette frénésie guerrière qui dégageait une force irrésistible et dont le spectacle était inconcevable en France. « Si nous voulons faire la guerre à l'Allemagne, c'est maintenant. Dans quelques mois, il sera trop tard [13] », leur dit Brinon.

En France, le lendemain 31 janvier, une nouvelle banale fit la une des journaux : Édouard Daladier devenait président du Conseil. Il succédait à Paul-Boncour dont le cabinet, suivant la tradition française, n'avait duré que cinquante jours, et Daladier y avait été ministre de la Guerre. Cette nomination allait avoir des conséquences décisives sur la vie de Brinon.

La semaine même où Hitler était nommé chancelier, les signes précurseurs du réarmement effréné de l'Allemagne devinrent tangibles. Des casernes désaffectées habitées par des civils étaient évacuées. Des usines étaient mises en chantier, destinées à la fabrication de pièces détachées d'avion, d'artillerie, de tous les armements interdits par le moribond traité de Versailles. Déjà, on prévoyait qu'un des premiers actes du gouvernement hitlérien serait de rétablir le service militaire obligatoire afin d'absorber dans un premier temps trois cent mille jeunes chômeurs. Conséquences pour l'économie allemande : la remilitarisation du Reich procurera du travail à des centaines de milliers d'ouvriers[14].

Le 10 février 1933, dix jours après son accession à la chancellerie, Hitler prononça un discours au Sportpalast de Berlin, la plus grande salle de réunion de la capitale. Brinon était assis dans les premiers rangs parmi les représentants du corps diplomatique grâce à l'obligeance du baron Braun von Stum, fonctionnaire aux Affaires étrangères, qui l'accompagnait. C'était la première fois qu'il allait voir de près et entendre le Führer. L'immense salle était comble, truffée de membres des Sections d'assaut en chemise brune. Autour de la tribune, une garde d'honneur en uniforme noir. Le chancelier Hitler apparut, vêtu comme ses troupes d'une chemise brune, d'une culotte de cheval et botté jusqu'aux genoux. Il s'avança, le visage sombre, dans un long passage ménagé à travers la foule bordée de SA qui faisaient le salut nazi, tandis que les acclamations retentissaient. À peine eut-il gagné sa place que le défilé des drapeaux commença au moment où des dizaines de milliers de voix entonnaient des chants martiaux.

Deux orateurs prirent d'abord la parole. Hermann Goering, président du Reichstag et ministre sans portefeuille, puis le Dr Goebbels chargé de la presse et de la propagande, alors député de Berlin, dont la voix à la fois rauque et aiguë et la diction saccadée étaient une mauvaise mouture de celle de son maître. Dans un tumulte d'applaudissements, tous deux louèrent Adolf Hitler, le sauveur de l'Allemagne.

Hitler commença son discours imprécatoire qui n'était qu'un composé de menaces et d'autosatisfaction. Après avoir rappelé l'origine et les desseins du parti national-socialiste, il s'en prit aux marxistes (sous-entendu les juifs) que, dans une œuvre de rénovation nationale, son gouvernement était décidé à « combattre jusqu'à l'extermination ». Le Sportpalast n'était plus qu'une gigantesque caisse de résonance où les rugissements de la horde répondaient aux vociférations de son chef. La soirée s'acheva par le *Horst Wessel Lied* qui exprimait la religiosité de la cruauté nazie. Brinon en sortit frappé comme s'il cuvait l'ivresse des autres, convaincu de vivre un temps unique et que rien ne pourrait arrêter la machine hitlérienne.

Deux mois après l'accession de Hitler à la chancellerie, des élections législatives eurent lieu, le 5 mars. Le parti national-socialiste obtint 44 % des voix et conquit deux cent quatre-vingt-huit sièges, soit un gain de cinq millions et demi de voix par rapport aux élections de novembre 1932. L'apport des cinquante-deux sièges du parti d'extrême droite des nationaux-allemands qui avaient constitué un front national avec Hitler accorda aux nationaux-socialistes la majorité absolue. Le Reichstag vota le « décret d'habilitation » qui conférait le pouvoir législatif pour une durée de deux ans au chancelier Hitler et à son gouvernement. Devant les députés, Hitler se répandit contre le parti communiste en attaques forcenées qui seront bientôt suivies d'effet.

La détermination proclamée de Hitler d'extirper le communisme de l'Allemagne et de le combattre d'une manière générale fut accueillie favorablement dans les milieux conservateurs. Le pape Pie XI manifesta sa satisfaction à l'ambassadeur de France au Vatican : « Le souverain pontife m'a dit avec force : "J'ai modifié mon opinion sur Hitler à la suite du langage qu'il a tenu ces jours-ci sur le communisme. C'est la première fois, il faut bien le dire, que s'élève une voix de gouvernement pour dénoncer le bolchevisme en termes aussi catégoriques et pour se joindre à la voix du pape." Ces paroles, prononcées d'une voix ferme avec une sorte d'impétuosité, m'ont prouvé combien le nouveau chancelier allemand avait gagné dans l'esprit de Pie XI à lancer contre le communisme une déclaration de guerre à mort. Le pape est donc content de trouver dans le chef du gouvernement du Reich un allié contre le bolchevisme, que lui-même combat avec l'énergie que l'on sait [15]. »

À Berlin, dans le vaste hôtel du XVIIIe siècle acquis sous Napoléon III et donnant sur la Pariser Platz, l'ambassadeur André François-Poncet menait une existence de seigneur laborieux. Agrégé d'allemand, ancien sous-secrétaire d'État et député, il était en poste depuis 1931. Il avait observé avec un esprit ouvert la montée apparemment irrésistible de Hitler vers le pouvoir. Remarquablement bien informé, auteur d'innombrables rapports où chaque mot contient une part de l'événement, il a rendu compte avec un luxe de détails de l'accession à la chancellerie de Hitler dont la personnalité stimulait ses facultés d'analyse. Au lendemain de cette victoire, François-Poncet posa une question : Hitler est-il intelligent ?

Il écrivit : « Les convictions qu'il acquiert restent inébranlables, une fois acquises, et, avec une logique passionnée, qui constitue l'un de ses traits les plus saillants, il pousse ses idées jusqu'aux plus extrêmes conséquences. Toute objectivité, toute compréhension d'une doctrine différente lui sont absolument étrangères. Si l'intelligence réside essentiellement dans l'esprit critique, Hitler n'est pas intelligent. Mais tout entier tourné vers l'action, son cerveau possède cette forme même de l'intelligence qui peut être la plus utile à un tribun. Jamais il n'hésitera à répéter intarissablement ses arguments, même les plus éculés ; comme à coup de marteau il les enfoncera dans le crâne de ses auditeurs, qui, suivant une observation très fine de M. Conrad Heiden, l'un des meilleurs historiens du mouvement raciste, s'imagineront de bonne foi, à la dixième audition, qu'ils entendent le fruit de leurs propres pensées [16]. »

On devait certes s'interroger sur la nature de l'intelligence d'un personnage hissé à la tête du peuple le plus remuant, le plus dangereux et le plus puissant d'Europe, et de savoir s'il en était assez pourvu pour s'arrêter à temps. Comment définir l'intelligence ? Quand François-Poncet avançait que Hitler n'était pas intelligent faute d'esprit critique, il traitait de l'intelligence par un raisonnement ordinaire. Affranchi de tout ordre moral, répudiant toute considération humanitaire, agissant dans le recours permanent à la force et à la terreur, l'intelligence hitlérienne revêt une forme primitive qui, pour atteindre un objectif, n'a pas besoin de s'exercer au niveau supérieur. En trois mois de pouvoir et sans rencontrer d'opposition sérieuse, Hitler et ses lieutenants, armés du décret « Pour la protection du peuple et de l'État », signé par le maréchal von Hindenburg, avaient supprimé les libertés démocratiques, ouvert des camps de concentration, procédé à des arrestations massives d'opposants, dissous les partis politiques et les syndicats, commencé la persécution des juifs et fait retentir en Allemagne les clameurs enthousiastes d'une population possédée et enivrée de puissance. Ces premiers pas, cette prise en main des destinées du Reich sur la base d'un État national-socialiste, Hitler l'appela « notre révolution nationale », termes aussitôt orchestrés par le ministre de la Propagande, le Dr Goebbels.

Le président du Conseil Édouard Daladier était parfaitement informé par tous les canaux de l'État de l'irréversibilité des événements d'Allemagne et des desseins du Führer. Par le jeu des combinaisons politiques, il se trouva à la tête du gouvernement aux jours qui engageaient pour longtemps le destin de la France. Petit homme dépourvu de prestance que l'on voyait rarement sans une cigarette éteinte coincé entre les lèvres, il plaisait à la plupart des Français par sa simplicité et ses coups de menton énergiques. Son visage revêtait parfois une bougonnerie que certains prenaient pour de la détermination au point de le surnommer « le taureau du Vaucluse ». Pendant la guerre, Neville Chamberlain, le Premier ministre britannique qui siégea avec lui au Conseil suprême interallié, ayant observé et sondé Daladier, écrira : « On dit que c'est un taureau avec des cornes d'escargot [17]. » Son caractère velléitaire, son énergie à éclipses, ses vues bornées allaient participer au drame national. De janvier 1933 à mars 1940, il sera à trois reprises président du Conseil et neuf fois ministre de la Guerre. Il aura la responsabilité de diriger le gouvernement français à l'avènement de Hitler et, six ans plus tard, de dresser l'ultime barrière contre la submersion nazie quand il décida de déclarer la guerre à l'Allemagne dans des conditions d'impréparation qui auguraient de la défaite de la France.

Brinon déclara qu'il fit la connaissance de Daladier en 1924 après que celui-ci eut cité à la tribune de la Chambre un de ses articles des *Débats* traitant de l'occupation de la Ruhr. Daladier rectifiera : « J'ai connu M. de Brinon non pas en 1924, mais un peu plus tard en 1925, si je ne me trompe, à propos d'un duel qui devait avoir lieu entre M. Herriot et M. Camille Aymard*. Il était alors journaliste parlementaire, correspondant du *Journal des débats*. Il écrivait également dans *L'Information*. Il faisait souvent des voyages importants et en revenait avec des interviews qui présentaient toujours un grand intérêt [18]. »

Concernant la date, c'est Brinon qui avait raison. Des idées partagées sur l'avenir de l'empire français et le règlement de la paix avec l'Allemagne les rapprochèrent. Entre eux s'établit un pacte de confiance. Daladier était épaté par l'aisance de Brinon dont les connaissances et les relations formaient une encyclopédie politique et mondaine. De l'Allemagne – point de fixation de la politique extérieure française –, Brinon connaissait le terrain et les dirigeants. Il avait côtoyé Stresemann, le grand homme d'État de la République de Weimar, dont l'action cohérente et obstinée finira par affranchir l'Allemagne du traité de Versailles. Brinon appartenait au monde et était introduit dans la bonne société que Daladier, d'origine humble, connaissait mal et pour laquelle il éprouvait une curiosité candide. Brinon, qui s'affichait avec des femmes en vue, l'épatait. Daladier manifestait son respect à Yvonne Ducos, que son appartenance au Théâtre-Français valorisait, et que Brinon plaçait entre eux deux à dîner.

Leurs relations devinrent régulières au cours de l'année 1924 quand Daladier était ministre des Colonies. Brinon s'entremettait auprès de lui pour le compte du banquier Georges Lévy dont les intérêts dans la banque de Madagascar nécessitaient des interventions et un suivi ne pouvant émaner que du ministre ayant, par ses fonctions, la haute main sur la Grande Île. En retour, Georges Lévy conseillait des proches de Daladier sur des achats de titres [19]. Il aidait aussi Daladier à débrouiller des questions économiques et financières auxquelles celui-ci ne

---

* Camille Aymard, ancien magistrat en Indochine, devenu journaliste, directeur de *La Liberté*, connu pour sa vénalité.

comprenait pas grand-chose et, sur son conseil, Daladier devint un lecteur assidu de *Sans-Fil*, quotidien fondé en 1920, qui publiait les derniers télégrammes politiques, économiques et financiers émanant des quinze plus grandes places du monde. Il paraissait sur quatre pages papier saumon grand format et était vendu par abonnement. Daladier indiquait à Brinon qu'il ne pouvait plus se passer de la lecture de *Sans-Fil*. Les articles substantiels et condensés de ce journal étaient d'un accès plus facile que les rapports techniques que lui communiquait l'administration. Daladier le jugeait indispensable à son information d'autant que, à côté des questions économiques, le *Sans-Fil* publiait une rubrique, « Dans la coulisse... du Parlement », dont le contenu complétait l'information de Daladier toujours avide des bruits de couloir. *Sans-Fil* ne suffisait pas toujours à la documentation de Daladier : « Savez-vous, écrivait-il à Brinon, si Georges Lévy a constitué un dossier sur les accords de Washington et un dossier plus général sur le problème financier, en dehors de ce qui est paru dans *Sans-Fil* ? Mon intention serait, si je pouvais réunir une documentation suffisante, de prendre la parole à la rentrée sur la première question, et au congrès radical de Bordeaux, sur la seconde[20]. »

Les liens entre Brinon et Daladier ne se relâchent pas. Quand ils ne peuvent se voir, ils entretiennent une correspondance : « Cher ami, écrit Daladier, je reçois avec plaisir de vos bonnes nouvelles, je pense souvent à notre amitié, aux idées pour lesquelles nous luttons de notre mieux. Ici, même dans les milieux de droite, on commence à être fatigué du Grand Lorrain. Ses minuscules intérêts déçoivent. Et cependant les feuilles d'impôts ne sont pas encore arrivées[21]*. »

Un mois plus tard, Daladier lève pour Brinon le couvercle de sa cuisine politique : « J'ai vu Herriot qui serait heureux de redevenir un homme libre. Je sais que Joseph piaffe comme un pur-sang, que Malvy s'agite en vue de la présidence du parti et que Painlevé rêve d'une nouvelle présidence**[22]. »

* Le Grand Lorrain : Raymond Poincaré. La chute du franc, aggravée par une crise de trésorerie, avait provoqué le rappel de Poincaré. L'augmentation des impôts faisait partie du plan d'ensemble de redressement de la monnaie.
** Édouard Herriot était ministre de l'Instruction publique dans le cabinet d'union nationale de Raymond Poincaré malgré ses responsabilités personnelles dans la crise financière.
Joseph Paul-Boncour, avocat et député, ministre du Travail en 1911, s'évertuait depuis à entrer dans une combinaison ministérielle.
Paul Painlevé, mathématicien célèbre, tour à tour ministre de l'Instruction publique puis ministre de la Guerre (mars-septembre 1917) et président du Conseil à deux reprises. Brinon le fréquenta assidûment. À sa mort, en 1933, il lui consacra un bel éloge dans *L'Information* qui « aurait rempli de joie mon

Dans ses articles des *Débats*, Brinon n'hésitait pas à édulcorer la vérité en faveur de Daladier, surtout, comme le note Nalèche, quand, ayant passé la nuit au Palais-Bourbon, il en revenait le matin « avec un visage qui trahissait à la fois la fatigue et la déception [...]. Jamais il n'a assisté à un spectacle plus répugnant. Ce n'était dans les couloirs que marchandages éhontés[23] ». D'où la modération que Brinon imposait à sa plume quand Daladier était concerné.

Leurs relations se resserraient avec le temps. Quand, en 1932, l'épouse de Daladier décède, le général Bourret, membre du cabinet de Daladier, écrit à Brinon une lettre pressante à la veille des obsèques. Daladier, alors ministre des Travaux publics, voudrait le rencontrer d'urgence. S'il ne le peut le soir même, qu'il vienne le lendemain matin à dix heures : « Dans ce cas, le ministre vous emmènerait avec moi aux obsèques de Mme Daladier qui ont lieu à 10 h 45 au Père-Lachaise. Et il causerait avec vous ici, avant de partir, ou dans sa voiture[24]. »

Les proches collaborateurs de Daladier témoignaient à Brinon complaisance et déférence. Le plus ancien, Yvon Bizardel, était un de ces factotums comme il en gravite toujours autour d'un personnage public, à qui on demande une disponibilité de tous les instants. Il y avait aussi Marcel Clapier, ancien secrétaire général de la préfecture du Vaucluse, devenu chef de cabinet de Daladier. Roger Génébrier, lui aussi un ancien de la préfectorale, qui s'occupait du secrétariat privé. Se distinguait le général Bourret, chef du cabinet militaire, un de ces impayables bavards, s'abandonnant à son naturel dans les nombreuses lettres qu'il adressait à Brinon, décrivant surtout les hautes sphères militaires comme un cirque dont les clowns étaient des généraux[25].

Brinon planait au-dessus d'eux comme l'oiseau échappé de la cage. Le plus curieux, c'est que ces hommes pourtant bien en place, recouraient à ses bons offices.

Clapier le sollicita pour l'octroi d'une Légion d'honneur destinée à un de ses amis[26]. Génébrier lui écrivait longuement en faveur de son beau-frère sous-préfet depuis dix ans et qui souhaitait passer préfet dans n'importe quelle préfecture vacante ; il demandait donc

père », lui écrivit le fils, Jean Painlevé (AN 411 AP1 ; lettre de Jean Painlevé du 3 novembre 1933).

Louis Malvy, radical-socialiste, ministre de l'Intérieur de 1914 à 1917. Traduit devant la Haute Cour, il fut condamné pour forfaiture à cinq ans de bannissement. Il sera réélu député par ses électeurs et redeviendra en 1926 ministre de l'Intérieur le temps d'un bref intermède.

à Brinon, dont il connaissait « les excellentes relations » avec André Tardieu, alors président du Conseil et ministre de l'Intérieur, d'intervenir. Brinon le fit avec succès, ce qui lui valut une lettre de M. Génébrier père, préfet du Loiret, qui le remerciait « pour le résultat de vos démarches [27]. « Le général Bourret, tout en pestant contre ses supérieurs, les jaloux et les envieux, le chargeait de lui obtenir sa troisième étoile [28]. Même Daladier, pourtant ministre de l'Instruction publique et des Beaux-Arts à l'époque, remerciera Brinon de ses interventions bénéficiant à différentes personnes qu'il lui avait recommandées [29].

Dans cette République, aucun avancement, aucune promotion, même justifiée, ne s'effectuait sans recommandation et sans parrainage. Brinon, assailli de sollicitations, s'entremettait volontiers et collectionnait les lettres de remerciements. Presque tout se décidait au cours de déjeuners. Il y en avait même de « clandestins », plaisantait le ministre Loucheur, car ils étaient annoncés à grand son de trompe [30].

Le clan Daladier s'empressait de lui être agréable. Roger Génébrier, qui couvrait les congrès radicaux-socialistes, le parti roi de la IIIe République, lui adressait de sa petite écriture des relations minutieuses dont ressortent surtout les affrontements de rivaux qui recouraient à toutes les grosses ficelles d'un débat politique coupé des réalités d'une époque hérissée de dangers. Dominaient ces empoignades Édouard Herriot (surnommé Édouard I) et Édouard Daladier qui ne se passaient rien, chacun sachant s'émouvoir sur lui-même au point de verser une larme. Le général Bourret, papotait intarissablement dans ses lettres sur la bassesse inhérente à la vie militaire dont il souffrait, sur les chausse-trapes de l'avancement et ses soucis de carrière. Il voulait bien être considéré comme un général de gauche. Parmi ceux de ses pairs qu'il épinglait le plus volontiers, figurait le général Laure, historiographe du maréchal Pétain, que Bourret traitait de « parfait jésuite ». Par sa spontanéité, il dévoilait ce côté enfantin assez répandu chez les militaires. Le troisième, Marcel Clapier, est la cheville ouvrière des cabinets ministériels successifs de Daladier, l'homme de confiance par excellence, celui dont les jugements s'articulent sur la connaissance des hommes et l'expérience acquise. Il renseigne Brinon d'autant plus volontiers que ce dernier apparaît, en ces années 1933-1935, comme le confident du « Patron », et même son poisson pilote.

Brinon consacra un éditorial au ministère formé par Daladier au lendemain de l'accession de Hitler à la chancellerie du Reich. Il constatait que, devant le refus des socialistes, Daladier n'avait pu s'appuyer sur toutes les forces de gauche malgré la fidélité d'une vie vouée à rechercher cette alliance. « Mais c'est par l'action, concluait-il, qu'il devra démontrer qu'il possède de bonnes raisons de vivre. Car, au moment où Hitler apporte à l'Allemagne, qui tentait depuis des semaines un redressement tranquille, de proches menaces de troubles sociaux, la tentative loyale et méritoire de M. Daladier donne à la France, dans la pratique des institutions présentes, une promesse d'équilibre [31]. »

Le surlendemain, revenant sur l'avènement de Hitler, il constatait : « Les événements commandent de ne rien entreprendre avec l'Allemagne et de ne rien attendre d'elle avant que son visage présent n'apparaisse avec plus de clarté. Ils obligent à une prudence attentive. Cette prudence, cette fermeté aussi, nous les espérons de M. Édouard Daladier [32]. »

Outre la prise du pouvoir par Hitler, la situation extérieure ne laissait guère de place au passé : le vieux thème des réparations ne pouvait plus servir, les réparations n'existant plus. Quant au second pilier de la diplomatie française, l'entreprise genevoise du désarmement, il était en perdition.

Le temps des épreuves était bien venu. Le 21 mars, après que Hitler eut obtenu au Reichstag une majorité qui lui conférait les pleins pouvoirs, dont celui de modifier la Constitution, Brinon s'empara des événements pour faire l'historique de ces mois angoissants. Il brossa d'abord le tableau de l'Allemagne hitlérienne telle qu'elle lui apparaissait, de ce bouleversement sans précédent que Hitler et ses lieutenants appelaient « la révolution nationale » et qui, selon Brinon, était la révolution des classes moyennes allemandes :

« Elle est la protestation de bourgeois ruinés par l'inflation, convaincus que leur patrie a subi d'injustes humiliations et que ces humiliations trouvent leur explication dans une trahison intérieure. Elle est la conséquence de l'irritation contre une classe ouvrière conservant des salaires élevés grâce aux organisations syndicales alors que les revenus des professions libérales ou des propriétaires s'évanouissaient. Elle est l'expression d'un extraordinaire déchaînement de haines contre le marxisme tenu pour une doctrine pernicieuse d'inspiration étrangère, parce qu'israélite, et qui ruine les bases de la famille et de la patrie. Elle est encore – et à plus forte raison – l'anathème contre le bolchevisme répandu aussi dans le pays par des hommes qui ne sont pas de purs Allemands. Durant des années, avec une habileté certaine, et à l'aide d'un martèlement continuel de l'esprit public, M. Hitler a parlé sur ces thèmes [...]. Il est sûr que le traitement infligé aux israélites en plusieurs points de l'Allemagne est atroce, injustifiable et insensé. En l'affirmant, on ne se mêle pas de la politique intérieure de l'Allemagne, pas plus qu'en disant que les explications de M. Goering sont déconcertantes et insuffisantes, on ne s'écarte pas de la vérité. Un pays qui réclame pour lui l'égalité absolue des droits ne peut pas, sans péril pour sa réputation, faire la preuve qu'il refuse à ses habitants de les considérer comme égaux devant sa loi intérieure. Au surplus, M. Hitler, si soucieux des leçons de l'histoire, sait bien que de telles persécutions ont toujours affaibli les États qui les ont entreprises[33]. »

Il achevait en espérant des efforts de modération et que Hitler saurait contenir le règne de violence qu'il avait déchaîné et se conduire en homme d'État.

Cet article, Brinon l'avait écrit alors que la presse rendait compte à pleines colonnes de la persécution des juifs qui s'était déchaînée au lendemain des élections du 5 mars, triomphales pour les nationaux-socialistes.

Brinon continuait à se rendre régulièrement en Allemagne et bénéficiait toujours des faveurs de Ribbentrop. Celui-ci savait par ses informateurs que Brinon était maintenant placé dans l'intimité du nouveau chef du gouvernement français. Deux semaines avant la nomination de Daladier à la présidence du Conseil, Ribbentrop, qui n'avait encore aucun titre, avait assisté au stade ultime des tractations qui devaient porter Hitler au pouvoir. C'est dans la grande maison qu'il possédait à Dahlen, quartier résidentiel de Berlin, qu'avaient eu lieu les pourparlers décisifs entre Hitler et les hommes de confiance du maréchal-président von Hindenburg, qui allaient aboutir à l'accession du Führer à la chancellerie du Reich.

Grâce à Ribbentrop, Brinon rencontra d'autres chefs nazis, notamment Rudolf Hess, récemment nommé adjoint du Führer, toujours à son côté, et que Brinon qualifiera d'« apôtre Jean, le disciple bien-aimé[34] ». Il fut présenté au Dr Goebbels à l'occasion du discours que celui-ci prononça devant la presse nationale et étrangère, le 15 mars 1933. Noyant dans la prolixité de prétendues bonnes intentions sans cacher qu'il avait aboli la liberté de la presse, Goebbels exigeait l'obéissance aveugle des journaux du Reich qui devaient se consacrer au bien du peuple incarné par le national-socialisme. En guise d'exorde, il avait déclaré : « Il n'y a aucun doute que depuis le 30 janvier dernier s'est déroulée en Allemagne une révolution nationale qui a eu lieu avec un grand élan, et pendant six à huit semaines elle a formé des choses historiques alors que pour un développement comparable on aurait eu besoin d'une période régulière de dix, vingt ou même trente ans[35]. » En moins de dix mois, le Dr Goebbels allait porter le nombre des journaux nationaux-socialistes dans le Reich de cent vingt à trois mille cinq cents[36].

Quelque temps après, Brinon fut reçu par le ministre de l'Intérieur de Prusse et commissaire du Reich à l'aviation. Créateur de la Gestapo, signataire du décret instaurant les camps de concentration et autres « fleurons » du nouveau Reich, Goering est en fait la seconde figure de l'État national-socialiste. À l'avenir, Brinon sera toujours demandeur d'une audience de ce personnage.

Ribbentrop, qui prenait grand soin de Brinon, le faisait participer à des chasses en compagnie de dignitaires nazis avec lesquels des discussions politiques s'ensuivaient. À son retour à Paris, et dès ses premières rencontres, Brinon rendait compte de ces conversations à Daladier[37].

Ribbentrop lui présenta aussi sa femme, Annelies, aussi ambitieuse que son mari. La maison des Ribbentrop formait pour lui une résidence amie quand il séjournait à Berlin. Bientôt, Brinon devint en mesure de rendre des services à des compatriotes, notamment à des acteurs frappés par la crise du cinéma qui sévissait en France. Sous l'impulsion du Dr Goebbels, les maisons de production allemandes connaissaient la prospérité. Françoise Rosay, qui était la fille naturelle du frère d'Étienne de Nalèche, écrivait de Berlin à Brinon, le 25 mai 1934 :

« Mon cher Ami. Me voilà installée et j'ai commencé hier le film allemand que j'ai pu grâce à vous interpréter. Je tiens à vous remercier encore bien vivement et à vous répéter combien j'ai été sensible à tout ce que vous avez fait pour moi et, d'autre part, la rapidité avec laquelle vous avez répondu à mon appel. Serait-il correct que j'envoie des fleurs à Mme de Ribbentrop qui vous a téléphoné à mon sujet ? J'ai peur d'être importune mais aussi de manifester de l'ingratitude[38]... » Brinon avait dû attester que Françoise Rosay n'était pas juive.

Les papiers de Brinon recèlent d'autres lettres de solliciteurs fort connus le mettant à contribution pour obtenir des faveurs des Allemands.

Pendant que le nouveau régime imposait sa loi à l'intérieur du Reich, les journaux et la radio entonnaient l'air de la paix et du désarmement, les maîtres mots de la diplomatie allemande. Dans cette conjoncture, le président Roosevelt adressa aux principaux chefs d'État européens un message identique réclamant le désarmement, la paix et la destruction des armes offensives[39]. Hitler s'en empara aussitôt et devant le Reichstag il en approuva les termes, ajoutant : « L'Allemagne est tout à fait prête à signer tout pacte de non-agression proclamé avec solennité, car elle ne songe pas à attaquer mais seulement à acquérir la sécurité[40]. »

Devant des propos aussi conciliants, l'approbation fut générale aux États-Unis où, comme pour le pape, Hitler devenait un personnage fréquentable. Plus avisé, Brinon intitula l'article qu'il y consacra : « Des idées de M. Roosevelt à celles de M. Hitler. » Il remarquait que la similitude entre les deux comportements n'était qu'apparence et que les deux hommes n'agissaient pas sur le même plan. Il rappela que Hitler avait écrit dans l'organe du parti national-socialiste, le *Volkischer Beobachter* : « Pas un homme pour une guerre de revanche ; pour la défense, le peuple tout entier. » Brinon poursuit : « Mais pour son gouvernement et pour le peuple qu'il fanatise, défense signifie revendication. Or quand l'Allemagne, à travers l'histoire, se met à revendiquer, ce n'est pas seulement avec les moyens du droit. Pour revendiquer librement, elle veut les armes que les autres possèdent. Qui peut garantir l'usage qu'elle en fera quand on voit de quelle manière elle interprète, à l'intérieur de ses frontières et pour des citoyens allemands, les notions de liberté et d'égalité[41] ? »

Ribbentrop, envoyé spécial de Hitler, était chargé de diffuser en France les paroles de paix du Führer. Il constatait que Brinon, malgré des critiques à l'encontre du régime national-socialiste, ne remettait pas en question la nécessité d'une entente franco-allemande et qu'il ne cessait de la défendre au cours de ses déplacements en Allemagne. Profitant de ses voyages en France sous couvert de son commerce avec la maison de champagne Pommery, il rencontra Brinon en divers lieux et Brinon le convia à son domicile pour s'entretenir avec des personnalités françaises parmi lesquelles le ministre Pierre-Étienne Flandin, le comte Edmond de Fels, directeur de *La Revue de Paris*, dont les battues de perdreaux étaient très courues. À l'époque, Brinon demeurait boulevard de la Seine à Neuilly. La maîtresse de céans n'était plus Yvonne Ducos, la comédienne du Théâtre-Français, mais Louise Ullmann, née Franck, en instance de divorce. Quoique juive, elle recevait Ribbentrop avec un ravissement mondain qui la privait de tout bon sens et la poussait à croire qu'elle était en prise sur l'histoire. L'homme de Hitler multipliait les prévenances à son égard. L'intérêt de ces rencontres était double pour Brinon. D'abord, elles l'instruisaient en tant que journaliste, ensuite elles prenaient place en des circonstances où il ambitionnait de jouer un rôle.

Daladier ne savait plus se passer de Brinon dont l'entregent, la culture politique, les relations internationales l'impressionnaient. Il l'associa à un projet qui consistait, dans un souci d'apaisement, à lier ensemble la France, la Grande-Bretagne, l'Italie et l'Allemagne. Il lui confia l'étude de ce « pacte à quatre » à laquelle furent associés Jacques Kayser, un journaliste membre du parti radical-socialiste, et Alexis Zousmann, un jeune juriste qui écrivait sa thèse de doctorat et deviendra, à la Libération, juge d'instruction auprès des cours de justice.

Afin de remercier Brinon de ses services et en gage d'amitié, le président du Conseil Daladier l'incorpora à la délégation française participant à la conférence de Londres où les principaux pays du camp occidental allaient argumenter pendant presque deux mois sur la situation monétaire et économique du monde, labyrinthe où tout fut débattu et rien résolu. Commencée dans le doute le 12 juin 1933, la conférence s'acheva sur un échec le 27 juillet. Toutefois, Brinon en fut auréolé et, au mois d'août, Daladier lui conféra le grade d'officier de la Légion d'honneur au motif : « Services rendus dans ses missions à l'étranger » ; il fut le premier à le congratuler par ce télégramme : « Très affectueuses félicitations [42]. »

À cette occasion, quantité de cartes et de messages parvinrent à Brinon. Nous en retiendrons deux. André Meyer, l'influent associé-gérant de la banque Lazard Frères, propriétaire de L'Information, qui suivait avec un intérêt croissant la progression de Brinon dans le milieu national-socialiste, lui adressa un télégramme chaleureux, d'autant plus significatif qu'il n'était aimable qu'avec ceux dont il avait réellement besoin : « Vous adresse mes plus affectueuses félicitations. Amicales pensées [43]. » L'autre émanait du banquier Georges Lévy, lié à la banque Rothschild, dont les largesses envers Brinon ne se limitaient pas seulement à une enveloppe de vingt mille francs chaque mois mais aussi à des bijoux. Il lui écrivit une lettre dont une phrase en dit long sur les relations de Daladier et de Brinon : « Je suis heureux que le président [Daladier] ait ainsi montré à tout le monde l'estime qu'il a pour le chef de son brain-trust [44]. »

Cette année-là, Daladier séjourna à Vichy pendant la saison. Il y était venu en veuf. Brinon et Mme Ullmann, qui vivaient maritalement, prenaient presque tous leurs repas avec lui et lui tenaient compagnie : « La future Mme de Brinon avait été nommée "colonelle" par le "président du Conseil-ministre de la Guerre", mais comme elle était constamment en retard pour déjeuner ou dîner, elle était diminuée chaque fois d'un grade et ne tarda pas à être "caporal". On voit que les relations étaient fort cordiales [45]. »

Ensuite, Daladier et Brinon partirent ensemble sur la côte méditerranéenne. « Devant me rendre dans le Midi quelques jours après, expliquera Daladier, j'ai accepté son invitation de passer quelque temps – un temps beaucoup plus bref qu'il ne l'indique, si ma mémoire est fidèle – dans une villa qu'il avait louée[46]. » En réalité, ils habitèrent au cap Brun à la villa Les Flots, prêtée à Brinon par ses amis, René et Mimy Legrain.

Un matin, alors que Daladier prenait un bain, le téléphone sonna. C'était Ribbentrop qui se trouvait dans les parages. Il arriva quelques minutes plus tard avec l'espoir de rencontrer Daladier. Celui-ci assura qu'il avait refusé de recevoir Ribbentrop au cours de cette visite organisée, et exposera : « M. de Ribbentrop n'était alors ni ministre ni ambassadeur : c'était un familier de Hitler et un membre du parti nazi qui était depuis longtemps, je crois, en relations personnelles avec M. de Brinon. Je refusai de participer à cet entretien. J'estimais qu'il était insolite, pour ne pas dire incorrect, qu'un étranger vînt ainsi me relancer, si j'ose employer cette expression, alors que pour ma part je n'avais pas de relations avec lui, et ce fut M. de Brinon qui le reçut[47]. »

En relatant ces faits, Daladier masquait une partie de la vérité. Il savait que Ribbentrop viendrait à la villa Les Flots puisque les 11 et 12 août, l'Allemand y avait envoyé deux télégrammes à Brinon afin de se mettre en rapport avec Daladier[48]. « M. de Ribbentrop, poursuit Daladier, tint un langage qui, à la lumière des événements qui se sont déroulés, paraîtra aujourd'hui assez singulier. Il déclara que Hitler était résolu à faire en sorte qu'un rapprochement sérieux et durable fût accompli entre la France et l'Allemagne ; qu'il était notamment déterminé à faire de grandes concessions sur le problème du désarmement. Ribbentrop ajouta, de son propre cru, paraît-il, car je n'ai pas assisté à l'entretien, que, si ce rapprochement ne se faisait pas, il en serait tellement désespéré qu'il en irait peut-être jusqu'à se suicider de désespoir* et que, par conséquent, j'avais le devoir de me rendre à l'appel du chancelier Hitler, bien entendu au cours d'un voyage secret, de monter dans un avion qui me serait envoyé secrètement, piloté par le pilote personnel du chancelier Hitler, pour me rendre ensuite en Allemagne sans doute, à moins que ce ne fût en France, de manière à discuter avec lui le problème du désarmement et me mettre d'accord avec lui[49]. »

À cette époque où Hitler exigeait l'égalité des droits en détenant autant d'armes que les grandes puissances, la France plaidait une

---

* Pour les nazis, cette expression était censée exprimer la forme la plus haute de leur sincérité.

autre cause, celle du désarmement général. Daladier convenait que cette démarche ne garantissait pas la sécurité du monde : « Il y avait donc intérêt à savoir, enchaîna-t-il, puisque Hitler déclarait qu'il n'avait aucune confiance dans la diplomatie, puisqu'il déclarait que, seul il représentait la pensée du Reich, il y avait donc un intérêt évident de savoir quelle était sa propre pensée. Voilà pourquoi, refusant de me rendre à cette entrevue, je suggérai à M. de Brinon de s'y rendre lui-même, d'écouter les propositions du Führer, de tenir compte de ses propos, de les noter, afin que l'on pût savoir sur quel terrain stable on pourrait ensuite poursuivre la négociation générale dont je viens de vous parler[50]. »

Quelques jours après, quoi qu'il pût dire par la suite, Daladier rencontra Ribbentrop en cachette, chez Brinon, à Neuilly. Ils parlèrent de ce voyage en Allemagne que Brinon devait entreprendre afin d'être reçu par le Führer.

CHAPITRE 11

Les premiers pas qui comptent

Daladier considérait que cette initiative pourrait dégeler une situation grosse d'incertitudes. À la fin du mois d'août, le projet se précisa. Marcel Clapier, chef de cabinet du président du Conseil et son plus proche collaborateur, le seul qui soit dans la confidence, manifeste le désir d'accompagner Brinon. Informé, Ribbentrop adresse à Brinon, en français, de sa grande écriture anguleuse, le message suivant :

« Dahlen, le 30 août 1933.

» Cher ami. J'ai reçu votre lettre du 27 août. Je suis content de vos nouvelles et heureux de la prochaine visite de vous et de votre ami. Si cela vous convient, je vous chercherai au train Nord-Express arrivant à Berlin station "Zoo" à 8 h 22 du matin vendredi 8 sept. Veuillez m'écrire si c'est entendu. Entre-temps, je vous prie, cher Monsieur, de croire à mon amitié toujours dévouée. Joachim Ribbentrop. PS : Puis-je vous rappeler l'importance de vos incognitos concernant surtout votre ami pendant le voyage de ce train très fréquenté[1]. »

À la dernière minute, par crainte de fuites, Daladier préféra que Marcel Clapier renonçât au voyage. Il fit à Brinon ses dernières recommandations. Brinon se servit du passeport diplomatique qu'il avait obtenu lors de la conférence de Londres, valable six mois, malgré l'interdiction de l'employer à d'autres fins que celles qui ont motivé son émission. Grâce aux timbres des polices frontières, nous savons qu'il est entré en Allemagne par Aix-la-Chapelle le 8 septembre, la veille de son entrevue avec Hitler et qu'il revint en France le 11[2].

Ribbentrop qui l'accueille à la gare le conduit à son domicile, vaste maison cossue dans un jardin du verdoyant faubourg de Dahlen, où l'attendait le général Werner von Blomberg que Hitler avait nommé ministre de la Reichswehr.

Pendant quelques instants, et comme s'il s'agissait d'un entretien préparatoire, Brinon conversera d'abord avec deux notables nazis venus le rencontrer. Le premier, Wilhelm Keppler, un des conseillers financiers de Hitler, avait rallié à la cause du Führer, à un moment crucial, des industriels qui versèrent d'importants subsides au parti national-socialiste. Il avait accompagné Hitler chez le banquier Schröder, le jour de l'entrevue décisive qui propulsa Hitler à la chancellerie. Dévoué à Himmler, le chef SS, il avait contribué, grâce à des hommes d'affaires compréhensifs, au financement d'une association destinée à devenir, après la prise du pouvoir, le tout-puissant Cercle des amis du *Reichsführer* SS. Le second était le Dr Posse, secrétaire d'État, un autre économiste, spécialisé dans la spoliation des biens juifs. Ils furent d'accord avec Brinon pour estimer que c'étaient surtout des difficultés d'ordre psychologique qui séparaient les peuples français et allemand et qu'il fallait les surmonter par une politique réaliste appropriée.

Accompagné de Ribbentrop et du général von Blomberg, Brinon s'envola pour Munich dans l'avion personnel du Führer dont Hans Bauer, son pilote attitré, tenait les commandes. Ils résidèrent à l'hôtel Walterspiel, au cœur de la ville, près de l'opéra et de la résidence, le palais démesuré des Wittelsbach. Ils commencèrent à rédiger un projet relatif à la rencontre Daladier-Hitler.

Le général von Blomberg avait contribué au réarmement clandestin de l'Allemagne en dirigeant le *Truppenamt*, le grand état-major camouflé. Au cours des mois à venir, quand Hitler aura fait assassiner son vieux compagnon Ernst Röhm, le chef des SA, et ses principaux lieutenants, le général von Blomberg sonnera le ralliement de l'armée au parti national-socialiste et appuiera le serment des militaires à la personne du Führer. « Le général von Blomberg jouit de la confiance entière de M. Hitler et lui rend cette confiance en dévouement absolu », écrira plus tard Brinon. « "Blomberg si vous deviez m'abandonner, j'irais me pendre", disait le chancelier au chef de la Reichswehr dans les premiers jours de leur collaboration. "Monsieur le Chancelier, répondit Blomberg, on trouverait alors mon cadavre pendu à côté du vôtre[3]." » Il était ce type d'officier prussien au visage dur et hautain fondu dans une tête carrée, que l'uniforme couvrait comme une deuxième peau.

Le lendemain, 9 septembre, en automobile, les trois hommes prirent la route de Berchtesgaden où Hitler les attendait dans son chalet situé au-dessus de la ville, dans l'Obersalzberg, une construction relativement modeste qu'il allait bientôt remodeler par des agrandissements inspirés par ce pesant goût du faste germanique.

« Brinon est introduit dans un grand vestibule dans lequel se trouve un énorme poêle à l'allemande. Hitler sort d'une pièce à cet instant, très simplement. Il est le premier personnage que rencontre le visiteur après avoir franchi le barrage de deux SS qui gardaient l'entrée. Hitler ouvre lui-même la porte et fait entrer Brinon dans une grande pièce ayant une baie immense sur la vallée au fond de laquelle on devine Salzbourg. Assistent : Hitler, Brinon, Ribbentrop, Blomberg. Une tasse de café au lait est servie. Hitler est content d'accueillir chez lui comme un homme qui recevrait un ami. Il est vêtu de la veste brune et du pantalon noir qu'il rendit célèbres. Au cours de l'entretien, Ribbentrop et Blomberg parlent peu. Hitler n'est pas du tout "dictateur"[4]. »

Brinon dressa au crayon un procès-verbal de dix pages, véritable grimoire au style haché. Ribbentrop servait d'interprète[5].

Il fut prié de prendre la parole. Il dit que, pour sa part et la génération de la guerre en France, tout le monde souhaite des explications surtout entre les deux pays, mais il est nécessaire qu'elles soient complètes, franches, profondes, sans aucun détour :

« Précisément, Daladier appartient à cette génération qui a fait la guerre, qui en connaît les horreurs et qui est profondément attachée à sa patrie. Si [la] France [se trouve] menacée ou en posture de l'être, tous les Français se rassembleront. Le président du Conseil l'a dit chez moi à Ribbentrop dans une conversation qui a dû vous être rapportée. Si notre pays était en danger ou paraissait l'être, on obtiendrait immédiatement du Parlement français les mesures et toutes dépenses pour armes et défense. Excusez cette explication un peu longue mais nécessaire pour franche compréhension que nous voulons. Hier ai dit la même chose au général von Blomberg. Satisfaction de voir que nous nous étions parfaitement entendus.

» Blomberg approuve.

» Hitler : – Dites à M. de Brinon que je le remercie pour ses explications. Je lui répondrai sur l'heure. Dès maintenant, je suis en accord complet avec ce qu'il dit. C'est une entente honnête que je chercherai avec la France et avec M. Daladier. Il faut sortir des moyens ordinaires des diplomates.

» Brinon : – C'est la chose capitale. Dans tous les cas, je peux dire que toute la France combattante souscrit au jugement que le chancelier a donné dans son discours de Nuremberg : Allemagne n'a pas besoin de faire preuve de sa valeur sur [les] champs de bataille.

Ses armées ont montré, durant la guerre, un héroïsme qui ne peut être dépassé*.

» Hitler : – L'armée française peut être sûre que je lui rends le même témoignage. C'est parce que j'étais en face d'elle, et que je crois avoir été un soldat honnête, que je pense que deux peuples de cette valeur ne doivent plus verser leur sang. Le devoir de leurs chefs est de préserver ces deux races magnifiques.

» Brinon : – Si ce langage du Chancelier pouvait être rapporté, l'opinion française en serait sans doute profondément changée[6]... »

Brinon insiste sur les difficultés psychologiques existant entre les deux peuples. Elles tiennent : 1. à ce que le mouvement national-socialiste est peut-être en France mal jugé ; l'hitlérisme y est présenté comme synonyme de violence, et que violence amène à esprit de conquête et guerre ; 2. à ce que de nombreux émigrés semblent victimes de persécutions.

« Hitler : – J'ai dit plusieurs fois, et tous les chefs de mon parti le savent, que j'ai l'horreur éternelle de la guerre. La guerre, je la connais. Quand, durant des années de luttes, je me suis efforcé de guider l'Allemagne vers la rénovation, j'ai toujours évité de verser le sang. Je souffre pour chaque goutte de sang allemand. Les guerres ont toujours été faites pour des rivalités d'intérêts [...]. Je pense que la vie d'un soldat allemand vaut plus que des milliards [...]. On ne détruit pas les races [...]. Mon souci est de pouvoir en finir avec cela, et je le dirai, si je peux, à M. Daladier. Pour les violences, aucun autre parti que le mien n'a jamais eu un pareil nombre de victimes sanglantes. Tous ces hommes qui sont tombés pour protéger leur race contre une fatale déchéance, est-ce que je les ai vengés comme j'aurais pu ? Non. J'aurais pu. Tous mes amis me conseillaient de prendre le pouvoir à plusieurs reprises. Au mois de novembre 1932, tous les chefs des SA voulaient marcher sur Berlin. Sans doute, je l'aurais emporté. Mais il y avait un doute et c'était répandre le sang le plus précieux de la jeunesse. J'ai dit non, je suis sûr qu'un jour c'est le peuple lui-même qui me donnera la victoire parce que je l'aurai réveillé. Le jour est venu. Est-ce que je me suis vengé de dix années de persécution ? Où sont les exécutés ? Où sont les victimes ? Il y en a eu. Je proclame tous les jours, et je continuerai, qu'on ne se défend pas contre ceux qui veulent vous exterminer par des moyens

---

* Le 10 septembre 1933, lors du congrès du parti national-socialiste à Nuremberg, Hitler, dans un discours consacré notamment à la sélection des races, avait fait l'éloge du soldat allemand.

évangéliques, parce qu'ils vous assomment quand ils pensent que vous êtes faibles et désarmés [7]... »

Hitler poursuivit sur ce ton à perdre haleine. Tout à coup, il cite « M. Lévy Bernard qui, dans un journal français, a publié un article intitulé "Le Péril allemand". J'ai haussé les épaules, et je dis que ces gens sont des malheureux [8]. »

Revenant au motif de l'entretien, Hitler déclara : « Je veux bien m'entendre avec M. Daladier parce que je sais qu'il est un bon Français et un honnête homme. Je veux un règlement honnête. Quand je donne ma parole, je ne connais pas de désavœu. Mais je ne veux pas parler avec ces marxistes qui parlent de la paix toujours mais qui mettent les pays dans une bouillie comparable à leurs cerveaux. Je suis reconnaissant à M. Daladier de n'avoir jamais porté sur nous un jugement méprisant [9]... »

Puis, Hitler dégagea de sa vision de l'histoire un portrait honorable de lui-même. À son tour, Brinon fit remarquer que, parmi les préoccupations du gouvernement français, figuraient les torrents de menaces que les nazis déversaient sur la Pologne, une non-nation selon eux, que le honteux *Diktat* de Versailles avait dotée d'une bande de territoire qui séparait l'Allemagne de la Prusse-Orientale.

Hitler répondit : « Je ne veux aucune conquête. Je suis prêt à donner à la France et à M. Daladier les garanties les plus solennelles publiques et secrètes, comme il voudra. La conquête ne règle rien. Toutes les difficultés subsistent. Depuis que je suis au pouvoir, les difficultés de voisinage qui étaient continuelles avec la Pologne ont disparu et disparaîtront de plus en plus. Je dis solennellement que je ne veux pas faire la guerre à la Pologne. Je reconnais qu'il y a une nation polonaise et qu'elle a les mêmes droits à l'existence que la nation allemande. Les élections nous ont donné le pouvoir à Dantzig[*]. Il n'y a plus d'incidents à Dantzig. On peut faire encore beaucoup de ce côté pour améliorer les choses. Je le ferai et je suis prêt à m'expliquer complètement avec M. Daladier [10]. »

Autre inquiétude du gouvernement français, indique Brinon, l'Autriche, la sœur de race dont le chancelier et son parti réclamaient le rattachement à l'Allemagne. Hitler se lança dans une longue digression invoquant son amour de la paix ; il déclara que, s'il existait une question autrichienne, ce n'était pas l'Allemagne qui l'avait créée, sous-entendant que l'Autriche avait été dépecée par le traité de Trianon. Il ajouta : « Mais je peux dire ceci. Je n'ai pas l'intention de

---

[*] En avril 1933, les nationaux-socialistes obtiennent la majorité à la Diète de Dantzig.

chercher à unir l'Autriche à l'Allemagne. Je ne le veux pas. Je suis
sûr que ce ne serait pas une bonne chose pour l'Allemagne. Je dirai
même à M. Daladier les choses les plus formelles à ce sujet[11]. » Il
affirma que l'Allemagne n'avait pas les moyens d'entretenir l'Autriche ni même de lui consentir des prêts : « Je pense qu'on n'achète
pas les hommes et qu'on ne prend pas leur esprit pas plus par l'argent
que par la force[12]. » Il rejetait les accusations portées contre lui à
propos de mauvaises intentions qu'on lui prêtait à l'égard du chancelier autrichien Dollfuss*.

« Brinon : – Laissez-moi, Monsieur le Chancelier, puisque vous
parlez avec cette netteté, vous dire que la propagande contre le
régime de Dollfuss se fait en Allemagne, en Bavière notamment. »

Hitler répliqua que le fautif était Dollfuss lui-même.

« Si M. Dollfuss s'était conduit honnêtement avec nous, je veille-
rais à ce qu'il n'y ait rien en Allemagne contre lui [...]. Il n'y a pas
pour moi d'affaire autrichienne. Si le prince Starhemberg**, qui est
un homme tendre, prenait le pouvoir, entendez-moi bien, s'il m'offrait ce pays, je dirais que je n'en veux pas. Qu'on me laisse tranquille avec cela. Je suis occupé par les Allemands. Je ne veux ni
guerre ni *Anschluss*.

» Brinon : – Il serait en effet très important que vous puissiez
donner ces assurances[13]. »

Hitler approuva et déclara qu'il était prêt à en parler s'il rencontrait
Daladier. Il indiqua les dates déjà prises par des engagements antérieurs. Il fut décidé que le jour pourrait être choisi à partir du 24 septembre : « Concertez-vous, dit Hitler, sur les détails avec Ribbentrop
et Blomberg. Voyage de nuit. »

« Brinon : – Nous devons tenir compte de toutes les hypothèses
au cas où cette rencontre serait décidée. Si elle ne devait pas donner
le résultat heureux que le chancelier espère, et vice versa, il me semble qu'il doit être bien compris qu'elle doit demeurer aussi secrète
que sa préparation l'a été.

» Hitler : – C'est tout à fait ainsi. Ma parole d'honneur sera donnée
qu'il n'en sera jamais parlé[14]. »

On convint de la nécessité de se concerter sur les dispositions à
mettre en œuvre en cas de succès : convocation simultanée du Reichstag et du Parlement français. Pour sa part, Hitler était assuré de
susciter une formidable ovation. Qui pourrait le critiquer !

---

* Dix mois après, le 25 juillet 1934, Hitler fera assassiner le chancelier
Dollfuss à Vienne.
** Vice-chancelier d'Autriche.

Il fut arrêté également que les pourparlers en cours à la conférence du désarmement à Genève devraient faire l'objet d'une entente tactique entre la France et l'Allemagne. Hitler laissait au général von Blomberg le soin des détails. S'il était décidé d'ajourner cette conférence, lui Hitler donnait son assentiment. D'accord aussi pour qu'un contrôle s'exerce sur le désarmement. En cas d'opposition, l'Allemagne se retirerait de la Société des Nations. C'était là une information d'une extrême importance et sur laquelle Brinon insistera auprès de Daladier à son retour en France. L'entretien avait duré de quatre heures dix à six heures du soir.

Revenus à Munich, à l'hôtel Walterspiel, Brinon, Blomberg et Ribbentrop mirent la dernière main, au cours de la soirée, à la rédaction du protocole de la rencontre Daladier-Hitler commencée la veille. Un texte qui débutait par l'hommage que Daladier devrait rendre à l'Allemagne, « un grand pays », et par l'engagement de ne pas se mêler de sa politique intérieure.

Sur le tard, le général von Blomberg, reconduisit Brinon à la gare où il prit le train de Paris, emportant les notes de son entretien avec Hitler rédigées sur le papier à lettre personnel de Ribbentrop orné du blason de ce prétendu aristocrate.

Dans la matinée, Brinon se rendit au ministère de la Guerre, le bel hôtel de Brienne où Daladier, président du Conseil et ministre de la Guerre, demeurait. Légèrement grippé, il était couché. Brinon lui fit son récit et consigna la réaction de Daladier : « Son effarement, ses espoirs. Impossibilité d'envisager actuellement le contact proposé. Que diraient le Parlement et P.-B. *. Son dernier propos : « Ah, mon vieux Fernand, si vous alliez maintenant raconter ça au café, on ne voudrait pas vous croire [15]. »

Le lendemain même du retour de Brinon, Ribbentrop lui télégraphiait un numéro de téléphone où l'appeler en Allemagne. Vingt-quatre heures après, le 13 septembre, il annonça son arrivée à Paris le jour suivant par le Nord-Express [16]. Il était porteur de « l'invitation personnelle et secrète du chancelier transmise par Ribbentrop pour une rencontre à la frontière [17] ». Son impatience à obtenir une réponse positive de Daladier, qu'il rencontra chez Brinon à deux reprises, se heurta au refus poli du président du Conseil qui exposa que ses fonctions liées au système parlementaire et au suffrage universel ne lui permettaient pas d'envisager une entrevue secrète avec le chancelier Hitler [18]. Il laissa une porte ouverte en accordant que Brinon se tien-

---

* Paul-Boncour, ministre des Affaires étrangères.

drait à la disposition des interlocuteurs allemands et en l'autorisant à se rendre de nouveau en Allemagne pour s'entretenir avec le général von Blomberg de la question du désarmement.

Cette rencontre eut lieu le 27 septembre à Berlin dans la maison de Ribbentrop, dix-huit jours après l'entretien Hitler-Brinon. Le général von Blomberg expliqua à Brinon que les discussions en cours sur le désarmement à Genève n'aboutiraient pas à cause de la manière dont elles avaient été engagées et de la publicité intempestive qui les entourait. Dans son procès-verbal, Brinon nota : « Le chancelier Hitler et le général sont convaincus que le seul moyen d'en finir est une entente directe entre l'Allemagne et la France. Le principe de cette entente doit être, selon lui, l'assurance donnée à la France qu'elle conservera une importante supériorité militaire vis-à-vis de l'Allemagne. Aucune objection à donner à cette assurance. En effet, l'Allemagne n'a aucun intérêt à ce que la France désarme si elle a la certitude d'établir avec elle des rapports de confiance et qu'une entente soit conclue de nature à éviter toute possibilité guerrière [19]. » Ce qui n'empêcherait pas l'Allemagne, poursuivit le général von Blomberg, de jouir des droits militaires d'une grande puissance.

Le général désigna le matériel lourd dont l'armée allemande pouvait se passer et abonda en précisions. Il s'appesantit aussi sur l'aviation de bombardement, prodiguant un luxe de détails que Brinon enregistra. Interrogé sur les rapports militaires que l'Allemagne avait entretenus, avec la Russie, Blomberg, répondit : « Je n'éprouve aucune difficulté à dire ce qui a été. » Il exposa comment, au temps où l'Allemagne était bridée par le *Diktat* de Versailles, les Russes l'aidèrent à fabriquer des avions interdits par le traité. « Actuellement, dit-il, il n'existe absolument aucune collaboration militaire avec la Russie [20]. »

Là-dessus, le général von Blomberg annonça qu'il partait s'entretenir avec Hitler à la chancellerie. Il revint informer Brinon que le chancelier sortait d'une entrevue avec l'ambassadeur d'Italie qui l'avait instruit que Mussolini était convaincu de l'échec des conversations de Genève. Aussitôt, Hitler avait donné l'ordre à son ministre des Affaires étrangères de faire en sorte que la conférence sur le désarmement soit ajournée *sine die*. Le général von Blomberg donna à cette information des développements utiles. À neuf heures trente-cinq du soir, précise Brinon, le général le ramena à la gare.

Brinon rapporta cet entretien à Daladier qui refusa à nouveau d'en faire part à Paul-Boncour, le ministre des Affaires étrangères, engagé à Genève sur les problèmes du désarmement, tout comme il ne lui avait pas révélé la mission dont il avait chargé Brinon auprès de Hitler. « La difficulté politique de cet entretien, déclarera Brinon à son avocat lors de l'instruction de son procès, réside dans le fait que seul Daladier était au courant et qu'il n'en entretenait pas son ministre des Affaires étrangères Paul-Boncour. » Ne disait-il pas à Brinon : « Surtout pas un mot à ce con de Paul-Boncour [21] » ?

En revanche, Daladier avait lu le procès-verbal de l'entrevue Hitler-Brinon à son ministre des Finances Georges Bonnet. Celui-ci en rapporta le contenu à André Meyer, le plus inventif associé-gérant de la banque Lazard Frères. Georges Bonnet était inféodé à cet établissement dont il était un informateur et un agent d'exécution. Ces liens étaient d'autant plus resserrés que le beau-frère de Georges Bonnet était un des principaux collaborateurs de la banque.

Né en 1898, issu de la petite bourgeoisie, André Meyer s'était fait lui-même. Très jeune, il se fit remarquer par son acharnement au travail et sa connaissance des marchés financiers. Vint la Grande Guerre. À l'âge d'être appelé, il réussit à se faire réformer, conduite qui longtemps allait défrayer la place de Paris et lui coller à la peau. Être banquier, c'est, avant tout, être informé. André Meyer l'était aux meilleures sources. Il disposait d'hommes politiques parmi les premiers de l'État. Quand la prise du pouvoir en Allemagne par les nazis apparut irréversible, il s'intéressa à Brinon, déjà engagé de l'autre côté du Rhin, et qui, après avoir quitté le *Journal des débats*, publiait régulièrement ses articles dans *L'Information*. Il le chargea d'être un messager entre la banque Lazard et les banquiers allemands avec lesquels elle entretenait des relations d'affaires. Par maints canaux, la banque Lazard s'efforçait de défendre ses intérêts en Allemagne, notamment par celui de la Sofina (Société financière de transports et entreprises industrielles) qu'animait André Meyer, société de droit belge à vocation internationale et fortement engagée dans les affaires allemandes. L'introduction de Brinon dans les milieux nazis renforça sa position vis-à-vis d'André Meyer, d'autant que dans le jeu normal des relations entre patron et employé, Brinon, parfaitement informé, augurait que, par sa nature même, André Meyer était plus enclin à rechercher l'accommodement avec l'Allemagne nationale-socialiste plutôt que la rupture.

La banque Lazard Frères, fondée au xixe siècle, établie à New York, Londres et Paris, était l'un de ces complexes financiers dont les ramifications et les imbrications engendrent un magma d'influences constitué en groupe de pression. Dans les grands centres financiers de la planète, elle possédait ses hommes placés dans les circuits par lesquels l'argent circule obligatoirement. À Paris, elle siégeait rue Pillet-Will dans deux immeubles austères et anonymes.

Au lendemain de la Grande Guerre, la banque Lazard s'était intéressée aux affaires de presse, source de pouvoir. Cela avait commencé par une histoire d'alcôve. D. David-Weill, le plus haut dirigeant de la banque Lazard, bénéficiait des faveurs de Mme Saglio, épouse de Charles Saglio, alors directeur de *La Vie parisienne*, hebdomadaire illustré qui passait pour pornographique aux yeux de la prude bourgeoisie. Charles Saglio tenait à merveille l'emploi du mari complaisant qui s'absente quand il le faut. Il n'y perdait rien ; la manne de David-Weill tombait sur lui. Son commanditaire le chargea de lui trouver un journal. Saglio, qui aspirait à la respectabilité journalistique, rencontra à la fin de 1918 Étienne de Nalèche et lui offrit « n'importe quelle somme [22] » pour acheter les *Débats*. Refus de Nalèche qui, des années après, en 1926, empêtré dans les difficultés financières, se tournera vers la banque Lazard dans l'espoir d'échapper à l'emprise de François de Wendel, et n'en obtiendra que trente mille francs alors qu'il en aurait fallu cent fois plus. Ce fiasco permettra à Brinon de se vanter un peu vite auprès de François de Wendel de lui avoir « ramené Nalèche » sans que l'autre en crût un mot, comme nous l'avons rapporté précédemment. La banque Lazard conservait néanmoins une signature majeure dans l'entreprise. Par le biais de la publicité financière, elle payait les services et la plus grande partie du salaire de Fernand Maroni, le rédacteur économique des *Débats*, dont les articles influents allaient à l'encontre des intérêts de François de Wendel, si bien que Nalèche, lâché par la banque Lazard, finit, à regret, par le congédier [23].

Vers 1925, Charles Saglio s'entremit pour le compte de la banque Lazard dans le rachat de 97 % des actions de *L'Information*, payées onze millions de francs à son fondateur, Léo Chavenon, qui conserva les fonctions de directeur du journal ; Charles Saglio devenait président du conseil d'administration et gardien des intérêts de la banque.

Fortement impressionné par la rencontre Hitler-Brinon divulguée par Georges Bonnet, André Meyer décida de s'attacher Brinon plus étroitement en lui faisant une situation à *L'Information* qui aurait également pour effet de montrer aux maîtres de l'Allemagne que la banque Lazard n'avait pas de parti pris et préconisait une politique d'apaisement. Cette situation renforcée s'ajoutait aux gratifications occultes qu'André Meyer versait régulièrement à Brinon pour le remercier des services qu'il lui rendait en Allemagne. Brinon recevait aussi des frais de mission occasionnels que Daladier lui payait sur les fonds secrets. Afin de ne pas faillir à sa réputation d'être parfaitement informé, André Meyer laissa entendre à Brinon qu'il était au courant de ses échanges de vue avec le Führer [24].

Dix jours ne s'étaient pas passés depuis le retour de Brinon de Berlin, après son entretien sur le désarmement avec le général von Blomberg, que ses appointements passaient à *l'Information* de cinq mille à sept mille francs mensuels [25]. Il recevait une lettre de Léo Chavenon qui en dit long sur le prix qu'on attachait à sa collaboration :

« Paris, le 9 octobre 1933.

» Mon Cher Confrère et Ami,

» Vous avez acquis une réputation justifiée d'écrivain et de maître journaliste. Vous avez fait la preuve que dans les questions internationales, comme dans les problèmes intérieurs, votre jugement était toujours empreint de bon sens, de prudence, de clairvoyance. Vos conceptions en matière de gouvernement vous ont assuré la considération et l'amitié d'hommes d'État que leurs pairs ont désignés comme les premiers de ce pays. Il me semble que pour vous, qui pouvez encore affirmer et faire consacrer votre maîtrise de journaliste, comme pour nous qui aurions besoin d'une rubrique quotidienne où les événements seraient examinés, posés, fondus, ou comme distillés pour que la substance en fût exprimée, il serait d'un vif intérêt que vous acceptassiez d'assumer en principe, en la signant, le soin de cette rubrique. Les termes dont je viens de me servir pour dire ma pensée n'impliquent naturellement pas l'idée d'une rédaction compliquée : c'est au contraire d'une exposition simple dans la forme et d'une sociologie droite qu'il s'agit. Mais encore, ne pensais-je point à délimiter votre action, laquelle s'inspirerait avant tout chaque jour des arguments les plus propres à faire prévaloir les points de vue de l'intérêt général. En votre absence, la rubrique serait ou supprimée ou assurée par un intermédiaire.

» Je me plais à espérer que la proposition vous conviendra. Elle vous est faite ici valablement d'accord avec André Meyer, mais j'attendrai votre réponse avant d'en saisir à toutes fins utiles nos collègues de *L'Information* [26]... »

Chavenon, « ancien patron effectif mais devenu une sorte d'employé supérieur de la banque Lazard [27] », reçut de Brinon la réponse positive qu'il attendait. La chose étant réglée, Charles Saglio, président du conseil d'administration de *L'Information* et autre « employé supérieur » de la banque Lazard, lui communiquait la règle du jeu :

« Je n'ai pas besoin de vous dire combien j'ai été heureux que votre collaboration à *L'Information* devienne quotidienne, mais puisque par votre bulletin vous êtes maintenant le porte-parole de notre

journal dans le domaine infiniment délicat où la politique est étroitement mêlée à l'économique, où les intérêts de l'État doivent être
défendus mais aussi les intérêts de notre clientèle compris et ména-
gés, je crois que vous conviendrez avec moi qu'il est indispensable
qu'un contact régulier, extrêmement fréquent soit établi entre vous
et la Direction [...]. Très respectueux du gouvernement [...], nous ne
perdrons pas notre crédit en ne semblant pas approuver de parti pris
des projets budgétaires dont une grande partie peut être raisonnable-
ment et respectueusement critiquée. Nous devons tenir compte de
l'opinion publique et de l'état d'esprit de notre clientèle. Il est utile
que vous en soyez tenu au courant [28]. »

En réalité Chavenon et Saglio se borneront à communiquer à Brinon l'humeur des patrons de la banque Lazard : « Ces Messieurs
pensent... », « Ces Messieurs aimeraient... » « L'opinion de ces Messieurs... »

L'Information économique et financière avait été fondée en 1889
par Léo Chavenon et son frère. À l'époque, c'était un hebdomadaire
branché sur la Bourse et l'économie, auquel la publicité financière
assurait d'importants revenus. Depuis son rachat par la banque
Lazard, *L'Information* était devenue un quotidien sérieux, modéré,
avec un tirage moyen de soixante-quinze mille exemplaires.

Le 14 octobre 1933, à grand fracas, l'Allemagne quittait la conférence sur le désarmement et se retirait de la Société des Nations,
invoquant l'impasse où se trouvaient les discussions liées à son exigence d'obtenir l'égalité des droits. En réalité, les grandes puissances, inquiètes de l'évolution du régime nazi, entendaient imposer à
l'Allemagne une période probatoire de huit ans, mesure âprement
préconisée par le ministre Paul-Boncour en charge du dossier à
Genève. Hitler sauta sur l'occasion de se débarrasser du dernier obstacle au réarmement de l'Allemagne hors de tout contrôle. Brinon,
qui se prenait pour une pièce maîtresse du jeu diplomatique, crut
naïvement – ou feignit de croire – que la décision allemande avait
été déterminée parce que Daladier, n'ayant pas informé le ministre
des Affaires étrangères Paul-Boncour des entretiens Hitler-Brinon et
Blomberg-Brinon, une donnée essentielle avait manqué aux débats
en cours [29].

Quelques jours après, le gouvernement Daladier chutait. Deux
autres gouvernements se succéderont en trois mois. Daladier y
conservera le ministère de la Guerre avant de redevenir président du
Conseil dans un cabinet qui durera dix jours. Il continuait à s'intéresser de près aux rapports de Brinon avec l'Allemagne. Dans cette

conjoncture, Brinon se prépara à une nouvelle rencontre avec Hitler, mais pour son compte personnel : « Je savais par M. de Ribbentrop que je pourrais revoir Hitler[30]. » À un ami, Bernard Laporte, il avança : « Je crois que je pourrais avoir des déclarations de Hitler[31]. » L'ami en informe Georges Abric, le rédacteur en chef du *Matin*, qui prend feu : « Je suis sûr, dit-il à Brinon, qu'une telle interview serait sensationnelle[32]. »

Brinon se rend en Allemagne. Par l'intermédiaire de Ribbentrop, il exprime le souhait d'être reçu par Hitler qui passait une semaine de vacances dans son chalet de l'Obersalzberg. Au bout de trois à quatre jours, il obtient l'audience, ce qui témoigne du crédit dont il jouissait. « J'ai eu avec Hitler une conversation d'ordre très général sur la situation. J'ai pris des notes au cours de celle-ci. Il n'a jamais été question d'interview. J'ai dit à M. von Ribbentrop que je trouvais très intéressantes les déclarations de Hitler, mais je n'ai pas parlé de publication[33] », rapportera-t-il lors d'un interrogatoire. Il relativisait la vérité, car, à l'époque, il donna une tout autre version à un hebdomadaire : « J'ai été reçu par le chancelier le 22*. Il m'a parlé très librement pendant deux heures. Au moment de le quitter, je lui ai dit : "Monsieur le chancelier, consentez-vous à ce que je publie vos déclarations ?" Il m'a répondu *"gern"* ("volontiers"). Là-dessus, l'ami qui avait servi d'intermédiaire et qui avait assisté à l'entretien a fait remarquer qu'il vaudrait mieux attendre quelques semaines avant de laisser publier cette interview dans un journal français, et le chancelier s'est ravisé. J'étais furieux que Hitler ne s'en fût pas tenu à son *"gern"* spontané. Enfin, les choses se sont arrangées. On est allé redemander à Hitler son assentiment pour une publication immédiate. Il l'a donné[34]. »

Hitler reçut Brinon le 16 novembre à la chancellerie du Reich. L'entrevue dura de onze heures vingt à une heure de l'après-midi. De retour à Paris, Brinon va trouver Daladier et lui parle de l'article qu'il se propose d'écrire. Ensuite, il présente un schéma de son entretien avec Hitler à Georges Abric, le rédacteur en chef du *Matin*, qui manifeste son enthousiasme et s'enquiert des conditions d'exclusivité : « J'ai demandé vingt mille francs, dit Brinon, étant donné les frais de mon voyage. J'ai su que M. Abric avait été surpris par la modicité de ce prix. Cette publication s'est faite avec l'accord de *L'Information*[35]. » Elle parut dans *le Matin* le 23 novembre après que le service de presse allemand en eut pris connaissance.

---

* Il s'agit en réalité du 16 novembre.

Cet article révèle que Brinon commençait à subir la fascination que Hitler devait exercer sur lui de manière complexe, où prédominait l'orgueil d'être reçu en tête à tête par un homme, le plus omnipotent de la planète, le héros d'un peuple de soixante millions d'individus subjugués par sa seule présence et qui exerçait sur eux une autorité si extraordinaire qu'il pouvait leur commander tout ce qu'il voulait en les remuant jusqu'au tréfonds d'eux-mêmes.

Brinon fut surtout frappé par la simplicité de l'accueil du Führer, contrastant avec les ballets des huissiers dans le moindre ministère français : « Aujourd'hui, l'homme qui dispose en Allemagne d'un prodigieux pouvoir ouvre lui-même la porte de son cabinet pour prendre congé de son visiteur et accueillir un inconnu. » Rien de plus rassurant que l'aspect de Hitler. Dans son uniforme, « il a l'air d'un officier qui aurait passé sa tunique sur des vêtements civils pour se reposer au coin de la cheminée ». Il tousse même comme un bourgeois. Quel contraste avec le meneur de foule, celui qui lance à son peuple les plus vigoureux défis ! Aux questions de Brinon, Hitler va répondre de manière si convenue que n'importe quel propagandiste nazi aurait pu le faire à sa place : « Il est exact, écrit Brinon, que M. Hitler a l'ambition d'être l'homme qui trouvera l'accord avec la France », même si on lui oppose le jugement haineux qu'il porte sur notre pays dans *Mein Kampf.* Le seul motif d'hostilité entre la France et l'Allemagne, assure Hitler, c'est la Sarre : « J'ai la conviction que la question de la Sarre, qui est terre allemande, une fois réglée, il n'y a absolument rien qui puisse opposer l'Allemagne à la France. » Hitler n'a aucune revendication sur l'Alsace et la Lorraine et y a renoncé définitivement.

« Il n'existe pas en Europe, poursuit-il, un litige qui justifie la guerre. Tout peut se régler entre les gouvernements des peuples s'ils possèdent le sentiment de leur honneur et de leur responsabilité [...]. On m'insulte en continuant de répéter que je veux faire la guerre. Serais-je fou ? La guerre, elle, ne réglerait rien. Elle ne ferait qu'empirer l'état du monde. Elle marquerait la fin de nos races qui sont des élites et, dans la suite des âges, on verrait l'Asie installée dans notre continent et le bolchevisme triomphant [...] » Sur ce, Hitler expose que l'Allemagne doit être capable de se défendre, que le devoir de tous les peuples est d'organiser leur défense. Son programme tient en ces mots : « Pas un Allemand pour une nouvelle guerre, pour la défense de la patrie, tout le peuple. »

Brinon parla alors des manifestations inquiétantes qui se produisaient en Allemagne. « Je décide seul de la politique de l'Allemagne, répond M. Hitler. Et quand je donne ma parole, j'ai l'habitude de la tenir [...]. Moi, je n'ai pas hérité d'un trône. J'ai une doctrine à maintenir. Je suis un homme qui agit, qui engage sa responsabilité. Je réponds de moi-même devant le peuple que je conduis et qui me donne la force. Mais parlons de la sécurité française. Si l'on me disait ce que je peux accomplir pour elle, je le ferais volontiers s'il ne s'agissait pas d'un déshonneur ou d'une menace pour mon pays. » Hitler se déclara tout à fait d'accord pour que la France contracte une alliance défensive avec l'Angleterre : « S'il s'agit d'une telle alliance, j'y souscris volontiers car je n'ai pas l'intention d'attaquer mes voisins. La Pologne le comprend maintenant. »

Ainsi Hitler, suivant une technique éprouvée, chantait toujours la même antienne. En fait, il était tranquille : « Moi, j'ai toute l'Allemagne. Je ne lui ai pas caché ce que je voulais. Elle m'a approuvé. »

À propos de l'Allemagne, de la Société des Nations, de la conférence sur le désarmement, Brinon le questionne : « Quelle procédure proposez-vous maintenant ? Permettez-moi de vous demander si vous retournerez à Genève ? – En quittant Genève, répond M. Hitler, j'ai accompli un acte nécessaire et je crois avoir rendu un service de clarté. Nous ne retournerons pas à Genève. La Société des Nations est un Parlement international dans lequel des groupes de puissances s'opposent et s'agitent. Les malentendus sont aggravés au lieu d'être résolus. Je suis toujours prêt, et je viens de donner l'exemple, à entamer des négociations avec ceux qui veulent bien causer avec moi. »

Quelle conclusion Brinon tira-t-il de cet entretien ? « J'ajouterai quelques mots sans lesquels ce que j'ai écrit serait sans courage. Il y a quelques semaines G. Ward Price du *Daily Mail*, après une conversation pareille avec M. Hitler, s'affirmait convaincu de sa sincérité. Avant 1914, Ward Price était correspondant à Paris ; je l'ai retrouvé durant la guerre. Officier informateur de l'armée française d'Italie, à la fin de 1917, j'ai eu mission de le piloter et j'ai vécu avec lui. Je l'ai revu pendant la conférence monétaire de Londres. Je sais la valeur de son témoignage. Il connaît notre pays et discerne son intérêt. Tous deux, au cours d'une carrière de journalistes déjà longue, nous avons vu bien des personnages et approché beaucoup de chefs de gouvernement divers. Je rencontre aujourd'hui son jugement avec satisfaction. Comme Ward Price, je crois à la sincérité de M. Hitler[36]. »

L'Information, qui tombait quelques heures après *Le Matin*, reproduisit des extraits de l'interview. À la fin de l'article, Brinon écrivait : « Maintenant, je voudrais conclure. J'ai écrit dans *Le Matin* que je crois à la sincérité de M. Hitler, cela signifie que je pense, en raison de beaucoup de témoignages anciens et récents et de beaucoup d'impressions vieilles et neuves, que M. Hitler juge salutaire et opportun, bienfaisant et même nécessaire un règlement pacifique avec notre pays, un règlement fermant les blessures passées, source de querelles renaissantes, cela ne signifie pas qu'il n'y ait point d'obstacles qui sont psychologiques avant tout. » Brinon compara à Sparte l'Allemagne riche d'une jeunesse disciplinée et d'une nation confiante, et à Capoue et à Byzance la France qui s'abandonne « aux rêves des mots ». Il y a péril, écrit-il, « car le danger n'est pas dans les intentions immédiates de l'Allemagne, dans la réadaptation de son armée et de ses engins militaires qui n'est pas douteuse, il est dans la conception que les Français se font de leur avenir et dans l'effort qu'ils veulent lui dédier [37] ».

L'interview de Hitler, publiée dans Le Matin, eut un grand retentissement en France et en Grande-Bretagne. En France, tous les journaux s'en emparèrent et plusieurs la disséquèrent. Quelques jours plus tard, la censure allemande autorisa la publication d'extraits. Comme certains à Paris en doutaient, Brinon demanda au directeur de L'Actualité de rectifier une information erronée : « Je tiens à votre disposition, écrivait-il, un kilo environ de coupures de tous les journaux du Reich reproduisant presque entièrement et commentant cette interview, tous parus dans les six jours qui ont suivi cette publication [38]. »

Il faudra attendre quatre mois avant que dans la lointaine URSS, où tout était minutieusement examiné, Karl Radek* éditorialiste des Izvestia, passât au crible l'interview. Il notait que « le Führer parle de la France comme s'il s'adressait à un pays vaincu et à une nation poltronne [39] ».

Sept ans plus tard, dans le premier article qu'il donna à la presse collaborationniste, Brinon écrira : « Je fus pendant quelques jours un homme à la mode. Il y avait envers le phénomène qui avait osé affirmer la sincérité du Führer un déchaînement de curiosité. On l'interrogeait, on le tâtait, on essayait de le ramener vers la norme. M. Alexis Léger le saluait du nom d'"homme libre", et je n'ai jamais pu discerner chez ce personnage qui reste pour moi énigmatique si ces mots avaient un sens d'envie, d'ironie ou de commisération [40]. »

Plusieurs journaux s'alarmèrent du satisfecit accordé à Hitler et blâmèrent son auteur. Le Journal des débats publia sa riposte, en

* Karl Radek (1885-mort supposée en 1937). L'un des acteurs majeurs de la révolution d'Octobre, cofondateur de la IIIᵉ Internationale. Ce compagnon de Lénine fut victime des purges staliniennes et condamné à dix ans d'internement lors d'un des procès de Moscou contre les « trotskistes ».

même temps une prophétie, sous la plume de Pierre Bernus dont Brinon s'était toujours méfié, et qui titra : « L'œuvre de décomposition ».

« Le Führer nous est systématiquement présenté comme un homme de paix, comme l'homme désigné par la Providence pour établir la concorde dans le monde. Nous n'inventons rien. Qu'on lise l'interview du chancelier que publie aujourd'hui *Le Matin* et les commentaires qui l'accompagnent ; on en conclura qu'il faut dénoncer comme des ennemis de la paix ceux des Français qui ne croient pas devoir accorder leur confiance au chancelier du Troisième Reich. Jamais le plus grand ami de la France n'a été jugé digne des apologies dont le fondateur du national-socialisme est l'objet dans une grande partie de notre presse. Il est simple, il est sincère, il est noble, il ne recherche que la paix, il ne veut que notre bien [...]. Le chancelier Hitler, lui, joue son jeu, qui est d'obtenir aux moindres frais la dislocation des groupements qui pourraient s'opposer à la réalisation de ses desseins, de démolir pierre par pierre, par des moyens diplomatiques, l'édifice élevé à la suite de la guerre et d'avoir toute licence de procurer en même temps à l'Allemagne l'instrument militaire qui lui permettra, le moment venu, d'imposer toutes ses volontés, et, si cela est nécessaire, de briser par la force les résistances qui se manifesteraient trop tard. Il y travaille simultanément en Pologne, en Autriche, partout. Mais le gros morceau, c'est la France. Sa principale préoccupation est actuellement de la désagréger. Il s'y applique avec succès. Avec des paroles de paix, il prépare la guerre. C'est ce qu'on cache au public français[41]... »

Le banquier André Meyer se montra fort satisfait de l'interview de Hitler par Brinon. Juste après sa parution, le salaire de Brinon fut augmenté de cinq cents francs et passa à sept mille cinq cents francs mensuels[42]. La promotion de Brinon à *L'Information* signifiait que ses articles ne se teinteraient pas de chauvinisme anti-allemand, mais de compréhension analytique à l'égard du régime national-socialiste.

Parmi les hommes politiques influents, la banque Lazard avait une vue sur Daladier considéré, malgré l'instabilité gouvernementale, comme un permanent de la politique française. D'où la bienveillance qu'elle témoignait à la maîtresse de Daladier, Jeanne de Crussol, qui s'adonnait à de périlleuses opérations financières. En retour, et compte tenu des subsides qu'elle versait au parti radical-socialiste, la banque n'y allait pas par quatre chemins quand elle avait besoin de Daladier, même à titre décoratif. Il suffit de lire la lettre par laquelle Charles Saglio chargeait Brinon de lui rappeler que sa présence était souhaitée au cocktail qui suivrait la remise de la cravate d'officier de la Légion d'honneur à Léo Chavenon, le directeur de *L'Information*. Saglio avait écrit au ministre Georges Bonnet afin qu'il obtienne cette distinction. Finalement, Brinon s'était occupé aussi bien de l'attribution de la décoration que de faire venir Daladier[43].

À Berlin, l'interview de Hitler donna lieu à un incident avec l'ambassadeur François-Poncet : « J'avais vu M. de Brinon à son passage à Berlin le 17 novembre, écrivait-il à Paul-Boncour, le ministre des Affaires étrangères. Il m'avait dit qu'il comptait partir le soir même pour la Bavière où Hitler avait accepté de le recevoir. En réalité, quand il me parlait ainsi, il avait été reçu la veille par le chancelier Hitler. M. de Brinon m'a donc caché la vérité. Il a voulu s'en excuser par une lettre qui m'est parvenue ce matin et dans laquelle il m'explique qu'il dut s'engager à ne pas révéler à quiconque, avant son retour, l'entretien qu'il venait d'avoir. Je regrette d'avoir été compris par M. de Brinon dans ce "quiconque"[44]. »

Considérant que l'interview du *Matin* n'apprend rien que l'on ne sache déjà, l'ambassadeur compte néanmoins en vérifier l'exactitude auprès de Hitler qui « a été averti qu'il [François-Poncet] se tenait à sa disposition[45] ». Hitler ne l'avait pas reçu depuis plusieurs mois, d'où l'agacement de François-Poncet en constatant que Brinon était accueilli avec plus d'empressement.

Le 24 novembre, l'ambassadeur rencontrait Hitler à Berlin. Sur ses intentions pacifiques à l'égard de la France et les rapports de bon voisinage qu'il désirait entretenir avec elle, Hitler confirma ses déclarations à Brinon. « Il m'a même assuré à cet égard qu'il avait vu M. de Brinon et causé avec lui, mais qu'il n'avait pas été convenu que cet entretien serait publié dans un journal. Il a d'ailleurs reconnu l'exactitude rigoureuse des propos rapportés[46]. »

C'est en observant les agissements de Brinon en Allemagne que François-Poncet, informé à bonne source, le qualifiera d'« homme de confiance de Daladier et de la banque Lazard[47] ».

En même temps que paraissait l'interview de Hitler, *Le Petit Parisien* achevait de publier une série d'articles qui révélaient les instructions adressées aux agents de la propagande allemande et dévoilaient la duplicité de toute l'action politique du Reich fondée sur son amour proclamé de la paix et le désir d'entente du Führer avec tous les peuples. Il s'avérait que l'Allemagne avait préparé de longue date son retrait de la Société des Nations tout en se posant en victime. Les services du Dr Goebbels donnaient la consigne générale suivante : « La propagande allemande à l'étranger devra s'attacher à attribuer aux autres puissances, en particulier à la France et à l'Angleterre, la responsabilité de la tournure prise par les événements[48]. » Les instructions précisaient aussi de quelle manière camouflée les journalistes non allemands et les journaux favorables à l'Allemagne devraient être rétribués.

Les nouvelles inquiétantes en provenance d'Allemagne ne dissuadèrent pas Brinon de se targuer des bonnes relations qu'il entretenait avec des personnalités nazies en commençant son article par un hommage à « l'ami », dont il ne citait pas le nom, grâce auquel il avait pu obtenir l'interview de Hitler. Dans un autre article, Brinon récidivera : « Je connais depuis longtemps M. Joachim von Ribbentrop qui a bien toutes les qualités que les journaux lui ont prêtées, s'il n'a pas toutes les intentions qu'on lui attribue. Il a joué un rôle considérable dans les négociations de coulisse qui ont précédé l'arrivée au pouvoir de M. Hitler dont il est un ancien et ferme admirateur. C'est lui qui naguère m'introduisit auprès du chancelier[49]. »

Les agitations de Brinon avaient éveillé la curiosité des Renseignements généraux qui consignèrent que « M. Brinon avait un train de vie considérable et que son penchant pour un luxe coûteux se manifestait tant à Paris qu'au cours de ses voyages à l'étranger[50] ». Ils observèrent pour la première fois les relations de Brinon et de Ribbentrop au cours d'un séjour que l'Allemand effectua à Paris pendant la première quinzaine du mois de décembre 1933, peu après la publication de l'interview de Hitler. À cette occasion, Daladier, qui était toujours ministre de la Guerre, déjeuna avec Ribbentrop chez Brinon[51]. Au cours de ce séjour, Ribbentrop, qui passait pour l'ambassadeur privé de Hitler, « fut présenté comme étant chargé de procéder à des sondages dans la presse française et d'enquêter sur l'origine de documents confidentiels concernant la propagande allemande publiés quelque temps auparavant par Le Petit Parisien[52] ». Il revint le 28 février en qualité de chargé des affaires du désarmement et resta trois jours à Paris, cependant que l'Allemagne, sous couvert de cette mission rassurante, poursuivait un réarmement accéléré. Au cours de la même année 1934, toujours sous surveillance à Paris, Ribbentrop descendait au début de décembre à l'hôtel Bristol, le palace préféré des Allemands, et Brinon vint l'y rencontrer un après-midi[53].

Le succès remporté par l'interview de Hitler et le bruit fait autour de sa personne portèrent Brinon à rédiger en quelques semaines un ouvrage, France-Allemagne. Il en profita pour régler ses comptes : « On trouvera dans ce livre des extraits d'articles publiés dans le Journal des débats à une époque où il n'était pas hostile au règlement franco-allemand, et dans L'Information où je trouve un accueil pour lequel je garderai une profonde reconnaissance[54]. » Reprenant d'anciens entretiens avec des dirigeants allemands et dressant l'état des relations entre la France et l'Allemagne depuis le traité de Versailles, Brinon retraçait la marche de l'Allemagne qui, sans relâche, avait œuvré pour se débarrasser du *Diktat*. Il montrait les impasses de la politique française menée par d'éphémères gouvernements où se retrouvaient toujours les mêmes têtes. Un échec dont la synthèse tenait en quelques mots : « La politique française est à la dérive [...]. Elle a fait des concessions, jamais payées de retour parce qu'elles étaient tardives [...]. Et parce qu'elle rapportait seulement de ces négociations des pactes ou des accords, elle a fait dire que nos amitiés et nos alliances étaient à chaque coup plus solides et que jamais notre situation n'avait été meilleure [55]. »

Doutant d'un sursaut courageux de la France qui sombrait dans la facilité et les divisions, il concluait : « Le danger pour nous n'est pas en effet dans les intentions immédiates de notre voisine, ni dans une réadaptation de son armée et de ses engins militaires qui est fatale. Il est dans les conceptions que les Français se font de leur avenir et de l'effort qu'ils consentent à lui dédier. C'est la question posée par ce livre. C'est le grand péril. Les jeunes hommes de France et d'Allemagne se réconcilieront-ils toujours dans les tombeaux [56] ? »

Dans un entretien qu'il accorda à un hebdomadaire à l'occasion de la sortie du livre en librairie, Brinon déclara : « Je crois que l'explication et l'arrangement entre la France et l'Allemagne sont la seule garantie efficace de la paix. Mais si la France veut parler à M. Hitler comme elle doit parler, il faut d'abord qu'elle ceigne ses reins [57]. »

L'audience qu'aurait pu avoir ce livre fut gâchée par les événements. Sa publication coïncida avec la formation du deuxième gouvernement Daladier, le 30 janvier, dans un climat de passion consécutif à l'affaire Stavisky*. Gouvernement enfanté dans le dégoût de la crise et dont la composition ne laissait rien augurer de novateur. « S'il existe ce soir un désenchantement, la cause en est que beaucoup attendaient dans des circonstances qui semblent exceptionnelles un air de nouveauté et de bravoure. La question est de savoir si un vieux régime peut s'accommoder sans périls de nouvelles méthodes [58] », écrivait Brinon, sans illusion, le soir même de la formation du ministère Daladier.

Ce gouvernement dura sept jours et chuta au lendemain de la jour-

---

* Alexandre Stavisky avait été retrouvé mort dans un chalet de Chamonix. La révélation de l'énorme escroquerie des bons du Crédit municipal de Bayonne, impliquant des complicités politiques, devait contribuer aux émeutes du 6 février 1934.

née d'émeute du 6 février. Pendant que Daladier qui cumulait le portefeuille des Affaires étrangères et la présidence du Conseil lisait sa déclaration gouvernementale au Palais-Bourbon, les ligues d'extrême droite, soutenues par la forte fédération de l'Union nationale des anciens combattants, se rassemblent aux abords du Parlement ; certains parlent même de jeter les députés dans la Seine. Des détachements communistes manifestent pour leur propre compte. Tant du côté des manifestants que des forces de l'ordre, il y a des morts et des centaines de blessés. À la tribune de la Chambre, Daladier débite son discours avec ce faux air de résolution qui fait des dupes. Il emporte la majorité, mais les nouvelles des manifestations, la gravité de l'émeute le font vaciller. Des défections se produisent dans son parti et son gouvernement. Alors que les obstacles se multiplient, Daladier est incapable de prendre son élan pour les franchir. Il représente l'image même des maux engendrés par le régime.

Dans la tribune des journalistes, Brinon observe et pressent le dénouement. La séance achevée, il se précipite dans les couloirs, se rend compte que l'estocade va être portée au « taureau du Vaucluse ». Il se hâte dès le lendemain matin au ministère des Affaires étrangères où travaille Daladier. Chose curieuse et qui est dans les mœurs du temps, Guy La Chambre, le jeune député-maire de Saint-Malo, dont Daladier parrainait la carrière en le faisant entrer dans son gouvernement comme ministre de la Marine marchande, avait été des premiers à faire défection. Une commission d'enquête portant sur les événements du 6 février est instituée. Le 21 du mois, Guy La Chambre demande à Brinon de lui écrire une lettre témoignant de ces circonstances. Brinon, qui a assisté à la démission de Daladier, accepte. Cette lettre montre l'intimité de Brinon avec le pouvoir quand Daladier était président du Conseil et elle éclaire sur les particularités de sa démission après l'émeute[59].

À la fin de novembre 1934, il se produisit dans la vie de Brinon un événement qui éberlua son entourage : son mariage. Il avait quarante-neuf ans.

La future Mme de Brinon était une petite femme brune, vive, intelligente et active qui avait la joliesse et les manières qui s'incarnent dans la mode du temps. Lancée dans le monde, elle était plus intéressée par la renommée des gens que par leurs œuvres : « Elle ne perdait jamais l'occasion de s'élever dans la hiérarchie du snobisme », notait Colette, connue sous le pseudonyme de Constance Coline, sa meilleure amie, en se référant déjà à l'époque où elle était jeune fille[60].

Née en 1896, prénommée Jeanne Rachel Louise, tout le monde

l'appelait Lisette. Par ses parents, elle appartenait à la bourgeoisie
israélite. Son père, René Franck, dirigeait la Société générale
sucrière, une importante maison de courtage, et versait aussi dans la
banque. Les Franck étaient portés vers les préoccupations affranchies
du quotidien. Leur fils Henri, d'après les contemporains, personni-
fiait le charme même et possédait déjà sa légende à dix-huit ans.
Célèbre à l'École normale supérieure, poète reconnu par les milieux
littéraires et mondains, il obtint un surcroît de prestige en devenant
le chevalier servant de la fameuse Anna de Noailles, son aînée de
vingt ans.

Quand le jeune Henri Franck meurt de tuberculose en 1912, à vingt-
quatre ans, sa sœur Lisette profitera des visites mortuaires d'Anna de
Noailles au domicile de ses parents pour lui faire sa cour et se glisser
dans son intimité. « Elle prit dès ce moment un tour d'esprit très "poé-
tesse", s'essaya sans y parvenir à copier "la divine comtesse" dans toutes ses excentricités et le seul plan sur lequel son entreprise fut
couronnée de succès fut celui de l'écriture car elle parvint en quelques
mois à contrefaire si parfaitement le graphisme de son modèle que les
gens s'extasiaient : "Lisette a exactement l'écriture d'Anna de Noailles, sûrement elle doit être aussi douée [61]." »

Un jour, Lisette confia un secret à son amie Colette : « Elle avait
été demandée en mariage. Cela me paraissait légèrement scandaleux,
flatteur certes, mais absurde. Elle ne partageait pas mon avis et se
voyait déjà en dame. Malheureusement, le soupirant ne lui plaisait
pas. Il était petit, falot, peu brillant et – détail sans importance, disait-
elle – fort riche. Lisette aurait aimé être distinguée par un merveilleux jeune homme portant un grand nom et, si possible, un tantinet
poète sur les bords. Je crois que si, par la suite, elle a fini par céder
aux instances du jeune homme, c'est le "petit détail sans importance"
qui a, pour leur malheur à tous deux, fait pencher la balance [62]. »

Ce jeune homme s'appelait Claude Ullmann. Il était le fils d'Émile
Ullmann qui avait été vice-président et directeur général du Comptoir
national d'escompte de Paris, l'une des deux grandes banques à agences multiples qui drainaient une partie importante de l'épargne française.

Lisette Ullmann eut deux fils de ce mariage qui tourna rapidement
pour elle à l'ennui, même si l'argent, qui lui brûla toujours les doigts,
ne manquait pas. Constamment à l'affût de ce qui était à la page,
elle fut de ces femmes qui se rendaient à Genève au luxueux hôtel
des Bergues, au bord du lac, où logeait la délégation française à la
Société des Nations. Ces femmes, on les appelait les précieuses de
Genève ou encore les amazones. Pédantes, confidentes, amantes,

elles étaient le repos des politiciens. L'hôtel des Bergues, outre les privautés qu'on s'y accordait, était un haut lieu de l'éloquence de salon à la française. Trois hommes politiques s'y produisaient au milieu d'admirateurs : Édouard Herriot étalait son érudition, Aristide Briand débitait de sa belle voix ses utopies, Joseph Paul-Boncour parlait comme s'il chantait *a capella*. Brinon a laissé une pochade de Paul-Boncour officiant à la tribune de la Société des Nations : « Paul-Boncour servait les idées à la manière d'un célébrant et de toute la puissance du verbe. Quand il s'était écouté, il croyait avoir agi. Rien n'était aussi propre à son culte que le milieu de Genève où il préparait ses discours ainsi que des partitions avec des *fortissimo*, des *mezza voce* et des *pianissimo* qu'il notait au crayon rouge dans le texte de ses manuscrits. Il rêvait d'un État où la parole exercerait l'autorité[63]... »

Lisette Ullmann rejoignait à l'hôtel des Bergues René Massigli, directeur adjoint du Quai d'Orsay et chargé des affaires de Genève où il se rendait constamment. Dès le début, il avait été un opposant intransigeant à la politique hitlérienne dont il augurait le pire. Mme Ullmann, qui voulait divorcer, aurait pu l'épouser. Massigli appréciait et recherchait sa présence.

C'est en février 1932, lors de la conférence sur le désarmement à Genève que Brinon fit la connaissance de Mme Ullmann, à l'hôtel des Bergues. Ils rentrèrent ensemble à Paris par le train. Elle était sans doute pourvue de ce que ses amies appelaient « le charme des Franck » car Brinon, rebelle au mariage, se laissa prendre et jamais il n'en fit confidence. Dès qu'il la connut, il rompit avec la comédienne Yvonne Ducos et mit en sommeil pour longtemps ses relations intermittentes avec Simone Mittre, sa secrétaire, qui désormais n'effectua plus aucun voyage avec lui. Jusqu'en 1939, Mme Ullmann d'abord et ensuite Mme de Brinon, seule, accompagna partout l'ami, puis le mari[64].

À la perspective de devenir comtesse de Brinon d'ancienne et vénérable souche, Lisette Franck conçut le parti qu'elle pourrait en tirer dans le monde où ses relations complétaient celles de Brinon, encore qu'il n'en eût pas besoin. Elle fréquentait Simone Lazard, actionnaire de la banque, et l'épouse de Pierre David-Weill, héritier présomptif de Lazard Frères, ce qui aurait pu encore resserrer les liens de Brinon avec ses employeurs, mais il avait déjà eu l'occasion d'obliger Pierre David-Weill concernant sa situation militaire, par le canal du général Bourret[65]. Brinon se maria sous le régime de la séparation de biens. La future Mme de Brinon avait déjà dissipé le plus clair de la fortune héritée de son père. Elle fut une hôtesse parfaite qui permit à Brinon de recevoir chez lui avec tous les avantages et de disposer d'un appareil domestique convenant à ses ambitions.

Sa famille qui avait blâmé son divorce se brouilla avec elle quand elle épousa Brinon. Quant à sa belle-famille, ulcérée que Fernand convolât avec une juive, elle finit par l'accepter à condition que Lisette se soumît à deux obligations : se convertir au catholicisme et se marier religieusement en dépit de son divorce, arrangements que Brinon lui-même recommandait. Elle remplit la première condition sans difficulté sous la direction de sa future belle-mère, la benoîte Jeanne de Brinon, qui lui faisait réciter le catéchisme. Lisette Franck reçut le baptême chez les sœurs de Notre-Dame-de-Sion ; elle signa l'acte suivant lequel elle avait « renoncé à l'aveuglement des juifs [66] ».

Le mariage religieux dressait plus d'un obstacle devant une divorcée même convertie. L'Église reconnaît le mariage juif, mais il aurait fallu, pour qu'elle puisse épouser religieusement Brinon, que son ancien mari, Claude Ullmann, répondît à l'enquête que l'Église lui avait adressée, ce qu'il ne fit pas, ainsi que l'exposera la requête présentée au pape : « Comme de droit, les sommations à l'homme juif ont été faites, mais celui-ci a refusé de donner réponse [...]. » Seul le consentement du pape pouvait désormais permettre à Lisette Franck de célébrer ses nouvelles noces. Il était recommandé de solliciter l'intervention de l'ambassadeur de France près le Saint-Siège. Alexis Léger, secrétaire général du Quai d'Orsay, en bons termes avec Brinon, s'y employa.

Impatiente et ne voyant rien venir, Lisette Franck se retrouve à Vichy pour s'en ouvrir à Ivan Loiseau, le très mondain délégué de la Société fermière et son maître de cérémonie. Elle lui fait part de ses démarches jusqu'alors vaines et lui demande conseil, sachant que le père de Loiseau était *persona gratissima* au Vatican. Elle lui montre le brouillon d'une lettre adressée par Brinon à l'Officialité de Paris, « un véritable chef-d'œuvre de fond et de forme, note Loiseau. La façon dont Brinon relatait ses origines essentiellement catholiques, son éducation et son désir de rester dans la "communauté chrétienne" était non seulement d'une grande habileté mais d'une orthodoxie très sûre [...]. Fernand de Brinon était engagé, dès cette époque, dans cette politique de rapprochement avec l'Allemagne et déjà il professait une grande admiration pour Hitler et, inévitablement, pour ses doctrines, parmi lesquelles figurait avant tout l'antisémitisme. Il faut donc qu'il ait eu une réelle indépendance d'esprit pour épouser une femme juive de naissance et juive par son premier mariage[67] ».

Il s'avérait que la future Mme de Brinon ne pourrait obtenir la permission de se marier religieusement que grâce au privilège paulin, procédure canonique qui soumet à la décision du pape l'autorisation accordée à un conjoint converti à la religion catholique de se séparer de son autre conjoint qui veut demeurer païen, c'est-à-dire non chrétien. Dans ce cas, l'Église admet la dissolution du lien conjugal.

Devant les lenteurs de la procédure, elle s'embarqua pour Rome où elle trouva un interlocuteur complaisant : « Aussi me suis-je adressée à Mgr Fontenelle, écrivait-elle à Alexis Léger, qui a mis beaucoup d'empressement à agir et m'a renseignée. Nous avons commencé par nous assurer du département auquel ressortissaient ces affaires et la clause du "privilège paulin". Ces affaires ne ressortissent pas aux "Sacrements", c'est-à-dire au département compétent pour les dissolutions de mariage, mais au "Saint-Office" que l'on appelait jadis l'Inquisition, l'un des départements les plus fermés de la Curie romaine[68]. »

Elle poursuivit avec une sorte d'exaltation sur ce qu'elle avait vu et ce qu'on lui avait promis. Alexis Léger s'était entremis à plusieurs reprises et envoya à Brinon copie de la lettre qu'il avait reçue de l'ambassadeur Charles-Roux annonçant qu'une décision favorable serait sanctionnée en octobre. Elle le fut le 18. Le 6 novembre, l'archevêché de Paris recevait acte de la décision du pape rédigée en latin, transmise par la congrégation du Saint-Office[69].

À peine la dispense pontificale délivrée, la double cérémonie fut vite réglée. Le 15 novembre 1934, Fernand de Brinon, qui se disait rédacteur en chef du journal *L'Information*, épousait Jeanne Rachel Louise Franck à la mairie de Neuilly-sur-Seine. Le témoin du marié fut Marcel Clapier, conseiller à la Cour des comptes, et surtout chef de cabinet de Daladier, et celui de la mariée, Philippe Clément, banquier (en réalité coulissier), époux de la meilleure amie de la nouvelle comtesse de Brinon[70]. Deux jours plus tard, le mariage religieux était célébré en l'église Saint-Sulpice par le curé Constantin, là même où, quatre-vingts ans plus tôt, le grand-père de Brinon, le marquis Achille, s'était uni à Alfrédhine de Courthille[71].

CHAPITRE 12

La séduction

À côté d'Édouard Daladier, un autre président du Conseil de la IIIᵉ République, Pierre Laval, influera sur la destinée de Brinon et l'accompagnera jusqu'au bout. Brinon connaissait son habileté d'affairiste, sa ruse d'homme politique, son égocentrisme qu'il plaquait comme un miroir sur le monde pour y réfléchir son image, et s'il englobait Laval dans le scepticisme que lui inspiraient les politiciens, ce qu'il appréciait en lui c'était sa haine de la guerre, son pacifisme enraciné que Brinon partageait et qui inspirait son comportement face à la situation en Europe.

Leurs relations étaient anciennes. En 1931, André Tardieu avait présenté Brinon à Laval. Ce dernier était alors président du Conseil. La crise financière qui secouait l'Allemagne plaçait dans une situation précaire l'un des plus importants établissements du pays, la Dresdner Bank, dont l'effondrement aurait entraîné le système bancaire et économique du pays. Cette crise résultait de l'abondance des crédits américains que l'Allemagne ne pouvait rembourser. Le chancelier Brüning fit contacter Brinon qui se trouvait à Berlin et lui exprima le désir de rencontrer Laval le plus tôt possible, hors de tout circuit diplomatique, en vue de lui proposer, en échange de crédits octroyés par la France, le renoncement de l'Allemagne à un type de matériel naval dont la construction créait un motif de tension supplémentaire entre les deux nations. Selon ses dires, Brinon rentre à l'hôtel Adlon et fait demander par téléphone le président Laval. C'est un samedi. On ne sait où le joindre. Brinon s'adresse à Léon Noël, secrétaire général du gouvernement, qui l'informe que Laval est parti passer le dimanche en Normandie et communique un numéro de téléphone. Brinon finit par obtenir Laval qui répond qu'« il ne veut pas quitter ses vaches », mais, jugeant la proposition de Brüning intéressante, il prie Brinon de la reporter à plus tard.

Brinon, qui raconte cette anecdote à son avocat dans la prison de Fresnes, ajoute que c'est « le procédé auvergnat » habituel de Laval consistant à ajourner les décisions rapides et laisser mûrir les faits[1].

Dès le lundi, la débâcle financière allemande s'accéléra, portant le président Hoover, à la demande de banquiers américains craignant pour leurs créances, à accorder à l'Allemagne un moratoire qui suspendait le règlement de ses dettes et, par conséquent, le versement des annuités des réparations dues à la France.

Avant que le Congrès américain ne se saisisse du moratoire, Brinon fut le premier journaliste français à suggérer la nécessité d'une entrevue Hoover-Laval anticipant des « échéances redoutables ». Il ajoutait savoir que le président Hoover, « instruit de la franchise simple, et par cela forte, que M. Laval apporte dans les explications qu'il donne au nom de son pays et qui ne craint pas de s'exprimer parfois durement[2] », souhaitait cette rencontre.

Brinon accompagna Laval aux États-Unis en octobre 1931. Il l'accompagna de si près que les photos publiées par la presse française pendant la traversée sur le paquebot *Île-de-France* montrent Brinon sur le pont, aux côtés de Laval et de sa fille Josée, confondu avec les collaborateurs du président et comme eux tous coiffé d'un béret basque.

À Washington, Laval remporta un succès personnel et fit la une des journaux. Sa photo s'étala sur la couverture du magazine *Time* comme étant « l'homme de l'année », mais « la pensée française » dont il était porteur passa après les intérêts américains, et le moratoire qui ajournait la dette allemande fut voté.

Personnage populaire, Laval établit des rapports de confiance avec Brinon pendant les années 1931 à 1935. Se rendant en Allemagne en juillet 1934, Brinon avertit Laval qu'il va tenter d'être reçu par Hitler. Laval était ministre des Colonies mais en piste pour obtenir la présidence du Conseil et les Affaires étrangères. C'était un mois après la Nuit des longs couteaux qui avait vu la sanglante purge des SA ordonnée par Hitler. Ribbentrop, toujours obligeant, fit savoir à Brinon que Hitler lui donnerait audience à titre privé. « Toutefois, il admettait que Brinon en fît un compte rendu à Laval[3]. »

Brinon avait appris que le comte von Helldorf, chef des SA de Berlin, le premier dirigeant nazi que lui avait présenté Ribbentrop, avait échappé à la tuerie. Ernst Röhm, chef d'état-major des SA et vieux compagnon de Hitler, avait été abattu sur l'ordre de son Führer. Cet assassinat aurait pu mettre Brinon en difficulté. Afin d'initier ses lecteurs au national-socialisme, il avait publié dans son ouvrage *France-Allemagne* l'intégralité du discours que Röhm avait prononcé à Berlin cinq mois avant d'être mis à mort, sur le thème : « Le national-socialisme est une nouvelle conception du monde[4] ».

Brinon se rendit dans l'Obersalzberg, au chalet du Führer construit au flanc de la montagne. Il fut reçu par le maître du IIIe Reich avec la même simplicité qu'auparavant. Hitler était vêtu d'un costume civil. Seul Ribbentrop assistait à l'entretien et traduisait. À propos de la Nuit des longs couteaux, « Brinon semble surtout retenir cette phrase centrale de la pensée de Hitler : "Il vaut mieux faire mourir trente personnes que trois mille[5]". » Pour le reste, il broda sur ce qu'il avait déjà dit cent fois et que la propagande officielle ressassait.

Dans sa prison, Brinon relatera à l'un de ses avocats, Me Castelain, la fin de l'entrevue : « L'entretien terminé, Hitler pria Brinon de l'accompagner sur la terrasse. C'était l'époque d'adoration de l'Allemagne pour son nouveau chef. Sur la route, légèrement en contrebas, défilaient les admirateurs. Hitler, en la seule compagnie de Brinon et sans garde aucune, s'avança devant la foule qui lui jetait des fleurs. Les gens étaient habitués en hommage spontané à jeter des fleurs, même quand le Führer n'y était pas, par-dessus le petit mur sur lequel il dominait légèrement la foule à ses pieds. Il fit à Hitler la remarque sur l'absence de toute protection même la plus élémentaire, et Hitler lui répondit : "Je ne risque que de périr étouffé par les gens qui veulent me voir de trop près." Brinon me dit que c'était la phase mystique de l'amour du peuple pour son nouveau chef. Plus tard, Hitler fut gardé et entouré comme tout chef d'État. En tout état de cause, Brinon garde un souvenir très net de cette entrevue qui semble l'avoir particulièrement frappé[6]. »

Le 25 juillet, quelques jours après cette audience pendant laquelle Hitler avait proclamé à nouveau devant Brinon son désir de paix et d'entente avec ses voisins, le chancelier Dollfuss était assassiné à Vienne sur ordre du Führer au cours d'une tentative de coup d'État.

Redevenu président du Conseil le 7 juin 1935, Laval demanda à Brinon de rencontrer Hitler afin de lui faire un rapport sur la situation allemande. Brinon obtempéra. Il était informé que l'année précédente, Laval avait fait la connaissance de Ribbentrop à Paris. « J'avais d'excellents rapports avec lui [Laval], notera Brinon. Il savait que je m'intéressais particulièrement aux affaires allemandes. Il m'a demandé de le renseigner. Je ne lui dis rien de la conversation de 1933 et des rencontres Daladier. Je n'en avais pas le droit. Mais je lui exposai mon sentiment[7]. »

Malgré la politique conciliante qu'il avait menée dans le passé à l'égard de l'Allemagne, Laval n'avait pas trouvé de ce côté du Rhin la sympathie qu'il aimait susciter. La visite qu'il avait rendue au chancelier Brüning en septembre 1931 en compagnie de Brinon, avant son départ pour les États-Unis, n'avait soulevé aucune adhésion. Sa personnalité déplaisait ; son faciès fut passé au crible de l'idéologie nationale-socialiste. Le député nazi Spangemacher écrivait dans le *Vorwärts* : « Laval est un bâtard de basse race. » Dans le *Westdeutscher Beobachter*, on pouvait lire : « Ses yeux légèrement obliques et sa bouche aux grosses lèvres ont quelque chose d'asiatique. On appelle Laval le "Bouddha vivant" et l'on dit qu'il était le résultat de toutes les races françaises. » Alfred Rosenberg, en qualité d'expert, l'appelle dans *Der Weltkampf* : « l'échantillon du sadisme français » et le « négroïde méditerranéen [8] ».

Au début de 1935, quand la Sarre vota son rattachement à l'Allemagne par un plébiscite triomphal, Laval avait jugé ce résultat naturel. À Berlin, cette attitude fut portée à son crédit, tout comme son pacifisme qui servait les plans allemands.

Lorsque Brinon se rendit à Berlin, l'Allemagne accentuait sa politique de réarmement en rétablissant la conscription obligatoire et en portant les effectifs de l'armée à six cent mille hommes, soit trente-six divisions. Les protestations platoniques des puissances alliées et de la Société des Nations furent accueillies par un haussement d'épaules. Par ailleurs, l'agitation culminait à Dantzig où de hauts dirigeants nationaux-socialistes venaient exacerber la passion des foules, plaçant les relations germano-polonaises dans une perspective belliciste.

Qu'allait dire Hitler à Brinon ? Depuis la mort du maréchal-président von Hindenburg, un an plus tôt, il assumait tous les pouvoirs et s'était proclamé *Reichsführer*, devenant plus couramment pour le monde politique le Fürher et chancelier.

À Berlin, Brinon fut reçu à la chancellerie. Cette quatrième rencontre avec Hitler eut lieu en la présence du seul Ribbentrop. Il trouva le Führer apparemment détendu et disert. La raison de cette entrevue, désirée par Laval, était de savoir ce que le chancelier pensait des sanctions envisagées contre l'Italie, consécutives à la guerre de conquête qu'elle menait en Éthiopie. Laval penchait pour l'apaisement. Hitler répondit en substance : « "Je ne veux pas m'occuper de cette affaire. Je ne suis plus membre de la Société des Nations et toutes les folies qui s'y commettent ne m'intéressent pas [...]." D'abord, une considération préliminaire, notait Brinon. Je n'ai pas trouvé chez les maîtres de l'Allemagne, soit chez M. Hitler lui-même, soit chez M. de Ribbentrop dans les longues conversations que j'ai eues avec lui durant trois jours, soit chez le général von Blomberg qui se repose présentement aux environs de Dresde, soit

chez le Dr Schacht *, aucune trace des graves préoccupations intérieures que les informateurs ou les journaux découvrent chaque jour de
plus en plus grandes dans la situation du IIIe Reich. Cependant, chacun m'a parlé avec beaucoup de liberté de ces affaires : affaires
religieuses, lutte contre les ministres du culte protestant ou catholique, lutte contre les juifs à nouveau à l'ordre du jour et aussi affaires
civiles : lutte contre les intrigues qui se développeraient depuis quelque temps au sein du groupement des Casques d'acier ** [9]. »

Brinon constate que « la préoccupation dominante », c'est l'organisation de la paix européenne par Hitler lui-même et ses collaborateurs. La Russie est à l'opposé de l'Allemagne. Pour Hitler, « il y a
une antinomie totale entre le régime allemand et le régime soviétique,
entre l'armée allemande et l'armée Rouge, entre les formations
nazies de jeunesse et les formations de jeunesse bolchevistes. Elles
ne peuvent que se combattre et s'affronter. Ce sera un jour entre elles
une question de force. Mais si du côté de la France on entend continuer, sous prétexte que nous avons vingt millions d'habitants de plus
qu'elle, à s'inquiéter toujours de nos attitudes futures en cherchant
à nous tenir dans un réseau d'alliances et finalement à refuser la
conversation sous prétexte que cette conversation pourrait être dangereuse, il n'y a rien à faire évidemment et il faut renoncer à tout
projet de règlement et d'organisation commune [10] ».

Hitler souligne que si le bolchevisme avait raison de l'Allemagne,
la France serait entraînée dans sa chute : « Toutes vos idées de rentiers ne vous sauveraient pas... » C'est d'ailleurs pour lutter contre
le bolchevisme que l'Allemagne entend approfondir son amitié, chaque jour plus opérante, avec la Pologne. Devant le péril communiste,
la rivalité entre la France et l'Allemagne doit le céder à une entente
motivée.

Questionné sur l'énormité de son réarmement, Hitler réplique que
l'Allemagne n'entend pas en discuter et qu'il est dicté par la menace
soviétique : « Depuis que nous avons proclamé notre réarmement,
nous n'avons absolument rien à cacher et tout chez nous sera ouvert
aux Français [11]. »

L'ennemi sous différents visages est toujours le même. Hitler et
Ribbentrop s'accordent pour dire : « La police allemande croit avoir
sinon la preuve tout à fait certaine, au moins la certitude qu'on pos-

---

* Ministre de l'Économie.
** Organisation d'anciens combattants d'extrême droite ralliée au régime
national-socialiste et absorbée par la SA en juin 1934. Elle s'efforçait de
conserver une identité propre.

sède, surtout depuis quelque temps, des indications de plus en plus
précises et authentiques sur l'effort fait par les agents soviétiques et
sémitiques pour utiliser toutes choses afin de troubler l'atmosphère
entre la France et l'Allemagne. M. Hitler et ses collaborateurs appré-
cient hautement la collaboration intime entre les polices française et
allemande au sujet de la surveillance des suspects [12]. »

Hitler se défendit encore de toute idée d'annexion de l'Autriche
tout en affirmant qu'elle était un pays profondément allemand.

Brinon assurera dans son rapport que « la personne de M. Laval
est extrêmement sympathique » et des souhaits sont formulés par
les dirigeants nazis pour qu'il demeure longtemps au pouvoir. Une
entrevue entre Laval et Hitler pourrait avoir lieu après le congrès de
Nuremberg à la mi-septembre car le chancelier se reposera en
Bavière jusque-là. Le Führer estime qu'elle pourrait se dérouler dans
la capitale du Reich à la fin de septembre ou au début d'octobre.
Un délai de préparation est souhaitable. Du côté allemand, M. von
Ribbentrop est tout désigné. Pour les Allemands, soulignera Brinon,
les obstacles existant avec les Français qui ont trop « une mentalité
de rentiers » sont surtout d'ordre psychologique. De cette entrevue,
Brinon rédigera un rapport de dix-sept pages [13].

Deux mois après, Brinon est accueilli de nouveau par le Führer à
Berlin, le 18 octobre, toujours en mission officieuse pour le compte
de Pierre Laval, président du Conseil et ministre des Affaires étrangères. Il est encore question de la guerre italo-abyssine et aussi du
conflit italo-britannique qui en résulte. Hitler déclare à Brinon que
l'œuvre de médiation à laquelle Laval s'attache a sa sympathie. Ils
abordent d'autres problèmes issus d'une actualité grosse de périls, et
Hitler montre avant tout la confiance que lui inspire la position allemande qui ne peut que tirer avantage de la situation présente. Brinon
en réfère à Laval [14].

Parvenu à ce point, si Brinon n'adhérait pas aux excès du national-
socialisme, la nature du système nazi ne le gênait pas dans son action
en faveur de l'entente franco-allemande. Il va jusqu'à écrire cette
année-là : « Le national-socialisme est avant tout une doctrine d'éducation civique. » Il discerne dans les bâtiments neufs qui commen-
cent à surgir dans les villes allemande une architecture s'inspirant de
la simplicité hellénique, des lignes pures de la Grèce antique exigées
par le Führer lui-même : « Il semble que le retour à la netteté soit
l'un des buts de son combat [15] », écrit-il. Brinon est entré dans une
phase de séduction qui tient certes au traitement personnel que lui
réservent les chefs du IIIe Reich, à commencer par Hitler lui-même
qui le subjugue et dont chaque parole est un acte accompli ou à venir,

et qui, rejetant tous les principes établis, a su relever et revitaliser son pays. Les choses extraordinaires que Brinon observe en Allemagne et qui choquent tant les États démocratiques sont considérées par les Allemands comme des besoins propres à l'espèce humaine.

Brinon se rend fréquemment en Allemagne, accompagné de son épouse ravie de l'accueil plein de déférence des dignitaires nazis qui s'inclinent devant elle et lui baisent la main. Elle approuve pleinement l'évolution de son mari parce que, plus à droite que lui et pacifiste comme lui, elle voit dans l'Allemagne hitlérienne la défense avancée et résolue contre le communisme, et que son catholicisme flambant neuf lui confère une certaine distance vis-à-vis de la communauté juive.

À Berlin, chez les Ribbentrop, on fait tout pour plaire au couple Brinon. L'appartement où les Brinon se sont installés à Paris sur l'aristocratique quai de Béthune, dans l'île Saint-Louis, est une demeure où Mme de Brinon, persuadée d'être placée au centre de l'histoire, reçoit Ribbentrop et donne en son honneur des dîners où sont conviés quelques hommes politiques français de premier plan ; elle y accueille avec empressement d'autres honnêtes courtiers du IIIe Reich de passage à Paris.

Cessant d'apparaître comme le représentant personnel du Führer agissant en solitaire, Ribbentrop dispose à présent d'un service où travaillent une centaine de personnes, situé à Berlin dans la Wilhelm-strasse, presque en face du ministère des Affaires étrangères, un défi de la diplomatie officieuse et parallèle à celle des voies traditionnelles que Ribbentrop court-circuite avec l'accord de Hitler. Ce service s'ornait de l'enseigne : *Dienststelle Ribbentrop* : Service Ribbentrop.

Mme de Brinon suit également son mari dans des déplacements plus lointains. On la verra à Varsovie, au mois de mai 1935, lors des funérailles du maréchal Pilsudski, chef de l'État polonais, dont la mort avait mis en France les drapeaux en berne pendant vingt-quatre heures. Ce fut l'occasion de rencontres qui anticipaient l'avenir.

Trois Français se retrouvèrent en Pologne : « Nous nous trouvions à une fenêtre de l'hôtel Europeiski, relate un témoin, pour assister au défilé du convoi quand tout à coup on entendit un grand bruit : c'était M. et Mme de Brinon qui débarquaient tout joyeux et fort agités [16]. »

Les deux autres étaient le maréchal Pétain, âgé de soixante-dix-neuf ans, apportant l'hommage de l'armée française, et Pierre Laval, alors ministre des Affaires étrangères, venu directement de Moscou où il avait signé un pacte d'assistance franco-soviétique dont la rédaction et les clauses lui retiraient toute automaticité et ne comportait pas d'obligations militaires. Pétain et Laval furent accueillis à Varsovie à la façon de « cousins indésirables[17] ». La Pologne, dans sa politique étrangère irréaliste, avait signé un traité avec l'Allemagne et, par ricochet, boudait la France dont elle croyait ne plus avoir besoin. Laval en concevait de l'amertume, mais Pétain, au mieux de sa forme, avait rassemblé autour de lui une trentaine de personnes qui se pâmèrent de rire quand il leur raconta pendant une demi-heure comment il avait dû ruser pour refuser les verres d'eau glacée qu'on lui offrait aux États-Unis, au temps de la prohibition[18].

À ces obsèques, tenant la vedette, Hermann Goering, ministre de l'Air, cumulant fonctions et prébendes, fit sensation. William Bullitt, l'ambassadeur des États-Unis, placé à côté de lui, n'en croyait pas ses yeux : « Goering entra d'un air majestueux dans la cathédrale de Varsovie comme s'il était un ténor allemand interprétant Siegfried. À vue de nez, il a au moins un yard de tour de taille. Dans le but d'élargir ses épaules jusqu'à la verticale des hanches, elles sont allongées par deux pouces de rembourrage. Mais en vain. Les épaules ne peuvent s'étendre aussi loin. Son nombril se situe devant lui à au moins un yard de distance et comme il n'est même pas aussi grand que moi et qu'il revêt un uniforme qui le serre comme un gant, l'effet est singulier[19]. » Manucuré, maquillé, l'œil exorbité par la drogue, déplaçant sa masse énorme, Goering confisquait le spectacle à son profit et prenait la pose dès qu'une caméra apparaissait. Brinon allait de Pétain à Laval, ainsi qu'il s'y prendra au temps de Vichy, et tous trois s'entretinrent séparément avec Goering comme ils le feront sous l'Occupation, réunis pour l'instant sur cette terre de Pologne en faveur de laquelle, cinq ans plus tard, la France entrera en guerre, la perdra, et où ces trois Français formeront le trio le plus important de l'État[20].

Le congrès de Nuremberg ouvrit ses assises annuelles au mois de septembre 1935. Brinon y assistait. Sans doute était-il un personnage assez important pour que l'ambassadeur François-Poncet en fût informé par un canal allemand[21].

Les cohortes brunes, la Jeunesse hitlérienne, le flot des délégations s'écoulaient entre les murs étroits de la vieille ville médiévale, et leur défilé semblait ne jamais finir. Le délire de ces masses saisissait les visiteurs étrangers. Les maisons étaient pavoisées de drapeaux à croix gammée si serrés qu'ils formaient une interminable draperie où se répétait le même motif. Les haut-parleurs placés de manière à couvrir la ville diffusaient des marches, des chants, des mots d'ordre qui maintenaient l'exaltation.

À l'ouverture du congrès, Rudolf Hess, le dauphin de Hitler à l'étrange tête de primate, prononça un discours d'une extrême violence qui attestait des sentiments des nazis à l'égard de la France :

« Ce que la liberté signifie, le peuple allemand en a pris conscience le jour où il a perdu cette liberté, le jour où le drapeau tricolore a flotté sur le Rhin, où des nègres ont fait violence à des femmes allemandes, quand la soldatesque ennemie a frappé en Allemagne des Allemands à coups de fouet, quand les commissions étrangères ont pénétré dans les fermes et les maisons pour y découvrir les dernières armes, quand nous avons dû détruire de nos propres mains nos derniers canons lourds, quand il a été défendu à l'Allemagne de se donner la protection la plus élémentaire contre les escadrilles de bombardement, quand des ouvriers ont été abattus à coups de fusil dans les usines Krupp, quand on a privé l'Allemagne sur son propre territoire du droit de sévir contre les traîtres séparatistes, quand les soldats allemands, longtemps encore après la signature de la paix, ont été inhumainement gardés et maltraités en captivité, quand les Allemands dépouillés de leurs biens ont été traités dans le monde comme des hors-la-loi [22]. »

Soudain, le 15 septembre, à neuf heures du matin, les députés du Reichstag, tous membres du parti national-socialiste, se réunirent en corps constitué sur l'ordre de Hitler, dans une salle de théâtre parée d'emblèmes nazis. Des projecteurs braquaient leurs faisceaux sur une immense croix gammée d'apparence massive, telle une idole dans un sanctuaire. Sous une chaleur étouffante, les places du public étaient occupées par de hauts fonctionnaires nazis, des diplomates étrangers, des journalistes venus en foule. Goering, qui préside la séance, déclare que la réunion du Reichstag dans cette ville sacrée présage de l'œuvre primordiale qui va s'y accomplir. Les lois qui vont être votées témoigneront de l'unité et de la force du peuple allemand.

Hitler, ovationné, prend la parole. Il insiste longuement sur la dévotion à la paix qui anime le Reich ; l'armée, qui ne menace personne, est garante de cette paix. Après avoir indiqué qu'il ne peut supporter les humiliations auxquelles sont soumis les Allemands qui peuplent la ville de Memel, territoire ravi à l'Allemagne et octroyé à la Lituanie, il s'en prend au communisme dont les inspirateurs sont les juifs. « Il faut exterminer le marxisme juif ! » vocifère-t-il en pressant ses poings contre sa poitrine, tandis que se déchaînent d'interminables acclamations. « Ce sont les Juifs qui empoisonnent le monde », tonne-t-il. Il poursuit en les accusant de se plaindre de tout et de créer des incidents préjudiciables au peuple allemand. Afin d'éviter que les Allemands ne prennent individuellement des mesures de défense contre les Juifs si rien n'est entrepris contre eux, Hitler annonce : « Il nous reste à imposer la méthode pour le règlement de ce problème [...]. Le gouvernement allemand va fixer les rapports du peuple allemand avec les Juifs. »

Il annonce que trois lois vont être soumises au Reichstag et dont Goering va donner lecture : Les deux premières concernent la dette de reconnaissance contractée à l'égard du parti national-socialiste. La troisième « constitue un essai de règlement de la question juive en Allemagne ».

À ce moment précis, la retransmission radiophonique est interrompue. Le théâtre de Nuremberg où siège le Reichstag est isolé du pays. Goering se lève derrière sa tribune pour donner lecture des trois lois. La première fait du drapeau à croix gammée le seul emblème national. La seconde énumère les modalités restrictives par lesquelles on est citoyen du Reich, jouissant des droits politiques consentis par la loi. Une bande filmée montre Goering scandant la loi contre les juifs, loi dite « pour la protection du sang allemand et de l'honneur », pendant que Hitler, assis deux gradins plus bas, écoute, le visage altéré, perdu dans ses abîmes. Cette loi est précédée d'un préambule : « Convaincu que la pureté du sang allemand est la condition de la persistance du peuple allemand et animé de la volonté inflexible d'assurer à jamais l'avenir de la nation allemande, le Reichstag a promulgué à l'unanimité la loi suivante : "Par cette loi, les Juifs sont privés de tous les droits civiques et perdent la citoyenneté allemande. Les mariages et les relations sexuelles entre Juifs et Allemands et entre Juifs et une race apparentée à la race allemande sont interdits. Les mariages entre Juifs et Allemands seront annulés et des peines très sévères appliquées si pour contourner la loi ces unions étaient contractées à l'étranger. Des peines de dix ans de prison sont prévues pour les contrevenants. À ces mesures s'ajoute l'interdiction faite aux Juifs de saluer le drapeau allemand et de détenir des insignes et symboles du national-socialisme sous peine d'internement". »

La journée se clôtura par une mise en scène grandiose. Les Sections d'assaut, les milices SS dans leur uniforme noir, la Jeunesse hitlérienne, près de quinze mille hommes, se rangèrent autour du monument aux morts de Nuremberg, enseignes et drapeaux inclinés, pendant que des chants éclataient et que les flammes des héros défunts jaillissaient au sommet de douze pylônes immenses.

Brinon profita de la forte concentration de dirigeants et de dignitaires nazis pour étendre le champ de ses relations. Il put même parler à Goering dont l'emploi du temps était surchargé. Depuis l'accession de Hitler au pouvoir, jusqu'à la fin du IIIe Reich, Goering devait signer les dix-huit décrets qui formaient le programme de persécution et d'extermination des juifs [23].

Des Français étaient venus à Nuremberg communier avec l'esprit nazi. On remarquait Claude Jeantet, rédacteur de l'hebdomadaire d'extrême droite *Je suis partout*, l'académicien Louis Bertrand, et l'on apercevait l'écrivain Drieu La Rochelle qui cherchait l'occasion de fortifier ses croyances fascistes. Ceux-là, et d'autres Français représentatifs, étaient l'objet des attentions d'Otto Abetz, un collaborateur du Dienststelle Ribbentrop chargé des relations avec la France, un agent de pénétration des plus entreprenants, au verbe facile et disposant de fonds importants. Il saisissait l'opportunité du congrès pour faire découvrir à ses invités français les réalisations les plus remarquables du IIIe Reich à travers le pays.

Brinon eut un long entretien avec lui. Pressé par Ribbentrop, Abetz mettait la dernière main à la création de la Deutsch-Französische Gesellschaft (Société germano-française) qui allait conduire Brinon à un engagement affiché dont il ne sortira plus.

CHAPITRE 13

L'engagement

Le 25 octobre 1935, au château Monbijou, dans un quartier de Berlin, une soirée musicale eut lieu à l'issue de laquelle l'annonce fut faite de la création de la Deutsch-Französische Gesellschaft*. Sous les lustres de cristal, parmi les invités, évoluaient des membres de l'ambassade de France et de hautes personnalités nationales-socialistes. Le ministre des Affaires étrangères, le baron von Neurath, assistait à la réception. Le président de cette nouvelle association, le professeur Achim von Arnim, directeur de la Technische Hochschule de Berlin et dignitaire des SA, annonça brièvement que la société s'assignait pour objectif de développer des activités culturelles entre la France et l'Allemagne. Un Français présent, le comte Régis de Vibraye, président de la défunte Société franco-allemande, créée dix ans plus tôt, et dont la plupart des membres allemands avaient été victimes du nazisme, souhaita un franc succès à ses successeurs.

Sous couvert de relations culturelles, la Société germano-française entendait diffuser les thèses nationales-socialistes en se gardant des excès d'une propagande trop flagrante. Elle ne pouvait être pleinement efficace que si une communauté sœur se créait en France. À Paris, Otto Abetz était à l'œuvre et coopérait avec Jacques Weiland, un Français acquis aux idées hitlériennes, « un personnage louche », selon la police [1].

Un mois plus tard, le Comité France-Allemagne était formé à Paris. Son objet fut défini par les statuts datés du 22 novembre 1935 : « L'association prend le titre de "Comité France-Allemagne". Elle a pour but de favoriser le développement des rapports privés et publics

---

* Ribbentrop avait également créé la Deutsch-Englische Gesellschaft destinée à la Grande-Bretagne.

entre la France et l'Allemagne, dans tous les domaines, et plus spé-cialement au point de vue intellectuel, scientifique, économique, artistique et sportif, afin de contribuer par une meilleure compréhen-sion réciproque à la consolidation de la paix européenne. Sa durée est illimitée* [2]. »

Plus tard, Brinon prendra plaisir à évoquer sur un ton de vétéran, devant un auditoire franco-allemand, les origines du Comité France-Allemagne, d'abord destiné à s'appeler Comité d'études franco-alle-mand : « J'appartiens en effet au petit groupe de nos camarades d'où sortit un soir de novembre 1935 l'ébauche du Comité France-Allema-gne. C'était quelques jours avant l'arrivée à Paris de M. von Tscham-mer und Osten qui venait préparer les jeux Olympiques de Berlin [3]. »

Dans ce petit groupe, figuraient autour de Fernand de Brinon, les écrivains Paul Morand et Pierre Drieu La Rochelle, les deux prési-dents des deux plus importantes associations d'anciens combattants, Henri Pichot et Jean Goy, le prélat Mgr Mayol de Lupé dont la soutane s'ornait toujours de brochettes de décorations, l'ambigu Ber-trand de Jouvenel, l'écrivain Jules Romains qui avait trouvé le loisir, malgré une activité littéraire dévorante, d'écrire l'année précédente un ouvrage favorable à l'entente franco-allemande : *Le Couple France-Allemagne*, le professeur Henri Lichtenberger, germaniste éminent, qui avait fait observer que de ne pas répondre à l'initiative allemande qui s'était traduite par la création de la Société germano-française serait un acte hostile.

Bertrand de Jouvenel commentera dans un article de presse la tenue de cette réunion de l'amitié franco-allemande, révélant qu'Abetz s'y était consacré avec un dévouement semblable à celui qu'il apportait déjà dans le rapprochement des jeunesses des deux pays, encouragé par le chancelier Hitler. Il ajoutait que Ribbentrop avait été l'instigateur de la création de l'association franco-allemande en préconisant des contacts entre anciens combattants des deux pays [4].

Sept jours après la fondation du Comité France-Allemagne, le *Reichssportführer* von Tschammer und Osten arrivait à Paris. Après la promulgation des décrets d'exclusion pris contre les juifs deux mois plus tôt au congrès de Nuremberg, l'Allemagne, nation invi-tante, activait les derniers préparatifs des jeux Olympiques dont les épreuves d'hiver devaient avoir lieu à Garmish Partenkirchen au mois de février. En expulsant les « non-aryens » de leurs équipes

* Le rédacteur des statuts était Yvon Gouet, un collaborateur de Maurice Viollette, homme politique de gauche.

nationales, les Allemands contrevenaient aux règles fondatrices de l'olympisme dont l'universalité prohibait toute exclusive fondée sur les notions de couleur de peau, de race, de religion. Les Allemands avaient vite constaté que le Comité international olympique, nullement disposé à saboter les jeux, était prêt à trouver les accommodements nécessaires afin de concilier ses intérêts avec les mesures d'exclusion des nazis. Néanmoins, par souci de se présenter en toute innocence, la propagande allemande ne négligeait rien. C'est pourquoi, von Tschammer und Osten, qui avait multiplié en Allemagne les déclarations racistes, venait à Paris s'entretenir en bonne camaraderie avec les dirigeants olympiques français au premier rang desquels figurait le compréhensif Melchior de Polignac, l'ami de Brinon et de Ribbentrop.

Le soir même de l'arrivée du ministre allemand, le Comité France-Allemagne offrait en grande pompe un banquet en son honneur à l'hôtel George-V. Le commandant L'Hopital, président désigné du Comité France-Allemagne, fit une déclaration préalable destinée à la presse : « Un comité analogue, qui réunit les plus hautes personnalités allemandes, a été créé à Berlin. »

Le quotidien L'Œuvre s'employa aussitôt à rétablir la vérité en précisant que la Société germano-française « est un comité de fonctionnaires nazis, d'agents officiels ou officieux de la propagande hitlérienne [...]. Par la faute du IIIᵉ Reich, il n'y a plus de langue commune entre Français et Allemands. Les Allemands avec lesquels on pouvait s'entendre sur le terrain intellectuel, scientifique, politique, etc., sont aujourd'hui dans des camps de concentration ou en exil. Les nazis avec lesquels veut fraterniser le Comité France-Allemagne ont brûlé les livres de nos penseurs, boycotté Zola, Anatole France, etc. Ils se vantent d'être les adversaires de notre civilisation basée sur la révolution de 1789 et les droits de l'homme. Ce comité est fondé sur une équivoque malsaine. Les Français qui ne connaissent que l'Allemagne de Goethe, de Schiller, de Heine, de Nietzsche ignoreront son activité [5] ».

Plusieurs journalistes, alertés, mirent Brinon en observation. Suivant un rapport de police, un incident très vif l'opposa à André Pironneau, le rédacteur en chef de L'Écho de Paris, journal de droite et anti-allemand : tous deux en arrivèrent à un échange de coups dans la première quinzaine de novembre.

Le banquet de l'hôtel George-V fut un succès. Le comte et la comtesse de Brinon y participaient. Outre Otto Abetz qui faisait figure d'animateur et allait de l'un à l'autre plein de suavité, d'autres Allemands importants pavoisaient qui désormais seront présents aux grand-messes des deux associations : Achim von Arnim, le président de la Société franco-allemande ; Maximilien von Cassel, le vice-président ; Hans Oberlindober, toujours en uniforme, qui portait le titre de *Reichskriegsopferführer* (« Führer des victimes de guerre du Reich ») représentait tous les anciens combattants, seule association autorisée regroupant plus de quatre millions d'adhérents et chargée de pénétrer les milieux d'anciens combattants français ; le professeur Friedrich Grimm, député du Reichstag qui, en tant que spécialiste des questions françaises, secondait Otto Abetz. S'ajoutaient des individus qui, sous des occupations respectables, étaient des agents de la Gestapo et des services de la propagande du Dr Goebbels que la police française avait fichés et qui jouissaient de la passivité des autorités de la République redoutant un éclat avec l'Allemagne nationale-socialiste [6].

Les participants se sont félicités de la création du Comité France-Allemagne qui n'a pas encore de base légale [*]. Naturellement, Brinon se charge de faire fonctionner la mécanique et d'obtenir le satisfecit officiel. Pierre Laval, président du Conseil, donne son approbation. L'organisation prend corps. Les présidents des deux plus grandes associations d'anciens combattants représentant environ deux millions d'adhérents siègent dans les instances dirigeantes. En mémoire du maréchal Foch et pour marquer l'esprit de réconciliation des deux pays, son ancien officier d'ordonnance, le commandant L'Hopital, est nommé président. Trois vice-présidents sont désignés : le professeur Fourneau de l'Institut Pasteur, Gustave Bonvoisin, haut fonctionnaire, et Fernand de Brinon, l'âme de l'affaire et l'ami de Ribbentrop.

À peine constitué, le bureau est invité aux jeux Olympiques d'hiver à Garmish Partenkirchen. Transitant par Berlin, la délégation française fut magnifiquement reçue le 3 février, à l'hôtel Kaiserhof qui avait la prédilection des chefs nazis. Le comte et la comtesse de Brinon étaient de la fête, submergés par l'exaltation nationaliste du public et le triomphe fait à Hitler venu patronner les épreuves dans un grand déploiement de SA chargés du maintien de l'ordre. Le 10 février, lors du concert donné à Munich à l'occasion de ces jeux, les notables du régime présents apposèrent leurs signatures sur le programme de Brinon. La plupart sont illisibles en dehors de celles

* Le Comité France-Allemagne fut déclaré le 21 janvier 1936, enregistré au *Journal officiel* le 4 mars et au bulletin municipal le 9 mars. Son siège social fut installé à Paris, 94, boulevard Flandrin, puis, à partir de novembre 1938, 15, rue de Vézelay.

du général von Blomberg et de Leni Riefenstahl, « la cinéaste du Führer[7] ». L'un des signataires a transformé la première lettre de son nom, un H, en svastika. Il s'agit de « Putzi » Hanfstaengel, chef du bureau du Reich de la presse étrangère, l'un des premiers compagnons et bailleurs de fonds de Hitler et le seul qui le tutoie. Tout ce monde, de retour à Berlin, se transporta ensuite dans les résidences de Goering et de Goebbels où de somptueuses réceptions furent organisées. Mme de Brinon et les autres dames feront la connaissance de Frau Schotz, qu'elles appelaient entre elles la « führerine des femmes allemandes ». En sa compagnie, elles visitèrent quelques réalisations du régime : camps de travail, usines et associations en tous genres. Elles rencontrèrent aussi l'Anglaise, miss Unity Mitford, admiratrice pâmée de Hitler et qui se prodiguait en déclarations d'allégeance passionnées. De son côté, François-Poncet organisa une réception à l'ambassade de France où les membres du Comité France-Allemagne furent conviés.

Parvenu à ce point de l'histoire, Brinon considère que la messe est dite : « L'Allemagne, c'est Hitler et Hitler c'est le national-socialisme. » La France divisée, décadente, incapable de se ressaisir est hors d'état de mener une guerre. Brinon est documenté sur le réarmement allemand et les principes stratégiques qui l'inspirent afin que, conformément à la volonté du Führer, la prochaine guerre ne ressemble pas à la Grande Guerre et qu'aux assauts à la baïonnette qui grignotent quelques dizaines de mètres succèdent la percée d'unités blindées et les mouvements enveloppants des forces motorisées. Son ami, le général Duval, expert militaire qui officie au *Journal des débats*, explique à Brinon l'importance tactique des chars, l'arme de rupture du front.

À l'inverse, Brinon constatait du côté de Daladier le rejet de tout esprit offensif. La ligne Maginot et les fortifications du Nord-Est étaient invoquées pour affirmer l'inviolabilité du territoire qui dispensait l'armée française de se porter en avant hors de ses abris.

La lettre que le général Victor Bourret écrivit à Brinon en juin 1934 met en évidence la stérilité des conceptions militaires de Daladier qui prévalaient dans son entourage. Après avoir rejeté « la thèse militariste très significative : armée de métier offensive, armada cuirassée terrestre » comme étant des propos insensés émanant d'« esprits fumeux », le général Bourret s'indignait : « Et c'est là-dessus qu'on oriente l'esprit de l'Armée et de la Nation. Vers la plus folle des politiques : "alliances, sorties immédiates hors de nos remparts, etc." Je pense que le Patron [Daladier], partant du terrain ferme de la Défense nationale où il est imbattable, où il a repris d'emblée son autorité indiscutable, où il traduit avec force les aspirations du cœur des Français, de son parti, des anciens combattants ses camarades, je pense, dis-je, que là le Patron doit consolider encore sa situation, pourfendre les stupides "va-t-en-guerre", dissoudre les billevesées. Là, pas de polémiques, on l'écoute, on le craint[8]. »

Brinon menait deux existences suivant qu'il se trouvait en Allemagne ou en France. À peine descend-il du train de Berlin qu'il est cerné par le décor que le national-socialisme plaque sur la ville. Drapeaux et oriflammes à croix gammée pavoisent les bâtiments. Des affiches griffées de mots d'ordre agressifs sont placardées aux endroits où elles captent la vue. Les rues sont animées par une diversité d'uniformes ornés de l'emblème nazi. Ce qui le frappe surtout, ce sont les adolescents de la Jeunesse hitlérienne pleins de vivacité qui se saluent entre eux avec empressement. Il ne cessera de comparer ces jeunes Allemands, qu'il avouera admirer, aux jeunes Français qui ne portent pas en eux cette force d'union et de combativité. C'est une humanité différente qui circule à travers Berlin. Pas encore un peuple en armes mais en uniforme et que la discipline automatise. En France, Brinon observe un peuple d'individualistes, perdu dans la grisaille et voué à l'impuissance. Quand il met en parallèle les deux types d'homme politique, l'allemand et le français, il entrevoit les représentants du parti nazi regroupés dans le théâtre de Nuremberg où officie Hitler et compare cette unanimité effrayante avec les congrès radicaux-socialistes sous la présidence de Daladier ou de Herriot, qui ne sont que jeux d'intrigues personnelles et vaines harangues de politiciens perdus dans des combinaisons stériles, poussant la bedaine entre leurs bretelles et buvant du gros rouge en s'épongeant le front.

1935 marque l'engagement de Brinon dans la politique active par le biais du Comité France-Allemagne. Un long chemin parcouru en huit ans depuis qu'en décembre 1927 il écrivait avec les meilleures intentions du monde dans le *Journal des débats* : « Le rapprochement franco-allemand est une politique peut-être nécessaire, mais il faut la faire autrement qu'en paroles. »

En novembre, Laval, président du Conseil, qui se réservait le droit de nommer par décret des ambassadeurs en dehors de la carrière, songea à Brinon pour l'ambassade de Pologne, nomination qui aurait convenu à Hitler dont la politique à l'égard de ce pays ne pouvait que s'accommoder d'un ambassadeur de France favorable à l'Allemagne. Le projet avorta. La position de Brinon à l'égard de l'Allemagne ne pouvait qu'indisposer l'Union soviétique, d'autant que dans

La Revue de Paris, sous le titre : « France-Allemagne-Russie 1936 », Brinon affirmait que l'Allemagne et la Russie ne pourraient jamais s'entendre : « Deux religions ennemies sont aux prises et, entre l'eau et le feu, il n'y a pas de mariage de raison possible. Par contre, la France peut et doit s'entendre avec l'Allemagne » et d'ajouter qu'on pouvait « accorder le pacte franco-soviétique d'assistance mutuelle avec une détente et un rapprochement franco-allemand ».

À Moscou, Maxime Litvinov, ministre des Affaires étrangères, signataire du pacte franco-soviétique, parla de cet article à Charles Alphand, l'ambassadeur de France à Moscou qui en rendit compte à Laval. La démonstration de Brinon suivant laquelle l'Allemagne n'a aucun intérêt à se tailler un « espace vital » à l'Est est en contradiction avec les harangues de Hitler et le programme de *Mein Kampf.* Alphand soulignait aussi la faiblesse des idées de politique extérieure de Brinon influencées par ses idées de politique intérieure, et il citait ce passage : « La pierre d'achoppement pour la reprise des relations confiantes entre la France et l'Allemagne est la haine qu'éprouve l'Allemagne pour le bolchevisme [...] alors que notre école dirigeante ne semble ressentir que sympathie pour le communisme et qu'elle risque d'en préparer l'avènement chez nous [9]. »

L'ambassadeur Alphand avait mis en évidence l'une des causes de l'hitlérophilie de Brinon, son anticommunisme irréductible. Pour Brinon, seule l'Allemagne nationale-socialiste était capable de se dresser contre le bolchevisme.

La promotion de Brinon à un poste d'ambassadeur fut enterrée par suite du scandale politique qui contraignit Laval à démissionner. Brinon avait rédigé le discours de Laval exposant devant la Chambre des députés, le 27 décembre 1935, la politique extérieure qu'il avait suivie au sujet des événements d'Éthiopie et, notamment, les accords signés avec Samuel Hoare, le ministre britannique des Affaires étrangères, aux termes desquels la France et la Grande-Bretagne concédaient à l'Italie les deux tiers de l'Éthiopie qu'elle avait envahie, accords secrets mais dont la révélation força Laval à se démettre. Ce n'est que quatre ans après, lors de l'armistice et de l'avènement du gouvernement Pétain, que Laval pourra effectuer son retour sur la scène politique.

Si Laval avait demandé à Brinon d'écrire son discours en cette grave circonstance, c'est que celui-ci soutenait la position du cabinet britannique dirigé par Stanley Baldwin partisan de la paix à tout prix et plaidait pour une coopération franco-britannique fondée sur l'apaisement d'autant, notait-il, que « l'Allemagne ne réclame rien de nous et exclut toute revendication territoriale [10] ».

Désormais, Brinon dispose de deux sphères d'influence. Le Comité France-Allemagne où il prêche l'entente franco-allemande sans émettre de critique de fond à l'égard de l'Allemagne hitlérienne. *L'Information* où, tout en prônant la nécessité de cette entente, il continue à relever les motifs d'inquiétude suscitée par l'Allemagne mais passe sous silence le délire de sang qui anime Hitler et ses lieutenants et la nature réelle du national-socialisme.

Le Comité France-Allemagne put se targuer de prestigieuses adhésions. Elles provenaient d'abord d'une association fondée en 1925 qui avait cessé d'exister en 1933 : le « Comité franco-allemand d'information et de documentation », appelé aussi le Comité Mayrisch du nom d'un de ses influents fondateurs, Émile Mayrisch, décédé en 1928, président de l'ARBED, le trust sidérurgique luxembourgeois. Recrutant parmi les sommités de l'industrie française, il avait sa réplique en Allemagne. Il s'agissait de créer un climat de confiance et de concilier les intérêts de manière à parvenir à une entente politique par des solutions économiques et écarter toute menace de conflit armé.

Brinon avait été en rapport avec ce Comité sans y adhérer. Sollicité, il avait publié dans le *Journal des débats* des articles et des communiqués émanant de cette organisation. Il sera invité chez certains membres dirigeants et participera en privé à des discussions sans jamais s'engager au-delà, mais capable par sa fonction de journaliste et sa connaissance de l'Allemagne de rendre des services [11].

Quand, avec la participation active de Brinon, le Comité France-Allemagne vit le jour, de nombreux membres de l'ancien Comité franco-allemand d'information et de documentation le rejoindront.

La première sortie outre-Rhin du Comité France-Allemagne fut entachée de scandale. Son président, le commandant L'Hopital, homosexuel qui s'était livré dans un cinéma à des attouchements sur un jeune soldat allemand, fut obligé de démissionner tandis que l'ambassadeur François-Poncet s'entremettait discrètement. Il fut remplacé par Georges Scapini, aveugle de guerre, avocat et député, un phénomène d'énergie.

Deux personnages représentatifs formaient la pièce maîtresse du Comité France-Allemagne : Jean Goy, placé à la tête de l'Union nationale des combattants dont l'effectif dépassait le million d'adhérents, et Henri Pichot, président de l'Union fédérale riche de neuf cent mille membres. Tous deux, séparément, furent reçus par Hitler. Jean Goy, par disposition naturelle, se montra sensible à cet honneur. Henri Pichot conservait un libre arbitre qui le poussait à analyser l'histoire de l'Allemagne en dressant de remarquables tableaux synoptiques dont découlaient les composantes antidémocratiques du peuple allemand, son besoin de discipline et de vie collective et sa propension à embrasser les doctrines de la race et du sang. Pichot, captivé par la personnalité de Hitler, s'étonnait toutefois du pouvoir de séduction qu'il exerçait sur les femmes allemandes : « Dirai-je que cet homme est de ceux qui pourraient conquérir une foule française ? Je ne le crois pas. Rendrait-il folles les femmes de France ? Je ne le crois pas non plus [12]. »

Nous avons vu que le Comité France-Allemagne n'aurait pas été créé sans la persévérance d'Otto Abetz, l'homme de confiance de Ribbentrop qui, en 1935, devint son « référendaire aux questions françaises » quand fut créé le Dienststelle Ribbentrop. Il avait bâti son ascension sociale en exploitant les perspectives ouvertes par les associations de jeunesse allemande.

Otto Abetz était né en 1903 à Schetzingen dans le Palatinat rhénan. Ses ascendants étaient gardes forestiers, gardes-chasse, artisans et cultivateurs localisés dans la région pauvre et montagneuse de l'Odenwald, la plaine du Rhin au nord de la Forêt-Noire.

Entré à l'École des beaux-arts de l'État de Bade, il se spécialisa dans la gravure sur bois, puis il enseigna le dessin à Fribourg, à quelques kilomètres de la France.

De dix à dix-sept ans, c'est un fait important, il avait appartenu à l'association des *Wandervogel* (« Oiseaux migrateurs ») répandue à travers toute l'Allemagne : « Rien de plus anodin en apparence. Des caravanes d'excursionnistes avec casquettes d'étudiant, rubans en sautoir, cols rabattus largement échancrés (les *Schillerkragen*), culottes courtes, molletières enroulées autour des jambes, s'en vont, chantant en chœur et emboîtant le pas à un guitariste enrubanné. Ils partent par monts et par vaux, véritable migration de la jeunesse, pour reprendre contact avec la terre, avec les éléments de la nature, avec la liberté des bois [...]. À vrai dire se prépare déjà dans ces randonnées romantiques une révolution invisible de la jeunesse allemande, et de ces *Wandervogel* descendent en droite ligne les chemises brunes et les SA de la Jeunesse hitlérienne d'aujourd'hui [13]. »

À la jeunesse allemande, il faut un chef, un responsable qui décide et veille à tout et comble son attente. Ce sont les *Wandervogel* qui emploient pour la première fois, au début du XXᵉ siècle, le terme *Führer*, le guide impeccable auquel ils s'attachent par des liens sentimentaux nuancés de mysticisme. La jeunesse allemande représente une force prépondérante dans un pays dont la population, en soixante-dix ans, est passée de trente-trois à soixante millions d'habitants, devenant un « peuple sans espace », travaillé par les doctrines pangermanistes. Le culte de la jeunesse est instauré en Allemagne et ce sont les jeunes eux-mêmes qui ne cessent de le célébrer.

À partir de 1927, Abetz fera carrière dans les organisations de jeunesse et se targuera d'avoir eu la fibre nazie avant même l'avènement de Hitler. Il écrira au chef de district de la Jeunesse du Reich en 1937 : « Les seules réunions de parti que j'aie jamais fréquentées dans ma vie étaient nationales-socialistes [...] et à ces occasions j'ai toujours, et devant tout le monde, levé visiblement la main pour faire le salut allemand au début et à la fin des réunions. Le seul journal auquel j'étais abonné avant la prise du pouvoir était l'organe du Parti national-socialiste en Bade, *Le Führer*[14]. » Il se vantera d'avoir protesté contre la représentation d'une pièce de théâtre écrite par Theobald Tagger, un juif, et d'autres hauts faits de cette farine.

Après la prise de pouvoir, Abetz s'installa à Berlin comme chef du service France à l'état-major de la direction de la Jeunesse du Reich et, rapidement, il passa pour un expert des questions françaises. Il mettra en avant que, dès 1930, il avait réussi à s'introduire en France sous le couvert du Cercle de travail pour les problèmes frontaliers et étrangers qu'il animait à Karlsruhe. Malgré les difficultés, il avait réussi à organiser, au mois d'août 1931, « une rencontre à laquelle furent envoyés cent jeunes Alsaciens* et Français sur le sommet le plus proche de Strasbourg et de la Forêt-Noire, le Sohlberg. Dès lors, ces rencontres prirent le nom de Cercle de Sohlberg [...]. Je puis produire par les témoignages des participants aux sessions du Cercle de Sohlberg qui eurent lieu en 1931 à Rethel, en 1932 à Mayence, en avril 1933 à Paris, en janvier 1934 à Berlin, la preuve que, dès avant la prise du pouvoir, ces sessions prenaient du côté allemand une position énergique contre le pacifisme et la politique de paix et de résignation et qu'elles ont gagné des groupes déterminants de la jeunesse française à la cause du front contre le traité de Versailles. Dans de nombreux comptes rendus de presse des années 1930 et 1932, des participants français à ces sessions déclarent devoir à ces rencontres leurs premières impressions sur le jeune national-socialisme qui était alors presque inconnu ou totalement méconnu en France[15] ».

Allant jusqu'au bout de son propos, Abetz déclara : « Le Cercle de Sohlberg était, dans les mois critiques de la prise du pouvoir, l'instrument le plus efficace de la politique extérieure allemande pour battre en brèche la propagande judéo-française particulièrement haineuse, faisant état d'atrocités inventées et poussant à une intervention armée contre l'Allemagne nationale-socialiste[16]. »

---

* On remarquera que dans la terminologie allemande un Alsacien n'est pas français.

En 1935, Ribbentrop chargea Abetz d'une mission permanente en France sous couvert d'échanges culturels. Honneur insigne, il est admis cette année-là à la SS, et l'année suivante, au congrès de Nuremberg, il est promu *Untersturmführer* (sous-lieutenant) et peut figurer dans l'état-major du *Reichsführer* SS Himmler*.

En France, nanti de fonds secrets qui, au dire de témoins allemands, étaient plus importants que ceux dont disposait l'ambassade d'Allemagne, il pénétra les milieux politiques et intellectuels**. Il noua avec certains Français des relations d'amitié, notamment avec Jean Luchaire et Bertrand de Jouvenel, fidèles accompagnateurs de ses initiatives. Quelques-uns, en Allemagne, lui ayant reproché de se prodiguer trop à gauche, il se justifia en donnant à Ribbentrop un aperçu de son travail d'infiltration dans la droite française :

« Je puis démontrer que j'ai établi le premier les relations avec les dirigeants de la jeunesse de l'Action française, avec Taittinger et les Jeunesses patriotes, avec Marin et les députés de son groupe faisant autorité à la Chambre, avec les dirigeants des Croix-de-Feu et la jeunesse Croix-de-Feu, avec le milieu Hervé, avec les dirigeants parisiens des Francistes, avec l'association des anciens combattants de l'Union nationale, avec le parti de Doriot*** [...]. L'un de ces groupes se compose de quelques jeunes gens réunis autour du comte de Gobineau que j'avais invité au nom du chef de la Jeunesse du Reich à venir assister avec d'autres Français au championnat professionnel de la Jeunesse du Reich à Sarrebrück, à Pâques 1935. Pendant le séjour à Sarrebrück, je constatai que Gobineau montrait une sympathie surprenante pour les jeunes gens, qu'il manifestait un enthousiasme à 150 % à la réussite en France du national-socialisme[17]. » À Paris, Abetz se renseignera et apprend que Gobineau était « l'un des homosexuels les plus connus de France » et qu'il entretenait même des rapports avec un « demi-juif ». D'où le refus d'Abetz de se retrouver avec Gobineau et la haine que ce dernier en conçut****.

---

* Otto Abetz était membre de la SS sous le n° 253314. Il devint membre du parti à dater du 1er mai 1937 sous le n° 7011453.

** L'adresse d'Abetz à Paris était l'ambassade d'Allemagne.

*** Louis Marin, dirigeant de la Fédération républicaine, antinazi, s'opposera à l'armistice et au gouvernement du maréchal Pétain.

Gustave Hervé, d'abord antimilitariste et socialiste révolutionnaire, il devint un nationaliste intégral et pro-allemand ; il publia en 1935 une brochure, *C'est Pétain qu'il nous faut*.

**** Durant l'Occupation, Clément Serpeille de Gobineau rentra en grâce auprès d'Abetz qui le fera nommer expert à l'Institut d'étude des questions juives.

Abetz constata que le Comité France-Allemagne n'obtenait pas d'assises populaires, ne récoltait qu'une faible audience dans la presse et que l'opinion publique s'en désintéressait. Toutefois, la position éminente de la plupart de ses membres permettait aux Allemands de moissonner des informations et de quadriller la partie de la société française qui leur était le plus utile, recrutant des agents plus ou moins bénévoles [18]. Quant à Brinon, à titre personnel aussi bien qu'en tant qu'animateur principal du Comité France-Allemagne, devenu un correspondant français du parti national-socialiste, il se tenait en liaison régulière avec l'ambassade d'Allemagne à Paris. Il entretenait des rapports suivis avec Abetz qui passait pour être le secrétaire particulier de Ribbentrop et s'infiltrait partout où il le voulait. Surtout, Brinon demeurait l'ami fidèle de Ribbentrop dont la carrière s'élevait au zénith du IIIe Reich. Brinon le jugeait beau garçon, ayant du succès avec les femmes, mais peu intelligent. En tout cas, il cultivait son amitié. Il lui consacra dans L'Œuvre un article intitulé « Mon ami Ribbentrop » qui en dit long sur son allégeance. Il ne ménageait pas ses efforts pour le présenter à des personnalités politiques françaises, et souvent il orientait par ses suggestions les initiatives de Ribbentrop. Son domicile, d'abord à Neuilly, puis quai de Béthune à Paris, servait de plaque tournante à Ribbentrop. Y venaient ceux que l'Allemand souhaitait rencontrer très discrètement. En 1934, Brinon introduisit Ribbentrop auprès du président du Conseil Gaston Doumergue et du ministre des Affaires étrangères Louis Barthou lors d'un projet de pacte du Nord-Est, envisagé dans le cadre du règlement franco-allemand et de l'établissement de relations pacifiques entre les pays de l'Europe centrale. Lorsqu'il sera nommé ambassadeur à Londres, tout en continuant à animer le Dienststelle qui portait son nom, Ribbentrop enverra des émissaires en France chargés de missions de désinformation. C'est ainsi qu'en juillet 1937 Brinon se chargera de présenter deux de ses envoyés, Leitgen et Stenger, au président du Conseil de l'époque, Camille Chautemps, que Brinon jugeait perspicace et courageux, et qui avait déjà rencontré Ribbentrop chez lui. C'était l'époque où, après avoir réoccupé la Rhénanie illégalement, instauré le service militaire de deux ans, soutenu le général Franco dans la guerre civile espagnole, – alors que le gouvernement de Front populaire de Léon Blum avait proclamé la non-intervention de la France – annoncé la création de l'Axe Rome-Berlin, cette alliance indéfectible entre le fascisme et le nazisme, le IIIe Reich, par une politique et des discours de plus en plus agressifs, menaçait l'ordre établi, l'intégrité des nations européennes et la paix du vieux continent. Néanmoins, Brinon s'entremettait en faveur de ses amis nationaux-socialistes et Ribbentrop lui exprimait en français sa gratitude au sujet de la dernière intervention : « Abetz m'écrit la manière très aimable avec laquelle vous vous êtes occupé de mes amis Leitgen, Stenger, etc., et que vous les avez si gentiment introduits auprès de M. Chautemps. Je vous remercie beaucoup et je suis sûr qu'il n'y a rien qui serait plus à propos en ce moment que ces contacts directs [19]. »

En tant que vice-président du Comité France-Allemagne, Brinon fait des conférences en Allemagne, soutenant que la France, dans ses profondeurs, est favorable à cette entente entre les deux peuples. Il se montre même élogieux à l'égard de Léon Blum et de son gouvernement de Front populaire, assurant aux Allemands que la gauche française ne constituait pas un obstacle. Dans L'Information, il écrit plusieurs articles louant le pacifisme de Léon Blum. Il salue en particulier le discours que le vice-président du Conseil du nouveau cabinet Chautemps prononça à Genève devant la Société des Nations. Il analysait le caractère de Léon Blum à travers ses propos empreints d'idéalisme, affirmant que si la France n'avait pas réagi devant l'occupation illégale des territoires rhénans, ce n'était pas par faiblesse mais parce qu'elle faisait confiance au droit, et Brinon cita ces paroles paradoxales qui résumaient la subtilité chimérique de Blum face aux menaces de guerre : « L'ambition, l'audacieuse ambition du gouvernement français est de contribuer à la préparation de la paix désarmée. » Brinon s'interrogeait : « L'époque permettra-t-elle de faire passer ce beau langage de la tribune de Genève dans les réalités de demain [20] ? »

Les conférences de Brinon en Allemagne étaient rémunérées. À l'occasion de l'une d'entre elles, à Berlin, devant les membres de la Société germano-française, il fut remboursé de ses frais de voyage en première classe, de son séjour à l'hôtel Adlon et reçut quinze mille francs [21]. Les auditoires composés de notables du régime national-socialiste l'accablaient de prévenances et de compliments. Il aimait les banquets et les toasts. La Société germano-française disposait des moyens de l'État. Elle avait ouvert une maison d'accueil destinée à ses hôtes français, vaste hôtel particulier de la Hildenbrandstrasse, à côté du grand parc central de Tiergarten. Elle avait été inaugurée le 13 juin 1936, peu avant les jeux Olympiques de Berlin, une manifestation à laquelle participaient Ribbentrop en uniforme de SS et le président de la Société, von Arnim, en tenue de SA. Parmi les adhérents du Comité France-Allemagne présents à cette inauguration, l'avocat activiste Gustave Bonvoisin, le professeur Fourneau, la baronne d'Entraigues, la comtesse Deydier de Pierrefeu, le commandant de Hautefort, le comte Roland de Chappedelaine, le duc de La Rochefoucauld, le prince René de Bourbon-Parme, etc. Tout le long de l'année, des membres du Comité France-Allemagne étaient invités à la maison de la Hildenbrandstrasse, entièrement défrayés, choyés, et ils repartaient enchantés de leur séjour à Berlin qui n'avait été que fêtes et réjouissances.

Outre la puissante organisation nationale-socialiste des victimes de la guerre, la Société germano-française regroupait les grands mouvements de la jeunesse – Jeunesse hitlérienne, Bund des jeunes filles allemandes, Association des étudiants allemands. Adhéraient aussi la Ligue des femmes allemandes, les fédérations sportives, les corporations des intellectuels, presque tous les syndicats professionnels du Front du travail auxquels s'ajoutaient les corporations des pharmaciens, des fourreurs, des ingénieurs, des dentistes, des sages-femmes, des jardiniers, et ainsi de suite. La Société germano-française couvrait le territoire du Reich en un gigantesque réseau de propagande. Les plus importantes provinces étaient celles des villes hanséatiques dont le siège était à Hambourg, de la Rhénanie (Cologne), de la Hesse (Francfort), et des pays du Bade-Wurtemberg (Karlsruhe).

Avant même la fondation de la Société germano-française, Hans Oberlindober, le führer des victimes de la guerre, était venu à Paris au mois de mars 1935, à la tête d'une forte délégation qui comptait des membres de la SS. Ils rencontrèrent des anciens combattants français et leur proposèrent le slogan : « Hier ennemis. Aujourd'hui camarades. Demain amis. » Après avoir affirmé les intentions pacifiques de Hitler, à l'Ouest et à l'égard de la Pologne, et exalté l'amour-propre national des Allemands qui avaient triomphé des humiliations du traité de Versailles, Oberlindober projeta un programme commun : « Unissons-nous contre le communisme et l'URSS », formule qui séduisit Jean Goy, le président de la plus importante association d'anciens combattants français[22].

Peu après la création du Comité France-Allemagne, une Deutsches Haus, appelée la Maison brune, s'ouvrit à Paris, rue Roquépine. Elle était placée sous la coupe du *Landesgruppenleiter* Rudolf Schleier affilié à la Gestapo, qui dirigeait la section de la Société germano-française de Hambourg où il résidait. La Maison brune servait à réunir la colonie allemande de Paris afin de la recenser, de l'endoctriner, voire de la mettre au pas. Des orateurs du parti, des écrivains, des délégués envoyés par diverses organisations culturelles du Reich tenaient des conférences et des personnalités françaises étaient volontiers conviées. Peu à peu, la Maison brune se transforma en centrale de renseignement. Comme le concluait le *Frankischer Kurier* du

7 janvier 1937 : « La patrie peut être fière car chaque Allemand à l'étranger est un ambassadeur du Reich et du peuple allemand[23]. »

La Maison brune s'ouvrait aussi à des festivités offertes au Comité France-Allemagne auxquelles Brinon participait. Les salons de la Maison Goethe, avenue d'Iéna, formaient un autre centre d'accueil où la présence des Français était recherchée. Dans ces diverses réceptions, appuyant sa haute taille sur sa canne, apparaissait l'écrivain Alphonse de Châteaubriant, prolixe et doucereux, dont le visage empoilé d'une barbe soyeuse avait cet aspect bénin des prophètes habités par une douce utopie. Nul plus que lui ne poussait à ce degré de ridicule l'idolâtrie à l'égard de Hitler. Il était toujours accompagné par une dame un peu grasse, blonde comme savent le devenir les vraies brunes, Gabrielle Castelot. Tous deux devaient devenir des personnalités de la Collaboration et étaient à la fois si singuliers et si typiques qu'il convient d'en dire davantage.

Alphonse de Brédenbec de Châteaubriant était né à Rennes en 1877. Il épousa en 1903 une demoiselle Bachelot-Villeneuve qui lui donna deux fils et ne joua aucun rôle dans sa vie. Il se voua à une carrière littéraire et obtint pour deux de ses romans le prix Goncourt et le prix de l'Académie française. À une date indéterminée, il rencontra Gabrielle Stroms, née Lesfort, de dix ans sa cadette, et qui était séparée de corps et de biens d'avec son mari, dont elle avait eu deux fils. Elle prit le nom de Castelot. Collaboratrice et maîtresse de Châteaubriant, elle le dota d'un secrétaire qui n'était autre que son fils, André Castelot. Acquise à l'idéologie nationale-socialiste, elle entretenait une correspondance et des relations avec quelques nazis des plus fanatiques. Entre 1936 et 1937, Châteaubriant ambitionna d'être reçu par Hitler. Mme Castelot se charge avec un zèle inlassable de trouver en Allemagne quelqu'un qui puisse réaliser ce vœu. En vain[24] !

La situation va tourner à l'avantage de Châteaubriant quand en 1937 il publie *La Gerbe des forces*, ouvrage délirant qui traite de la supériorité allemande et de la mission quasi divine du Führer. Le livre est traduit en Allemagne. Châteaubriant est invité en tant que conférencier dans plusieurs villes du Reich et se voue totalement à sa croisade. Pour certains Allemands, il est le « maître vénéré ». Mme Castelot rédige en allemand de très longues lettres pour tenir informés ses correspondants des efforts inouïs consentis par Châteaubriant pour gagner à la cause du IIIᵉ Reich le plus de monde possible en France[25]. Elle transmet aussi le souhait de Châteaubriant de dénicher en Allemagne « une petite maison de travail complètement solitaire dans la forêt sauvage[26] », dont elle trace la description rustique telle qu'elle l'imagine. La Société germano-française de Karlsruhe l'exauce en procurant, dans la Forêt-Noire, une maison située à Herrenwies propice, dit Mme Castelot, « à la disposition lyrique de l'esprit [...]. Le travail ne lui coule nulle part autant de source que dans la forêt allemande[27] ».

Châteaubriant, accompagné de son égérie, est invité au festival wagnérien de Bayreuth et Hitler le reçoit dans la première quinzaine d'août. Éperdu et stimulé, il charge son secrétaire, André Castelot, de prendre contact avec des firmes de cinéma afin de réaliser un court métrage sur l'Allemagne « où tout devra être concentré de manière à éveiller instantanément l'intérêt du public français », écrit Mme Castelot à Diewerge, membre influent du parti national-socialiste. Le film passera dans huit cents salles, affirme-t-elle[28]. Au point où elle en était, Mme Castelot achève ses lettres par un « Vive Hitler » des mieux moulés.

Châteaubriant devait se lier avec Brinon qui manifestait à son endroit de l'admiration.

Un autre haut lieu où Brinon se rendait volontiers était le Club du Grand Pavois, annexe mondaine créée peu après la fondation du Comité France-Allemagne. À l'un de ses avocats, Brinon en parla avec détachement, affirmant que le Club du Grand Pavois n'avait aucun emploi politique et qu'il y était allé cinq ou six fois seulement pour y boire un verre dans un cadre agréable. Il y était entré à la demande du professeur Fourneau et de René de Chambrun, gendre de Pierre Laval, tous deux membres du Comité France-Allemagne. « Il y avait bien quelques noms anticommunistes, tels Jurquet de La Salle et Lestandi[29] », ajouta-t-il négligemment. C'était le fond de l'affaire en ce qui le concernait. Le journal de gauche *La Lumière* l'accusa d'avoir eu pour parrains ces deux individus. Sans le nier formellement, Brinon indiqua qu'il l'ignorait, qu'on lui avait fait remplir une feuille d'adhésion et que le secrétaire général du Club s'était ensuite chargé de lui trouver deux parrains[30].

Le comte Robert Jurquet de La Salle, né en 1902, était un ancien garagiste failli. « Il avait la réputation d'un homme sans scrupule, assidu des boîtes de nuit et aux fréquentations équivoques[31]. » Vivant d'expédients et de trafics, il deviendra l'un des affidés de la Cagoule en participant au CRAS (Comité de rassemblement antisoviétique) qui fut déclaré à la préfecture de police conformément à la loi. Jurquet de La Salle intensifia tellement son action qu'il fut inculpé d'« association de malfaiteurs, détention d'armes de guerre, transport illicite d'armes, importation en contrebande d'armes de guerre et d'explosifs ». Il sera l'un des fondateurs du Club du Grand Pavois dont la plupart des membres appartenaient à la haute société. Durant l'Occupation, il deviendra un collaborateur de Pierre Pucheu, ministre de l'Intérieur. Il déclarera que Lestandi de Villany, un interdit de jeu, était un ami. Sur celui-là, né en 1885, aucun renseignement précis ne peut être recueilli sur ses activités avant la défaite de 1940. Dans une lettre qu'il adressait en 1938 au contrôleur des contributions directes, il disait ne disposer d'aucun revenu et vivre de repas servis gratuitement au 52 avenue des Champs-Élysées, siège du Club du Grand Pavois, et qu'il était aidé par sa famille. Pendant l'Occupation, Lestandi deviendra propriétaire du *Pilori*, une feuille qui se fit l'auxiliaire du génocide. Une fiche de l'armée allemande consignait : « Lestandi, directeur du journal *Au pilori*. Dans son activité de journaliste a des relations dans tous les milieux. Se met à notre disposition pour des renseignements importants[32]. »

Grâce à Jurquet de La Salle, le Club du Grand Pavois était un relais où des Cagoulards tenaient table ouverte. On y distinguait le général Duseigneur, fondateur de l'Union des comités d'action défensive (UCAD), Jacques Fauran, compromis dans l'assassinat des frères Rosselli, deux antifascistes italiens. Eugène Deloncle, le grand chef de la Cagoule, créateur du CSAR (Comité secret d'action révolutionnaire) viendra déjeuner au Club du Grand Pavois, et d'autres encore, tous assurés de la discrétion requise.

Couvrant ce bouillonnement de complots, de beaux noms constellaient le Club du Grand Pavois présidé par le comte James de Pourtalès : le duc de Broglie, le comte A. de La Rochefoucauld, le prince de Polignac, le duc de Clermont-Tonnerre, le prince d'Arenberg, le marquis de Lévis, le comte de Caraman, et d'autres encore. Des dîners de galas étaient organisés chaque mercredi, tenue de soirée de rigueur. On recevait des ambassadeurs, des écrivains et diverses espèces décoratives. Deux phares de la vie parisienne, le Maxim's et le Café de Paris, consentaient des prix avantageux aux membres du Club qui arrosaient leurs repas de champagne étiqueté « Club G.P. ». Compétitions de golf, d'équitation, de tennis étaient organisées et primées par le Club du Grand Pavois.

« Le Club du Grand Pavois, composé de personnalités d'extrême droite, paraît avoir voulu poursuivre une action parallèle à celle du Comité France-Allemagne[33] », notait un rapport de police consacré à la propagande allemande en France. Le bulletin d'information que le Club adressa à ses membres à partir de mars 1937 montre que, parmi les admissions où prédominent les gens titrés, figurent des agents allemands, tels que le comte von Toggenburg, journaliste d'origine autrichienne soupçonné d'être un agent de la Gestapo et

Friedrich Sieburg, correspondant du *Frankfurter Zeitung* à Paris et surtout auteur d'un livre à succès traduit en 1930 : *Dieu est-il français* ?* ; le Dr Feihl, attaché de presse de l'ambassade d'Allemagne à Paris, et chargé de payer les journalistes français stipendiés. On remarque également Rumelin, fonctionnaire de la propagande ; von Grothe, directeur de l'agence de presse officielle D.N.B. ; Sieling, l'un des agents les plus importants du Dr Goebbels à Paris ; Krug von Nidda, correspondant de la *Deutsche Allgemeine Zeitung* à Paris qui sera nommé pendant l'Occupation consul général puis ministre plénipotentiaire et sera pour un temps délégué spécial auprès du maréchal Pétain.

Arrêtons-nous sur Julius Westrick, membre allemand du Comité France-Allemagne et habitué du Club du Grand Pavois. Il jouera sa partition pendant l'Occupation et ne cessera d'avoir un œil sur Brinon. Cet ancien officier de carrière d'origine westphalienne, devenu commerçant, entretenait de nombreuses relations en France, notamment avec l'avocat Gustave Bonvoisin, le publiciste Robert Vallery-Radot, ultramontain et maniaque de l'antimaçonnisme, et un rédacteur de *L'Action française*, José Le Boucher, qui lui présentait ou lui indiquait des personnalités sensibles à l'entente franco-allemande. Très répandu dans le Tout-Paris, il pénétrait aussi, comme Abetz, le monde politique à droite et à gauche. Sa méthode consistait à démarcher des Français en faveur du rapprochement avec l'Allemagne en se faisant accompagner par un Français complice qui lui servait de caution. Après avoir exercé sa persuasion, il remettait à son interlocuteur un livre consacré à l'organisation de la nouvelle Allemagne hitlérienne : *L'Allemagne à travers le jour et la nuit*[34].

Le Club du Grand Pavois s'employait au rapprochement entre la France et l'Allemagne nationale-socialiste. En janvier 1937, une réception est offerte au professeur von Arnim, président de la Société germano-française, où, au milieu d'un grand concours d'invités français et allemands, on remarquait le comte et la comtesse de Brinon[35]. Au cours de la même année, en coopération avec le Comité France-

---

* Le succès de ce livre (Grasset, 1930) tenait surtout à ce que, censé renvoyer aux Français une image d'eux-mêmes et de leur pays, il était écrit par un Allemand. Le Service historique de l'armée de terre conserve un exemplaire annoté par le maréchal Pétain. François de Wendel, en comparant le texte original allemand avec la traduction française constata qu'« on avait soigneusement extrait les chapitres les plus désobligeants pour la France, ce qui dépasse tout de même la mesure en matière de déloyauté » (AN 190 AQ 22. Lettre de François de Wendel à Étienne de Nalèche 6 janvier 1931).

Allemagne, le Club du Grand Pavois donna deux raouts. L'un en l'honneur du bourgmestre de Hambourg, nommé à ce poste par Hitler lui-même, membre de la Société germano-française et qui venait à Paris prêcher l'union entre la France et l'Allemagne. L'autre fêtait le Dr Robert Ley, un ivrogne invétéré, que Brinon décrit : « Trapu et jovial, autoritaire et familier, rude et sensible, cet ancien ouvrier d'usine, l'un des premiers gagnés à la cause, est une force de la nature. C'est lui qui commande l'immense armée brune du travail et il traite d'égal à égal, dans une camaraderie frappante, avec cet autre conducteur d'hommes, le maréchal von Blomberg, chef de la Wehrmacht, l'armée nationale [36]. » Le Dr Ley était le chef du Front du travail, organisation qui s'était substituée aux syndicats et régentait la vie sociale sous le slogan « *Kraft durch Freude* », « La force par la joie ».

Ces activités finirent par nuire à la réputation du Club du Grand Pavois. Son président, le comte James de Pourtalès, en rendit responsable la campagne de dénigrement menée par des jaloux et ceux qu'un strict scrutin d'admission avait refusés [37]. L'embarras fut grand lorsque Jurquet de La Salle, qui organisait avec tant de brio des rallyes à cheval dans la forêt de Saint-Germain [38], fut convaincu de trafic d'armes et, en février 1938, incarcéré à la prison de la Santé dans le cadre de l'enquête sur le complot de la Cagoule.

Depuis sa création, le Comité France-Allemagne ne cessait d'offrir en France une tribune à la propagande allemande dont les falsifications étaient accueillies par les applaudissements de ses membres. Convié à Paris en février 1936, le président de la Société germano-française, le professeur von Arnim, avait déclaré : « Nous, Allemands, nous ne voulons plus être considérés comme une nation de brutes et de barbares de laquelle se détache de temps en temps un génie comme Goethe, comme Beethoven ou Wagner. Nous ne portons pas la botte brutale dite "prussienne" pour mettre le pied sur le cou de nos pauvres voisins assujettis. Non ! Nous voulons qu'on reconnaisse notre bonne volonté de contribuer au grand œuvre d'apaisement général. Vous avez beau dire que nous avons des intentions de domination, nous croyons au contraire avoir accompli chez nous un véritable désarmement moral [39]. »

Le 7 mars, dix jours après les déclarations rassurantes du professeur von Arnim, Hitler faisait franchir le Rhin à ses troupes et réoccupait militairement la Rhénanie, proclamant la caducité du traité de Versailles et dénonçant les accords de Locarno qui, entre autres obligations, stipulaient le recours aux armes en cas de violation par l'Allemagne de la zone démilitarisée de Rhénanie. Le Führer s'empressa de demander par référendum son avis au peuple allemand qui, à 99 %, approuva la remilitarisation de la Rhénanie. Les historiens s'accordent pour considérer que la démission de la France qui resta passive fut la cause de la perte de confiance des petites nations à son égard et, surtout, que ce coup de force lui avait offert la dernière possibilité d'abattre Hitler par une action militaire [*].

Le Comité France-Allemagne poursuivit sa carrière comme si rien ne s'était passé. Brinon intensifiait son action personnelle au sein du Comité auquel les gouvernements successifs manifestaient des égards. Significative est l'invitation que le comte et la comtesse de Brinon reçurent à l'occasion du dîner d'apparat donné en août 1936 au quai d'Orsay, sous le gouvernement de Léon Blum, en l'honneur du Dr Schacht, ministre de l'Économie du Reich [40]. Malgré l'exécration qu'il vouait au national-socialisme, Léon Blum avait défini en 1935, une fois pour toutes, la ligne de conduite de son parti envers l'Allemagne : toute guerre préventive étant exclue de la part de la France, il fallait incorporer l'Allemagne dans un système général de sécurité collective, de réduction progressive des armements et de contrôle mutuel.

L'importance de Brinon s'affirmait en Allemagne. En 1937, il fut reçu magnifiquement à Hambourg par l'Association des journalistes des villes hanséatiques [41]. Il rencontra le Führer pour la cinquième fois et le pressa, malgré la pénurie de devises, d'accorder libéralement des francs français aux délégués de la Société germano-française qui voulaient se rendre à Paris à l'occasion de l'Exposition universelle. Le Dr Schacht vint inaugurer le pavillon allemand, entouré de membres du Comité France-Allemagne, qui s'extasièrent sur les dimensions colossales du bâtiment dont la masse géométrique était surmontée de l'aigle aux serres d'acier. Le Dr Schacht fut convié par le Comité France-Allemagne à un déjeuner somptueux où se retrouvèrent le comte Welzeck, ambassadeur d'Allemagne à Paris, et François-Poncet, ambassadeur de France en Allemagne. Répondant au ministre allemand qui insista sur les propositions positives de Hitler à la France, Brinon, dans une brève allocution, se plut à rappeler que, deux ans plus tôt (il cita la date), « le Führer Chancelier Adolf Hitler a demandé que l'on fasse effort pour empêcher que l'opinion publique soit empoisonnée par la malveillance ou par la fausseté et, depuis lors, il est fréquemment revenu sur le besoin de préserver l'atmosphère morale des deux peuples [42] ».

---

[*] Le roi Léopold III en tira les conséquences en renonçant à l'alliance franco-britannique et en proclamant la neutralité de la Belgique.

Un mois après, le Comité France-Allemagne ouvrait les assises du congrès qui se tenait à Paris sous la dénomination « Journées d'études franco-allemandes », présidées par Georges Scapini. La délégation allemande comptait cent vingt-cinq membres conduits par le SA *Oberführer* Professeur Dr von Arnim, assisté d'Otto Abetz à qui revenait l'initiative de ce rassemblement[43].

Le professeur de droit Friedrich Grimm, dont nous avons déjà parlé, prononça le discours inaugural inspiré par l'amour de la paix de Hitler : « Le nouveau nationalisme allemand n'a rien de commun avec le nationalisme réactionnaire des temps passés et n'a rien qui menace les droits sacrés des autres peuples et nations [...]. Ainsi, le national-socialisme décline par principe toute idée de conquête. C'est son dogme. Toute conquête est contraire à sa doctrine, à sa philosophie, à sa mystique [...]. Notre doctrine ethnique considère toute guerre visant à subjuguer et à soumettre un peuple étranger comme un acte qui, tôt ou tard, doit modifier la structure interne du vainqueur lui-même, l'affaiblir et finalement en faire un vaincu [...]. On sait, ajouta-t-il, toute l'autorité qui s'attache à la parole du Führer. Trois garanties doivent rassurer l'Europe : 1. Le caractère neuf du nationalisme de Hitler qui répudie toute agression. 2. Le légalisme de Hitler. 3. Le côté socialiste du mouvement[44]. »

Après des digressions prétentieuses dans le plus pur style de la *Kultur* allemande de l'époque, Grimm s'écria : « Prenons une initiative heureuse. Collaborons ! [applaudissements][45]. »

Des participants français déclarèrent ressentir une profonde émotion. Gustave Bonvoisin, l'un des vice-présidents du Comité France-Allemagne, et Henry-Haye, sénateur-maire de Versailles, se félicitèrent du pacifisme de Hitler et de la notion de solidarité humaine contenue dans le national-socialisme[46].

Brinon entra en scène : « Je crois que le professeur Grimm a prononcé ici le discours le plus utile que nous puissions entendre et le discours le plus salutaire, le plus favorable au développement franco-allemand [...]. Je souhaite que le discours prononcé par le professeur Grimm soit répandu par les soins de notre Comité dans la plus large mesure qu'il se pourra, que nous fassions une diffusion immense non seulement parmi nos propres adhérents qui sont déjà gagnés à cette cause mais qui cependant peuvent trouver dans les paroles du professeur Grimm les plus utiles arguments, mais je voudrais encore que cette diffusion se fît dans toute la France [...]. Je considère que le professeur Grimm nous a rendu le plus éminent des services par un effort de clarté et je pense que vous souscrirez tous ici au vœu que j'émets au nom du Comité France-Allemagne de donner aux paroles du professeur Grimm par la propagande orale, par la propagande écrite et par la publicité que nous en ferons la plus large diffusion [applaudissements] [47]. »

Dans une deuxième intervention, Brinon demandera qu'une meilleure place soit faite dans la presse française aux thèses du rapprochement franco-allemand. Par une troisième intervention, il souhaita que les articles consacrés à la France par la presse allemande soient connus et répandus en France même.

Otto Abetz, qui disposait de moyens financiers, s'empressa de répondre : « Il suffit de publier une sorte de bulletin d'information où seraient reproduits en langue française les plus importants articles allemands [48]. »

Comme s'il fallait en rajouter, Hans Oberlindober, le chef de l'association nationale-socialiste des victimes de guerre, affirma solennellement aux Français présents : « Vous n'avez aucun motif de vous défier du Führer et Chancelier [...]. Ce doit être au contraire une tranquillité pour vous d'avoir un voisin qui a trouvé le bonheur dans la paix intérieure [49]. »

Au terme de la session, rendez-vous fut pris pour l'année suivante, 1938, à Baden-Baden. Pour l'organisation de ce congrès, le Comité France-Allemagne avait reçu une subvention du gouvernement français, sous le ministère de Léon Blum [50].

Semblable à toutes les institutions du IIIe Reich, la Société germano-française était essentiellement offensive. Cette volonté s'exprimait aussi dans les *Cahiers franco-allemands*, les *Deutsch-Französische Monatshefte*, édités en Allemagne, créés et contrôlés par Otto Abetz et le Dr Friedrich Bran, lequel avait participé à la création du Cercle de Sohlberg destiné au rapprochement des jeunesses française et allemande. Dans cette revue, du côté allemand, les articles exposaient l'ensemble du système social instauré dans le Reich qui incluait le sport, la vie des athlètes, la transformation des combattants de la guerre en militants de la paix... De hauts personnages du régime comme Hermann Goering et Alfred Rosenberg prenaient la plume. L'ensemble était traité sous l'angle d'un nationalisme modéré et dans un sens favorable au régime national-socialiste qui n'existait que pour le bien du peuple et dont les principes, savamment distillés, servaient les intérêts de l'homme en général. Face à cette laborieuse habileté, les Français, quels que fussent les sujets abordés, étaient dépassés par les contributions allemandes et irrésistiblement contraints de les prendre en compte dans leurs articles à la manière de faire-valoir, sans parler des inconditionnels, tel Alphonse de Châteaubriant, qui saluait avec emphase « la nouvelle Allemagne ».

En cette année 1937, Brinon céda complètement à l'attraction de l'Allemagne nationale-socialiste et à la fascination que le Führer exerçait sur lui. Cette adhésion éclata dans deux longs articles qu'il donna coup sur coup à *La Revue de Paris**. Il avait passé le mois d'août en Allemagne et assisté à Hambourg au congrès de la communauté *Kraft durch Freude*. Il citera à longueur de pages le discours que le Dr Ley avait prononcé, empreint de cette redondance, de ce lyrisme de pacotille propres aux dirigeants du Reich mais qui impressionnaient Brinon car cette éloquence était soutenue par la formidable puissance émanant de la multitude présente qui manifestait son enthousiasme et son esprit de discipline avec le sentiment de sa propre force, de son invulnérabilité. « Le cœur et la foi, voilà bien ce qui a touché et fanatisé chez les Allemands l'action d'Adolf Hitler, écrivait Brinon. D'ailleurs Adolf Hitler n'a-t-il pas fait lui-même dans *Mein Kampf* l'éloge du fanatisme [51] ? »

Admiratif, il constatait que moins de quatre ans après l'avènement de Hitler, les mœurs étaient transformées en Allemagne et de quelle manière spontanée retentissait le nouveau salut, qui résumait tout, par lequel les Allemands s'abordaient : « *Heil Hitler !* », mot d'ordre dédié à leur « sauveur » qui était aussi leur « prophète », celui qui avait accompli le « miracle » d'avoir uni et fortifié un peuple divisé et de le fondre dans un moule d'acier. Brinon fera ressortir ce qui était, selon lui, l'aspect socialiste de l'action de Hitler travaillant à forger la « communauté du peuple allemand » qui annonçait, à plus longue échéance, la « communauté des peuples européens », dont Hitler prendra la tête après avoir « détruit les empoisonneurs internationaux, c'est-à-dire communistes et marxistes doctrinaires de la lutte des classes [52]. » En réponse à cette Allemagne exemplaire qu'il confectionne, Brinon estime que les Français doivent se renforcer s'ils veulent inspirer à l'Allemagne hitlérienne « estime et amitié ».

Après s'être trempé au mois d'août aux sources du national-socialisme, Brinon était rentré à Paris où le 4 septembre débarquait une délégation de la Jeunesse hitlérienne escortée par quarante-deux chefs, au prétexte de visiter l'Exposition universelle, mais dans le but politique de manifester sa « camaraderie » à la jeunesse française. Reçus par le Comité France-Allemagne et des représentants du Quai d'Orsay et de la municipalité de Paris, ces jeunes Allemands s'étaient rendus à l'Arc de triomphe et, rassemblés autour de la tombe du Soldat inconnu, ils l'avaient couverte du salut hitlérien.

* Voir note 51 page 580.

Brinon retourna presque aussitôt en Allemagne où s'ouvrait le congrès de Nuremberg (*Parteitag*), « ce concile annuel de la religion hitlérienne[53] », dira-t-il. Il était accompagné de sa secrétaire Simone Mittre[54]. Des journalistes du monde entier étaient présents. Cet événement annuel était à la mode. Quelques Français avaient obtenu de Brinon qu'il leur procurât des invitations ; l'un d'eux, Jean de Beaumont, personnalité parisienne très en vue, lui demanda l'incognito[55].

La ville de Nuremberg étalait sur ses façades, en une profusion extrême, tous les emblèmes de la panoplie nationale-socialiste. Dans les demeures et les lieux publics figurait la reproduction d'un tableau montrant Hitler parlant à des disciples extasiés. L'appareil de propagande donnait à plein. Les orateurs les plus outranciers étaient mobilisés, tel Julius Streicher qui réclama l'extermination totale des juifs. Le soir, devant le corps diplomatique au complet, à l'exclusion de l'ambassadeur des États-Unis volontairement absent, eut lieu une représentation des *Maîtres Chanteurs de Nuremberg*, en hommage à Wagner, le seul homme que Hitler considérât comme un maître.

Le lendemain, 7 septembre, après la cérémonie d'ouverture et l'appel nominal des héros du parti morts pour la cause, le Gauleiter de Bavière, Adolf Wagner, porte-parole du Führer à Nuremberg[*], lut la proclamation traditionnelle de Hitler, une longue célébration du national-socialisme : « Que l'univers entier autour de nous se mette à brûler, l'État national-socialiste sortira comme le platine de l'incendie allumé par le bolchevisme[56]. » Un seul point noir, l'insuffisance de l'espace vital allemand auquel il faudra remédier.

Le lendemain, Hitler prit la parole à la tribune de l'immense champ de Zeppelin. Il se lança dans un exposé sur la culture, en faisant ressortir l'apport original que doit inspirer le national-socialisme. Il revient sur la nécessité de l'ordre européen où « le bolchevisme mondial juif est un élément absolument étranger[57] ». Puis, il s'étendit sur la signification de l'homme national-socialiste :

« ... Mais la plus grande révolution qu'ait vécue l'Allemagne est celle qui résulte de l'hygiène démographique et raciale, hygiène assurée pour la première fois en ce pays par des mesures méthodiques.

» Les conséquences de cette politique raciale allemande seront plus décisives pour l'avenir de notre peuple que les effets de toutes les autres lois. Car elles créent chez nous un type humain nouveau.

» Car quel sens peuvent avoir tout notre travail, tous nos efforts,

---

[*] Ce fut Adolf Wagner qui, au congrès de Nuremberg de 1934, avait lu la proclamation dans laquelle Hitler donnait au IIIᵉ Reich une durée de mille ans.

si nous ne les mettons pas au service de cet objectif : maintenir le type humain allemand ?

» Mais à quoi bon servir ce type humain si nous négligeons le point le plus important qui est de le maintenir pur et intact dans sa race.

» N'importe quelle autre lacune peut être comblée, toute autre erreur corrigée, mais dans ce seul domaine toute erreur reste le plus souvent impossible à réparer [...]. C'est vraiment la renaissance d'une nation qui s'est opérée par la formation d'un homme nouveau[58]. »

Quelle conclusion Brinon tira-t-il de ce congrès de Nuremberg 1937 ? Il écrivit : « Mon impression est celle d'une confiance accrue, confiance dans le régime, confiance dans la force de ses organisations, confiance dans la mission[59]. »

Parvenu à ce point de l'histoire, quelle idée Brinon se faisait-il de la personne de Hitler, comment le voyait-il ? À un interlocuteur qui l'interrogeait, Brinon répondit : « Je lui conseillais de lire le portrait à mon sens remarquable que M. Alphonse de Châteaubriant en a tracé dans *La Gerbe des forces*[60]. »

De ce portrait, nous extrayons ces quelques lignes :

« Ses yeux sont du bleu profond des eaux de son lac de Königsee, quand le lac, tout autour de Sankt Batholoma, reflète les puissantes cassures striées de nuages de son Tyrol. Il est exaltant de se trouver près de lui quand il parle ! Sa souplesse et son jeu dans l'obéissance à toutes les impulsions des mouvements de sa pensée sont là l'expression plastiquement *objectivés* de son génie. Son corps vibre sans s'évader une seconde du galbe de sa tenue ; son mouvement de tête est juvénile, sa nuque est chaude. Ce dos-là n'a pas été cabossé par les sales passions de la politique : il est plein et pur comme un tuyau d'orgue. Et la main fine est vive, alerte, souple, intelligente, féminine. Oui, sans doute, il y a, il reste de la femme dans cet homme-là ! Heureusement [...].

» Je crois que l'analyse physiognomonique de son visage révèle quatre qualités essentielles : par la hauteur particulière de la tempe, un haut idéalisme ; par le construction du nez, dur et fouilleur, une très remarquable acuité d'intuition ; par la distance de la narine à l'oreille, une puissance léonine, et c'est là sans doute ce qui correspond si bien à la parole du Dr Goebbels : "Il possède une vitalité incomparable, des nerfs d'acier, est à la hauteur de toute grande situation et ne se laisse abattre par aucune crise."

» La quatrième caractéristique est une immense bonté.

» Oui, Hitler est bon. Regardez-le au milieu des enfants, regardez-le penché sur la tombe de ceux qu'il aimait ; il est immensément bon, et, je le répète : *bon*, avec la conviction parfaite que cette affirmation scandaleuse n'empêchera pas les délicieux, les incomparables raisins français de mûrir sur les coteaux de Beaugency[61]... »

En novembre, Brinon retourna à Hambourg avec une délégation du Comité France-Allemagne. Banquets, réceptions officielles, congratulations, discours. L'ambassadeur François-Poncet, venu exprès de Berlin, prononça une courte allocution et formula de la manière la plus conventionnelle des vœux pour la bonne entente franco-allemande[62].

Brinon entretenait de courtoises relations avec François-Poncet, lesquelles seront assombries le temps d'un nuage qui passe. Brinon crut que l'ambassadeur avait émis à son sujet des propos désobligeants colportés par les milieux politiques où les poisons coulent à flots. L'autre l'en dissuada facilement par une lettre de bonne compagnie : « Le marécage parisien devient de plus en plus pestilentiel ; il est fait d'un mélange de nervosité, de sottise et de méchanceté[63] », écrivait-il.

L'espace vital allemand (*Lebensraum*) placé par Hitler au premier rang des tâches nationales au congrès de Nuremberg et la préservation du « type racial allemand » manifestaient la volonté du Führer d'annexer en priorité les terres où prédomine la langue allemande. Cette revendication incessante orchestrée par la propagande officielle créait en Allemagne, en cette année 1937, une attente passionnée. L'Autriche, dans sa totalité, et la Tchécoslovaquie, peuplée dans la province des Sudètes par une majorité d'Allemands, étaient les cibles désignées. La France, attachée aux vieilles lunes et incapable de faire front, avançait que la Société des Nations pouvait encore offrir une médiation portant sur les litiges internationaux. Au Comité France-Allemagne, certains partageaient cette chimère. Cela apparut clairement quand, à la fin de l'année 1937, Hitler reçut à Berlin le président du Comité France-Allemagne, Georges Scapini qui, suivant l'usage, rapporta au Quai d'Orsay les propos du Führer. Quand Scapini l'interrogea sur le rôle de la Société des Nations, Hitler, après avoir affirmé qu'aucune revendication territoriale ne divisait la France et l'Allemagne, rappela que trois grandes puissances avaient quitté la SDN : le Japon, l'Allemagne, l'Italie, et que les États-Unis n'y avaient jamais adhéré. Puis il trancha : « La seule solution possible serait dans la dissolution de la SDN, exactement comme une entreprise commerciale qui a fait faillite est liquidée, et son remplacement par un autre organisme[64]. »

Brinon ne put qu'approuver le verdict du Führer, lui qui, depuis plusieurs mois, condamnait d'un article à l'autre la Société des Nations : « Elle souffre non plus de défauts qui étaient réparables, mais d'une impossibilité de vivre qui nous apparaît presque irrémédiable [65]. »

CHAPITRE 14

Mortelle année

Venu en septembre 1937 à Paris visiter l'Exposition universelle, Baldur von Schirach, trente ans, le führer de la Jeunesse hitlérienne regroupant vingt millions de membres, avait été l'hôte d'honneur du Comité France-Allemagne. Ce personnage empâté, matelassé par une vareuse trop ajustée, s'était évertué à prôner une action commune des jeunesses allemande et française, estimant, sans le dire, les jeunes Français plus faciles à endoctriner que leurs aînés. Brinon l'avait introduit et accompagné chez le président du Conseil de l'époque, Camille Chautemps, qui déclara : « Le rapprochement de nos deux peuples est une tâche d'une si impérieuse nécessité que la jeunesse ne doit perdre aucun temps et qu'elle doit se mettre à la réaliser[1]. » Ces propos et d'autres seront publiés par *Wille und Macht*, la revue de la Jeunesse hitlérienne.

Qui mieux que le comte de Brinon pourrait donner l'impulsion ? Au nom de la Société germano-française, Schirach l'avait invité à se rendre à Berlin : « J'ai accepté et, contrairement aux légendes qui ont cours et dont les rapports de police se font l'écho, je n'ai pas touché un sou[2] », déclarera Brinon.

Le 20 janvier 1938, il fut reçu à Berlin en grand apparat. Un journal placardait : « *Wilkommen, Graf de Brinon*[3]. » À son arrivée, flanqué du *Jugendführer* von Schirach, Brinon, chapeau à la main, passa en revue deux compagnies de la Jeunesse hitlérienne alignées au garde-à-vous devant la gare pendant que retentissait *La Marseillaise*. Invité à résider au Kaiserhof, ce palace d'élection des dignitaires nazis, Brinon eut droit à un drapeau tricolore fixé à sa fenêtre d'où il apercevait le bâtiment de la chancellerie située en face.

Dans l'après-midi, il eut un entretien d'une heure et demie avec Goering qui se posa en partisan d'une réconciliation franco-allemande. Faisant le procès du clergé catholique allemand qui se mêlait trop de politique, il condamna le cléricalisme militant. « Je lui ai dit, rapporta Brinon : "Tiens ! Vous vous entendriez bien avec les radicaux-socialistes français[4]." »

Le soir, dans la salle des fêtes du Kaiserhof, Brinon donna une conférence sur le thème : « Où en sommes-nous et que pouvons-nous faire ? » Il prononça les paroles qu'il fallait, renchérit sur les projets de Schirach en annonçant la visite en Allemagne, à Noël, de mille jeunes Français, fils d'anciens combattants, invités par la jeunesse allemande, initiative qui avait l'approbation de membres du gouvernement français. Il rappela les mots que le Führer avait prononcés à l'égard de la France, au récent congrès de Nuremberg, comme un gage d'entente et de paix[*]. Réclamant la plus totale franchise, il conclut en affirmant que l'entente franco-allemande ne pouvait être efficace que dépourvue de toute « arrière-pensée de propagande[5] ». Il leva son verre en l'honneur du Führer, à la santé de la jeunesse de France et d'Allemagne et à l'entente des deux nations. Schirach porta un toast à Albert Lebrun, le président de la République française, et tout le monde but aux deux nations. Au cours des échanges qui suivirent, Brinon invita Schirach à venir le mois suivant à Paris pour donner une conférence sur Goethe qu'il citait pêle-mêle avec *Mein Kampf*.

Plus que ces gracieusetés, l'intérêt résidait dans l'identité des hauts personnages de l'assistance. Brinon était assis entre Baldur von Schirach et le général Werner von Fritsch, monoclé, commandant en chef de la Reichswehr et réformateur de l'armée allemande. On distinguait le baron von Neurath, ministre des Affaires étrangères en sursis ; le Dr Walter Funk, ministre de l'Économie ; le Dr Hans Kerrl, le ministre des Cultes qui voulait refondre les Évangiles dans l'esprit national-socialiste ; le *Reichsführer* SS Heinrich Himmler, chef de tous les services de police et de sécurité du Reich, accompagné du chef de la police, le général SS Kurt Daluege. On remarquait aussi Joachim von Ribbentrop, ambassadeur extraordinaire à Londres, qui serait nommé ministre des Affaires étrangères deux semaines plus tard ; le Dr Otto Dietrich, chef des services de presse du Reich ;

---

* Dans le dessein d'atténuer les diatribes et les menaces qu'il avait réservées à la France dans *Mein Kampf*, Hitler avait affirmé que la France et l'Allemagne étaient de « la même grande famille des peuples d'Europe. Et surtout, quand nous regardons ce que nous sommes au tréfonds de nous-mêmes, nous ne voudrions pas voir absente aucune des vraies nations civilisées d'Europe ni ne souhaitons en voir une seule disparaître ».

Alfred Rosenberg paré du titre de commissaire à l'Éducation spirituelle du peuple allemand. La présence du vice-amiral von Trotha,
du général Milch, sous-secrétaire d'État à l'Aviation, montrait l'importance que les forces armées accordaient au Comité France-Allemagne et à la qualité de Brinon. Il y avait aussi l'inévitable Hans
Oberlindober, le führer des anciens combattants et victimes de la
guerre. Signe des temps, les représentants diplomatiques de la Pologne, de la Belgique, de la Roumanie, de la Yougoslavie, proches de
la France, étaient conviés. On repérait Otto Abetz, attentif à tout ce
qui se passait autour de lui. On n'en finirait pas de citer les personnalités du IIIᵉ Reich présentes à cette soirée, dont des chefs SS et SA.
L'ambassade de France avait délégué le chargé d'affaires, Albert
Lamarle, en veston noir et pantalon à larges rayures, accompagné de
quatre collaborateurs.

Le lendemain, Brinon était invité par Hans Frank, le jeune ministre
de la Justice, juriste de formation, qui avait déclaré que le droit et la
loi se confondaient en la personne du Führer. Brinon l'avait introduit
à Paris auprès de plusieurs hommes politiques. Dans moins de deux
ans, Frank sera le bourreau de la Pologne vaincue.

Pendant la journée, Brinon a un entretien avec Rudolf Hess qui a
la haute main sur l'administration du parti, et qu'il s'obstine à qualifier de « disciple bien-aimé du Führer ». Il rencontre diverses autres
personnalités nationales-socialistes. Succès complet, presque une
apothéose. Il ne put être reçu par le Führer qui avait quitté Berlin
pour Munich, *Hauptstadt der Bewegung*, « capitale du mouvement »,
en témoignage de reconnaissance envers une ville où sept hommes
avaient créé en 1919 le Parti national-socialiste ouvrier allemand.

À son retour en France, Brinon subit quelques attaques de journaux. L'un le qualifia de « journaliste français connu pour ses sentiments hitlérophiles », et constatait que les affirmations de Brinon
relatives au refus allemand de recourir à la guerre étaient démenties
par la permanence des visées hitlériennes sur l'Autriche et la Tchécoslovaquie[6]. Un autre appelait son voyage à Berlin « la réception faite
à un propagandiste[7] ».

L'assaut le plus incisif fut mené, au début de février 1938, par *La
Lumière*, hebdomadaire de la gauche élitiste et réformiste qui entendait promouvoir la morale dans l'action politique. *La Lumière* reprenait une information suivant laquelle Brinon retirait des avantages
pécuniaires de ses activités au Comité France-Allemagne. Brinon
répondit qu'il avait publié en 1937, à titre gratuit, trois articles dans
les journaux allemands et un seul en 1938, paru en première page du
Berliner Tageblatt pour lequel il avait reçu cent marks. Dans *La*

Lumière, Albert Bayet, professeur et publiciste, fit ce commentaire :
« Ce qui me heurte, ce n'est pas le montant de la rétribution, c'est le
fait que M. de Brinon ait collaboré à des journaux placés sous le
contrôle direct du gouvernement de Berlin dans le temps où ce même
gouvernement travaillait contre la France, en Pologne, en Roumanie,
en Yougoslavie, en Espagne ; c'est qu'il ait rendu hommage au pacifisme hitlérien dans le temps où ce pacifisme s'exprimait par le bombardement d'Almería et l'anéantissement de Guernica* ; c'est qu'il
ait fait abstraction des phrases de *Mein Kampf* désignant notre pays
comme l'ennemi à abattre ; c'est qu'il soit allé serrer la main aux
antisémites de Berlin quand il était mieux placé que personne pour
sentir et mesurer tout l'odieux de cet antisémitisme[8]. »

Cette allusion à sa femme, à sa belle-famille, ne dut guère peser
sur Brinon qui obtint, en majorité, des articles où manifestement on
le ménageait, même si une photo le montrait au côté de Goering[9].
Cette modération fut imputée aux relations étroites que Brinon entretenait avec Daladier, l'homme fort du nouveau gouvernement** et au
fait qu'avant de se rendre à l'invitation de Baldur von Schirach, il
en avait probablement informé les responsables français concernés.

Brinon n'était pas revenu à Paris depuis dix jours que le général
von Fritsch, qui avait banqueté à sa droite à l'hôtel Kaiserhof, fut
sommé par Hitler de prendre sa retraite sur la foi d'un dossier truqué
qui accusait le chef du grand état-major d'être un homosexuel. Dans
la même fournée, le maréchal von Blomberg, ministre de la Guerre,
qui avait tant aidé Hitler à domestiquer l'armée, fut congédié au
prétexte qu'il avait contracté un second mariage dégradant. Hitler
annonça qu'il prenait personnellement le commandement suprême de
toutes les forces armées.

Un mois après, le 13 mars 1938, malgré ses engagements et ses
serments les plus solennels, Hitler réalisait l'*Anschluss*. L'Autriche
devait y perdre jusqu'à son nom, devenue l'Ostland, une province du
Grand Reich allemand. De 600 000 km² et d'une population de cinquante-deux millions d'habitants, l'Empire austro-hongrois, démantelé

---

* Le 31 mai 1937, des navires de guerre allemand avaient bombardé le port
d'Almería pendant la guerre civile d'Espagne. La ville de Guernica fut détruite,
le 26 avril 1937, par l'aviation allemande (la légion Condor) dans un raid de
terreur.

** Dans le nouveau ministère que préside pour la quatrième fois Camille
Chautemps, Édouard Daladier était vice-président du Conseil et ministre de la
Guerre.

après la Grande Guerre par le traité de Saint-Germain, avait engendré une Autriche de 83 000 km² peuplée de six millions six cent mille habitants en quête d'un destin dont l'aboutissement, pour un grand nombre d'Autrichiens, était l'intégration à l'Allemagne. L'Autriche allait se fondre dans le IIIᵉ Reich dont elle sera le joyau. Douze fois moins peuplée, elle fournira 25 % des cadres dirigeants du national-socialisme et participera largement à ses gros bataillons.

Quoique informées depuis près d'un mois des intentions irrévocables du Führer, la France et la Grande-Bretagne n'avaient pas bougé et se firent philosophes. À l'heure même où l'armée allemande franchissait la frontière autrichienne, la France, en pleine crise ministérielle, n'avait plus de gouvernement.

Brinon était accouru à Vienne quatre jours avant l'événement pour assister « à ce dénouement rendu fatal par la somme des inactions et des illusions [10]. »

Il jeta rapidement ses premières impressions sur le papier à lettres de l'hôtel Bristol où il était descendu. Fort bien introduit auprès des envahisseurs, il était informé aux meilleures sources. Le 14 mars, quelques instants avant l'entrée triomphale du Führer à Vienne, il téléphona à *L'Information* son article, « La fin de l'Autriche », un historique détaillé des derniers mois et dont l'aboutissement était l'*Anschluss*. Il relata le voyage humiliant du chancelier Schuschnigg à Berchtesgaden où, traité de la manière la plus vile par Hitler, l'Autriche, à travers sa personne, cessa d'exister, et comment se produisit la fin de l'indépendance autrichienne, grâce à la complicité de Mussolini, et quels hommes y participèrent. Quant aux conclusions qu'il fallait en tirer, les voici :

« Dans le moment où je rédige ces notes retentissent de toutes parts sur le Ring les préparatifs de transports populaires qui dépasseront tout à l'heure, pour l'entrée d'Adolf Hitler, les formidables acclamations d'hier sous les pas de l'armée du Reich national-socialiste. Le seul élan qui transporte ce peuple vers un destin entièrement nouveau enfle sous un soleil éclatant. Il accepte par avance tout ce destin, la fin de l'oisiveté bavarde, la fin des discussions dont il a le goût, des libertés dont il gardait le culte, de l'esprit qu'il faisait briller. Il entre avec joie dans la communauté du IIIᵉ Reich comme un simple pays. Les instructions sont déjà données, les formules sont prêtes, les lois rigides vont être appliquées. Dans quelques mois, avant peut-être, il n'y aura plus, à Vienne, rien qui rappelle qu'elle fut la capitale d'un immense empire. Nous sentons profondément le sens de cette heure de l'Histoire. Un nouveau secteur de la civilisation européenne des XVIIIᵉ et XIXᵉ siècles, cette civilisation que la guerre de 1914 a ruinée, s'écroule sous nos yeux et sous les *Sieg*, *Heil* du peuple allemand[11]. »

Il se mêla à la population qui acclamait l'armée allemande. Les inévitables femmes en transe lançaient des fleurs aux soldats ; certaines se dégageaient pour les embrasser au passage. Par le « miracle de la multiplication », les façades disparaissaient sous les drapeaux à croix gammée. Les bras s'ornaient du brassard nazi. Par dizaines de milliers, chômeurs et ouvriers rejoignaient les rangs des nouveaux maîtres. Ceux qui la veille encore se vouaient à l'indépendance autrichienne étaient les premiers à la fouler au pied. Il y avait un tel enthousiasme à célébrer la force militaire que les Autrichiens apprirent avec un regain de transport que leur armée était intégrée à la Wehrmacht sous le commandement de Hitler. Le soir même, les uniformes autrichiens portaient l'insigne national-socialiste et la Jeunesse hitlérienne d'Autriche défilait au son des tambours sous ses bannières à croix gammée. Les civils en voulaient aussi. Brinon rapporte que devant ce déchaînement d'allégeance qui créait la pénurie, il fallut prendre, le lendemain de l'*Anschluss*, une ordonnance interdisant aux non-ressortissants allemands le port des insignes du régime hitlérien.

Au cours de la nuit, du haut du balcon de l'hôtel Impérial, devant la foule qui l'ovationnait, Hitler, revenu sur sa terre natale, proclama que l'Allemagne s'étendait désormais de Königsberg à Vienne.

La matinée parut calme après les délires de la veille. Constatant ce changement apparent, Brinon écrivait : « Encore deux jours et il faudra passer à l'application du programme national-socialiste réclamé par des bouches soudain converties : "Un Peuple, un État, un Chef." Déjà, toutes les mesures pratiques sont prêtes. L'arsenal législatif du IIIe Reich va répandre ses décrets sur le pays avec une rigueur inexorable[12]. »

La Gestapo, renforcée par des Autrichiens, était en place avant même la proclamation officielle de l'*Anschluss*. Elle avait dressé ses listes depuis longtemps. Les caves de son quartier général à l'hôtel Métropole se remplirent en quelques heures de prisonniers importants parmi lesquels se trouvait le chancelier Schuschnigg. Aussitôt, dans un climat de terreur, la persécution des juifs commença. De longs convois roulaient en direction du camp de concentration de Dachau, en Allemagne, et vers celui de Mauthausen, en Autriche, où des prisonniers juifs étaient battus à mort. Les familles recevaient, suivant l'usage, l'avis de retirer leurs cendres en port dû. À Vienne et dans d'autres villes, des juifs furent contraints de nettoyer à croupetons les latrines publiques. Certains durent laver les trottoirs avec une brosse à dents et un baquet d'acide qui leur brûlait les mains tandis que les badauds les insultaient et s'esclaffaient. L'écrivain Stefan Zweig évoque le sort de sa mère à Vienne : « Avec ses quatre-vingt-quatre ans, elle avait déjà les jambes faibles, et quand elle faisait sa petite promenade quotidienne, elle avait coutume, après cinq ou six minutes de marche pénible, de se reposer sur un banc du Ring ou du parc. Hitler n'était pas depuis huit jours maître de la ville qu'on prit un arrêté bestial interdisant aux juifs de s'asseoir sur un banc [13]. »

De ces faits, Brinon ne rapporta rien, mais c'est dans cette tourmente qu'il eut l'occasion de revoir à Vienne le *Reichsführer* SS Himmler qui, sept semaines plus tôt, applaudissait sa conférence à l'hôtel Kaiserhof. Laval, alors privé de portefeuille ministériel, avait été sollicité par le baron Édouard de Rothschild, chef de la maison française, en faveur de son cousin, le baron Louis, banquier autrichien, arrêté dès l'entrée des troupes allemandes à Vienne. Laval réussit à joindre Brinon afin qu'il intercède grâce à ses bonnes relations avec le gouvernement allemand. Le baron Louis était enfermé dans la cave de l'hôtel Métropole. Brinon en parle à son confrère et ami Ward Price, envoyé à Vienne par son journal, le *Daily Mail*. L'Anglais conseille d'aller voir Himmler. Ils réussissent à le rencontrer. Himmler répond à Brinon : « Vous pouvez assurer votre Rothschild que Louis de Rothschild sera correctement traité, mais il est un Juif comme un autre Juif. » Brinon put informer Laval que Louis de Rothschild aurait la vie sauve [14].

Le jour suivant, Brinon rencontra Georges Oudard, écrivain et journaliste, auteur de plusieurs enquêtes sur le national-socialisme. Il témoigne : « Le mercredi 16 mars 1938, le lendemain du jour où Hitler proclama l'annexion de l'Autriche au Reich, j'ai eu à Vienne une conversation avec Brinon que j'avais aperçu sur le Ring : "Qu'est-ce que vous faites-là ?" Il m'a répondu textuellement : "Je suis venu pour empêcher les journalistes de dire des bêtises. Je repars à quinze heures, j'aimerais bavarder avec vous si cela ne vous ennuie pas." »

Ils se donnèrent rendez-vous à l'hôtel Bristol. Brinon affirma que l'*Anschluss* était nécessaire, que les Autrichiens étaient des Allemands. « Et demain ce sera le tour de la Tchécoslovaquie, dira Oudard. – Il le faut », affirma Brinon qui ajouta que si la guerre devait en résulter ce serait la faute des juifs [15].

De retour à Paris, Brinon reçut la visite de remerciement de M. Drouillet, un proche d'Édouard de Rothschild et un ami de Laval. Deuxième visite de Drouillet priant Brinon de s'entremettre à nouveau en faveur du baron Louis dont le sort était alarmant. Brinon s'y engagea.

Il arriva à Vienne le 9 avril, à temps pour écouter le dernier discours du Führer, qui ensorcelait les foules autrichiennes en se proclamant l'envoyé de la Providence et du Seigneur. Il retrouva dans le hall de l'hôtel Impérial, où tous les dignitaires nazis avaient défilé à la suite du Führer, des journalistes venus du monde entier. Le romancier Pierre Benoit, envoyé par *Le Journal*, venait d'avoir une conversation avec Georges Oudard qui lui avait demandé s'il ne pouvait aider une jeune juive menacée, Mlle Clausen*. Il en parla à Brinon. Ce dernier répondit qu'« il ferait tout ce qu'il pourrait mais qu'il valait mieux ne pas attirer l'attention des autorités sur Mlle Clausen dans un moment comme celui-là [16] ».

Georges Oudard observa le comportement de Brinon : « La veille du plébiscite, Brinon est revenu à Vienne où je suis demeuré à cette époque sept semaines consécutives [...]. J'ai vu au moment du plébiscite M. de Brinon parler à M. Braun von Stumm, adjoint du Dr Dietrich, chef des services de presse de la Wilhelmstrasse, les talons joints et le chapeau à la main, alors que son interlocuteur restait couvert. Je l'ai vu au restaurant, le soir du plébiscite, écouter debout comme tout le monde, y compris moi-même, le chant national allemand, mais demeurer encore debout comme ne le faisaient que les hitlériens convaincus, quand on annonça les premiers résultats du scrutin. Je l'ai vu saluer les nazis importants le bras levé. Au moment où fut proclamé le résultat du scrutin, j'étais en train de parler à Ward Price, du *Daily Mail*, quand il s'approcha de nous. Il nous dit : « "C'est un triomphe** ! Je vais voir si ces messieurs n'auraient pas par hasard besoin de moi." Toute l'attitude de l'individu, ce dimanche du plébiscite, a été celle d'un serviteur des Allemands. C'est le dernier jour où je l'ai vu [17]. »

Arrivé à Berlin, Brinon sollicite une intervention de Ribbentrop en faveur de Louis de Rothschild. Ribbentrop charge l'*Obergruppenführer* SS Reinhardt Heydrich, qui a planifié la persécution des juifs en Autriche, d'en reparler à Himmler. Entre-temps, une haute personnalité britannique est intervenue en faveur du prisonnier. Himmler estime qu'on se remue beaucoup en faveur de ce juif autrichien. Goering, qui veut s'approprier les biens industriels du baron Louis,

---

* L'écriture de Pierre Benoit rend douteuse l'orthographe du nom, que nous avons transcrit.
** Suivant les chiffres officiels, 99,75 % des Autrichiens votèrent pour le rattachement à l'Allemagne, et 99,08 % d'Allemands émirent le même vote.

se mêlera à ces tractations, et la victime, entièrement dépouillée, pourra émigrer*[18].

Depuis longtemps, des articles de Brinon soulevaient la contestation de certains lecteurs de *L'Information*. Son journal lui apportait un soutien constant. Chavenon, le directeur, répondait à un lecteur : « M. de Brinon se trouvant à Berlin est parfaitement fondé à exposer le point de vue des dirigeants du Reich. Il fait le métier de correspondant exact, sincère et précis[19]. » Dans des lettres, Chavenon, se faisant l'écho des propriétaires du journal, ne cessait de féliciter Brinon pour son rare talent d'écrivain journaliste, allant jusqu'à lui écrire qu'il « honore *L'Information* de sa collaboration[20] ».

À *L'Information*, Brinon avait atteint le traitement maximal qui puisse être versé à un journaliste : dix mille francs par mois. D'autres avantages lui étaient accordés comme le paiement de l'assurance de la voiture de sa femme. S'ajoutaient les gratifications mensuelles variant entre dix et quinze mille francs que lui versait de la main à la main un collaborateur de la banque Lazard à la demande d'André Meyer. Le banquier Georges Lévy lui remettait chaque mois une rémunération d'environ vingt mille francs en échange d'une note quotidienne d'information politique. D'après un écrit relatif à sa situation matérielle, Brinon se sentait solidement assis : « J'ai eu des rapports étroits avec André Tardieu, Daladier, Barthou, Painlevé, voire Briand et même Chautemps. J'ai été l'ami des Rothschild, des Wendel, des David-Weill, et il m'eût été facile de me faire caser par eux. Georges Lévy et André Meyer étaient pour moi des camarades, ils avaient confiance dans mon jugement et avaient de l'estime pour moi. C'était un échange de services sur le plan de l'amitié**. Bref,

---

* Autre intervention : Roland de Margerie, conseiller d'ambassade à Londres, demanda à Brinon d'user de ses relations en Allemagne en faveur du prince de Hohenberg, fils de l'archiduc François-Ferdinand et de la comtesse Sophie Chotek assassinés à Sarajevo. Connu pour son action contre les nationaux-socialistes, le prince de Hohenberg avait été arrêté et transféré au camp de concentration de Dachau après l'entrée des troupes allemandes à Vienne. Par retour du courrier, Brinon informa Margerie qu'il était immédiatement intervenu auprès de l'ambassadeur Welczeck (AN 411 API. Lettre de Roland de Margerie, 18 janvier 1938).

** Le genre de services que Brinon rendait, par exemple, au banquier Georges Lévy consista à lui faire décerner la rosette d'officier de la Légion d'honneur, ce qui combla le bénéficiaire qui écrivit à Brinon : « J'ai mis immédiatement un vêtement bleu foncé en flanelle, le rouge est très visible sur le bleu, et j'ai été au Casino me faire remarquer. » Dans une autre lettre, Georges Lévy le remercie « de la dépêche qui m'a appris avant tout le monde la chute du ministère », ce qui lui permettait de se livrer aux opérations financières et boursières qui en découlaient (Lettres de Georges Lévy, AN 411 AP/1).

j'ai eu les moyens d'une très large indépendance. Je jouissais dans ma profession d'une situation privilégiée qui me permettait de m'exprimer avec une liberté à laquelle Alexis Léger rendait hommage très sympathiquement[21]. »

Cette bienveillance n'était pas partagée. En juillet 1938, *La Lumière*, par la plume de son directeur Georges Boris dénonçait Brinon comme étant le propriétaire d'un journal pro-allemand, la *Forbacher Burgerzeitung*, publié en Lorraine*. En 1926, Brinon avait été invité par les Wendel à devenir détenteur de 80 % des actions de ce journal dans une opération où il leur servait de prête-nom. Ceux-ci apportaient « une somme, ma foi, fort ronde[22] », écrivait l'un d'eux à Brinon. En 1932, à l'instigation des Wendel, les parts attribuées à Brinon furent reprises par une banque, le Crédit industriel et commercial, et Brinon ne fut plus concerné. Il le fit savoir à *La Lumière* en donnant la version véridique des faits et adressa une mise au point similaire au quotidien socialiste *Le Populaire* qui avait repris l'accusation de Georges Boris**[23].

Quatre semaines après l'*Anschluss*, Édouard Daladier formait son troisième cabinet, succédant à celui de Léon Blum qui avait duré à peine un mois et dans lequel il avait été ministre de la Guerre, portefeuille qu'il détient pour la neuvième fois. Daladier allait assumer l'un des plus longs ministères de la IIIe République, vingt-trois mois, jusqu'à la veille de l'écrasement de l'armée française. Bien que leur amitié ait tiédi, Brinon conservait ses entrées chez le président du Conseil. Il informa Daladier du prochain congrès auquel le Comité France-Allemagne était convié à Baden-Baden. Mais était-ce de circonstance, après l'*Anschluss*, quand les gouvernants français savaient que viendrait le tour de la Tchécoslovaquie ? Georges Bonnet, le ministre des Affaires étrangères, était tout à fait favorable à la démarche de Brinon. Il fortifia les membres du Comité dans leur intention de participer au congrès de Baden-Baden, étant lui-même partisan d'une politique d'extrême conciliation à l'égard de l'Allemagne, convaincu que la France, en cas de guerre, ne pourrait résister à sa puissance militaire. Il octroya au Comité France-Allemagne une subvention de trois cent mille francs prélevée sur les fonds secrets. Ses relations avec Brinon remontaient aux débuts de sa carrière poli-

* Voir chapitre 8.
** Guy de Wendel certifiera après la guerre que Brinon n'avait jamais reçu de rémunération pour les services qu'il avait rendus dans l'affaire de la *Forbacher Burgerzeitung* (AN 411 AP/7. Rapport Caujolle, p. 68 bis).

tique. Brinon avait su, quand il le fallait, écrire un article élogieux à son endroit ; de surcroît, on l'a dit, tous deux étaient dans la mouvance de la banque Lazard[24].

Dans l'intervalle, l'*Anschluss* n'avait pas refroidi le pacifisme de Brinon et son admiration pour le Führer. Ses articles mettaient en relief la position modérée de la Grande-Bretagne sur laquelle, disait-il, la France devait s'aligner. Déjà, avant cet événement, et pour renforcer sa position personnelle, Brinon avait tenté d'obtenir, sans réussir, une déclaration du Premier ministre britannique Neville Chamberlain sur sa politique d'apaisement à l'égard de l'Allemagne[25].

À Baden-Baden, la Société germano-française reçut les congressistes français avec faste, pourvoyant aux dépenses des nombreux délégués logés dans les meilleurs hôtels. Du côté français, on avait pensé égayer le congrès avec la présence de l'acteur-auteur Sacha Guitry mais, indiqua Pierre Benoit qui en avait eu l'idée, il aurait fallu le prévenir longtemps à l'avance afin qu'il ait le temps de se faire prier[26].

Parmi les attentions prodiguées par les Allemands, la plus remarquable consista en l'inauguration de la tête en bronze du baron Pierre de Coubertin, mort l'année précédente, dont le socle portait l'inscription : « *Dem Erneuerer der Olympischen Spiel* », acte de gratitude envers celui qui avait donné son accord pour que les jeux de 1936 aient lieu en Allemagne comme si le caractère raciste, xénophobe et oppresseur du IIIe Reich n'était pas en opposition avec l'esprit et l'idéal olympiques.

Le congrès de Baden-Baden était placé sous le signe de la loyauté et de la franchise réciproques. Les débats « culturels » durèrent cinq journées. Parmi les intervenants, des gens de lettres s'étaient efforcés de montrer que la littérature allemande avait pénétré les lettres françaises. L'architecte Auguste Perret, connu du grand public par sa réalisation du théâtre des Champs-Élysées, constatait des analogies entre ses conceptions des lignes épurées, dépouillées de toute surcharge ornementale et les grandioses réalisations architecturales du IIIe Reich. Le professeur Fourneau, de l'Institut Pasteur, s'était exprimé longuement avec une courtoisie pesante qui ravit l'auditoire, et d'autres encore, dont le marquis Melchior de Polignac qui avait évoqué l'œuvre du baron Pierre de Coubertin.

Du côté allemand, la cinéaste Leni Riefenstahl, grande prêtresse du cinéma nazi, avait comparé l'art photographique à un poème épique. Le président de la Société germano-française, le professeur von Arnim, qui se réservait de parler de la *Kultur*, se rengorgeait en énonçant sur ce thème tout ce qu'on attendait de lui en matière de creuse enflure. Les intervenants se succédèrent. Rouage essentiel de la machine allemande, Otto Abetz se prodiguait de l'un à l'autre comme un athlète du germanisme en action.

Du côté français, Brinon prononça le discours de clôture. Il y mit cette part de sentimentalisme de circonstance qui s'arrose de champagne et distribua quelques palmes dont la plus étonnante fut celle qu'il décerna au professeur Eugen Fischer (1874-1967). Il dit à son propos : « Et je voudrais parler encore de M. le Professeur Fischer nous entraînant à sa suite dans les conceptions si passionnantes de son institut qui ouvrent sûrement sur une humanité meilleure des aspects sur lesquels il faudra bien que l'on réfléchisse chez nous[27]. » Personne n'ignorait alors quel était cet homme. Avant la Grande Guerre, le professeur Fischer fut en Allemagne l'un des promoteurs de la « biologie des races », alors que la recherche anthropologique avait définitivement rompu avec la notion même de race. « À partir de 1933, par opportunisme ou bien par conviction, Fischer se met au service du régime national-socialiste. Il participe à l'élaboration et à l'application d'une législation autorisant les stérilisations forcées sur une grande échelle, et justifie la mise au ban de la société des Juifs, afin, écrit-il en 1934, de "sauver la race qui a engendré la germanité et l'épurer de ce qui est étranger, racialement différent, qui menaçait de faire dévier son évolution spirituelle vers d'autres horizons[28]". »

Après avoir épuisé ses compliments aux participants allemands, Brinon fit entrer dans son discours quelqu'un qu'on n'attendait pas : « Il y a peu de temps, M. le maréchal Pétain, s'adressant à nos anciens combattants, leur disait que dans le tumulte de l'après-guerre, ils avaient peut-être négligé pour des revendications matérielles qui semblaient plus pressantes leur mission spirituelle*. » Pour faire bonne mesure, il cita longuement le Führer chancelier dont il voulait faire le grand sage de l'Europe, en rappelant que, lors du congrès de Nuremberg de 1937, après avoir parlé de l'entente franco-allemande, il avait conclu : « Soyons justes les uns envers les autres, nous découvrirons alors que nous avons moins de raisons de nous haïr que de nous admirer[29]. »

---

* Brinon se réfère aux propos du maréchal Pétain devant le congrès annuel de l'Union nationale des mutilés et réformés, le 29 mai 1938, à Périgueux. Opposant au relâchement français le redressement de l'Allemagne, le maréchal avait multiplié les mises en garde et dénoncé les mirages auxquels les Français sacrifiaient leur sécurité.

Après l'Autriche, Hitler voulait la Tchécoslovaquie. Brinon assista avec des centaines d'autres journalistes, aux journées de septembre du parti à Nuremberg, en 1938. Aux habituelles attaques contre les juifs s'ajoutèrent les exhortations de Goering à en finir avec la Tchécoslovaquie, ce peuple venu d'on ne sait où, clamait-il, et dont l'inculture est une plaie au flanc de la noble nation allemande. Devant la multitude assemblée au champ de Zeppelin, décoré d'emblèmes nazis, le Führer monta à la tribune. Il se mit lentement en train, puis d'une voix rauque, relayée par les haut-parleurs, il annonça la mort de la nation tchèque : « J'exige que l'oppression dont souffrent trois millions et demi d'Allemands en Tchécoslovaquie cesse et je réclame le droit qu'ils disposent d'eux-mêmes. » Il développa son ultimatum, mettant en demeure les Tchèques de satisfaire les justes revendications allemandes afin de parvenir à un accord. La présentation de l'armée au Führer qui avait eu lieu pendant ces journées dans un grand déploiement guerrier indiquait que le recours aux armes était la seule voie ouverte en cas de refus tchèque.

Trois jours après les menaces hitlériennes, Neville Chamberlain, le Premier ministre britannique, s'envolait pour Berchtesgaden, prêt aux concessions qui devaient éviter la guerre, d'autant que le cabinet britannique, en vue de préparer sa capitulation, et sans même consulter le gouvernement français, avait envoyé lord Runciman, un de ces diplomates naphtalinés que le Foreign Office sortait de ses placards, afin d'exercer un arbitrage dont le résultat était connu d'avance. Lord Runciman avait donné raison à Hitler, estimant que les Sudètes, cette région tchèque peuplée d'une majorité écrasante d'Allemands, étaient bien terre germanique.

Le récit en ayant été maintes fois fait, nous ne retracerons pas comment quinze jours après les journées de Nuremberg s'ouvrit dans l'extrême urgence à Munich une conférence qui réunit deux hommes de proie, Mussolini et Hitler, et Daladier et Chamberlain placés à la tête des deux plus grands empires du monde et qui se révélèrent hors d'état de mobiliser des forces nécessaires pour tenir en échec l'Allemagne. Daladier et Chamberlain sacrifièrent la Tchécoslovaquie, dont les représentants ne furent même pas conviés à discuter de son sort, malgré le traité qui liait la France à cette jeune République.

Brinon, qui aurait aimé être de la petite délégation que Daladier avait emmenée avec lui à Munich, accourut. Sur le vif, il rédigea au crayon la note suivante :

« Munich, victoire de la paix.

» Accueil de Daladier :

» 1°. D'abord, joie de souhaiter bienvenue à un homme d'État français dans le III⁰ Reich.

» 2°. Reconnaissance du peuple allemand qu'une collaboration loyale ait été possible avec la France, pour un problème qui émouvait l'Europe entière.

» 3°. Espoir du peuple allemand que Munich puisse constituer un exemple et une stimulation aux futures relations franco-allemandes.

» Versailles est mort. La Grande Allemagne est devenue une réalité. Le monde doit-il se plaindre que Hitler ait tenu avec une telle continuité à tenir parole aux dix millions d'Allemands du dehors de les rattacher au Reich. Cette continuité a créé une situation claire sans laquelle on n'aurait pu trouver une solution pour un problème qui depuis longtemps mit obstacle à l'apaisement[30]. »

Dans une autre note hâtive, intitulée « Avant et après Munich », Brinon enregistre les résultats de la conférence. Devant l'amputation de la Tchécoslovaquie, il écrit que l'entrée des troupes allemandes dans les territoires cédés à l'Allemagne doit avoir « le caractère d'une remise symbolique et non d'une contrainte[31] ».

Un mois après la conférence de Munich, un jeune israélite, Herschel Grynszpan, abattait à l'ambassade d'Allemagne à Paris, le conseiller Ernst vom Rath. Un acte de désespoir destiné à attirer l'attention du monde sur la persécution des juifs en Allemagne d'où sa famille, d'origine polonaise, avait été expulsée avec une quinzaine de milliers d'hommes, de femmes et d'enfants vers la frontière de la Pologne dans des conditions atroces. Cet acte fut le prétexte à un pogrom à l'échelle d'une nation, à travers toute l'Allemagne, appelée par la propagande du Dr Goebbels, à cause des vitres brisées, *Kristallnacht*, la Nuit de cristal. Il y eut des centaines de victimes tandis que deux cent soixante synagogues brûlaient, que beaucoup de magasins juifs étaient détruits ou pillés, des tombes profanées et des femmes violées par de purs aryens. Vingt mille juifs furent enfermés dans des camps de concentration. De surcroît, au motif de réparer les dégâts, la communauté juive fut condamnée à payer une amende collective de un milliard de marks, et la législation antijuive fut aggravée.

En tant qu'éditorialiste chargé de la politique étrangère, Brinon ne pouvait passer sous silence cet événement au retentissement mondial. Il s'exécuta de manière à ne pas mécontenter ses commanditaires, ses lecteurs et à préserver ses relations avec le régime hitlérien. Sous un titre ambigu, « La paix et ses tribulations », il dénonça comme tous ses confrères ces actes criminels qui ne devaient rien à la « réaction spontanée du peuple », ainsi que le claironnait le Dr Goebbels, mais à des violences préméditées et organisées « qui dépassent notre entendement et le confondent [...]. Fréquemment, on a entendu M. Adolf Hitler célébrer le IIIᵉ Reich comme une oasis de paix et d'ordre. Suffit-il aujourd'hui d'un meurtre commis par un étranger à l'étranger pour que la Grande Allemagne lui paraisse menacée de sédition ou en péril de guerre civile ? Pour ma part, depuis la conclusion du Traité de Versailles, j'ai pensé et j'ai dit qu'afin d'établir entre l'Allemagne et la France les conditions d'une paix solide, il convenait de trouver, par les explications réciproques et par l'accomplissement des actes indispensables, les chemins de l'entente. En dépit des difficultés, contre l'incompréhension et malgré les attaques, j'ai maintenu que l'entreprise était chose possible et qu'elle devait être féconde. J'affirmerai donc d'autant plus fort aujourd'hui que des divergences si éclatantes dans les conceptions essentielles risquent de rendre trop ardue l'intelligence mutuelle et trop pénible le règlement [32] ».

Toutefois, répugnant à se servir de certains termes consubstantiels au système nazi – antisémitisme, juif, pogrom –, il ne désigna même pas Grynszpan par son nom et ne révéla pas le mobile de son acte qu'il qualifia tout d'un bloc de « crime d'un égaré de dix-sept ans », et se garda de laisser entendre que le pire était encore à venir.

L'allusion de Brinon aux attaques qu'il subissait concernait surtout celles que menait contre lui le journaliste Henri de Kérillis, député de la Seine, qui, dès le commencement, avait dénoncé le péril hitlérien. Lors du vote à la Chambre des accords de Munich, Kérillis, homme de droite, fut, avec un socialiste, l'un des deux seuls députés qui, en dehors des communistes, aient voté contre. Dans son journal, *L'Époque*, Kérillis avait analysé la situation de faiblesse où, après Munich, la France se retrouvait privée d'un allié en armes à l'est de l'Allemagne, la Tchécoslovaquie. Il accusa Daladier, depuis deux ans et demi ministre de la Guerre, d'avoir soit forgé une armée inapte à mettre un terme à l'expansionnisme allemand, soit, si l'armée en avait la puissance, de ne pas avoir osé l'engager. Comment « la trahison » de Munich avait-elle été rendue possible ? Il dénonçait « les intellectuels dangereux » qui, de longue main, avaient préparé le terrain, « de misérables traîtres », au premier rang desquels il visait Brinon et ses employeurs : « Ah, oui, on l'a vu venir de loin le parti de Berlin, le parti dont les fils mystérieux aboutissent, à travers une grande banque de Paris, à un personnage obscur mais redoutable, M. de Brinon [*][33]. »

---

* Après la guerre, une enquête « sur les événements survenus en France de 1933 à 1945 » fut effectuée. Dans sa déposition, le journaliste et homme politique socialiste, Georges Boris, déclara : « Fernand de Brinon était rédacteur à

Deux ans plus tôt, Kérillis s'en était pris ouvertement à Daladier et à Brinon. Au cours de la séance du 23 juin 1936 à la Chambre des députés, il déclarait : « Je dois vous dire l'inquiétude que me cause la présence de certaines personnalités au sein du gouvernement. D'abord la présence de M. le ministre de la Guerre [Daladier] qui entretient un ami personnel en tant qu'ambassadeur auprès de Hitler. »

Par lettre, Brinon demanda aussitôt à Kérillis s'il acceptait de s'en remettre au syndicat national des journalistes qui jugerait si ses propos repris par *L'Écho de Paris* méritaient réparation. Kérillis exprima son refus d'en appeler à un syndicat pour apprécier un point d'honneur : « Je n'ai pas voulu vous insulter. Mais si les explications que je vous donne ne vous suffisent pas, je suis naturellement à votre disposition pour réparation [34]. » L'affaire fut sans suite.

Deux semaines après la parution de son article, « La paix et ses tribulations », plein d'omissions sur la Nuit de cristal, Brinon cessait d'écrire dans *L'Information*. Il en donna la raison dans un journal collaborationniste, un mois après l'armistice. Il avait écrit un article analysant l'échec de la grève générale fomentée par la CGT non pour des motifs professionnels mais politiques, à l'instigation de son mentor, le parti communiste. « Cet article parut tronqué, sans que j'aie été averti des suppressions qui y avaient été faites [...]. Dès lors, je compris que je n'étais plus libre d'exprimer ma pensée [35]. » Appuyant cette version, Simone Mittre notera après la guerre : « Son dernier article dans *L'Information* est du 1er décembre 1938. Le sujet était l'échec de la grève générale. S'aperçut en le relisant que le passage où il dénonçait la responsabilité du parti communiste a été supprimé. Demande d'explications. On lui répond : ordre supérieur. S'adresse aux dirigeants de la grande banque internationale propriétaire du journal *L'Information*. Réponse : une maison comme la nôtre ne peut pas s'exposer aux attaques du parti communiste. Refus de continuer à écrire dans ces conditions. C'est son dernier article [36]. » Il en avait écrit environ deux mille au cours de sa carrière.

On ne peut exclure que la banque Lazard, devant la probabilité d'une guerre, ait choisi l'occasion de retirer la plume de la main d'un collaborateur trop exposé. Brinon touchera une indemnité de préavis de vingt mille francs, ce qui tend à montrer que la banque Lazard avait pris l'initiative. Il déclarera qu'André Meyer lui remit à titre de

---

L'Information et à la même époque il a glissé dans *L'Information* des articles qui aujourd'hui doivent faire rougir ceux qui à l'époque finançaient ce journal. » (T. VIII, p. 2444.)

gratification exceptionnelle un chèque de cent mille francs dont nous n'avons pas retrouvé trace dans les relevés de banque que nous avons examinés. Brinon conservait un bureau à *L'Information* et touchera ses appointements jusqu'au 1er août 1939, un mois avant que n'éclatât la guerre. En contrepartie de ce bon traitement, Brinon continuera à informer la banque, mais débarrassé des servitudes journalistiques, il se porta tout entier sur le front de la politique franco-allemande.

Aussitôt après les accords de Munich, avant de quitter l'Allemagne, le Premier ministre Chamberlain, à sa demande, avait rencontré Hitler sans même prévenir Daladier, son partenaire français. Ils signaient ensemble une déclaration qui engageait la Grande-Bretagne et l'Allemagne à régler leurs problèmes communs par la voie pacifique des consultations bilatérales. C'est ce chiffon de papier que le Premier ministre avait brandi devant les foules britanniques en proclamant qu'il garantissait « *the peace of our time* ».

À Paris, le ministre des Affaires étrangères, Georges Bonnet, dont les plaidoyers en faveur de l'entente franco-allemande enchantaient l'ambassadeur von Welczeck qui les transmettait aussitôt à Berlin, entreprit de se mettre au diapason de la Grande-Bretagne en contractant un accord similaire avec l'Allemagne. Il invita Ribbentrop à Paris. Welczeck, qui aurait pu craindre que la Nuit de cristal et les mesures barbares qui s'ensuivirent aient refroidi le gouvernement français, fut vite rassuré par les propos de Bonnet : « Ni l'agitation créée autour des mesures prises par nous contre les Juifs, ni les violentes attaques dirigées par certains milieux internationaux contre lui, Bonnet, personnellement, ne l'empêcheraient de poursuivre une politique d'entente avec nous qui ralliait plus de 90 % de la population française et qui ne faisait pousser des cris qu'aux Juifs et aux communistes [37] », rapportait Welczek.

L'homme qui se présenta le 6 décembre 1938 à Paris était l'un des plus soumis aux volontés du Führer. Ribbentrop fut reçu par des discours flatteurs, hyperboliques, qui ajoutaient à la décadence de la France par un manque de dignité. Les ministres des Affaires étrangères eurent deux entretiens. Par ses réponses, Ribbentrop montra que l'Allemagne n'entendait pas faire de concessions, ni sur les revendications allemandes en Tchécoslovaquie ni sur la question juive, soulignant qu'« il ne fallait pas perdre de vue que nous vivons une ère raciste, l'idée raciste ayant de nos jours une importance tout autre qu'autrefois [38] ».

Une déclaration signée engageait les deux pays à reconnaître l'intangibilité de leurs frontières communes et à se consulter sur les questions pouvant conduire à des difficultés internationales « sous réserve de leurs relations particulières avec des Puissances tierces [39] ». Cette restriction ôtait toute vigueur au communiqué mais satisfaisait les Français qui collectionnaient les conventions.

Mobilisé par cette venue à Paris, le Comité France-Allemagne reçut Ribbentrop à un déjeuner d'apparat, le 7 septembre, à l'hôtel Crillon où le ministre allemand résidait. Une réception dont les frais étaient payés par le ministère des Affaires étrangères sur instruction de Georges Bonnet [40]. Égal à lui-même, Brinon porta un toast à l'amitié entre les deux pays, plaidant avec passion la cause de la paix. Ce fut une si belle performance qu'il reçut une lettre d'un ressortissant allemand, Fredo Lehrer, résidant en France depuis plusieurs années, un de ces personnages de haut vol, très influent, toujours disposé à rendre service et intermédiaire patenté, qui avait le statut de *Kommerzienrat* (conseiller commercial) : « Vous savez, Cher Monsieur de Brinon, que je ne suis pas un partisan de basses flatteries, mais en âme et conscience, vous pouvez vous attribuer une bonne partie du mérite dans le succès de la première grande étape de la nouvelle ère entre la France et l'Allemagne qui va commencer maintenant [...]. Acceptez donc, mon cher Monsieur de Brinon, toutes mes félicitations à cette heure solennelle. Je suis sûr que votre pays vous saura un jour gré de cette œuvre à laquelle vous avez coopéré dans une si large mesure [41]... »

L'épouse de Ribbentrop, l'ambitieuse Annelies, accompagnait son mari à Paris. La comtesse de Brinon se joignit à son cortège avec l'empressement caractéristique d'une femme en perpétuelle compétition mondaine et qui détenait dans le monde parisien, le seul qui l'intéressât, l'honneur singulier de recevoir à sa table les délégués de Hitler à Paris.

Le soir eut lieu à l'ambassade d'Allemagne, rue de Lille, un banquet auquel figuraient Édouard Herriot, président de la Chambre des députés, et des ministres français, sauf ceux qui étaient juifs. Le comte et la comtesse de Brinon étaient de la fête. Ribbentrop, revêtu d'un uniforme orné d'aiguillettes d'or, s'entretint longuement avec Daladier. Le président du Conseil se répandait en bavardages, tout sourire, très à l'aise, lui le vaincu de Munich, mais sachant mieux que quiconque qu'il soupait chez des ennemis. À côté des officiels, « c'est le public France-Allemagne qui se presse dans les salons de M. von Welczeck et accable Ribbentrop d'hommages que celui-ci reçoit avec une souveraine bienveillance [42] ».

Sous le ciel paisible d'une nuit de Paris, ce n'était qu'une veillée d'armes.

CHAPITRE 15

« Brinontrop »

S'il conservait un accès facile auprès de Daladier, Brinon avait cessé d'être le confident dont celui-ci ne pouvait se passer. Depuis deux ans, ce rôle intime était dévolu à William Bullitt, l'ambassadeur des États-Unis. William Bullitt était un admirateur, un ami passionné de la France. Quand il y fut nommé, en quittant son poste d'ambassadeur en URSS, il eut un soupir d'extase : « *Paris, at last !* », « Enfin, Paris ! » Il devint rapidement un initié de la politique française et, avec un large sourire, le familier d'hommes politiques influents, notamment de Daladier qui s'épanchait jusqu'aux larmes et qu'il rencontra presque quotidiennement pendant les vingt-trois mois fatidiques où il fut président du Conseil-ministre de la Guerre : « Je ne vous télégraphie pas la moitié de ce qu'il me dit pour la simple raison qu'il n'y a rien qu'il ne me dise pas, et certaines de ses remarques feraient un boucan de tous les diables si elles devaient être connues [1] », écrivait Bullitt au président Roosevelt à la veille de la guerre.

Daladier se sentait si étroitement lié à Bullitt et recherchait tellement sa présence qu'il envisageait de louer une maison à Chantilly à côté de la résidence de campagne de l'ambassadeur.

Quatre jours après que Ribbentrop eut quitté Paris, Kérillis lançait une nouvelle attaque contre Brinon dans les colonnes de *L'Époque*. Imaginant une conversation entre Hitler et Mussolini, Kérillis faisait dire au Duce que, suivant un rapport de William Bullitt, Hitler avait fait distribuer à la presse vénale française environ trois cent cinquante millions de francs. Hitler répliquait que « son principal distributeur de fonds, le comte de B. est repéré depuis longtemps et reçu dans tous les milieux parisiens avec les honneurs dus à un ambassadeur extraordinaire [2] ».

Brinon pria l'ambassadeur Bullitt de faire, « sous une forme ou

sous une autre, une déclaration mettant fin à ces rumeurs insen-
sées[3] ». Bullitt répondit qu'il avait déjà adressé un communiqué à la
presse démentant l'existence du prétendu rapport, et que ce communiqué devait « mettre fin aux rumeurs dont vous vous plaignez à juste
titre[4] ».

Ayant reçu une mise en garde de Brinon, Kérillis répliqua qu'il ne
cherchait pas à l'offenser mais, faisant allusion à la banque Lazard,
« à connaître les relations qui peuvent exister entre le journal *L'Information* et certain établissement financier et, enfin, les intérêts que cet
établissement financier possédait en Allemagne et dans le pays des
Sudètes[5] ».

Brinon entendait s'expliquer sur le terrain à l'épée. Il choisit deux
témoins, le romancier Pierre Benoit et le député de Seine-et-Marne
François de Tessan, un antinazi militant. Kérillis refusa de les mettre
en rapport avec deux de ses amis, considérant que ses différends avec
les Français ne se réglaient pas « dans les rites démodés, grotesques
et publicitaires des duels. J'ai recours à la justice comme tout le
monde [...]. Dans l'intérêt de mon pays, je voudrais, en effet, jeter
le plus de lumière possible sur les activités politiques des partisans
les plus acharnés de l'entente avec l'Allemagne parmi lesquels je
range M. de Brinon. Dans son cas particulier, je désirerai également
chercher à établir publiquement les liens qui existent entre la banque
dont dépend le journal dans lequel il écrit et les différents groupements industriels et commerciaux établis en Allemagne[6] ».

En remerciant ses témoins, Brinon annonça qu'il conduirait Kérillis sur le champ clos de ses préférences, le tribunal correctionnel. Il
n'en fit rien. Ce n'était pas dans son contrat d'exposer la banque
Lazard aux débats d'un prétoire.

Pendant que se déroulait cet épisode, plusieurs journaux, au début
de l'année 1939, prirent Brinon pour cible. Dans la revue de la Jeunesse hitlérienne, *Wille und Macht*, il avait écrit : « J'admire le Führer et chancelier Adolf Hitler d'avoir donné à la jeunesse, dans le
cadre de l'État, son autonomie. » Ces journaux citèrent le premier
membre de la phrase : « J'admire le Führer et chancelier Adolf Hitler », mais Brinon ne put dissimuler qu'il ajoutait : « J'ai été le premier en France à proclamer en paroles et par écrit ma foi dans la
droiture de Hitler. L'incompréhension et les accusations, les attaques
vulgaires et les misérables calomnies que m'a attirées cette conviction m'ont peu atteint. »

Une nouvelle mise en cause de Brinon par voie de presse était
d'une tout autre nature. Elle intervint en février 1939. Depuis plusieurs mois, l'Italie mussolinienne, étroitement liée au IIIe Reich par

l'alliance de l'Axe, défiait la France. Au cours de réunions fascistes fusaient les cris revendicatifs : « Corse ! Nice ! Savoie ! Tunisie ! Djibouti ! » Quoique proclamant que « la France ne céderait pas un pouce de ses territoires », Daladier, en accord avec Georges Bonnet, chargea le banquier Paul Baudouin, qui se rendait en Italie, d'une mission secrète auprès du comte Ciano, ministre des Affaires étrangères et gendre de Mussolini. Brinon fut tenu au courant de cette démarche par Georges Bonnet qui le chargea de profiter d'un séjour à Berlin pour rencontrer Ribbentrop et obtenir que l'Allemagne contribue à désamorcer la crise franco-italienne.

Le 2 février, Brinon partait pour Berlin par le même train que la cinéaste Leni Riefenstahl que l'ambassadeur d'Allemagne était venu saluer à la gare. Connaissant Brinon depuis plusieurs années, elle venait d'être reçue à Paris par le Comité France-Allemagne[7].

Brinon se rendait en Allemagne sans autre obligation que le plaisir de s'y retrouver et d'assister, au siège de la Société germano-française, au déjeuner offert par le général SS Humann-Hainhofer au général Eugène Bridoux, commandant de l'École de cavalerie de Saumur, qui conduisait un détachement des écuyers du Cadre noir au concours hippique de Berlin : « Le colonel Didelet, attaché militaire français, représentait l'ambassade de France, je représentais le comité France-Allemagne, déclarera Brinon. Les toasts de l'hôte allemand et du général Bridoux sur la camaraderie militaire et l'estime mutuelle de deux grandes nations ont produit une forte impression. Pour ma part, j'ai été heureux et fier de constater par maints témoignages quelle haute considération l'Allemagne nationale-socialiste éprouve pour notre armée[8]*. »

Durant la semaine qu'il passa à Berlin, Brinon rencontra de nombreuses personnalités allemandes parmi lesquelles Goering et le Dr Goebbels qui tenait à le remercier de l'accueil que le Comité France-Allemagne avait réservé à Leni Riefenstahl lors de son passage à Paris.

Le 6 février, il fut reçu par Ribbentrop. Il commença par aborder la question du danger d'une guerre pouvant survenir en Europe. Ribbentrop se lança dans un discours-fleuve, rappelant les efforts inces-

---

* Hitler assistait à l'une des dernières représentations du Cadre noir. Les officiers allemands de service apprenant que les chevaux vont danser sur un air de valse de Mendelssohn interdisent de jouer la musique d'un juif en Allemagne. « Les chevaux ont appris à danser sur cet air et non sur un autre. Il faut donc renoncer à l'exhibition », dit le colonel commandant le Cadre noir. Finalement consulté, le Führer autorisa la valse incriminée[9].

sants de l'Allemagne en faveur de la paix, tout en avançant ses revendications. « Brinon a parlé ensuite des grosses inquiétudes que causait en France la politique italienne. » Ribbentrop estima que rien n'empêchait la France de négocier avec l'Italie. L'atmosphère est trop empoisonnée, objecta Brinon. « Sous une forme prudente, il a suggéré indirectement à M. le ministre du Reich une médiation entre la France et l'Italie. Mais le ministre du Reich n'a pas suivi[10]. »

Sur ces entrefaites, l'ambassadeur Coulondre, qui avait succédé à François-Poncet, était reçu par Ribbentrop. La veille, ayant lu dans un journal allemand que le banquier Paul Baudouin rencontrait secrètement le comte Ciano à Rome, et étonné de n'avoir pas été informé, Coulondre avait téléphoné à Georges Bonnet. « Vous pouvez démentir cette information », répondit Bonnet. Coulondre s'y employa. « Pourquoi l'avez-vous démenti ? » lui demanda Ribbentrop en se faisant apporter un journal qui reproduisait le communiqué de Coulondre. « Je suis étonné que vous ayez fait publier ceci car, d'après mes renseignements, M. Baudoin a bien fait des sondages à Rome. » Ribbentrop ajouta : « C'est M. de Brinon qui vient de me le dire[11]. »

De retour à son ambassade, Coulondre convoque Brinon. Celui-ci affirme que Ribbentrop, le premier, a parlé du voyage de Baudouin. Brinon indique qu'il s'est borné à se renseigner auprès de son interlocuteur sur la manière dont il concevait une reprise des entretiens entre la France et l'Italie. « Mais il a le tort d'ajouter, relate Coulondre, que le ministre des Affaires étrangères allemand lui avait conseillé d'aller voir le Führer, ce qui diminue singulièrement la valeur des assurances qu'il vient de me donner. Il serait en effet bien singulier qu'il eût été invité par Ribbentrop à aller déranger Hitler pour lui faire part de ses impressions touristiques sur l'Allemagne et même de son sentiment personnel sur les relations franco-italiennes[12]. »

Pendant son séjour à Berlin, Brinon rencontra quatre fois l'ambassadeur Coulondre qui le retint même à déjeuner. Ils se retrouvèrent dans le train de Paris. Coulondre se rendait au Quai d'Orsay pour marquer son mécontentement : Georges Bonnet employait des émissaires officieux qui développaient une action contraire à celle de l'ambassadeur et minaient son autorité. En effet, Coulondre avait déclaré à Ribbentrop que les revendications italiennes étaient inacceptables : « Des demandes territoriales signifieraient la guerre[13] », avait-il affirmé au ministre allemand pendant que dans le même temps Brinon venait solliciter l'appui de l'Allemagne en vue d'un de ces compromis qui étaient le fin mot de l'action diplomatique française tandis que la diplomatie allemande, essentiellement offensive, œuvrait à des solutions de force et de fait accompli.

La presse française s'en empara. Sous les assauts de Kérillis, Brinon demanda à Coulondre de lui confirmer par écrit leur conversation à Berlin, ce que fit l'ambassadeur : « Je n'ai pas été moins surpris que vous par la lecture des informations de la presse française qui m'ont mis en cause à propos de votre récent séjour à Berlin [14] », écrivait-il dans une lettre manuscrite. Satisfait, Brinon exhiba la missive de Coulondre dans les couloirs des deux Chambres. Kérillis s'arrangea pour en avoir une copie et la publia avec un commentaire percutant. Quelques jours plus tard, il revint à la charge, se félicitant d'avoir mis Brinon, l'ami de Ribbentrop, hors d'état de nuire et qu'il ait su provoquer « la démolition de Brinontrop [15] ». Le sobriquet marqua durement la victime qui ne devait jamais l'oublier. Brinon fera diffuser par l'Agence Havas une mise au point démentant avoir servi d'agent officieux à Georges Bonnet et assurait que c'était à titre privé qu'il s'était entretenu avec des personnalités allemandes [16].

De son côté, le 1er mars, devant la commission des Affaires étrangères de la Chambre, Georges Bonnet démentait que Brinon ait été chargé d'une mission en Allemagne. « M. de Brinon n'a fait aucune visite au Quai d'Orsay avant son départ et s'est rendu en Allemagne pour voir à titre personnel M. von Ribbentrop auquel, depuis longtemps, il est lié par d'amicales relations [17]. » C'était jouer sur les mots. Peut-être Brinon n'était-il pas allé au Quai d'Orsay, mais c'est en d'autres lieux qu'il avait rencontré Bonnet.

D'autres affaires mordirent cruellement Brinon comme celle d'avoir été expulsé, en compagnie d'un journaliste taré, de la salle des conférences du Sénat faute de disposer d'une carte d'accréditation. Outré, Brinon fit appel à ses relations pour atténuer l'effet fâcheux de l'incident. Trois journaux s'en saisirent et Kérillis en fit un régal dans *L'Époque*, à tel point que Brinon lui reprocha par lettre « une extraordinaire suite de diffamations ». Kérillis refusa de publier un démenti et maintint ses accusations : « Par ailleurs, je constate, monsieur, que le journal *La Nation*, sous la signature de M. Louis Marin, vous a traité d'"hitlérophile notoire" et qu'en pleine commission des Affaires étrangères, M. Jean Ybarnegaray vous a qualifié de "personnage des plus suspects". Jamais, je n'en ai dit autant sur votre compte [18]. » Quelques jours plus tôt, le 16 février, dans *L'Époque*, Kérillis avait accusé Brinon d'être « l'un des chefs hitlériens français et un agent secret de M. Georges Bonnet ».

Après cinq années, le mariage de Brinon sombrait. Son épouse, avec ses effusions mondaines, ses dépenses excessives et son inconscience, avait fini par l'exaspérer. Il la reprenait d'un ton sarcastique et envisageait de divorcer. Cependant, Mme de Brinon continuait à l'accompagner dans ses déplacements, à Londres, à Berlin, à Rome, à Genève et se montrait l'hôtesse impeccable des nombreux conciliabules politiques qu'abritait leur appartement du 24 quai de Béthune.

Observatrice passionnée de ce délitement conjugal, Simone Mittre tenait en haine particulière Mme de Brinon. Chaque matin, elle se rendait chez les Brinon et gagnait au fond du couloir une pièce où elle travaillait aux affaires de son patron, quoique Brinon disposât d'un bureau à son journal. Pour l'obliger, L'Information appointait Mme Mittre. Elle était vraiment amoureuse de Brinon en qui elle voyait l'alliance du talent, de la respectabilité, du meilleur esprit mondain et cette lignée d'ancêtres bien embranchés qui vaut un brevet. Tant d'avantages comptaient pour cette femme vive et responsable, dotée d'une bonne connaissance des choses et des gens, et qui trouvait injuste son sort subalterne, encore qu'elle l'acceptât avec bonne humeur tant elle avait besoin de manifester son attachement. En 1938, quand Brinon fut frappé d'un double deuil, elle put montrer à son habitude qu'elle était indispensable dans cette famille où, araignée du logis, elle avait tissé sa toile : « Quant à ma personne vis-à-vis de la famille de Fernand de Brinon, elle faisait un peu partie des meubles, écrivait-elle. Je me suis occupée de tous. Ai soigné le père, ai soigné les sœurs, ai fait les courses pour la mère. À la mort du père, on me demande d'être là. Je m'occupe des démarches, pars faire ouvrir la maison de famille, accueille tout le monde. Le lendemain, le beau-frère meurt subitement. C'est moi qui accompagne la sœur, j'assiste à la mise en bière, fais toutes les formalités et accompagne ensuite le corps avec la veuve, enfin toutes les corvées, parce que je n'aime pas voir souffrir et parce que j'aime. Voilà [19]. »

En 1938, l'été, le père de Fernand, Robert de Brinon, et son beau-frère, le colonel de Morineau, étaient décédés à Vichy où ils faisaient une cure. La plus jeune sœur de Brinon, Simone de Morineau, qui lui ressemblait tant physiquement, avait eu un mariage stérile. Brinon qui l'affectionnait et voulait d'un mot croquer son visage, sa chevelure et son teint, l'avait surnommée, par goût du cheval, « ma sœur baie ». Dans cette famille sans descendants, le rameau obstinément protégé par le grand-père Achille était destiné à dépérir.

À la mort de son père, Fernand de Brinon devint marquis. Pour Mme de Brinon, être marquise fut le sommet de sa vie. Elle s'en para sur l'heure et c'est avec enchantement qu'elle se présentait en disant : « Je suis la marquise de Brinon », ou qu'elle entendait qu'on la nommât ainsi. Dans son entourage, on abrégea, elle fut simplement « la marquise ».

La situation financière du couple périclitait. Brinon ne disposait pas de biens immobiliers et ses ressources officielles provenaient d'activités journalistiques. Ses revenus se cumulaient avec ceux de son épouse. Bon an mal an, leur montant brut s'élevait à deux cent quarante mille francs, soit cent soixante mille francs net imposables, tous frais déduits. Bien que Mme de Brinon pût produire un revenu, sa situation matérielle était déficitaire. De la fortune héritée de son père, il ne restait rien qui eût valeur d'actif. Elle recourait à l'emprunt sur titres et à la vente d'actions. L'année 1939, celle de la guerre, Brinon déclara pour sa part un revenu imposable de cent mille francs.

Le train de vie des Brinon semblait si disproportionné à leurs revenus que l'administration fiscale demanda, en mars 1939, des « éclaircissements indispensables ». Les Brinon avaient deux domestiques, deux voitures. Ils disposaient de deux appartements quai de Béthune, le plus grand réservé au couple, l'autre attribué aux deux enfants de Mme de Brinon dont Fernand était le cotuteur. Brinon répondit par retour du courrier que sa déclaration d'impôt était simple puisqu'elle reposait sur des salaires de presse, tout en convenant que les affaires de sa femme étaient compliquées. Il annonçait qu'il ne pouvait plus supporter l'augmentation prochaine de son loyer et était résolu à prendre « une habitation moins coûteuse* ». Plus loin, il ajoutait : « Le déficit de notre budget familial, naturellement grandissant avec les charges, a régulièrement depuis trois ans été payé par les ventes de titres de ma femme ou des avances sur titres qu'il est facile de vérifier [...]. Vous trouverez sans doute, M. le Contrôleur, que c'est là le cas de bien des Français de notre époque qui s'efforcent de maintenir et qui vivent sur leur substance [20]. » De 1933 à 1939, sur six ans, le compte de Mme de Brinon n'avait été qu'une fois créditeur, et sur les quatre dernières années elle avait vendu pour 711 969 francs de titres afin de rembourser les avances consenties par sa banque. À la fin de 1939, pendant la « drôle de guerre », le compte de Mme de Brinon était déficitaire de quelque huit cents francs et celui de Fernand créditeur de 13 855 francs [21].

---

* Désireuse d'habiter un quartier convenant à ses ambitions mondaines, Mme de Brinon avait voulu louer l'appartement du quai de Béthune, malgré les objections de son mari qui trouvait le loyer trop cher. Elle l'assura qu'elle le paierait de ses deniers et fit venir du Béarn, où elle possédait une propriété de famille, un couple de domestiques (AN 411 AP/7. Rapport Caujolle. Lettre de Mme de Brinon à l'expert Caujolle).

Le 15 mars 1939, la Tchécoslovaquie cessait d'exister. La veille, sous la pression et avec l'appui de l'Allemagne, les séparatistes slovaques proclamaient l'État indépendant de Slovaquie, disloquant la Tchécoslovaquie déjà amputée des Sudètes où était concentrée près de la moitié de son potentiel industriel. Les troupes de la Wehrmacht occupèrent tout le territoire. Le soir même, Hitler faisait son entrée à Prague. Dans le château des rois de Bohême, le Hradcany, il annonça la création du protectorat allemand sur la Bohême-Moravie, effaçant à jamais, assura-t-il, le nom de Tchécoslovaquie.

Les dirigeants allemands, et Hitler en particulier, ne furent pas surpris de l'inertie des Alliés devant l'anéantissement de la Tchécoslovaquie. D'une seule phrase, placée en tête de longues directives stratégiques générales, les responsables allemands avaient résumé la situation trois mois avant Munich : « Il n'y a aucun danger de guerre préventive contre l'Allemagne de la part de puissances étrangères[22]. »

Le triomphe hitlérien à Prague qui annonçait l'imminence de la guerre ne modifia pas la position de Brinon : « De plus en plus convaincu du prodigieux redressement de la puissance allemande, je croyais que la France devait éviter l'aventure de la guerre et se faire unie et forte, ne connaître que son intérêt national, s'apprêter à assister et à profiter des grandes choses qui s'annonçaient. Convaincu de l'échec de cette politique le 15 mars 1939, et de l'inutilité de l'accord de Munich où j'ai toujours vu une capitulation nécessaire, je n'avais hélas pas de doute sur la suite. D'où retraite absolue[23] ! »

Contrairement à ce qu'il affirme, il ne se retira pas des événements, même s'il ne disposait plus de la tribune de *L'Information*.

Au lendemain de l'entrée de Hitler à Prague, des organes de presse avaient exigé la dissolution du Comité France-Allemagne. Le 20 mars, Scapini renonçait à un voyage en Allemagne et le 22 le bureau directeur « décidait de suspendre son activité et de convoquer une assemblée générale chargée d'examiner la question de la dissolution de l'organisation posée par un certain nombre de ses membres[24] ».

Quelques-uns démissionnèrent sans attendre : l'académicien Louis Bertrand qui par ses actes et ses écrits avait prôné l'entente avec l'Allemagne hitlérienne ; Jules Romains, au faîte de sa célébrité littéraire et que les nazis avaient entouré d'égards exceptionnels ; Pierre Benoit, autre académicien ; Henri Pichot, président de la puissante Union fédérale des anciens combattants ; d'autres encore.

Deux membres du bureau se montrèrent hostiles à la dissolution du

Comité France-Allemagne, Fernand de Brinon et l'homme de lettres Alfred Fabre-Luce.

Mme Katzaroff, favorable à l'Allemagne nationale-socialiste et secrétaire du Comité s'entremettait auprès de plusieurs journaux parisiens, notamment *Le Matin* et *Le Cri du jour* afin d'obtenir un courant favorable au maintien du Comité France-Allemagne.

Le 12 avril, Otto Abetz vint à Paris pour aviser. Il reçut à l'hôtel Crillon Brinon qui était accompagné d'une petite délégation de membres du Comité France-Allemagne, notamment de Henry-Haye, sénateur-maire de Versailles, de Masson, directeur du Crédit lyonnais, et de Melchior de Polignac. Abetz retourna à Berlin pour rendre compte à Ribbentrop et il était de retour à Paris le 4 mai. Le 12, les Renseignements généraux, qui le surveillaient, notèrent que par deux fois Brinon lui rendit visite à l'hôtel d'Iéna où il était descendu, et qu'ils allèrent dîner ensemble à La Coupole, la grande brasserie à la mode de Montparnasse [25].

Le 24 mai se tint une assemblée générale. Après d'âpres délibérations, il y eut cent trente-deux voix en faveur de la dissolution du Comité France-Allemagne et cent vingt-cinq pour son maintien. Faute d'une majorité statutaire des deux tiers, la dissolution ne fut pas prononcée et le Comité fut mis en sommeil [26].

Abetz accourut à Paris quand les revendications de Hitler sur le rattachement au Reich de la ville libre de Dantzig et du corridor polonais qui séparait l'Allemagne de la Prusse-Orientale furent considérées comme le prélude à une guerre contre la Pologne. Il tenta d'abord de redonner vie au Comité France-Allemagne avec l'appui de Brinon, de Scapini et de Fabre-Luce, mais sans résultat, devant l'opposition de plusieurs parlementaires [27]. Ameutant ses amis et ses relations, Abetz se répandait dans les salons parisiens pour se faire écouter. Comment, répétait-il, la France serait assez oublieuse de ses intérêts pour refuser les relations pacifiques que l'Allemagne lui proposait ! À un dîner, en présence de Paul Reynaud, ministre des Finances, il déclara que la France ne se battrait pas pour la Pologne. Attaqué par Henri de Kérillis qui dénonçait en lui un chef de la cinquième colonne et un bailleur de fonds nazis, Abetz fut « invité » à quitter la France par le gouvernement Daladier qui, par crainte de heurter Hitler et Ribbentrop, préférait cette formule à celle de l'expulsion. Forcé de partir, Abetz, se disant victime de la calomnie, prit un avocat à Paris et prétendit revenir afin de le consulter. Ménageant encore les Allemands, le gouvernement français publia en juillet un communiqué reconnaissant qu'aucune faute ne pouvait être reprochée à Abetz mais que le visa qu'il sollicitait ne pouvait être accordé.

Ce même jour de juillet, le professeur Fourneau réunit autour de lui à déjeuner des membres allemands et français du Comité France-Allemagne. Au cours du repas, ils apprirent l'exclusion qui frappait Abetz. Ce furent là les derniers rapports entre Français et Allemands sous l'égide du Comité*. Dès sa création ses membres les plus influents avaient été l'objet d'une surveillance de la police judiciaire qui s'intensifiera pendant la « drôle de guerre ». Les déplacements de Melchior de Polignac seront suivis avec la plus extrême vigilance[28].

Brinon avait tenté de reprendre sa plume de journaliste en se rendant en Espagne au mois de mai, à ses frais, au moment des fêtes qui célébraient la victoire des franquistes sur le régime républicain. Il en rendit compte dans une prose magnifiante. Il avait pris place dans l'église Santa-Barbara où une multitude attendait l'arrivée du triomphateur qui, au cours d'une cérémonie d'action de grâces, devait remettre son épée au cardinal officiant : « Franco ! Franco ! Franco ! » rythmaient les voix dehors, tandis que les enfants de chœur aux éclatants surplis entretenaient comme une flamme sacrée le feu des charbons d'encens. Une immense clameur annonça l'approche du *Caudillo*. Le bruit des palmes agitées sur ses pas arriva jusqu'à l'assemblée muette et tendue de l'Église. Précédé par le clergé, il marchait sous le dais d'apparat porté par quatre dignitaires. Les fidèles s'étaient agenouillés, des femmes pleuraient, les généraux s'inclinaient et, pour leur génuflexion, le bruit des sabres résonna sur les dalles. Dans le visage calme de Franco aux joues un peu replètes, on voyait les yeux sombres briller à travers les larmes[29]. » Brinon voit en Franco le rénovateur de l'Espagne et recommande de s'abstenir de toute critique à son égard.

Un point fort de son reportage fut sa rencontre avec le maréchal Pétain, nommé ambassadeur en Espagne, et chargé de renouer les relations entre les deux pays. La mission de Pétain consistait à résoudre les grands litiges qui opposaient la France à l'Espagne, tels que la rétrocession du stock d'or que les Républicains espagnols avaient

---

* Les Allemands avaient-ils contribué à alimenter la caisse du Comité France-Allemagne ? Après la guerre, lors de l'instruction de son procès, Abetz déclara : « En ce qui concerne le financement du Comité France-Allemagne, je peux affirmer de la manière la plus solennelle et donner ma parole d'honneur qu'il n'a jamais été subventionné ni directement ni indirectement par un organisme officiel et privé allemand. » J.M. 2043. Renseignements généraux, 20 novembre 1945.

transféré en France, et d'autres biens. Tâche difficile étant donné les hésitations du gouvernement français. Brinon se lança dans un panégyrique qui n'avait rien de commun avec le langage objectif dont il usait pendant la Grande Guerre et qui montre que la mise en place du mythe Pétain est achevée : « Ceux qui ont eu le privilège de le [Pétain] voir à l'œuvre n'ont jamais douté qu'il finisse par imposer sa volonté. » Et Brinon évoque ses souvenirs : « J'avais l'honneur de servir sous Pétain. » Ce qu'il dit de la personne du Maréchal se rattache à la chanson de geste : « Comment oublier l'étonnant mouvement qui se produisait sur son passage, cette sensation d'apaisement confiant qu'il laissait derrière lui lorsque, au cours du printemps 1917, il venait visiter les troupes troublées par un instant de découragement exaspéré ? Comment oublier le spectacle qu'il donnait à Souilly dans les jours les plus critiques de la bataille de Verdun ? Alors, il écoutait comme il sait écouter (et pour les chefs, c'est un grand art) le rapport des officiers de liaison des corps d'armée. Il faisait préciser les renseignements, apportant toujours le plus grand soin à l'exactitude. On lui disait : "Telle unité est à tel point", et il recueillait en silence la position de son immense armée sur la rive droite et sur la rive gauche de la Meuse. Mais si on ajoutait : "D'après certaines indications nous tenons tel autre point", il interrompait aussitôt : "Ne me faites pas plaisir. Ne me dites pas que vous occupez ceci ou cela si vous n'en savez rien. Dites, d'après telles indications que nous n'avons pas contrôlées, nous tiendrions tel point. Je vous dis une fois pour toutes : ne me faites pas plaisir[30]. »

Brinon cite un principe de Pétain à l'époque : « "L'état d'esprit de la troupe doit être l'optimisme, celui des états-majors, dans ses hypothèses et dans ses plans, doit être le pessimisme." Admirable leçon qui vaut dans la guerre comme dans la paix et qui trouve sa plus complète expression physique et intellectuelle dans Pétain car il est l'incarnation même du chef. Où qu'il soit, Pétain domine[31]. »

Brinon rencontra Pétain à l'Escorial au cours de la réception donnée par Franco au corps diplomatique. Pétain l'invite à son ambassade de Saint-Sébastien. Ils parlent des difficultés des relations franco-espagnoles que Pétain se dit assuré de dénouer. « Nous parlâmes ensuite des affaires du monde, des hommes qui les conduisent, et je rentrai en France émerveillé par le Maréchal, plein de confiance aussi dans ce qu'il saurait accomplir[32]. » À plusieurs reprises, entérinant la légende, Brinon qualifie Pétain de « vainqueur de Verdun ».

Pétain l'avait convié à le voir à Paris. Un mois plus tard, le 21 juin 1939, dans la matinée, le Maréchal le reçoit à son cabinet, 8, boulevard des Invalides. Brinon lui dit qu'il compte d'ici quelques semaines donner ses impressions d'Espagne à *La Revue de Paris*. « Alors, fit-il, je pense que vous pourrez annoncer que tout est arrangé. » Et Brinon de renchérir : « J'ai le sentiment de pouvoir dire, en effet, que le cours des événements a été une fois de plus celui prévu par le maréchal Pétain en mesurant le bon chemin parcouru grâce à lui [*][33]. »

Des événements menaçants s'étaient succédé après l'annihilation de la Tchécoslovaquie. À la fin de mars 1939, la ville lituanienne de Memel, détachée de l'Allemagne après la Grande Guerre, fut annexée par le Reich. Le même mois, au lendemain de la rupture des négociations entre l'Allemagne et la Pologne, la Grande-Bretagne prenait l'engagement d'assister la Pologne en cas d'agression. En avril, l'Italie envahit l'Albanie, créant en Europe un premier foyer de guerre. En mai, la signature entre l'Italie et l'Allemagne du Pacte d'Acier dirigé contre les démocraties liait indissolublement les deux pays pour une durée illimitée. Cataclysme diplomatique avant le cataclysme guerrier, l'Allemagne et l'URSS signent à Moscou, le 23 août, un pacte de non-agression qui ruine la stratégie de la France en la privant d'un allié qui peut menacer les frontières orientales de l'Allemagne ; les clauses secrètes du pacte comportent le partage à venir de la Pologne. Aussitôt, le 24 août, la France rappelait ses réservistes pendant que la Pologne décrétait la mobilisation générale. Le 25, la Grande-Bretagne signait avec la Pologne un pacte d'assistance mutuelle. Daladier adressa à Hitler un message lui proposant un règlement pacifique de la question de Dantzig et du corridor. Hitler répondit en soumettant toute nouvelle perspective de tractations à des ultimatums qui n'étaient que prétexte à accomplir le pire et confirma à ses généraux la date d'ouverture des hostilités contre la Pologne.

Pour des raisons d'économie, Brinon s'était installé au début de l'été 1939 à Orriule, près de Sauveterre-de-Béarn, dans une propriété de famille dont sa femme avait hérité. Cette propriété, La Maïsa, se trouvait dans une région montueuse. On y accédait par une étroite route de crête. La maison, couverte de tuiles romaines, encastrée dans la déclivité du sol, jouissait d'une vue grandiose et aérienne. On était entre ciel et terre, et les vents – les quatre vents comme on disait dans le pays – animaient la nature. Pas d'agglomération. Des

---

[*] La guerre étant devenue inévitable, *La Revue de Paris*, qui avait toujours accueilli les articles de Brinon, refusa « L'Espagne de Franco » (19 pages), jugeant sa publication inopportune. Ce sera le dernier article de sa carrière de journaliste.

maisons lointaines, perdues dans la prairie, éparpillées dans les vallées et sur des éminences. Être en phase avec la nature était l'occupation essentielle qui ne convenait pas à Brinon, animal social détestant la solitude.

Le 3 septembre, la Grande-Bretagne puis la France déclaraient la guerre à l'Allemagne qui avait envahi la Pologne deux jours auparavant.

Dès le début des hostilités, Brinon, qui se trouvait à Orriule, avait chargé Roger Génébrier, proche collaborateur de Daladier, de transmettre au général Victor Bourret, commandant de l'armée des Vosges, une lettre l'informant qu'il aimerait reprendre du service. Génébrier répondit : « Victor trouvait votre geste très bien*. » Cela montre que Brinon entretenait toujours de bonnes relations avec l'entourage de Daladier. Il s'adressa à un centre de mobilisation, manifestant son désir de s'enrôler « là où je pourrais être utile pour la durée de la guerre[34] ». Il se rendit à la fin d'octobre au centre de recrutement de Pau en tant que lieutenant de réserve rayé des cadres en 1935. Sa demande ne fut pas jugée recevable. Il ne força pas le destin par de nouvelles démarches : « Pour le moment, écoutant Anatole, j'ai renoncé à grossir les rangs des vieux officiers[35] », écrivait-il à Pierre Benoit. Après l'affaire Abetz, Anatole de Monzie avait accueilli avec sympathie Brinon à son ministère des Travaux publics, et Brinon, un peu délaissé, s'était rabattu sur lui[36].

De sa retraite, Brinon continuait à ferrailler avec Kérillis et avait fini par l'assigner en justice, réclamant un million de francs de dommages et intérêts. Kérillis s'en moquera dans un article où, le nommant de nouveau « Brinontrop », il rappelait que le député Ybarnegaray l'avait qualifié publiquement, devant la commission des Affaires étrangères de la Chambre de « misérable » et de « coquin ». La guerre venue, Brinon renonça à son procès et exigea, en contrepartie, une lettre de Kérillis reconnaissant ses torts. Kérillis s'exécuta à sa façon dans L'Époque, admettant qu'il pouvait s'être trompé quand il avait écrit

---

* Le général Bourret, ancien chef de cabinet de Daladier, se répandait en disant que la ligne Maginot était imprenable, qu'en cas de guerre il suffisait de rester sur la défensive et qu'en attaquant les Allemands on n'obtiendrait pas d'autre résultat que d'ouvrir un cimetière tout le long de la ligne. Quant aux chars, les fortifications françaises en diminuaient l'intérêt : « Nous en avons trop. Il serait ridicule de vouloir augmenter le nombre des divisions blindées », dit-il textuellement. Cf. Robert Coulondre, De Staline à Hitler, p. 199. Pendant la campagne de France, le général Bourret sera fait prisonnier au cours d'une manœuvre de repli.

que des perquisitions de la police avaient eu lieu dans l'appartement de Brinon et sur d'autres points de détail, mais qu'il maintenait tout ce qu'il avait pu dire sur le fond, rappelant que « certains journaux allemands, et en particulier le *Berliner Börserzeitung* du 12 février 1939, désignait M. de Brinon comme un "ami du national-socialisme qui se consacrait à la tâche de le faire connaître en France" ». Kérillis concluait « sur le rôle qu'a joué dans les coulisses de la politique, pendant plusieurs années, un homme qui, à mes yeux, s'est tragiquement trompé et a nui au pays[37] ». Brinon protesta au fil des semaines et, en juillet, il fit paraître dans la presse parisienne un communiqué par lequel il se justifiait. Kérillis n'en avait pas fini avec Brinon. Pendant la « drôle de guerre », dans un article où il attaquait « la campagne antisémite de 1938-1939 » dont le paroxysme fut atteint avec la Nuit de cristal, il s'étonnait de l'exception faite par les Allemands : « La famille française qui jouissait de l'intimité la plus étroite avec Ribbentrop – comte et comtesse X – eût été l'objet en Allemagne du mépris public car la comtesse est juive pur sang[38]. »

À Orriule, Brinon préparait « La marche vers la guerre », un ouvrage qui était comme un retour sur lui-même. À travers la guerre qui plaçait entre lui et l'Allemagne un mur de feu, il voyait une partie de son passé, de son engagement et de ses attaches en Allemagne. Il dira à son procès qu'il pleura à la défaite de la France, mais en même temps il s'empressait de rejoindre Laval et se vouera à se mettre au service d'une politique franco-allemande qui était de sa part un hymne au vainqueur. Le texte commençait par cette phrase : « L'année 1933 est une de ces époques où s'élaborent et se fixent de lointains destins[39]. » Considérant que l'avènement de Hitler était le commencement de tout, il préconisait deux comportements qui auraient permis aux vainqueurs de la Grande Guerre de conjurer le péril :

L'emploi immédiat de la force contre le régime national-socialiste qui l'aurait détruit.

Ou bien, par des concessions faites à Hitler, tenter de « ralentir le cours fatal des choses ».

« Rien ne fut tenté ni fait, écrit-il, car la diplomatie française s'enfermant dans la contemplation du droit écrit continua de faire de la scène de Genève [Société des Nations] le lieu de ses initiatives et roula ainsi jusqu'à la guerre[40]. »

Pendant que la Pologne succombait en cinq semaines sous l'assaut des forces allemandes, l'armée française était restée l'arme au pied au lieu de soulager son alliée par une offensive à l'Ouest. L'état-major français ne devait tirer aucun enseignement du *Blitzkrieg* qui avait anéanti la Pologne et préfigurait la défaite de la France.

La campagne de Pologne avait pris fin le 5 octobre. Dès le lendemain, Hitler prononça un grand discours devant le Reichstag. Il rendit compte de cette guerre, énonça le chiffre des morts, salua les braves et l'armée, reprit les thèmes mille fois ressassés de sa longanimité. Il analysa les causes du désastre polonais, jura encore qu'il n'avait pas d'ambitions territoriales à l'Ouest et pas davantage à l'Est où la Russie partageait avec l'Allemagne le souci de la paix. Le Reich ne capitulerait jamais devant les puissances occidentales : « Ce qui importe, clama-t-il, ce n'est pas tant la méthode que le résultat. La Pologne du traité de Versailles, cet État ridicule, n'existera plus. L'État polonais sera disloqué. » Dans l'espace vital que le Reich a conquis, l'organisation qui prévaut sera « une solution des questions des minorités, questions qui ne touchent pas seulement cet espace mais s'étendent de plus à la totalité des États du Sud et du Sud-Est européen. Dans ce sens, essai de réglementer et de résoudre le problème juif[41] ».

Compte tenu de la situation déjà faite aux juifs dans le Reich, cette annonce était un signal du chef informant le peuple allemand que la persécution entrait dans la phase finale. Personne en Occident ne le releva. Les atrocités qui s'accomplissaient en Pologne et qui avaient accompagné la progression des troupes allemandes sévissaient maintenant dans tout le pays. Les chancelleries occidentales et bientôt la presse eurent connaissance des exécutions massives, des sévices et des regroupements, mais les journaux français n'y consacrèrent que de rares articles. Si le commissariat général à la Propagande publia une brochure documentée sur les atrocités en Pologne, elle ne fut guère répandue.

Dans ce discours où Hitler attaquait la Grande-Bretagne et épargnait la France, espérant semer la zizanie entre les Alliés, il avait proclamé que n'ayant plus de revendications et les faits étant accomplis la poursuite de la guerre n'avait plus de raison. Il était disposé à des pourparlers de paix. La France d'abord, puis la Grande-Bretagne rejetèrent cet appel.

Au mois de mars 1940, Daladier dut céder la place de président du Conseil à Paul Reynaud, mais il conserva le ministère de la Guerre pour la dixième fois. Le nouveau gouvernement avait obtenu une seule voix de majorité à l'issue d'un piteux débat à la Chambre qui portait en soi les germes de la désintégration politique.

L'attaque éclair de l'Allemagne fut déclenchée le 10 mai 1940. La France disposait d'une armée en trompe l'œil[42]. Nous ne reviendrons pas sur ce qui a été rapporté par nombre d'ouvrages : la violation des neutralités belge et hollandaise, la percée foudroyante des chars allemands à Sedan et les cent mille soldats français qui furent tués pendant la campagne de France, alors que des armées entières, encerclées, étaient capturées avec leurs généraux. Nous ne nous appesantirons pas davantage sur les circonstances dans lesquelles le général Weygand, âgé de soixante-quatorze ans, succéda au général Gamelin en pleine panique, alors que la situation était désespérée. Nous mentionnerons comment le gouvernement français, conduit par Paul Reynaud, se rendit le 19 mai, en corps constitué à Notre-Dame de Paris pour invoquer nommément une douzaine de saints, dont Jeanne d'Arc qui fut priée de combattre avec les soldats français. La République se renia alors dans le grotesque, mettant un terme à soixante-cinq ans de laïcité de l'État, point d'équilibre de l'esprit républicain. On rappellera comment, au son des cloches de la France victorieuse, le président de la République Raymond Poincaré, et Georges Clemenceau, le président du Conseil, ne se firent pas représenter au *Te Deum* à Notre-Dame de Paris, le 17 novembre 1918, en vertu de la loi de séparation de l'Église et de l'État, fondement même de la République française.

Nous ne nous étendrons pas davantage sur la débâcle des armées dont quelques unités résistèrent vaillamment, tandis que des millions de réfugiés fuyaient sans répit sur les routes bombardées. Un pays à l'agonie. L'Italie en profita, le 10 juin, pour déclarer la guerre à la France.

L'essentiel a déjà été dit sur les spasmes de Bordeaux, dernière étape de l'exode d'un gouvernement fuyant devant l'armée ennemie, et comment le maréchal Pétain, ayant été régulièrement nommé président du Conseil, demanda aussitôt la conclusion d'un armistice.

Un mois avant la signature de l'armistice, quand la bataille de France précipitait le désastre, le ministère de l'Intérieur ordonnait, le 21 mai, au préfet de Pau, dont dépendait la commune d'Orriule, de surveiller Brinon et de contrôler ses déplacements, son courrier et sa ligne téléphonique. Le 28, le secrétaire général de cette préfecture faisait savoir qu'il considérait Brinon comme étant très suspect bien qu'il multipliât les professions de foi loyalistes et nationales. Dans le même temps, un rapport de police daté du 25 mai 1940 traitait longuement de la carrière de Brinon en connexion avec l'Allemagne nationale-socialiste[43]. Se sachant peut-être surveillé, et pour donner le change, Brinon avait pris une curieuse initiative. Le 19 mai, il écrivait une lettre offrant ses services au diplomate américain Robert Murphy, conseiller à l'ambassade des États-Unis : « Je vis avec le seul désir d'être utile et je viens vers vous que j'admire pour votre courage et votre persévérance, pour vous offrir tout naturellement de me mettre à votre entière disposition. Je suis persuadé que vous me comprendrez et je vous prie de croire à ma fidélité[44]. »

Les événements mirent fin aux incertitudes et à la solitude de Brinon à Orriule. Le préfet des Basses-Pyrénées, Angelo Chiappe, lui transmit un message de Pierre Laval, devenu vice-président du Conseil, qui le pressait de venir à Bordeaux où, avant même d'entrer dans le gouvernement, il avait mené l'offensive en faveur de la signature d'un armistice, s'en prenant directement à Albert Lebrun, président de la République, pour qu'il demeurât en France et qu'aucune parcelle de légalité ne passât en Afrique du Nord où la lutte pourrait se poursuivre. Brinon ne put gagner Bordeaux faute de bons d'essence et de laissez-passer. Le gouvernement quitta la ville, stationna à Clermont-Ferrand, puis s'installa à Vichy. Entre-temps, Brinon avait mordu à l'appât et gardait la liaison avec Angelo Chiappe qui, en tant que préfet, avait dû se mettre à la disposition des occupants. Brinon se fit connaître d'eux mais refusa, à l'en croire, d'entrer dans leurs initiatives. Attendant jour et nuit que Laval le convoquât, et finalement n'y tenant plus, il lui adressa la lettre suivante :

« Orriule, le 10 juillet 1940. Mon cher Président, je m'excuse de m'adresser encore à vous. Je n'ai pas reçu le papier dont vous m'annonciez l'envoi et je me demande si vous avez reçu mon télégramme à ce sujet et au sujet des enfants Cathala*.

» J'aurais besoin d'un papier, non pas pour la circulation, mais pour avoir un peu d'essence pour le voyage. Je crois de plus en plus que je pourrais vous rendre des services. Je n'ai jusqu'à présent répondu à aucune des avances des chefs militaires de l'Occupation de la région et ne veux rien faire sans vous voir naturellement.

» Avec l'expression de ma grande joie de vous savoir aux affaires dans des moments si difficiles, je vous adresse, mon cher Président, les assurances de mon fidèle et complet dévouement. F. de Brinon[45]. »

Il se rendit à la préfecture de Pau afin que le préfet acheminât sa lettre. Violent et querelleur, tout entier au service de ses ambitions, Angelo Chiappe était fier et même enivré d'être le frère de Jean Chiappe, l'ancien préfet de police qui avait protégé sa carrière et avec lequel Brinon était en excellents termes.

Dans la nuit du 14 juillet, Pierre Cathala demanda par téléphone

---

* Les enfants de Pierre Cathala, ami et collaborateur de Pierre Laval, qui se trouvaient dans la région, attendaient de pouvoir se rendre à Vichy.

à Angelo Chiappe de prévenir Brinon que, le lendemain, le président Laval le recevrait, et de l'accompagner à Vichy[46]. Un peu avant minuit, Brinon put mettre enfin de l'essence dans sa belle Lancia blanche et, au volant, il suivit la voiture de Chiappe.

CHAPITRE 16

« Gde Journée »

Le mercredi 10 juillet 1940, fête de Sainte-Félicité, le maréchal Pétain notait au crayon sur la page de son agenda de poche : « Gde Journée[1] ». Grande journée que devaient parachever le suicide programmé de la République et le coup d'État qui plaçait entre les mains du maréchal Pétain les pouvoirs exécutif, législatif, judiciaire, fondant une dictature.

On sait de quelle manière éclatante Michelet commence son *Histoire de la Révolution française*, célébrant dès les premiers mots les débuts de la démocratie en France : « La convocation des États généraux de 1789 est l'ère véritable de la naissance du peuple. Elle appela le peuple entier à l'exercice de ses droits. » De Paris, une multitude enthousiaste avait afflué à Versailles, se pressant au passage des douze cents députés des trois ordres qui processionnaient à travers la ville. En tête du cortège, vêtu de noir, le gros bataillon des députés du Tiers-État, le seul que la foule ovationna sans réserve. Puis, la noblesse dans ses beaux atours. Et le clergé dont la rutilance des hauts dignitaires jurait avec les souquenilles des pauvres curés. La famille royale fermait la marche. Personne ne savait encore que c'était la dernière représentation de la monarchie absolue et que les gens vêtus de sombre, en tête du cortège, ceux du Tiers-État, qui représentaient les quatre-vingts centièmes du pays, allaient rapidement abolir le système établi et devenir les seuls représentants du peuple souverain et de la nation.

Cent cinquante et un ans après, il n'y eut ni cortège, ni apparat, ni vivats quand, le 10 juillet 1940, quelque sept cents parlementaires, lointains descendants du Tiers-État, entrèrent en séance, seuls ou par petits groupes, dans la salle du théâtre du Grand Casino de Vichy, en application d'un décret du président de la République convoquant les deux Chambres réunies en Assemblée nationale. Par leur nombre, ils représentaient plus des deux tiers du corps législatif qui comptait neuf cent trente-deux parlementaires. Les uns avaient suivi le gouvernement dans la débâcle, les autres, alertés par les préfets, la presse, la radio, avaient rallié Vichy de leur propre initiative puisque c'était là que se tenait le pouvoir.

Nous ne nous attarderons pas sur ce que fut cette séance ni sur ce qui la précéda, et comment Pierre Laval joua une partie décisive pour son propre compte et celui du maréchal Pétain. Ces événements sont connus et publiés. Personne à Vichy ne s'illusionnait, et tous étaient au diapason de ce témoin qui, en s'éveillant le matin, avait pensé : « Voici la journée historique qui verra disparaître avant le coucher du soleil la IIIe République[2]. »

Nous rappellerons cependant le texte qui fut voté par l'Assemblée nationale par 569 voix contre 80 « non » et 17 abstentions sur 666 votants. Il est capital. Tout autre contre contre-projet avait été éliminé ou retiré et, afin de l'emporter, Laval donna lecture d'une brève lettre que lui avait remise le maréchal Pétain, absent des débats, où cette phrase résonnait comme un ordre : « Le vote du projet que le gouvernement soumet à l'Assemblée nationale me paraît nécessaire pour assurer le salut du pays. »

Voici le texte voté : « L'Assemblée nationale donne tous pouvoirs au gouvernement de la République, sous l'autorité et la signature du maréchal Pétain, à l'effet de promulguer, par un ou plusieurs actes, une nouvelle Constitution de l'État français. Cette Constitution devra garantir les droits du travail, de la famille et de la patrie. Elle sera ratifiée par la nation et appliquée par les Assemblées qu'elle aura créées. »

« Gde Journée », avait inscrit le maréchal Pétain sur son agenda de poche.

Aux principes ternaires de la République qui garantissaient la liberté, l'égalité et la fraternité succédait une triple entité qui pouvait les exclure : travail, famille, patrie. Quel programme politique et social engendrait-il ? L'exposé des motifs du gouvernement au projet de loi soumis aux parlementaires le résumait d'un mot : Révolution nationale. « Au moment le plus cruel de son Histoire, la France doit comprendre et accepter la nécessité d'une Révolution nationale », disait le texte. Aucun parlementaire ne releva ou ne dénonça cette expression. C'était celle que Hitler, relayé par la propagande du Dr Goebbels, avait ressassée au début de son accession au pouvoir pour définir les bouleversements apportés à l'Allemagne par l'idéologie nationale-socialiste.

Nul n'en était plus conscient que William Bullitt. Quand il connut les résultats du vote, il quitta le lendemain matin Vichy, puis la France, estimant que l'ambassadeur des États-Unis qui avait été accrédité auprès de la République française « devait éviter des visites officielles aux représentants du nouvel État fasciste [3] ».

Conformément à une tradition remontant à la Révolution qui voulait que l'ambassadeur des États-Unis demeurât à Paris quand la ville était menacée, William Bullitt était resté dans la capitale dans l'attente de l'entrée des troupes allemandes, prêt à venir en aide à la population. Il n'avait donc pas suivi sur les routes le corps diplomatique au complet qui accompagnait d'étape en étape l'exode gouvernemental et qui, rendu à Bordeaux, avait tenu une délibération commune en vue de décider s'il accompagnerait le gouvernement au cas où celui-ci passerait en Afrique du Nord, débats engagés dans un climat de mesquinerie et de pusillanimité [4]. Sa mission parisienne achevée, Bullitt s'était rendu à Clermont-Ferrand à l'heure même où les membres du gouvernement partaient s'établir à Vichy, six jours après la cessation des hostilités avec l'Allemagne et l'Italie. Il eut aussitôt des entretiens avec le président de la République. Albert Lebrun, le maréchal Pétain, l'amiral Darlan et quelques autres. Il télégraphia le jour même un compte rendu détaillé à l'intention du président Roosevelt et du Secrétaire d'État, dont nous extrayons des passages :

« L'impression qui émerge de mes conversations est celle extraordinaire que les chefs français veulent rompre les amarres avec tout ce que la France a représenté durant les deux dernières générations, que leur défaite morale et physique a été si absolue qu'ils ont accepté complètement que le destin de la France soit celui d'une province de l'Allemagne nazie. De surcroît, afin qu'ils aient le plus grand nombre possible de compagnons de misère, ils espèrent que l'Angleterre sera rapidement et complètement vaincue par les Allemands et que les Italiens subiront le même destin. Leur espoir, c'est que la France puisse devenir la province préférée de l'Allemagne, un nouveau *Gau* qui se développera dans une nouvelle Gaule [5]. »

Bullitt rencontra d'abord le président Albert Lebrun : « Quand il entra dans la chambre, il tenait à la main un télégramme venu des États-Unis l'implorant de ne pas remettre la flotte française aux Allemands. Il dit qu'il a reçu des centaines de lettres de cette sorte [6]. »

Lorsque Bullitt insista pour que la flotte française ne soit pas livrée aux Allemands, la discussion devint vive et la rancœur de Lebrun s'exhala à l'égard des États-Unis accusés de ne rien avoir entrepris pour aider la France. Il engloba dans la même accusation les Anglais : « Les Anglais subiront le même destin que la France, et ce sera le tour des États-Unis [...]. Et puis, sans aucune suite dans les idées, il déclara tout de go qu'il était certain que les Anglais seraient capables de repousser l'attaque allemande et qu'il le souhaitait du fond du cœur [...]. Jamais, je n'avais vu Lebrun dans un tel état d'excitation mentale, et il était inapproprié de poursuivre la conversation. Ensuite, je rendis visite au maréchal Pétain qui était calme, sérieux et tout à fait digne. »

Pétain remercie Bullitt de son assistance à Paris dans les premiers jours de l'entrée des troupes allemandes. « Puis il dit qu'il sentait que les grandes lignes de l'avenir étaient claires. Les Allemands tenteraient de réduire la France à une province de l'Allemagne en obtenant le contrôle complet de la vie économique de la France et en maintenant la France dans un état permanent d'impuissance militaire. Il était évident pour lui, quand il quitta son ambassade d'Espagne, que la guerre était perdue. Il avait alors tenté de persuader Reynaud de demander un armistice dès le moment où les Britanniques avaient refusé d'envoyer leur aviation de chasse pour participer à la bataille de la Somme. La vérité était que les Britanniques avaient à peine participé à cette bataille décisive de la guerre [...]. L'armée française était désintégrée, et il n'y avait rien d'autre à entreprendre que de faire la paix [...]. Il ne croyait pas que les Allemands rompraient l'armistice et il pensait qu'ils feraient tout, au contraire, pour susciter la bonne volonté du peuple de France et obtenir sa coopération dans un rôle subordonné [...]. Le maréchal Pétain dit qu'il s'attendait à ce que l'Allemagne écrase rapidement l'Angleterre, et il croyait que l'Allemagne ferait ses revendications majeures aux dépens de l'Angleterre. L'Allemagne, probablement, annexerait certaines parties de la France et contrôlerait toute la France à travers son économie, mais il sentait que l'Angleterre serait détruite par l'Allemagne[7]. » Le maréchal Pétain s'étendit sur les annexions que les Allemands allaient faire aux dépens de la France et de l'Angleterre. « Puis, il exprima une grande amertume à l'égard de Churchill et du général de Gaulle*. Il ajouta qu'il venait de demander au gouvernement alle-

---

* De Gaulle : appel à la résistance (18 juin 1940). Dénonciation de « la liquéfaction d'un gouvernement tombé sous la servitude de l'ennemi » (19 juin). Rejet de l'armistice : « Honte et révolte des bons Français après la connaissance des conditions d'armistice » (24 juin). Mise en cause du maréchal Pétain qui a « revendiqué la responsabilité de demander l'armistice à l'ennemi » (26 juin). De Gaulle annonce qu'il est reconnu « chef des Français libres »

mand de permettre au gouvernement français d'établir une sorte de Cité du Vatican à Versailles d'où la France pourrait être beaucoup plus facilement gouvernée que de Vichy[8]. »

Après avoir déjeuné avec le Maréchal, Bullitt se rendit auprès de l'amiral de la flotte Darlan qui avait pris une importance considérable car, par une sorte de dévolution perverse, la flotte, dont les Allemands n'avaient pas exigé la livraison dans les conditions d'armistice, était devenue son bien personnel. L'amiral Darlan se targuait d'être un chef invaincu pour la simple raison que la marine de guerre, n'ayant été engagée dans aucune opération d'envergure, était intacte.

« L'amiral Darlan était intensément amer à l'égard de la Grande-Bretagne, rapporte Bullitt. Il dit qu'il estimait que la flotte britannique avait été aussi décevante que l'armée française [...]. Darlan en vint à dire qu'il était absolument persuadé que la Grande-Bretagne serait complètement conquise par l'Allemagne dans les cinq semaines à venir, à moins qu'elle ne se rendît avant [...]. La Grande-Bretagne mourra d'asphyxie même sans l'invasion allemande. Pour sa part, il ne croyait pas que le gouvernement britannique ou le peuple auraient le courage de supporter de sévères bombardements allemands par air et il s'attendait à une capitulation après quelques attaques aériennes nourries.

» Je remarquai qu'il semblait regarder cette perspective avec un plaisir immense et, comme il ne contesta pas ma remarque mais sourit, j'ajoutai que j'avais observé que les Français aimeraient que l'Angleterre fût conquise afin que l'Allemagne ait en sa possession autant de provinces conquises qu'elle puisse en contrôler et que la France puisse devenir sa province préférée. Il sourit encore et fit un signe affirmatif de la tête[9]. »

Dans la suite de l'entretien, l'amiral Darlan trouva encore l'occasion d'exprimer sa haine des Anglais. En ce qui concerne la flotte française, il s'engagea sous différentes formes à ce qu'elle ne tombât jamais aux mains des Allemands ni dans celles des Anglais. Il était convaincu que Hitler étendrait son empire à la terre entière, incluant les États-Unis. Il fallait tenir compte de ce futur. L'armée française n'avait pas été seulement vaincue mais désintégrée. Comme la marine n'avait pas été vaincue, il espérait que les officiers de marine français auraient un grand rôle dans la reconstruction de la France.

---

par le gouvernement britannique (28 juin). Churchill prononce le 22 juin une déclaration aux Français exprimant des réserves sur l'armistice et appelant au combat. La Grande-Bretagne instaure le blocus contre la France (26 juin).

« À son avis, le soldat français de 1940 était aussi bon que celui de 1914. Mais tout le système parlementaire français était pourri en France et le haut commandement de l'armée avait prouvé qu'il était pourri également[10]. »

Bullitt causa ensuite avec deux partisans de l'armistice, le sénateur-maire de Versailles Henry-Haye et Camille Chautemps, plusieurs fois président du Conseil et récemment membre du cabinet de Paul Reynaud. Bullitt entendit que Pétain et Laval voulaient établir un État dictatorial rappelant le duo Hindenburg-Hitler, Pétain étant le premier et Laval le second. Les sénateurs et députés seraient convoqués en Assemblée nationale pour élaborer une nouvelle Constitution et établir un nouveau type de gouvernement.

De ces entretiens qui préfiguraient l'avenir et avaient eu lieu le jour même où le gouvernement quittait Clermont-Ferrand pour Vichy, Bullitt conclut : « Les simples gens de ce pays sont aussi excellents qu'ils l'ont toujours été. Les classes supérieures ont failli complètement[11]. »

Dix jours plus tard, comme nous l'avons retracé, la première partie du programme exposé à l'ambassadeur Bullitt par ses interlocuteurs fut réalisée par le vote de l'Assemblée nationale que le président de la République ratifia aussitôt. Ce fut le dernier acte accompli dans sa fonction par Albert Lebrun. Le lendemain, le maréchal Pétain promulgua l'acte constitutionnel n° 1 qui fondait le nouveau régime en même temps qu'il commettait un coup d'État :

« Nous Philippe Pétain, Maréchal de France :
Vu la loi constitutionnelle du 10 juillet
Déclarons assumer les fonctions de chef de l'État Français
En conséquence, nous décrétons :
L'article 2 de la loi constitutionnelle du 25 février 1875 est abrogé*. »

Dès qu'il eut apposé sa signature au bas de ce texte par lequel, en deux lignes, il se conférait le pouvoir suprême et abolissait la République – dont le texte voté par l'Assemblée nationale lui avait confié la garde –, Pétain fut un autre homme qui s'identifia à l'« État français ». Désormais, il aura une préoccupation dominante : représenter à lui seul la légitimité ; une seule obsession : défendre cette légitimité ; un seul but : combattre tous ceux qui la menacent.

---

* Cet article stipulait : « Le président de la République est élu à la majorité absolue des suffrages par le Sénat et par la Chambre des députés réunis en Assemblée nationale. Il est nommé pour sept ans. Il est rééligible. » Son abrogation portait suppression de la fonction du président de la République. Le maréchal Pétain ira le signifier à Albert Lebrun.

Tout le monde se trompa à l'aspect du vieil homme. Quand il eut constitué son gouvernement et que Laval fut devenu vice-président du Conseil et successeur désigné, les observateurs traditionnels en poste à Vichy sous-évaluèrent le maréchal Pétain et ne comprirent pas la portée réelle de la Révolution nationale. Le ministre de Suède Einar Hennings, impavide membre du corps diplomatique, faisant la synthèse de l'opinion qui prévalait, nota dans un long rapport : « Le maréchal chef du gouvernement, âgé de quatre-vingt-cinq ans, est sûrement le seul nom vraiment rassembleur bien que communément on se rende compte que son rôle sera surtout symbolique et décoratif [12]. » Il qualifiait « l'habile Laval » de « dauphin-régent » ou « dauphin à vie ». Quant aux discours et propos régénérateurs qui retentissaient dans l'aire du gouvernement, le diplomate suédois émettait un doute : « À vrai dire, personne ne s'imagine que les vieux messieurs de Vichy soient capables de fournir un bain de rajeunissement. Athènes ne se transforma pas en Sparte par quelques coups de crayon tracés par la vieille main d'un vieux guerrier [13]. »

Quatre actes constitutionnels, fondements du nouveau régime, parurent au Journal officiel du 11 au 13 juillet, comportant, outre la nomination du chef de l'État français, la fixation de ses pouvoirs, l'ajournement *sine die* du Sénat et de la Chambre des députés, et la désignation de Pierre Laval comme successeur du maréchal Pétain.

Le 14 Juillet, fête nationale, on fit relâche. L'écrivain Roger Martin du Gard, qui séjournait à Vichy, consigna dans son *Journal* : « J'assiste le matin au défilé sinistre du gouvernement à travers la ville. Je les vois sortir de la messe et se diriger par les rues vides vers le monument aux Morts [14]... » Il observa le Maréchal qui marchait en tête et résumera ses impressions, le jour même, dans une lettre à sa femme : « D'une tristesse, d'une pauvreté, d'une humiliation indicibles [15]. »

Dans la nuit qui suivit, après avoir roulé pendant 200 kilomètres, Fernand de Brinon et le préfet Angelo Chiappe s'arrêtèrent à Bergerac. Ils trouvèrent à l'hôpital un gîte où ils se reposèrent pendant quelques heures. Au cours de la matinée, ils arrivèrent à Vichy.

DEUXIÈME PARTIE

« Si vous avez pu garder le plus mince espoir, dites-le-moi, je vous prie. »

Lettre de Jean Paulhan
à Jean Schlumberger, 20 août 1940.

« Comment tout cela a-t-il pu finir dans une telle honte et dans une telle boue ? »

Lettre de Jean Paulhan
à André Chamson, 27 août 1940.

CHAPITRE 17

« Une révolution de panique »

Le lendemain de leur entretien à l'hôtel du Parc relaté au début de cet ouvrage, Pierre Laval emmena Brinon dans le bureau du maréchal Pétain, à l'étage au-dessus, par des couloirs encombrés d'importants et d'importuns. Brinon n'avait pas revu le Maréchal depuis la visite qu'il lui avait rendue onze mois plus tôt, le 21 juin 1939, à son cabinet parisien, quand la guerre semblait inévitable. Brinon consigna : « J'avais vu M. Laval qui m'a dit ce qu'il attendait de moi et m'a conduit chez le Maréchal. Ils m'ont l'un et l'autre exprimé le désir de voir aboutir une politique d'explications et de règlements avec l'Allemagne et ils m'ont demandé, étant donné ce que j'avais fait dans le passé dans le domaine de la réconciliation franco-allemande, de les aider[1]. »

Le Maréchal assura qu'il voulait entreprendre une politique d'entente avec Hitler, ce qui supposait des sacrifices qu'il était prêt à consentir. Il ne précisa pas la nature de ces sacrifices qui s'ajouteraient à ceux, déjà insupportables, imposés par l'armistice. Il fut convenu que Brinon partirait pour Paris le jour suivant, muni d'un ordre de mission que Laval lui remettrait.

Brinon notera sur ses tablettes : « Dès les premières conversations, on sent le manque de liaison intime entre le Maréchal et Laval et le désir de Laval d'agir selon ses méthodes coutumières, seul et avec son vieil esprit de méfiance[2]. »

Il repassa par les couloirs en perpétuelle agitation et rencontra Paul Baudouin, le ministre des Affaires étrangères qui siégeait aussi à l'hôtel du Parc. Avant d'entrer en politique, Baudouin avait été le directeur général de la puissante Banque d'Indochine et très lié à André Meyer. Brinon rappela à Baudouin quelques relations communes. Ils évoquèrent sa mission à Paris et Baudouin se déclara désireux d'engager lui-même des entretiens avec les Allemands [3].

Avant de faire un tour en ville, Brinon se montra dans les salons de l'hôtel du Parc où se pressait cette société composite éternellement engluée au pouvoir. La bonne humeur régnait comme au départ d'une croisière. Brinon est assailli. On sait déjà qu'il a été reçu par le maréchal Pétain. « Comme vous aviez raison ! c'est vous qui étiez dans le vrai : il fallait s'entendre avec l'Allemagne. À quoi rimait cette guerre stupide perdue d'avance ! » Brinon enregistrait cette unanimité de circonstance. « D'ailleurs à ce moment à Vichy, tous les hommes politiques ou journalistes que je connaissais m'accueillent avec des marques de sympathie excessives [4] », consignera-t-il. Il constata aussi l'unanimité qui couronnait le maréchal Pétain et que cet homme qui avait marqué sa prise de pouvoir par cette phrase : « Je fais à la France le don de ma personne pour atténuer son malheur » avait réussi, sans même en rajouter, à ce que la France soit donnée à sa personne.

De cet ensemble résultait une impression de malaise, d'impuissance et de peur. Tout le monde prédisait l'Allemagne victorieuse et cette perspective, stimulée par l'affaire de Mers el-Kébir, déchaînait sur Vichy une anglophobie vindicative qui condamnait la France à être une nation vaincue. L'ordre nouveau ! Rapidement, l'évidence s'imposa à Brinon : la Révolution nationale à la mode vichyste était, selon lui, « une révolution de panique ». Il ne changera plus d'avis. Devant l'opportunisme généralisé et les volte-face, Brinon pouvait prétendre ne s'être jamais contredit. Lui qui avait prêché l'alliance franco-britannique tant que la Grande-Bretagne pratiquait une politique d'apaisement à l'égard de l'Allemagne, il considérait désormais que ce pays était le suprême ennemi de l'entente franco-allemande.

Satisfait de l'emploi d'émissaire spécial qui conjuguait prestige et influence et lui servait des revenus, Brinon était conscient que la France, par la volonté du maréchal Pétain et de Pierre Laval, entendait aller au-delà des dispositions de l'armistice et mener un grand jeu politique dont il pourrait être l'agent diplomatique et même davantage.

Le lendemain, il partit seul pour Paris au volant de sa voiture, la Lancia blanche, muni d'un ordre de mission écrit et signé par Pierre Laval. Au contrôle militaire de Moulins, les Allemands le refoulèrent. Il retourna à Vichy. Une liaison téléphonique établie avec Otto Abetz permit à Brinon de franchir le jour suivant la ligne de démarcation. Dans les fossés, sur les bas-côtés s'étendait le cimetière de la défaite : carcasses de véhicules civils et militaires et toute une ferraille témoignaient de la débâcle et de l'exode. Sur les chaussées, circulaient des convois allemands dont les soldats, par leur allure et leurs équipements, causaient une si forte impression sur les populations françaises. Il y avait également des ruines, mais aucune destruction massive qui attestât de combats acharnés. Dans la poussière de l'été se dressaient des panneaux indicateurs allemands fléchant les directions. Ici et là, dans les champs, des paysans à l'ouvrage montraient que la défaite n'abolit pas les saisons.

Arrivé à Paris où pullulaient les uniformes allemands, les écriteaux quasiment gothiques et les croix gammées, Brinon sentit-il que la ville était irrespirable et son aspect insupportable ? Il gagna d'abord son domicile, quai de Béthune et, ne s'attardant pas dans le grand appartement qui surplombait les eaux grises de la Seine, il se rendit à l'ambassade d'Allemagne, rue de Lille.

Otto Abetz qui le reçut, revêtu d'un uniforme vert olive, n'avait rien perdu de ses manières enveloppantes. Il portait le titre de ministre délégué des Affaires étrangères auprès du *Militärbefelshaber in Frankreich*, (MBF), le commandant militaire allemand en France.

Son second, Rudolf Schleier, consul général, participait à l'entretien, une vieille connaissance du temps du Comité France-Allemagne. En 1933, ce vieux militant nazi, avait été promu *Landsgruppenleiter*, chef du parti national-socialiste en France et il servait aussi d'agent de renseignement à la Gestapo. « Un petit personnage qui voulait être grand [5]. » Brinon notera que chez Schleier le moindre effort de la pensée s'accompagnait de reniflements.

Abetz déclara à Brinon que les conditions imposées par l'Allemagne victorieuse seraient dures. Il dépendait du comportement des Français qu'elles s'adoucissent. Les difficultés sont immenses et ne pourront être surmontées que par des hommes dont la sincérité et l'esprit d'équité à l'égard de l'Allemagne ne se sont jamais démentis. Le Führer n'avait encore rien décidé puisque la guerre se poursuivait contre la Grande-Bretagne, mais son ressentiment envers la France était enraciné. Actuellement, il ne peut être question d'un entretien avec Laval. À titre personnel, Abetz indique qu'il ne savait pas si le Führer l'avait nommé à Paris pour venger son expulsion de France ou à cause de sa connaissance des questions françaises*. Il dit encore qu'il avait la promesse d'être promu ambassadeur d'Allemagne en France après le traité de paix [6].

Pendant la guerre contre la France, plutôt que de se porter sur le

---

* À Bertrand de Jouvenel, un de ses amis d'avant-guerre, Abetz raconta que, dès son arrivée à Paris, il avait fait saisir dans les locaux de la Sûreté générale le dossier établi à son nom ; il assura qu'il ne comportait que des affabulations. Bertand de Jouvenel, *Un voyageur dans le siècle*, Laffont, 1979.

front – il ne possédait d'ailleurs pas de fascicule de mobilisation – Abetz était resté à Berlin et avait participé au Comité France, dépendant de l'autorité de Ribbentrop, qui regroupait, outre Abetz, Friedrich Sieburg, le Dr Epting et Achenbach qu'il avait amenés avec lui à Paris le lendemain de l'entrée des troupes allemandes dans la capitale. « On y élaborait des directives destinées au traitement de la France après sa défaite prévisible[7]. » Le Comité France s'employait à des tâches de propagande destinées à dresser les soldats français contre les soldats britanniques. Des tracts reproduisant des extraits de discours de Hitler, des accusations contre les juifs « faisant ressortir qu'ils suçaient le sang du peuple français et du peuple allemand jusqu'à l'épuisement[8] ». Un tract ayant le format et le graphisme du journal *Paris-Soir*, baptisé *Paris-Noir*, fut composé par le Comité France. Il contenait de violentes charges contre les hommes politiques français au pouvoir. Abetz appelait cette activité, « la propagande venimeuse[9] ».

Brinon constatera que Paris était calme, la population soumise. Déclarée ville ouverte, elle avait été occupée un mois plus tôt, le 14 juin, à partir de quatre heures du matin, sans plus de difficultés que s'il s'était agi de troupes rejoignant leurs quartiers. À peine l'état-major s'était-il installé à l'hôtel Crillon, place de la Concorde, que le sommelier fut mandé ; les bouchons sautèrent. Dès huit heures, les drapeaux français commençaient à être retirés des bâtiments officiels et la croix gammée était hissée. Les réquisitions des grands hôtels furent immédiates. Le Palais-Bourbon fut occupé. Il ne faudra pas plus de quarante-huit heures pour que les principaux organismes allemands de l'Occupation aient trouvé gîte suivant une planification minutieuse. Dès le commencement de la guerre, plusieurs hauts responsables allemands avaient suivi une formation administrative de quinze jours en prévision de l'occupation de la France[10].

Brinon apprit qu'après la visite éclair de Hitler à Paris deux autres hauts dirigeants du Reich, le Dr Goebbels et Goering avaient suivi. Le 29 juin, la visite du « paonnant » Goering n'était pas passée inaperçue. Étalant sa corpulence, il festoya chez Maxim's en compagnie d'une suite nombreuse où se mêlaient des Français dûment identifiés qui se distingueront pendant l'Occupation. Goering posa les premiers jalons de ses entreprises de brigandage visant à s'approprier des biens industriels et des œuvres d'art.

Brinon se multipliait. Il rencontra de nombreux politiciens parmi lesquels Henry-Haye, le sénateur-maire de Versailles, rentré en zone occupée après avoir voté les pleins pouvoirs au maréchal Pétain et qui, prêchant l'entente avec l'Allemagne nazie, conviait à sa table les chefs militaires de l'Occupation. Brinon croisa aussi d'autres anciens membres du Comité France-Allemagne, avides de toucher les divi-dendes de leur fidélité à la cause franco-allemande. De retour à l'am-bassade d'Allemagne, il notera : « J'assiste au spectacle des profiteurs. Couloirs de l'ambassade d'Allemagne pleins de sollici-teurs français les plus inattendus. Des crapules comme Boitel, Cap-gras* (*Paris-Soir*), etc., se sont attribué des postes d'informateurs auprès des Allemands et font déjà du gangstérisme. Suffisance et vanité allemandes, servilité de Langeron, etc [11]. »

Brinon s'était empressé d'officialiser sa présence à Paris auprès du préfet de police Langeron et du préfet de la Seine Magny, les deux Français les mieux informés des agissements allemands dans la capitale. Il prend aussi connaissance de la presse parisienne autorisée ou subventionnée par l'occupant, exploitant tous les thèmes de l'an-glophobie et de l'antisémitisme. En dépit de ses efforts au cours de ce séjour de quarante-huit heures, il ne parvient pas à arranger une rencontre entre Abetz et Laval.

Muni d'une autorisation de circuler permanente entre Paris et Vichy, Brinon regagna en voiture la ville thermale. Il rend compte à Laval de sa mission sans dissimuler son pessimisme. Laval assure qu'il en informerait le Maréchal et exprima sa volonté de persévérer, n'entrevoyant pas d'autre issue. Il estime urgent de prendre langue directement avec Abetz et les principaux protagonistes allemands à Paris. Il esquisse devant Brinon les propos qu'il médite de servir aux Allemands pour établir sa crédibilité. Il dira comment il a été opposé à la guerre et fera le récit du comité secret du Sénat où il s'était déclaré partisan d'une paix immédiate et rappellera les ouvertures qui lui avaient été faites par Guy La Chambre, au nom de Daladier, pour remplacer Reynaud à la présidence du Conseil, projet avorté par suite de l'offensive allemande. Brinon, qui connaissait le réper-toire de Laval, pense en lui-même : « Toujours les mêmes cou-plets [12]. » Laval lui demande de retourner à Paris : « Vous pouvez rendre les plus grands services [13]. » Il est d'autant plus urgent que Laval devienne l'interlocuteur irremplaçable des Allemands que dix jours à peine après le coup d'État du maréchal Pétain, il se sent menacé par ceux-là mêmes qu'il a aidés à se mettre en place. Pour la première fois, Laval prononce devant Brinon le nom de Raphaël Alibert, devenu garde des Sceaux, qui orchestre à l'oreille complai-sante du maréchal Pétain une campagne antiparlementaire : « Ce sont des fous [14] ! » se récrie Laval. D'abord allié à Laval pour abattre la

---

* Boitel : non identifié avec certitude. Roger Capgras : mandataire aux Halles ; codirecteur du théâtre des Ambassadeurs.

République, puis perdu dans ses machinations et estimant ne plus avoir besoin de lui, Alibert travaillait contre Laval, non pas ouvertement mais en conspirateur.

De retour à Paris, Brinon se rendit rue de Grenelle au ministère du Travail où siégeait depuis le 9 juillet l'ambassadeur Léon Noël, ancien adhérent du Comité France-Allemagne. Il avait négligé de le rencontrer lors de sa visite exploratoire. Léon Noël avait été promu délégué général du gouvernement dans les territoires occupés, poste créé à la demande des autorités allemandes [15]. La diplomatie de la France vaincue, qui avait besoin de points de repère et de prendre l'Histoire pour consolatrice, se remémora une autre défaite, celle de 1871, à la suite de quoi l'un des négociateurs français du traité de paix, le comte Saint-Vallier, avait été nommé commissaire général près du maréchal von Manteuffel qui commandait les troupes d'occupation en France. Il y avait donc continuité d'une défaite à l'autre [16].

Dernier ambassadeur de France à Varsovie, Léon Noël avait été adjoint en qualité de conseiller diplomatique et administratif à la délégation d'armistice conduite par le général Huntziger à Rethondes. Après cette mission, Léon Noël, entendu à Bordeaux par le Conseil des ministres présidé par le maréchal Pétain, avait déclaré en substance qu'« à son avis, la partie n'était pas finie, que nous devions nous garder de la considérer comme telle et de nous compromettre avec l'Allemagne, qu'il nous fallait au contraire sauvegarder les meilleures relations possibles avec l'Angleterre qui poursuivait la lutte et avec les États-Unis qui, un jour ou l'autre, y participeraient [17] ».

L'organisation et les tâches de la Délégation du gouvernement dans les territoires occupés n'étaient fixées par aucun texte officiel émanant des autorités françaises. Les attributions du délégué général résultaient d'un simple ordre de mission signé le 8 juillet 1940 par le maréchal Pétain et qui comportait seulement ces quelques lignes :

« Monsieur Léon Noël, Ambassadeur de France, est chargé par le Gouvernement de la République de le représenter comme délégué général auprès du chef de l'Administration Militaire Allemande dans les Territoires occupés. Il aura autorité sur les représentants en Territoires occupés des différents ministères.

Le Maréchal de France
Président du Conseil [*][18]. »

Léon Noël ignorait encore que les Allemands l'avaient frappé d'interdit. Il n'était pas en fonctions depuis quatre jours que Ribbentrop

---

[*] Trois jours après, l'acte constitutionnel n° 1 promulgué par le maréchal Pétain abolissait en fait la République.

interrogeait Abetz. Celui-ci répondit que la nomination de Noël n'était parvenue à sa connaissance qu'après coup : « ... Noël, ambassadeur à Prague en 1938, ambassadeur à Varsovie en 1939, est peu indiqué pour ses fonctions actuelles. Son attitude personnelle à l'égard des services allemands et la façon dont il exerce son influence sur les autorités françaises sont des indices sensibles de mauvaise volonté[19]. »

Brinon, informé de ce verdict, ne fit aucun effort pour s'entendre avec Noël qui le reçut courtoisement et auquel il ne communiqua rien de ses entretiens avec les Allemands. Après d'obscures tractations concernant l'attribution d'un bureau qu'il réclamait et n'obtint pas, Brinon partit s'installer provisoirement au ministère des PTT*.

Brinon s'attela à préparer la venue de Laval en y mettant toute la persuasion. À l'hôtel Majestic, siège du commandant militaire allemand, il fut reçu par le général Streccius, autorité suprême en France occupée, ce qui atteste l'importance que les nouveaux maîtres accordaient à Brinon et la solidité de son statut personnel.

Brinon insista auprès de ses interlocuteurs allemands, réticents sur la personnalité de Laval, pour qu'on lui donne audience à Paris sans tarder. Il avait posé à Abetz cette question : « Voulez-vous ou non entamer un essai de collaboration avec le gouvernement du maréchal Pétain spécialement représenté par M. Pierre Laval. Si c'est non, il faut le dire car tout ce que je ferai ici serait alors complètement inutile et pour rien au monde je ne voudrais continuer. Je vous demande une réponse s'accordant à nos anciennes relations[20]. »

Abetz précisa que ne pouvant préjuger de la réponse du Führer, il préconisait une grande prudence. Il confirma que les propos de Hitler laissaient augurer une paix dure et que le Führer, qui ne croyait pas à la valeur des engagements moraux, voulait prendre des garanties territoriales. Il se peut aussi que Hitler accorde satisfaction aux revendications italiennes et espagnoles dans la région de la Méditerranée aux dépens de la France. En conséquence, il est préférable que le voyage de Laval que lui, Abetz, consentait à recevoir, soit dépourvu de tout caractère officiel. Abetz s'engageait à transmettre sans délai au Führer et à Ribbentrop les propositions de Pétain et de Laval. Brinon obtint d'Abetz et de Schleier qu'un « accueil digne du représentant de la France » soit réservé à Laval et qu'on lui accorde toutes les facilités de circulation, épargnant les formalités humiliantes[21].

---

* Au procès du maréchal Pétain, Léon Noël qualifiera Brinon de « traître avéré, d'agent de l'Allemagne connu pour tel avant la guerre ». 10ᵉ audience.

Le 19 juillet, quand Brinon alla attendre Laval à la ligne de démarcation de Moulins, un capitaine de la Wehrmacht, nommé Meyer-Labastille, l'accompagnait en veillant au respect du protocole. Un piquet d'honneur de soldats allemands présenta les armes. Afin de montrer que la venue de Laval relevait de la diplomatie privée, Abetz, se substituant aux autorités militaires, avait signé le laissez-passer. Pendant le voyage en voiture, ce que Laval aperçut sur les bords de la route des débris calcinés de l'armée française et de l'ordonnance des troupes allemandes constitua une épreuve qui le remua.

À Paris, Laval gagna d'abord son hôtel particulier de la Villa Saïd. Abetz se fit excuser de ne pas venir le saluer à son domicile. Il devait se rendre au Palais-Bourbon écouter avec les personnalités allemandes en poste à Paris le discours que le Führer prononçait dans la soirée devant le Reichstag[22]. L'hémicycle de la Chambre des députés était pavoisé aux couleurs du IIIe Reich dans une luxuriance d'emblèmes nazis. Tous les uniformes que le national-socialisme impose à ses services civils et militaires se pressaient dans les travées. Quand le Führer parla, les applaudissements en tonnerre qui à Berlin interrompaient son discours étaient repris en parfaite synchronisation sous la haute verrière des anciennes assises de la République française. Après d'interminables digressions sur la puissance de l'Allemagne et le fait que la Providence l'avait choisi en vue de détruire l'Angleterre, Hitler, soudainement, offrit la paix pour soulager sa conscience, dit-il : « Je ne vois aucun motif de continuer cette guerre. » Offre rejetée sur l'heure par Winston Churchill et le gouvernement britannique.

Le lendemain, un dîner, qualifié d'intime, réunit à l'ambassade d'Allemagne Laval, Brinon, Abetz et Schleier. Abetz répéta qu'il ignorait les intentions du Führer à l'égard de la France mais que les conditions de paix seraient sans doute dures et promit de se rendre sans tarder à Berlin éclaircir la situation.

Ce premier entretien « fut entièrement dominé par l'exposé sur lequel M. Laval revenait sans cesse, écrivit Brinon. Il dit d'abord que le voyage qu'il venait d'accomplir était le plus pénible de sa vie, qu'il avait vu matérialisée sur le sol de la patrie l'étendue de la défaite, qu'il n'en voulait pas aux soldats allemands qui occupaient son pays mais aux politiciens criminels qui étaient responsables de cet état de chose, qu'il acceptait loyalement les conséquences des fautes qui n'étaient ni celles du Maréchal ni les siennes et qu'il souhaitait enfin essayer d'organiser avec le gouvernement allemand, dans l'intérêt national, une collaboration possible sur le sol français. Avec une grande force, il ajouta que l'Allemagne ne pouvait supprimer les Français et la France, que la force allemande avait le pouvoir de nous faire beaucoup de mal mais que l'abus qu'elle en ferait se retournerait un jour contre elle car aucune construction des hommes n'est éternelle. Il expliqua le bouleversement de nos institutions opéré à Vichy, bouleversement mal compris par l'Allemagne et les Français eux-mêmes. Il résuma par ces phrases son exposé très complet : "Nous ne pouvons désormais être renversés que par l'armée allemande ou par la rue. Avez-vous intérêt à le faire ? Voulez-vous le faire alors que je vous propose une collaboration sans arrière-pensée[23] ?" »

L'entretien dura jusqu'à une heure du matin. Il fut question, entre autres, du châtiment des coupables responsables de l'entrée en guerre de la France.

Le jour suivant, Abetz se présenta à onze heures au ministère du Travail, siège de la Délégation générale dans les territoires occupés (DGTO). L'entretien reprit, encore plus précis que la veille. Léon Noël fut tenu à l'écart. On parla de l'affaire de Mers el-Kébir qui avait déterminé la France à rompre les relations diplomatiques avec la Grande-Bretagne. « M. Laval montra à Abetz les documents qui définissaient l'attitude française en face de l'agression anglaise[24]. »

Une autre affaire d'importance fut abordée. Après Mers el-Kébir, Hitler avait assoupli certaines stipulations de la convention d'armistice concernant la marine française. En contrepartie, il réclamait une contribution du gouvernement français dans la lutte contre l'Angleterre, notamment la mise à la disposition des forces allemandes de ports et d'aérodromes d'Afrique du Nord. Laval tira de sa serviette la copie de la lettre par laquelle le maréchal Pétain exposait au Führer les motifs de son refus rédigé en termes fort flatteurs pour la personne de Hitler. Le Maréchal protestait longuement de sa volonté d'appliquer à la lettre les clauses de l'armistice et se portait garant de l'unanimité du peuple français à ce sujet ; il assurait que la France n'était pas disposée à subir les attaques anglaises, mais la convention d'armistice excluait l'occupation de l'Afrique du Nord. « M. Abetz déclara en propres termes que cette lettre était admirable et que le ton et les termes étaient les mieux faits pour toucher un homme comme Adolf Hitler[25] », commenta Brinon.

Comme il s'y était engagé, Abetz partit le lendemain pour Berlin rendre compte des propositions de collaboration de Pétain et de Laval et obtenir des précisions sur la politique du Führer à l'endroit de la France.

Après avoir pris congé d'Abetz, Laval et Brinon se rendirent auprès du général Turner qui siégeait au Palais-Bourbon. C'était un lansquenet de haute stature avec une crête de cheveux blonds. D'un abord rude et brutal, ce fanatique militant du parti national-socialiste était très apprécié de Hitler. Jusqu'à la fin de l'année 1937, il avait été le chef des Allemands de Paris. Il répétait inlassablement à chacun de ses interlocuteurs que pendant l'occupation française, après la Grande Guerre, des soldats l'avaient humilié en le forçant à se déshabiller à moitié mais qu'il n'entendait pas en tirer vengeance. Il gouvernait les affaires civiles du nord-est de la France s'étendant de la Meuse à Orléans.

Le lendemain, un déjeuner réunit au ministère du Travail le général Turner, le consul Schleier, le sénateur-maire de Versailles Henry-Haye, Laval, Brinon et le journaliste Jean Fontenoy qui, malgré ses éclats et son éthylisme, était très recherché, et que Laval ménageait. Le général Turner modéra ses propos et exprima le souhait que le Führer n'imposât pas à la France un règlement déshonorant. La conversation s'orienta sur la valeur du régime national-socialiste et de ses hommes.

Dans son premier rapport de dix-sept pages au maréchal Pétain, Brinon s'employa sur un ton didactique à expliquer la mentalité des chefs du national-socialisme sur laquelle, disait-il, « la France a été si profondément trompée [...]. Les dirigeants de l'Allemagne, du plus haut au plus petit, mettent au-dessus de tout le culte du Führer [...]. C'est pourquoi toute offense faite au Führer est tenue pour être dirigée contre le peuple allemand. Il peut y avoir et il y a des rivalités entre les ministères ou les administrations, mais en ce qui concerne Hitler, il y a une parfaite unité. M. Abetz, dans sa seconde conversation avec le président Laval, a défini d'une manière pittoresque mais très juste cette situation : "Il y a en Allemagne, a-t-il dit, ceux qui croient qu'Adolf Hitler est absolument infaillible, mon chef M. von Ribbentrop est parmi ceux-là, et il y a des hommes qui pensent qu'il peut arriver au Führer de se tromper un jour. Mais comme les événements ont jusqu'ici régulièrement donné raison à Hitler, le nombre de ces derniers décroît sans cesse et, dans tous les cas, jamais ces esprits critiques n'ont été jusqu'à l'opposition." De cette situation à peu près inconcevable pour nous découlent le prestige du Führer et cette sorte de divinité. Ainsi, qui outrage Hitler et ses hommes est, pour le parti maître de l'Allemagne, le plus grand ennemi de la Nation, celui avec qui on ne compose jamais [...]. On ne pardonne, on ne pardonnera jamais les outrages publics contre le Führer, sa personne, son régime, ses collaborateurs, et cela avec d'autant plus d'intransigeance quand on voit une collaboration avec des émigrés allemands et des juifs [...]. Par là s'explique l'ostracisme contre certains personnages. Quand un homme qui n'a cessé d'injurier Hitler,

Ribbentrop et Goebbels est chargé de la jeunesse française, comment les Allemands peuvent-ils avoir la moindre confiance dans l'avenir* ? Il ne leur reste alors qu'à prendre contre la France toutes les sûretés matérielles.

» En résumé, la France et son gouvernement sont présentement tenus en suspicion. On les observe, on les combat sourdement ou ouvertement et on attend les prétextes qui permettraient de déclarer que dans tel et tel cas les dirigeants manquent à leurs engagements. C'est parmi les impressions plus ou moins fugitives d'optimisme ou de pessimisme la situation vraie. Mieux vaut la décrire nettement que de s'exposer aux déceptions[26]. »

« Cependant, poursuit Brinon, il est incontestable que la visite du président Laval et ses conversations « ont eu ce résultat moral très important d'éclaircir certains malentendus et de préparer l'ébauche d'une *collaboration***[27]. »

Brinon jugeait indispensable que les décrets du gouvernement français promulgués dans les territoires occupés s'harmonisent avec les intentions allemandes. « En tout cas, soulignait-il dans son rapport au maréchal Pétain, il était nécessaire d'afficher du côté français une volonté de collaboration, de renoncer à tout esprit de revanche et d'accepter l'Europe d'Adolf Hitler[28]. »

Laval retourné à Vichy et Abetz parti en consultation à Berlin, Brinon demeura encore deux jours à Paris. Il constata que les Allemands tenaient Laval « pour un maquignon de la politique parlementaire auquel il était difficile de faire confiance[29] ». Ils n'oubliaient pas qu'il avait été partisan d'une alliance avec l'Italie dirigée contre l'Allemagne*** et qu'il avait pris parti contre les accords de Munich, critiquant Daladier. « Sa conception du pacifisme : "J'ai toujours détesté la guerre" ne lui valait aucune sympathie de la part des Allemands[30] », notera Brinon qui s'était échiné à expliquer aux généraux Streccius et Turner et au consul général Schleier qu'on ne pouvait douter de la volonté de Laval de régler les différends franco-allemands et que Laval était un patriote, « un représentant de cette catégorie de Français à la fois paysans et ouvriers[31] ».

Seul, Abetz avait décelé d'emblée en Laval un politicien capable

* Il s'agit de Jean Ybarnegaray que Laval jugera indésirable et qui devra quitter le gouvernement.
** Souligné par Brinon.
*** En 1935, à Stresa, en Italie, Pierre Laval avait signé avec le gouvernement italien un accord qui garantissait l'indépendance de l'Autriche.

de l'aider lui, Abetz, à servir les desseins du Führer. Quand Abetz l'avait vu ouvrir sa serviette et produire des documents d'État confidentiels et appuyer ses dires de cette voix de terroir mâtinée de conviction, il avait compris que cet homme ne reculerait devant rien pour convaincre ses interlocuteurs allemands de sa bonne foi.

Quatre semaines à peine après la signature de la convention d'armistice et malgré l'état de guerre subsistant entre les deux pays, Laval et Brinon, avec l'assentiment du maréchal Pétain, engageaient la France dans une voie de non-retour en s'empressant de proposer à l'Allemagne triomphante « la collaboration » de la France vaincue. Ils s'y étaient employés avec une hâte dépourvue de tout sens tactique, d'autant que les Allemands avaient répété à Brinon que l'hostilité affichée de la France à l'égard de la Grande-Bretagne n'atténuerait pas les revendications et les exigences du Reich.

Durant ces quatre semaines, l'Allemagne avait violé la convention d'armistice et placé la France devant des faits accomplis. D'abord l'annexion *de facto* de l'Alsace-Lorraine qui avait aussitôt commencé par la germanisation du Bas-Rhin, du Haut-Rhin et de la Moselle. À l'heure où Laval et Brinon rencontraient les principaux chefs de l'Occupation à Paris, déjà des barrières douanières et des bornes frontières étaient dressées aux limites de l'ancien empire allemand. Deux départements, le Nord et le Pas-de-Calais, étaient détachés de l'administration française et rattachés au commandement allemand de la Belgique occupée. Une zone réservée s'étendant de la baie de Somme jusqu'à Bellegarde était interdite à tout Français n'habitant pas ces lieux. Si bien que la France, qui comprenait aussi la zone dite libre et la zone occupée, était morcelée, au total, en cinq parties distinctes.

La première mission qu'Abetz reçut de Ribbentrop fut d'exécuter l'ordre du Führer transmis par le maréchal Keitel le 30 juin, cinq jours après l'entrée en vigueur de l'armistice, consistant à « mettre la main sur les objets d'art en possession de l'État français et sur des objets de valeur historique en possession privée, surtout possession juive. Ce ne doit pas être une expropriation mais un transfert sous notre garde comme garantie pour les négociations de paix[32] ». La dernière phrase étant destinée à maquiller la spoliation.

Connaissant ses maîtres, Abetz donna une extension maximale à l'ordre reçu et, requérant l'assistance de la police militaire, il annonça au commandant de la place de Paris, le général von Bockelberg, qu'il était « chargé de saisir les objets d'art français en possession de l'État, des villes, dans les musées de Paris et de province, à l'intérieur des territoires occupés militairement. En outre, exécuter mission de recensement et saisie des objets d'art de possession juive dans les territoires occupés. Objets les plus précieux doivent être transférés à l'ambassade d'Allemagne à Paris[33] ». Abetz adjoignit à sa signature le titre d'ambassadeur, anticipant de trois jours le décret portant sa nomination.

Parmi ses collaborateurs dévolus à cette mission figurait le Dr Karl Epting, avant la guerre directeur de l'office universitaire allemand à Paris, un centre d'espionnage : « Il avait activement collaboré avec Abetz dans son travail de propagande insidieuse et de désintégration du potentiel français de résistance à l'infiltration nazie. Il a pu corrompre de nombreux Français qui, compromis, se sont trouvés automatiquement repris par l'ambassade du Reich en juin 1940. Enfin, au début de l'Occupation, il a organisé le vol et le pillage de collections privées importantes et, notamment, celles de Rosenberg et de Seligmann, se servant en l'occurrence d'indicateurs français dont il rétribuait la trahison[*][34]. »

Abetz chargea Epting de sélectionner quelques tableaux destinés à orner les murs de l'ambassade et, pour son bureau personnel, il s'empara d'une très belle réplique du grand portrait de Metternich par Lawrence.

Il était réservé à Epting, futur directeur de l'Institut allemand chargé de promouvoir les thèmes culturels du IIIe Reich, de procéder à une prise qui ne pouvait qu'enchanter le Führer. Dans le courant de juillet 1940, il fut chargé de se rendre à Saint-Étienne-de-Chigny (Indre-et-Loire) inspecter les sept châteaux des environs où le ministère des Affaires étrangères avait évacué des archives. D'abord, il se rendit au château de Rochecotte où deux hauts fonctionnaires du ministère ne firent aucune difficulté à l'instruire ; allant d'une pièce à l'autre, ils finirent par monter dans le grenier où deux cents à trois cents caisses étaient entreposées, contenant les traités historiques de la France : « MM. Dejean et Robien m'ont alors montré le traité de Versailles dont j'ignorais la présence et que, l'aurais-je cherché, j'aurais été bien incapable de découvrir parmi toute cette multitude de documents, déclarera Epting lors de son interrogatoire après la guerre. J'ai aussitôt fait remarquer à mes interlocuteurs l'intérêt que cette pièce pourrait présenter pour Ribbentrop et même pour Hitler, et je leur ai demandé de l'emporter tout de suite avec moi, ce à quoi ils ont acquiescé[35]. »

Vu l'importance, Epting préféra consulter ses supérieurs. Abetz le

* Karl Epting figurera sous le n° 23944 sur la liste des criminels de guerre établie par les Alliés.

pressa de s'en emparer. Epting retourna à Rochecotte accompagné d'un commando spécial chargé de saisir les archives des Affaires étrangères. Non seulement Epting prit le traité de Versailles, mais aussi celui de Saint-Germain qui réglait le sort de l'Autriche après la Grande Guerre.

Brinon, informé des vols d'objets d'art appartenant à des juifs, comprit qu'il s'agissait du prélude à la persécution de la communauté.

Après ses entretiens exploratoires à Paris, il était retourné à Vichy et y demeura deux jours. Il constata par lui-même que la situation de Laval qu'on aurait pu croire solide quatre semaines après le coup d'État et tant de services rendus était fragilisée par les intrigues de divers membres du gouvernement qui trouvaient toujours en Pétain un auditeur complaisant, parfaitement à l'aise dans l'écume des complots. Brinon considéra que pour asseoir solidement la politique de collaboration avec l'Allemagne, il devait prémunir Laval contre l'assaut des coteries. Il décida d'alerter l'ambassade d'Allemagne à Paris et de désigner ceux d'où partait la menace. Lui-même se hâta de s'organiser. Il se rendit à la propriété familiale de La Chassagne, dans la Creuse, où sa mère et ses deux sœurs s'étaient retirées pendant la guerre en compagnie de Simone Mittre. Il emmena cette dernière avec lui à Paris où, à peine arrivé, il se présenta à l'ambassade d'Allemagne. Abetz n'était pas encore revenu de Berlin muni d'instructions précises. Brinon fut reçu par Schleier qui rendit compte aussitôt de leur entretien :

« Brinon est revenu à Paris. Il a reçu personnellement de Laval mission d'étudier toutes les questions relatives à la reprise des relations avec l'Allemagne. Il déclare que Pétain est complètement d'accord avec la politique de Laval. Laval a fait un rapport positif sur le résultat de sa visite à Paris. Des difficultés surgissent à l'intérieur du cabinet du fait de Weygand et d'Ybarnegaray *. Laval a fait savoir à ce dernier qu'il était indésirable [...]. Il a été décidé de poursuivre les responsables de la guerre : Daladier, Gamelin, Reynaud, Mandel, Blum, Cot. Ce soin sera confié à un tribunal spécial qui doit être créé et correspondre approximativement à une cour de justice populaire. Il sera confié à sept membres nommés par le gouvernement **. Tous les

---

* Le général Weygand et Ybarnégaray étaient partisans d'appliquer les clauses de l'armistice sans aller au-delà.

** Cinq jours après, le 30 juillet, une loi portant création de la Cour suprême livrait à cette juridiction « les ministres, les anciens ministres ou leurs subordonnés immédiats accusés d'avoir commis des crimes ou délits dans l'exercice ou à l'occasion de leurs fonctions ou d'avoir trahi les devoirs de leur charge ».

Juifs connus sont sommés de quitter Vichy avec interdiction de résider dans les départements de l'Allier et du Puy-de-Dôme[36]. »

Au cours de cette entrevue, Brinon constata l'importance que prenait Ernst Achenbach, âgé de trente et un ans, dont la tête rousse se remarquait sous les plafonds de l'ambassade. Naguère, il avait été employé par une de ces organisations nationales-socialistes qui récoltaient des fonds destinés à aider l'accession au pouvoir de Hitler. Ayant étudié le droit en France, il avait été par la suite attaché à l'ambassade d'Allemagne jusqu'à la guerre. Revenu à Paris dans le sillage d'Abetz qui l'appréciait, il deviendra le chef de la section politique, celui que les Français appelaient « le conseiller Achenbach ».

Au fil des jours, Brinon prenait de l'autorité. Il entendait être auprès de Pétain et de Laval l'expert exclusif des questions allemandes autorisé à préconiser les mesures que le gouvernement devait arrêter. Il convoitait le prestigieux Hôtel Matignon, centre traditionnel du pouvoir, qui paraissait être affecté à Léon Noël, délégué général du gouvernement dans les territoires occupés. Brinon s'y opposa et pressa Laval de s'implanter à Paris : « Il y a urgence à un prompt retour et à une installation soit à l'Hôtel Matignon, soit au ministère des Affaires étrangères s'il est remis à la disposition du président Laval, écrivait Brinon à ce dernier. En ce qui concerne Matignon, après le coup de téléphone que j'ai donné ce matin, j'ai fait arrêter toutes les dispositions prises pour la réinstallation des services dépendant de l'ambassadeur Noël ou des services du Quai d'Orsay [...]. Comme je l'ai dit ce matin, je considère, étant donné ce que j'ai appris, comme absolument indispensable l'installation à Paris avec une délégation entière des pouvoirs du Maréchal à Paris, ce qui éviterait peut-être le développement de certaines intrigues[37]. »

Brinon dénonça l'afflux de parlementaires et de membres du conseil municipal qui faisaient des offres de service à l'ambassade d'Allemagne, et il mentionna Jean de Beaumont, une figure du grand monde, qui « assiège littéralement l'ambassade d'Allemagne en affirmant qu'il est chargé de s'occuper des services des prisonniers, ce qui est complètement faux[38] ».

Il redoutait aussi le retour d'exode de centaines de milliers de Parisiens et recommandait de lancer un appel à la radio les exhortant à la patience en leur promettant une aide : « Qu'il sera affecté, par exemple à cette aide, les ressources provenant de la confiscation des biens des coupables ou de ceux qui ont perdu la qualité de Français[*]

---

[*] Brinon se référait à la loi du 23 juillet 1940 relative à la déchéance de la nationalité à l'égard des Français qui ont quitté la France entre le 10 mai et le

[...]. Propager que les biens des Rothschild et autres qui ont fui la France seront confisqués produirait un excellent effet et enlèverait aux Allemands un argument dont ils se servent tous les jours[39]. »

Il insistait aussi pour que le gouvernement recrute de bons journalistes aptes à participer à une radio « polémique » préconisée par Laval et visant à mettre en cause les hommes de la IIIe République. Il citait comme journaliste de choix, Alain Laubreaux, de *Je suis partout*, qui venait d'être libéré après avoir été incarcéré pendant les hostilités à cause de son action subversive qui se résumait par cette profession de foi : « Je ne peux souhaiter qu'une chose à la France : une guerre courte et désastreuse[40]. »

Brinon était devenu le commensal régulier de l'ambassade d'Allemagne où il venait chaque jour débattre des questions en cours, écouter les recommandations, livrer des informations. Il rapporte à Laval : « Je viens de déjeuner à l'ambassade. Je confirme tout ce que j'ai noté plus haut. Les dispositions de tout le personnel sous les ordres d'Abetz sont très bonnes. On attend avec impatience son retour avec l'espoir qu'il apportera des éléments pour un commencement de collaboration[41]. » À ce déjeuner assistaient Léon Degrelle et cinq représentants de son parti qui, pendant la guerre, avaient été détenus dans des camps en France par mesure administrative. Degrelle, fondateur du mouvement Rex, qui avait incarné dans l'entre-deux-guerres le type même du chef fasciste, impressionna Brinon par sa jactance, son allure résolue et surtout la haute estime que les Allemands lui témoignaient.

Le 31 juillet, le vœu de Brinon était exaucé. Le commandant militaire de la place de Paris était informé que le vice-président du Conseil Laval avait installé ses bureaux à l'Hôtel Matignon[42].

Pendant que Brinon s'évertuait à convaincre les Allemands que Pierre Laval était le meilleur et l'unique garant de la collaboration et de l'entente franco-allemande, un étrange colloque se tenait au 82, avenue Foch dans le bureau du SS Helmut Knochen qui dirigeait le commando SS entré à Paris dans la foulée de l'armée allemande. À côté de lui se tenait son supérieur hiérarchique le général SS Thomas, chef des services de sécurité du Reich en France et en Belgique, et le *Kriminal Kommissar* Karl Boemelburg, chef de la Gestapo en France. Un quatrième officier SS assistait à l'entretien.

---

30 juin 1940, c'est-à-dire pendant l'offensive allemande. Cette loi frappait, entre autres, André Meyer, de la banque Lazard, et Georges Lévy, de la banque Rothschild, dont Brinon avait éprouvé les largesses.

En face d'eux se tenaient Raymond Cousteau, chef de cabinet du maire de Bordeaux, et le Dr Peter, agent de liaison entre la mairie de Bordeaux et le commandant militaire allemand local. Cousteau était l'envoyé d'Adrien Marquet, maire de Bordeaux et ministre de l'Intérieur. En juin 1940, Adrien Marquet, partisan de l'armistice, s'était mis au service de Laval et l'avait accompagné dans la visite d'intimidation que celui-ci avait rendue au président de la République Albert Lebrun afin de le dissuader de partir en Afrique du Nord poursuivre la guerre. En guise de rétribution, le maréchal Pétain nommera Marquet ministre de l'Intérieur le lendemain de l'armistice.

Maintenant, Marquet ambitionnait un premier rôle. Le 21 juillet 1940, il chargea le Dr Peter d'organiser une liaison directe avec un homme de confiance du Führer. Deux jours plus tard, Marquet renouvelait cette mission et précisait que la liaison devrait être établie à Paris[43].

Cousteau exposa à ses interlocuteurs allemands que le ministre de l'Intérieur Marquet voulait arriver par cette voie confidentielle à traiter de toutes les questions touchant les deux pays : « Le peuple français doit prendre une part active à la réorganisation de l'Europe envisagée par le Führer et dans l'esprit de ce dernier [...]. Une telle entreprise ne peut réussir qu'avec l'appui du Führer[44]. » Dans ce but, il faut un autre gouvernement français : Pétain est trop âgé. Laval est un parlementaire confirmé et un homme d'affaires expérimenté. Il préfère laisser de nouveau tout fonctionner comme c'était autrefois. Le général Weygand veut, en particulier, atteler l'Église avec les militaires. À Vichy, l'influence des Juifs se fait à nouveau fortement remarquer[45]. » Le gouvernement actuel n'effectue aucun des changements nécessaires. D'où la nécessité d'une liaison directe avec un homme de confiance du Führer. Marquet est disposé à une collaboration totale.

Le général Thomas répondit qu'il transmettrait ces propositions à un homme de confiance du Führer. Il communiqua son rapport à Heydrich, chef de l'Office central de sécurité du Reich (RSHA), qui le transmit au ministre des Affaires étrangères Ribbentrop en l'accompagnant de ce commentaire : « Ainsi s'offre l'occasion d'attaquer les problèmes particuliers selon vos desiderata par l'utilisation alternative, selon les besoins, de la liaison officielle [Abetz] avec Laval et de la liaison officieuse avec Marquet, laquelle, maintenant, a été créée et actionnée au titre du Service de renseignement par les Services de sécurité du *Reichsführer* SS [Himmler] [...]. Je fais remarquer que la liaison avec Marquet est d'une grande importance pour le Service de Sûreté et la Police de Sûreté en ce sens que Marquet nous offre la possibilité d'implanter clandestinement des hommes dans tous les départements ministériels, suivant la méthode employée par les Anglais jusqu'à ces derniers temps. J'ai transmis une copie de cette lettre au Maréchal du Reich Goering et au SS *Gruppenführer* Schaub [*][46]. »

Ribbentrop fit parvenir à Abetz les copies de la lettre de Heydrich et des documents.

Trois semaines après, le 13 août, le maréchal Pétain promulguait la loi répressive interdisant les sociétés secrètes et obligeant les agents de l'État à souscrire une déclaration sur leur situation personnelle à ce sujet. Marquet se rendit à Paris et rencontra Knochen à titre privé, assura-t-il, afin de prendre son avis à propos de cette loi et l'interroger sur la manière dont les Allemands avaient lutté contre les francs-maçons. Puis, en tant que ministre de l'Intérieur, Marquet fut reçu officiellement par le général SS Thomas [47].

Marquet fut le premier à comprendre que la voie la plus efficace menant au Führer était celle de la SS et non pas l'ambassade d'Allemagne pourtant chargée des questions politiques, ou le commandant militaire détenteur de tous les pouvoirs de la puissance occupante. Il faudra attendre plus de deux ans avant que quelques-uns des hauts personnages de l'État français, notamment le maréchal Pétain, pratiquent le recours direct à la SS.

---

[*] SS *Gruppenführer* Schaub est l'aide de camp de Hitler.

CHAPITRE 18

Ambiance

À Vichy, Brinon logeait à l'hôtel Majestic, l'un des palaces de la ville séparé de l'officiel hôtel du Parc par une ruelle où l'on dressera un passage couvert entre les deux établissements. Sa présence se signalait par sa Lancia blanche, aisément repérable, garée à proximité. Quand Mme de Brinon séjournait dans la ville, elle prenait aussi ses habitudes à l'hôtel Majestic, mais séparée de son mari, et elle payait sa note. Exclue de tout rôle officiel à cause de ses origines, elle restait, malgré sa situation ambiguë, avide de cette existence mondaine dont l'amalgame se reconstituait à Vichy et à laquelle elle participait librement. Mme de Brinon tenait tellement à son titre de marquise qu'elle s'y mettait tout entière, suscitant derrière son dos moqueries et haussements d'épaules mais sans animosité réelle tant elle était serviable et savait se rendre utile grâce à la position de son mari. Ses intérêts sociaux l'avaient portée à se rallier au nouveau régime. Au début, sans doute espérait-elle occuper la place qui, pensait-elle, lui revenait. Un diplomate, observateur cruel, écrira qu'« en passe d'être aryenne d'honneur, elle se flattait de devenir sans tarder la première ambassadrice nationale-socialiste [1] ».

Brinon, livré à sa liaison avec Simone Mittre, n'était pas mécontent que sa femme fût tenue à l'écart de sa vie à Paris, surtout que les Allemands ne voulaient pas entendre parler d'elle. Quand il venait à Vichy et que Mme de Brinon s'y trouvait, les apparences étaient sauves car jamais, pendant toute l'Occupation, Simone Mittre, n'y mettra les pieds, mais à Paris, sous les projecteurs, c'était la revanche de cette femme, lasse d'avoir été trop longtemps une intermittente et qui devenait enfin ouvertement une permanente. Avec cette hypocrisie de langage qui était la marque de l'ordre vichyste, on disait simplement de Mme Mittre qu'elle était « plus que la secrétaire » de Brinon [2].

La ville thermale disposait de quelques fortins de luxe : théâtre du Casino, grands hôtels, bars, restaurants, piscine, golf, cercle hippique, que fréquentait Mme de Brinon. La Compagnie fermière qui gérait la plupart de ces établissements était devenue une manière d'hôtesse gouvernementale. Ivan Loiseau, le secrétaire général, préposé aux mondanités dont il s'était taillé un royaume, semblait fabriqué pour l'emploi. Pratiquant le langage du Grand Siècle, il aimait « les vrais gentilshommes » et « les dames de qualité », tout cela empaqueté dans un ton cérémonieux et haut perché sous-tendu par une politesse excessive qui faisait rire. Sous l'apparence de la futilité, c'était un personnage avisé, rusé même, et servi par une mémoire gavée de généalogies. On se souvient que la future Mme de Brinon l'avait prié d'obtenir du Saint-Siège, par ses relations familiales, l'annulation de son premier mariage.

De retour à Vichy, après ses débuts à Paris, Brinon rendit visite à Ivan Loiseau. « Il a peu changé, note ce dernier. Son profil qui rappelle les portraits des gentilshommes des xvᵉ et xviᵉ siècles de Fouquet et de Clouet, a toujours ces lignes incurvées qui évoquent le malheur plutôt que le bonheur, c'est d'ailleurs un pessimiste. Il voit les difficultés d'une tâche avant d'en voir les aspects faciles ; mais il est persévérant et adroit. En ce qui concerne le gouvernement de Vichy, il a comme tout le monde beaucoup d'admiration et de respect pour le Maréchal. "Je l'ai vu, me dit-il, il a été très gentil pour moi[3]." »

Depuis la première audience de Brinon avec Laval à l'hôtel du Parc, quinze jours avaient passé, chargés d'événements. Les pas décisifs étaient accomplis, même si Vichy offrait un tableau inchangé. C'était toujours le même engorgement de population. C'était plutôt le monde bourgeois qui, instinctivement, s'était replié sur la ville d'eaux. De cette masse anonyme se distinguaient artistes, écrivains, comédiens, heureux d'être reconnus et nommés par la presse locale. On remarquait aussi des femmes portant des bagues ornées de diamants battant les records de carats et des bijoux d'une valeur inusitée. Ce n'était pas coquetterie mais transformation de leur capital en un volume facile à transporter. Ces mouvements de foule incessants formaient un spectacle qui n'achevait pas de se mettre en place.

Au cours de son séjour à Vichy, l'écrivain Roger Martin du Gard, qui rencontrera nombre de personnalités ralliées au nouveau régime et observera la « fourmilière » de l'hôtel du Parc, résumera sa pensée : « Quel grouillement. Quelle nausée. Pauvre de nous. Je ne veux rien écrire de tout ça. Pas pris une ligne de note[4]. »

Pour sa part, Brinon constata qu'en deux semaines l'ordre nouveau était un miracle accompli. La Révolution nationale, sortie tout armée du cerveau du maréchal Pétain, s'exprimait à gros traits, avec simplicité. La défaite était acceptée, révérée, exaltée comme l'occasion unique du relèvement du pays, d'autant que les gens au pouvoir, et ceux qui y aspiraient, se lavaient de tout péché. Les principaux thèmes d'incitation à la haine se développaient dans la presse, la radio, les discours publics, imprégnaient les conversations des bien-pensants. Les juifs étaient les premiers désignés : responsables de tous les maux qui accablaient la France. Puis venaient les communistes, les francs-maçons, les instituteurs, les syndicats, les organisations patronales, la semaine de quarante heures, les congés payés. Seuls les paysans semblaient épargnés : « La terre, elle, ne ment pas », disait le Maréchal. Quant au clergé catholique, il avait mis Dieu du côté de Pétain. C'est pourquoi on tenait en suspicion les protestants, plus tièdes, contre lesquels s'exercera une propagande rampante. L'armée, malgré sa déroute, était disculpée et ses chefs exaltés. Par les lois à venir, c'était la société républicaine dans son ensemble qui était mise en accusation.

À l'extérieur, le plus grand ennemi de la France, l'ennemi héréditaire, celui qui avait brûlé Jeanne d'Arc, s'appelait l'Angleterre. Le gage du relèvement français, c'était l'Allemagne, le vainqueur nécessaire et chevaleresque.

Brinon put constater que pour donner corps à cette politique de nombreuses mesures législatives axées sur l'interdit, la discrimination et la répression avaient été promulguées pendant les deux premières semaines où il s'était activé entre Vichy et Paris*. Pour fabriquer cet arsenal répressif qui fit de la France un État dénaturé, il avait fallu une grande capacité d'organisation quand on sait qu'en arrivant à Vichy le gouvernement ne disposait pas d'archives, ni de documentation, pas même un fonds de bibliothèque juridique.

---

* Après s'être octroyé les pleins pouvoirs et les avoir définis par quatre actes constitutionnels promulgués en deux jours, le maréchal Pétain signait une série de lois dont la plupart frappaient les juifs et les étrangers : loi relative à la procédure de déchéance de la qualité de Français ; loi concernant l'accès aux emplois dans les administrations publiques ; loi relative à la révision des naturalisations ; loi relative à la déchéance de la nationalité à l'égard des Français qui ont quitté la France entre le 10 mai et le 30 juin 1940, entraînant la confiscation des biens ; loi portant création d'une Cour suprême de justice habilitée à juger les anciens ministres, généraux et hauts fonctionnaires que le maréchal Pétain accusait d'être responsables de la guerre. S'ajoutaient les décrets courants qui en moins de deux semaines intégrèrent la France à l'Europe hitlérienne.

Ce n'étaient que les prémices d'une œuvre législative qui ne cessera de croître pendant toute la durée de l'Occupation. Quelle en était l'origine ? L'entourage du maréchal Pétain ne présentait aucune unité politique ou doctrinale définie. C'était une coterie où les têtes changeaient suivant l'humeur du chef. Des influences fondues dans une conjonction d'intérêts personnels qui se manifestèrent dès le commencement engendrant un groupe d'ultras qui poussait à la réaction. Tout le monde se mettait d'accord sur le fond dès lors que chacun y trouvait son compte. Comme le nationalisme, l'antisémitisme, la haine de la Révolution et de la République correspondaient au sentiment profond du maréchal Pétain et que c'étaient les thèmes de l'Action française dont plusieurs partisans figuraient dans le cercle rapproché, on prêta à l'Action française un pouvoir d'influence prédominant. Ce serait ne rien comprendre à la personnalité du maréchal Pétain de croire qu'il avait besoin d'inspirateurs ou de maîtres à penser alors qu'il n'avait d'autre idéologie que celle qu'il tirait de lui-même, formée de tout ce qui durant sa longue vie avait nourri ses préventions. « Je n'aime pas le mot République parce qu'il implique que la masse prend part au gouvernement[5] », disait le maréchal Pétain à Vichy.

À la différence de l'Action française, il n'avait aucune propension monarchiste et ne se voulait surtout pas le régent d'un royaume en l'attente d'un roi légitime. Il le montrera sans ménagement à l'égard du comte de Paris dont l'opportunisme se nourrissait de toutes les chimères et prêt à n'importe quelle combinaison politique qui le ferait roi, croyant l'heure venue de récupérer « son trône ». Des appels mystérieux censés émaner de lui couraient à Vichy et même dans Paris. La presse avait été sommée de n'y faire la moindre allusion[6]. Brinon, attentif aux fluctuations du temps et peut-être campé sur ses parchemins, s'interrogeait pourtant sur les chances d'un retour à la monarchie. À Paris, il se renseigna sur le bien-fondé de ces bruits de restauration auprès du préfet de police[7].

Brinon savait combien il fallait prendre le Maréchal au sérieux, se défier de son pouvoir, de ses susceptibilités, de ses rancunes. Les formules flatteuses dont il saupoudrait les rapports qu'il lui adressait en témoignent. Il faudra attendre les désarrois de Sigmaringen pour qu'il soit amené à lui écrire de rudes vérités.

À Vichy, parmi toutes sortes de gens qui avaient occupé la scène parisienne, Brinon fit une rencontre qui était comme la résurgence du passé. C'était la blonde Marthe de Fels avec laquelle il avait fait, à la fin de 1933, ce voyage à Berlin où, sous les auspices de Ribbentrop, il avait eu sa première entrevue avec un responsable nazi, le comte von Helldorf. Marthe de Fels, elle aussi, représentait la fin d'une époque. Elle avait été l'égérie d'Alexis Léger, l'influent secrétaire général du Quai d'Orsay, antinazi dès l'origine et maintenant exilé aux États-Unis. C'était la fin de cet âge diplomatique où la France avait disposé à travers la planète d'agents bien informés, lucides, de grande culture, dont les rapports étaient de remarquables morceaux de prose qui rendaient si vivant l'état du monde.

Habitué des belles demeures parisiennes, Brinon croisa d'autres femmes qui avaient tenu salon et se retrouvaient, pour toutes sortes de raisons, sans emploi à Vichy ou à la dérive. Certaines avaient regroupé autour d'elles quelques fidèles échoués dans la ville thermale. Pierre Laval était inévitablement au centre de potins. C'était très chic de l'appeler « Pedro », et le clan mondain dissertait aussi sur le faciès de Laval, son teint de romanichel, comme d'une curiosité exotique alors qu'il suffisait de faire quatre pas dans la campagne environnante pour apercevoir des Auvergnats qui lui ressemblaient.

Brinon s'entretint avec d'autres encore, beaucoup d'autres, à la recherche d'une tâche officielle ou en quête d'eux-mêmes. L'importance qu'ils s'accordaient se dissolvait dans l'énormité des événements. Parmi les connaissances qu'il trouva sur son chemin, quelques-uns, redoutant l'oppression allemande, voulaient quitter la France, mais la plupart désiraient rentrer à Paris. Deux mots étaient devenus d'usage courant : *affidavit*, pour ceux qui cherchaient à émigrer aux États-Unis, et *Ausweiss* destiné au franchissement de la ligne de démarcation.

Il se renseignait aussi sur certains groupes particulièrement agressifs, et il avait mis en garde Laval contre des Cagoulards qui, tels Eugène Deloncle et d'autres représentants du CSAR (Comité secret d'action révolutionnaire popularisé sous le nom de Cagoule), s'étaient abouchés avec des chefs militaires et menaient leurs intrigues contre Laval. En observant ceux qui s'agitaient autour de lui, Brinon se sentait solide, en prise sur les temps nouveaux dont Vichy présentait une image bouffonne, où tout évoluait dans un milieu circonscrit autour de l'hôtel du Parc, à portée de vue et d'oreille. Il fréquentait le Chantecler, le restaurant de l'hôtel du Parc où se concentraient les passions politiques dans un bruit de réfectoire. Il allait aussi, avec le gratin du régime, chez Ricoux au bord de l'Allier où Laval, regardant filer la rivière, disait invariablement d'un ton pénétré : « Ah, que c'est beau la France[8] ! »

Pourtant, Brinon affrontait une situation complexe. Sa femme et ses deux beaux-fils, dont il était le cotuteur, étaient juifs. Sa carrière durant l'entre-deux-guerres s'était déroulée en rapport étroit avec le monde israélite. Le qualificatif « enjuivé », qui était, dans le vocabulaire des Allemands, une condamnation sans appel, caractérisait son passé et lui-même. Il savait que la question juive était liée à la personne de Hitler et que quiconque, prétendant à un rôle politique important, ne participait pas à la persécution, serait disqualifié et rejeté par les responsables allemands. Or, depuis l'armistice, Brinon était l'apôtre d'une coopération totale avec l'Allemagne nationale-socialiste dont il souhaitait la victoire, et le partisan inconditionnel de l'inféodation de la France à l'Europe hitlérienne. Il s'était attaché à l'Allemagne par un cercle de fer alors que quelque part dans ses pensées subsistait un sens de la bienfaisance, comme une compensation à son engagement, et qui le portait d'abord à ne pas répudier sa femme qu'il n'aimait pas, et à assurer sa protection.

Brinon avait informé Laval et Pétain des prodromes de la persécution des juifs dans la zone occupée. À Paris, au cours de ses entretiens, non seulement Laval n'avait soulevé aucune objection mais il n'avait même pas abordé le sujet avec Abetz qui avait pu rapporter ce comportement encourageant à Ribbentrop, à savoir que les mesures contre les juifs ne soulèveraient pas de protestation de la part du gouvernement français lui-même disposé à s'aligner. À Vichy, Brinon aperçut sur les murs des graffiti antisémites aussi ignobles que ceux qui fleurissaient à Paris. Les propos qu'il entendait à ce sujet semblaient avoir traversé les âges sans rien perdre de leur venin mortel. Un groupe de journalistes, parmi lesquels se singularisait Rebatet de *Je suis partout*, tenait dans les salons de l'hôtel du Parc des propos qui constituaient un appel au meurtre. Doriot et sa bande de nervis se répandaient dans les rues en hurlant des mots d'ordre de mort. « La question juive est toujours brûlante[9] », notait au début du mois d'août un familier du pouvoir. Au vrai, elle n'avait pas cessé de l'être depuis le premier jour de la fondation de l'État français. Non seulement le régime vichyste entendait par idéologie établir un antisémitisme d'État dûment codifié, mais, ce faisant, apporter aux Allemands la preuve la plus sensible de sa volonté de collaboration.

Le maréchal Pétain se préparait à la promulgation d'un Statut des juifs et, depuis les premières lois que nous avons citées plus haut, il en ajoutait une autre, en ce mois d'août, qui abrogeait le décret dit Marchandeau lequel réprimait toute attaque par voie de presse contre des personnes qui « appartiendraient par leur origine à une race ou une religion déterminée lorsqu'elle aura pour but d'exciter à la haine entre les citoyens[10] ». Si les journaux des régions occupées n'avaient pas attendu la levée de cet interdit pour clouer les juifs au pilori et exiger contre eux des mesures extrêmes, ceux de la zone non occupée avaient procédé par des moyens détournés. Ainsi, les deux quotidiens de la région de Vichy, diffuseurs de la pensée officielle, *Le Centre* et *Le Progrès de l'Allier*, inséraient dans leurs colonnes les condamnations pour hausses illicites frappant exclusivement des commerçants aux noms imprononçables, à consonances slaves, suggérant une appartenance juive, noms souvent inventés, destinés à conditionner l'opinion publique.

Rares sont les notes écrites du maréchal Pétain ordonnant telle étude ou telle décision. Presque tout se passait oralement. Au cours d'un entretien, il disait ce qu'il voulait et les autres mettaient en forme et exécutaient ; lui-même n'apposait sa signature au bas des lois et des décrets qu'après les avoir lus sérieusement. Son ministre de la Justice, Raphaël Alibert, ayant toujours sous le bras une liasse de papiers à faire signer, s'impatientait devant l'application et la méticulosité du Maréchal, se plaignant que ce contrôle tâtillon retardât la publication des textes au *Journal officiel*. Le maréchal Pétain ajustait son lorgnon et lisait mot à mot afin que pas une seule virgule de pouvoir ne lui échappât[11].

Né en 1887, Raphaël Alibert était docteur en droit et juriste réputé. Il avait eu une carrière faite de ruptures et de déconvenues en raison de son caractère éruptif. Vers 1924, il avait adhéré au Redressement national, fondé et financé par Ernest Mercier, magnat de l'électricité et du pétrole. Il s'agissait d'appliquer les réformes nécessaires à un État en crise permanente et trop ouvert aux thèses révolutionnaires, et d'amener aux postes de responsabilités des équipes coiffées par une sorte de collège d'experts. Alibert y fut actif mais ses emportements et ses intrigues le conduisirent à démissionner. Il en conçut une haine tenace à l'égard d'Ernest Mercier et l'engloba dans celle qu'il portait aux juifs car celui-ci avait épousé en secondes noces une nièce du capitaine Dreyfus qu'Alibert considérait toujours comme « le traître Dreyfus. » Ayant noué depuis longtemps des relations avec le maréchal Pétain, il se mettra à sa disposition pendant la guerre, le suivra à Bordeaux où il entrera dans son cabinet comme secrétaire d'État à la présidence du Conseil. Il s'entendra avec Laval pour amener la France à cesser les hostilités et conclure un armistice, puis, à Vichy, pour abattre la IIIe République et conférer tous les pouvoirs au maréchal Pétain dont il deviendra le garde des Sceaux.

Brinon n'avait pas de rapport de travail avec Alibert, mais le rencontrait à la table du maréchal Pétain où il était convié quand il revenait de Paris. Il le voyait aussi dans les dégagements de l'hôtel du Parc exhiber des documents annonçant des mesures punitives, citant des noms avec cette satisfaction grinçante qui confirmait une complète connivence avec le système mis en place.

Si Alibert fut la machine à légiférer des débuts du régime, il fallait quelqu'un pour appliquer les lois. L'exécuteur principal était Marcel Peyrouton qui avait fait une brillante carrière dans l'administration coloniale et avait été nommé, dès la fondation de l'État français, secrétaire général de l'administration et de la police. D'emblée, les Allemands l'avaient apprécié. Il leur avait promis que les juifs seraient interdits de résidence à Vichy et qu'il prendrait des mesures d'éloignement. Quand la loi portant sur l'interdiction des sociétés secrètes fut promulguée et qui le frappait, lui, comme ancien franc-maçon (il avait démissionné en 1934), Peyrouton bénéficia du premier décret dérogatoire et, s'étant retourné contre ses ex-Frères, il déclara : « ... Le gouvernement attache en effet la plus haute importance à la réalisation complète de l'œuvre d'assainissement moral du pays [12]. »

Brinon entretint d'abord des relations de convenance avec Peyrouton dont les procédés brutaux et le langage cru lui valaient la réputation d'homme énergique dans les milieux vichystes. À l'inverse, dès qu'il s'agissait de lui-même, ce dur à cuire s'attendrissait et avait la larme facile [13].

Des membres de l'entourage du maréchal Pétain, Brinon ne tarda pas à se mesurer avec le plus important d'entre eux, le Dr Bernard Ménétrel, sympathisant de l'Action française et de la Cagoule et qui, à l'unisson des autres, haïssait les juifs. Décrit par ceux qui l'ont connu comme l'enfant gâté du régime, un bavard du sérail, un loustic qui met les pieds dans le plat, il nous semble avoir été d'une tout autre envergure. Il avait succédé à son père, médecin et confident du Maréchal, et sut se rendre indispensable en prenant soin de ce qui lui tenait le plus à cœur, son apparence physique, support de son prestige.

Le Dr Ménétrel apparut officiellement au côté du Maréchal à Bordeaux où il le suivait partout, montrant déjà un aplomb proche de l'effronterie. À Vichy, vivant dans l'intimité du chef de l'État français, il avait pris l'importance d'un favori dont il possédait le sans-gêne mais aussi l'expérience. Placé là où il se trouvait, il fut sollicité et choyé. Ce médecin-barbier versa dans la politique secrète, celle qu'il traitait avec son maître à l'heure du massage et de la tisane. Il devint le compère du Maréchal, une sorte d'Olivier Le Dain d'un Louis XI qui, à défaut de cages suspendues aux voûtes de ses caves, embastillait ses ennemis, tels Paul Reynaud, Georges Mandel ou Léon Blum, derrière les murailles inviolables d'une forteresse perdue dans les brouillards. Rapidement, le Dr Ménétrel allait subventionner sur les fonds secrets d'anciens complices qui avaient comploté contre la République, notamment Gabriel Jeantet, une tête pensante de la Cagoule, rallié au régime dont il servait la propagande[14].

Sans fortune, Ménétrel avait épousé l'une des deux filles d'un entrepreneur de travaux publics cossu, Célestin Moncocol, qui l'avait fait entrer dans les conseils d'administration de ses diverses sociétés. Ménétrel touchait des dividendes, des jetons de présence, des tantièmes mais n'exerçait aucune responsabilité. L'enquête qui fut ordonnée après la guerre conclura que Ménétrel ne profita pas de son influence politique pour procurer des commandes aux entreprises de Moncocol, comme il aurait pu le faire facilement[15]. D'autres sources laissent supposer qu'entretenant des relations en Suisse il avait transféré des fonds dans une banque helvétique.

Il accompagnait presque chaque jour le Maréchal dans sa promenade, les mains derrière le dos, guère plus grand que son protecteur et un peu gras dans un costume trop ajusté.

Le temps passant, Brinon aura souvent affaire au Dr Ménétrel qui dirigeait le secrétariat privé du Maréchal et qui n'hésitait pas à écouter aux portes quand il n'avait pas été prié d'entrer. Dès le début, Brinon jugea Ménétrel comme un intrigant, mais à mesure que le médecin se renforçait, il dut se plier à la nécessité de le prendre pour interlocuteur.

Pendant les premières semaines de l'enracinement de l'État français, on voyait rarement un uniforme allemand à Vichy. Curieusement, cette prestigieuse ville d'eaux avait été la cible pendant dix ans, de 1923 à 1932, d'une campagne de dénigrement fomentée par l'organisation allemande Deutscher über See Dienst, entreprise d'espionnage économique, militaire et politique, qui tenta de ruiner la renommée de Vichy afin de rétablir les stations touristiques et thermales d'Allemagne en crise depuis la fin de la Grande Guerre. Tout avait été mis en œuvre, à telle enseigne que les autorités françaises avaient procédé à des expulsions d'Allemands impliqués dans l'affaire[16].

Pour d'autres motifs, les Allemands de l'Occupation n'aimeront jamais Vichy car son confinement provincial les empêchait de jouir de cette promiscuité crapuleuse perdue dans l'immensité d'une grande ville et qui faisait pour eux la gloire de Paris.

CHAPITRE 19

À votre service

Le 3 août 1940, Brinon quitta Vichy nanti d'un nouvel ordre de mission de Pierre Laval, vice-président du Conseil, qui entérinait l'action engagée : « M. Fernand de Brinon est chargé sous mon autorité d'étudier toutes les questions intéressant la reprise des relations avec l'Allemagne. Les autorités sont invitées, chaque fois que cela sera nécessaire, à lui faciliter l'exercice de sa mission. Elles voudront bien lui assurer la libre circulation et lui faciliter son approvisionnement en carburant[1]. »

Ce mandat qui rattachait Brinon à la personne de Pierre Laval conférait à ce dernier l'exclusivité des rapports politiques franco-allemands. Il était rédigé sur le papier à lettres du vice-président du Conseil à en-tête de l'État français, marquant la hâte de Laval d'abolir la République aussi bien sur le papier que dans les faits.

Brinon passa à Matignon, qui devint à la fois son bureau et son domicile. Simone Mittre y demeurait et travaillait. Ils vivaient ouvertement en couple. Laval se fera aménager un appartement avec chambre à coucher, lit de velours rouge sur fond de tapisserie des Gobelins. Il se rendit ensuite à l'ambassade d'Allemagne et mit le consul Schleier au courant des intrigues vichyssoises qui menaçaient Laval, ce dont Schleier informa aussitôt Abetz encore retenu à Berlin par un télégramme qui commençait par la phrase désormais consacrée : « Brinon est rentré ce jour de Vichy [...]. Il rapporte que la situation du gouvernement est très difficile et incertaine. Deux groupes travaillent contre Laval. Un groupe de fonctionnaires sous la direction de Baudouin [ministre des Affaires étrangères] aux tendances pro-anglaises repousse Laval mais reconnaît Pétain [...]. Le deuxième groupe est constitué de militaires, avec Weygand, Ybarnegaray, La Rocque*, lequel parle de l'attitude et de la dignité de la France et repousse également Laval. En général, Laval dispose encore assez d'autorité pour s'imposer grâce à l'appui de Pétain, mais il éprouve pourtant bien des difficultés[2]... » Devant la menace pesant sur Laval, les Allemands décidèrent de le soutenir.

Comme s'il était en charge du gouvernement, Brinon se dépensait à Paris, convoquant de hauts fonctionnaires, tel le préfet de police, afin de les inviter à déférer aux exigences de l'occupant.

Tenu à l'écart des tractations Laval-Brinon avec les Allemands, récusé par Abetz, Léon Noël fut rappelé et disparut des rôles officiels. Le flamboyant général Fornel de La Laurencie le remplaça. Son ordre de mission stipulait : « Le Délégué Général est le représentant du chef de l'État en territoire occupé[3]. »

Les rapports que le général de La Laurencie rédigea par la suite ne laissent aucun doute sur l'excellente opinion qu'il avait de lui-même. Avant la guerre, il avait préconisé des relations de bon voisinage avec l'Allemagne fondées sur le réalisme. C'est en qualité de commandant de l'École de cavalerie de Saumur qu'il avait conduit une délégation au concours hippique international de Berlin où il observa une attitude « digne, souriante et fructueuse », selon ses propres termes[4]. Présenté au maréchal von Hindenburg, à Hitler et ses principaux lieutenants, il s'en était trouvé honoré. Au cours de la « drôle de guerre », le général de La Laurencie commanda un corps d'armée dans le Nord. Durant la longue période d'inaction, il se montra rayonnant, optimiste, créant l'atmosphère. Enchanté de son matériel et toujours prêt à le compléter, il réquisitionnera sept mille paires de sabots pour équiper ses fantassins et y vit le triomphe de ses initiatives[5].

Décidé à faire preuve de « loyauté » envers les vainqueurs tout en conservant sa « dignité », il se présenta au général Streccius, commandant militaire en France, qui siégeait à l'hôtel Majestic. Pour les familiers des hautes sphères de l'Occupation, on désignait la pesante et omnipotente administration militaire allemande par ce simple mot : le Majestic. Le général de La Laurencie établit avec le général Streccius des relations de « camaraderie militaire ». « Il accueillait toujours mes demandes avec une grande amabilité, écrira-t-il, et s'il y donna rarement satisfaction, il s'attacha tout au moins

---

* Le colonel François de La Rocque, ancien chef des Croix-de-Feu, puis du Parti social français, se rallia au maréchal Pétain. Peu à peu, il cessera de préconiser la collaboration, critiquera les mesures antisémites et se démarquera du gouvernement de Vichy. Il sera déporté par les Allemands.

en toutes circonstances à enrober ses refus dans des formules d'une particulière courtoisie[6]. »

La déconvenue de La Laurencie fut grande quand il apprit que Laval et Brinon se rendaient au Majestic pour une entrevue avec le général Streccius et qu'il n'y était pas convié. Le général Streccius était entouré de collaborateurs. Brinon assistait en observateur et dressera un procès-verbal.

Laval réclama une réglementation mieux adaptée de la ligne de démarcation « plus redoutable qu'une frontière et dont l'étanchéité risque d'asphyxier la France ». Le général Streccius ne nia pas ces difficultés et parla de la compréhension des autorités allemandes. Laval aborda le problème du chômage de centaines d'ouvriers sans emploi à cause du manque de matières premières intransportables faute de moyens. Pas d'essence, pas de train, voies fluviales détruites. Le général Streccius approuva, mais nota que l'Allemagne, confrontée au chômage avant Hitler, avait obtenu par la suite, grâce au Führer, des résultats considérables. Laval s'inquiétait en outre de l'énormité des réquisitions alimentaires (un million de porcs) envisagées par les autorités d'occupation. Le général Streccius comprenait ces soucis mais indiqua que ce qui comptait en priorité, c'était de nourrir la population des territoires occupés et la troupe. Évidemment, après les prélèvements pour la troupe, ce qui resterait à la population ne serait pas très élevé, « mais les rations en tous genres seront cependant supérieures à ce qu'elles étaient en Allemagne en 1917 et 1918 ».

« Pour clore la conversation, le président Laval a répété la volonté du maréchal Pétain de rechercher la base loyale d'une collaboration », écrit Brinon. Le général Streccius répondit qu'il était animé du même désir et de la même conviction mais que, pour l'instant, sa préoccupation principale était d'assurer la subsistance des troupes d'occupation[7].

Malgré quelques piqûres d'amour-propre, le général de La Laurencie considérait que le maréchal Pétain pouvait tout exiger : « Dès que sa voix s'est fait entendre, elle devait étouffer celle de notre conscience[8] », consigna-t-il. Il en résultera de sa part une condamnation sans appel de l'action du général de Gaulle et une contribution active à la persécution des juifs conformément aux instructions reçues. Sur un seul point La Laurencie ne transigera pas : son admiration pour l'armée et le peuple britanniques dont la défaite, si souvent annoncée, était loin d'être certaine. Il explique que dans sa « candeur de néophyte », il imaginait que l'équipe ministérielle soudée autour du maréchal Pétain travaillait au relèvement du pays : « Il ne me fallut pas attendre de longs jours avant de comprendre la virulence des passions qui agitaient "le panier de crabes" dans lequel je venais de mettre les pieds. » Première alerte : le service de la table d'écoutes lui transmet une communication de Laval à Brinon : « Le nouveau Délégué, disait Laval, n'est pas un vrai général. Je l'ai dans la main. Il me montre tous ses papiers[9]. »

Autre sujet de tintouin : La Laurencie s'irritait de l'omniprésence de Brinon, d'autant que celui-ci siégeait et demeurait dans le prestigieux Hôtel Matignon. Brinon y invite La Laurencie à dîner dans un décor qui fait enrager le militaire.

Une dizaine de jours après son installation à Paris, La Laurencie se présenta à Abetz revenu de Berlin avec le titre d'ambassadeur auprès du commandant militaire en France, chargé des questions politiques. La Laurencie affirma sa volonté de collaborer loyalement[10]. Très vite, il accusera Abetz de comploter contre lui avec la complicité de Laval et de Brinon soupçonné de guigner sa place et de torpiller la Délégation générale.

À leur troisième voyage à Paris, Laval et Brinon se rendent le 28 août à Fontainebleau où ils seront reçus par von Brauchitsch, commandant en chef de l'armée de terre, organisateur des campagnes éclairs de Pologne et de France, promu *Feldmarschall* après la défaite française, et qui avait été l'un des agents actifs de la nazification de l'armée allemande.

Abetz les accompagne. Dans la voiture, en cours de route, il déclare à Laval : « Il est bien triste, monsieur le Président, que des hommes comme M. de Brinon qui souhaitait l'accord avec l'Allemagne et vous qui n'avez pas voulu la guerre soient obligés aujourd'hui de se rendre dans une ville française auprès d'un maréchal allemand[11]. »

La rencontre eut lieu en fin d'après-midi au pavillon Pompadour, la plus belle demeure privée de Fontainebleau appartenant à la famille de Noailles. Brinon notera que l'entrevue « eut un ton beaucoup plus intime et par là plus facile que l'entretien avec Streccius[12] ».

Répondant « aux persuasives instances de Laval sur l'éminente nécessité de tenir compte dans les règlements de l'honneur français, Brauchitsch parla de l'Europe dans laquelle la France "aura un grand rôle à jouer". Il envisageait trois périodes : Celle de l'Occupation et des nécessités de la campagne contre l'Angleterre. Celle du règlement proprement dit. Celle de l'organisation dans laquelle la collaboration franco-allemande redeviendra une nécessité primordiale[13] ».

Il affirma que l'Angleterre serait réduite à un rôle accessoire et émit le vœu, lors d'une prochaine rencontre, de pouvoir s'entretenir avec Laval dans des conditions plus faciles.

Brinon constata que le sort de la France était indifférent au maréchal et ajoutera à propos de cette entrevue : « Les deux hommes n'ont rien qui puisse les rapprocher. Laval parle de sa volonté. L'autre de l'armée allemande. Laval évoque les dangers qui menacent l'Afrique-Gabon. Brauchitsch dit qu'il rendra compte au Führer. Exprime cependant son estime pour le maréchal Pétain. Avec les militaires allemands, c'est le seul point de contact. Pétain est le Hindenburg français. Estime pour l'adversaire de Verdun. En dînant avec Laval, le soir, j'insiste sur la valeur du prestige du Maréchal. Mais il est entièrement fermé à cette considération. Pour lui comme pour son collaborateur Luquet*, c'est un vieux "schnock". C'est la première fois que je me rends compte de l'incompatibilité foncière Pétain-Laval [14]. »

Brinon avait remarqué que seul parmi les responsables allemands en France, Abetz ne témoignait aucune déférence au maréchal Pétain, croyant déceler tout ce qu'il y avait d'équivoque sous sa dignité apparente. « Le vieux renard [15] », ne tarda-t-il pas à le surnommer. Sans surprise, il avait aussi constaté qu'Abetz entendait être l'un des moteurs de la persécution des juifs, réclamant sans cesse des « mesures énergiques ». C'était un champ immense d'initiatives qui s'ouvrait à lui et la voie royale à l'avancement de sa carrière. Le ministère des Affaires étrangères du Reich détenait dans ses attributions le règlement de la question juive à l'étranger.

Le 24 juin 1940, deux jours après la signature de la convention d'armistice avec la France et sans perdre un seul instant, Reinhardt Heydrich écrivait à Ribbentrop qui avait dans la SS le grade de *Gruppenführer* (général de division). Rappelant que, depuis le 1er janvier 1939, il était, lui, Heydrich, en charge du règlement de la question juive dont le ressort principal avait constitué jusqu'alors à forcer les juifs à quitter le territoire du Reich, il annonçait : « Il n'est plus possible désormais de résoudre par le moyen de l'émigration la totalité du problème, puisqu'il s'agit environ de 3 250 000 Juifs habitant les différents territoires qui se trouvent actuellement sous souveraineté allemande. La nécessité d'une *solution définitive réalisée sur place* [souligné dans le texte] semble donc s'imposer. Qu'il me soit

---

* Depuis son enfance, Paul Luquet connaissait Laval et sera employé par lui d'abord dans ses affaires de presse. Il deviendra un de ses proches collaborateurs sous le régime de Vichy.

permis de solliciter de pouvoir assister aux réunions à venir qui seraient consacrées à la *solution définitive du problème juif*, [souligné dans le texte] si vous prévoyez de telles réunions[16]. »

Ces réunions furent organisées par Ribbentrop qui, dans son ministère, avait chargé de la question juive le sous-secrétaire d'État Martin Luther qui convenait le mieux à cet emploi. Ce dernier était venu à Paris se concerter avec Abetz. Ribbentrop, qui avait renforcé sa position personnelle en France par l'intermédiaire d'Abetz, informa le commandant suprême des forces armées allemandes (OKW) qu'Abetz était élevé au rang d'ambassadeur par décision du Führer et il énuméra ses attributions qui consistaient d'abord à conseiller les services militaires sur les questions politiques. Abetz était tenu d'entretenir des contacts permanents avec le gouvernement de Vichy et ses représentants en zone occupée, d'influencer dans le sens désiré les personnalités politiques françaises des deux zones, de diriger la presse, la radio, la propagande en zone occupée et d'influencer l'opinion publique en zone non occupée, de conseiller la police secrète allemande lors de la saisie de documents politiques importants, de saisir et mettre en sûreté les œuvres d'art appartenant à des juifs[17].

Abetz, qui s'était rendu à Berlin à l'issue de sa première rencontre avec Laval, avait été informé que le sort des juifs depuis la conquête de la Pologne passerait par la déportation à l'Est. Le 20 août, de retour à Paris, Abetz proposa à Ribbentrop de passer à l'acte :

« Je demande votre accord pour les mesures antisémites à prendre immédiatement qui pourront servir de base à l'éloignement ultérieur des Juifs, y compris de la France non occupée :

» Interdiction du retour des Juifs en France occupée par le franchissement de la ligne de démarcation.

» Obligation pour les Juifs établis en zone occupée de se faire recenser.

» Marquage des magasins juifs en France occupée.

» Mise en place d'administrateurs aryens pour les magasins, les exploitations économiques et les stocks détenus en magasin, et les grands magasins dont les propriétaires juifs ont fui.

» Lesdites mesures peuvent être motivées par le fait qu'elles intéressent la sécurité de la puissance d'occupation allemande et être exécutées par les autorités françaises[18]. »

Ce qu'Abetz appelait dans le langage codé des nazis « les mesures d'éloignement » avait la même signification que le terme « évacuation » des juifs dans la prose de Heydrich et signifiait : la déportation.

Brinon savait que la « valeur suprême » du national-socialisme résidait dans l'élimination des communautés juives. Dans sa prison, en préparant sa défense, il écrira : « Dès le mois d'août 1940, j'ai averti le Maréchal et M. Laval qu'il serait bon de penser à la protection des israélites français. Les Allemands avaient pris en effet, en Pologne, des mesures extrêmement dures et je savais qu'ils avaient l'intention d'établir un statut des juifs dans les territoires occupés par eux. J'avais parlé de la question avec le Dr Best, chargé au Majestic de l'administration, qui était très intelligent et compréhensif. Il m'avait demandé ce que nous avions l'intention de faire et quelles étaient mes idées sur ce sujet. Je lui avais répondu qu'à mon sens le problème juif en France ne se posait pas comme dans les autres pays : ils étaient assimilés, ils faisaient et accomplissaient le service militaire, avaient servi dans les deux guerres et il ne pouvait être question que de mesures individuelles. Le Dr Best m'avait dit : Que le Maréchal Pétain fasse connaître ses idées, nous les respecterons certainement. C'est dans ce sens que j'avais parlé au Maréchal et à Laval. Le premier me répondit ce qu'il avait l'intention de faire et qu'il ferait, mais qu'il convenait de lui laisser le temps. Le second me déclara que la question juive ne le concernait en rien et qu'il s'en félicitait, que c'était l'affaire du ministre de la Justice Alibert, que pour rien au monde il n'avait l'intention de s'en occuper, ni pour, ni contre [19]. »

On ne pouvait formuler de jugement plus trompeur que celui de Brinon sur le Dr Werner Best. Chef de l'administration militaire allemande en France, il était l'ancien expert juridique de la SS et l'un de ceux qui avaient pris une part prépondérante dans la structuration du parti national-socialiste. Il avait contribué à la création et au fonctionnement de la Gestapo et obtenu le grade de SS *Brigadeführer* (général de brigade). Pendant la guerre de Pologne, il avait dirigé pendant quelque temps un *Einsatzgruppe* (groupe d'action spéciale) dont le rôle consistait principalement à rassembler et à massacrer les juifs en masse.

« Que le maréchal Pétain fasse connaître ses idées, nous les respecterons certainement », disait le Dr Best, parfaitement renseigné sur la position du Maréchal disposé à promulguer un Statut des juifs avec toutes les conséquences qui devaient en découler et qui savait aussi que le mot Collaboration impliquait une complicité agissante dans le traitement de la question juive. Pendant les vingt-quatre mois de son activité en France, le Dr Best, certes très aimable à l'égard de Brinon, fut à la charnière de la Solution finale.

Quel bilan pouvait-on établir de la confrontation inégale entre vainqueurs et vaincus pendant les premières semaines de l'Occupation ? Brinon considéra que le résultat le plus patent concernait les prisonniers de guerre. Un service des prisonniers de guerre avait été créé à Vichy, mais il tournait à vide faute d'informations et de moyens d'action. Les États-Unis, puissance protectrice chargée des intérêts français en Allemagne, s'occupaient du sort des prisonniers, s'efforçant surtout de les localiser et de les identifier. L'énormité de la tâche de recensement se résume par les 5 893 000 fiches que le Comité international de la Croix-Rouge établira à partir de septembre 1940 [20].

Les Allemands décidèrent que la France pourrait devenir sa propre puissance protectrice envers ses prisonniers de guerre. Si le gouvernement français se félicita de cet assouplissement qui autorisait l'assistance directe, cet arrangement permettait aux Allemands d'exercer avec plus de force encore un chantage permanent, liant l'amélioration du traitement des prisonniers à la docilité politique du gouvernement français.

C'est alors qu'entre en scène Georges Scapini. Député de Paris, Scapini avait voté les pleins pouvoirs au maréchal Pétain et montré une particulière agressivité à l'égard de la IIIᵉ République pendant les ultimes débats parlementaires. Brinon avait appris que Scapini, ancien président du Comité France-Allemagne qui résidait à Paris lors de l'entrée des troupes allemandes, s'était empressé de rencontrer Abetz. Ces précédents convainquirent les autorités de Vichy de l'utilité de Scapini, d'autant qu'Abetz exigeait sa nomination. Le Maréchal en personne le pria, en tant que président de l'association des aveugles de guerre, de prendre en charge les prisonniers.

Du point de vue de l'efficacité, le choix de Scapini était surprenant. L'intéressé lui-même le souligne : « La vue des uniformes allemands m'a été épargnée. Je sais qu'ils étaient là mais je ne les voyais pas. La guerre de 1914 pour moi avait été visuelle, celle-ci était presque une abstraction dont je n'avais la perception que par le raisonnement et la réflexion, ce qui est insuffisant pour créer la vie : il faut la lumière du jour pour que les choses deviennent réelles. Cette circonstance m'a aidé à accomplir la mission dont j'allais être chargé [...]. La nuit où je suis dépersonnalise les individus qui deviennent simplement des entités humaines et cela peut être une force et une faiblesse pour moi, une force sûrement qui m'évita le complexe du vaincu dans mes contacts avec les Allemands [21]... »

En un mois, Brinon avait fait le tour de l'organisation allemande en France. Il avait rencontré la plupart des principaux responsables en qualité de représentant personnel de Laval dont la bonne volonté commençait à être reconnue. Abetz se chargea d'officialiser Laval comme interlocuteur majeur de l'Allemagne. « Cher ami, écrivait-il à Brinon, nous avons l'intention de publier demain dans les journaux [parisiens] un portrait de Monsieur le ministre Laval avec le texte suivant : "Monsieur Pierre Laval, vice-président du Conseil des ministres de l'État français, vient de passer quatre jours à Paris au cours desquels il a pris contact avec les autorités allemandes[22]. »

Au terme de ces préliminaires, Brinon décida de rendre publique sa position en faveur de la collaboration franco-allemande en publiant un article dans le premier numéro d'un mensuel, *Lecture 40*, dirigé par Jean Fontenoy. Cette feuille était financée par Eugène Schueller, le richissime patron de L'Oréal. Ce familier des officines d'extrême droite avait été l'un des bailleurs de fonds de la Cagoule. Le sommaire se composait d'une présentation du journal par Fontenoy qui déversait en torrent sa haine des juifs. D'autres articles à prétention anthropologique reprenaient tous les poncifs de l'antisémitisme raciste, d'autres pourfendaient la franc-maçonnerie et faisaient l'éloge de l'ordre nouveau. Pour sa part, Eugène Schueller, le mécène, concluait à la nécessité d'un gouvernement antidémocratique assuré d'une durée de dix ans. La contribution de Brinon – « Le Quai d'Orsay l'a voulu » – critiquait l'ancienne politique étrangère de la France : « C'est la première fois que je reprends la plume de journaliste depuis novembre 1938 », écrivait-il avant d'évoquer son combat pour la vérité quand, avant la guerre, il affirmait la bonne foi de Hitler et l'entente possible avec l'Allemagne grâce aux « offres généreuses » du Führer-chancelier à la France. Il rappelait l'avertissement de Mussolini : « L'Europe sera fasciste dans dix ans », et il ajoutait : « Nous devons accepter le fait et, si dur qu'il nous soit, bâtir sur lui notre redressement [...]. Il n'est qu'une conduite pour la France qui permettra avec l'Allemagne, même à travers les épreuves et les douleurs, une collaboration loyale et féconde[23]. »

Cet article fut repris et commenté par la radio de Vichy.

En octobre, après quatre mois d'un séjour plaisant dans la capitale française désaffectée, le général Streccius cédait la place au général Otto von Stulpnagel dont la rigidité déconcerta et indisposa le général de La Laurencie qui aimait les effusions.

Le général Otto von Stulpnagel était âgé de soixante-deux ans. Avant la guerre, il avait préconisé la récupération des territoires allemands amputés par le traité de Versailles. À son accession au pouvoir, le Führer avait envisagé de le nommer ministre de la Reichswehr[24]. En 1937, il avait été tiré de la retraite quand les principaux plans de guerre du Reich avaient été élaborés. Après avoir été gouverneur militaire de Vienne, il arrivait à Paris sûr du bon droit

allemand et entendant l'imposer par les méthodes les plus énergiques. Les photos que l'on possède de lui pendant cette période le
montrent d'une incroyable raideur physique, corseté dans son uniforme, le crâne à la prussienne. Il allait commander en France pendant seize mois.

Rapidement, son attention avait été attirée par le rôle de Brinon
qui, de déjeuner en dîner, à Paris, tenait des propos jugés souvent
hors de ses compétences aux officiers allemands du Majestic, propos
qui s'étaient envolés jusqu'à la commission d'armistice de Wiesbaden dont le chef s'était étonné du comportement d'« un certain M. de
Brinon [25] ». Pour sa part, le général von Stulpnagel réserva un bon
accueil à Brinon, loin de se douter que bientôt il allait être son interlocuteur principal du côté français.

CHAPITRE 20

Lèse-humanité

À Paris, pendant les premiers mois, Brinon mena une existence exempte de servitudes administratives, n'ayant pour tout service à Matignon que son secrétariat personnel assumé par la seule Simone Mittre.

Il menait la vie qui lui convenait, ne lésinant pas sur la dépense et entouré d'égards protocolaires. Partout reçu et écouté avec sympathie, il se mouvait avec aisance dans les réseaux de l'Occupation.

Dans ses rencontres régulières avec les responsables allemands, quelle que fût la question traitée, l'entretien retombait sur les juifs, l'affaire capitale, et tous parlaient de la nécessité de les mettre hors d'état de nuire. Brinon pénétrait ce monde où le pire n'avait pas de limites mais qu'il acceptait en bloc comme si des tendances, jusqu'alors refoulées, faute de circonstances propices, pouvaient enfin s'épanouir. Sous leurs impeccables uniformes, la plupart des responsables nazis étaient médecins, juristes, universitaires, avocats, philosophes et même hommes d'Église, formant cette catégorie de cadres traditionnels qui, avant Hitler, dirigeaient l'État allemand et représentaient la *Kultur*. Leur adhésion à l'ordre national-socialiste démontrait que culture n'est pas civilisation et qu'elle est impuissante à juguler les instincts les plus bas, à éradiquer les besoins de destruction enracinés dans la réalité profonde des êtres.

Brinon s'assigna pour objectif d'activer la collaboration franco-allemande de manière irréversible en consolidant la position de Laval. De son côté, Abetz s'efforçait de protéger Laval par un procédé que Brinon rapporta à Laval lui-même : « Abetz m'a affirmé qu'il voulait me tenir très exactement au courant de toutes les démarches qui avaient été faites par des Français et de toutes les visites de Français qu'il recevrait, et qu'il me laissait libre d'en rapporter ce que je croyais devoir être utile [1]. »

Brinon, qui se rendait presque chaque jour à l'ambassade d'Allemagne, observait de ses propres yeux les collaborationnistes qui y défilaient dans un carnaval de trognes édifiantes. Abetz y plongeait à pleines mains. Marcel Déat, qui complotait toujours pour former un parti unique, venait dénoncer le danger, selon lui, de la politique socialement rétrograde du gouvernement de Vichy et demandait aux Allemands des têtes françaises. Jacques Doriot, à qui le Maréchal faisait verser des subsides, mendiait aux Allemands un complément mensuel. Jean Luchaire, qui connaissait depuis avant la guerre le chemin de l'ambassade, obtenait de son ami Abetz argent et appui politique. Le plus direct était Jean Fontenoy, placé avec l'accord de Laval à la direction de *La France au travail**, une feuille ultra-collaborationniste, et qui priera Abetz de l'aider à mettre de l'ordre au sein d'une rédaction indisciplinée :

« Mon cher Otto, Je t'envoie une lettre officiellement qui veut dire en gros : ça ne tourne pas rond à *La France au travail* [...]. Un lessivage s'impose. Si tu veux me faire téléphoner un matin à la maison, nous pourrons en parler utilement. Affectueusement, Fontenoy[2]. »

Plus d'une fois, Brinon sacrifia aux thés de Mme Abetz où se retrouvait la société de la Collaboration. Dès son arrivée à Paris, Mme Abetz avait servi de messagère à son mari, battant le rappel des amis d'avant-guerre et les invitant à « se mettre en rapport avec Otto ». Suzanne Abetz, née Bruyker, était issue d'une famille modeste du Nord. Elle avait fait la connaissance d'Abetz en 1930 dans les locaux des *Nouveaux Temps*, le journal de Luchaire à qui elle servait de secrétaire. Deux ans plus tard, à Karlsruhe, elle épousait Abetz dont elle était l'aînée de quatre ans. Devenue allemande, elle suivit de très près son ascension politique dès le moment où il fut embauché dans le *Dienststelle Ribbentrop* ; son ambition croissait avec l'élévation d'Otto. Quand elle devint l'hôtesse du superbe hôtel de Beauharnais qui abritait l'ambassade d'Allemagne, elle s'habitua à voir dans ses deux enfants qui s'ébattaient à travers le jardin des bambins princiers, et entretint en elle-même le désir que son mari puisse un jour remplacer son ministre avant de le clamer imprudemment quand Ribbentrop sera contesté. En attendant, elle se tenait

---

* *La France au travail*, qui multipliait les attaques contre le gouvernement de Vichy, avait été qualifiée d'« infâme » par le général Huntziger à la commission d'armistice de Wiesbaden. Huntziger, pourtant bien conciliant, s'étonnait que les autorités militaires allemandes en tolèrent la publication, (DFCA, t. I, 19 août 1940).

droite dans son fauteuil quand elle recevait à son thé et, sous sa lourde chevelure noire étagée comme une perruque, elle tâchait d'avoir de grands airs, se prenant, par l'abondance des petits fours, pour la reine d'un nouvel âge d'or.

Par une sorte de dissociation, Brinon examinait d'un esprit critique ce qu'il voyait, bien qu'il s'en fît le complice. Il se déplaçait de Paris à Vichy, passant d'une eau noire à une eau trouble. Dans la ville thermale, il retrouvait ce climat d'intrigue et de malveillance plus puissant qu'un courant politique. Lui-même n'était pas épargné. Au cours d'un de ses brefs séjours à Vichy, il rendit visite à Ivan Loiseau, le secrétaire général de la Compagnie fermière, qui, faisant état de l'aveuglement du gouvernement devant les intentions allemandes, l'interrogea : « Il me semble qu'à l'hôtel du Parc on soit bien optimiste sur les événements présents et futurs. Croyez-vous cet optimisme fondé ? » Brinon répondit : « Les Allemands seront impitoyables. » Dans une telle bouche, c'était un renseignement qui aurait dû ouvrir bien des yeux. Le lendemain, nous avions à dîner Jean Giraudoux et l'amiral Fernet. Je rapportai ce propos et Fernet d'un ton coupant nous dit : "Ce que dit M. de Brinon n'a aucune importance, car c'est un agent double." Cette incompréhension nous frappa Giraudoux et moi. Nous dîmes que l'homme était intelligent, perspicace et avait les secrets de l'Allemagne actuelle *[3]. »

Parmi les affaires pressantes, celle du transfert du gouvernement français à Paris mobilisait Brinon. Deux semaines après la signature de l'armistice, le général Weygand, ministre de la Défense nationale, faisait savoir que le gouvernement, usant de la latitude que lui accordait l'article 3 de la convention d'armistice, désirait s'installer à Paris le plus tôt possible. Le général Heinrich von Stulpnagel, président de la commission d'armistice et cousin du nouveau gouverneur militaire proposa d'établir son siège à Versailles. Weygand accepta et remercia, étant entendu que les services ministériels pourraient siéger à Paris malgré la complication de circulation entre les villes. La date de l'installation à Versailles fut fixée au 15 décembre. Laval considérait que le transfert du gouvernement en zone occupée était nécessaire au raffermissement de sa situation personnelle. Abetz s'en fit

---

* L'amiral Jean Fernet était un proche collaborateur du maréchal Pétain. Lors de son séjour à Vichy, Roger Martin du Gard note à propos de Fernet, un ami de jeunesse : « Je dîne avec lui. Très amiral. Très conspirateur. Nullement abattu par la défaite [...]. Il ne cache pas ses haines, son antisémitisme, son antiparlementarisme. Tout en lui crie : "Notre heure a enfin sonné !" ». Roger Martin du Gard, *Journal*, 14 juillet 1940.

l'écho, écrivant à Ribbentrop que Laval, se sentant affaibli, souhaitait le retour à Paris « par le désir d'avoir les forces d'occupation allemandes comme protection derrière le gouvernement[4] ». Abetz ajouta qu'il était lui-même favorable à ce retour, ne serait-ce que pour mieux surveiller les ministres français. Ayant consulté Hitler, Ribbentrop répondit : « Prière de continuer à traiter cette question de manière dilatoire. Il ne saurait être envisagé pour l'instant un tel transfert car Paris et le nord de la France sont des zones d'opération contre l'Angleterre[5]. »

Cherchant tous les moyens de renforcer la position de Laval, Brinon préconisa une rencontre entre Laval et Ribbentrop. Dans le même temps, le maréchal Pétain décidait de débarrasser son gouvernement des quatre parlementaires de la IIIe République qui y siégeaient encore, à l'exception de Laval, son dauphin. Adrien Marquet était parmi les exclus. Brinon signalera à Laval que Marquet fila aussitôt à Paris se plaindre à l'ambassade d'Allemagne d'avoir été victime « de la réaction conservatrice et radicale », et que Laval, qui ne l'avait même pas défendu, risquait d'être abattu pour les mêmes raisons que lui. Les Allemands furent très attentifs à cette dernière menace. Un point positif leur apparut dans ce remaniement : le complaisant général Huntziger remplaçait au ministère de la Défense nationale l'intransigeant général Weygand, dont ils avaient jugé la présence indésirable[6].

Le 27 septembre 1940, le commandant militaire en France promulgua la première ordonnance allemande contre les juifs qui définit le juif, interdit le retour des juifs en zone occupée et ordonne le recensement de tous ceux qui y vivent. Parmi les décisions figure l'obligation de coller aux vitrines des entreprises juives une affiche se présentant comme une longue bande de papier portant l'inscription : « *Judisches Geschäft* », « Entreprise juive ». Le nouveau ministre de l'Intérieur Peyrouton charge le général de La Laurencie, représentant le gouvernement dans les territoires occupés, d'appliquer l'ordonnance allemande en organisant dans les commissariats le recensement des juifs. Pour montrer son adhésion à la politique allemande et sa volonté d'apporter son concours, Peyrouton s'empressa de divulguer à Abetz le contenu du Statut portant sur les juifs que le maréchal Pétain va édicter les jours suivants.

Par un rapport de douze pages, Abetz pourra aussitôt informer son ministre de l'évolution favorable de la situation politique en France du point de vue allemand : « Il ressort des entretiens avec les membres du Cabinet [français] et des renseignements reçus par des informateurs, qu'à l'heure actuelle, le gouvernement français a adopté à une forte majorité une attitude antiparlementaire, anglophobe et antisémite [...]. Le ministre de l'Intérieur Peyrouton m'informa qu'il envisageait la dissolution des conseils municipaux, des Conseils généraux et des Conseils d'arrondissement et qu'il se proposait comme premières mesures contre les juifs d'interdire leur maintien aux postes d'État dirigeants, leur activité dans la presse, la radio, le cinéma, le théâtre et l'exercice des professions libérales dépassant le pourcentage des juifs par rapport au total de la population. À cet effet sera considéré comme juif toute personne ayant plus de deux aïeux juifs comme en Allemagne. Dans cette façon de procéder, le gouvernement français trouve l'appui le plus large auprès de l'armée et du clergé dont la majorité s'oppose, cependant, à la politique de collaboration franco-allemande à laquelle tend le gouvernement et conseille d'adopter une nette attitude attentiste [7]. »

Dans une conjoncture aussi propice, le maréchal Pétain promulgua le Statut des juifs qui était encadré par deux autres lois. L'une entraînait la déchéance de la nationalité française des juifs d'Algérie, à l'exception des anciens combattants décorés. L'autre autorisait les préfets à interner les étrangers « de race juive » dans des camps spéciaux ou des résidences assignées.

Le texte établissait qu'est « regardé comme juif pour l'application de cette loi, toute personne issue de trois grands-parents de race juive ou de deux grands-parents de cette même race si son conjoint est lui-même juif ». Suivait la longue nomenclature des interdits. En substance, comme Abetz en avait eu la primeur, les juifs ne pouvaient exercer aucune fonction publique et élective ni accéder aux grandes charges de l'État et de l'administration. Ils étaient exclus de l'armée et n'étaient tolérés dans aucune entreprise bénéficiant de subsides publics. L'accès à certaines professions libérales était autorisé dans le cadre « d'une proportion déterminée » (numerus clausus). Il leur était interdit à quelque niveau que ce soit d'exercer des professions dans la presse, le cinéma, le théâtre. Les fonctionnaires juifs cessaient leurs fonctions dans les deux mois suivant la parution de la loi. Quelques exceptions seraient tolérées si les intéressés ont rendu des services exceptionnels dans les domaines littéraire, artistique, scientifique. La loi s'appliquait à l'Algérie, aux colonies, aux pays de protectorat et territoires sous mandat. Des sanctions étaient prévues à l'encontre de ceux qui enfreindraient la loi.

Le contenu du Statut des juifs reprenait l'ensemble des lois et décrets promulgués par Hitler cinquante-neuf jours après sa prise de pouvoir. Il aura fallu soixante-quatre jours au maréchal Pétain, après son coup d'État, pour l'imiter. Établie hors de toute pression alle-mande, cette législation fut librement conçue et appliquée suivant le génie propre de l'État français qui, s'étant déclaré ouvertement raciste et aligné sur l'Allemagne, se montrait digne de siéger dans les plus hautes instances de l'Europe hitlérienne.

La radiodiffusion française fit un commentaire s'achevant par ces mots : « C'est en toute sérénité et fidèle à la tradition d'humanité de notre pays, que le gouvernement français a publié cette loi, et il est sûr que son attitude sera comprise de tous[8]. »

La presse, qui glorifia « la loi portant Statut des Juifs », avait agré-menté ses colonnes de graphiques expliquant comment on est ou comment on devient juif. Outre la presse, la radio, la propagande offi-cielle, les meetings des groupes fascistes, toute une vague hurlante en réclamait davantage, s'évertuant, en matière d'antisémitisme, à « allu-mer cette étincelle psychologique qui enflamme le peuple ».

À Vichy, la première réaction sur le terrain fut celle d'un mar-chand de tissus de la rue du Président-Wilson, longeant le parc des Sources, qui afficha sur sa porte : « Ce magasin est interdit aux juifs et aux chiens. Nous nous excusons auprès de messieurs les chiens. » Dans la rue Jean-Jaurès, on remarquait la façade peinturlurée de bleu de la boutique abritant *L'Émancipation nationale*, le journal de Doriot. En vitrine s'étalait la feuille du parti, quelques photos et des tracts. Pour saluer « la loi portant Statut des Juifs », des caricatures apparurent et un placard couvert de grandes majuscules annonçait : « La mort d'un juif est une danse comme une autre[9]. » On regardait d'un drôle d'air les quelques réfugiés juifs encore en rade dans de rares hôtels. Leur sécurité n'était pas assurée. Un arrêté les bannissait de la ville. Des incidents eurent lieu.

Les préparatifs de cette loi furent entourés du secret qui cerne les grands crimes d'État. Tout se passa en discussions qui ne laissent pas de trace. Quels membres du cabinet du maréchal Pétain partici-paient à son élaboration ? Deux noms émergent : Marcel Peyrouton, le ministre de l'Intérieur, et Raphaël Alibert, le ministre de la Justice. Dans la pièce exiguë, tendue de toile de Jouy, où se tenait le Conseil des ministres, dix hommes étaient serrés autour d'une table étroite, épaule contre épaule. Après deux heures d'échanges, le maréchal Pétain, qui d'après un participant à ce Conseil se montra le plus implacable à l'égard des juifs, apposa sa signature au bas de la loi[10]. Les neuf autres contresignèrent, marquant qu'il s'agissait d'un acte législatif engageant la responsabilité collective du gouvernement : Pierre Laval, vice-président du Conseil ; Raphaël Alibert, garde des Sceaux ; Paul Baudouin, ministre secrétaire d'État aux Affaires étrangères ; Marcel Peyrouton, ministre secrétaire d'État à l'Intérieur ; général Charles Huntziger, ministre secrétaire d'État à la Guerre ; amiral François Darlan, ministre secrétaire d'État à la Marine[*] ; Yves Bouthillier, ministre secrétaire d'État aux Finances ; René Belin, ministre secrétaire d'État à la Production industrielle et au Travail ; Pierre Caziot, secrétaire d'État à l'Agriculture et au Ravitaillement.

La promulgation quasi simultanée de la première ordonnance allemande contre les juifs en zone occupée et du Statut des juifs par Vichy franchissait un seuil au-delà duquel l'humain cessait d'être. Brinon s'y engagea en toute lucidité, porté par ses ambitions de carrière et la volonté de travailler à la victoire de l'Allemagne hitlérienne. Peut-être se produisit-il dans son esprit un effet de compensation et que, s'étant placé dans la nécessité d'épauler le crime, il tentera de s'en absoudre par des interventions en faveur du plus grand nombre possible d'individus.

Depuis trois mois fonctionnait la Révolution nationale qui permettait au maréchal Pétain d'être de son temps, un temps par lequel il ne se sentait pas dépassé. On comprend la réponse de Mme Pétain à ceux qui lui faisaient compliment de la bonne mine et de l'allure gaillarde de son mari : « Le Maréchal, mais il n'a jamais été aussi heureux[11] », disait-elle.

La vieille dame, de son côté, n'avait jamais été si entourée. On se faisait inviter au thé de la Maréchale, on participait à la layette de la Maréchale qui s'était découverte providence des malheureux. On créait des compositions florales qui ornaient sa chambre. Elle avait fait à Vichy une arrivée discrète : « On la voyait déambuler en ville de son étrange démarche chaloupée [...]. La muse départementale était devenue une assez formidable vieille femme aux épaules carrées, au menton en galoche, qui faisait songer à une armoire à glace du dernier siècle[12]. »

Le mariage du maréchal Pétain, en 1920, avait provoqué une certaine agitation. Étienne de Nalèche, toujours informé à bonne source, nous renseigne sur ses noces avec Eugénie Hardon. Après s'être rendu à l'archevêché pour obtenir l'annulation du premier mariage de sa future femme, le Maréchal s'entendit répliquer par le vicaire général que dans les circonstances présentes cela apparaissait impos-

---

[*] L'amiral Darlan consigne dans ses notes personnelles : « Les États-Unis sont de plus en plus antifrançais. Ils nous menacent de rompre si nous prenons un loi contre les juifs. » *Lettres et notes de l'amiral Darlan*, Éditions Economica, 14 octobre 1940.

sible mais que, toutefois, étant donné la haute personnalité de l'impétrant, on ferait sans doute une exception. Pétain, très digne, rejetant l'exception, ne demanda que la loi commune et annonça qu'il abandonnait son projet. « Depuis longtemps, Pétain vivait avec Mme Hardon qui est la femme divorcée du petit Dehérain *. Leur existence était si complètement unie que l'on appelait communément Mme Hardon Mme Pétain. Le Bottin mondain avait imprimé : "Le Maréchal Pétain (et madame)." La cérémonie devait être tout intime, mais je t'en fiche ! reporters, photographes, tout a marché et le monde et la ville savent maintenant que Pétain est marié civilement. Terrible scandale dans le monde de l'état-major où Pétain est traité comme du poisson pourri. Le père Foch a pris ouvertement parti contre et il a flanqué un abattage violent au père Fayolle pour s'être permis d'avoir été témoin dans une pareille horreur. Ajoutons à cela que Pétain, que je croyais protestant, est au contraire un ancien élève des dominicains et très croyant. Pauvre Pétain, je ne donnerai pas bien cher de sa peau [13]. »

L'alignement de Vichy sur les lois racistes allemandes et les mesures attentatoires aux libertés individuelles et collectives, outre qu'il plaçait la France, comme l'avait prévu l'ambassadeur Bullitt, au rang des meilleurs élèves de l'Allemagne dans une Europe nazifiée, s'était produit au cours d'une période où le maréchal Pétain, par l'intermédiaire de Brinon, réitérait auprès d'Abetz une demande d'entrevue avec Hitler. C'était une consécration que recherchait le Maréchal qui ne dissimulait pas l'admiration qu'il portait au Führer, laquelle d'ailleurs était partagée par la plupart des membres du gouvernement qui voyaient en lui un chef d'État infaillible et assuré de nouvelles victoires.

Brinon constatait que les deux têtes de l'exécutif français travaillaient chacune pour son compte. Il écoutait les offres formulées sans nuance et sans finesse à Abetz par Laval qui courait au-devant des exigences allemandes en laissant toujours entrevoir de nouvelles concessions. Abetz ne cachait plus son goût pour Laval : « Il me plaît, disait-il à Brinon, on dirait un paysan de la Forêt-Noire, mon pays [14]. »

D'après ses notes, Brinon ne s'illusionnait pas sur les difficultés d'un accord avec l'Allemagne qui maintenait une ligne paradoxale. Dans sa guerre contre l'Angleterre, elle semblait disposée à accueillir

---

* Un artiste peintre.

des unités combattantes françaises encadrées par ses propres troupes, mais ne voulait pas que cette contribution militaire autorisât la France à réclamer un assouplissement des clauses de l'armistice. Toutefois, observateur de tous les instants et disposant de sources d'informations aussi bien françaises qu'allemandes, Brinon considérait que les temps étaient mûrs pour que l'idée de collaboration, si ardemment défendue par les dirigeants français, fût cautionnée par l'Allemagne à l'échelon supérieur.

CHAPITRE 21

Erika et ses conséquences

Les conditions sont réunies, plaidait Abetz auprès de Ribbentrop, en vue d'une rencontre entre le maréchal Pétain et le Führer. En plus de Brinon qui relançait Abetz, le Maréchal utilisait dans le même dessein René Fonck, l'as de l'aviation française de la Grande Guerre qui entretenait des relations avec Goering. Abetz fut donc aussi informé par ce canal de l'impatience du maréchal Pétain à s'entretenir avec Hitler.

En même temps qu'il ambitionnait ce face-à-face, le Maréchal renforçait sa position d'adhérent à la nouvelle Europe par une allocution où il se félicitait que, « en moins de six semaines, une tâche législative immense, tâche à laquelle aucun gouvernement n'avait osé s'attaquer, a été accomplie », et il énumérait les principales décisions qui ne pouvaient que satisfaire les dirigeants du Reich[1]. Le lendemain, 10 octobre, il faisait lire à la radio un message développant les principaux thèmes de la Révolution nationale et proclamait : « Le régime nouveau, s'il entend être national, doit se libérer de ces amitiés ou de ces inimitiés dites traditionnelles[2]... », ce qui annonçait clairement la possibilité d'un renversement des alliances, et il lançait un appel à l'Allemagne : « En présence d'un vainqueur qui aura su dominer sa victoire, nous saurons dominer notre défaite[3]. »

Dix jours plus tard, Laval et Brinon, accompagnés d'Abetz, de Schleier et du conseiller Achenbach, s'embarquèrent dans deux voitures allemandes. Sans que la destination ait été dévoilée, Laval avait été informé qu'il rencontrerait Ribbentrop. Sur la route de Vendôme, Abetz apprenait à Laval, éberlué, que ce n'est pas Ribbentrop qu'il rencontrerait, mais le Führer Adolf Hitler en personne.

Ils arrivèrent devant la gare de Montoire-sur-le-Loir investie par un détachement allemand. Laval est escorté jusqu'au train du Führer qui porte le nom code de Erika. Ses compagnons de route sont tenus à l'écart.

L'entretien se déroule dans un wagon-salon en la seule présence de Ribbentrop muet pendant l'entretien et de l'inamovible chef interprète Paul Otto Schmidt. La précision et l'objectivité des comptes rendus de Schmidt n'ont jamais été mises en doute par les historiens.

Laval commença par prendre la parole, exprimant l'espoir qu'il fondait sur la collaboration franco-allemande. La déclaration de guerre de la France à l'Allemagne était le plus grand crime jamais commis au cours des siècles vécus par la France, assura-t-il. L'Allemagne pouvait abuser de sa victoire mais, dans ce cas, l'Allemagne « ne pourrait pas s'assurer tous les avantages moraux et matériels qu'elle attendait à juste titre de son incomparable victoire. Lui-même et le maréchal Pétain estimaient qu'une collaboration franche et sans réserve avec l'Allemagne était la seule issue[4] ».

Hitler répondit que cet entretien ne pouvait que poser des questions de principe concernant les relations franco-allemandes. Il se lança dans un discours sur la responsabilité de la France dans la situation actuelle. Lui, le Führer, n'avait qu'un but : mettre fin le plus rapidement possible à cette guerre. L'Allemagne gagnerait la guerre et imposerait la paix. Du comportement de la France face au gigantesque effort de guerre de l'Allemagne contre l'Angleterre dépendraient les conditions de paix qui lui seraient imposées. La France, étant le premier vaincu, devait payer si l'Allemagne l'exigeait. En attendant, l'Allemagne était disposée à prendre la voie de la collaboration avec la France. Laval répondit que les vues du Führer étaient absolument fondées, la guerre déclarée par la France était totalement injustifiée. « Il n'avait pas le moindre doute sur l'issue du combat : l'Angleterre serait battue et, en tant que Français, il ne pouvait qu'ajouter qu'il souhaitait la défaite anglaise de tout cœur. » Il insista sur le fait que, contrairement à ce que croyait le Führer, ce n'était qu'une petite partie du peuple français qui pouvait souhaiter un renversement de la tendance militaire : « Les gens du Front populaire, les juifs et bon nombre de riches [...] Si le Führer acceptait de prendre la main que lui tendait la France et travaillait en commun avec elle, tout le peuple français, à l'exception de quelques incorrigibles, serait d'accord avec lui[5]. »

Hitler répondit que la question de la plus haute importance était de savoir – lui, le Führer, étant décidé à mobiliser le plus grand nombre d'hommes possible contre l'Angleterre – si la France adopterait dans cette mobilisation une attitude favorable ou bien resterait sur l'expectative en croyant en tirer plus d'avantages ? Le Führer demandait à Laval, non pas une réponse immédiate, mais qu'il rapporte ses réflexions au maréchal Pétain et le contenu de leur entretien. Il devait avoir une conversation avec Franco le lendemain et si le Maréchal acceptait son invitation, il pourrait avoir avec lui une discussion personnelle immédiatement après.

« Laval s'empressa de dire que le Maréchal acceptait toute invitation du Führer et qu'il pouvait déjà le faire en son nom. En outre, Laval se rangeait à presque tous les avis du Führer. Toutefois, il ne parlait ici qu'en son propre nom et dans le seul intérêt de procurer à son pays la paix la moins désavantageuse. Il ne voyait qu'une possibilité : la défaite de l'Angleterre[6]... » Rendez-vous fut fixé avec le maréchal Pétain le surlendemain, 24 octobre.

Laval avait pris des notes durant l'entretien. S'il résuma à peu près le sens des propos de Hitler, il se garda de consigner ses paroles d'allégeance à l'égard de l'Allemagne et son souhait réitéré de la défaite anglaise[7].

L'entretien terminé, Ribbentrop fit chercher Brinon et, dans le train du Führer, il l'entraîna en une conversation à deux qui dura quatre heures. Ils ne s'étaient pas revus depuis le mois de février 1939 quand Brinon avait été chargé par Georges Bonnet de sonder les intentions allemandes à l'égard de la politique expansionniste de l'Italie aux dépens de la France. Ribbentrop informa Brinon des échanges entre Hitler et Laval. Gonflé par la victoire et l'hégémonie allemandes, il dit à Brinon que l'Allemagne aurait pu écraser complètement la France. Il s'en prit à Georges Bonnet qui l'avait assuré que la France se désintéressait des territoires de l'Est – sous-entendu, la Pologne – et y laissait les mains libres à l'Allemagne, assertion qui s'était révélée mensongère. Quant à la situation présente, Ribbentrop indiqua que le Führer n'avait pas confiance en la France et, pour dissiper cette prévention, il fallait que la France donnât des preuves et des gages. Puis, tous deux s'attachèrent à la personnalité du maréchal Pétain et Ribbentrop annonça à Brinon l'entretien que le Führer aurait avec le Maréchal le surlendemain. Brinon indique que Ribbentrop insinua aimablement : « Je sais bien, Brinon, que vous avez toujours été *ganz*, loyal. » À une heure du matin, Ribbentrop le fit raccompagner à Tours où Laval avait avisé par téléphone le maréchal Pétain des résultats de l'entretien[8].

Laval demanda au conseiller Achenbach de le suivre jusqu'à Vichy. Parfaitement au courant des intrigues françaises, Achenbach aimait aussi se prélasser dans les salons aristocratiques de Paris qui l'accueillaient volontiers. Il se méfiait de Brinon dont il ne parvenait pas à pénétrer le caractère. Après la guerre, il avancera : « Brinon était très aimable, poli, mais pas un homme avec lequel on devient ami[9]. »

À Vichy, Brinon s'inquiète de l'ambiance tout à fait défavorable à Laval. L'entourage du maréchal Pétain le mettait en cause à propos de sa rencontre avec Hitler dont on ne pouvait croire qu'elle n'ait pas été préparée longtemps à l'avance. On accusait Laval de ne pas avoir prévenu le Maréchal. Sa disgrâce, voire son arrestation, paraissait possible. « On mesure, notera Brinon, les progrès de la mésentente Pétain-Laval[10]. »

Le lendemain, devant un « petit conseil », le Maréchal annonce sa volonté de se rendre à l'invitation du Führer. Comme l'attestent les témoignages de l'époque, il était convaincu que son allure, son prestige étaient de nature à impressionner le Führer.

L'après-midi, au Conseil des ministres, Laval expose la situation. Confiance au grand homme qu'est Adolf Hitler. La France a sa partie à jouer. Les ministres s'inclinent ou se taisent. On délibère sur ceux qui accompagneront le Maréchal. Laval sera le seul membre du gouvernement. Le ministre des Affaires étrangères, Paul Baudouin, a été écarté de l'expédition. Figurent dans le cortège, de deux voitures, outre le souverain en uniforme sous un imperméable, son médecin, le Dr Ménétrel, en tenue de lieutenant de santé, son chef du cabinet civil du Moulin de Labarthète, Laval, Brinon et le conseiller Achenbach qui, poussé par Laval, avait transmis à Pétain l'invitation du Führer. Laval est dans la voiture du Maréchal au passage de la ligne de démarcation à Moulins, où trois officiers généraux allemands attendent et saluent. D'après les notes de Brinon, le cortège s'allonge et repart. L'allure est plus rapide. Les quatre motocyclistes français qui depuis Vichy encadrent la voiture du Maréchal ont du mal à suivre, se laissent distancer et, comme aux meilleurs jours de la « drôle de guerre », les machines de deux d'entre eux tombent en panne d'essence aux environs de Nevers. Arrêt général. Laval en profite pour quitter la voiture du Maréchal afin de fumer à son aise dans l'autre véhicule et il fait monter Brinon à sa place. Brinon écrit : « Fais le trajet avec le Maréchal jusqu'aux abords de Tours. Conversation intéressante. Maréchal très en verve. Je lui raconte conversations de 1933, Ribbentrop, etc. Lui me parle de généraux allemands connus à Berlin lors de son passage funérailles du roi de Yougoslavie et Pilsudski. Portrait sévère de Gamelin. Souvenirs de Verdun. En vint à redressement moral de la France. L'enseignement, l'armée, M. Laval est-il l'homme de cette œuvre ? Qualités certaines d'habileté et parlementaire. Mais antimilitariste et impopulaire. Essai d'explication de ma part du tempérament de Laval. Pour causer avec les

Allemands, personne et prestige du Maréchal sont essentiels à la France. Deux politiques seulement : celle du général de Gaulle et celle d'entente avec l'Allemagne, difficile mais réalisable. Je parle à cette occasion du livre du général de Gaulle, *Vers l'armée de métier*, que j'ai admiré. Maréchal me dit pour la première fois sa phrase souvent entendue depuis de sa bouche : "C'est un serpent que j'ai réchauffé dans mon sein." Malheureusement, suis pris de violente crise de vessie. Souffre atrocement. Maréchal croit que j'ai froid et me fait serrer ses couvertures. Dois tenir ainsi jusqu'aux faubourgs de Tours où Laval me remplace [11]. »

En évoquant quelques souvenirs de Verdun, le maréchal Pétain qui roulait vers Montoire pour sceller un pacte de collaboration avec Hitler ne se rappelait sans doute pas l'ordre du jour que le général Mangin, qui commanda le secteur de Verdun après lui, lança à ses troupes : « ... Nos pères de la Révolution refusaient de traiter avec l'ennemi tant qu'il souillait le sol sacré de la patrie, tant qu'il n'était pas rejeté hors des frontières naturelles, tant que le triomphe du Droit et de la Liberté n'était pas assuré contre nos tyrans. Nous ne traiterons jamais avec les gouvernements [allemands et alliés de l'Allemagne] parjures pour qui les traités ne sont que des chiffons de papier et avec les assassins et les bourreaux de femmes et d'enfants [12]. »

Arrêt à Tours. Déjeuner. Brinon se rend dans une pharmacie et éprouve quelque soulagement à sa crise de dysurie. Entre-temps, Abetz et Schleier, arrivés de Paris, se joignent au convoi.

À la gare de Montoire, le maréchal Keitel, bâton de commandement à la main, accueille le maréchal Pétain. Une compagnie de la garde du Führer rend les honneurs. Keitel et Ribbentrop conduisent le maréchal Pétain. Hitler l'attend sur le quai. Les regards s'ajustent, l'un sous la visière de la casquette, l'autre sous celle du képi. C'est la fameuse poignée de main de Montoire. Brinon note : « Contact impressionnant et cordial [13]. »

Et l'on se retrouve dans le wagon-salon du Führer. Ribbentrop et Laval étaient présents. Hitler exprima son regret de recevoir le Maréchal dans de telles circonstances. Pétain prit la parole et renchérit, se lavant de toute responsabilité dans la déclaration de guerre de la France à l'Allemagne qu'il considérait comme « une grande folie », et il s'exonéra de tout acte hostile à l'endroit de l'Allemagne. Il se voyait maintenant condamné à expier les fautes des gouvernements précédents. M. Laval l'avait mis au courant de son entretien avec le Führer dont le thème principal avait été la collaboration entre les deux pays. Il y était favorable. La conduite des Anglais en offrait la meilleure occasion : « Ils s'étaient, depuis l'armistice, incroyablement mal comportés envers la France. » Il n'était pas possible d'oublier Oran [Mers el-Kébir] et l'attaque contre Dakar : « Cette dernière avait été menée à l'instigation de l'Angleterre par un mauvais Français [de Gaulle] qui avait renié sa patrie. La France ne supportait plus de telles choses et cet officier avait été aussitôt condamné à mort, à la confiscation de ses biens et à l'exil perpétuel. Ainsi, la justice avait-elle suivi son cours contre lui [14]. »

Le Führer répondit qu'il savait que le maréchal Pétain avait été défavorable à la guerre, sinon cette discussion n'aurait pu avoir lieu. Revenant sur les propos qu'il avait tenus à M. Laval, il souhaitait, malgré la situation militaire favorable à l'Allemagne, mettre un terme le plus rapidement possible à la guerre. Si les conditions climatiques le permettaient, une grande attaque contre l'Angleterre était imminente. « Il était en train d'organiser une coalition d'Européens et de non-Européens contre l'Angleterre. Il avait pris contact avec le gouvernement français pour voir dans quelle mesure la France était disposée à entrer dans cette coalition et à travailler avec elle [15]. »

Le maréchal Pétain répliqua qu'il espérait que le traité de paix ne serait pas un traité d'oppression, tout en reconnaissant qu'il était légitime que la France répondît des dommages qu'elle avait imposés à l'Allemagne. Tout en concevant que le plan du Führer annonçait une fin rapide de l'Angleterre, il ne pouvait pas fixer dès maintenant les limites exactes de la coopération franco-allemande ni prendre aucun engagement sans demander l'avis du gouvernement, alors que lui-même y était déjà favorable.

Laval intervint, se félicitant de la déclaration du maréchal Pétain qui acceptait le principe de la Collaboration. Lui-même préconisait des développements militaires en Afrique où l'Angleterre était l'assaillant. « Mais il fallait, dans les démarches futures, tenir compte de l'opinion publique en France [...]. Les Français s'étaient jusqu'ici heurtés à un mur sans espoir d'issue. Mais le Führer avait accepté un entretien, il avait offert une coopération, ce qui ne manquerait pas d'avoir une influence durable et bénéfique sur l'opinion publique en France et d'agir dans une large mesure contre la propagande anglaise [...]. Le maréchal Pétain avait signé une loi – dont les dispositions, selon Laval, étaient exagérées – par laquelle le droit de faire la guerre dépendrait du vote du Parlement. Si Pétain voulait déclarer la guerre contre l'Angleterre, il devrait faire appel au Parlement et c'était un Parlement des temps précédents, élu avant la guerre, qui n'en avait pas la moindre envie. Mais il y avait d'autres possibilités d'élaborer positivement une coopération avec l'Allemagne [...]. En résumé, la France acceptait avec reconnaissance de son glorieux vainqueur l'offre de collaboration mais, au début, il fallait agir avec mesure et prudence[16]. »

Pétain laissa éclater son admiration pour l'armement et l'armée allemande et, « pour finir, son admiration se porta sur le Führer. Il n'avait jamais connu personne qui, grâce à autant d'assurance et autant de confiance en son peuple, soit parvenu à des résultats aussi gigantesques[17] ».

Ensuite le Führer parla industrie et matières premières et de la supériorité de la construction aéronautique allemande sur l'américaine. En conclusion, il récapitula l'entretien : « Le maréchal Pétain se déclarait prêt à prendre en considération le principe d'une coopération avec l'Allemagne dans le sens qu'avait exposé le Führer. Les modalités de cette coopération seraient fixées au cas par cas. Le maréchal Pétain souhaitait pour la France une fin plus favorable de la guerre. Le Führer exprima son accord sur ce point[18]. »

Brinon notera : « L'entretien se termine très cordialement. » Hitler raccompagne Pétain jusqu'à la gare décorée de plantes vertes. Le Führer aperçoit Brinon et lui dit : « Je suis heureux pour vous de cette journée[19]. »

Parmi le groupe d'Allemands qui se pressaient autour du Führer, se distinguaient Abetz et un de ses collaborateurs, le conseiller Rudolf Rahn, qui avait créé à l'ambassade une section d'information et supervisait les expositions de propagande. Rahn, présenté par Abetz, réussit à montrer au Führer des photos de l'exposition antimaçonnique inaugurée le 9 octobre à Paris au Petit-Palais[20].

Brinon résumera ce qui se passa ensuite : « Le général Schmidt accompagne le Maréchal. Suis en face sur strapontin, Laval avec Abetz derrière. Le général Schmidt dit que le Führer l'a chargé de lui demander ce qui pourrait lui être agréable personnellement. Maréchal répond : "Demandez-lui donc de libérer le général Laure, mon ancien collaborateur, qui me serait très utile". Puis, Maréchal interroge Schmidt sur ses campagnes [...]. Pétain exprime le désir de visiter des prisonniers. Schmidt déclare qu'il va s'en occuper. Le lendemain, en effet, le Maréchal visite un camp près d'Amboise avant de reprendre la route de Vichy. Il est tout à fait heureux. Il a trouvé notamment Ribbentrop très beau mais Keitel trop gros[21]. »

À l'issue de la rencontre de Montoire, l'agence officielle allemande DNB publia une dépêche laconique se bornant à mentionner les participants de la rencontre[22]. Pour sa part, Brinon s'empressa de gribouiller une esquisse de communiqué à l'accent lyrique : « Le maréchal Pétain, accompagné de M. le Président Laval, a été accueilli vers huit heures du matin à la ligne de démarcation. Les honneurs militaires lui ont été rendus, et il s'est entretenu un instant avec les officiers généraux venus le saluer. C'est vers la fin de l'après-midi qu'il a eu avec le chancelier Hitler, dans un cadre impressionnant, un long entretien. La situation de la France et son avenir dépendront dans une large mesure de cette rencontre historique [23]. »

Le lendemain, les journaux français révélaient l'entrevue de Montoire sans donner de détails. Ce n'est que le surlendemain, après un Conseil des ministres, qu'un communiqué apprend que les deux chefs d'État « se sont mis d'accord sur le principe d'une Collaboration ».

Enfin, le 30 octobre, le maréchal Pétain expose sa politique par une allocution radiodiffusée et parle d'abord de la renaissance de la France sous son autorité, puis il déclare qu'il s'est rendu librement à l'invitation du Führer, sans pression de sa part : « Une collaboration a été envisagée entre nos deux pays. J'en ai accepté le principe [...]. C'est dans l'honneur et pour maintenir l'unité française – une unité de dix siècles – dans le cadre d'une activité constructive du nouvel ordre européen, que j'entre aujourd'hui dans la voie de la Collaboration [...]. Cette politique est la mienne. Les ministres ne sont responsables que devant moi. C'est moi seul que l'histoire jugera [24]. »

Ultérieurement, Abetz faisait savoir à Brinon que « le maréchal Pétain avait produit sur l'esprit du Führer une impression de loyauté et de confiance qui pouvait rapidement entraîner de grandes choses. Monsieur le président Laval, par la manière directe avec laquelle il traite les problèmes en s'efforçant de surmonter les obstacles, possède une situation exceptionnelle [25] ». Abetz reconnaissait que l'événement avait été rendu possible grâce à la volonté exprimée par Laval, dès le commencement, de mettre ses pas dans ceux de l'Allemagne. C'est pourquoi Abetz saluait en Laval « le champion de Montoire ». Son engouement s'était accentué au fil des jours. Il trouvait dans Laval beaucoup de compréhension et disait à ses proches collaborateurs que c'était un homme avec lequel il faisait bon discuter. Il l'appelait familièrement *Peterchen* : « Petit Pierre » [26].

Ignorant qu'il était employé couramment par les dirigeants français depuis les premières heures de l'Occupation, le mot Collaboration frappa l'opinion publique comme jamais aucun autre. Toute une politique et une psychologie se ramassaient en lui seul. Rien ne fut épargné pour qu'il pénétrât dans toutes les couches de la population. L'allocution du Maréchal faisant de la Collaboration un devoir national fut diffusée jusque dans les établissements secondaires des zones occupée et non occupée, sous forme d'affichettes tricolores reproduisant le texte – « cette mâle et noble parole », selon le recteur de l'Université de Paris – qui encadrait la photo du Maréchal[27].

Montoire engendra la création du Groupe Collaboration destiné à « rassembler les Français de bonne volonté qui souhaitent sincèrement établir une France nouvelle dans une Europe nouvelle », appuyant sans condition la politique de Collaboration définie par le maréchal Pétain, « et pour mieux faire connaître aux Français l'Allemagne réelle*. »

Alphonse de Châteaubriant en devint le président. Le Groupe Collaboration était placé sous le haut patronage de Fernand de Brinon qui eut fort à faire pour calmer les querelles intestines du comité directeur. Le Groupe devait organiser des conférences données par des Allemands dont la plupart s'étaient déjà distingués au temps du Comité France-Allemagne, et appuyer des manifestations de propagande.

Le 2 novembre, une semaine après l'entrevue de Montoire, sur proposition de Pierre Laval, le maréchal Pétain conférait à Brinon, par décret, le rang et les prérogatives d'ambassadeur pendant la durée de sa mission[28]. Laval, qui venait de s'emparer du ministère des Affaires étrangères dont Paul Baudouin avait démissionné à la suite de Montoire, témoignait ainsi sa reconnaissance à Brinon qui l'avait si bien servi et l'armait d'un prestige qui devait le renforcer dans ses rapports avec les Allemands et en faire, protocolairement, l'égal d'Abetz. Quelques jours plus tard, Laval délivrait un nouvel ordre de mission à « monsieur l'ambassadeur Fernand de Brinon, délégué personnel du vice-président du Conseil, ministre des Affaires étrangères à Paris ». Ses pouvoirs étaient accrus. À sa précédente mission qui lui confiait « l'étude de toutes les questions concernant la reprise des négociations avec l'Allemagne », s'ajoutaient « toutes les négociations relatives aux dites questions[29] ».

La nomination de Brinon fit la une des journaux parisiens. Des articles et des interviews lui furent consacrés, sa photo et ses déclarations largement reproduites. De cette unanimité ressortait une constante qui lui valait un concert de louanges : Brinon était l'homme qui n'avait jamais changé d'avis depuis la fin de la Grande Guerre quand il avait milité en faveur de l'entente – aujourd'hui, il disait : l'alliance franco-allemande.

Simone Mittre, qui maintenant dirigeait un secrétariat de plusieurs

---

* Le Groupe Collaboration, association loi de 1901, fut fondé le 18 février 1941, n° du registre 3412, n° du dossier 79501.4032.

personnes, donna le ton. On ne disait plus M. de Brinon, mais l'Ambassadeur, avec tout ce qu'il fallait d'emphase.

Brinon commanda le nouveau costume d'ambassadeur créé par le régime. Fini l'habit broché d'or des ambassadeurs de la IIIᵉ République. Il s'agissait d'un uniforme qui, à l'instar de celui que portaient les diplomates allemands, militarisait la fonction de manière qu'on pût le porter tous les jours. Au bicorne empanaché se substituait un genre de casquette de préfet que Brinon enfonçait sans souci de son nez prodigieusement arqué qui effleurait la visière.

Brinon allait prendre sa part dans une opération de propagande d'envergure qu'Abetz, sur instruction de Ribbentrop, s'efforça de monter. Il s'agissait d'influencer l'opinion américaine pendant que le président Roosevelt, considéré par les Allemands comme leur ennemi juré, menait campagne en vue de briguer un troisième mandat lors des élections de novembre. Il fallait persuader Daladier de rédiger une note attestant qu'il avait déclaré la guerre à l'Allemagne sous la pression de l'Angleterre et surtout sous l'influence de l'ambassadeur William Bullitt, l'un des hommes de confiance de Roosevelt. La personne choisie pour accomplir cette démarche auprès de Daladier fut son ancienne secrétaire, Mlle Mollet. En accord avec Laval, elle fut autorisée à se rendre au château de Chazeron, une bâtisse auvergnate délabrée baignant dans une humidité permanente, où Daladier, Blum, Gamelin et Reynaud étaient enfermés en vertu du droit que s'était octroyé le maréchal Pétain d'interner ceux qu'il jugeait dangereux pour la sécurité publique et la défense nationale. Après quelques péripéties auxquelles Brinon fut mêlé, Daladier finit par se déclarer prêt à accomplir « tout acte quel qu'il soit qui assurerait à la France des conditions de paix favorables, mais je ne crois pas que la déclaration que l'on me demande puisse avoir un tel résultat [30] », ajoutait-il.

Durant ces discussions, le président Roosevelt était réélu le 4 novembre. Néanmoins, Brinon tira la dernière salve sous forme d'une interview à un représentant de la presse américaine. Il avança que la liberté telle que la pratiquaient les Français avant la guerre était un abus et expliqua ce qu'était la Collaboration : « La Collaboration est avant tout la compréhension de la situation dans laquelle une guerre follement déclarée et la défaite ont placé la France [...]. Mais hélas, le fait est que c'est l'Allemagne qui aujourd'hui est victorieuse et qui a le droit et les moyens de présider à la formation de cette nouvelle Europe. » Puis, accusant la France, c'est-à-dire Daladier, d'avoir tourné le dos aux accords de Munich, se laissant entraîner dans la guerre, il mit en cause, sans le nommer, un représentant des États-Unis [Bullitt] qui par des pressions sur Daladier influença son comportement. « D'ailleurs, comme le chef du gouvernement français continuait à se montrer hésitant, le même conseiller, dans des entretiens presque quotidiens, lui dit qu'il ne risquait rien à s'engager dans la guerre parce que le régime national-socialiste ne pourrait pas résister et que la victoire était ainsi assurée. C'est là ce que nous appelons de fausses informations et de mauvais conseils. Nous savons aujourd'hui où cela nous a conduits[31]. »

Cet article fut diffusé dans la presse de la zone occupée et, avec moins d'éclat, dans celle de la zone non occupée. Les diplomates en poste à Vichy considérèrent, suivant le terme employé par le ministre de Suède, qu'une telle publication constituait « une gaffe » sur laquelle on préférait « étendre le silence[32] ».

Dès le lendemain, le professeur Basdevant, le jurisconsulte des Affaires étrangères, rédigeait une longue note argumentée contre l'affirmation de Brinon suivant laquelle il était normal que l'Allemagne victorieuse organisât une Europe de sa façon. « Or, spécifiait Basdevant, cette affirmation est contraire aux principes du droit des gens les mieux établis : 1. Au principe que la victoire, qui n'est qu'un phénomène de force, ne crée pas le droit mais fait seulement apparaître une supériorité matérielle, une supériorité de fait. 2. Au principe de l'égalité des États [...]. M. de Brinon a dit que nous fûmes poussés vers la guerre par des influences qui n'étaient pas exclusivement françaises et que le gouvernement, ayant tourné le dos à l'accord de Munich, du même coup, a été fatalement entraîné vers la guerre. Ces paroles impliquent pour le lecteur la conclusion que la responsabilité de la guerre incombe immédiatement à la France et médiatement aux influences ainsi dénoncées. De tels propos et d'une telle déduction les conséquences les plus graves peuvent découler pour notre pays. Quiconque a l'honneur de parler au nom du Gouvernement français ne devrait jamais oublier : 1. Que la guerre de 1939 a été entreprise par l'Allemagne en violation des engagements internationaux. 2. Que la France y a été entraînée par la fidélité à ses engagements internationaux[33]. »

La note confidentielle du professeur Basdevant relevait d'un courage rare à l'époque puisqu'elle s'adressait au ministre des Affaires étrangères qui n'était autre que Pierre Laval.

Entre-temps, des contacts avaient été établis à Madrid entre l'ambassadeur de Grande-Bretagne Samuel Hoare et l'ambassadeur de France, La Baume, visant au relâchement du blocus britannique frappant les navires français qui transportaient des denrées de première nécessité. Laval se rendit à l'ambassade d'Allemagne où il s'em-

pressa de rapporter ces entretiens à Schleier, en l'absence d'Abetz :
« Laval déclare que pour écarter de notre part toute suspicion concernant son dévouement et son loyalisme absolus, il était prêt à nous
renseigner le plus exactement possible sur toutes les conversations
qui pouvaient avoir lieu avec les autorités anglaises et à orienter,
d'autre part, l'attitude de la France conformément à nos desiderata.
Laval expose ensuite le cours pris par les entretiens franco-anglais à
Madrid tels qu'ils figuraient dans la note que Brinon avait mise à
notre disposition à titre confidentiel [34]. »

Cette note secrète, mentionnée par Schleier, était le rapport des 5
et 6 novembre établi par le ministère des Affaires étrangères français,
intitulé : « Historique des rapports franco-britanniques au cours de
ces derniers mois. » Soustraire à Vichy des documents pour les
remettre aux Allemands était devenu pour Brinon une pratique régulière.

Le 10 décembre, Brinon et Laval se retrouvèrent à Paris où allaient
avoir lieu d'importants entretiens militaires franco-allemands, qui se
tinrent à l'ambassade d'Allemagne. Le général Walter Warlimont,
chef du service de la défense du territoire, présidait. C'était un de
ces officiers de la Wehrmacht si léché qu'il ressemblait à une gravure
de mode militaire. Il sera celui qui communiquera au commandant
militaire allemand en France l'ordre de fusiller les otages. Un an
après cette réunion, il allait être le rédacteur des mesures d'annihilation édictées par le décret Nuit et Brouillard (*Nacht und Nebel*) signé
par le maréchal Keitel sur ordre du Führer. Il était assisté du lieutenant-colonel Speidel et de quatre autres officiers qui demeurèrent
muets. L'ambassade, vecteur de la politique allemande en France,
était représentée par Abetz, le consul général Schleier et le conseiller
de légation Achenbach qui rédigea le procès-verbal. Du côté français,
Pierre Laval, Brinon, le général Huntziger, secrétaire d'État à la
Guerre et chef des forces terrestres, l'amiral Darlan, ministre de la
Marine et commandant en chef des forces maritimes, le commandant
Stehlin, représentant l'aviation et qui, avant la guerre, avait exercé
une forte séduction sur la sœur de Goering quand il était en poste à
l'ambassade de France à Berlin. Brinon nota que, dans ses rapports
de collaboration avec le représentant de Goering à Paris, Stehlin était
« d'une remarquable efficacité, au dire d'Abetz [35] ».

Lors d'une séance précédente, réunissant les mêmes protagonistes,
Laval avait eu ces paroles de bienvenue : « Je suis content. Je négocie
avec un général allemand qui a un nom français et j'ai à mes côtés
un général français qui porte un nom allemand [36]. » Le général Hunt-

ziger avait présenté au général Warlimont un plan de reconquête du Tchad passé à la dissidence gaulliste.

Il s'agissait maintenant par cette conférence du 10 décembre d'arrêter les décisions. Laval annonça que le maréchal Pétain avait été mis au courant des questions soulevées et rappela que ces conversations visaient : « 1. À enrayer toute nouvelle offensive contre l'Empire français qu'elle vienne de De Gaulle ou des Anglais. 2. De répondre à toute agression britannique de quelque nature qu'elle soit par des actions énergiques de représailles. 3. De réaliser notre ferme décision de reconquérir nos territoires nationaux perdus en passant vigoureusement à l'action[37]. »

Le général Huntziger, moteur de l'opération, était ragaillardi par des promesses allemandes d'augmenter ses effectifs. Il développa la manière par laquelle les objectifs proposés pourraient être atteints et affirma qu'il rejetait la défensive et se proposait d'être résolument offensif, et qu'il exprimait la volonté française. Il s'étendit sur le matériel et les hommes nécessaires et demanda que des officiers et des soldats prisonniers de guerre, spécialistes des troupes indigènes, fussent libérés.

Le général Warlimont était partisan de la mobilisation totale des effectifs français mais sans la libération de prisonniers de guerre. Huntziger continua à énumérer ses besoins et préconisa de bombarder des bases anglaises du Nigeria britannique et d'ailleurs afin de reprendre les colonies perdues. Il parla aussi d'armer la défense d'autres possessions françaises : Dahomey, Côte d'Ivoire et Togo. Darlan s'affirma sûr de vaincre les Anglais sur mer et de couler leurs navires. Laval répéta qu'il acceptait l'éventualité d'une guerre en Afrique contre l'Angleterre. Le général Huntziger adressa ces mots au général Warlimont : « Vous pouvez avoir confiance en nous[38]. »

Laval déclara à ses interlocuteurs allemands : « Je voudrais de nouveau vous affirmer que notre unique pensée en prenant toutes les mesures dont nous venons de parler est d'être en état d'assurer les obligations de la Collaboration qui a été décidée au cours des entretiens de Montoire entre le maréchal Pétain et le chancelier Hitler[39]. » Il ajouta qu'il avait assuré à Robert Murphy, le chargé d'affaires américain à Vichy, que le gouvernement français souhaitait la victoire de l'Allemagne. Il conclura : « Je voudrais vous déclarer à nouveau que, si vous nous aidez immédiatement, nous sommes prêts à agir. La France est prête, elle agira immédiatement[40]. »

Après bien des développements, les deux parties se congratulèrent. Brinon n'avait pas pris part aux discussions, mais sa présence était significative. Le lieutenant-colonel Speidel, adjoint au commandant militaire en France, qui était présent et s'était déjà entretenu avec lui, dira à son propos : « J'ai connu Brinon. Il avait un visage impénétrable [41]. »

Deux jours après, le 12 novembre, Laval retourna à l'ambassade d'Allemagne. Il dénonça le général Weygand qui pouvait tenter d'influencer le maréchal Pétain ou commettre quelque action qui contrarie l'action militaire envisagée. Comme Weygand était convoqué à Vichy afin de rendre compte de sa mission en Afrique du Nord où il avait été nommé commandant en chef, Abetz souligna la nécessité de le retenir en France [42].

Les efforts de Laval suscitaient la sympathie croissante des Allemands. Brinon reçut une lettre d'Henry-Haye, maire de Versailles, rapportant le déjeuner qu'il avait offert dans sa ville au général Turner et à quelques officiels allemands. Le général Turner était étonné que la politique courageuse de Pierre Laval ne soit pas suivie par la population : « Parmi les causes responsables, il cite volontiers la propagande d'éléments israélites et l'action de la franc-maçonnerie reconstituée, écrivait Henry-Haye. Il semble que de nouvelles ordonnances soient en préparation contre les Israélites résidant en zone occupée. » Turner reconnaissait la loyauté de la police parisienne et de son préfet et attachait un prix particulier à l'action de Laval et aux efforts de Brinon. Assistaient à ce déjeuner le préfet de la Seine Magny et son épouse, le comte Louis de Beauvoir et M. et Mme André Dubonnet [43]. Ces derniers, propriétaires de l'apéritif qui porte leur nom, s'étaient jetés à la tête des Allemands dès les premiers jours de l'Occupation ; ils étaient un couple phare du Paris collaborationniste qui liait ses intérêts mondains à la prospérité de ses affaires.

Parmi les événements qui se produisirent dans le prolongement de la réunion militaire franco-allemande, le plus retentissant fut celui du retour des restes du duc de Reichstadt.

CHAPITRE 22

Le cloître des hépatiques

À l'ambassade d'Allemagne, au lendemain de la conférence militaire, Abetz avait informé Laval et Brinon que le transfert des restes du duc de Reichstadt, décidé depuis plusieurs jours à Berlin, aurait lieu dans la nuit du 14 au 15 décembre. Le maréchal Pétain était convié à cette cérémonie solennelle qui s'achèverait en apothéose par le dépôt du cercueil, peu après minuit, aux Invalides, à côté de celui de l'Empereur. Laval transmit immédiatement l'information à Vichy.

Cette nouvelle survola l'entourage du maréchal Pétain déjà excité par les propos alarmants du général de La Laurencie venu sonner le tocsin à Vichy. L'événement contrariait une négociation en cours concernant la demande du Maréchal qui voulait obtenir une installation permanente pour lui-même, ses ministres et sa suite quand ils séjourneraient à Paris et à Versailles. La commission d'armistice était saisie. Dans l'organigramme fourni par le secrétariat du chef de l'État, il y avait de tout un peu. Certains ministères se fractionneraient entre Paris et Versailles. D'autres entre Versailles, Paris et Vichy. Quelques ministres devaient suivre le Maréchal avec une portion de leurs cabinets. Quant au corps diplomatique, il restait à Vichy qui demeurait le siège officiel du gouvernement [1].

Confinés à Vichy, les agents du corps diplomatique n'en finissaient pas de leur pénitence provinciale. Quand ils apprirent qu'il fallait renoncer définitivement à Paris, l'un d'entre eux, Einar Hennings, le ministre de Suède, estima qu'il s'agissait d'une « vichyssitude [2] ».

De son côté, Brinon avait communiqué à Abetz les noms des seize personnalités « prises dans la maison du chef de l'État » qui accompagneraient ce dernier à Versailles. Il se fit rappeler à l'ordre par le cabinet du Maréchal au prétexte qu'il tentait de se substituer au général de La Laurencie qui, délégué général, était seul chargé des mesures d'exécution de l'installation du maréchal Pétain et de sa suite à Versailles[3].

L'autorité militaire allemande approuvait plutôt ces dispositions mais indiqua que la réponse définitive serait donnée le 16 décembre par Abetz, chargé des questions politiques. Les derniers courriers qui préparaient l'installation du Maréchal à Versailles se croisèrent avec l'invitation qu'Abetz chargea Laval de transmettre verbalement, priant le Maréchal de se rendre deux jours plus tard à Paris pour assister à la remise du cercueil du duc de Reichstadt.

À Paris, Laval reçut notification du refus du Maréchal et, le lendemain, une missive au ton souverain lui parvenait par l'intermédiaire de Brinon : « [...] Je ne puis que vous confirmer mon message d'hier, et il est du plus haut intérêt que je ne reçoive pas une invitation officielle à laquelle il me serait impossible de répondre. Il ne saurait vous échapper que ma rentrée en zone occupée dans ma capitale ne pourrait se faire à l'occasion d'une cérémonie organisée par les autorités allemandes. Mon retour doit être préparé sans la précipitation que vous envisagiez et qui ne convient ni à mon rang ni à mon âge. Il se fera le 19 dans les conditions que je vous ai indiquées. Je vous confirme que je vous désigne pour me représenter à la cérémonie[4]. »

Le général de La Laurencie avait contribué à former le complot qui se tramait à Vichy contre Laval. Il était convaincu que Laval et Brinon, avec l'appui d'Abetz, se liguaient contre lui au cours de parties fines chez Maxim's et que Laval poussait Brinon au premier plan. Quand ce dernier fut nommé ambassadeur, la presse parisienne lui avait accolé le titre de « représentant du gouvernement auprès des autorités allemandes ». Ému, La Laurencie s'en était plaint à Pétain[5]. Pétain répondit : « [...] M. de Brinon a été chargé de mission par M. le vice-président du Conseil, ministre secrétaire d'État aux Affaires étrangères. Il a pour la durée de cette mission rang et prérogatives d'ambassadeur. Il ne peut être question de le considérer comme représentant du gouvernement. Vous seul avez été chargé [...] d'assurer la coordination des services publics en zone occupée [...]. Je vous autorise à confirmer de ma part au général, chef de l'administration militaire allemande en France, les attributions de votre mission ainsi nettement déterminée, en ajoutant que M. de Brinon ne doit en aucune façon exciper du titre d'ambassadeur, dont il ne possède que le rang et les prérogatives, pour représenter le gouvernement auprès des autorités allemandes[6]. »

La Laurencie demeurait sur le qui-vive. Vers le 10 décembre,

« l'offensive suprême fut déclenchée », note-t-il. Au cours d'un entretien avec Boissieu, le plus proche collaborateur de La Laurencie, Brinon accusa la Délégation générale de « saboter la Collaboration ».

Le 9 décembre, la veille de l'ouverture de la conférence militaire franco-allemande dont nous avons parlé, le général de La Laurencie accourait à Vichy. Il apportait un dossier incriminant Marcel Déat, le vénéneux éditorialiste de *L'Œuvre* qui passait pour l'allié de Laval. La Laurencie ne pardonnait pas à Déat d'avoir publié en manchette dans son journal : « Les généraux allemands se reconnaissent à leurs revers [...]. Les généraux français aussi, mais ce ne sont pas les mêmes[7]. » La Laurencie avait apporté tous les articles de la campagne ininterrompue que Déat menait contre les membres du gouvernement, n'épargnant, apparemment que le maréchal Pétain. Il produisait aussi le texte d'une émission radiophonique où Déat reprenait les termes de sa campagne de presse.

Au cours de cette journée du 9 décembre, La Laurencie rencontra Alibert et Peyrouton dans le bureau de Du Moulin de Labarthète. Vint se joindre à eux le général Laure, chef du cabinet militaire de Pétain libéré après l'entrevue de Montoire. D'un commun accord, Peyrouton est chargé de faire procéder à Paris à l'arrestation de Marcel Déat à la première occasion favorable. On fixe le mot d'ordre par lequel La Laurencie serait avisé de passer à l'action.

Le général de La Laurencie et son épouse étaient conviés à dîner à la table du Maréchal. Peu avant l'heure, le général Laure informa La Laurencie que le Maréchal était décidé à se séparer de Pierre Laval et qu'il en informait Hitler par une lettre manuscrite précisant notamment :

« Après les entretiens de Montoire qui ont fait naître en France de grandes espérances, je reste plus que jamais partisan de la politique de collaboration, seule susceptible d'assurer à l'Europe une paix définitive que Votre Excellence et moi avons le ferme désir de réaliser [...]. En ce qui me concerne, l'adhésion totale de la nation contribuerait certainement à en assurer la réussite. Pour obtenir ce résultat, ma présence à Paris me paraît indispensable, mais je rencontre des oppositions qui, jusqu'à ce jour, m'ont empêché d'effectuer ce déplacement.

» Parmi ces oppositions, je relève certaines intrigues de mon ministre des Affaires étrangères ; intrigues qui, jointes à d'autres raisons graves, m'amènent à ne plus avoir confiance en lui. Son maintien au pouvoir ne manquerait pas de susciter des difficultés et peut-être même des troubles de nature à compromettre notre politique. J'ai décidé, en principe, de me séparer de lui, mais en raison des relations qu'il entretient avec votre Gouvernement, je désire avoir votre adhésion.

» Je voudrais avoir aussi votre agrément pour la désignation, comme successeur, de M. P.-É. Flandin. Ce nom me semble devoir être une garantie de sincérité pour les efforts que la France continuera de faire en vue de la réalisation de nos projets[8]... »

Le général de La Laurencie fut chargé de remettre cette lettre en mains propres au commandant militaire allemand en France, et, le soir même, il regagnait Paris. Le matin, de bonne heure, du Moulin de Labarthète lui téléphonait de ne pas transmettre la lettre, le plan d'action envisagé étant modifié. On s'était rendu compte à Vichy qu'il était impossible d'annoncer le renvoi de Laval le jour même où celui-ci entamait à Paris, au nom du maréchal Pétain, des pourparlers militaires avec les Allemands.

Au milieu de l'après-midi, Laval convoquait La Laurencie à Matignon et lui apprenait d'un ton triomphant que le Führer transférait à Paris les restes du duc de Reichstadt qui seraient remis au Maréchal par une cérémonie solennelle. La Laurencie s'empressa de téléphoner au général Laure que le Maréchal se « coulerait » dans l'esprit des Français s'il devait se prêter à Paris à un tel cérémonial devant la parade des armes allemandes.

Le 12 décembre, Abetz remet à Brinon la lettre du Führer annonçant au maréchal Pétain le transfert des restes du duc de Reichstadt.

« Berlin, le 12 décembre 1940.

» Monsieur le Maréchal, le 15 décembre s'accomplira le centenaire du jour où le corps de Napoléon fut déposé aux Invalides. Je voudrais profiter de cette occasion pour vous faire savoir, monsieur le Maréchal, que j'ai pris la décision de rendre au peuple français les restes mortels du duc de Reichstadt. Ainsi, le fils de Napoléon, quittant une ambiance qui, durant sa vie tragique, lui était déjà étrangère, retournera dans sa Patrie pour reposer auprès de son auguste père. Veuillez agréer, monsieur le Maréchal, l'expression de mon estime personnelle. Signé : Adolf Hitler[9]. »

Au cours de la nuit, sous un brouillard givrant, Laval et Brinon arrivèrent par train spécial à Vichy, voulant, en accord avec Abetz, transformer cet événement en grande manifestation de la Collaboration que la présence du Maréchal devait magnifier. Le matin, Laval se rend auprès du Maréchal et introduit Brinon chargé d'arranger l'affaire, puis il gagne sa demeure de Châteldon. Le Maréchal, ayant pris connaissance de la lettre du Führer, est ébranlé. Ce n'est pas une invitation à se rendre à Paris mais ne point le faire serait incivil, et, comme à l'ordinaire, le désir de paraître dans tout l'éclat de sa personne s'empare de Pétain. Il est tenté. Brinon s'empresse de parler intendance. Le Maréchal hésite sur son gîte : l'hôtel Trianon Palace à Versailles ou Matignon à Paris. Va pour Matignon ! concède-t-il. Il se rend à l'idée que ce serait du meilleur effet, s'il recevait à déjeuner des descendants de quelques émérites grognards de la Grande Armée. Brinon transmet aussitôt à Simone Mittre, qui, de Matignon, restera en communication permanente avec l'hôtel du Parc, l'ordre de prier tous les descendants disponibles des maréchaux d'Empire à un grand repas présidé par le maréchal Pétain [10]. Passant à l'exécution, Simone Mittre lance les invitations. Par téléphone, Brinon informe Laval, toujours à Châteldon, du revirement salutaire du maréchal Pétain ; de retour à l'hôtel du Parc, Laval, décidé à lui complaire, téléphone à Paris à son collaborateur Paul Luquet de commander aux cuisines du Café de Paris où le Maréchal avait ses habitudes avant la guerre, le déjeuner qui devrait réunir à Matignon les personnalités allemandes et françaises après la cérémonie [11].

Alerté vers quatre heures de l'après-midi, l'amiral Darlan se retrouva dans le bureau de du Moulin de Labarthète. Étaient également présents, Yves Bouthillier, secrétaire d'État aux Finances, Raphaël Alibert, garde des Sceaux, Marcel Peyrouton, secrétaire d'État à l'Intérieur, et le général Huntziger. Darlan écrira : « M. du Moulin expose que, sur l'instance de M. Laval, le Maréchal a accepté d'aller à Paris pour le retour des cendres du roi de Rome et d'aller visiter Rouen et d'autres villes occupées. Comme il y a une collusion totale Déat-Laval pour former un gouvernement collaborateur total, nous ne devons pas laisser partir le Maréchal. Je fais remarquer qu'il faut être certain de cette affaire avant d'inquiéter le Maréchal. M. Alibert, assis devant l'armoire à glace, répète comme un métronome : "Dépêchez-vous, Messieurs, demain il sera trop tard." L'excitation de MM. Alibert, Peyrouton et du Moulin devenant très grande, nous allons chez le Maréchal. Étant le ministre le plus âgé, j'expose au Maréchal les dires de mes collègues et je lui fais part de leurs craintes car, d'après eux, toutes les intrigues ramènent au vice-président du Conseil. Le Maréchal, tirant sur sa moustache, réfléchit un moment, puis nous dit : "Ma décision est prise, il faut qu'il donne sa démission." Il nous recommande de ne rien dire.

» Nous allons au Conseil de Cabinet auquel assistait M. Laval et, conformément aux ordres, nous ne disons rien*.

» À 20 heures, le Maréchal convoque le Conseil des ministres et

---

* Le conseil de cabinet se tenait hors de la présence du Maréchal et était présidé par Laval.

nous demande notre démission. Nous la lui donnons. Il sort et revient quelques instants après en déclarant qu'il se sépare de M. Laval en qui il n'a plus confiance et de M. Ripert qui est trop mou[*].

» M. Laval abasourdi demande au Maréchal ce qui a pu se passer depuis 16 h 30, heure à laquelle il a eu un entretien des plus confiants. Il dit au Maréchal que ce geste va causer bien des ennuis au pays et quitte la salle. Le Maréchal nous dit : "Je vous remercie, Messieurs, si vous n'aviez pas été là, je crois que je n'aurais pas eu le courage de le faire[12]." »

Dehors un hiver de glace. Vichy était désert. Ce qui caractérisait sans doute le mieux cette ville et qui en était l'âme, c'était la longue galerie couverte qui ceignait le parc des Sources en passant devant l'hôtel du Parc. Sa toiture un peu voûtée reposait sur des piliers comme celle d'un cloître. Aux beaux jours, les curistes l'empruntaient pour se rendre aux pavillons des sources – une galerie pour les hépatiques que, par la force de l'image, nous pouvons appeler : le cloître des hépatiques. Depuis le départ des réfugiés, on voyait surtout déambuler à pas lents, dans ce cloître, ministres et hauts fonctionnaires, le plus souvent deux par deux, qui devisaient, complotaient, cancanaient, épiés par les mouchards et les indicateurs qui pullulaient à Vichy au service des factions rivales.

Pendant que Laval, hors de lui, quittait le Conseil des ministres, deux hommes apostés sous le cloître partageaient une curieuse complicité. Le commissaire Mondanel qui, avant la guerre, avait combattu la Cagoule et arrêté quelques-uns de ses affidés, et l'aventureux colonel Groussard, ancien commandant de l'école militaire de Saint-Cyr, proche de l'extrême droite, devenu inspecteur général de la Sûreté, le plus haut grade de la police. Il tient sous ses ordres les Groupes de Protection, connus par leurs initiales GP, formés surtout d'anciens cagoulards, et constituant une police parallèle.

Une demi-heure avant que Mondanel et Groussard n'investissent l'hôtel du Parc, un fait imprévu se produit à l'heure du dîner dans la longue et étroite salle à manger glaciale de l'hôtel du Rhône, près de la gare, occupé aux trois quarts par des fonctionnaires de la police. Soudain, ils se lèvent de table dans un ensemble bruyant, alertés par un des leurs qui surgit en clamant : « Amenez-vous, on va arrêter Laval ! » ; de sorte que les cinq ou six dîneurs ordinaires, perdus parmi les argousins, apprennent l'événement avant même qu'il ne soit accompli[13].

---

[*] Secrétaire d'État à l'Instruction publique.

À l'hôtel du Parc, Laval, qui a retrouvé Brinon, lance des appels téléphoniques qui n'aboutissent pas. Se sentant menacé, il veut quitter Vichy bien que Brinon le lui déconseille. Son chauffeur a été arrêté et sa voiture enlevée. Dans les couloirs, des sbires apparaissent et disparaissent. Laval et Brinon vont dîner à Chantecler, le restaurant de l'hôtel du Parc. Revenu à son bureau, Laval est prié par le commissaire Mondanel de le suivre jusqu'à sa demeure de Châteldon.

Escorté par un jeune officier de la marine appartenant aux GP, Brinon est invité à se rendre dans sa chambre à l'hôtel Majestic où sa femme séjourne. Toutes les portes restent closes. Seule, Mme de Brinon, courageuse, tente une sortie et crie aux quelques GP en faction qu'on veut tuer son mari. On la tranquillise. Le silence règne.

Le matin, vers six heures, Méténier, ancien Cagoulard et chef des GP, annonce à Brinon qu'il est libre. Brinon est aussitôt informé que Laval est sain et sauf, mais consigné en sa maison de Châteldon où le commissaire Mondanel l'a conduit, ce qui lui a peut-être sauvé la vie.

Désormais, la peur s'installe à Vichy. Les responsables de l'éviction et de l'arrestation de Laval prennent conscience que les Allemands vont réagir brutalement, surtout que le général de La Laurencie, tenu dans l'ignorance du sort réservé à Laval, avait, sur l'ordre d'Alibert et du général Laure, fait emprisonner Marcel Déat qui sera libéré par les Allemands au cours de la matinée.

À Vichy, Brinon constata que les coupables se déclaraient innocents. Du Moulin de Labarthète l'assura n'y être pour rien*. Peyrouton, qui lui serra la main avec effusion, se fit tout miel et désavoua le complot. Tous les index se braquaient sur Alibert. C'est à peine si l'on avait remarqué que, sans perdre un instant, dans l'heure même où il congédiait Laval, le Maréchal avait signé l'acte constitutionnel 4ter qui abrogeait l'acte constitutionnel faisant de Laval son successeur désigné et qui parut au *Journal officiel* dès le lendemain.

À Paris, dans les lambris de Matignon, Simone Mittre s'affole. Brinon devrait être de retour. Les communications téléphoniques avec Vichy sont coupées. Elle appelle Fredo Lehrer, l'influent

---

* Au retour de Laval, en avril 1942, du Moulin de Labarthète sera contraint de partir. De Suisse, il écrira à l'ancien ministre Charles Pomaret à propos du pouvoir du maréchal Pétain : « Les actes dits constitutionnels qui ont suivi la loi constitutionnelle du 10 juillet 1940 peuvent être taxés de nullité. J'ai moi-même reconnu l'existence d'un "hiatus" où l'on peut discerner les éléments du coup d'État. » AN 474 AP 1 et 2. Lettre du 25 juin 1943.

homme d'affaires allemand qui, quelques mois avant la guerre, saluait en Brinon le sauveur de la paix. Il ne sait rien et ne peut rien. Soudain, au début de l'après-midi, Mme Abetz lui téléphone : « Vous savez, je peux vous rassurer parce que Otto est en conversation téléphonique avec Fernand de Brinon [14]. » Effectivement, Abetz s'était entretenu avec Brinon. Il exigera d'abord que Laval soit de retour à Paris le soir même et il aborda l'urgence du moment, l'arrivée la nuit prochaine du cercueil du duc de Reichstadt qu'il faudra bien remettre à quelque Français de haut rang.

Avant de partir pour Paris, Brinon eut une entrevue avec Pétain débordant d'amabilité. Il dira à Brinon, première nouvelle, qu'il ignorait l'arrestation de Laval, et assura que rien n'était changé dans le principe même de sa politique de collaboration, mais qu'il ne pouvait plus supporter Laval, ses cachotteries et ses manières.

Le Maréchal désigna le général Laure et l'amiral Darlan pour représenter sa personne et le gouvernement à la cérémonie, et il écrivit à Hitler une lettre l'informant des raisons de l'éviction de Laval. Il l'assurait de la continuité de la politique de la France à l'égard de l'Allemagne et le remerciait du don à la France des restes du duc de Reichstadt.

On ne sait trop qui Brinon représentait à Paris maintenant que Laval, dont dépendait sa mission, était en disgrâce. Quand il arriva au début de la soirée à Matignon, il fut accueilli par Simone Mittre et quelques collaborateurs de Laval dont Paul Luquet qui, accompagné de personnalités officielles, s'était rendu le matin même à la gare d'Austerlitz pour accueillir Laval. « À la surprise générale, il n'y avait ni le wagon du président, ni un seul wagon venant de Vichy. » Revenu de leur stupéfaction, le petit groupe devait apprendre dans les heures qui suivirent l'arrestation de Pierre Laval [15].

Malgré le retentissement que les Allemands voulaient lui donner, le dernier voyage du duc de Reichstadt avait été tenu secret jusqu'à la veille. Des personnalités françaises reçurent un laissez-passer rédigé dans les deux langues. Quelques journalistes furent appelés à onze heures du soir à l'ambassade d'Allemagne. Abetz, ayant près de lui Brinon, les reçut. Il lut un texte déplorant l'absence de Pierre Laval dont l'action seule avait rendu possible un tel événement : « C'est lui qui a créé le climat de la Collaboration. » Puis il évoqua l'imposante figure de Napoléon, précurseur de l'idée européenne, s'appuyant sur les grands mouvements populaires dont les équivalents modernes sont le fascisme italien, le national-socialisme allemand et le phalangisme espagnol.

Fernand de Brinon, en uniforme d'ambassadeur français, tira un papier de sa poche. Il attesta que Pierre Laval aurait voulu que sa présence valorise le geste du Führer, « geste qui vient d'un très grand chef, d'un très grand homme, à l'heure où la Collaboration entre les deux pays est entrée dans une phase décisive [16] ».

À minuit, gare de l'Est, devant les portes béantes du wagon spécial, une garde d'honneur de soldats allemands se figeait. Le lourd cercueil fut hissé sur une prolonge d'artillerie tractée par une chenillette qui, lentement, traversa Paris plongé dans les ténèbres du couvre-feu. Une neige fine tournoyait. Vers une heure du matin, le convoi franchit les grilles des Invalides où l'on distinguait à travers les flocons trois têtes officielles : l'amiral Darlan, les généraux de La Laurencie et Laure.

L'amiral Darlan se porte au-devant d'Abetz. Le lourd cercueil passe, porté sur les épaules de soldats allemands qui le déposent sur un support. Au nom du Führer, Abetz remet solennellement l'objet funèbre à Darlan qui remercie. Des gardes républicains prennent la relève. Dans la chapelle, les grandes orgues enveloppent l'assistance. Le cercueil est placé devant l'autel. Il est deux heures du matin quand on se sépare.

Court repos. Quelques heures plus tard, dans la matinée, l'État français étale les splendeurs militaires de la République qu'il a supprimée : les gardes républicains à cheval en grande tenue s'alignent devant les Invalides où, sous les yeux de deux cardinaux, est célébrée une messe rehaussée du faste que l'Église sait déployer. Le plus extraordinaire, c'est la présence en foule des descendants des maréchaux d'Empire et de la noblesse impériale. Réunis sous la botte allemande, ils incarnent un Waterloo où Blücher s'appelle Stulpnagel, car le commandant militaire en France, qui venait de faire fusiller plusieurs patriotes français, assiste à la cérémonie au côté d'Abetz.

Figurant au premier rang des officiels, Brinon avait salué militairement le cercueil. Il reviendra pour le deuxième anniversaire du transfert avec des représentants des groupements de jeunesse collaborationnistes. Une photo le montre alors faisant le salut nazi devant le tombeau. Il n'assista pas à l'entretien qui eut lieu aussitôt après la cérémonie à l'ambassade d'Allemagne entre Abetz, entouré de ses principaux collaborateurs, Darlan et le général Laure. Abetz insista sur le fait que l'éviction de Laval mettait la Collaboration en péril. Darlan et le général Laure l'assurèrent du contraire et, même le général Laure, à qui l'on ne demandait rien, annonça qu'il était favorable à cette politique. Abetz revint sur le traitement indigne infligé à Laval et à Brinon. Il cita comme anglophile le général de La Laurencie, sous-entendant que quelqu'un d'autre devrait être nommé à sa place. Il avait révélé la veille qu'il avait l'autorisation de Ribbentrop de se rendre à Vichy et pria le général Laure de rapporter ses propos au maréchal Pétain et de préparer sa visite sans omettre de lui ménager une entrevue avec Laval [17]. Brinon savait déjà par Abetz qu'il serait le successeur désigné de La Laurencie.

Abetz conçut son déplacement à Vichy comme une expédition guerrière, escorté par une dizaine de gradés SS répartis dans trois voitures dont l'une était équipée d'une mitrailleuse. Le conseiller Achenbach l'accompagnait. À la ligne de démarcation, plusieurs collaborateurs du maréchal Pétain, dont le général Laure, l'attendaient, la corde au cou. À Vichy, Pétain le reçut au pavillon Sévigné. D'un ton tranchant, Abetz déclara en substance : ce que vous êtes, c'est à Laval que vous le devez. Sans lui, votre gouvernement ne nous inspire aucune confiance. Vous avez répondu à la magnanimité du Führer par un acte inqualifiable qui aura de terribles conséquences pour la France, à moins que vous ne repreniez Laval comme nous l'exigeons. D'abord, faites-le libérer.

Arrivé promptement de Châteldon et après un aparté avec Abetz au cours duquel il dénonça ses collègues du gouvernement impropres à poursuivre une politique de collaboration, Laval se rendit auprès de Pétain. Le Maréchal consentait à le reprendre après un délai convenable mais pour le placer au Travail ou à l'Agriculture. Refus d'Abetz. De colère, Laval déverse des propos outrageants et repart à Châteldon sous la protection de deux SS.

En présence du général Laure et de l'amiral Darlan, Pétain annonce que le Conseil des ministres a approuvé la teneur de la lettre qu'il destine au Führer. Il promet aussi de procéder à une enquête destinée à vérifier si, comme certains l'en accusaient, Laval n'avait pas touché une commission dans l'affaire de la vente des mines de Bor à l'Allemagne*. À cinq reprises Pétain refusa de reprendre Laval, menaçant de démissionner s'il y était contraint. Abetz exigea le rem-

---

* Sans consulter le gouvernement et malgré l'opposition de la Commission française d'armistice, Laval avait pris sur lui de faire céder aux Allemands, pour le compte du maréchal Goering, les mines de Bor en Yougoslavie, le plus riche gisement de cuivre d'Europe qui couvrait les deux tiers des besoins français et permettait à la France de préserver son influence dans les Balkans. Laval fut soupçonné d'avoir tiré un profit personnel de cette énorme transaction qui rapporta 1 milliard 760 millions de francs à la banque Marbaud, propriétaire de la mine, payés sur les fonds provenant des frais d'occupation. L'enquête, promise par Pétain, blanchit Laval. Extrait du rapport d'expertise de M. Février. Affaire Bouthillier, t. I, pp. 188-209. Cf. aussi J. M. Abetz s/dossier 8.

placement de La Laurencie par Brinon à la tête de la Délégation générale dans les territoires occupés. Pétain accéda à cette demande. Quant à Laval, Abetz révéla qu'il voulait résider à Paris jusqu'à son retour dans le gouvernement. Entre-temps, Abetz acceptait qu'un directoire français gouvernât sous l'autorité du maréchal Pétain, composé de l'amiral Darlan, du général Huntziger et d'un nouveau venu à Vichy, le député Pierre-Étienne Flandin, nommé par Pétain ministre des Affaires étrangères, qu'Abetz ne put rencontrer, Flandin se disant malade et s'étant alité.

Abetz, qui avait d'abord refusé l'invitation à déjeuner du Maréchal, finit par accepter. Quand il eut pris congé, Brinon, à l'affût, croisa le général Huntziger qui lui apprit sa nomination imminente de Délégué général.

La désapprobation fut unanime à Vichy quand on sut qu'à minuit la voiture de Laval s'était intercalée dans la colonne d'automobiles qui ramenait Abetz à Paris et qu'il partait volontairement sous la garde de la SS. Brinon fera part à Laval de l'effet déplorable produit par cette initiative. Le blâme eût été universel si la lettre que Laval adressa à Hitler avait été rendue publique. Il remerciait le Führer de l'avoir fait libérer et laissait éclater à chaque ligne son allégeance [18].

Abetz comprit que cette affaire tournait à l'avantage du Reich et marquait à jamais la fin de l'illusion d'un gouvernement français apparemment indépendant. Il écrivit à Ribbentrop : « On peut dire que la crise gouvernementale provoquée le 13 décembre nous permet une ingérence directe dans la politique française. À cet effet, tous les moyens de pression mis entre les mains de la puissance occupante allemande à Paris et de la commission d'armistice de Wiesbaden devront être utilisés sans aucun égard dans les prochaines semaines afin de signifier aux personnages aventureux du 13 décembre quelle bêtise inouïe ils ont commise [19]. »

Le 18 décembre, pendant qu'il se trouvait à Paris, Brinon reçut un télégramme de Paul Baudouin* lui annonçant officiellement qu'il remplaçait La Laurencie, et de se présenter au Maréchal dès le lendemain pour recevoir ses instructions [20].

Il entrait en fonction au moment où la presse parisienne, prenant fait et cause pour Laval s'acharnait contre le gouvernement. Le Maréchal s'en plaignit et chargea Brinon d'y mettre un terme par

* Après Montoire, Paul Baudouin avait démissionné du ministère des Affaires étrangères dont s'empara Laval ; il sera, jusqu'en janvier 1941, ministre-secrétaire d'État à la présidence du Conseil.

une démarche auprès de l'ambassade. Brinon s'en acquitta et répondit : « J'ai recueilli l'impression que M. Abetz n'était nullement disposé à désapprouver les articles publiés par la presse parisienne[21]. » Brinon ajouta qu'Abetz lui avait encore parlé de « l'affront fait au Führer », et énuméré les griefs du Reich.

CHAPITRE 23

L'ensevelissement

Le général de La Laurencie avait été informé par télégramme que le Conseil des ministres mettait fin à ses fonctions de délégué général*. Ses principaux collaborateurs militaires recevaient l'ordre de rester à leur poste afin d'éviter toute rupture de fonctionnement. Le jour même, La Laurencie téléphona à Brinon, qui se trouvait à Matignon, qu'il procéderait en fin d'après-midi à la passation des pouvoirs. Brinon reconnut que la cérémonie fut déplaisante.

« Je reçus monsieur l'Ambassadeur debout, raconte La Laurencie, et refusant de serrer la main qu'il me tendait, je lui dis : "Monsieur l'Ambassadeur, par l'ordre du gouvernement, je dois à l'heure présente vous transmettre le service de la Délégation. Vous trouverez ici réunis par mes soins les principaux chefs de service de la Délégation. Permettez-moi de vous les présenter. [Le général les nomme un à un.] Vous pouvez être assuré, monsieur l'Ambassadeur, je m'en porte garant, que tous ces Messieurs continueront à servir comme par le passé, avec tout leur cœur, leur loyauté et leur conscience, car pour nous, au-dessus des basses intrigues de couloir, il n'y a que la France.

» Tremblant de tous ses membres, comme une bête traquée, monsieur de Brinon se contenta de balbutier : "Que dois-je faire ?" Je répondis courtoisement : "Mais, monsieur l'Ambassadeur, faites ce que vous voudrez, vous êtes désormais ici chez vous et c'est à moi de vous céder la place." Monsieur de Brinon reprit : "Non, mon Général, je ne prendrai le service que demain. D'ailleurs, je crois

---

* Pour sa part, le général von Stulpnagel avait informé par lettre le général de La Laurencie que, par suite de l'arrestation de Déat opérée à son insu, il devait demander son rappel.

qu'une partie de la Délégation sera transférée à l'Hôtel Matignon." Puis, après un pénible silence, il ajouta : "Il me semble que je peux maintenant me retirer." C'est sur ces mots que monsieur l'Ambassadeur F. de Brinon quitta la rue de Grenelle : la transmission des pouvoirs était faite, elle avait revêtu le caractère que je tenais à lui donner qu'un des membres de la Délégation a très exactement défini par cette phrase : "Nous venons d'assister, mon Général, non pas à une exécution mais à une expiation[1]." »

Dès que Brinon l'eut informé de sa prise de fonction, Abetz l'annonça à Ribbentrop : « Le fait que le poste de Délégué du gouvernement français en France occupée soit détenu par Brinon garantit l'épuration de l'administration et de la police de la zone occupée des éléments indésirables. Étant donné la situation actuelle, la présence de Laval à Paris constitue un moyen de pression efficace au point de vue de la politique intérieure contre le gouvernement de Vichy parce qu'il peut mettre en question, à tout moment, la validité en droit de celui-ci et constituer un nouveau gouvernement en convoquant les Chambres[2]. »

Cette remarque sur l'absence « de validité en droit » du régime de Vichy et de son gouvernement montre que Laval, fomentateur du coup d'État, savait mieux que quiconque que le Maréchal détenait un pouvoir usurpé. Au procès du maréchal Pétain devant la Haute Cour de justice, Laval se vantera d'avoir toujours su que tous les actes constitutionnels signés par le Maréchal étaient « caducs », c'est-à-dire non avenus en droit[3]. Les juristes allemands avaient fait la même analyse et, on le constatera par la suite, notamment à Sigmaringen, les autorités du Reich la tenaient en réserve.

Quand Brinon arriva à Vichy à la convocation du maréchal Pétain, les désordres et les dissensions s'étalaient en scènes pittoresques à l'hôtel du Parc et dans ses annexes. Le Maréchal le chargea de convaincre les Allemands de son attachement à la politique de collaboration et il l'engagea à se rendre auprès de Pierre-Étienne Flandin, nouveau ministre des Affaires étrangères. Souffrant d'une angine, Flandin était toujours alité. Ce notable de la IIIe République, qui dominait de sa haute taille tous ses collègues, avait collectionné les portefeuilles ministériels. Il s'était montré munichois par raison. Lors de la séance de l'Assemblée nationale le 10 juillet 1940, malgré ses réserves, il avait voté la dévolution des pouvoirs constituants au maréchal Pétain, réalisant après coup qu'il avait été circonvenu par Laval. Flandin accepta de participer au triumvirat, appelé comité directeur gouvernemental, qui, sous la présidence de l'amiral Darlan, associait le général Huntziger et lui-même au pouvoir collectif censé remplacer le pouvoir individuel de Laval.

Flandin communiqua verbalement à Brinon la substance de la lettre d'instruction qu'il allait recevoir incessamment et dont il devrait informer les Allemands. Conformément au désir d'Abetz, le Maréchal était disposé à renvoyer le garde des Sceaux Alibert, jugé responsable de l'arrestation de Laval et de celle de Déat. Brinon constatera un mois plus tard que Pétain congédiait Alibert, son commensal attitré, sans même y mettre les formes, avec la plus complète indifférence. Ainsi, le Maréchal s'était-il séparé des deux hommes grâce auxquels il avait pu établir son pouvoir, l'un par l'action, Laval, l'autre par la loi, Alibert*.

À peine Brinon est-il de retour à Paris que le cabinet du Maréchal lui fait savoir par lettre que « le Maréchal persistait dans sa décision irrévocable de se priver pour une période d'une durée indéterminée de la collaboration de M. Laval [...]. Toute insistance nouvelle concernant M. Laval ne pourrait aboutir qu'à envenimer inutilement les rapports entre l'Autorité occupante et le Chef de l'État Français qui agit dans le libre choix de ses ministres en conformité avec les clauses formelles de l'Armistice[4]. » Le texte confirmait que la collaboration définie à Montoire demeurait le pivot de la politique franco-allemande. Il annonçait des changements de titulaires de ministères, la dissolution des Groupes de Protection et d'autres mesures réclamées par les Allemands. « Le Maréchal ne tolérera d'aucun de ses collaborateurs ni écart ni tiédeur dans la poursuite de cette politique[5]. » Suivait une accumulation de paroles de déférence et de promesses à l'égard du vainqueur.

Le lendemain, 21 décembre, dans les Instructions pour M. de Brinon, ce dernier était chargé de transmettre à Abetz la position définitive du Maréchal dans l'affaire Laval. Rappelant l'entretien qui avait eu lieu au pavillon Sévigné, la note soulignait les écarts de langage de Laval « qui a irrémédiablement creusé le fossé qui sépare les deux hommes[6] ».

---

* La commission chargée d'instruire son procès interrogera le maréchal Pétain à propos d'Alibert :

« – Quels rapports aviez-vous avec Alibert avant juin 1940 ?

» – Nous avons eu des relations communes et j'ai ainsi eu l'occasion de le rencontrer. Il me faisait l'effet d'un excité qu'il ne fallait pas exciter davantage.

» – Si c'était un excité, comment se fait-il que vous l'ayez pris à votre cabinet en mai 1940 ?

» – Il fallait vraiment que je n'ai pas trouvé mieux, et je reconnais que si, plus tard, il est devenu garde des Sceaux, c'était la dernière chose à faire. » AN 334 AP 41.

Brinon informait Abetz de la faveur croissante de Darlan qui savait prendre le Maréchal et était devenu le deuxième personnage de l'État bien que rien ne fût encore concrétisé. Abetz éprouvait un préjugé favorable pour la personne de Darlan dont il connaissait l'anglophobie et l'ambition démesurée qui le portaient à exaucer les exigences de l'Allemagne et à s'aligner sur sa politique.

Comme la réponse de Hitler à la lettre du maréchal Pétain tardait, Abetz, par l'intermédiaire de Brinon, conseilla d'en écrire une seconde faite d'explications et de propositions. À l'instigation de Darlan, le maréchal Pétain fit savoir, toujours par l'entremise de Brinon, qu'il souhaitait que cette lettre fût remise entre les mains mêmes du Führer par l'amiral Darlan. Deux jours après, la veille de Noël, Brinon annonçait à l'amiral Darlan que le Führer le recevrait le lendemain.

La rencontre se passa dans le wagon-salon de Hitler qui stationnait près de Beauvais. Réception glaciale. Ayant pris connaissance des deux lettres du maréchal Pétain, l'une le remerciant du retour des restes du duc de Reichstadt, l'autre exposant les raisons du congédiement de Laval, le Führer laissa échapper son mépris et sa colère. Si Laval est un personnage aussi douteux, comment a-t-on osé lui imposer sa présence à Montoire ! L'amiral subit l'orage. Il reconnut la puissance du vainqueur et plaida à en perdre la face en faveur de la Collaboration dont il se voulait le champion, d'autant qu'il n'était pas n'importe qui, lui. Juste avant l'armistice, il aurait pu partir avec la flotte vers l'Amérique, mais il considérait que l'unique espoir de la France vaincue résidait dans la collaboration avec l'Allemagne dans le cadre d'une nouvelle organisation européenne. Après les digressions habituelles de Hitler, l'entretien s'acheva sur des propos ambigus du Führer qui, au fond, n'avait pas à intercéder en faveur de Laval, la formation du gouvernement français ne le concernant pas, et il ne refusait pas d'offrir une dernière chance à la France par une collaboration sincère. Il termina l'entrevue en assurant qu'il répondrait par écrit à la lettre du maréchal Pétain [7].

Immédiatement informé par Abetz des détails de cette rencontre, Brinon s'en inspira pour renseigner et orienter le Maréchal. Il lui écrivit que les relations franco-allemandes étaient entrées dans une ère de glaciation. Depuis, il a eu trois conversations avec Abetz sans que celui-ci quitte sa réserve. Il faut attendre la réponse écrite du Führer au maréchal Pétain. Entre-temps, les Allemands opposent un *nein* à tout, y compris de joindre aux colis de Noël des prisonniers de guerre l'imprimé du discours que le Maréchal leur adressait. Les demandes de laissez-passer interzones sont toutes rejetées. L'agglomération parisienne est à court de ravitaillement[8]. À Vichy, l'État français n'a plus de gouvernement constitué depuis la disgrâce de Laval. Le 7 janvier, Brinon reçoit un message portant la mention : « Approuvé, Ph. Pétain », annonçant que si la réponse du Führer n'est pas parvenue sous quarante-huit heures, le Maréchal ne pourra plus différer la formation d'un nouveau gouvernement. Qu'Abetz soit alerté[9] !

Deux jours encore et Brinon communique qu'Abetz va transmettre la demande française à son gouvernement. Seule la réponse définitive du Führer au maréchal Pétain fixera la prise de position du Reich[10].

Quarante-huit heures passent et, dans un nouveau rapport, Brinon fait état de la réception de la presse parisienne à l'ambassade d'Allemagne au cours de laquelle l'attaché de presse Feihl a donné ses instructions pour le traditionnel article de fin d'année qui pourra s'intituler : « Oui ou non. » (Oui pour un accord avec l'Allemagne ou non.) Brinon rappelle « sans forfanterie » qu'il a toujours été partisan d'une politique de rapprochement avec l'Allemagne, qu'il était un des rares à avoir discerné la toute-puissance du national-socialisme dès 1933 : « Mes avertissements au sujet de l'Allemagne nationale-socialiste ont reçu, hélas, la consécration des faits », estime-t-il. Tous les efforts accomplis après l'armistice, depuis cinq mois, sont compromis. Hitler est convaincu par des renseignements et des émissaires venus de France que « la politique de collaboration est combattue de manière ouverte ou sournoise » par des membres du gouvernement et d'innombrables fonctionnaires. « Après la visite de l'amiral Darlan et au sujet de votre lettre, Monsieur le Maréchal, il [Hitler] disait en employant un mot français : *"Das ist eine louche brief"* ». (« C'est une lettre louche »). Ce sont des choses qu'il faut dire car elles éclairent les événements présents. Ainsi, nous sommes parvenus à cette constatation d'apparence paradoxale, que M. Pierre Laval est sacré pour le gouvernement du Reich, et force est de convenir que le grave débat actuel tourne autour de sa personne [...]. Ce n'est pas sans instructions que M. Abetz a pu dire publiquement que M. Laval était le "garant" de la collaboration franco-allemande[11]. »

Malgré le branle-bas entretenu à Paris autour de Laval, le réalisme l'emporte à Berlin où le secrétaire d'État aux Affaires étrangères Weizsäcker met en garde Ribbentrop contre le vide politique qui se creuse entre la France et l'Allemagne et qui pourrait profiter à la propagande anglaise et américaine[12]. Quant à Abetz, voulant forcer le retour de Laval, il propose à Ribbentrop, parmi d'autres recettes, de révéler par la presse et la radio de la zone occupée les dessous de l'affaire du 13 décembre afin de « rendre ridicule le gouvernement

de Vichy aux yeux de la population », d'interdire les émissions radiophoniques de Vichy conformément aux stipulations de la convention
d'armistice, de fermer immédiatement la ligne de démarcation aux
personnes et au courrier [13].

Surgit alors un personnage qui se voue corps et âme à l'intégration
de la France dans l'Europe hitlérienne : Jacques Benoist-Méchin.
Âgé de trente-huit ans, il s'était façonné une physionomie d'observateur du genre humain à l'acuité inquisitoriale : regard acéré, lèvres
scellées, tête tendue vers la cible. Avant la guerre, il avait travaillé
dans différentes affaires de presse et était devenu secrétaire général
du Comité France-Allemagne, poste dont il démissionnera. Auteur
d'un savant ouvrage sur l'armée allemande, musicologue érudit, il
était un écrivain talentueux, un causeur brillant. Prisonnier de guerre,
il avait été libéré par les Allemands en toute connaissance de cause
et était devenu le représentant permanent de Scapini à Berlin où il
avait mené les négociations concernant la translation des restes de
l'Aiglon. C'est dans la capitale du Reich que ces deux hommes vécu-
rent la chute de Laval comme une catastrophe entraînant, par rétor-
sion, la suspension des minces avantages négociés en faveur des
prisonniers de guerre. Scapini pressa Benoist-Méchin d'en aviser le
maréchal Pétain. Arrivé à Paris, Benoist-Méchin va d'abord à la
Délégation générale et demande à Brinon un laissez-passer l'autorisant à franchir la ligne de démarcation. Brinon l'engage à convaincre
le maréchal Pétain de reprendre Laval au plus vite, autrement la rupture entre la France et l'Allemagne sera consommée. Benoist-Méchin
file ensuite à l'ambassade et s'entretient avec Abetz qui tient ferme
pour le retour de Laval. Revenu à la Délégation prendre son laissez-
passer, Benoist-Méchin trouve Brinon atterré. Il a étalé sur son
bureau une affiche émanant du commandant militaire allemand qui
doit être placardée dans les villes et les villages de la zone occupée,
notifiant à tous les Français âgés de dix-huit à quarante-cinq ans de
se faire recenser dans les *Kommandanturen*. Brinon s'interroge sur
les conséquences de cette mesure qui ne peut être que coercitive*.

À Vichy, Benoist-Méchin, qui n'était rien au départ, devient presque aussitôt une personnalité considérable. Alors que le Maréchal et
ses ministres étaient en quarantaine, il jouissait, lui, de sa liberté de
mouvement et il avait l'oreille d'Abetz et celle de Laval, les deux
obsessions du gouvernement. Il fut accueilli, recherché, écouté,
convié à la table du Maréchal. Par son ton péremptoire et ses propos

* La mesure sera rapportée quelques jours plus tard.

décidés, il s'imposa à des gouvernants pusillanimes et polarisa l'attention de Darlan qui pensa se l'attacher[14].

De son côté, Abetz utilisait à fond Benoist-Méchin même si les renseignements qu'il apportait ne coïncidaient pas toujours avec la réalité[15]. Il deviendra l'un des informateurs les plus assidus de l'ambassade d'Allemagne, désormais son port d'attache.

Impressionné par l'acharnement d'Abetz à remettre en selle Laval, Brinon pensait que le règne de l'amiral Darlan ne durerait pas, d'autant que Laval avait écrit au maréchal Pétain une lettre par laquelle, escomptant faciliter son retour au pouvoir, il paraissait regretter ses propos irrévérencieux tout en rappelant au destinataire ce qu'il lui devait : « Depuis 1936, j'ai mené au Parlement et dans le pays une violente campagne pour vous amener au pouvoir. Le 10 juillet de cette année, je vous ai fait accorder par l'Assemblée nationale les pouvoirs les plus étendus qui eussent jamais été donnés en France. Vous représentez une page glorieuse de notre histoire. Vous êtes le symbole auquel notre pays veut "se cramponner"[16]... »

Le maréchal Pétain, considérant qu'il avait reçu les excuses requises, accepta de rencontrer Laval seul à seul à La Ferté-Hauterive, près de Vichy. À son retour, il résuma devant ses ministres la persistance de sa rupture avec Laval : « Ni regrets, ni confiance, ni promesse[17]. »

Malgré cet échec dont il eut rapidement connaissance, Brinon écrivit au maréchal Pétain qu'il n'existait qu'une seule issue à la crise : « Gagner du temps afin de remettre à une date à votre convenance le retour de votre principal collaborateur [Laval]. » Il proposa d'y consacrer ses efforts. Les Allemands ont vu dans la rencontre de La Ferté-Hauterive un gage de détente qui les dispose à attendre l'occasion propice du retour de Laval et à assouplir les dispositions prises à l'encontre de la France. Malheureusement, ajoute Brinon, Laval a informé les Allemands qu'un commentaire peu favorable allait être diffusé dans les bulletins d'information et à la radio. L'ambassade d'Allemagne, après avoir écouté ce communiqué, a donné aux journalistes de la zone occupée toute liberté de commentaire. « Je suis en mesure d'affirmer pour l'avoir constaté moi-même que le véhément article de M. Jean Luchaire paru dans *Les Nouveaux Temps* du 20 janvier fut écrit par son auteur à l'ambassadeur même [...]. Dans la nuit du 20 au 21, se produisait un fait nouveau extrêmement important, M. Abetz reçut l'ordre de M. von Ribbentrop de se rendre immédiatement auprès du Führer à Berchtesgaden afin d'être consulté sur la situation [...]. Ce soir même, comme je l'ai téléphoné hier à M. du Moulin de Labarthète, il doit s'entretenir avec le Führer au sujet de votre lettre remise le 25 décembre par l'amiral de la flotte Darlan[18]. »

Le 29 janvier, Brinon transmit une mise en garde d'Abetz, revenu d'Allemagne, suivant laquelle le Führer considérait toujours comme une insulte personnelle le renvoi de Laval. Le gouvernement se réunit séance tenante sous la présidence de Darlan. Brinon en connut rapidement le détail qu'il communiqua à Abetz. Il s'avérait que les ministres « civils » s'opposaient au retour de Laval considéré comme une capitulation, alors que Darlan et Huntziger dégageaient leur responsabilité quant à l'évolution ultérieure de la situation s'il n'était pas fait droit à la requête allemande.

Abetz décrivit à Brinon l'impasse des relations franco-allemandes par suite du changement radical du Führer à l'égard de la France. « Tout notre travail est par terre, dit Abetz. Je n'y renonce pas, je n'y renoncerai jamais, le Führer le sait parfaitement, mais je suis ramené aux conditions du mois de juillet dernier [premiers contacts avec Laval]. » Brinon annonça au maréchal Pétain des représailles : annulation de tous les laissez-passer, fermeture plus rigoureuse de la ligne de démarcation, interdiction d'appliquer les actes constitutionnels et les décrets du gouvernement en zone occupée. « Abetz m'a dit enfin que le Chancelier avait décidé de tenir le gouvernement pour responsable de toute extension de la dissidence et de considérer cette extension comme une rupture de l'armistice. » Brinon insista encore sur la gravité de l'heure[19].

Finalement, Ribbentrop autorisa Abetz à laisser l'amiral Darlan franchir la ligne de démarcation. À Paris, une entrevue Darlan-Laval eut lieu le 8 février en présence de Brinon. Laval refusa la fonction de membre du directoire et ministre d'État sans portefeuille. Il revendiquait la vice-présidence du Conseil, le ministère des Affaires étrangères et celui de l'Intérieur[20].

Exploitant la situation, les Allemands entendaient tirer de la disgrâce de Laval un effet de tension qui rendît le gouvernement français plus malléable encore. Ils exigeaient maintenant que les usines françaises leur construisent des avions de guerre, exigence s'ajoutant aux commandes croissantes de matériels militaires destinées aux fabriques de la zone non occupée[21]. Sur le plan politique, à Berlin, on étudiait diverses opportunités. Ribbentrop interrogeait confidentiellement Abetz après en avoir référé au Führer : « 1. Considérez-vous comme possible de former un gouvernement français sans Pétain, avec Laval comme président du Conseil et avec Darlan et d'autres ministres qui ont votre agrément ? 2. Croyez-vous qu'un tel gouvernement français pourrait être amené à conclure une paix telle que nous l'avons discutée à différentes reprises, à déclarer la guerre à l'Angleterre, à mettre la Flotte française à notre disposition aux fins de la lutte contre l'Angleterre et à nous réserver des points d'appui en Afrique française ainsi qu'à y appuyer le débarquement de troupes allemandes pour la lutte contre l'Angleterre et de Gaulle conduite dans toutes les directions ? » Ribbentrop soulevait d'autres points et insistait sur le caractère secret de sa lettre, indiquant que la réponse d'Abetz ne l'intéressait que pour nourrir ses réflexions personnelles [22].

Abetz annota la lettre de Ribbentrop : « Un nouveau remaniement du gouvernement de Vichy est possible d'ici environ trois semaines, en usant de tous les moyens de pression, au point de vue politique intérieure, à notre disposition. » Il ajoutait que Laval et Darlan s'engageraient à protéger les navires de commerce et certaines colonies françaises par les armes, ce qui équivaudrait à un état de guerre avec l'Angleterre « sans toutefois s'appuyer sur une déclaration de guerre ouverte ». Cet état de guerre en Afrique entraînerait l'engagement de la flotte française, sous commandement français, sur d'autres théâtres d'opérations maritimes et des cessions de points d'appui et de terrains d'atterrissage au profit exclusif des unités allemandes [23].

L'ascension de Darlan culmina quand, dans la première quinzaine de février, le maréchal Pétain le nomma vice-président du Conseil et, par l'acte constitutionnel 4 quater, en fit son successeur désigné. Se conformant alors aux intentions exprimées par Ribbentrop, Abetz préconisa que le Maréchal renonçât à son double titre de chef de l'État et de président du Conseil et que Darlan devînt président du Conseil au lieu de vice-président. Brinon transmit à Darlan cette proposition. Darlan répondit à Brinon que, le vote du Parlement du 10 juillet 1940 ayant conféré ses pouvoirs au maréchal Pétain, le titre de président du Conseil lui appartenait de droit mais que l'important c'était que, organiquement, le vice-président du Conseil contrôlât et dirigeât le gouvernement et détînt, par conséquent, l'autorité [24]. Brinon remit la note de Darlan qui avait été rédigée par un juriste de l'entourage du Maréchal.

Outre la vice-présidence du Conseil, l'amiral Darlan s'était octroyé les portefeuilles des Affaires étrangères, de l'Intérieur, de la Marine et de l'Information. Il plaçait au poste névralgique de secrétaire d'État aux Colonies le contre-amiral Platon tout acquis à l'ordre nouveau. Quand le comité directeur avait été dissous, Darlan prit dans son gouvernement le docile général Huntziger qui ne lui faisait pas d'ombre. Quant à Flandin, déjà victime de l'ingratitude du maréchal

Pétain, Darlan demanda à Abetz de l'autoriser à regagner sa propriété en zone occupée et de le faire surveiller par les services allemands[25].

Après de longues tractations, Darlan fit entrer dans son gouvernement des technocrates dont certains étaient liés à la banque Worms à laquelle on prêtait des pouvoirs extraordinaires. Abetz dira qu'« ils allaient à Vichy en groupe constitué [...]. Pour cette raison, on reproche à ce groupe de chercher à obtenir le pouvoir dans le gouvernement afin d'assurer l'influence des banques et de la grosse industrie[26] ». Darlan envisageait aussi de procéder à une épuration de l'entourage du maréchal Pétain. Enfin, il nommait son nouvel homme de confiance, Jacques Benoist-Méchin, au poste de secrétaire général de la vice-présidence du Conseil des ministres et le chargeait de surveiller l'activité des fonctionnaires des Affaires étrangères dans l'esprit de la Collaboration franco-allemande.

Pendant ce temps, la presse parisienne répétait ses mises en garde contre tout abandon de la politique étrangère de Pierre Laval. En février, Brinon avait été invité dans un restaurant des Champs-Élysées, au banquet de la presse de Paris, présidé par Jean Luchaire, auquel assistaient de nombreux Allemands. Brinon, qui avait revêtu son uniforme d'ambassadeur, se leva à son tour et déclara que c'était la première fois depuis le colloque du Comité France-Allemagne à Baden-Baden en 1938 qu'il s'adressait, à un public franco-allemand, d'où son émotion. Ce qu'il avait affirmé alors sur la nécessité de l'entente entre la France et l'Allemagne, il le redisait aujourd'hui à un moment où la presse française était confrontée à la fin d'une vieille civilisation et à la naissance d'un monde nouveau[27].

CHAPITRE 24

« La Maison de France »

À la suite de l'éviction de Pierre Laval, le désarroi du gouvernement de Vichy était si grand que la nomination de Brinon comme
délégué général s'était accompagnée d'une Instruction qui élargissait
sensiblement sa compétence par rapport à celle de ses prédécesseurs :
« M. l'ambassadeur de Brinon, Délégué Général du Gouvernement
dans les territoires occupés, représente le Gouvernement auprès des
Hautes Autorités allemandes en France [1]. » Il était spécifié que « des
missions diplomatiques peuvent lui être confiées ». Intermédiaire
obligé entre le gouvernement français et les autorités allemandes,
Brinon se trouvait au cœur même du système. Après le maréchal
Pétain et le vice-président du Conseil, il se considérait comme le
troisième personnage de l'État français. L'organisation de la Délégation générale, dont nous parlerons plus loin, couvrait tout l'éventail
de l'administration centrale et des ministères sur lesquels se gref-
faient les services allemands correspondants. Il en découlait que Brinon avait également connaissance des travaux de la Commission
d'armistice qui siégeait à Wiesbaden, et il pouvait mesurer la mise à
sac de la France en violation permanente des clauses signées à
Rethondes. Les Allemands avaient ajouté aux structures strictement
militaires de la Commission d'armistice un organisme économique,
établi aussi à Wiesbaden, mais qui dépendait principalement du
ministère des Affaires étrangères du Reich. Cette délégation économique sera dirigée pendant la durée de l'Occupation par le ministre
plénipotentiaire Hans Hemmen, intraitable et arrogant, devenu en fait
le dictateur de l'économie française, exigeant tout et ne justifiant
rien. Rappelons que les frais d'occupation journaliers avaient été
fixés à l'origine à la somme fantastique de quatre cents millions de
francs, sans que les Allemands apportent la moindre justification, et

le Reich y avait inclus le défraiement de ses troupes opérationnelles rassemblées en France contre la Grande-Bretagne, ce qui était inconciliable avec le principe même des frais d'occupation. Le cours du Reichsmark était fixé au double de sa valeur : 1 RM = 20 francs. En outre, les Allemands se procuraient par voie de réquisition tout ce qu'ils voulaient et maintenaient leurs exigences en faisant miroiter « un projet de suppression de la ligne de démarcation » qui ne vit jamais le jour. Le renvoi de Laval, posé comme une insulte au Führer, leur permettait d'en rajouter en assurant que c'était au gouvernement français de *mériter* de nouveau leur confiance.

Nous avons vu que le jour même de son entrée en fonction, Brinon rencontrait Abetz. Ce ne fut que trois semaines après qu'il fut reçu par le général Otto von Stulpnagel à l'hôtel Majestic : « D'abord, le général a exprimé sa satisfaction de me voir en double qualité d'ambassadeur et de Chef de la Délégation du Gouvernement français dans les Territoires occupés. Il a voulu manifester son estime personnelle. Il m'a demandé ensuite d'observer dans nos rapports qu'il désire fréquents et loyaux la règle suivante : traiter avec M. l'Ambassadeur Abetz ce qui concerne les affaires politiques et avec lui directement les problèmes relevant de l'occupation militaire. Il m'a prié, lorsque je souhaiterais lui exposer une affaire importante, de le prévenir quarante-huit heures à l'avance par l'entremise du colonel Otzen et de rédiger pour son usage une note sur les points essentiels de la conversation que je désirais avoir[2]. »

Vingt jours après cette visite protocolaire, le général von Stulpnagel rendra la pareille à Brinon, à Matignon, en compagnie du lieutenant-colonel Speidel, son chef d'état-major, et du colonel Otzen, officier de liaison, Brinon le recevra solennellement, assisté de son chef de cabinet militaire, le colonel Salland, recruté naguère par La Laurencie[3].

Restait la troisième composante des forces de l'Occupation avec laquelle Brinon, en tant que délégué général, avait affaire, et qui, à partir de 1942, allait imposer son pouvoir : le RSHA (*Reichssicherheitshauptamt*), l'Office central de sécurité du Reich, organisation omnipotente de la SS regroupant toutes ses activités y compris celles de la Gestapo, créé par Himmler quelques jours après l'invasion de la Pologne. Heydrich en assumait la direction.

Sans se perdre dans le labyrinthe des appellations, des bureaux et des sections, indiquons que le RSHA commença par installer en France une antenne de ses services de renseignement et de la Gestapo. Le SS *Brigadeführer* Max Thomas en assumait la direction en France et en Belgique. Il jouissait de la plus haute protection : sa fille était la maîtresse de Heydrich et on disait qu'elle en avait eu un enfant. Il avait réquisitionné à Paris, 57, boulevard Lannes, face au bois de Boulogne, le bel hôtel particulier de Mme Rodocanachi qui lui servait de domicile et de bureau où travaillaient une quinzaine de personnes. À la demande de Heydrich, il avait confié la responsabilité du commandement en France au SS *Sturmbannführer* Helmut Knochen, alors âgé de trente ans, qui entretiendra des relations suivies avec Brinon, devenant même, à partir de 1942, son interlocuteur principal pour toutes les questions touchant la répression, la déportation et la Solution finale.

La défaite de la France étant inéluctable, Himmler était décidé, comme il l'avait fait en Pologne, à engager en France des commandos spéciaux opérant dans le sillage de l'armée. Malgré sa pression, ce plan avait été repoussé par le haut commandement de la Wehrmacht. Voulant appliquer sa décision, Himmler ordonna à Heydrich de pénétrer en France à tout prix. Heydrich enjoindra à Knochen de former un commando spécial de vingt officiers et gradés du RSHA et d'entrer dans Paris par n'importe quel moyen pourvu que ce soit avec les éléments avancés de la Wehrmacht. Sachant que l'armée ne laisserait pas passer ses hommes, Knochen les avait revêtus de l'uniforme de la gendarmerie de campagne. Peu après son arrivée à Paris, il restitua à son commando le costume de la SS et tous se mirent au travail. Au regard des résultats, le général Streccius, le premier commandant militaire en France occupée, fit bon visage à Knochen. La besogne consistait à saisir les archives concernant les juifs, les francs-maçons et les réfugiés allemands hostiles au régime national-socialiste, et d'infiltrer la société française grâce aux enquêtes effectuées avant la guerre et aux complicités locales acquises de longue date[4].

Quand Brinon devint Délégué général, le RSHA fonctionnait en France avec un effectif qui ne dépassait pas deux cent trente hommes. Pendant les deux premières années de l'Occupation, ceux-ci, qui couvraient la zone occupée – les trois cinquièmes de la France –, allaient domestiquer sans aucune difficulté, par le simple effet de leur présence, l'immense administration française, comprenant, outre les bureaucrates civils, la police et la gendarmerie. Il suffisait qu'un seul de ces hommes se profilât en uniforme sur le seuil d'un bureau pour que le haut fonctionnaire du lieu se mît aux ordres, et la troupe suivait. Désormais, les trois interlocuteurs principaux de Brinon sont donc Abetz, Stulpnagel, Knochen.

On appelait la Délégation générale la « Maison de France », comme on dénomme ainsi une représentation française en territoire étranger. Sous l'impulsion de Brinon, elle s'étoffera et s'installera place Beauvau, auparavant siège du ministère de l'Intérieur.

Depuis la passation des pouvoirs, Brinon avait modifié les affectations de poste à l'intérieur de la Délégation générale. La plus significative, trois mois après sa prise de fonction, sera la nomination au poste de secrétaire général du général Eugène Bridoux. Fait prisonnier quelques jours avant l'armistice, le général Bridoux avait été interné à l'hôpital militaire du Val-de-Grâce, à Paris, bien qu'il fût en parfaite santé. Il pouvait aller et venir et même sortir de l'enceinte sans qu'il lui vînt à l'esprit de s'évader. Il était le seul officier général détenu en France. Ayant connu Brinon au début de l'année 1939 à Berlin où il était en mission, il lui écrivit et, par son intermédiaire, réclama le paiement de sa solde. Sur l'intervention de Brinon, le général Bridoux est placé en congé de captivité par le commandant militaire allemand en France et il constate avec un plaisir évident que l'autorité allemande a agi à son égard « avec une particulière courtoisie[5] ». Bridoux s'est engagé à ne se livrer à aucun acte d'hostilité envers l'Allemagne. Si jamais l'armistice était dénoncé, il s'en remettrait aux bonnes grâces de l'ennemi : « Il appartiendrait au Commandant allemand de prendre toute mesure pour limiter l'activité que je chercherai alors à reprendre », d'autant que, depuis qu'il a été libéré, il a trouvé auprès des autorités allemandes « toute la considération qui s'attache à mon grade[6] », écrit-il.

Le général Bridoux est mis à la disposition de Brinon, suivant le scénario prévu. Notons, pour mieux éclairer le personnage, que pendant sa captivité dorée, Bridoux adressa à l'intendant de la solde un inventaire énumérant « les effets d'habillement, d'équipement, d'armement et de harnachement » contenus dans ses trois cantines perdues lors de la débâcle. Il demandait le versement d'une indemnité correspondante. Rien n'est omis dans la liste, sorte de manifeste d'un avare doué d'une prodigieuse mémoire : « trois cravates, sept caleçons, un tire-botte, un rasoir mécanique, trois serviettes de table[7] », etc.

Il infusera cette mesquinerie dans l'exercice de son travail à la Délégation générale. Aux interventions en faveur de juifs en détresse, brillants anciens combattants, il répondait sèchement qu'ils s'adressent au Commissariat aux questions juives, là justement où on les persécutait. Pour les autres, c'étaient des réponses concises et sans âme[8].

Un an plus tard, cet officier, qui avait juré aux Allemands de ne rien entreprendre contre eux, était nommé par le maréchal Pétain secrétaire d'État à la Guerre (18 avril 1942). Il fut remplacé à la Délégation générale par Charles Saint. Brinon considérait que Bridoux lui était dévoué et qu'il pourrait faire appel à lui en cas de nécessité.

Ses fonctions lui réservaient les agréments de la vie parisienne qui était sans pareille. Il aura sa loge dans tous les théâtres, des invitations à toutes les expositions et de nombreux écrivains lui dédicaceront leurs livres. On verra même un peintre à la mode, Serge Ivanoff, obtenir le privilège de peindre son portrait d'après nature. Toujours accueillant, Brinon rendra mille services. Pour certains, il sera un protecteur. Partout où il se rend, quand il s'agit de soirées de gala, Simone Mittre l'accompagne en grande toilette, souriant aux anges ; sa montée du grand escalier de l'Opéra Garnier constitue pour elle une envolée au septième ciel.

Dans ce milieu, trois personnages, en particulier, auront sa préférence. Jean Cocteau, Madeleine Renaud du Théâtre-Français et Arletty. Il accueillera aussi avec faveur Louis-Ferdinand Céline, comme on le verra par la suite. C'est à Madeleine Renaud, qu'il connaissait avant guerre, que va toute son attention. Il l'invite à dîner chez lui, la relance, requiert sa présence dans des réceptions officielles. Cette petite femme aux gestes gracieux, à la voix mélodieuse, correspond à l'image que lui, blasé, se fait de la femme.

La vindicte allemande consécutive à la disgrâce de Laval accrut l'importance de Brinon. Le général Huntziger, résumant l'état d'esprit à Vichy, lui dira : « Vous êtes le seul lien. Faites-nous des propositions ; nous nous en rapportons à vous[9]. »

Des propositions, Brinon ne cessait d'en faire tout en transmettant ponctuellement les volontés des Allemands. Au cours de cette période, on remarquait souvent Brinon au côté du général von Stulpnagel dans toutes sortes de manifestations collaborationnistes aux thèmes variés, sous la banderole unique que la presse parisienne frappait de ces mots : « Une ère nouvelle pour les relations franco-allemandes. » Souvent Laval, quoique exclu du pouvoir, se tenait au premier rang, conservant le statut de meilleur ami de l'Allemagne et, toujours disert, il entrelardait ses éternels propos en faveur de la Collaboration de son refrain préféré : « Moi, j'aime mon pays. » Chacune de ces manifestations fournissait à Brinon l'occasion de rappeler la primauté de l'Allemagne. Il résuma l'essentiel de ses discours à l'exposition de *La France européenne* quand, chargé de l'allocution d'usage, il remercia Stulpnagel de l'honneur de sa présence en déclarant : « L'avenir, c'est l'ordre nouveau que le Führer et chancelier du Reich a invité le maréchal Pétain à concevoir[10]. »

La fréquence des rencontres entre Brinon et Stulpnagel créait une habitude. Leurs entretiens traitaient surtout des questions de sécurité. Pour les Allemands, les responsables de la propagande anti-allemande et des attentats dont le nombre croissait étaient les juifs et les communistes contre lesquels Stulpnagel promettait d'être « impitoyable », terme qu'il affectionnait. Suivant une pratique diplomatique qu'il avait expérimentée, quand il intercédait en faveur de Français emprisonnés ou promis au poteau d'exécution, Brinon commençait d'abord par louer la tolérance des Allemands.

Il informait toujours Pétain de ses entretiens avec Stulpnagel, le plus souvent directement, soit par l'intermédiaire de ses proches collaborateurs. Un soir, le général avait invité Darlan et Brinon à dîner dans son appartement privé de l'hôtel Ritz. Les mets, le service, le décor contribuaient au rapprochement des convives. Depuis le mois de novembre 1940, Stulpnagel avait fait fusiller des patriotes français accusés de sabotage et d'actions « menaçant la sécurité de l'armée allemande ». La répression sévissait, les prisons se remplissaient. La conversation n'en fut pas encombrée. Le général ainsi que son adjoint, le lieutenant-colonel Speidel, dissertaient sur la personne du maréchal Pétain qui leur rappelait le maréchal Hindenburg, et ils chargèrent Brinon de lui transmettre leurs vœux à l'occasion de son quatre-vingt-cinquième anniversaire [11].

Les repas à l'ambassade d'Allemagne n'avaient pas la même tenue. Entre amis, on mêlait souvent les plaisanteries à la politique. On en fit de bonnes à propos de l'amiral Leahy, l'ambassadeur des États-Unis à Vichy, qui avait demandé à son pays d'envoyer des vivres et des vêtements destinés à la population française de la zone non occupée. Puis, de crainte que l'Allemagne n'en profitât, l'aide alimentaire avait été réduite à des envois de lait destiné aux enfants [12]. L'amiral Darlan s'empara de l'affaire et fit son numéro au cours d'un dîner à l'ambassade où Abetz l'avait convié en compagnie de Brinon et de Benoist-Méchin. « On en vint à parler de la France et des États-Unis, rapporta Abetz à Ribbentrop. À notre allusion que la France ne pourra éviter de choisir entre l'Europe et l'Amérique, Darlan répondit que ce choix était fait quant à lui [...]. L'amiral Darlan fit remarquer que la politique des États-Unis lui tapait décidément sur les nerfs : "L'Oncle Sam est placé à côté d'une glacière, il en retire un jambon et le met sous le nez des Français en leur disant qu'ils recevraient le jambon s'ils étaient bien gentils. À l'instant où les Français ne danseraient pas au rythme du sifflet américain, l'Oncle Sam ferait disparaître le jambon dans la glacière [13]." »

Dans l'équipe gouvernementale de Darlan, Benoist-Méchin finit par être nommé secrétaire d'État à la vice-présidence du Conseil chargé des relations avec l'Allemagne (12 août 1941). De façon significative, Darlan l'appelait « mon Brinon ». L'ordre de mission de Brinon sera modifié de manière restrictive, lui retirant le droit d'entreprendre des pourparlers avec l'Allemagne engageant une modification des rapports politiques entre les deux pays. « Les négociations de politique générale, dont la portée dépasse les relations avec les autorités d'occupation, sont menées par des membres du gouvernement ou par des délégués spéciaux [14]... »

Toutefois, le rôle officiel de Brinon demeurait prépondérant et, malgré la facilité avec laquelle le Maréchal se défaisait des gens les mieux placés, Brinon semblait hors d'atteinte, étant devenu à lui seul une institution de l'État français. Outre l'information globale qu'il obtenait par ses fonctions, il régnait sur les transmissions car les messages destinés aux ministères à Paris étaient reçus par le téléscripteur de la Délégation générale. Il conservait les originaux et délivrait des copies. Enfin, c'est surtout par son intermédiaire que les Allemands communiquaient avec Vichy.

Brinon s'accommodait de Benoist-Méchin dont l'extrémisme poussait dans le sens qui lui convenait, mais était plus circonspect devant le comportement martial de Darlan qui recherchait, tout d'une pièce, l'alliance militaire avec l'Allemagne. L'occasion s'en présenta avec l'affaire de la Syrie. Sous prétexte d'aider une révolte en Irak fomentée contre la Grande-Bretagne, laquelle, en plus de ses intérêts pétroliers, possédait dans ce pays de puissantes bases militaires, les Allemands exigèrent du gouvernement français l'autorisation d'utiliser les aérodromes de Syrie et de fournir aux rebelles des armes françaises entreposées au Levant. Le gouvernement délibéra et Darlan se hâta de porter une réponse positive à Abetz [15]. L'amiral ajouta que « d'une manière générale, il allait toujours très loin dans des décisions qui pourraient mener facilement à des opérations de guerre contre l'Angleterre, même sans avoir obtenu quelques concessions ou assurances allemandes [16] ».

Abetz tenta de le rassurer. Darlan répliqua que le gouvernement français avait besoin « de succès qui sautent aux yeux et qui parlent directement au peuple » pour affirmer sa politique de collaboration avec l'Allemagne [17].

Le lendemain, 6 mai, arriva à Paris le général Vogl, le nouveau président de la Commission allemande d'armistice à Wiesbaden. S'entretenant avec Darlan et Abetz, il formula des exigences concernant des escales de relâche en Afrique française destinées aux navires marchands et militaires allemands. Darlan l'exauça aussitôt et n'obtint rien en échange, bien que ces concessions pussent provoquer un état de guerre avec la Grande-Bretagne. Toutes ses demandes étaient tournées à l'avantage de l'Allemagne. Abetz travailla au corps l'amiral afin que, sans plus attendre, il accordât l'autorisation aux avions allemands d'atterrir sur les aérodromes de Syrie : « Je priai Darlan de donner les ordres correspondants dès maintenant en ayant confiance dans la réalisation d'un accord relatif aux frais d'occupation. Darlan transmit alors, en transgressant les instructions qui lui avaient été données par le maréchal Pétain et par le cabinet, les messages radio voulus en Syrie dès avant la conclusion d'une convention relative à la diminution des frais d'occupation, et à partir de 4 h 20, tous les aérodromes de Syrie étaient à la disposition des avions allemands qui atterrissaient [18]. »

La soumission française était si totale que le directeur de la politique commerciale du ministère des Affaires étrangères allemand, de Wiehl, adressa un message à Ribbentrop dans lequel, récapitulant les avantages obtenus, il notait : « Ces concessions françaises dépassent considérablement ce qui pouvait être espéré du côté allemand [19]. »

Quand Darlan revint sur la baisse des frais d'occupation à ramener de vingt à quinze millions de Reichsmarks par jour, les Allemands exigèrent corrélativement la mise en place de contrôleurs du Reich auprès du ministère des Finances et du ministère du Commerce français, la fabrication intensive d'avions de guerre destinés à la Luftwaffe, le versement d'acomptes sur les frais d'occupation en or, en devises ou en titres et non plus en papier-monnaie.

Pensant lui remonter le moral, Abetz annonça à l'amiral Darlan que le Führer le recevrait quelques jours plus tard, le 11 mai.

Ce fut pour Brinon une déception en apprenant que c'était Benoist-Méchin qui accompagnerait Darlan à Berchtesgaden. Cependant, connaissant la faiblesse de l'amiral Darlan et l'impérialisme brutal des Allemands, Brinon crut devoir adresser une mise en garde au maréchal Pétain quand il fut acquis que la France cédait aux revendications allemandes concernant la Syrie. Brinon exposa au Maréchal que cette position « conduira logiquement la France à s'exposer à des actes d'hostilité de la part de la Grande-Bretagne. Ils [Hitler et ses représentants] croient que nous serons amenés à des mesures naturelles de défense, que pour que ces mesures soient pleinement efficaces nous devrions un jour prochain solliciter le concours du Reich ou que, ce qui revient au même, il nous faudra accepter de procurer aux forces allemandes l'usage de nos bases, soit pour l'arme sous-marine, soit pour l'arme aérienne. Nous serons alors engagés dans une coopération militaire [...]. Or, si le gouvernement du Reich voit avec faveur venir la coopération militaire, il a incontestablement l'intention de demander des garanties afin d'en assurer les avantages. Ces garanties sont de l'ordre politique [...]. M. Pierre Laval continue d'être le garant nécessaire de la Collaboration franco-allemande[20] ».

Brinon énumère les compensations que la France pourrait peut-être obtenir, à moins de subir passivement des exigences : « Par conséquent, la France se trouve aujourd'hui conduite à prendre une position capitale sans être assurée encore que cette détermination lui vaudra un traitement favorable [...]. Pour moi qui ai souhaité avant la guerre un règlement allant jusqu'à l'alliance avec l'Allemagne et qui suis convaincu qu'après la défaite la seule chance solide de redressement qui nous demeure est une collaboration loyale et étendue, je ne voudrais point prendre la responsabilité d'engager le pays à l'aveugle dans le chemin des illusions et des déceptions. En bref, avant de parvenir fatalement à la seconde étape, j'estimerais nécessaire d'accorder de moi-même les garanties réclamées [le retour de Laval] afin d'obtenir dès maintenant les indispensables apaisements qui nous manquent. Je veux penser que c'est là une possibilité. Mais le temps est désormais fort court *[21]. »

Quant à Laval, à propos de Darlan, il répétait aux Français dont il voulait se faire entendre : « Cet imbécile donne pour rien ce que j'aurais vendu très cher aux Allemands[22]. »

L'amiral Darlan revêtit son grand uniforme, ceignit son épée et fut accueilli le 11 mai par le Führer au Berghof où l'avait précédé une lettre du maréchal Pétain exprimant à Hitler toute la confiance qu'il avait dans Darlan. Après avoir transmis les salutations du maréchal Pétain, Darlan remercia le Führer du grand honneur qu'il lui accordait en le recevant le jour de la fête de Jeanne d'Arc, l'héroïne française, qui avait chassé les Anglais de France.

Il exprima sa dévotion à la Collaboration accompagnée d'hommages hyperboliques au génie du Führer avec un rappel discret sur ses capacités, à lui, à commander la flotte française qu'il avait créée de toutes pièces. « La France trouve une certaine consolation dans le fait qu'elle n'a pas été battue par n'importe quel adversaire, mais par le Führer qui, plus qu'un esprit destructeur, est un esprit constructif[23]. »

Dans sa réponse, le Führer se fit modeste. Chef de guerre, certes, il l'était par nécessité, mais bien qu'il commandât toutes les forces

---

* La lettre de Brinon au maréchal Pétain était écrite dans une conjoncture où des bruits colportés à Vichy et repris par la presse suisse, très lue dans la ville thermale, faisaient prévoir le retour au pouvoir de Laval et la nomination de Brinon aux Affaires étrangères.

allemandes il ne s'était pas octroyé de grade. Puis, ce fut l'habituel discours avec les coutumières digressions sur l'agression dont l'Allemagne avait été victime de la part de la France et de l'Angleterre. « L'Allemagne, en tout cas, combattra aussi longtemps qu'il le faudra pour que l'Angleterre soit à terre. Il était possible que cela se réalisât dans trois mois, peut-être seulement dans un an ou dans trois ou cinq ans, mais l'Allemagne ne capitulera jamais [24]. » Son seul but à lui, le Führer, ce n'est pas la guerre mais « enrichir son peuple sur le plan intellectuel et social [25] ». L'amiral Darlan « se rendit au point de vue du Führer que rien de définitif ne pourrait se faire aussi longtemps que l'Angleterre ne serait pas vaincue [26] ». Puis il attira l'attention de Hitler sur les engagements de la France relatifs à la Tunisie et à la Syrie destinés à faciliter l'action militaire de l'Allemagne, attestant que le maréchal Pétain et lui-même s'étaient engagés dans la coopération franco-allemande, même si ces engagements sur le terrain devaient provoquer une attaque anglaise contre le territoire français : « La France est prête à y répondre. » Puis, Darlan s'interrogea sur l'adhésion du peuple français à cette politique quand l'Allemagne occupait une partie de la France et lui imposait de lourds frais d'occupation et qu'un si grand nombre de prisonniers français restaient internés dans les camps allemands.

Le Führer assura Darlan de la compréhension de l'Allemagne tout en excipant des nécessités de la guerre et en réaffirmant qu'il ne revendiquait aucun territoire de l'Empire colonial français. Mais, tant que le conflit durait, l'Allemagne avait besoin des territoires français pour parer à une attaque anglaise qui pourrait se produire contre l'Espagne, le Portugal ou ailleurs. Darlan répondit qu'il comprenait parfaitement que la France devait répondre aux sollicitations de l'Allemagne qui l'avait vaincue.

En conclusion, l'amiral pria le Führer d'accorder à la France des avantages « plus spectaculaires qu'essentiels » afin de retourner l'opinion publique en faveur de l'Allemagne [27] ».

Ribbentrop et Abetz, personnages muets, en plus de l'interprète Schmidt avaient assisté à cet entretien. Hitler les convia à prendre le thé. Benoist-Méchin, jusque-là tenu à l'écart, fut invité à se joindre à eux et put contempler de près le Führer, son idole, auquel il eut l'honneur de donner des éclaircissements relatifs aux aérodromes français de Syrie.

En prenant congé, Hitler précisa à l'amiral Darlan que l'Allemagne n'avait pas besoin de la France pour vaincre ses ennemis mais que la France pouvait l'aider à écourter la guerre. « Pour chaque acte positif qu'elle accomplira, je lui accorderai une concession équivalente. Pour une grande chose, je donnerai une grande chose. Pour une petite, une petite. – Si je comprends bien, dit l'amiral, ce sera "donnant-donnant". Hitler approuva, ajoutant : "La politique franco-allemande est avant tout une question de confiance. C'est à vous de la mériter[28]." »

Pensant peut-être à Napoléon signant à Moscou le décret sur la réorganisation de la Comédie-Française, l'amiral Darlan, de retour à Salzbourg dans l'appartement dont il disposait à l'ancien palais des Évêques transformé en hôtel, voulut lui aussi prendre à l'étranger un décret de portée historique. Il décréta que, dans la marine, on porterait désormais la Légion d'honneur à droite et non plus à gauche[29].

L'entretien Hitler-Darlan avait eu lieu le jour où Rudolf Hess, longtemps considéré comme le dauphin du Führer, vice-président du parti national-socialiste et toujours son intime, s'était envolé pour les îles Britanniques aux commandes d'un avion de chasse. Il espérait convaincre les hautes autorités de Grande-Bretagne de s'allier à l'Allemagne pour vaincre l'URSS que Hitler s'apprêtait à attaquer quelques jours plus tard. Le Führer fut angoissé rien qu'à la pensée que l'imminente Opération *Barbarossa* pourrait être révélée avant son déclenchement. Ordre fut donné à la presse allemande de publier un communiqué officiel expliquant que Hess souffrait de troubles hallucinatoires l'entraînant à concevoir que l'Allemagne et la Grande-Bretagne pourraient jeter les bases pacifiques d'un accord, alors que la guerre contre la Grande-Bretagne était plus que jamais à l'ordre du jour.

De retour de Berchtesgaden, Abetz, muni d'instructions, s'évertua à désamorcer l'affaire Hess au cas où elle inclinerait le gouvernement de Vichy, enlisé dans la Collaboration, à se laisser influencer par l'anglophilie inattendue de l'ami du Führer. Il convoqua Brinon et lui donna sa version des faits. Aussitôt, Brinon exposa par une lettre à Darlan le point de vue d'Abetz :

« M. Abetz estime que Rudolf Hess était dans le parti national-socialiste l'un des Allemands les plus attachés à une entente avec la Grande-Bretagne. Avant la guerre, durant la guerre et l'automne dernier encore, M. Abetz a dû s'employer très énergiquement auprès du Führer pour combattre les idées de Rudolf Hess. C'est lui qui, à propos de traitements selon lui trop bienveillants réservés par une partie de la population allemande à des prisonniers français, avait fait apposer les affiches : "L'ennemi reste toujours l'ennemi." C'est lui qui, avant Montoire, témoigna d'un scepticisme systématique envers une collaboration franco-allemande. C'est lui encore qui, depuis le 13 décembre [arrestation de Laval], s'est montré le plus obstiné partisan d'un règlement très antifrançais. On savait qu'avant la dernière séance du Reichstag Rudolf Hess avait proposé au Führer de le charger de prendre secrètement contact avec des amis anglais car il croyait être en mesure de favoriser les courants pacifiques. Le Führer avait refusé avec des sarcasmes. Au surplus, le rôle de Hess depuis plusieurs mois était très réduit. M. Abetz se demande si la reprise de la politique de Montoire et la décision du Führer de vous recevoir n'ont pas contribué à engager Rudolf Hess dans une aventure stupide [30]. »

« Donnant-donnant. » Ce mot d'ordre devint une doctrine. Donnant-donnant, disaient les Français. « *Do ut des* », disaient les Allemands, plus pédants. Les discussions militaires allaient reprendre à Paris quand, sans attendre, à peine revenu d'Allemagne, l'amiral activa le processus. Abetz consigna : « Darlan exprima la prière de lui donner pendant les semaines prochaines un partenaire de négociation permanent du haut commandement de la Wehrmacht à Paris étant donné que de nombreuses questions exigent une discussion très rapide et directe [31]. »

Au retour de son entretien avec le Führer, Darlan avait informé le Conseil des ministres qu'il s'en tenait plus que jamais à la Collaboration, que la France ne pourrait survivre que si la guerre était courte, donc la victoire de l'Allemagne rapide, que l'Angleterre était perdue et que, si les États-Unis devaient entrer en guerre, le temps qu'ils soient prêts, la France serait réduite en esclavage ou n'existerait plus [32].

Le général Warlimont, déjà présent lors des entretiens avec Laval, arriva à Paris accompagné de plusieurs collaborateurs. Du 21 au 28 mai, il y eut neuf réunions à l'ambassade d'Allemagne sous l'égide d'Abetz. Du côté français, l'amiral Darlan, le général Huntziger, Brinon, Benoist-Méchin et quelques autres assistèrent à la séance inaugurale. Brinon n'assista qu'à la première. Il s'agissait, moyennant quelques avantages accordés à la France, d'opérer un renversement des alliances par la coopération militaire franco-allemande. Les généraux Warlimont et Huntziger étaient les principaux interlocuteurs. Les débats brassèrent maintes questions et le morceau royal fut constitué par les avantages militaires que le gouvernement français concédait à l'Allemagne au Levant (Syrie, Liban), dans l'ensemble de l'Afrique du Nord (Algérie, Maroc, Tunisie) et dans les immenses possessions d'Afrique occidentale française et d'Afrique équatoriale dont une partie s'était ralliée aux gaullistes. En revanche, les moyens militaires que l'Allemagne concéderait à la France pour la défense de ces territoires seraient étudiés ultérieurement. Le texte de cet accord strictement militaire fit l'objet d'un protocole signé le 28 mai par Darlan et Abetz. Les contreparties politiques que la France devait y gagner n'étaient pas précisées.

Un protocole annexe, de nature politique, fut approuvé par Abetz et Darlan non sans mal. Par ce texte, le gouvernement français voulait obtenir des compensations à la mesure des risques encourus « qui peuvent conduire à un conflit armé immédiat avec l'Angleterre ou avec les États-Unis », à cause des facilités accordées à la marine allemande d'utiliser le port névralgique de Bizerte en Tunisie et des installations portuaires en Afrique équatoriale et en Afrique occidentale françaises. En conséquence : « 1. Le gouvernement allemand accordera préalablement les renforts nécessaires en vue d'augmenter l'état défensif de l'Afrique occidentale française. 2. Le gouvernement allemand fournira au Gouvernement français par la voie de concessions politiques et économiques les moyens de justifier devant l'opinion publique de son pays l'éventualité d'un conflit armé avec l'Angleterre et les États-Unis[33]. »

Ce grand pas vers la cobelligérance justifiait d'amples libations : « Pour fêter la conclusion des Protocoles de Paris[34] », Abetz donna un grand dîner à l'ambassade, relate Benoist-Méchin : « Les plus hautes autorités militaires allemandes de l'Occupation et les officiers supérieurs de la SS ainsi que les plus insignes représentants des différents services allemands à Paris entouraient Abetz et les membres de son ambassade. » Du côté français, il y avait « l'amiral Darlan, vice-président du Conseil, le général Huntziger, ministre de la Guerre, l'amiral Platon, ministre des Colonies, l'amiral de La Monneraye, Paul Marion, secrétaire général à l'Information, M. de Brinon, ambassadeur de France, délégué général du gouvernement français dans les territoires occupés, M. Bouthillier, ministre de l'Économie nationale, M. de Boisanger, gouverneur de la Banque de France, et plusieurs officiers des diverses armes[35]. »

Le général Weygand, convoqué à Vichy, ayant pris connaissance des protocoles, contribua à les faire capoter en excipant des périls qui menaceraient la France, pendant que d'autres proconsuls français en Afrique appuyaient le général. L'ambassadeur des États-Unis, parfaitement renseigné, avait averti le maréchal Pétain que s'il avalisait les protocoles de Paris, l'Amérique romprait les relations diplomatiques avec la France. Brinon, immédiatement informé, le rapporta à l'ambassade d'Allemagne, observant que ces tensions créaient à Vichy un climat politique qui rappelait celui du 13 décembre quand Laval avait été renvoyé. L'amiral Darlan fut chargé de rendre les protocoles inapplicables en formulant des exigences que les Allemands rejetteraient.

Quoi qu'il en soit, la France de Vichy était engagée dans un processus irréversible de satellisation. C'est ce que comprit fort bien Karl Ritter, un proche conseiller de Ribbentrop, qui écrivit à son ministre qu'il était favorable à la réduction des frais d'occupation et au renoncement de transfert de titres, de devises et d'or, car « la France n'est plus un ennemi vaincu mais une alliée débutante [36] ».

CHAPITRE 25

Sühne : expiation

L'État français créa le Commissariat général aux questions juives à la fin du mois de mars 1941. Xavier Vallat avait fait connaître à l'amiral Darlan son désir d'en devenir le commissaire général. C'était le couronnement de la carrière de ce député de l'Ardèche, siégeant à l'extrême droite, qui avait toujours fait de l'antisémitisme un combat privilégié. On le qualifiait de député catholique à cause de ses liens avec l'épiscopat et de sa dévotion à l'Église. Comme la plupart des hommes de sa génération, il avait été un combattant valeureux pendant la Grande Guerre et y avait laissé un œil et une jambe, ce qui permettait au général Weygand, jamais repu d'antiparlementarisme, de dire que Xavier Vallat n'était « qu'une moitié de parlementaire[1] ». Partisan fervent du régime de Vichy, Vallat avait organisé la Légion française des combattants, vaste mouvement destiné à soutenir la Révolution nationale.

Xavier Vallat allait donner une dimension nouvelle à ce qu'il appelait « l'antijudaïsme d'État qui était la règle du gouvernement du Maréchal[2] ». Sa doctrine se résumait par l'affirmation que le juif est un corps étranger dans la nation, inassimilable et nocif, et une menace pour le monde car il est comme « une goutte d'huile roulant sur l'océan sans jamais s'y dissoudre[3] ». Il doit être tenu à l'écart et mis dans l'incapacité de nuire par l'application d'une législation qui lui retire toute influence économique, politique, culturelle, et le condamne à un statut d'étranger minoritaire, étroitement surveillé, indigne de jouir des droits d'un citoyen libre sur la terre gauloise. Cet activiste qui se déclarait hostile à l'Allemagne allait se servir de l'Occupation pour produire et appliquer des textes législatifs qui apporteront une contribution décisive à la Solution finale.

Xavier Vallat installera le Commissariat général aux questions juives à l'hôtel Algéria à Vichy. L'annexe de Paris, place des Petits-Pères, à côté de la basilique de Notre-Dame-des-Victoires, allait connaître un développement considérable. Brinon avait participé avec l'amiral Darlan et Abetz aux discussions relatives à la création du Commissariat général, et il s'était entremis pour concilier les positions respectives qui ne variaient que sur des points de détail vite réglés.

Quatre jours après son entrée en fonction, Vallat, accompagné de Brinon, se présenta à l'ambassade d'Allemagne. Il ressort de l'entrevue que son activité allait consister à unifier la législation antijuive française dans les deux zones avec les ordonnances allemandes. Les Allemands attendaient surtout de lui la création de nouvelles dispositions qui aboutiraient à l'« évacuation » hors de France de tous les juifs, qu'ils soient français ou étrangers.

Le lendemain, toujours en compagnie de Brinon, Vallat rencontra le maître d'œuvre de la Solution finale en France, le SS *Obersturmführer* (lieutenant) Theodor Dannecker, âgé de vingt-huit ans, chef de la section antijuive de la Gestapo en France. Depuis quatre années, cet ancien avocat au profil anguleux est spécialisé dans l'action contre les juifs. Il a sévi d'abord à Vienne, après l'*Anschluss*, puis à Prague quand la Tchécoslovaquie démembrée sera devenue le protectorat allemand de Bohême-Moravie. Un mot revient souvent dans ses propos : *Sühne* (« expiation »). Il faut que les juifs expient d'être juifs. L'expiation doit comporter les derniers degrés de la souffrance avant la mise à mort. Dannecker applique avec un plaisir frénétique cette consigne qui exprime la pensée suprême du Führer et que tous les exécutants accomplissent avec conscience.

Vallat sera reçu en dernier par l'autorité allemande supérieure en France en la personne du général von Stulpnagel, assisté du directeur ministériel Dr Best, déjà mentionné, que Brinon jugeait si intelligent et si compréhensif. En préparation à cette rencontre, le Dr Best avait rédigé à l'intention du général von Stulpnagel un mémorandum qui recommandait en de longs développements que l'action de Xavier Vallat à la tête du Commissariat général aux questions juives aboutît à la déportation de tous les juifs de France dans le cadre d'une solution européenne. Si le Dr Best ne précisait pas le lieu de la déportation, les documents saisis à l'ambassade d'Allemagne attestent que, depuis le mois de janvier 1941, la Silésie polonaise avait été choisie.

Deux semaines à peine après l'installation du Commissariat général aux questions juives, la police française procédait en zone occupée à la première rafle de juifs étrangers : 3 747 d'entre eux furent internés dans les camps de Beaune-la-Rolande et de Pithiviers, dans le Loiret. Brinon avait été préalablement informé[4]. Les autorités d'occupation s'étaient adressées directement à la préfecture de police qui s'empressa de prêter son concours à ce type d'opération rendu possible grâce au fichier de recensement des juifs établi par André Tulard, un haut fonctionnaire, dont le nom va baptiser ce fichier : le fichier Tulard.

Ces événements imposèrent à Brinon un interlocuteur avec lequel les relations se renforceront à mesure que le pouvoir et les tâches de la SS augmentaient.

Helmut Knochen avait adhéré au parti national-socialiste à l'avènement de Hitler. Docteur en philosophie, il était entré en 1936 au SD, le service de sûreté de la SS, englobant la sécurité et le renseignement. Au cours de l'automne qui suivit la déclaration de guerre, il réussira « un coup d'éclat » en Hollande en faisant enlever deux agents britanniques à Venlo, près de la frontière allemande. Cette action, à laquelle il n'avait pas participé sur le terrain, valut à Knochen la Croix de fer de première classe et une classification parmi les meilleurs officiers SS, ainsi que la protection de Heydrich.

Une fois entré dans Paris par le stratagème que nous avons indiqué au chapitre précédent, Knochen installa provisoirement son commando à l'hôtel du Louvre, devant la Comédie-Française, puis il établit ses services dans l'un des plus beaux hôtels particuliers de l'avenue Foch, et s'étendra ensuite sur des immeubles voisins où l'on pratiquera la torture.

Destiné à demeurer en France pendant toute la durée de l'Occupation, Knochen deviendra un véritable expert de la haute société française. Cet homme d'une froide cruauté arborait un sourire avenant et faisait preuve d'une politesse cérémonieuse quand il était reçu à bras ouverts dans le monde parisien où il avait ses partisans et ses indicateurs. Réceptions données en son honneur, week-ends dans des châteaux : nous disposons de la liste de ces personnes huppées et des services qu'elles rendirent à Knochen, à ses collègues, à la Gestapo[5].

Un autre aspect des activités du RSHA en France était le secteur des affaires que la SS avait pénétré comme le reste et dont elle entendait retirer d'énormes profits. Knochen y étendit son réseau de renseignement. Parmi les informateurs qu'il avait sélectionnés, deux hommes se distinguaient : Henri Ardant, banquier, président-directeur général de la Société Générale, et Marcel Boussac, le magnat du textile, propriétaire de haras et de chevaux de courses, désigné comme « l'homme le plus riche de France ».

Par l'intermédiaire de Dassonville, un de ses amis d'avant-guerre, Knochen avait rencontré Henri Ardant qui s'entendait avec Dassonville pour mettre la main, à titre privé, sur des entreprises juives. Ardant, très lié à Pierre Laval, était au mieux avec le général Michel, directeur des affaires économiques de l'administration militaire allemande, et avec son adjoint le Dr Blanke, préposé à l'aryanisation des affaires juives. Par l'assistance des Allemands, Henri Ardant s'enrichit considérablement. Knochen déclarera : « Sur le plan du renseignement, Ardant nous fournissait toutes les indications que nous pouvions désirer tant au point de vue bancaire qu'au point de vue financier. J'affirme que dans cette affaire [l'aryanisation du groupe Worms] et bien que mon patronage ait permis à Ardant et à Dassonville de réaliser des bénéfices absolument énormes, n'avoir reçu aucune ristourne. J'ai simplement rendu service à Dassonville qui était mon ami et la seule question qui ait été agitée en matière de remerciements a été celle de me confier un poste dans ses entreprises après la guerre[6]. » On éclairera mieux le comportement d'Ardant en indiquant qu'il finançait le comte Armand Chastenet de Puységur qu'Abetz avait sélectionné d'entre les personnalités françaises désireuses de collaborer avec les services de Dannecker. Le comte de Puységur, qui voulait la mort des juifs et des francs-maçons, recevait d'Ardant encouragements et subsides. Le président-directeur général de la Société Générale lui versait vingt mille francs par mois afin qu'il puisse faire ronéotyper chaque semaine les lettres écrites avec son venin qu'il envoyait à deux mille correspondants[7].

L'autre, Marcel Boussac, en compagnie duquel Brinon fréquentait les champs de courses, fit la connaissance de Knochen par l'intermédiaire du SS *Sturmbannführer* Maulaz, chef de la Section III du RSHA, spécialisée dans l'économie. « Je lui ai été présenté par Maulaz dans son appartement et je l'y ai rencontré par la suite à déjeuner ou à dîner, déposera Knochen. Marcel Boussac approuvait la politique de Laval mais il lui reprochait cependant un manque d'énergie et surtout son laisser-aller dans l'administration économique du pays[*]. En somme, il ne reprochait pas à Laval ce qu'il faisait, mais plutôt ce qu'il ne faisait pas. Boussac était partisan d'une collaboration absolue avec l'Allemagne afin d'augmenter la production dont nos deux pays à la fois auraient pu profiter. Les renseignements que Marcel Boussac nous fournissait étaient très importants du fait qu'il était une "tête" de l'industrie française et de l'économie et parce qu'il représentait la centralisation de tous ceux qu'il avait pu glaner auprès des diverses personnalités politiques, littéraires, économiques, etc.,

---

* Cette remarque couvrait les deux périodes où Laval fut au pouvoir.

qu'il connaissait et fréquentait [...]. Pour conclure, en ce qui concerne Boussac, je puis dire que les renseignements qu'il nous a fournis nous ont permis d'adresser d'excellents rapports au RSHA à Berlin, rapports qui ont été très appréciés. Bien entendu, de notre côté nous avons tout fait pour être agréable à Boussac et avons accueilli favorablement ses demandes ainsi que celles de ses amis[8]. »

Face au pouvoir du RSHA en France, Brinon était moins que rien. Il aura également affaire avec le SS-*Sturmbannführer* Karl Boemelburg, *Kriminal-Kommissar*, chef de la Gestapo en France, qui faisait partie du commando d'avant-garde de vingt personnes qui, sous les ordres de Knochen, était entré dans Paris dès la prise de la capitale. Comparé aux autres, qui ne dépassaient pas la trentaine, Boemelburg, né en 1885, faisait figure de vieil homme. Comme Knochen, il parlait couramment le français et avait mené plusieurs missions à Paris avant la guerre en rapport avec la lutte contre le communisme, puis il y était revenu sous divers costumes. Entre autres, il avait été installateur de chauffage central et réussit cette prouesse de monter des radiateurs, 11, rue des Saussaies, dans les locaux de la Sûreté nationale, au ministère de l'Intérieur, là même où, dès les premiers jours de l'Occupation, il s'installera à la tête de la Gestapo. Une femme témoignera l'avoir vu avant la guerre accroupi dans un couloir de la rue des Saussaies où il fixait des tuyaux. L'apercevant, il s'excusera de l'embarras et la laissa passer, lui disant : « Permettez que je me présente, le plombier Boemelburg pour vous servir. » Cette femme, qui aura à affronter la Gestapo pendant l'Occupation, lui rappellera la scène. Boemelburg ne l'avait pas oubliée et, sacrifiant à ce souvenir, il lui rendit sa liberté en l'avertissant de ne pas y revenir[9].

La première besogne de Boemelburg à Paris consista à exploiter les archives de la police française découvertes dans deux péniches amarrées sur la Seine. Connaissant bien les policiers français et leurs méthodes de travail, il savait recourir à leur collaboration sans difficulté. Comme la plupart de ses collègues SS en France, Boemelburg mènera une existence où les interrogatoires sanglants laissaient place, la nuit, au pétillement du champagne et aux femmes faciles. Le beau monde fascinait ces Allemands sensibles aux particules. Boemelburg recrutera des informateurs et des mouchards parmi de vraies et de fausses personnes bien nées qu'on appelait les « comtesses de la Gestapo ». Quant à ses prisonniers de marque, il leur réservait un traitement de choix en les enfermant dans un hôtel particulier réquisitionné à Neuilly et qui, avec le temps, sera connu sous le nom de « villa Boemelburg[10] ».

De ses interlocuteurs allemands, c'est décidément avec Abetz que

Brinon se sentait le plus à l'aise, entretenant avec lui des relations conviviales. Dans le livre d'or de l'ambassade d'Allemagne, ouvert à l'occasion de réceptions, de banquets, la signature de Brinon se retrouve souvent d'une page à l'autre. Cette familiarité était si connue du gouvernement de Vichy que le premier mouvement des ministres dans l'embarras était de recourir à Brinon. C'est ce que fit l'amiral Darlan quand, le dimanche 8 juin 1941, des troupes britanniques, étoffées par quelques bataillons des Forces françaises libres, entrèrent en Syrie où les facilités militaires accordées à l'Allemagne par Vichy menaçaient la stratégie de la Grande-Bretagne au Moyen-Orient.

Dans l'heure qui suivit, l'amiral Darlan transmettait à Brinon ce message : « Les Anglais nous ayant attaqués ce matin en Syrie, je vous prie d'insister auprès de M. l'Ambassadeur Abetz sur la nécessité de la reprise immédiate des fabrications aéronautiques telles que nous les avons indiquées dans les négociations en cours [11] : »

Il s'agissait de l'accord franco-allemand confiant à la France la fabrication d'avions de guerre à l'usage de la Luftwaffe, dont Darlan espérait prélever quelques unités afin de riposter à l'attaque britannique. Un quart d'heure après, Brinon répondait que « tout ce qui était convenu dans l'accord du 28 mai pouvait être mis sur-le-champ à exécution [12]. »

Après des combats meurtriers qui opposèrent des Français des deux camps, un armistice fut signé le 12 juillet entre militaires britanniques et les autorités militaires sur place représentant le gouvernement de Vichy. La Syrie passait sous le contrôle des Alliés. À Paris, au cours de sa réunion hebdomadaire avec la presse, Brinon accusa « l'ex-général de Gaulle » d'avoir provoqué des combats fratricides et exalta le refus de se rallier à la France libre que lui avaient opposé les cinq sixièmes des soldats français de l'armée loyale à Vichy dont ceux qui revinrent en métropole furent accueillis en héros.

Huit jours après le début des combats en Syrie, le *Journal officiel* publiait le 14 juin le deuxième Statut des juifs – remplaçant le précédent – conçu par Xavier Vallat, promis aux Allemands par l'amiral Darlan et promulgué par le maréchal Pétain*. Le texte portait que toute personne de religion juive est obligatoirement de race juive. Il aggravait considérablement les exclusions inscrites dans la première

---

* Outre le maréchal Pétain, les cosignataires étaient : amiral Darlan, vice-président du Conseil : Joseph Barthélemy, secrétaire d'État à la Justice ; Yves Bouthillier, secrétaire d'État à l'Économie et aux Finances, général Huntziger, secrétaire d'État à la Guerre ; Pierre Caziot, secrétaire d'État à l'Agriculture.

loi et s'alignait sur la législation allemande de la zone occupée. À la même date, une nouvelle disposition prescrivait le recensement de tous les juifs et l'état de leurs biens. Des peines d'emprisonnement dans un camp spécial et des amendes étaient prévues à l'égard des contrevenants.

Le pasteur Boegner, président de la Fédération protestante de France, qui ne cessait de s'élever, jusque dans le bureau du maréchal Pétain, contre le traitement imposé aux juifs, notait dans son carnet : « À lire avec soin le nouveau statut des juifs, on éprouve un sentiment de honte. Que reste-t-il d'autre à la plupart des juifs français que de mourir de faim[13] ? »

Ce statut sera suivi d'un ensemble de mesures enfermant les victimes dans l'étouffoir de textes législatifs. Au début du mois de juillet, une loi organisa l'« aryanisation économique » équivalant à une spoliation intégrale.

Délégué général pour les territoires occupés, Brinon était constamment mêlé aux discussions entre Allemands et Français à propos de la législation antijuive et chargé de transmettre à chaque partie les exigences de l'autre. Son mariage avec une « non-aryenne », ses relations d'avant-guerre et les propos tolérants qu'il tenait dans le privé conduisaient des juifs, parmi les mieux informés, à recourir à ses bons offices. L'un des premiers fut un Rothschild. Philippe de Rothschild avait épousé Élisabeth de Chambure, une « aryenne ». Celle-ci, arrêtée à la ligne de démarcation de Chalon-sur-Saône, avait été relâchée sur l'intervention de Brinon. Elle vint à Paris et fut mise aussitôt en difficulté à cause de sa carte d'identité. Convoquée par Boemelburg, intéressé d'avoir à portée de main une Rothschild, elle alla voir d'abord Brinon et lui parla de la nécessité de séjourner à Paris où elle avait des intérêts et de reprendre possession de son appartement. À la requête de Brinon, Boemelburg accepta qu'on lui établisse une carte d'identité au nom de Mme de Chambure et insista pour qu'elle vienne à son bureau. Il lui demanda pour quelle raison elle avait épousé un juif. Elle eut le tort de répondre qu'elle allait divorcer. Boemelburg l'enregistra.

La lettre de remerciements de Philippe de Rothschild à Brinon donne une idée de ce qu'était, à cette époque, son image aux yeux des personnes persécutées qui le connaissaient : « Vous êtes de ceux qui dans de telles circonstances on été conduits à remplir un rôle aussi important que délicat et je me réjouis de constater combien cette tâche ingrate qui vous est dévolue, vous a permis de faire valoir vos qualités de jugement et de cœur. J'ai été en mesure de connaître par ma femme vos efforts incessants pour maintenir, dans l'application des mesures imposées par les différentes autorités, un équilibre aussi équitable que possible. C'est un sentiment réconfortant de rencontrer une haute personnalité qui, dans des conditions si difficiles, engage sa responsabilité à seule fin de compenser de cruelles injustices, d'atténuer les abus d'une coercition si acharnée. J'ai personnellement beaucoup apprécié votre attitude à notre égard. Je ne puis penser sans émotion à l'accueil que vous avez réservé à ma femme. Je souhaite pouvoir vous en témoigner ma reconnaissance [14]. »

Pendant deux ans, Mme de Rothschild demeurera à Paris sous le nom de Chambure. Brinon parviendra à lui éviter tout ennui jusqu'au jour où elle fut arrêtée pour avoir organisé une fête de charité au profit de juifs internés au camp de Drancy en attente de la déportation. Averti, Boemelburg prit prétexte qu'elle s'était engagée à divorcer pour la maintenir dans la prison du Cherche-Midi. Brinon rapporta que ceci se passait à l'époque où les Alliés avaient débarqué en Normandie. Toute intervention était alors vouée à l'échec. Elle mourra en déportation au camp de Ravensbrück.

CHAPITRE 26

Premier voyage à l'Est

Le 22 juin 1940, un communiqué de l'agence de presse officielle allemande annonçait succinctement que les troupes allemandes, roumaines et finlandaises avaient franchi les frontières de l'URSS. Dès cinq heures et demie du matin, le Dr Goebbels lut à la radio de Berlin une proclamation du Führer au peuple allemand annonçant l'entrée en guerre de l'Allemagne contre la Russie soviétique. Une guerre préventive, assurait-il, l'Union soviétique se préparant à envahir l'Europe. Dans un torrent verbal, il mettait en scène l'innocente Allemagne exposée à des ennemis féroces, un complot fomenté par les juifs, les démocrates, les bolcheviks et les réactionnaires, derrière lesquels s'agitaient l'Angleterre et maintenant l'Union soviétique. Le Führer a formé un front qui s'étendait de la mer Noire à l'océan Arctique. Une fois encore, il remettait l'avenir et le sort du Reich entre les mains de ses soldats.

Le Dr Goebbels allait se charger d'orchestrer sa propagande dans les pays occupés. À Vichy, depuis une quinzaine de jours, les milieux diplomatiques faisaient état d'une tension croissante entre l'Allemagne et l'URSS. Brinon lui-même, cinq jours avant l'éclatement du conflit, avait déclaré dans une interview : « En ce qui concerne la tension entre l'Allemagne et la Russie, dont parle la propagande américaine, c'est un mystère. On ne peut pas dire ce que cela cache et comment cela se terminera [1]. »

En France, la guerre allemande contre l'URSS reçut immédiatement la caution et les éloges du gouvernement sur le thème : l'Allemagne défenseur de la civilisation européenne et chrétienne. Autre thème, souvent exprimé depuis l'armistice et qui allait s'imposer dans le fracas d'un battage obsessionnel : le judéo-bolchevisme à l'Est, constitué par l'URSS, la judéo-ploutocratie à l'Ouest, incarnée par la Grande-Bretagne et les États-Unis, sont les deux faces du complot universel par la juiverie mondiale contre l'humanité.

Au premier jour de l'invasion allemande, Doriot, à Lyon, sous les ovations d'une salle chauffée par ses partisans, déclara qu'il était prêt personnellement à combattre sur le front russe. À Paris, l'enthousiasme n'était pas moins fort, et l'on parlait d'enrôler des volontaires brûlant de se battre au côté des camarades allemands sur le front russe d'où provenaient des communiqués parlant d'avance fulgurante et annonçant des objectifs éloignés dans la terre russe, tels que les villes de Minsk, Leningrad et Moscou. Une semaine n'avait pas passé que la Hongrie déclarait la guerre à la Russie et l'on apprenait que l'Espagne, tout en demeurant non belligérante, dépêcherait un corps expéditionnaire.

L'État français, qui entretenait des relations diplomatiques avec l'URSS jusqu'alors amie de l'Allemagne, publia un communiqué : « Le gouvernement français, ayant acquis la certitude que des agents diplomatiques et consulaires soviétiques en France exerçaient une action attentatoire à l'ordre public et à la sécurité de l'État, a décidé de rompre les relations diplomatiques avec l'URSS. »

Rapidement, les termes « guerre germano-russe » parurent trop restrictifs et l'on parla de croisade antibolchevique. Pour Brinon, dont l'aversion à l'égard du communisme remontait à la révolution d'Octobre, l'invasion de l'Union soviétique cimentait encore davantage son attachement à l'Allemagne nationale-socialiste dont la cause lui apparaissait désormais celle de tous les défenseurs « des lumières de l'Occident ». Seule émanation du gouvernement de Vichy à être respectée par les ultras de la Collaboration, Brinon fut consulté sur les initiatives à prendre en solidarité avec l'Allemagne totalement engagée contre l'URSS. On parlait de constituer une légion de volontaires. Finalement, cette envie finit par prendre corps malgré les réserves du gouvernement, mais avec l'appui d'Abetz qui avait obtenu l'autorisation du Führer, sous réserve que : 1. L'initiative de la création de la Légion des volontaires français émane des groupes politiques de la zone occupée. 2. Aucun engagement de l'Allemagne vis-à-vis de Vichy ne résulte de cette création. 3. Les effectifs de la Légion ne dépassent pas les quinze mille hommes[2].

Abetz chargea le conseiller d'ambassade Westrick de prendre en tutelle la nouvelle formation. Nous avons déjà vu Westrick, avant la guerre comme agent de propagande en France. Pendant l'Occupation, devenu une personnalité parisienne, il était accueilli dans les meilleures maisons et il rencontrait fréquemment Brinon. Il voulait devenir le mentor de l'entreprise qui prit le nom de Légion des volontaires français contre le bolchevisme (LVF). En voici le catalogue : Eugène Deloncle préside à ses destinées, alors que l'ancien patron de la Cagoule est en même temps chef du Mouvement social révolutionnaire (MSR) où l'on retrouve d'anciens Cagoulards et des personnages dévoyés tels que Jean Fontenoy qui prend le grade de capitaine dans la LVF. On distingue aussi Jacques Doriot, chef du Parti populaire français (PPF) ; Marcel Déat, fondateur du Rassemblement national populaire (RNP) qui avait ambitionné d'être le parti unique ; Pierre Clémenti, créateur du Parti français national collectiviste, un ersatz du national-socialisme ; Pierre Costantini, chef de la Ligue française d'épuration d'entraide sociale et de collaboration européenne, dont la voix tonitruante retentit dans les enceintes ; Jean Boissel, mutilé de guerre, animateur de la Ligue antijuive universelle et fondateur d'un groupe, le Front franc, où la dévotion à Hitler était la règle. On remarquait aussi parmi les harangueurs, l'écrivain Paul Chack, président du Cercle aryen et créateur du Comité d'action antibolchevique, qui avait fait placarder sur les murs de Paris une affiche au titre grassement imprimé : « Il faut que le sang juif coule », avec son nom écrit dessous.

Le 5 août, la LVF est officiellement reconnue et Fernand de Brinon devient le président du comité de patronage qui regroupe des personnalités telles que le cardinal Baudrillart, recteur de l'Institut catholique de Paris, et l'académicien Abel Bonnard. Brinon placera sa sœur, Simone de Morineau, à la direction des œuvres sociales de la LVF.

La guerre de l'Allemagne contre l'URSS raffermit Brinon, mettant un terme à sa crise de conscience consécutive au gel des protocoles de Paris. L'amiral Darlan, qui s'était engagé totalement, avait fragilisé sa position. Le maréchal Pétain, excité par des membres de son entourage, estimait que Darlan ne prenait pas assez au sérieux la Révolution nationale, un des griefs majeurs du Maréchal à l'égard de Laval. Darlan est-il menacé ? Un nouveau 13 décembre est-il possible ?

En plein désarroi, Brinon avait parlé assez ouvertement de son envie de démissionner pour qu'on le sache, à Paris notamment. Il s'en était ouvert à son ami, le conseiller commercial Fredo Lehrer qui alerta le commandant militaire allemand en France. Notant la grande tension qui régnait à Vichy, Lehrer écrivait : « La répercussion de cet état de chose se fait sentir jusque dans les territoires occupés, et l'ambassadeur de Brinon, qui est un adepte de la collaboration, vraiment honnête, parfaitement éprouvé, droit et libre de tout compromis, craint des développements dangereux et considérables.

Ces jours-ci, il m'a expliqué durant des entretiens longs et développés, qu'il ne pourrait supporter plus longtemps la responsabilité de ses fonctions s'il se passait des choses décisives dans un sens dont on peut tout craindre. Il est décidé à démissionner plutôt que de supporter plus longtemps ces choses en silence ou même de les couvrir par son attitude passive[3]. »

Parmi d'autres consolateurs à qui Brinon avait fait des confidences se distinguent Jean Fontenoy et sa seconde épouse, Madeleine Charnaux, une ancienne aviatrice qui s'adonne à la sculpture. Chacun d'eux par une lettre l'implore de RESTER, car les absents perdent toujours, exemple Laval : « Rappelez-vous "Brinontrop". On vous dénonçait comme traître, on dénonçait notre attitude et celle de nos rares amis. Alors, ce seraient les éternels malins – malins d'hier devenus malins d'aujourd'hui, arrivés d'hier devenus arrivistes d'aujourd'hui – qui l'emporteraient[4] ! » Fontenoy le suppliait de ne pas quitter son poste, et sa femme renchérissait : « Pour le petit groupe de Français qui ont été dès juillet numéro 1 pour la collaboration [...] vous êtes l'incarnation de leur foi[5]. »

Maintenant, l'Allemagne entamait la conquête de l'URSS, découvrant à Brinon de nouvelles perspectives. La formation de la Légion des volontaires français, dans laquelle il tenait une place dirigeante, réactivait sa situation politique quelque peu grignotée par l'activité de l'ambitieux Benoist-Méchin. Pourtant, l'Occupation ne se déroulait pas dans la paix du soir. Le 19 août, Brinon décrivait au maréchal Pétain la situation en zone occupée, précisant qu'au cours de la seule session du 13 août le tribunal militaire allemand qui siégeait dans les salons de l'Automobile-Club à Paris avait condamné à mort sept Français dont le moins âgé avait dix-huit ans : « Je suis en effet effaré par le nombre de condamnations prononcées ces derniers jours par les cours martiales contre les jeunes », remarquait-il. Il ajoutait que le général von Stulpnagel lui avait déclaré que ce n'était pas aux Allemands de prêcher la prudence aux Français mais au gouvernement français et, notamment, au maréchal Pétain, de lancer un appel accompagné de l'annonce de sanctions sévères[6].

Au lendemain de cette lettre, d'importantes forces de police française, répondant à l'exigence allemande, raflaient six mille juifs étrangers et deux cents français parmi lesquels des avocats du barreau de Paris, internés à Drancy.

Le jour suivant, 21 août, un auxiliaire de la marine allemande, Alfons Moser est abattu vers huit heures du matin sur un quai de la station du métro Barbès-Rochechouart. La police militaire allemande et la police judiciaire française coopèrent. Les Allemands sont rapidement convaincus que les auteurs de l'attentat sont des communistes*. Dès le déclenchement de la guerre contre l'URSS, le général von Stulpnagel avait averti la population par voie de presse de la sévérité impitoyable avec laquelle il réprimerait toute action communiste.

Le lendemain de l'attentat, le major Beumelburg**, officier de liaison entre la Délégation générale dans les territoires occupés et le commandant militaire allemand, informait Jean-Pierre Ingrand, représentant le ministre de l'Intérieur, que le commandant militaire avait décidé l'arrestation de cent otages dont cinquante seraient exécutés. « Il parla même de la possibilité d'exposer les corps sur la place de la Concorde[7]. » Il ajouta qu'il serait possible de renoncer à ces moyens si le gouvernement français procédait lui-même à une répression comportant des exécutions capitales de communistes. Ingrand fut sommé d'avertir aussitôt à Vichy le ministre de l'Intérieur Pucheu. Le major Beumelburg déclarera à Brinon : « Le sang appelle le sang[8]. »

Brinon et Ingrand, obligés d'échanger des informations, se détestaient. Âgé à l'époque de trente-huit ans, Ingrand était le type même du haut fonctionnaire faisant carrière pendant l'Occupation. Il avait été mis à la disposition de la Délégation générale pour les territoires occupés en qualité de représentant du ministre de l'Intérieur. Il avait donc servi sous le général de La Laurencie, Ingrand déclarera : « J'étais à ses côtés quand, frappé d'expulsion par les Allemands, il a reçu son successeur M. de Brinon avec une insolence cinglante qui est restée sans réplique et dont je l'ai chaleureusement félicité [...]. Dès l'arrivée de M. de Brinon, mes rapports avec lui se sont tendus[9]. »

Aussitôt après la mort de l'auxiliaire de la marine Moser, l'autorité militaire allemande fit connaître par un AVIS que désormais tous les Français en état d'arrestation étaient considérés comme des otages ; « en cas de nouvel acte criminel, il sera fusillé un nombre d'otages correspondant à la gravité de l'acte commis[10] ».

Dans les heures qui suivirent et après discussions, Brinon et Ingrand furent instruits des exigences des Allemands disposés à se contenter de la mise à mort de six communistes qui devront être condamnés par une cour spéciale française et exécutés après la sentence, au plus tard le 28 août.

---

* Il s'agissait d'un jeune militant du parti communiste, Pierre Georges, dit colonel Fabien.

** Qu'on ne confondra pas avec Karl Boemelburg.

Ingrand communiqua immédiatement par téléphone à Pucheu les exigences allemandes. Pucheu lui fit savoir que le gouvernement avait décidé de procéder à des exécutions capitales avant l'expiration du délai fixé par les Allemands et de « demander aux magistrats de compléter un texte répressif en préparation afin de le rendre applicable aux procédures en cours [11] ».

Dans la soirée, Brinon recevait la réponse positive du commandant militaire aux propositions du gouvernement et la transmettait à Vichy par téléphone :

« 1. On ne fait aucune objection à la promulgation de la loi concernant les communistes et les anarchistes, ladite loi portant effet rétroactif. Cette loi est accueillie très favorablement.

» 2. Les mesures projetées par le gouvernement français sont approuvées. Sur sa demande, le Führer a été mis au courant de ces propositions.

» 3. On attend les propositions concernant les six personnes qui doivent être traduites devant le tribunal extraordinaire.

» 4. Le tribunal extraordinaire devra tenir ses séances à huis clos.

» 5. Le jugement devra être exécuté au plus tard le jeudi 28 août, à l'heure même où l'attentat a été commis la semaine précédente.

» 6. On admet que l'exécution n'ait pas lieu sur une place publique.

» 7. Si des cas semblables venaient à se reproduire, le commandant des forces militaires allemandes en France prévient par l'avis ci-dessous. Les mesures que cet avis prévoit ne dégagent en rien le gouvernement français des devoirs qui lui incombent pour éviter par tous les moyens les attaques de ce genre contre l'armée allemande [12]. »

La proclamation allemande annexée annonçait que tout communiste, toute personne ayant des activités communistes ou qui favorisait leurs tentatives devait s'attendre à être condamnée à mort par les tribunaux allemands. Tout détenteur de tracts anti-allemands était passible d'une peine de travaux forcés pouvant aller jusqu'à quinze ans.

Le matin suivant se tint un Conseil des ministres qui commença par la prestation du serment de fidélité des ministres à la personne du maréchal Pétain*. Puis, le ministre de l'Intérieur Pierre Pucheu, et le garde des Sceaux Joseph Barthélemy exposèrent qu'il convenait de satisfaire les exigences allemandes par une loi portant création d'une Section spéciale auprès de chaque tribunal. L'article 3 de la loi

---

* Ce serment sera imposé aux hauts fonctionnaires, à l'armée, à la magistrature.

statuait : « Les individus arrêtés en flagrant délit d'infraction pénale résultant d'une activité communiste ou anarchiste sont traduits directement et sans instruction devant la Section spéciale [13]. » Autrement dit, les inculpés ne sont pas jugés sur pièces mais systématiquement condamnés à mort. L'article 7 spécifiait : « Les jugements rendus par la Section spéciale ne sont susceptibles d'aucun recours ou pourvoi en cassation et sont exécutoires immédiatement. »

Faute de connaître les coupables de l'assassinat de l'auxiliaire Alfons Moser il fallait se saisir de n'importe quel prisonnier, même s'il avait déjà été jugé. Cette forfaiture n'avait pas encore trouvé sa formulation juridique. Il incombait donc aux plus hauts magistrats siégeant à Paris de rédiger l'article manquant (article 10), au plus tard dans le courant de l'après-midi. Qu'à cela ne tienne ! Bien qu'incomplète, la loi présentée en Conseil des ministres fut adoptée puisqu'on était d'accord sur le contenu de l'article laissé en blanc. Le maréchal Pétain s'empara du texte et le signa d'autant plus volontiers qu'il ne cessait de prêcher l'ordre, la discipline, la répression, et que cette loi concernait au premier chef des gens qu'il haïssait : les Rouges.

Les ministres présents, encore tout chauds de leur serment de fidélité à la personne du maréchal Pétain, apposèrent leurs signatures. D'abord, le garde des Sceaux Joseph Barthélemy, puis l'amiral Darlan vice-président du Conseil, le ministre de l'Intérieur Pierre Pucheu, l'âme de l'affaire, le général Bergeret, ministre de l'Air, et le général Charles Huntziger dont la signature figura sur tant d'actes qui l'associèrent, jusqu'à sa mort accidentelle en novembre 1941, aux crimes de l'État français.

À Paris, l'après-midi, les quatre plus hauts magistrats signèrent l'article 10 que l'un d'eux, Maurice Gabolde, procureur de l'État français avait rédigé en toute hâte et qui stipulait que l'action publique pouvait s'exercer contre tous ceux qui se rendaient coupables des faits énumérés « même si ceux-ci sont antérieurs à la promulgation, de la présente loi [14] ».

Le 25 août, Brinon reçut à Paris, dans son cabinet, Joseph Barthélemy et Pierre Pucheu. Le garde des Sceaux était en pleine confusion. « Nous ne trouverons pas de magistrat, disait-il. Il n'y a pas de précédent [15]. »

Les textes furent promulgués. La loi serait appliquée, Barthélemy le savait mieux que quiconque. Ce même jour, il participa au choix des huit magistrats chargés de former la Section spéciale.

Restait à trouver les coupables. Parmi les dossiers d'affaires déjà jugées, trois noms furent choisis : Abraham Trzebrucki, parce qu'il était juif ; il purgeait une peine de cinq années de prison pour détention de faux papiers ; André Bréchet, condamné à quinze mois pour propagande communiste ; Émile Bastard, condamné à deux ans de prison pour propagande communiste. Le 27 août, devant la Section spéciale, ces trois hommes, qui purgeaient leur peine, furent jugés à huis clos une deuxième fois en violation de toutes les règles de procédure et du droit établi. Leur sort était réglé d'avance avant même leur comparution : l'exécuteur des hautes œuvres avait été convoqué et la guillotine était déjà extraite de son hangar.

Leur procès ne dura que quelques minutes. Tous trois furent, l'un après l'autre, condamnés « à avoir la tête tranchée ». Naturellement, la grâce du chef de l'État ne fut pas accordée. L'exécution eut lieu le 28 août à l'aube, date limite imposée par les Allemands qui avaient renoncé à une exécution publique [16].

Lorsqu'il avait transmis le 21 août à Vichy l'accord allemand concernant la parodie judiciaire proposée par le gouvernement, Brinon avait placé le commentaire suivant : « L'officier de liaison des Forces militaires [le major Beumelburg] a ajouté officieusement, en me faisant cette communication, que l'attitude loyale et énergique du gouvernement et de sa Délégation dans les territoires occupés avait été hautement appréciée. Il m'a dit également l'espérance de trouver dans la décision rapide et "révolutionnaire" qui avait été prise, et dans le fait que des mesures immédiates pouvaient être évitées, le présage d'événements plus favorables entre la France et l'Allemagne. Je crois devoir insister sur la compréhension de nos arguments qu'ont témoignée au cours de cette journée critique les autorités allemandes, pour éviter les sanctions collectives aussi bien que pour nous donner l'occasion et le temps d'agir par nous-mêmes [17]. »

Le 27 août, le jour où Trzebrucki, Bréchet et Bastard furent condamnés à mort par la Section spéciale, un événement mobilisait la presse parisienne et les milieux collaborationnistes : les couleurs françaises allaient être hissées pour la première fois en zone occupée. La cérémonie eut lieu l'après-midi, dans l'enceinte de la caserne Borgnis-Desbordes, à Versailles, où stationnaient environ trois mille engagés de la Légion des volontaires français contre le bolchevisme, en présence de personnalités allemandes et françaises. Pierre Laval, bien que n'étant plus rien, avait été convié en invité de marque indispensable.

En guise de mise en train, avant de se rendre à Versailles, Laval déjeuna dans un salon privé du restaurant de La Cascade au bois de Boulogne, établissement de grand luxe voué au marché noir. Il était entouré de six Allemands, des hommes d'affaires, parmi lesquels le consul général Otto Hagerdorn, également l'un des chefs de l'industrie allemande. Hagerdorn est ébloui et conquis par la faconde du convive français et en rapporte l'essentiel : « Laval a déclaré que l'avenir de l'Europe se trouvait entre les mains du Führer et qu'il espérait fermement que le Führer en tant que grand homme d'État, se trouvant maintenant à un tournant de l'Histoire, surmonterait les difficultés [...]. Il n'a aucune confiance dans le gouvernement de Vichy derrière lequel se tient le juif Worms* [...]. Le Führer est un génie et il a montré au monde entier sa générosité, alliée à une intelligence peu commune. Le Führer devrait être mieux renseigné sur les causes du mauvais esprit qui fermente dans le peuple français et qui est surtout dû à la maladresse des gouvernants actuels [...]. Au moment de nous quitter, Laval disait encore : "Tout ce que je vous ai dit a peu d'importance pour moi ; dans une demi-heure, je serai peut-être victime d'un accident d'auto, mais quoi qu'il arrive, mon vœu le plus ardent est une entente franche entre l'Allemagne et la France [18]." »

Laval retrouva à la caserne Borgnis-Desbordes Brinon qui, de son côté, entrait dans la cour à la tête du groupe officiel, entouré de Deloncle, le chef, et de Schleier représentant l'ambassade d'Allemagne. On remarquait, au second plan, claudiquant sur sa canne et coiffé de son chapeau noir à bord roulé, le conseiller d'ambassade Westrick, le véritable tuteur de la LVF. À leur passage, des Français font le salut hitlérien. Alignés sur plusieurs rangs, les Légionnaires, malgré le port de l'uniforme allemand, offraient l'aspect d'une troupe disparate. Les trois couleurs furent hissées pendant que retentissait la fanfare des gardes républicains en uniforme de parade. Tout le monde parut ému. Vive la France, vive l'Allemagne dans un combat commun ! Congratulations. Inspection des lieux. Approbation générale. Laval devint un centre d'intérêt. Marcel Déat, en chemise brune suivant la référence totalitaire, lui disputait la parole quand des coups de feu claquèrent. Les deux furent touchés ainsi qu'un officier français. Paul Collette, l'agresseur, un jeune ouvrier, fut arrêté.

Brinon réunira les journalistes à l'ambassade d'Allemagne et déclarera : « L'attentat de Versailles vient malheureusement confirmer que l'on se trouve en présence d'un complot destiné à saborder la politique de collaboration. Devant une organisation terroriste, il

---

* Plusieurs ministres, parmi les plus antisémites, étaient issus de la nébuleuse Worms, Laval avait une haine particulière à l'égard de la banque Worms dont les têtes pensantes ne lui étaient pas favorables.

n'y a pour lutter qu'une chose : la force. Nous l'emploierons[19]. » Il accusa les communistes.

Intermède littéraire. Laval demeura deux semaines à l'hôpital. Mme de Brinon mère était en villégiature à Biarritz. La situation de son fils lui valait de la considération. Elle prenait logis à la villa Bertrand et menait une existence occupée surtout par la santé de sa fille Odette, objet de soins constants. À Biarritz se trouvait une octogénaire qui faisait rêver les gens du monde. Jusqu'à la guerre de 1939, elle avait régné pendant plus d'un demi-siècle sur cette société titrée et nantie dont les mœurs n'avaient guère évolué depuis le XIXe siècle. Sa beauté, son immense fortune, l'excellence de sa naissance lui valaient d'être traitée en reine quand elle se déplaçait à travers l'Europe aristocratique. Sa plus grande gloire, on le sait, est d'avoir été l'un des ingrédients magiques avec lesquels Marcel Proust a composé le personnage de la princesse de Guermantes. Nous parlons de la comtesse Greffuhle, née princesse de Caraman-Chimay.

Ce fut en mars 1941 qu'elle écrivit sa première lettre à Mme de Brinon mère, d'une grande écriture ornementée, mieux faite pour gratter le parchemin que le papier à lettre de l'Excelsior Hôtel où elle était descendue à Biarritz : « Madame, ayant rencontré M. votre fils il y a quelques années, j'ai été très frappée des qualités exceptionnelles qui le caractérisent. Je suis frappée par la mission pour laquelle Dieu me semble le désigner. Toute de patriotisme et d'abnégation. Je serai heureuse de connaître la mère d'un tel fils, et, si vous ne jugez pas ma démarche indiscrète, je viendrai demain mercredi vers six heures frapper à la porte de la villa Bertrand. Croyez, Madame, à mes sentiments les plus distingués : Caraman-Chimay comtesse Greffuhle. P.S. J'ai eu le plaisir de voir votre charmante belle-fille qui était la grande amie de ma belle-sœur et de la comtesse de Noailles[20]. »

Allusion à Lisette de Brinon qui venait à Biarritz commander des robes dans des succursales de la haute couture parisienne et se mêlait à ce qui restait de vie mondaine. Ne pouvant disposer d'un compte en banque en tant que juive, c'était Brinon qui réglait les factures et les inscrivait au débit de sa femme. Sa présence à Biarritz donna lieu plus d'une fois à des remarques acerbes tant de la police allemande que de la presse.

Ayant fait la connaissance de Mme de Brinon mère au point de la qualifier par la suite de « Chère madame et amie », et sûre que toutes deux s'attachaient surtout « à ce qui est invisible aux yeux », la comtesse Greffuhle rapportera comment elle avait réagi à l'annonce de l'attentat contre Laval : « Quand j'ai su que le Président Laval avait manqué être assassiné à Versailles, j'ai été, dès son retour à

Paris, le 22 septembre 1941, faire une visite à sa femme éplorée, encore tout émue de la terrible épreuve qui l'avait atteinte. Le Président Laval, malgré ses récentes blessures, est descendu dans le petit salon où nous étions toutes les deux : il était encore très pâle et affaibli. Je lui ai dit ma sympathie et mon admiration pour son attitude et j'ai ajouté qu'il devrait se remettre à la disposition du Maréchal par amour pour la France. Il ne pouvait pas y avoir d'humiliation pour lui-même parce que c'était lui, Pierre Laval, qui avait fait nommer notre représentant le Maréchal Pétain. Je ne vous dis pas ce qu'il m'a répondu : je vous le dirai un jour, mais, pour le moment, cela apparaissait comme *impossible*[21] ! »

Pendant que, le 28 août, les journaux du matin annonçant l'attentat de Versailles arrivaient dans les kiosques, Trzebrucki, Bréchet et Bastard montaient à l'échafaud. Le compte n'y était pas. Cinq jours après cette mise à mort, le lieutenant-colonel Speidel, chef d'état-major du général von Stulpnagel, et le Dr Schmidt, chef d'état-major de l'administration militaire, s'étonnaient dans une lettre cosignée adressée à Brinon que, malgré les engagements du gouvernement français, seulement trois hommes aient été condamnés au lieu des six promis. La Section spéciale ayant renâclé à prononcer d'autres peines capitales, sous l'impulsion du garde des Sceaux Barthélemy et du ministre de l'Intérieur Pucheu est créé dans la hâte un Tribunal d'État censé être plus malléable et dont les juges seront désignés en fonction de leur docilité[22].

Le général von Stulpnagel, revenu d'Allemagne, mande à Brinon qu'il attend avec impatience l'exécution de trois autres communistes afin de « venger » l'assassinat de l'auxiliaire de la marine Moser. Il fixe un dernier délai, le 23 septembre. Le 20 septembre, le Tribunal d'État prononce trois condamnations à mort : l'architecte Jacques Woog, Adolphe Guyot et Jean Catelas, ancien député de la Somme, membre du comité central du parti communiste. Ils seront guillotinés le lendemain 21 septembre.

Entre les deux séries de triple exécution, les Allemands avaient fusillé vingt-quatre otages, mais ce chiffre n'intervenait pas dans leur décompte macabre, ces « expiations » étant le fait de l'autorité occupante et non du gouvernement français et ne concernaient pas l'affaire Moser.

Les responsables de Vichy furent conscients qu'il fallait éviter au moins l'immixtion des Allemands dans les enquêtes de police relevant de la compétence française. Brinon réunit plusieurs de ses collaborateurs et demanda à Ingrand d'« insister pour que la police française ne soit en aucun cas dessaisie par la police allemande des enquêtes faites au sujet des attentats[23] ». Cela ne signifiait pas que les services français ne livreraient pas aux Allemands ses prisonniers, mais il s'agissait de respecter la juridiction de l'État français. Brinon, interprète scrupuleux des intentions de son gouvernement, fit même une longue déclaration à la presse parisienne : « Je dois ensuite, parce que c'est la vérité, et que mon devoir est de le dire, rendre hommage à l'esprit de modération des autorités allemandes[24]. » Il annonça que c'était l'avis du maréchal Pétain qui avait chargé Benoist-Méchin de délivrer au général von Stulpnagel un message de compréhension.

Au cours de ce sanglant mois de septembre 1941 fut inaugurée au palais Berlitz l'exposition *Le Juif et la France*, dont l'affiche caricaturale recouvrait les cinq étages de l'immeuble. Cette exposition avait été réalisée « sous l'égide de l'Institut des questions juives » qui regroupait des stipendiés de l'antisémitisme homicide. Dans le hall d'entrée, l'immense statue d'une splendide jeune femme debout, élevant son enfant vers la lumière tandis qu'entre ses jambes se vautrait le juif talmudique qui incrustait ses doigts dans le globe terrestre. Les murs étaient ornés de la double francisque gallique, emblème du maréchal Pétain. L'exposition submergeait d'emblée le visiteur par une vision harcelante du mal incarné qu'était le juif dans tous les domaines.

Parmi les experts scientifiques consultés figurait le professeur Georges Montandon, un ethnologue, lequel, quelques jours avant l'ouverture de l'exposition, avait publié dans la presse, en guise d'initiation : « Comment reconnaître les Juifs ». Il expliquait que les juifs étaient issus « d'un très ancien métissage d'une souche europoïde avec des Négroïdes, des Flavoïnes ou des Mongoloïdes[25] ». Puis, il se livrait à une description de toutes les tares physiques et psychiques. Avant la guerre, dans une correspondance avec le professeur Guenther, une sommité allemande, Montandon se déclarait partisan du marquage des juifs au fer rouge, « et personnellement, je trouve appropriée la mesure consistant à couper, dans certains cas, le bout du nez aux femelles juives car celles-ci ne sont pas moins dangereuses que les hommes. Du temps de mon stage de jeune médecin à Zurich, j'ai pu constater dans un cas de cet ordre l'excellent effet d'une telle opération pratiquée par morsure[26] ».

Ayant besoin d'un expert pour délivrer « des certificats d'appartenance ou de non-appartenance à la race juive », Xavier Vallat attacha Montandon au Commissariat général aux questions juives. Il donna ses consultations en extorquant tout l'argent possible aux assujettis.

L'écrivain Louis-Ferdinand Céline admirait Montandon. Comme celui-ci, avant d'être devenu un personnage officiel de la France de Vichy, éprouvait quelque difficulté à mener grand train, Céline était intervenu en sa faveur auprès de Brinon avec lequel il entretenait des relations suivies : « Mon cher Ambassadeur. Encore un cas navrant à porter à votre haute connaissance. Il s'agit de Montandon, un admirable savant, que l'on a traité monstrueusement depuis deux ans. Vous connaissez sans doute son histoire. Actuellement (de vous à moi) il est à bout de ressources. Ne pourrait-on pas lui trouver d'urgence un petit emploi à l'Institut des questions juives. Il serait le seul en fait à connaître la question scientifique dans cet institut. Montandon est un parfait honnête homme, un peu suisse (comme J.J.*), docteur en médecine, et autrefois un peu communiste – et par-dessus tout un grand savant – il honorerait la science française. Céline. P.S. On le promène et le fatigue en ce moment. Il s'agit tout simplement de cette vieille vengeance ∴ ** et youtre [27]. »

L'exposition fut inaugurée par un cortège fourni d'Allemands et de Français. Brinon y avait délégué un représentant, mais il viendra la visiter lui-même, le 24 septembre, à l'occasion d'une cérémonie commémorative à la mémoire d'Édouard Drumont qualifié de « génial antisémite » par les membres de l'Institut des questions juives [28].

Brinon se préoccupait de savoir quand les Allemands autoriseraient son voyage dans le Reich décidé depuis plusieurs mois à l'invitation du maréchal Goering et de Ribbentrop. Il en avait aussitôt avisé le maréchal Pétain qui avait donné son agrément et lui faisait savoir qu'il le recevrait avec plaisir avant son départ.

Au mois d'août, dans la perspective de cette tournée, Brinon avait été convié à s'entretenir à l'ambassade d'Allemagne avec Goering venu en France inspecter incognito des terrains d'aviation. Dans la chaleur de l'été, autour d'une table dressée dans le jardin non loin d'un bassin, Mme Abetz servait le thé, entourée de Goering en uniforme blanc, du représentant en France de la Luftwaffe, le général Hanesse, sévèrement monclé, de Brinon, d'Abetz et de son adjoint Schleier. En prime, le petit garçon et la petite fille du couple Abetz vinrent saluer et eurent droit aux caresses et aux sourires attendris du gros maréchal [29].

S'étant enquis de la santé du maréchal Pétain pour lequel il éprouve « une grande estime », Goering ajoute : « Le maréchal

---

* Jean-Jacques Rousseau.
** Les trois points symbolisent la franc-maçonnerie.

Pétain était déjà considéré par les marxistes et par les Juifs comme un ennemi bien avant qu'il ait le pouvoir, et c'est le meilleur éloge que j'en puisse faire », rapporta Brinon dans le compte rendu de neuf pages qu'il adressa au maréchal Pétain après cette rencontre. Comme Brinon répondait que Pétain avait souvent exprimé son estime de soldat pour sa personne, Goering de dire : « Je prendrai volontiers des dispositions afin de pouvoir rencontrer le maréchal Pétain lors d'une prochaine visite[30]. »

Goering considère que la guerre ne saurait finir avant « qu'une Europe apaisée ait été bâtie par les armes [...]. C'est aux grandes nations à édifier sous la responsabilité du vainqueur un continent qui assurerait les plus anciennes et les plus hautes valeurs de la civilisation [...]. Le salut de l'Europe dépend de la victoire allemande. Cette victoire est déjà hors de doute. Insensés ceux qui ne le comprennent pas[31]. »

Goering, qui avait déjà exprimé au printemps le désir de s'entretenir avec Brinon, se montra fort satisfait, si satisfait même que « quelques jours après la rencontre, le Maréchal me faisait remettre par le général Hanesse un portrait de lui, richement encadré, portant dans sa dédicace manuscrite le témoignage de toute son estime[32] », écrivait Brinon au maréchal Pétain. Ce portrait de Goering en grande tenue, avec son bâton de maréchal, Brinon l'exposera dans son bureau.

Le 14 octobre, tandis que, dans un déchaînement de feu, les troupes allemandes se rapprochaient de Moscou, Brinon partit pour l'Allemagne sans programme défini. Il était accompagné par le conseiller de légation Zeitschel, chargé de la question juive à l'ambassade d'Allemagne, qu'il traitait avec le même zèle que Dannecker. Il sera, selon les propos de Brinon « le plus dévoué et le plus utile des compagnons[33] ».

C'est à Munich que Brinon reçut communication de son emploi du temps. Dans cette ville, il rencontra d'abord le général von Epp qualifié du titre de « futur ministre des Colonies », ce qui en disait long sur les intentions allemandes. Il fut aussi reçu par le Dr Scharzmann chef de la section Ouest-Europe au ministère des Affaires étrangères. Ensuite, il passa cinq jours agréables dans les Alpes bavaroises au bord du lac Tegernsee, heureux parmi les officiels allemands qui lui tenaient compagnie dans des randonnées touristiques locales. Le 19, il fut rappelé à Munich et, deux jours après, le Protocole le prévint qu'il était attendu à Berlin où il arriva le 22 dans la matinée. Après une réception au ministère des Affaires étrangères, il prit le train à destination de Königsberg en compagnie de Zeitschel et d'un interprète. Deux voitures du grand quartier général les conduisent à 325 kilomètres à l'est de cette ville, en Prusse-Orientale, non loin de la Lituanie. Brinon avait promis le secret sur l'emplacement du quartier général du Führer, le *Wolfsschanze*, la « Tanière du loup », où il s'établit après le début de l'opération *Barbarossa*. À proximité stationnaient les trains spéciaux de Hitler, Keitel et Ribbentrop.

Une trentaine de kilomètres plus loin, Brinon arriva à Steinort, la résidence de Ribbentrop qui l'accueillit aussitôt dans une grande bâtisse du XVIIᵉ siècle, hérissée de pierres, près d'un lac. Un tête-à-tête sans témoin dura trois heures et demie. Tout ce dont ils débattirent ils en avaient déjà débattu dans le passé, en dernier lieu dans le wagon de Ribbentrop à Montoire. Ils parlèrent du procès de Riom où étaient traduits ceux que Vichy accusait de la responsabilité de la guerre et de la défaite. Ribbentrop estimait que Daladier n'était pas le plus coupable et il évoquait les circonstances de l'entrevue secrète proposée par le Führer à la fin de 1933. Daladier voulait le bien de la France et comprenait l'intérêt d'une entente franco-allemande : « Je n'ai jamais oublié ce qu'il m'a dit en arrivant déjeuner chez vous un jour de novembre 1933 : "J'ai pensé toute la nuit aux propositions de M. Hitler. Mais je ne suis pas libre. Je dois consulter mon gouvernement car je suis un républicain et un parlementaire radical, et ni le Parlement ni mon parti ne me suivraient[34]." » Selon Ribbentrop, les responsables de la guerre, c'étaient Paul Reynaud, Georges Mandel et même le général Weygand.

Pour sortir de l'impasse politique, Brinon assura qu'il fallait, ainsi qu'il l'avait déjà dit au maréchal Goering, reprendre langue directement avec le maréchal Pétain : « C'est la seule issue[35]. »

Malgré les vicissitudes, Ribbentrop restait partisan de l'entente franco-allemande. C'est pourquoi Abetz était en poste à Paris. Puis il parla de l'éviction de Laval le 13 décembre 1940. Pour Brinon, le mystère demeurait. Qui était réellement responsable ? Qui avait dit au Maréchal que le retour des restes du duc de Reichstadt était une entreprise conçue pour lui forcer la main ? Qui avait pu décider le Maréchal à renoncer de se trouver à Paris le 15 décembre à la cérémonie ? « Je suis cependant enclin à penser, par tout ce que j'ai appris depuis, que M. le général de La Laurencie, qui n'avait pas pu ou pas voulu comprendre le sens du geste du Führer, en a donné une interprétation absolument erronée que le Maréchal était en droit de prendre pour juste puisque M. de La Laurencie était à Paris en contact officiel avec les Allemands[36]. »

Cette explication intéressa beaucoup Ribbentrop qui souligna le grand respect que le maréchal Pétain inspirait à l'Allemagne. Brinon suggéra que Ribbentrop ou Goering ait une discussion avec le maréchal Pétain. Ils abordèrent aussi le cas du général Weygand. « Personne n'admet en Allemagne que nous puissions collaborer avec le général Weygand, et j'ai dit à Abetz de le faire savoir officiellement [37] », déclara Ribbentrop.

Quant à la situation militaire, après quelques développements, Ribbentrop assura que l'Allemagne était prête pour une guerre de trente ans.

Quoique se trouvant dans le voisinage de la « Tanière du loup », Brinon ne fut pas reçu par le Führer. Il ignorait qu'au moment où il se préparait à partir pour l'Allemagne un questionnaire le concernant était adressé à Abetz par le bureau militaire du ministère des Affaires étrangères du Reich, s'intéressant à sa personne et aux motifs qui justifieraient une rencontre entre lui et Ribbentrop. Abetz avait répondu en retraçant la carrière de Brinon, rappelant qu'avant la guerre il avait toujours lutté en faveur d'une entente avec l'Allemagne nationale-socialiste et que, dès cette époque, il jouissait de la confiance de Laval : « Lors de l'arrestation de Laval, le 13 décembre 1940, il fut également arrêté à Vichy. Grâce à l'intervention de l'ambassade d'Allemagne, il fut libéré et chargé de la direction de la Délégation générale du gouvernement français dans les territoires occupés en remplacement du général anglophile de La Laurencie. À ce poste, il s'est toujours montré très loyal et, par ce motif, il fut attaqué à de nombreuses reprises par les milieux germanophobes de Vichy. Une réception par M. le ministre des Affaires étrangères du Reich serait pour lui non seulement une satisfaction personnelle méritée, mais renforcerait sa position vis-à-vis du gouvernement français*. Du côté français, il lui est reproché de ne pas traiter toujours avec la discrétion voulue les renseignements confidentiels, ce qui, toutefois, devrait être davantage attribué à son désir de faire preuve de loyauté totale à notre égard qu'à son ancienne activité de journaliste. Dans la vie privée de Brinon, sa secrétaire en chef joue un plus grand rôle que son épouse dont il vit pratiquement séparé après quelques brèves années de mariage. Son épouse est née Franck. Son origine aryenne fut souvent contestée sans que cette question ait pu être entièrement élucidée. Elle a des traits juifs plutôt dans sa nature que dans son type et, en premières noces, elle fut mariée à un juif du nom de Ullmann ce qui pourrait être une des causes des bruits sur sa propre origine juive. Peu avant le déclenchement de la guerre,

---

* Depuis plusieurs mois, l'amiral Darlan s'efforçait vainement d'être reçu par Ribbentrop.

Brinon voulait divorcer de sa femme, mais il ajourna ce projet en raison des événements extérieurs. À l'heure actuelle, il se trouve placé devant les plus grandes difficultés créées par de récentes lois françaises restreignant le divorce, mais il espère toutefois pouvoir surmonter ces difficultés*. Par son genre calme et réfléchi dans l'exercice de ses fonctions, Brinon s'est acquis ces derniers mois, dans une mesure croissante, les sympathies de larges couches collaborationnistes à Paris et, inversement, de façon correspondante, la haine et la polémique des communistes et des gaullistes. Il dispose d'un certain appui personnel auprès du maréchal Pétain à l'état-major duquel il a appartenu pendant un an et demi au cours de la guerre mondiale [38]. »

Après son entrevue avec Ribbentrop, Brinon revêtit son costume de diplomate guerrier composé de sa casquette et de sa veste d'ambassadeur et d'un pantalon de cheval serré par des jambières qui s'emboîtaient sur des brodequins. Il quitta l'Allemagne et entra dans le territoire de la Pologne, organisé en Gouvernement général, dont la capitale était Cracovie. Brinon y fut reçu dans l'antique château du Wawel qui domine la Vistule, par le gouverneur général Hans Frank, une connaissance d'avant-guerre, quand Brinon faisait le tour des dignitaires nazis, et qu'il avait introduit à Paris auprès de plusieurs ministres. Dans son récit, *Kaputt*, Malaparte dresse longuement un portrait saisissant de Frank, le « roi allemand de Pologne », *der deutsche König von Polen* comme il aimait à le dire de lui-même, dont le visage blême est couvert d'un léger voile de sueur comme d'un masque de cellophane. Au cours de festins inspirés des fastes de la Renaissance italienne, Frank et ses commensaux, surtout de hauts fonctionnaires nazis, rivalisaient en anecdotes sur les souffrances et la mort des juifs enfermés dans les ghettos de Pologne, tandis que les grasses épouses, couvertes de bijoux volés, s'abandonnaient avec sensualité à l'évocation de ces crimes monstrueux au milieu des rires et des plaisanteries.

Au château du Wawel où il évoquait avec Frank leurs bonnes relations d'avant-guerre, Brinon se trouvait au cœur même du système de domination allemand et dans l'antre de l'innommable. Dès le printemps 1941, Himmler avait alerté ses plus proches collaborateurs sur la nécessité d'exterminer les juifs. Si des massacres de masse avaient lieu dans les territoires envahis de l'URSS, la Pologne demeurait l'immense champ d'expérimentation où la Solution finale

---

* Abetz connaissait les origines de Mme de Brinon. La loi restreignant le divorce datait du 12 avril 1941.

serait appliquée. Trois semaines avant qu'il ne reçoive Brinon à Cra·
covie, Frank avait participé, le 2 octobre, à une conférence tenue
au quartier général de Hitler. « La conférence commença par une
déclaration de Frank disant que son activité au Gouvernement général pouvait être considérée comme une réussite : les Juifs de Varsovie
et des autres villes étaient enfermés dans des ghettos. Bientôt Cracovie devait être entièrement débarrassée des Juifs [39]. » Quant aux Polonais non juifs, ils devaient être privés de leurs élites : « Tous les
représentants de l'intelligentsia polonaise devront être anéantis,
exposa-t-il. Cela peut paraître cruel, mais c'est la loi de la vie [...].
Les prêtres seront payés par nous et, en retour, ils prêcheront ce que
nous voudrons. Si l'un d'eux agit de façon différente, nous serons
expéditifs. La tâche du prêtre consiste maintenant à maintenir les
Polonais calmes, sots et bornés. Cela est entièrement notre intérêt
[...]. Le dernier ouvrier allemand, le dernier paysan allemand devront
toujours se trouver au point de vue économique au-dessus de n'importe quel Polonais [40]. » La destruction finale des juifs requérait tous
les soins de Frank : « Les Juifs sont une race qui doit être exterminée.
Quel que soit le lieu où nous prendrons le moindre Juif, c'en sera
fait de lui [41]. »

Telles furent quelques-unes des paroles prononcées publiquement
par Frank avant l'arrivée de Brinon. Il parlait sans cesse de la destruction des juifs avec des variantes et des métaphores inattendues
comme un artiste qui enrichit son texte. Brinon qui rapportait avec
tant de complaisance ses entretiens avec les chefs nazis garda un
silence de plomb sur les propos que Frank lui avait tenus. Avec un
tel interlocuteur, Brinon fut instruit du sort final réservé aux juifs,
dont il se doutait d'ailleurs, et il est probable qu'il eut droit à un tour
en voiture à travers la ville jusqu'à l'enceinte de l'immense ghetto,
une attraction dont Frank régalait invariablement ses hôtes de marque. Ce tourisme ne pouvait qu'enthousiasmer Zeitschel, le « dévoué » compagnon de voyage de Brinon, dont la raison d'être en
France était de contribuer à déporter les juifs dans les ténèbres polonaises. Brinon restera également silencieux sur l'aspect misérable des
Polonais aperçus dans la rue. Il fallait vraiment que les Allemands
aient une confiance illimitée en Brinon et le traitent comme un des
leurs pour le laisser circuler en des lieux où s'accomplissaient les
phases décisives du génocide. À son retour à Paris, Brinon déclara à
la presse : « Dans le Gouvernement général de Pologne, j'ai été reçu
par le gouverneur général Frank que j'ai connu en France et en Allemagne, et je veux exprimer simplement combien je lui suis reconnaissant de l'accueil qu'il m'a fait et des sentiments qu'il m'a
manifestés [42]. »

Après quarante-huit heures passées à Cracovie, Brinon se rendit au sud de Varsovie, au camp de Demba, dans une zone forestière où stationnait le régiment 38 de la Légion des volontaires français. Il y avait dans l'air l'odeur qui annonce les premiers grands froids qui allaient être si meurtriers pour nombre d'entre eux. Ils étaient environ deux mille trois cents répartis en deux bataillons soumis à un entraînement intensif sous la coupe de deux cents instructeurs allemands. Revêtus de l'uniforme de la Wehrmacht, ils avaient prêté serment à « Adolf Hitler, Führer germanique et réformateur de l'Europe ». Étaient présents Jacques Doriot, satisfait de porter l'uniforme allemand, et surtout l'aumônier de la LVF, Mgr Mayol de Lupé, la soixantaine, avec un visage ravaudé, qui glissait sous son ceinturon aussi bien un crucifix qu'un pistolet. Boutonné dans son uniforme *feldgrau* jusqu'au menton, il était aussi à l'aise parmi la soldatesque qu'il l'aurait été dans une baraque foraine. Et pourtant, avant la guerre, Mgr Mayol de Lupé était une personnalité respectable et recherchée de la haute société et de l'ancienne noblesse. Il bénissait les descendants des rois, donnait des cours très suivis à l'École pratique des Hautes Études et, comme les gens du monde, il organisait chez lui des goûters un peu collet monté où venait ce qu'il y avait de mieux. Son langage châtié, ses poses méditatives de l'avant-guerre avaient cédé à un rire énorme et à des plaisanteries de chambrée.

Brinon dira à la presse à son retour : « J'étais spécialement, pour le déplacement vers le camp d'instruction de la Légion des volontaires français, l'hôte de l'*Oberkommando* de la Wehrmacht dont un représentant m'accompagna depuis Berlin. J'ai été l'objet de la part des autorités militaires des témoignages de la plus haute, je dirai même de la plus sympathique courtoisie. J'ai passé au camp près de vingt-quatre heures ; j'y ai couché ; j'ai pris deux repas à la popote française en compagnie des officiers allemands et français qui vivent dans la meilleure entente. J'ai vu les couleurs françaises associées aux couleurs allemandes et le portrait du maréchal Pétain faire vis-à-vis au portrait du Führer, ce qui évoquait pour moi Montoire et ses espérances. C'est un spectacle profondément impressionnant qui impose à l'esprit la confiance dans les temps nouveaux. J'ai assisté à une manœuvre militaire qui prouvait la satisfaction de la troupe d'utiliser un matériel militaire exceptionnel et sa confiance dans les leçons reçues d'instructeurs satisfaits eux-mêmes d'être compris aisément et ponctuellement suivis. J'ai passé ensuite la revue du bataillon. Quand j'ai exprimé à M. le Major Hammerschmidt ma joie et ma reconnaissance, je n'ai fait que lui dire une faible part des sentiments ressentis[43]. »

Les volontaires français étaient commandés par le colonel Labonne, soixante-cinq ans, ancien attaché militaire à Ankara, qui se disait fier de mettre en Russie ses pas dans ceux de la Grande Armée napoléonienne. Il remit à Brinon un long message destiné au maréchal Pétain dont voici les premières lignes : « Au moment de marcher à l'ennemi, la Légion française se tourne respectueusement vers son grand et vénéré chef, monsieur le Maréchal Pétain et lui demande de bien vouloir accueillir son salut confiant. Elle le remercie du fond du cœur de l'approbation chaleureuse qu'il a bien voulu lui donner de prendre part à la croisade antibolchevique si conforme aux traditions les plus chères de la France[44]... »

Le régiment est déjà en route vers le front quand parvient, le 5 novembre, la réponse du maréchal Pétain : « À la veille de vos prochains combats, je suis heureux de savoir que vous n'oubliez pas que vous détenez une part de notre honneur militaire [...]. Mais vous servirez la France d'une manière plus directe encore en participant à cette croisade dont l'Allemagne a pris la tête, acquérant ainsi de justes titres à la reconnaissance du monde[45]... »

Quelques jours après l'inspection triomphante de Brinon, les deux bataillons de légionnaires gagnèrent Smolensk par étapes et de là, abandonnés à eux-mêmes, partirent à pied par un froid sibérien jusqu'à Viazma d'où ils furent transportés à 70 kilomètres de Moscou. Ceux que le froid avait épargnés périront nombreux sous les tirs soviétiques. La débâcle des légionnaires fut étouffée par le gouvernement de Vichy tandis que parvenait au général Bridoux, ministre de la Guerre, le rapport du capitaine Caboche, officier de la LVF qui, « sans aucune haine personnelle », dresse un portrait accablant du colonel Labonne, incapable de commander, donnant des ordres inexécutables, ne sachant organiser ni le ravitaillement ni les transports, traînant avec lui des légionnaires dont beaucoup ne savaient pas se servir de leur arme et quittant parfois si précipitamment les cantonnements que les armes étaient abandonnées sur place, et ne sachant que dire : "Débrouillez-vous[46] !" »

De Pologne, Brinon rebroussa chemin jusqu'à Vienne où il fut accueilli par le *Reichsleiter* de la marche de l'Est, Baldur von Schirach, l'ancien chef des Jeunesses hitlériennes, avec lequel les congratulations et les effusions furent au diapason de l'entente franco-allemande.

Dans son rapport au maréchal Pétain, Brinon ne manquera pas de préciser que Frank et Schirach sont « tous deux des hommes [jouissant] de l'extrême confiance du Führer ». Eux et toutes les hautes personnalités allemandes qu'il avait rencontrées ont un respect infini pour le maréchal Pétain et de la considération pour la France : « Je rapporte de ce voyage, acheva-t-il, l'absolue conviction que si la France est capable de concevoir les nécessités psychologiques de sa collaboration avec l'Allemagne de Hitler, son Empire colonial sera bientôt plus fort moralement et matériellement qu'il ne l'était avant la grande défaite[47]. »

Devant la presse, il tirera une conclusion par ces mots : « L'Allemagne, la population allemande donnent un magnifique exemple de sérénité et de confiance. Nul ne doute de la victoire ; chacun pense qu'elle permettra au Führer d'organiser une Europe meilleure [...]. Enfin, la France pourra avoir et conserver, pour peu qu'elle le comprenne, un rôle et une influence dignes d'elles. Pour cela, il lui faut avant tout concevoir le sens et le prix de l'effort fait par l'armée allemande et par le national-socialisme pour défendre la civilisation européenne contre le flot destructeur du bolchevisme. Car les États européens seront, en fin de compte, jugés sur la compréhension qu'ils manifesteront[48]. »

Le maréchal Pétain fut si satisfait de l'activité de Brinon et de ses rapports qu'il lui donna sa photographie le montrant en buste, képi sur la tête, enrichie de cette dédicace : « À monsieur de Brinon, mon fidèle interprète auprès des autorités allemandes. 1er novembre 1941. Ph. Pétain[49]. » Désormais, elle ornera le bureau de Brinon, faisant pendant à celle du maréchal Goering.

CHAPITRE 27

Retour sans fanfare

À Paris, après deux semaines d'absence, Brinon fut d'abord acca-
paré par les conséquences des exécutions massives d'otages – quarante-neuf à Nantes et cinquante à Bordeaux – consécutives à
l'assassinat d'un officier allemand de haut rang dans chacune de ces
villes. Parmi les fusillés de Nantes, vingt-sept avaient été désignés
par Pierre Pucheu, ministre de l'Intérieur, parce qu'ils étaient
communistes. Un AVIS du général von Stulpnagel avait informé la
population de la zone occupée que cinquante otages supplémentaires
seraient exécutés si les auteurs de l'attentat de Nantes n'étaient pas
arrêtés dans les quarante-huit heures. C'était l'application des instructions dictées par Hitler.

Peu après son retour, Brinon avait été reçu par Stulpnagel comme
il l'était régulièrement depuis que « la sécurité de l'armée allemande » était moins assurée qu'au début de l'Occupation. Le général
allemand remarqua que les interventions de la Délégation générale
dans les territoires occupés en faveur des Français condamnés par le
tribunaux allemands « sollicitaient le plus souvent une mesure de
clémence au profit de personnes de conditions aisées, appartenant
aux classes supérieures de la nation [1] ». Précédemment, il avait souligné qu'il ne fallait pas que la répression allemande passât pour anti-
ouvrière. Brinon lui adressa un état portant sur les trois mois écoulés
montrant que la Délégation générale intervenait « en faveur de Français de condition modeste et souvent même de condition pauvre »,
mais il reconnaît que l'absence de publicité faite autour de ce rôle
essentiel de la DGTO ne permet souvent pas à « la grande masse
laborieuse » d'accéder directement à ses services et les conduit
d'abord à se livrer à des démarches tâtonnantes [2].

Brinon rapporta cet entretien par une lettre destinée au maréchal

Pétain et notait : « La protection de la vie des Français en zone occupée est la plus noble mission que comporte la tâche que m'a confiée le chef de l'État. » Parlant de la révolte de certains jeunes contre les Allemands, il constate : « Leur misère est plus grande peut-être que beaucoup d'autres marquées par la fatalité de la guerre car elle porte en elle l'amertume de la défaite[3]. »

Dès le lendemain, il adressait à l'amiral Darlan une requête concernant la Délégation spéciale pour l'administration, un service créé en 1940 par Charles Saint qui avait rang de premier secrétaire d'ambassade et que le Quai d'Orsay avait détaché auprès de la DGTO en octobre 1940. Sous cette appellation anodine, la Délégation spéciale pour l'administration se vouait au sauvetage des Français tombés aux mains des Allemands et jugés par leurs tribunaux. Charles Saint s'y attela, aidé seulement d'une secrétaire. Dès l'origine, une liaison fut établie avec la direction française des services de l'armistice tant à Vichy qu'à Wiesbaden, et auprès des préfectures de la zone occupée. Quand Brinon écrit à Darlan, la cellule de Charles Saint a enregistré sur des fiches cinq mille arrestations parvenues à sa connaissance et effectué quinze cents démarches auprès des autorités allemandes. Charles Saint centralise les demandes d'assistance en provenance des administrations, des préfectures, des particuliers. Si, au début, les Allemands se montrèrent réticents, ils finirent par admettre le bien-fondé de la Délégation spéciale pour l'administration. Insistant sur son importance, Brinon requiert son extension par l'adjonction de deux ou trois nouveaux agents. Il termine sa lettre à Darlan : « Les perspectives élargies de travail qui s'offrent à ce service promettant l'apaisement de trop d'angoisse, le soulagement de trop de misères parmi nos concitoyens, pour que je ne sois pas assuré que la demande pressante que je vous adresse retiendra votre plus vigilante attention[4]. »

Brinon s'entremit aussi en faveur du clergé. Il entreprit des démarches à la suite des rigoureuses perquisitions effectuées à l'archevêché de Paris et au domicile de Mgr Beaussart à Notre-Dame, ce prélat s'étant élevé, au nom de la hiérarchie catholique, contre la prééminence que l'État voulait s'accorder dans l'éducation des enfants au détriment des valeurs familiales.

Durant cette période, le cardinal Suhard, l'archevêque de Paris, envoya souvent comme agent de liaison à la DGTO le chanoine Bohan, protonotaire apostolique, et le cardinal se rendit en personne à Matignon afin de remercier Brinon.

Il intercéda également en faveur du cardinal Hlond, primat de Pologne, réfugié en France, que les Allemands voulaient emprisonner, et qui fut placé dans un couvent de la zone non occupée où les Allemands finirent par l'arrêter vers la fin de l'Occupation et le déportèrent.

Brinon s'occupa aussi de faire lever des réquisitions frappant des séminaires et des couvents. Il entreprit des démarches aboutissant à la libération d'ecclésiastiques arrêtés, mais il ne put obtenir le recours en grâce de l'abbé Chauvat, ancien précepteur de Laval.

Brinon avait rapporté au maréchal Pétain qu'au cours de ses derniers entretiens avec Goering puis avec Ribbentrop il était apparu clairement que les Allemands désiraient être débarrassés de la présence du général Weygand en Afrique du Nord. Le Maréchal s'était dit disposé à le rappeler moyennant des contreparties afin que l'opinion publique n'interprète pas cette mesure comme une capitulation sous la pression allemande. Il ajouta qu'il voulait aussi effectuer un voyage en zone occupée et rencontrer le maréchal Goering, Pétain s'exprima en termes défavorables sur les États-Unis et à l'endroit de Weygand qui l'avait prié de ne pas lui contester « le droit à la haine[5] » à l'encontre de l'Allemagne.

Brinon s'était empressé de rapporter ces propos à Abetz en lui révélant le contenu du Conseil des ministres du 24 octobre au cours duquel Pétain avait pris position contre Weygand. Informé, Ribbentrop répondit que le gouvernement du Reich avait déjà averti le gouvernement français que le général Weygand ne jouissait en aucune manière de sa confiance, mais que son départ ne pouvait donner lieu à aucune contrepartie. C'était au gouvernement français à se déterminer[6].

Weygand fut convoqué le 17 novembre à Vichy et le 18 le Maréchal le limogea. Rien ne s'opposait plus à une rencontre de Pétain avec Goering en suspens depuis plus d'un mois. Abetz avertit Brinon qu'elle se tiendrait en territoire occupé : « On se réserve encore de déterminer l'heure et le lieu. M. le ministre des Affaires étrangères [Ribbentrop] prie de garder le secret le plus absolu sur cette entrevue[7]. »

Les Français, pensant avoir tellement cédé aux exigences allemandes, avaient préparé un mémorandum d'une quarantaine de pages, truffé de chiffres et de références. Le mémorandum réclamait la libre circulation de la population civile dans toute la France malgré la ligne de démarcation et la fixation des frais d'occupation journaliers à deux cents millions de francs au lieu de quatre cents millions. Il rejetait les prétentions de l'Ostland, cette organisation de colons allemands qui s'étaient approprié 150 000 hectares de la meilleure terre, dans les départements du Nord notamment. Il s'insurgeait contre le contrôle exercé par les autorités allemandes sur le fonctionnement du gouvernement et des administrations. Il fallait également mettre un terme aux réquisitions abusives de charbon qui ruinaient l'industrie française, entravant les transports ferroviaires et nuisant aussi à la vie quotidienne de la population, et obtenir une couverture des besoins pétroliers. L'accaparement allemand des produits alimentaires dans une proportion excédant les besoins de l'armée d'occupation était mis en cause ainsi que les réquisitions de matériel ferroviaire. Le texte exprimait la nécessité de la libération de larges contingents de prisonniers de guerre nécessaires à la survie du pays et réclamait le renforcement des effectifs et du matériel militaire destinés à la défense de l'Afrique occidentale française et de l'Afrique du Nord.

Le 1er décembre, à treize heures, Goering, toujours à la parade, accueillit le maréchal Pétain et l'amiral Darlan sur la place de la gare de Saint-Florentin, dans l'Yonne. Puis, ils se dirigèrent vers le wagon salon du deuxième personnage du Reich. Dans le cortège officiel qui les accompagnait sur le quai, on remarquait Brinon, en tenue d'ambassadeur, qui avait eu la responsabilité d'organiser la rencontre.

Le mémorandum fut présenté à Goering comme « récapitulant les vœux exprimés jusque-là par l'Ambassadeur [Brinon] et la Commission d'armistice[8] ». Il s'agissait d'un plan d'ensemble comprenant dix notes permettant à la Collaboration, fondement de la politique française, de donner des résultats substantiels à chacune des deux parties.

Goering soupesa le cahier de doléances : « ... Le *Reichsmarshall* souligne d'abord la considération personnelle dont jouissait Pétain, mais ensuite il s'adresse surtout à Darlan en tant qu'auteur du mémorandum. Il lui déclare qu'il est impossible de comprendre comment Darlan a pu présenter un tel document. Celui-ci demande à l'Allemagne de renoncer à tous les avantages qu'elle avait conquis dans une guerre qu'elle n'avait pas provoquée. Satisfaire à ces demandes serait aggraver la situation militaire de l'Allemagne. Le *Reichsmarschall* incite les Français à étudier plutôt quel service pourrait être rendu pratiquement dans le cadre de la collaboration avec l'Allemagne[9]. »

La conversation prend le tour usuel. Les revendications allemandes n'épargnent aucun chapitre. Toutes les demandes inscrites dans le mémorandum sont rejetées et certaines renvoyées à des entretiens militaires ultérieurs. Goering conclut : « L'Allemagne est prête à attribuer à la France une place réelle dans la nouvelle Europe. Il ne doit pas y avoir une France opprimée ni une France démantelée[10]. »

Toutefois, la France doit donner des gages de sa volonté de collaboration.

À une question posée, le maréchal Pétain précise qu'il est interdit au général Weygand, actuellement en France, de retourner en Afrique du Nord. Quant à l'amiral Darlan, ébranlé par la semonce de Goering, il insiste sur l'éventualité d'une attaque anglaise si l'Allemagne tient Bizerte.

L'entrevue avait duré trois heures au lieu des trois quarts d'heure prévus. Un repas s'ensuivit dans le wagon du maréchal Goering auquel Brinon fut convié et qu'il qualifiera à la presse de « repas historique après une explication générale franche et approfondie [...]. Les deux maréchaux n'ont cessé de manifester une grande gaieté [11] ».

Après le repas, Pétain et Darlan se consultèrent. Le mécontentement manifesté par Goering en recevant le mémorandum laissait augurer de la colère qui s'emparerait de Hitler quand il en prendrait connaissance. Tous deux se rappelaient aussi qu'il avait été convenu entre Brinon et Abetz que cette rencontre, suivant les directives du Führer, devait demeurer une conversation « entre deux grands soldats » et ne pas être une négociation diplomatique. Brinon fut chargé de récupérer le document compromettant. Ce retrait surprit Ribbentrop, déjà outré par cette intrusion dans un domaine qui était le sien. Il chargea l'un de ses plus coriaces collaborateurs, le ministre plénipotentiaire Hemmen, déjà mentionné, d'interroger Brinon. Celui-ci lui répondit : « Sur la recommandation orale qui m'avait été faite par M. l'Amiral de la flotte Darlan, j'ai eu, en effet, l'honneur d'expliquer au maréchal Goering que les notes qui lui avaient été remises au début de l'entretien n'avaient pas, dans l'esprit de l'amiral Darlan, le caractère formel de documents diplomatiques exigeant une réponse de lui, mais constituaient un aide-mémoire pour son information personnelle. Le maréchal du Reich m'a remercié de cette explication, et je crois savoir qu'il a manifesté sa satisfaction à M. le général Hanesse à l'issue de l'entretien [12]. »

Quand, après cette rencontre stérile, le gouvernement pria la Commission allemande d'armistice de discuter les points soulevés par le mémorandum de Saint-Florentin, Ribbentrop fit savoir que « M. de Brinon a retiré de la part du gouvernement français le mémorandum de Saint-Florentin qui était entre les mains du Reichsmarschall Goering. En conséquence, il ne doit plus être fait mention à l'avenir du mémorandum de Saint-Florentin [13]. »

Sans doute, « la grande gaieté » du maréchal Pétain pendant le repas l'avait-elle empêché de parler à Goering de l'affaire des gardes territoriaux comme il l'avait promis à Brinon.

Pendant la guerre, le gouvernement de Paul Reynaud avait créé, le 18 mai 1940, au début de la débâcle, « pour la durée des hostilités, des formations militaires de gardes territoriaux chargés de prendre part à l'action de protection du territoire national contre l'ennemi en arrière du front [14]. » Le 8 juin, un avion allemand était abattu par un appareil canadien dans les écarts de la commune d'Offranville, près de Dieppe. Le maire réunit quelques hommes de bonne volonté sous le commandement du brigadier de gendarmerie. Découvert, l'aviateur, sommé de se rendre, répond en brandissant un pistolet. Le marquis de Boishébert tira une balle qui traverse la cuisse de l'Allemand aussitôt soigné et remis aux autorités militaires.

Quelques mois après la défaite, la gendarmerie allemande vint arrêter Boishébert et cinq autres personnes. En mai 1941, le tribunal militaire central de Berlin fut saisi de l'affaire des six gardes territoriaux d'Offranville. Brinon intervint auprès des autorités allemandes. Au mois d'août, il informa l'amiral Darlan que les Allemands étaient disposés à gracier les anciens gardes territoriaux à condition que le gouvernement français s'engageât « à donner l'assurance que les anciens ministres Reynaud et Mandel, responsables de la constitution d'une garde territoriale, contraire au droit des gens, seraient tenus en détention perpétuelle [15]... », et de livrer au gouvernement du Reich tout document permettant d'incriminer les États-Unis dans la fomentation de la guerre.

En tout cas, le maréchal Pétain n'avait pas attendu cette affaire pour faire emprisonner Reynaud et Mandel. Sur la route de Saint-Florentin, Brinon avait informé le maréchal Pétain du cas de ces anciens gardes territoriaux, le priant d'intercéder, en faveur des condamnés auprès de Goering, Pétain promit et oublia. Finalement, Brinon réussit à obtenir leur grâce [16].

Le 28 novembre 1941, trois jours après l'entrevue Pétain-Goering, une charge de dynamite explose à Paris dans un restaurant, tuant deux soldats allemands. Le couvre-feu est imposé dans l'arrondissement. Une semaine après, autre attentat contre un officier allemand. Le couvre-feu est étendu à toute la ville. Le 12 décembre, par un AVIS, le général von Stulpnagel attribue ces attentats à des individus à la solde des Anglo-Saxons, des juifs et des bolcheviks et ordonne l'exécution immédiate des dispositions suivantes :

« 1. Une amende d'un milliard de francs est imposée aux Juifs des territoires occupés.

» 2. Un grand nombre d'éléments criminels judéo-bolcheviques seront déportés aux travaux forcés à l'Est. Outre les mesures qui me paraîtraient nécessaires, selon les cas, d'autres déportations seront envisagées sur une grande échelle si de nouveaux attentats venaient à être commis.

» 3. Cent Juifs, communistes et anarchistes qui ont des rapports certains avec les auteurs des attentats seront fusillés.

» Ces mesures ne frappent point le peuple de France, mais uniquement des individus qui, à la solde des ennemis de l'Allemagne, veulent précipiter la France dans le malheur et ont pour but de saboter la réconciliation entre l'Allemagne et la France [17]. »

Le jour même, le gouvernement fait parvenir à Stulpnagel, un message le pressant de laisser agir la police française et d'éviter des représailles ne pouvant que satisfaire les Anglais et nuisant à la construction de l'Europe. Le général von Stulpnagel convoque Brinon, exprime son mécontentement quant au contenu de la note dont il refuse de tenir compte et qui dénature ses propos relatifs aux attentats et à l'inefficacité relative de la police française incapable d'arrêter tous les responsables. Le général se lance dans un exposé sur ces affaires. Puis il se réfère à l'entretien qu'il a eu avec l'amiral Darlan le 4 décembre : « Il avait parlé à l'amiral Darlan de son intention de faire déporter vers l'Est un certain nombre de juifs considérés comme moralement responsables. Il a conservé le souvenir de la réponse que lui a donnée l'amiral Darlan. Cette réponse disait : "Ne pourriez-vous pas aussi prendre des mesures semblables dans la zone libre, ce qui me débarrasserait des juifs ?" L'amiral Darlan avait même dit qu'il tenait l'idée du général pour géniale [18]. »

Ce compte-rendu de son entretien avec Stulpnagel, Brinon l'adressa à Pétain et à Darlan. En réponse, Darlan communiquait à Brinon ses justifications à transmettre au général von Stulpnagel et notait que le général était très compréhensif. Concernant le rappel des faits relatifs aux juifs, Darlan indiquait : « Le gouvernement n'a pas protesté ni contre l'amende de un milliard de francs, ni contre les déportations [19]. »

Devant l'exécution aveugle d'otages, Brinon prit sur lui d'envoyer un télégramme à Goering. Rappelant d'abord leurs liens anciens et leur récente rencontre à Saint-Florentin, Brinon s'adressa à lui en tant que « vieux militant de la cause franco-allemande ». Il fustigea « les lâches attentats [...] contre une armée d'occupation dont les membres ne font que leur devoir » et condamna « les actes des criminels excités quotidiennement par la radio des émigrés juifs à la solde du gouvernement britannique et de la ploutocratie bolchevisante ». Estimant que rien n'indiquait que c'étaient des Français qui étaient les auteurs des attentats, Brinon déclara : « À la place où je suis, je sers de toutes mes forces la cause à laquelle j'ai toujours été attaché, et je ne pourrais conserver mon poste ni m'adresser à ceux de mes compatriotes de plus en plus nombreux qui me suivent, si j'avais la conviction que des Français innocents paient des crimes qu'ils n'ont pas commis. Je demande donc instamment à Votre Excellence de bien vouloir transmettre cet appel au Führer et de bien vouloir l'appuyer. Je suis convaincu que je ne mériterais pas l'estime de Votre Excellence si je ne remplissais pas mon devoir de Français, et je la prie d'agréer, avec tous mes remerciements, les assurances de ma plus haute considération[20]. »

L'événement qui détermina l'issue de la guerre se produisit le 7 décembre, une semaine après l'échec de Saint-Florentin. Le Japon attaquait la base américaine de Pearl Harbor, entrant en guerre contre les États-Unis et la Grande-Bretagne. Quatre jours après, l'Allemagne et l'Italie, liées au Japon par le Pacte tripartite, déclaraient la guerre aux États-Unis. Dès lors, il était clair que la puissance américaine, tournant à plein régime, interviendrait dans le conflit en Europe. Le gouvernement de Vichy, loin de voir la défaite allemande s'inscrire dans les faits, continua à faire de la Collaboration tout son enjeu politique dont dépendait la survie de l'État français.

Le maréchal Pétain en fit la démonstration peu de temps après, quand le ministre de Suisse Walter Stucki lui présenta les vœux de Nouvel An du président de la Confédération helvétique : « Le Maréchal donnait une impression d'étonnante vigueur intellectuelle. Abordant le sujet de la collaboration avec l'Allemagne, il dit : "Je n'ai pas de raison d'aimer particulièrement les Allemands, ils sont et restent nos ennemis héréditaires. Mais je dois reconnaître sans ambages que Hitler, en combattant contre la Russie, a protégé toute l'Europe, donc aussi la France, d'un immense danger. Je suis donc sincèrement disposé à collaborer avec lui pour la nouvelle Europe, pour autant que cela me soit plus ou moins possible." Parlant du régime démocratique de la IIIe République, le Maréchal le qualifia de "pourri" et se plaignit que ses adeptes se fissent de nouveau remarquer : "Il me faut continuer à mener un dur combat contre la franc-maçonnerie, la juiverie, le népotisme et la corruption et le mener avec aussi peu de ménagement que le combat contre le communisme qui est plus fort depuis quelque temps*. » Le ministre Stucki « eut l'impression que

---

* Ces propos du maréchal Pétain faisaient écho au long panégyrique que lui avait dressé René Gillouin un de ses confidents qui rédigeait parfois ses discours. Dans ce texte qui fut publié avec l'accord du Maréchal, Gillouin expose : « Le nouvel État est national, autoritaire, hiérarchique et social. En tant que

les propos du Maréchal ne trahissaient ni faiblesse ni résignation. Il avait le sentiment d'être en présence d'un homme d'État qui savait ce qu'il voulait et qui poursuivait imperturbablement sa route difficile, sachant qu'il pouvait réussir ou faire naufrage[21] ».

Brinon profita de la nouvelle année pour réunir à Paris les journalistes de la zone occupée. Il les complimenta et, ayant rappelé la nécessité d'une collaboration sincère, il déclara : « Vous défendez la seule politique qui puisse redresser et sauver notre pays, celle de la compréhension, de la réconciliation, de la collaboration librement choisie par le maréchal Pétain et inaugurée par lui à Montoire[22]. »

En zone non occupée, où les déclarations de Brinon avaient été imposées à la presse, les journaux commençaient à écrire que la convention d'armistice n'avait pas été conçue pour une période aussi prolongée et que la Collaboration « dans la dignité et dans l'honneur » ne pouvait s'effectuer qu'au sein d'une Europe réorganisée et par une paix juste[23]. C'était aussi l'opinion de quelques Allemands, notamment à l'ambassade où l'on aurait souhaité, sans réduire la sujétion de la France, des accommodements matériels, surtout que les Français, même les collaborationnistes, s'interrogeaient devant les premiers revers militaires des puissances de l'Axe. Un membre important de l'ambassade notait qu'il serait opportun qu'« un texte clair, acceptable et honorable pour la France soit défini qui mette fin aux incertitudes d'une paix longue à venir et qu'à ce moment le peuple français, anglophile dans sa majorité, pourrait être gagné comme par le passé à une entente franco-allemande[24] ».

Il apparaissait que le maréchal Pétain et le général Weygand par faux calcul, convaincus d'une défaite rapide de la Grande-Bretagne, n'avaient pas vu le piège dans lequel ils acculaient la France en signant un armistice valable pour la durée des hostilités. Tous deux savaient, ne serait-ce que par le précédent de la Grande Guerre, que la durée d'un armistice doit être limitée dans le temps par une date ou un nombre de jours déterminés.

Pris dans ce courant d'opinion, Brinon multiplia, en ces commencements de l'année 1942, les déclarations à la presse dont l'ensemble constituait un corps de doctrine auquel il se tenait. Rien ne pouvait

national, il bannit de son sein ou il dépouille de toute influence dirigeante les individus et les groupes qui, pour des raisons de race ou de conviction, ne peuvent ou ne veulent souscrire au primat de la patrie française : étrangers, juifs, francs-maçons, communistes, internationalistes de toute origine et de toute obédience. René Gillouin, *Pétain*, 19 pages, dans *France 1941. La Révolution nationale constructive*, Éditions Albatros, 1942.

être dissocié du système mis en place. Il rappelait que le Maréchal en était l'auteur et qu'à cela s'ajoutait « le grand privilège pour une nation de posséder à sa tête un homme qui l'a sauvée[25] ». Brinon assurait que Pétain, qui n'avait jamais varié, voulait la collaboration acceptée à Montoire, affirmant que c'était à la France de gagner la confiance de l'Allemagne sans laquelle rien ne pouvait se faire.

Quelle était la situation de la France ? « Les rapports entre la France et l'Allemagne sont toujours régis par la convention d'armistice du 25 juin 1940 qui n'était sûrement pas faite pour se prolonger aussi longtemps. Il en résulte pour les deux partenaires, et bien entendu à des degrés divers et avec des moyens très différents, la nécessité de procéder d'abord à des adaptations[26]. »

La situation resta figée. Le Führer prescrivit à Abetz la règle d'or à l'égard de la France : interdire le transfert du gouvernement à Paris, ne pas modifier les conditions de l'Occupation et maintenir le statu quo général. La manière dont Darlan s'était jeté à la tête des Allemands ne lui valait pas une considération particulière. Le seul homme des réalisations concrètes demeurait, selon eux, Pierre Laval.

Laval veillait, animé par la passion de la revanche. Il ne cessait d'élargir ses relations allemandes. Il était devenu pour les Allemands ce que, toutes proportions gardées, la *Joconde* est aux Américains. Tous les Allemands de poids venant à Paris voulaient le voir. Il répétait inlassablement son numéro : Le Führer, le plus grand homme d'État, un génie, doit diriger la nouvelle Europe. Lui, Laval il aimait son pays et ne pensait qu'à lui, c'est pourquoi il voulait la Collaboration et était prêt à s'y sacrifier. Brinon était attentif, certains signes ne trompaient pas. Pétain commençait à s'offusquer : Darlan avait prié Brinon de lui adresser tous les rapports qu'il destinait au Maréchal, et il demanda au Maréchal que toutes ses notes soient visées par lui. Afin de montrer qu'il demeurait le chef, le maréchal Pétain était sans cesse disposé à congédier ceux qui menaçaient son autorité. Pendant que le Maréchal s'y préparait, l'influent Dr Ménétrel égrenait ses sarcasmes aux dépens de la future victime comme autrefois les bouffons agitaient leurs grelots.

Laval continuait à se moquer devant Brinon du « maréchalisme » et préparait son offensive. D'abord, il voulait détacher de Darlan ses principaux appuis dans l'appareil gouvernemental. Il demanda à l'abbé Renaud de lui présenter Jacques Guérard. L'abbé Renaud, un ami très proche de Benoist-Méchin, était partisan de l'alignement de la France sur l'Allemagne nationale-socialiste. Quant à Jacques Guérard il était également partisan d'une alliance indissoluble avec le Grand Reich. Au cours d'une soirée à l'ambassade d'Allemagne,

Brinon remarqua que Benoist-Méchin et Guérard, qui avaient soutenu Darlan tant qu'il travaillait à l'alliance avec l'Allemagne hitlérienne, s'apprêtaient à se rallier à Laval, plus apte, d'après eux, à accomplir cette rupture décisive. Laval prit des engagements à l'égard des deux hommes.

Par son gendre, René de Chambrun, Laval avait trouvé un autre accès auprès des plus hautes personnalités allemandes en participant aux déjeuners de la Table Ronde[27]. En février 1942, le prince de Beauvau-Craon, avec l'agrément des Allemands, avait créé « les déjeuners de la Table Ronde » en concertation avec René de Chambrun et François Dupré, propriétaire de l'hôtel George-V et de l'hôtel Plaza-Athénée, palaces parisiens réquisitionnés par les Allemands. Dupré, qui possédait l'un des plus beaux haras de France, était aussi membre des très exclusifs Polo Club et Club Interallié dont le prince de Beauvau-Craon était le président.

Ces trois hommes s'étaient réunis chez Maxim's en compagnie d'un partenaire allemand, le Dr Schaeffer, commissaire chargé du contrôle de la Banque de France et du système bancaire français, afin d'organiser toutes les deux ou trois semaines des déjeuners regroupant vingt-cinq Allemands et vingt-cinq Français ; la crème des occupants et le dessus du panier du monde bancaire, industriel et commercial français, sans parler des hommes politiques. Les repas se tiendraient au rez-de-chaussée de l'hôtel Ritz, réquisitionné par les Allemands. Ces derniers entraient par la porte principale de la place Vendôme qui leur était réservée, tandis que le Français pénétraient dans l'hôtel par-derrière, rue Cambon. Les invités étaient reçus par le prince de Beauvau-Craon, René de Chambrun et François Dupré. Les agapes – chacun payait sa part – avaient lieu dans un salon autour de deux tables dont l'ovale était presque rond. « Les places étaient numérotées 1, 2, 3, 4, etc. Un carton bleu était donné à chaque convive allemand, un carton rouge à chaque invité français. De cette manière, chaque Français était inévitablement placé entre deux Allemands au hasard des arrivées[28]. » Une règle guère observée durablement, chacun se plaçant en fonction de ses intérêts, mais l'alternance entre Français et Allemands devait être respectée. Les invitations étaient déterminées par une entente apparente des deux parties, encore que le choix allemand fût prioritaire. De tels déjeuners constituaient une source d'informations appréciable. L'ambassade d'Allemagne y déléguait plusieurs de ses principaux membres.

La liste des participants français est longue et significative. À côté de dirigeants qui se rendaient à ces déjeuners parfois sans nécessité impérieuse mais pour la gloire de s'attabler avec de hauts responsables allemands, il y avait des permanents de la Collaboration dont nous avons déjà cité quelques-uns : André Dubonnet, le fabricant d'apéritifs ; Melchior de Polignac membre du comité directeur du Groupe Collaboration ; Henri Ardant, président-directeur général de la Société Générale, bénéficiaire de lucratives affaires personnelles par la faveur du Dr Knochen ; René Bousquet, le secrétaire général à la police ; l'écrivain-diplomate Paul Morand ; le journaliste Lucien Rebatet, membre de l'Institut des questions juives ; Marcel Déat, le doctrinaire de la Collaboration et l'un des fondateurs de la LVF, et d'autres, tant d'autres, sans parler de gens à particules que les Allemands, ayant le sens du rang et de la hiérarchie sociale, aimaient honorer de leurs titres et dont ils recherchaient la fréquentation.

Ce n'étaient pas les convives français des déjeuners de la Table Ronde qui intéressaient Laval, même s'il appréciait le climat d'affairisme que leur présence créait, mais les Allemands qui, tous, sans exception, offraient des particularités aptes à servir ses desseins, que ce soit les directeurs d'organes de presse, les industriels, les membres de l'ambassade, les officiers généraux des trois armes, ou encore le puissant Dr Elmar Michel, chef des services économiques de l'administration militaire allemande en France. En un tour de table, Laval les avait tous sous la main. À ces déjeuners, il déléguait aussi son homme de confiance, Pierre Cathala, dont il fera un ministre. Informé de la présence de Laval à ces repas, l'amiral Darlan, pria un de ses ministres, François Lehideux d'y assister et de lui rendre compte de son comportement. Brinon ne chercha pas à participer aux déjeuners de la Table Ronde, mais il s'y fit représenter par Charles Saint, devenu secrétaire général de la Délégation générale[29].

Un mois avant le retour de Laval, Brinon reçut le 12 mars 1942 dans la soirée, puis au cours de la matinée suivante, le professeur Friedrich Grimm, un des conseillers juridiques du Führer et conseil de l'ambassade d'Allemagne à Paris. Il était chargé par Hitler et Ribbentrop de leur adresser dans les délais les plus brefs un rapport sur le procès de Riom, ouvert le 19 février et intenté à ceux que le maréchal Pétain jugeait responsables de la guerre et de la défaite et qu'il avait pris soin de condamner à des peines d'emprisonnement avant même le début du procès ainsi que nous l'avons rappelé. Ce procès, décidé au lendemain même de l'armistice, avait reçu l'approbation des autorités allemandes qui entendaient l'exploiter à des fins de propagande. Dès octobre 1940, le garde des Sceaux Alibert avait promis à Abetz d'activer le procès de Riom de manière à faire pression sur Daladier dont on espérait une déclaration préalable sur le prétendu rôle joué par Bullitt et Roosevelt dans la déclaration de guerre [30].

Figuraient aux bancs des accusés Édouard Daladier, Léon Blum et Guy La Chambre, ancien ministre de l'Air, le général Gamelin, et le contrôleur général des armées Jacomet, en charge de l'exécution des programmes d'armement.

Rapidement, le procès devint celui de l'impréparation militaire de la France et du Front populaire. Mais, au fil des audiences, il apparut impossible d'aborder les causes de la défaite sans impliquer le général Weygand et le maréchal Pétain qui avaient tenu une place considérable dans la défense nationale.

Le professeur Grimm expose à Brinon son inquiétude devant l'orientation des débats qui sert dans une large mesure la propagande ennemie, laquelle n'est rien d'autre que « l'œuvre des agents du judaïsme international » accusant l'Allemagne d'avoir exigé la tenue de ce procès. Très longuement, le professeur Grimm expose les motifs justifiant qu'on y mette un terme car « le Führer n'entendait pas, notamment, que les valeurs qui sont à la base des armées nationales soient discréditées » en subordonnant leur victoire au simple fait que l'armée française n'était pas prête [31]. Le remède à cette situation consiste à suspendre le procès et à en faire un autre réservé aux responsables politiques que sont Blum et Daladier, en disjoignant leurs cas de ceux de Gamelin, La Chambre et Jacomet qui, eux, sont des techniciens. Afin d'éviter toute interprétation malveillante, mieux vaut que le tribunal proclame dès maintenant que, malgré son état d'impréparation militaire, la France, pour des raisons seulement politiques et agissant sous des influences non françaises, a déclaré la guerre à l'Allemagne en dépit des offres pacifiques de cette dernière. Grimm recommande que sa démarche ne soit pas rendue publique et qu'elle n'apparaisse pas comme une immixtion dans les affaires françaises. Il propose à Brinon de l'accompagner à Vichy et « demande expressément que le but officiel de son voyage soit de s'entretenir avec le Gouvernement français avant de commencer les conférences qu'il doit faire au début du mois d'avril dans la zone non occupée du territoire français, notamment à Lyon et à Marseille, sur le sujet de la collaboration franco-allemande [32] ».

Brinon adresse aussitôt le mémorandum du professeur Grimm à l'amiral Darlan et une copie au cabinet civil du maréchal Pétain [33].

Le 16 mars, Brinon et Grimm arrivèrent à Vichy. La veille, lors d'un meeting au *Sportpalast*, à Berlin, Hitler avait violemment critiqué la tournure prise par le procès dont les protagonistes ne cherchaient pas à établir la responsabilité de la France dans la déclaration de guerre, mais uniquement les raisons de sa défaite.

L'amiral Darlan qui reçut Brinon et Grimm décida, en accord avec le maréchal Pétain, l'arrêt du procès.

Brinon attendait la fin du gouvernement de Darlan. L'amiral déclinait. Brinon notait : « Hitler demeure attaché à l'idée fixe qu'il a été trompé, que la France ne vaut pas qu'on s'y intéresse, qu'Abetz est un sentimental bohème et sympathique que Ribbentrop ne soutient même pas. De son côté, Darlan, découragé, commence à professer l'attentisme et à se replier sur son entourage[34]. »

Darlan connaissait les relations personnelles de Brinon et de Laval. S'il ne lui avait jamais suggéré de les interrompre, il lui savait gré de ne pas accompagner Laval à l'ambassade d'Allemagne comme s'il était encore un personnage officiel[35]. Il échappait à l'amiral à quel point Laval était devenu le protégé des Allemands. Des directives de Ribbentrop ordonnaient à Abetz de veiller sur sa sécurité physique jour et nuit. La blessure que Laval avait reçue à la caserne Borgnis-Desbordes en avait fait une sorte de personnage sacré, comme le remarquait Brinon. Pourtant, les conditions de son retour ne s'avéraient pas favorables. Le lieutenant-colonel Speidel, chef d'état-major du général von Stulpnagel, déclara à Brinon qui le jugeait très intelligent et porté sur la diplomatie : « Dans la situation politique et militaire actuelle, me dit-il, je suis certain que M. Laval ne pourrait rien obtenir de plus. Tout ce que nous demandons à la France, c'est de maintenir l'ordre sur nos arrières. Tâchez que nous ne demandions pas davantage[36]. »

Au mois de mars, Laval n'hésita pas à se rendre à la sinistre adresse des SS, avenue Foch, afin d'obtenir de Knochen qu'il le mît en relation avec une haute personnalité allemande susceptible de l'éclairer sur son avenir politique. Knochen lui apprit l'arrivée prochaine de Goering à Paris. Une entrevue fut arrangée. Goering fut très dur à l'égard de Laval et de la France en général. Il lui conseilla de rester à l'écart du pouvoir, le Führer étant fermé à toute discussion avec un représentant du gouvernement français.

Ayant appris la teneur des propos de Goering, Brinon constata que Laval en modifia complètement le sens afin d'ébranler le Maréchal auprès duquel il dépêcha son gendre, René de Chambrun. Descendant de La Fayette, Chambrun jouissait de la double nationalité française et américaine. Le Maréchal, pensant qu'il avait l'oreille des plus hauts dirigeants des États-Unis, le combla de prévenances, le tutoya, l'appela familièrement « Bunny » et même, en mars 1941, au cours d'un déjeuner, lui remit l'insigne de la Francisque, en lui disant que cette médaille, la première qu'il distribuait, « venait de chez le graveur[37] ».

Brinon constata aussi que, pendant les seize mois de sa disgrâce, Laval s'était employé à élargir le cercle de ses complicités, ne négligeant pas les milieux interlopes engendrés par l'Occupation. Son attention se focalisa sur les bureaux d'achat que chaque service allemand possédait à Paris et qui drainait vers l'Allemagne toutes sortes de marchandises acquises à n'importe quel prix, contribuant à maintenir la pénurie en France dans l'explosion du marché noir. L'un de ces bureaux d'achat appartenait à la SS. Un ancien proche collaborateur de Himmler, Fritz Engelke, le dirigeait. L'approvisionneur et le complice d'Engelke se nommait Michel Szkolnikoff d'origine russe. Bien qu'à l'époque on ignorât le montant de la fortune faramineuse qu'il avait amassée, on le savait riche à milliards et son train de vie fabuleux défrayait la chronique. C'est par son intermédiaire que Laval espérait remonter discrètement jusqu'à Himmler, l'homme qui après Hitler détenait le plus de pouvoir dans le Reich et obtenir l'appui de la SS. Brinon apprit cette démarche et enregistra qu'en avril 1942 Laval se mettait en rapport avec les SS en usant d'intermédiaires louches tels que Szkolnikoff[*][38].

Cette période fut marquée par une recrudescence des bombardements de l'aviation britannique sur des usines françaises travaillant pour la Wehrmacht. Des morts par centaines, des blessés par milliers. Au lieu de déplorer avec bon sens une tragique conséquence de l'état de guerre, le Maréchal déclara qu'il s'agissait d'agressions sans justification dans un concert de propagande antibritannique auquel Brinon ajouta de violentes accusations. Il se retrouva même le 8 mars place de la Concorde aux côtés d'officiers allemands à un meeting d'hostilité contre la Grande-Bretagne.

À la fin du mois, dans la forêt de Randan, à une dizaine de kilomètres de Vichy, le maréchal Pétain et Laval s'entretiennent seul à seul. Pendant près de deux heures, Laval dramatise son entrevue avec Goering : le risque est qu'un Gauleiter soit nommé en France, réduite ainsi au sort de la Pologne. Lui, Laval, malgré les difficultés, est prêt à défendre les intérêts de la patrie, à condition qu'il en ait les moyens. Les deux hommes en discutent. Pétain est acquis au retour de Laval.

Aussitôt après, Laval envoie un « confident » (son gendre ?) à Paris qui rend compte à Abetz de ce tête-à-tête[39]. S'ensuivent des tractations avec Darlan pendant que l'ambassadeur des États-Unis,

---

* Pour se mettre en rapport avec Szkolnikoff, Laval avait fait appel à Guy Voisin-Laverrière, gendre de Jean Luchaire.

l'amiral Leahy, menace d'une rupture des relations diplomatiques avec Vichy si Laval est remis en selle. Passons sur les rebondissements d'une situation où les questions de personnes l'emportaient. Brinon, sorte de majordome de la crise, est mêlé à ses péripéties. Les Allemands désirent un accord entre Darlan et Laval car si Laval constitue le gage d'une collaboration à tous crins, Darlan, lui, dispose de la flotte et de l'armée. Au cours de conciliabules, Brinon s'efforce d'inculquer au maréchal Pétain, qui le sait bien, les principes de la politique nationale-socialiste : prédominance des SS sur l'armée et priorité à la Solution finale de la question juive par les moyens les plus radicaux. Allant du Maréchal à Darlan, de Darlan à Laval, s'entretenant avec le ministre Krug von Nidda, représentant permanent de l'ambassade d'Allemagne à Vichy, notant les combinaisons ministérielles qui se succèdent, soudain, Brinon fait relâche et part pour quelques jours dans la Creuse[40].

Il doit entériner chez un notaire de Felletin l'acte qui lui confère la pleine propriété de La Chassagne, la demeure familiale, qui lui vient de la succession de son père. À La Chassagne, il retrouve sa femme. Lisette de Brinon s'occupe depuis plus d'un an de la restauration de la maison dont la vétusté entraîne de grands travaux : réfection des toitures, aménagements sanitaires, rénovation totale de l'intérieur. Elle rêve d'aménager un château et va jusqu'à créer un salon de musique. Brinon finance et laisse sa femme faire ce qu'elle veut après avoir tenté de la modérer[*]. Leurs relations sont courtoises, le vouvoiement de rigueur, mais Mme de Brinon sait que les sentiments de son mari à son égard sont morts, à l'exception de celui du devoir, car il entend la protéger, elle et ses deux beaux-fils. Quand il constatera son impuissance à assurer la protection de ces derniers, il leur conseillera à tous deux de quitter la France et de se rendre en Afrique du Nord.

Mme de Brinon, toujours active, nerveuse, se revigorant en abusant du café, court la campagne autour de Felletin et noue des relations avec quelques extrémistes du régime de Vichy. Exclue par ses origines d'une vie ordinaire, elle tente de la normaliser en suivant ses penchants, ses affinités qui la portent à un conservatisme en osmose avec certains aspects de la Révolution nationale. Elle observe aussi envers son mari une loyauté qui la pousse à lui emboîter le pas. C'est ainsi qu'elle se produira en sa compagnie à Saint-Alpinien, une commune de la Creuse, lors d'une fête de la Légion française des

* En trois ans, les travaux s'élèveront à 583 257 francs, soit environ 1 300 000 francs de l'an 2000. AN 3W111. Rapport Caujolle, p. 54.

combattants dont l'un des organisateurs, Marcel Pigeon, partisan extrémiste de la Révolution nationale, était lié d'amitié avec elle. En présence des autorités préfectorales, Brinon prit la parole et tint des propos qui tranchaient avec ceux qu'il prononçait devant les auditoires parisiens : « Nous sommes en guerre, l'armée allemande fait encore la guerre sur notre territoire. Mais la France est gouvernée par des Français, ce qui nous assure une position plus favorable que la Pologne, la Belgique ou la Hollande qui sont administrées par les Allemands. Par son action, la Délégation générale du gouvernement à Paris a pu sauver bien des vies françaises [41]. » Tout en faisant l'apologie de la politique de Laval et de la nécessaire entente avec l'Allemagne hitlérienne, il ajouta qu'au mot Collaboration il préférait ceux de compréhension, de réconciliation ou de règlement.

Il y avait aussi en Mme de Brinon le désir de se rendre utile qui la portait à aider les victimes des temps présents. Elle intervenait auprès de son mari en faveur des cas qu'on lui signalait dans la région de la Creuse quand elle y résidait. Lorsqu'elle séjournait à Vichy, fort mêlée à la vie mondaine locale, elle s'entremettait encore plus volontiers, tenant à elle seule un véritable bureau d'assistance qui intensifia son action à mesure que l'oppression augmentait.

Après quatre jours d'absence, de retour à l'hôtel du Parc que Darlan surnommait la « cancrelatière », Brinon apprend de Laval que rien ne bouge. Il file à Paris et, à l'ambassade d'Allemagne, il est informé qu'Abetz s'est entretenu avec Hitler, favorable au retour de Laval, mais qui prendra des mesures hostiles à la France si son attente est déçue. Soudain, on apprend que le Maréchal a changé d'avis, ne veut plus de Laval et surtout refuse de lui déléguer aucun de ses pouvoirs. Pétain envoie le Dr Ménétrel s'entretenir avec les Allemands de l'ambassade. Le médecin se montre prolixe, comme à son habitude, et repart. Dans les heures suivantes, Brinon l'avertit par téléphone que les Allemands tempêtent. Pétain et Darlan demandent à Brinon de revenir d'urgence à Vichy et chacun d'eux lui envoie sa voiture pour le cueillir à l'aérodrome. Chez le Maréchal, Brinon propose une formule qui associe Laval à Darlan : « C'est ma solution [42] », approuve le Maréchal qui l'avait rejetée l'instant d'avant.

Dès le matin, Laval fait son entrée chez le maréchal Pétain qui a passé une nuit agitée. Tous deux s'entendent sur ce que le Maréchal refusait d'accepter la veille. S'agissant du nouveau gouvernement, le Maréchal fait son choix et pour certains, tel Peyrouton, signifie leur renvoi par un geste tranchant de coupeur de têtes. Le plus dur consiste à lui faire entériner la nomination de l'académicien Abel Bonnard, national-socialiste convaincu, qu'il récuse à cause de son homosexualité. Brinon vante les qualités de Bonnard, membre du comité d'honneur du Groupe Collaboration, que les Allemands veulent inclure dans le gouvernement. Un autre que Pétain abhorre, pour la même raison que Bonnard, c'est Benoist-Méchin qui brigue le secrétariat général des Affaires étrangères où il est honni. Pétain, propose de le nommer délégué aux prisonniers de guerre à la place de Scapini qu'il a pris en grippe : « Qu'on me débarrasse de cet aveugle et de son nègre* ! s'écrie-t-il. Il est haï des prisonniers ; je reçois des lettres par centaines [43]. »

De nouvelles consultations finirent par régler la composition du ministère et eurent raison des préventions du Maréchal à l'égard d'Abel Bonnard et de Benoist-Méchin. Le premier recevait le portefeuille de l'Éducation nationale et le second, écarté des Affaires étrangères, était nommé secrétaire d'État auprès du chef du gouvernement. La nouveauté résidait dans l'acte constitutionnel n° 11 par lequel le maréchal Pétain décréta par un article unique que « la direction effective de la politique intérieure et extérieure de la France est assurée par le chef du Gouvernement nommé par le chef de l'État et responsable devant lui [44]. »

Cette dévolution du titre et des pouvoirs de chef de gouvernement accordée à Laval constituait un coup d'État dans le coup d'État. Il faut rappeler que l'amiral Darlan, malgré sa boulimie de pouvoir et d'honneurs, avait refusé de se rendre aux arguments de l'ambassade d'Allemagne en prenant le titre de chef de gouvernement ou de président du Conseil, considérant qu'il était consubstantiel au maréchal Pétain, conformément au vote de l'Assemblée nationale.

Après cette montée en puissance de Pierre Laval, l'amiral Darlan cesse d'être membre du gouvernement et, ne dépendant pratiquement plus de lui, est nommé commandant en chef de toutes les forces armées (terre, mer, air) sans limite d'âge ; il demeure le successeur désigné du maréchal Pétain.

Brinon eut le bonheur d'être promu secrétaire d'État auprès du chef du gouvernement. Conservant ses fonctions à Paris, son titre s'allongeait : « Monsieur l'ambassadeur de Brinon, secrétaire d'État auprès du chef du Gouvernement. Délégué Général du Gouvernement dans les territoires occupés. »

---

* Il s'agit d'Ahmed, un jeune Arabe qui guide et accompagne Scapini partout.

CHAPITRE 28

Cloaca maxima

En quête d'une résidence prestigieuse, Brinon s'était d'abord installé à Matignon dans la suite réservée à Laval. Il donnera congé de son appartement du quai de Béthune où il n'allait plus que pour chercher des affaires [1]. Quand il fut nommé délégué général, il refusa l'attribution d'un hôtel particulier, place Malesherbes, comme logement de fonction [2]. Grâce aux Allemands, il put mettre la main sur le palais de ses désirs. Le 16 juillet 1941, il écrit au préfet de la Seine de régulariser « la réquisition faite par les autorités allemandes d'occupation. Cet immeuble qui appartient à la princesse de Faucigny-Lucinge, née Ephrussi, était retenu par le commandement des forces militaires. Il a été réquisitionné par lui le 13 juillet pour être mis à ma disposition comme logement particulier [3] ».

Le 17 juillet, la préfecture de la Seine donne l'ordre de réquisition [4]. Le jour même, Jansen, le célèbre décorateur de la rue Royale, commence à reposer les rideaux, travail qui dure deux jours. Il en fallut encore deux à Jansen pour raccrocher les tableaux et mettre en place les sièges et les meubles dans les pièces de réception. Trois autres journées furent encore nécessaires à l'achèvement de l'installation.

C'était une demeure de 2 500 mètres carrés comportant un petit jardin où, aux beaux jours, Brinon offrira des collations. Elle comprenait une vingtaine de pièces de maître dont six de réception. Escalier de marbre, parquet de Versailles, lambris anciens. L'hôtel faisait l'angle de la rue Rude et de l'avenue Foch par rapport à laquelle il était implanté de biais de sorte que la vue s'ouvrait sur toute l'avenue jusqu'à l'orée du bois de Boulogne dans une magnifique perspective. Le volumineux inventaire atteste de la splendeur du mobilier, des objets d'art et de la bibliothèque composée de livres rares des XVIᵉ,

XVIIᵉ et XVIIIᵉ siècles. Parmi tant de merveilles, qualifiées par la « commission d'évaluation » de dignes d'un musée, Brinon avait fait ajouter sur l'inventaire, comme étant sa propriété, six petits cendriers en métal argenté disposés dans le grand salon ainsi que deux tables dessertes placées dans un vestiaire.

Le loyer, établi sur la valeur de l'immeuble, se montait à cinq cent mille francs par an. Brinon le fixa à cent soixante mille francs auxquels s'ajoutaient cent mille francs pour le mobilier, le linge, la vaisselle ordinaire à l'exclusion de l'argenterie. « À la demande de l'ambassadeur, le ménage de concierges est resté à la charge de la propriétaire, ce qui représente une dépense annuelle de dix-huit mille francs[5]. » Quand la princesse de Faucigny-Lucinge, juive et spoliée, demanda par écrit à Brinon l'autorisation de prendre un peu de linge usagé, il l'éconduisit en lui prescrivant de solliciter d'abord l'autorisation du Dr Blanke, directeur des affaires juives à la section économique de l'administration allemande en France. Mme de Faucigny-Lucinge s'y reprit à deux fois sans obtenir de réponse du Dr Blanke[6].

Simone Mittre s'établit céans et fut la maîtresse de maison. Dans ce cadre seigneurial, l'ambassadeur de Brinon recevait avec largesse. La haute bureaucratie allemande y défila, celle de l'armée, de l'ambassade et des SS. Brinon adorait inviter des artistes, épanoui dans le rôle qu'on lui reconnaissait de protecteur des lettres et des arts à Paris. L'un des solliciteurs les plus assidus était Jean Cocteau dont deux pièces de théâtre, *La Machine à écrire* et *Les Parents terribles* subirent la censure vichyste. Brinon conseillait, intervenait, emportait gain de cause : « Sans vous, nous n'existerions plus », lui écrivit la comédienne Gabrielle Dorziat à propos des *Parents terribles* en le remerciant de son « puissant appui[7] ». Par l'entremise de Brinon, Jean Cocteau n'hésitait pas à recourir aux services allemands lesquels, trop heureux de s'ériger en défenseurs de la culture, autorisaient les représentations menacées par le moralisme de Vichy.

Parmi les familiers de la rue Rude, Serge Lifar, premier danseur et maître de ballet de l'Opéra de Paris, familier des hauts lieux de la Collaboration, ce qui lui valait le surnom de « von Lifar » ; Arletty, qui égayait de sa gouaille les soirées de Brinon ; l'imposante Marie Marquet qui lui donnera sa photo agrémentée de cette dédicace : « Pour Fernand, en souvenir de nos souvenirs, avec ma tendresse – Maniouche », et naturellement Madeleine Renaud qui charmait de sa voix limpide les divertissements de l'hôtel de la princesse de Faucigny-Lucinge. Brinon la recherchait, l'appréciait entre toutes et l'accablait d'attentions, mais exigeait sa présence comme, par exemple, lorsqu'il recevra en grande pompe Arno Breker, « le sculpteur de

Hitler » qui avait accompagné le Führer lors de sa visite matinale de Paris le lendemain de la signature de l'armistice. C'était une idée de Benoist-Méchin, au nom de « l'esprit européen ». Une exposition des œuvres de Breker fut organisée au musée de l'Orangerie. Breker fut accueilli comme le nouveau Michel-Ange. Ses sculptures géantes qui sacrifiaient au culte de cette humanité jupitérienne chère au Führer étaient si dépourvues de vie qu'elles avaient l'air d'être des moulages et n'attiraient ni l'ombre ni la lumière. Invité du gouvernement français, il fut fêté, choyé, encensé par des Français qui voyaient surtout en lui un proche du Führer. Les discours les plus dithyrambiques saluèrent sa venue. Les réceptions allemandes et françaises s'enchaînèrent. Des peintres renommés qui, pendant l'Occupation, furent proches de l'Allemagne, tels Vlaminck, Van Dongen, Othon Friesz, Dunoyer de Segonzac, Derain et les sculpteurs Belmondo et Despiau l'accueillirent dans certains lieux consacrés de la légende artistique : à Montmartre, à Montparnasse. La Ville de Paris, par ses édiles, se mit à ses pieds. Quant à Jean Cocteau il s'empressa de publier dans un hebdomadaire un « Salut à Breker[8] » dans une prose tellement ampoulée que même les mieux intentionnés comprirent qu'il cherchait à s'aplatir devant le représentant des vainqueurs.

Brinon invita tout ce monde dans le palais de la princesse de Faucigny-Lucinge où accoururent en grand uniforme Abetz et d'autres Allemands parmi lesquels Zeitschel, l'expert des questions juives de l'ambassade*. La plupart des invités français provenaient du monde littéraire, artistique, journalistique et capitaliste. Brinon adressa des paroles flatteuses à Arno Breker et lui annonça que, sur son instance, son maître, le sculpteur Maillol, injustement délaissé, allait de nouveau être honoré par l'exposition permanente d'une de ses œuvres monumentales dans un emplacement digne d'elle. Et il ajouta ces mots qui n'avaient rien à voir avec l'art : « Vous allez retrouver dans votre patrie la mâle atmosphère d'un peuple tout occupé par la guerre et par l'enfantement d'un grand destin. De tout cœur, je souhaite, et nous souhaitons, vous revoir parmi nous bientôt, après la victoire remportée pour le bien de notre commune civilisation[9]. »

Brinon, qui avait toujours aimé les mondanités, y ajoutait maintenant le plaisir de mesurer son importance. Partout où il allait, le protocole lui conférait la prééminence. Il représentait à Paris le pouvoir en pénitence à Vichy. C'était lui qui, le 1er mai, accueillait sur

---

* En novembre 1941, Abetz informa Brinon qu'il avait désigné le conseiller de légation Zeitschel pour assurer une liaison permanente entre l'ambassade d'Allemagne et la Délégation générale.

le perron de Matignon les forts et les dames des Halles porteurs de la traditionnelle corbeille de muguet. Encore lui, un dimanche de mai, qui inaugurait l'exposition dédiée à Richard Wagner dans la maison qu'il avait occupée à Meudon. Brinon avait posé à côté du buste du compositeur en compagnie d'Otto Abetz et de Winifred Wagner, belle-fille du compositeur, comme s'il s'agissait d'un hommage à Hitler qui reconnaissait en Wagner son seul maître à penser[10].

Encore lui, quand, « sous la présidence de Son Excellence M. de Brinon, ambassadeur de France », il assiste au palais de Chaillot à la première du festival Beethoven, avec à ses côtés le général von Stulpnagel et Schleier, entouré d'Allemands en uniforme et de femmes élégantes parées de chapeaux extravagants[11]. Il sera présent à divers galas de l'Opéra où se produisaient des artistes allemands : « Paris a applaudi cette manifestation de collaboration[12] », écrivaient les journaux. Et toujours, à l'extérieur de la loge officielle, des danseurs et des chanteurs de la maison attendaient son passage pour s'incliner ou faire la révérence. À l'Opéra encore, une soirée prendra place au profit de l'Entraide d'hiver du maréchal Pétain : « Pour la première fois depuis la guerre, on vit les femmes en robe du soir et les hommes en habit[13] », annonça la presse. Formant la haie d'honneur, en grande tenue et sabre au clair, les gardes républicains étagés sur le grand escalier saluent Brinon qui monte les degrés suivi de Simone Mittre rayonnante. À l'issue du spectacle, Brinon, complaisamment photographié, annonce qu'il va être appelé au téléphone par le maréchal Pétain et qu'il faut qu'il retourne dans les quinze minutes à Matignon [où il y avait une ligne directe] « pour pouvoir converser tranquillement avec lui[14]. »

On ne finirait pas de le camper sous les projecteurs du monde officiel. Il appréciait aussi les déjeuners en petit comité, hors de ses obligations, où son passé lui revenait. Ainsi du repas qu'il partagea avec quelques académiciens au restaurant Lapérouse. « Le cher vieux Lapérouse », disait Nalèche avant la guerre, quand il y conviait ses invités en cabinet particulier. Il y avait son ami Pierre Benoit, le secrétaire perpétuel André Bellessort, Maurice Donnay, l'amiral Lacaze, Abel Hermant et Henry Bordeaux que Brinon avait connu pendant la Grande Guerre au grand quartier général et qu'il retrouva ensuite au *Journal des débats*. Selon Henry Bordeaux, la conversation sortit de la littérature et de l'Académie par une allusion de l'amiral Lacaze sur la persécution des juifs contre laquelle il s'éleva avec force. Les autres écrivains, même ceux qui étaient enclins à collaborer avec les Allemands, l'approuvèrent[15]. Brinon se joignit-il à eux ? D'après l'amiral Lacaze « la conversation a donc eu comme sujet, tout naturellement à ce moment, la situation douloureuse dans laquelle nous nous trouvions. M. de Brinon a voulu excuser les persécutions juives et la collaboration, et c'est alors que j'ai fait la réplique violente à laquelle fait allusion Pierre Benoit* qui, pas plus qu'aucun autre collègue présent, n'a pris la moindre part à la thèse d'excuse de M. de Brinon [16] ».

Les revenus professionnels de Brinon étaient parmi les plus élevés de l'État français. Pendant le premier gouvernement de Laval, il n'avait pas d'émoluments fixes. Laval lui remettait des sommes en espèces par paquet de cinquante mille francs. L'amiral Darlan, homme d'ordre, arrêta son traitement annuel à cent cinquante mille francs auxquels s'ajoutaient trente mille francs mensuels de frais de représentation comprenant les réceptions et les coûts d'entretien du personnel de Matignon, somme qui sera maintenue quand Brinon s'installera rue Rude, soit au total cinq cent dix mille francs par an. Ce montant ne fut pas modifié au retour de Laval, si ce n'est qu'en sus, conformément à sa méthode, ce dernier remettait irrégulièrement à Brinon des sommes en espèces. Le loyer annuel de l'hôtel de la rue Rude, qui ne sera payé qu'une seule fois, était imputé sur les crédits du budget de la Guerre [17]. Une fois nommé secrétaire d'État, Brinon bénéficia en plus, à titre de libéralités du Maréchal, ainsi que les autres membres du gouvernement, d'une gratification mensuelle de douze mille francs prélevés sur les fonds secrets.

Des instances gouvernementales, Pétain et Brinon étaient les seuls dont les rémunérations relevaient du ministère de la Guerre. La solde du Maréchal s'élevait à 311 634 francs par an [18]. Il disposait à discrétion des fonds secrets. Au dire de son chef du cabinet civil du Moulin de Labarthète c'était la première fois de sa vie que le maréchal Pétain avait tant d'argent à sa disposition.

Lors du retour de Laval au pouvoir, quand Brinon avait averti le maréchal Pétain que la question juive allait connaître de nouveaux développements et que la SS, dans le système national-socialiste, prenait le pas sur l'armée, il faisait allusion aux attentats contre les synagogues à Paris, l'automne précédent, un événement dont les développements souterrains allaient soudain produire leur effet au grand jour après plusieurs mois d'incubation.

Au cours de ses contacts quasi quotidiens avec les services de police et de sécurité allemands. Eugène Deloncle avait fait une pro-

* Après la guerre, Pierre Benoit écrivit une relation de ce déjeuner.

position au SS *Sturmbannführer* Sommer, chargé des relations avec les mouvements collaborationnistes : plutôt que de fusiller des otages à l'indignation de la population française, mieux vaudrait frapper l'ennemi droit au cœur. Parmi les actions envisagées, il proposait de dynamiter les synagogues parisiennes. Quelques-uns de ses amis se chargeraient de l'exécution. L'occasion était d'autant plus favorable que l'exposition *Le Juif et la France*, toujours d'actualité, attirait un public nombreux. Sommer informa Knochen, son chef, qui reçut Deloncle. Knochen s'empara du projet et le fit aboutir par l'intermédiaire de son supérieur direct le SS *Brigadeführer* Thomas, lequel transmit à Heydrich qui, de Berlin, donna son accord. Knochen reçut l'ordre de ne pas révéler l'entreprise au général von Stulpnagel qui l'aurait empêchée et de lui adresser un rapport après coup certifiant que les attentats étaient l'œuvre de Français inconnus et qu'ils avaient suscité les réactions favorables de la population [19].

Un expert en explosifs, le SS *Hauptsturmführer* Lassig, apporta de Berlin, par voiture spéciale, les charges nécessaires qu'il remit à Sommer, lequel en distribua la plus grande partie à Deloncle.

Dans la nuit du 2 au 3 octobre, des explosions se produisirent dans sept synagogues. Comme prévu, Knochen fabriqua un compte rendu à l'intention du général von Stulpnagel, précisant l'heure de chacune des sept explosions, indiquant les périmètres des dégâts et mentionnant que deux soldats allemands avaient été légèrement blessés. Il concluait : « Sans aucun doute, ces attentats sont sans corrélation avec les attentats commis jusqu'ici. Il est plutôt établi que les exécuteurs sont des Français radicalement antijuifs [...]. Il s'agit donc d'une affaire purement française dont l'enquête revient à la police française [20]. »

Le lendemain, amplifiant ses mensonges, Knochen rapportait à Stulpnagel que la population était favorable à ces attentats, que la jeunesse en particulier avait applaudi : « Dans les milieux de l'Institut d'études des questions juives, on défend le point de vue qu'il est bon d'avoir donné aux Juifs une leçon publique [21]. »

L'affaire s'envenima rapidement car le SS *Sturmbannführer* Sommer se vanta dans un cabaret de Pigalle, Le Chantilly, d'avoir sa part de responsabilité. Dénoncé par l'un des officiers allemands présents, Sommer passa aux aveux. Furieux d'avoir été trompé par les SS, le général von Stulpnagel convoqua le SS *Brigadeführer* Thomas et lui adressa des remontrances : « J'ai congédié Thomas en lui disant que j'en informerai Keitel et que je demanderai son rappel et soumettrai son cas à son chef Himmler [22]. » Puis il rendit compte au haut commandement de la Wehrmacht et souligna que ces attentats survenaient à l'heure où il avait rétabli l'ordre en zone occupée : « À titre d'expiation et dans un but d'intimidation, j'ai fait fusiller un grand nombre de Français comme otages[23]. » Et maintenant, ses efforts étaient ruinés ; il disposait en effet de rapports spécifiant que la plupart des Français pensaient que l'Allemagne était impliquée dans l'attentat contre les synagogues, ce que le gouvernement français croyait également. Il conclut que cette affaire « sabote l'accomplissement des tâches qui me sont assignées et, au surplus, portent le plus grave préjudice au prestige de la Wehrmacht et au Reich[24] ».

Stulpnagel revint à la charge par plusieurs messages exigeant le rappel de Knochen et celui de Thomas. Pendant ce temps, Knochen avait été convoqué à Berlin par sa hiérarchie[25].

Sans doute y eut-il à Berlin d'âpres discussions car Stulpnagel fut d'abord informé que Knochen serait muté, puis que Knochen restait chef de service à Paris. Le général s'obstina : « Je dois absolument refusé la collaboration avec le Dr Knochen. Je prie d'exiger son rappel[26]. »

Au début de novembre, Heydrich adressa sa réponse définitive au général Eduard Wagner, quartier-maître général, qui avait centralisé l'affaire pour le haut commandement de la Wehrmacht. Sur un ton triomphant, Heydrich prenait position et annonçait tout crûment le génocide en cours. Après avoir rendu responsables les juifs et les judéo-communistes de tous les attentats commis contre les membres de la Wehrmacht et de tous les sabotages de transports ferroviaires, il considérait que « du point de vue politique il était important, en infligeant des châtiments, de démontrer à l'opinion publique française ainsi qu'à l'opinion mondiale que le peuple français avait les forces nécessaires non seulement pour la lutte contre le bolchevisme mais aussi pour déclencher une attaque contre les Juifs autrefois si puissants à Paris. Mon service, engagé dans la lutte contre la juiverie, est entré en contact avec les groupements antisémites français. Le groupe antisémite de Deloncle était connu de longue date comme le plus actif de ces groupes et Deloncle lui-même, malgré son passé politique ténébreux, offrait les meilleures garanties d'une lutte impitoyable contre la juiverie. [...] Je n'ai accepté ses propositions qu'au moment où l'autorité suprême [le Führer] a caractérisé avec une grande vigueur la juiverie comme étant l'instigatrice de tous les crimes en Europe et vouée à une destruction définitive*[27] ».

Heydrich ajoute que ces attentats ne visaient naturellement pas la

_____

* Décision prise par Hitler le 31 juillet 1941. Goering avait transmis à Heydrich l'ordre du Führer de passer aux actes.

Wehrmacht qui ne doit et ne devra jamais protéger des synagogues, et que la population française doit absolument ignorer que les Allemands y ont participé. « En raison du caractère particulier de ces mesures, le chef de mes services à Paris n'en informa pas Monsieur le Commandant militaire du fait que l'expérience nous a montré qu'on ne pouvait guère s'attendre à trouver chez lui la compréhension requise pour l'exécution de ces mesures nécessaires à la lutte contre des ennemis évidents du point de vue de la conception du monde [...]. Je me rendais parfaitement compte de leur portée d'autant que je suis chargé depuis des années de préparer la Solution finale de la question juive en Europe*[28]. »

Heydrich fit savoir que son délégué en France et en Belgique, le SS *Brigadeführer* Thomas, avait reçu une nouvelle mission avant même l'action contre les synagogues : « Le chef du service de Paris, le SS *Obersturmführer* Dr Knochen, a agi conformément aux ordres qu'il a reçus. Son travail en France n'a été jusqu'ici l'objet d'aucune critique, de sorte que je le laisserai aussi à l'avenir comme chef de l'*Einsatzkommando* en France avec le service de Paris. En considération de l'exposé ci-dessus, j'ose croire à une concordance de vue avec le haut commandement de l'armée[29]. »

En réponse à cette lettre, le haut commandement de l'armée évoqua les ordres du Führer et les conventions signées suivant lesquelles le commandant militaire en France devait être tenu informé de toutes les actions des services allemands en zone occupée. De ce fait, le SS *Obersturmführer* Dr Knochen avait failli à son devoir et, de surcroît, il avait livré un compte rendu de service sciemment inexact à propos des attentats contre le synagogues. Le haut commandement de l'armée réclamait de nouveau son rappel[30].

Abetz entra en scène. Sollicité, il intervint auprès du général Warlimont dans le sens de l'apaisement entre Stulpnagel et Knochen. Malgré les reproches justifiés du commandant militaire en France, il estimait que Knochen, décoré de la Croix de fer de première classe, ne méritait pas d'être rappelé de Paris où sa connaissance de la situation et son activisme justifiaient son maintien : « Je considérerais comme plus équitable qu'il s'excuse auprès du commandant militaire de ne pas l'avoir informé et qu'il promette de l'informer dans des cas ultérieurs[31]... » Peu après, en février 1942, Stulpnagel adressait un télégramme au haut commandement de l'armée, après une explication approfondie avec le Dr Knochen : « Il s'est déclaré disposé à

---

* Depuis le 24 juillet 1939, sur ordre de Goering, mandaté par Hitler.

donner maintenant suite à mon désir d'être informé dans les détails et qu'il était prêt à collaborer. De ce fait, ma demande de l'époque visant au rappel de M. le Dr Knochen devient sans objet [...]. Je prie d'en informer M. le *Generalfeldmarschall* Keitel[32]. »

Ce message entérinait la victoire des SS sur l'armée et la prise en main de la France par l'Ordre noir. Heydrich avait fait connaître au général Wagner, quartier-maître général de la Wehrmacht, que la promotion de Knochen devenu SS *Standartenführer* (colonel) s'accompagnait de l'autonomie de ses services qui ne pouvaient dépendre en aucune manière du commandant militaire en France[33].

Le général von Stulpnagel, formé par quarante-cinq années de discipline militaire, n'avait recherché que l'application rigoureuse de la mission dont il était investi. Son comportement ne révélait aucune intention de défendre les juifs qu'il détestait et contre lesquels il avait pris des « mesures d'expiation ». La fatigue et un certain désenchantement l'incitèrent à demander sa mise à la retraite. Elle lui fut accordée quinze jours plus tard par le Führer. Son cousin, le général Heinrich von Stulpnagel, lui succédait en France. Afin d'éviter toute confusion nous l'appellerons Stulpnagel II.

Brinon rendit à Stulpnagel une dernière visite protocolaire. Il écrivit à l'amiral Darlan : « J'ai cru devoir au nom du gouvernement français faire transmettre à M. le général Otto von Stulpnagel, les regrets que nous éprouvions de voir partir un chef qui avait toujours manifesté, dans les plus pénibles situations, de la compréhension pour nos difficultés[34]. »

Le 20 janvier 1942, deux mois après avoir écrit sa lettre triomphante au haut commandement de la Wehrmacht, Heydrich présidait la conférence de la Solution finale dans une luxueuse maison de Wannsee, faubourg résidentiel de Berlin. Seize personnalités allemandes arrêtèrent la décision d'infliger aux juifs d'Europe « le traitement spécial ».

Cette réunion secrète qui matérialisait les plus profondes aspirations d'Adolf Hitler créa chez ce dernier une telle exaltation qu'il ne put se retenir, un mois après, d'annoncer au monde entier la mise à exécution de ce que les Allemands appelaient la Solution finale. À l'occasion du vingt-troisième anniversaire de la fondation du parti national-socialiste, le Gauleiter de Haute-Bavière, Adolf Wagner, lut le message du Führer retenu à son quartier général : « Pour nous, vieux nationaux-socialistes, et particulièrement pour vous, mes plus anciens compagnons de lutte, cette coalition du capitalisme juif et du communisme n'est pas chose nouvelle. De même qu'avant, pendant et après la dernière guerre mondiale, ce sont les Juifs, encore les

Juifs, toujours les Juifs qui doivent être tenus pour responsables de divisions entre les peuples [...]. En 1919, nous n'étions que quelques-uns à combattre l'ennemi international du genre humain. Aujourd'hui, les idées de notre parti et celles de la révolution fasciste ont conquis de grands États. Et l'on verra se réaliser ma prophétie que CETTE GUERRE N'ANÉANTIRA PAS L'HUMANITÉ ARYENNE MAIS L'ÉLÉMENT JUIF *. » Cette dernière phrase, tellement explicite, fit les manchettes de la presse parisienne et plusieurs journaux, tel *Paris-Soir*, sous-titrèrent : « Des préparatifs sont en cours en vue du règlement de comptes définitif[35]. »

Brinon ne pouvait s'abstraire de la question juive. Tout la rendait présente et se ramenait à elle : politique, législation, presse, propagande, conversations. Elle formait la substance des entretiens, que ce fût avec les autorités allemandes ou les collaborationnistes français. Parmi ces derniers, l'écrivain Louis-Ferdinand Céline, membre de l'Institut d'études des questions juives, devenu sous l'Occupation, par ses imprécations antijuives et ses outrances ordurières une sorte de Torquemada de cloaque. Dès le commencement, il avait fréquenté l'ambassade d'Allemagne où il avait exprimé sa haine avec de telles ressources verbales qu'Abetz, flairant l'aubaine, l'avait recommandé au Service central des affaires juives dirigé par le SS *Obersturmführer* Dannecker en précisant que Céline voulait collaborer avec cet organisme[36].

Dans ses fulminations, Céline reprochait à la majorité des Français d'être trop tolérants à l'égard des juifs. Pour quelle raison ? s'interrogeait-il, et de répondre : « Liés, amarrés au cul des Juifs, pétris dans leur fiente jusqu'au cœur, ils s'y trouvent adorablement[37]. »

Céline fréquentait régulièrement Brinon. Simone Mittre, flattée de la politesse qu'il lui témoignait, ne tarissait pas sur sa gentillesse et sa modestie. Brinon le recevait avec des marques de considération dans son palais réquisitionné de la rue Rude et à son bureau de la Délégation générale. Ces relations étant notoires, Céline fut chargé une fois de mettre Brinon à contribution en faveur d'un Français passible de la peine capitale en Bretagne. Il s'en était acquitté sans entrain et après avoir atermoyé. Il était intervenu par lettre le 27 juin 1941 et l'exécution avait eu lieu le 28. Brinon n'eut pas le temps de réagir. Céline lui écrivit :

« Mon Cher Ambassadeur,

» Hélas ! C'est fait. Je ne dis pas justice... Il s'en faut ! S'il s'était

---

* Cette phrase était également traduite ainsi : « L'humanité aryenne ne sera pas anéantie mais le juif sera exterminé. »

agi d'un Lévi ou d'un Cahen, l'on hésiterait sûrement encore... On ne fusille décidément bien pour l'exemple que les aryens. Ils ont c'est vrai ce qu'ils méritent... leur destin... Bien merci d'être intervenu. Je m'y suis pris sans doute trop tard.

» Bien amicalement à vous ;

» L.E. Céline

» P.S. Quel juif a-t-on fusillé depuis l'occupation [38] ? »

Dans d'autres lettres à Brinon, et quel que soit le sujet abordé, Céline dévie sur les juifs. Quand une ordonnance allemande leur interdit de détenir des postes de radio, Céline lui adressa ce mot :

« Mon Cher Ambassadeur,

» Prévenir vaut mieux que guérir. Énergie pour énergie, le commandant allemand aurait mieux fait de supprimer net tous les appareils de radio. Les Français ne croient que Radio-Londres. La propagande rapprochiste ne sert à rien et les juifs de Londres ont beau jeu de souffler sur le feu. De telles tragédies sont directement provoquées par les radio-messages anglais*. C'est l'envoûtement Les juifs de Londres parlent le langage flagorneur et vantard et redondant et de haute fatuité pontifiante auquel les Français seront toujours infiniment sensibles et leur ôte tout jugement. C'est laisser la morphine à côté du malade. Sadisme.

» Avec amitié, L.F. Céline [39]. »

Seule sa rapacité et les soucis que lui procure sa cassette lui font oublier, quand il aborde le sujet, ses diatribes contre les juifs. Il use de la complaisance de Brinon pour tenter d'échapper aux « autorités avides » qui en veulent à son « pécule », et contre le fisc français, il sollicite l'appui des Allemands en la personne du conseiller Achenbach.

Au mois de mars 1942, le commandant militaire en France et l'ambassade d'Allemagne furent informés qu'un chef supérieur des SS et de la police était nommé pour la France qui assumerait l'ensemble des pouvoirs de police et d'exécution jusqu'alors détenus par le commandant militaire. La note spécifiait : « Ce nouvel arrangement aura en particulier des répercussions très favorables sur la Solution finale de la question juive [40]. » Le gouvernement français fut avisé par l'ambassade le 28 avril, et le nom d'Oberg commença à circuler dans la haute sphère gouvernementale. C'est ainsi que le retour de Laval fut enveloppé de la menace d'une « polonisation » de la

---

* Il s'agit des messages codés envoyés par la radio anglaise à la Résistance française. « Rapprochiste » : collaborationniste.

France. Karl Oberg arriva officiellement à Paris le 5 mai 1942. Heydrich l'accompagnait pour procéder à son installation.

Précédemment, le SS *Brigadeführer* Oberg avait été affecté à Radom, en Pologne, où il remplissait la fonction de *Höhere SS und Polizeiführer* – chef supérieur de la SS et de la police. À Radom, les juifs dépérissaient de faim, mouraient par milliers et ceux qui étaient pris à l'extérieur du ghetto étaient abattus par les commandos spéciaux de la police et de la Wehrmacht. Outre les tueries, les sévices qui précédaient et accompagnaient les déportations rendront Oberg, au dire de Knochen lui-même, parfaitement insensible à l'inhumanité des traitements infligés aux juifs de France lors de leur arrestation et de leur déportation[41].

Oberg aimait se présenter comme « un soldat tempéré par un diplomate ». Quand il prit congé de Himmler pour gagner son poste en France, le *Reichsführer SS* lui dit en substance : « Vous êtes mon représentant auprès des hautes autorités militaires allemandes en France, auprès de tous les services allemands et auprès du gouvernement français. Veillez à l'ordre et au calme pour que nos combattants du mur de l'Atlantique aient le dos libre[42]. » Pourquoi Oberg fut-il choisi pour le poste de chef supérieur des SS et de la police en France ? « Je ne saurais le dire, répondra-t-il lors de ses premiers interrogatoires. Je me souviens cependant qu'il y a plusieurs années, Himmler a dit de moi : "S'il existe quelque part des difficultés que je veux absolument écarter, qu'il s'agisse du Parti ou du Reich, j'enverrai Oberg. Il a du talent et une manière diplomatique[43]. » C'était un homme un peu gras, au crâne rasé qui portait sur son visage mou et rond un nez curieusement relevé du bout comme un bec de pichet, et dont l'intelligence n'évoluait que dans le cadre de sa mission.

Tout autre était Reinhardt Heydrich, devenu dès 1931, à vingt-sept ans, avant même la prise du pouvoir par Hitler, le chef de la sécurité de la SS, puis assistant de Himmler quand les nazis gouvernèrent l'Allemagne. Il réussira progressivement à réunir entre ses mains les leviers de la persécution des juifs. Il avait perçu dès le début que l'antisémitisme de Hitler mènerait à l'extermination et qu'en devenant l'ordonnateur de cet objectif prioritaire et proclamé du national-socialisme il accroîtrait considérablement ses pouvoirs. Après la conférence de la Solution finale à Wannsee, tout en demeurant le chef du RSHA, il fut nommé *Reichsprotektor* de Bohême-Moravie où il activa la déportation des juifs. À Prague, la Ville dorée, il prenait l'apparence d'un homme de culture. Plusieurs séquences filmées montrent Heydrich figé dans une pause arrogante et toisant des interlocuteurs d'un regard torve qui suscitait la peur.

Le 5 mai, accueilli au Bourget à sa descente d'avion par les représentants des divers services allemands, Heydrich gagna Paris en compagnie d'Oberg. Il présenta ce dernier à l'ambassadeur Abetz, au nouveau commandant militaire, le général von Stulpnagel II, et au commandant en chef à l'Ouest, le maréchal von Rundstedt. À tous, Heydrich parla de la nouvelle organisation des services de la police allemande en France et de son comportement à l'égard de la police et du gouvernement français. Présent, Knochen témoignera que Heydrich donna des instructions en tant que « *Beauftragte der endlosung der Judenfragen* » (« mandataire de la Solution finale de la question juive »), pour qu'il y ait une collaboration commune de tous les services allemands chargés de cette question (ambassade, commandant militaire en France, SD, la Dienstelle Rosenberg*, sous les directives du SS *Hauptsturmführer* Dannecker. Ces services devaient se tenir en rapport avec les autorités françaises.

La solution proposée était le transfert à l'Est de tous les juifs étrangers et français. Les instructions s'appliqueraient aux familles complètes, enfants compris. « J'ai assisté aux diverses conférences de Heydrich, avec les divers chefs de service intéressés, déclarera Knochen. Personne n'a protesté contre ces ordres, tout le monde était disposé à appliquer immédiatement ces mesures. Heydrich nous a parlé du grand succès obtenu par les expériences précédentes à Vienne et à Prague [...]. Heydrich nous a prescrit de lutter contre les terroristes et de trouver les vrais coupables d'attentats. En ce qui concerne les terroristes et les propagandistes communistes et autres ennemis de l'Allemagne, ils devaient être déportés dans des camps de concentration[44]. »

Heydrich annonça qu'il s'entretiendrait lui-même de ces questions avec certains Français. Les 5 et 6 mai, il reçut successivement quatre Français directement concernés par les mesures relatives aux juifs. Les audiences eurent lieu au 72, avenue Foch, dans le bureau de Knochen, en présence de ce dernier et du général Oberg. En tant que délégué général, Brinon fut le premier. Il avait annoncé au gouvernement, en connaissance de cause, que la venue de Heydrich « permettait de tout redouter[45] ». Il connaissait la carrière du chef SS et savait aussi qu'il avait été en 1938 l'un des instigateurs de la Nuit de cristal. La poignée de main entre Heydrich et Brinon a été filmée. Les regards se fixent. Heydrich pria Brinon de communiquer à Laval la nouvelle organisation de la police allemande. Brinon éprouvera une vive aversion à l'égard d'Oberg qu'il qualifiera de brute, mais sans

---

* De sa vraie dénomination : *Einsatzstab Reichsleiters Rosenberg*, ce service était une entreprise de pillage des collections d'œuvres d'art, notamment juives.

renoncer à faire preuve à son égard de cette politesse cérémonieuse qui portait Oberg à le tenir pour un « lèche-bottes[46] ». De toute façon, Heydrich fit comprendre à Brinon que « le gouvernement du Reich était déterminé à régler en France, comme ailleurs, le problème juif dans son ensemble[47] ».

Après Brinon, ce fut le tour de René Bousquet. Entretien des plus courtois. Bousquet allait se révéler l'une des plus fortes personnalités du régime de Vichy. Un mois plus tôt, lors de la formation du gouvernement, ce préfet avait été promu par Laval secrétaire général à la police, ce qui plaçait entre ses mains, non seulement la force répressive de l'État français, mais des tonnes de dossiers personnels qui allaient faire de lui le « Fouché de Laval », suivant le mot du garde des Sceaux Barthélemy. Il plut immédiatement à Heydrich. Comme le notera Brinon, ce dernier apprécia autant la manière d'être de Bousquet que son aspect physique. Avec Bousquet, Heydrich entra dans les détails. Il lui annonça que, dans un premier temps, tous les juifs étrangers de la zone occupée seraient déportés. La police française se chargerait de leur arrestation. Bousquet entérina cette exigence qui ne le surprit pas[48]. Il avait eu connaissance d'un rapport allemand chiffrant à cent mille le nombre de juifs étrangers et français de la zone occupée que les services de Dannecker avaient décidé de déporter entre le 15 juin et le 1er août 1942[49]. Il demanda à Heydrich s'il pouvait faire libérer des policiers prisonniers de guerre en Allemagne qui manquaient en France pour faire respecter l'ordre*.

Vint ensuite Georges Hilaire, secrétaire général de l'administration au ministère de l'Intérieur, un homme de confiance de Laval, dont les fonctions étaient décisives dans l'application, la surveillance et l'exécution des mesures contre les juifs. Heydrich lui fit part des exigences allemandes, enjoignant à tous les préfets de travailler au ramassage des juifs.

Le quatrième à serrer la main que lui tendait Heydrich était un individu au visage caoutchouteux : Darquier de Pellepoix, nouveau commissaire général aux questions juives nommé par Laval. Né en 1898, il avait été élu, avant la guerre, conseiller municipal de Paris

---

* Après la guerre, Bousquet donna sa version de cet entretien, assurant qu'il réclama l'indépendance totale de la police française dans l'exécution de ses obligations à l'égard de l'Allemagne : « Ce jour-là, le général Heydrich me déclara qu'il avait été touché par mon patriotisme et mon courage. Même venant d'un ennemi, j'ai été sensible à cette déclaration. » JM Ob-Kn. 36/IX/Ab. Haute Cour de justice. Interrogatoire de Bousquet, 19 septembre 1948.

et avait fondé le Rassemblement antijuif de France. Sa corruption était si solidement établie qu'on l'appelait Topaze, du nom de ce trafiquant inventé par Marcel Pagnol. Mobilisé en 1939, fait prisonnier, suivant une note figurant à son dossier, il avait retrouvé la liberté parce qu'on était heureux de libérer « une vedette de l'antisémitisme [50] ». À peine revenu à Paris, il s'agita dans les officines où l'on hurlait à la mort contre les juifs et fit des offres de service à l'ambassade d'Allemagne. Quand il accéda au Commissariat général aux questions juives, il fit des déclarations et des promesses féroces. « En tant que responsable pour l'Europe de l'exécution des mesures anti-juives, Heydrich a souligné à Darquier de Pellepoix l'importance qu'il attachait au règlement de la question juive en France et a attiré son attention sur l'intérêt que Hitler lui-même y attachait [51]. »

À l'issue de ces entretiens, Heydrich fit aligner sur la contre-allée de l'avenue Foch, en face du n° 72, les officiers et les gradés de ses services parisiens et ceux qui avaient été convoqués de la province. Il les passa en revue d'un pas lent à broyer le gravier, les dévisageant de ce regard sans humanité qui réduisait ses gens « à une obéissance de cadavre ». Son séjour d'une semaine fut agrémenté par une série de réceptions officielles et de divertissements moins relevés. Il prit gîte dans le *Gästhaus* de Knochen, 5 bis square du bois de Boulogne, un bel hôtel particulier appartenant à un marchand de biens juif qui avait quitté Paris.

Quinze jours après son départ de France, Heydrich était abattu à Prague, le 27 mai, par des résistants tchèques. Bousquet fera son éloge au cours d'une réunion des polices française et allemande en présence d'Oberg, louant « sa magnifique intelligence et sa grande compréhension [52] ».

Dès son arrivée à Paris, Oberg s'employa à structurer son pouvoir conformément à sa mission. Un projet d'organisation fut tracé et transmis à Himmler qui l'accepta. Dès le 1er juin, « l'ordre de bataille » fut fixé, les bureaux organisés, lesquels, dans un premier temps, comportèrent onze commandos de la police secrète de la SS, un à Paris et dix dans les villes principales de la zone occupée. Un nombre identique de commandos de la police de maintien de l'ordre fut réparti suivant le même schéma. Oberg s'installa 57, boulevard Lannes à la suite du SS *Brigadeführer* Thomas, avec un effectif réduit d'une quinzaine de personnes parmi lesquelles son adjoint, Herbert Hagen, vingt-neuf ans, spécialiste de la question juive et qui, parlant couramment le français, servait d'interprète à Oberg [53].

Parallèlement, le général von Stulpnagel II spécifia dans un long texte qu'à compter du 1er juin sa compétence cesserait de s'exercer dans trois domaines : 1. Les tâches de police. 2. Les questions relatives « aux mesures d'expiation ». 3. Les questions ethniques et de rapatriement [54].

Oberg était personnellement et directement subordonné au commandant militaire uniquement du point de vue territorial. Représentant de Himmler en France, il exerçait aussi la fonction de commissaire du Reich pour la consolidation du germanisme [55]. Tout en disposant du pouvoir exécutif, il avait reçu la consigne impérative de ne pas empiéter le domaine politique réservé à l'ambassade.

Le plan de travail fut révisé afin que le RSHA contrôlât toutes les activités du pays, se juxtaposant aux services déjà omniprésents de l'ambassade d'Allemagne et du commandant militaire, si bien que la France, dans toutes ses parties, était triplement surveillée, sans parler de la Commission d'armistice de Wiesbaden où la partie allemande disposait aussi d'un pouvoir inquisitorial.

Les bureaux d'Oberg furent scindés en deux grandes directions. Le Commandant de la police de maintien de l'ordre eut à sa tête deux titulaire successifs. Le Commandant de la police de sécurité et des services de sûreté (en abrégé : BdS) dont Knochen assuma la fonction et qui, dans la réalité, disposait des pouvoirs essentiels de la domination allemande en France. L'effectif antérieur de 230 officiers et gradés qu'il commandait passa à environ 2 300, répartis en 23 groupes de 100 hommes destinés aux opérations répressives et incluant la Gestapo. Cette puissance était décentralisée par l'implantation de Kommandeurs SS dans les onze villes les plus importantes de la zone occupée, dont Paris, chaque Kommandeur démultipliant sa présence par des annexes réparties dans des agglomérations de son ressort de manière que pas un pouce du territoire n'échappât à la vigilance. Ce quadrillage grouillait d'informateurs. Dès 1941, anticipant cette organisation, un commando spécial ayant à sa tête le SS Geissler, s'était installé en zone non occupée, à Vichy, au cœur même de l'État vassal. L'essentiel du système de répression se concentrait dans le Bureau IV. C'était la Gestapo. Elle comprenait la section IV B4 chargée d'appliquer la Solution finale que dirigeait le SS *Hauptsturmführer* Dannecker Knochen résuma ainsi sa mission : « Le but général du travail de Dannecker était bien entendu d'arriver à l'élimination totale des Juifs du territoire français et à la confiscation de leurs biens [...]. En un mot, il fallait faire avaliser par le Gouvernement de Vichy la législation allemande antijuive et obtenir qu'elle l'applique elle-même [56]. » Knochen ajouta que Dannecker ne rencontra aucune difficulté du côté des autorités françaises.

Trois semaines après sa prise de fonction et une intense préparation, Oberg promulguait, sous la signature du commandant militaire en France, la huitième ordonnance allemande contre les juifs qui imposait en zone occupée le port de l'étoile jaune dite « insigne spécial des Juifs ».

Le lendemain, Oberg, en tant que Chef suprême de la SS et de la police, adressa l'ordonnance à Brinon afin de la faire appliquer par l'administration française. Elle exposait minutieusement les modalités de cette décision qui interdisait « aux personnes juives à partir de l'âge de six ans accomplis, de paraître en public sans porter l'étoile des Juifs ». La description de l'étoile et la manière dont elle devait être portée étaient stipulées. Suivait la nature des pénalités frappant les contrevenants et la date d'entrée en vigueur : 7 juin 1942[57]. Chaque juif recevrait trois étoiles contre un point de la carte de textile.

Quatre cent mille « étoiles pour Juifs » étaient mises à la disposition de la Délégation générale du gouvernement français par le SS *Standartenführer* Knochen, commandant de la police de sûreté et du service de sécurité.

Brinon communiqua l'ordonnance aux préfets et sous-préfets de la zone occupée, à l'exception de ceux du Nord et du Pas-de-Calais dépendant directement du commandant militaire allemand de la Belgique. Il adressa aussi ses instructions aux directeurs de la police judiciaire chargés de transmettre les ordres aux commissaires de police des quartiers de Paris et des circonscriptions de la banlieue habilités à distribuer les étoiles jaunes : « Je vous prie de bien vouloir prendre, dès réception des présentes instructions, toutes dispositions utiles pour assurer dans les conditions qui sont définies par l'autorité militaire allemande l'application des prescriptions qu'elle a dictées[58] », écrivait Brinon avant de s'étendre sur les modalités pratiques.

Déjà, un an plus tôt, Brinon, entamant le processus de la Solution finale, avait fait parvenir aux préfets les instructions du commandant militaire allemand relatif aux pouvoirs qu'il s'arrogeait dans l'aryanisation des entreprises juives permettant aux *Kommandanturs* régionales d'homologuer toutes les opérations de vente et de liquidation[59].

La presse de la zone occupée jubilait et en redemandait, comptant que cette marque d'infamie méritée fût la dernière mesure avant l'expulsion générale des juifs. Darquier de Pellepoix déclara qu'il voulait étendre l'effet de l'ordonnance à la zone non occupée. Jacques Copeau notait dans son *Journal* : « Ignoble campagne contre les Juifs. Ce crachat jaune et noir, tiré en plein cœur comme un coup de fusil[60]. »

Le maréchal Pétain observait un silence total. Laval, chef du gouvernement, ne songeait même pas à protester, c'eût été contre l'esprit de la Collaboration.

Dans un additif à l'ordonnance, Oberg spécifiait : « En outre, je me réserve, dans les cas particuliers, de faire des exceptions. » Le Maréchal estimait aussi que quelques exceptions devaient être consenties. Le 12 juin, cinq jours après l'entrée en vigueur de l'ordonnance, il adressait une lettre à Brinon où, tout en réclamant « des mesures individuelles exceptionnelles », il affirmait de nouveau la nécessité « de justes mesures prises contre les israélites*[61] ». Or les exceptions prévues par Oberg ne concernaient pas les juifs français, mais les ressortissants de certains pays étrangers résidant sur le territoire français. Brinon fit parvenir à Oberg la lettre du Maréchal et lui demanda audience.

Une réunion se tint à l'ambassade d'Allemagne le 17 juin concernant d'éventuelles dérogations au port de l'étoile jaune et la suite à donner à la lettre de Pétain. Étaient présents, Otto Abetz, le conseiller Rahn et Carl Theo Zeitschel, l'expert de l'ambassade pour les questions juives, et, du côté des SS : Oberg son adjoint Herbert Hagen et Knochen.

Abetz considéra que l'exemption devait bénéficier seulement à trois personnes : la femme du philosophe Bergson, la femme de l'homme de lettres Jouvenel s'il se révélait qu'elle était juive, et le mari de la femme de lettres Colette. « À la demande d'Oberg de savoir si l'exception devait être aussi appliquée à la femme de Brinon, l'ambassadeur répondit qu'il avait conseillé à plusieurs reprises à Brinon de divorcer étant donné que, pratiquement, il n'avait jamais été marié à sa femme juive. L'ambassadeur Abetz souligna qu'il ne proposerait pas d'autres exceptions dans le cas où de telles exceptions seraient faites[62]. » Quant à la requête du maréchal Pétain, il fut convenu que Brinon serait autorisé à proposer une dizaine de dérogations au port de l'étoile à condition que chaque demande soit contresignée par Laval.

Pétain en demandait bien moins. Oberg déclarera : « Peu de jours après la promulgation de l'ordonnance sur le port obligatoire de l'étoile juive, j'ai reçu la visite de l'ambassadeur de Brinon qui m'a remis une lettre du maréchal Pétain me demandant l'exemption du port de l'étoile juive pour trois dames de ses connaissances. L'ambassadeur a également exprimé à mon adjoint [quand celui-ci le raccompagna à la porte] son désir de voir son épouse, avec laquelle il

---

* Voir en annexe le fac-similé de la lettre du maréchal Pétain.

ne vivait pas, être exemptée de cette mesure. Comme je ne pouvais pas prendre de décision, j'ai soumis ce cas par télégramme au *Reichsführer* SS qui m'a répondu qu'il fallait accorder cette autorisation "dans l'intérêt du Reich[63]". »

Pendant qu'on discutait son cas, Mme de Brinon ne porta pas l'étoile. Elle s'était rendue à Biarritz dans l'un des meilleurs hôtels, le Carlton. La vie mondaine, réduite par l'Occupation, rapprochait les gens et les rendait complices des fêtes du passé que l'on évoquait avec nostalgie. Comme toujours, elle fréquentait les boutiques des grands couturiers parisiens encore ouvertes dans la station balnéaire et priait son mari de régler ses dépenses et de les imputer à son compte[64]. Elle se faisait remarquer. Un bureau allemand de Biarritz adressa un message à la police de sûreté à Paris :

« Objet : Étoile juive.

» On se demande pourquoi les riches Juifs ne portent pas l'étoile [...]. Mme de Brinon, l'épouse de l'ambassadeur de Brinon, qui est soi-disant juive, est devenue Aryenne *honoris causa*. On ne devrait pas permettre ces exceptions bien que les Juifs soient si riches, autrement les Français penseront que les Allemands se vendent aux riches Juifs[65]. »

Trois jours après cette lettre, le commandant de la police de sécurité et du service de sûreté [Knochen] dispensait provisoirement Mme de Brinon du port de l'étoile :

« Paris 13 juillet 1942

CERTIFICAT

» Il est certifié par la présente que Mme de Brinon, née Franck Jeanne Louise, demeurant actuellement au château de La Chassagne près Felletin (Creuse), est dispensée dès maintenant jusqu'au 31 août 1942 inclus des ordonnances prises par le huitième décret concernant les mesures antijuives du 29 mai 1942 sur le port de l'étoile juive, jusqu'à éclaircissement définitif de son origine[66]. »

On a vu qu'Oberg avait reçu l'instruction d'accorder une dispense définitive à Mme de Brinon. Les trois dames dont Pétain avait donné les noms furent également exemptées.

CHAPITRE 29

Mesures d'expiation

Dans les jours qui suivirent, d'autres mesures étaient en voie d'accomplissement. Brinon savait qu'il aurait à les orchestrer et que désormais le processus de la Solution finale s'intensifiait et allait frapper inexorablement toutes les victimes désignées.

Le 3 juillet 1942, quatre semaines après l'ordonnance relative à l'étoile jaune, l'autorité allemande enjoignait à l'administration de la poste de retirer les appareils de téléphone chez les juifs, déjà privés de leur radio. La semaine suivante, à l'instigation d'Oberg, et sous la signature du commandant militaire, une neuvième ordonnance interdisait aux juifs la fréquentation de tous les lieux publics y compris les toilettes[1].

Antérieurement, il avait été prescrit aux juifs se déplaçant par le métro d'emprunter le dernier wagon de la rame et de procéder à leurs achats dans les magasins à une heure fixée le matin et l'après-midi. Un couvre-feu leur était imposé de huit heures du soir à six heures du matin. Au dire des Allemands, il s'agissait de mesures d'expiation (*Sühnemassnahmen*).

Comme de coutume, Brinon transmettait les ordonnances allemandes aux administrations françaises qui, parfois, étaient saisies directement. Pas plus que les précédentes, ces mesures ne suscitèrent de protestations de la part du gouvernement de Vichy qui collaborait à leur application et qui était d'ailleurs engagé dans la *Grossaktion* que les Allemands préparaient contre les juifs étrangers.

Conformément aux impératifs édictés par Heydrich, René Bousquet avait fait accepter par le maréchal Pétain et Laval que la police française procédât en une seule rafle, pour le compte des Allemands, à l'arrestation globale de vingt mille juifs étrangers en zone occupée, les Français étant épargnés provisoirement. Bousquet avait même suggéré à Heydrich que les dix-huit mille juifs étrangers, internés dans des camps de la zone non occupée, suivent le même chemin. La question avait été laissée en suspens dans l'attente de wagons disponibles[2].

Les discussions qui suivirent entre Oberg et Bousquet avaient trait au consentement donné par Heydrich à ce que la police française opérât en toute indépendance, hors du commandement allemand, à condition qu'elle satisfasse aux exigences du Reich. Solution avantageuse puisque les Allemands, insuffisants en nombre, ne pouvaient par eux-mêmes procéder à des arrestations massives.

Le 16 juin, Bousquet accepta de livrer aux Allemands dix mille juifs étrangers de la zone non occupée en plus des vingt mille de la zone occupée. Laval donna son agrément et obtint celui du maréchal Pétain.

Abetz souscrivit aux dispositions prises en recourant à son habituel pédantisme qui soumettait les crimes du Reich à de pesantes digressions psychologiques. Mieux vaut d'abord arrêter les juifs étrangers, écrivit-il en substance, cela choquera moins le peuple français et l'habituera à l'idée que la déportation de tous les juifs est nécessaire quand viendra le tour des juifs français[3].

La conférence qui se tint le 11 juillet au Commissariat général aux questions juives rassembla autour de Dannecker et de ses collaborateurs des Français dont la mission était nettement définie : des représentants de la préfecture de la Seine, de la préfecture de police, de la SNCF, et le directeur du Vélodrome d'Hiver qui fut informé de la réquisition imminente de son établissement[4].

D'autres conférences réunirent les Allemands et de hauts responsables de la police française, pleins de zèle, qui entrèrent pointilleusement dans les détails de l'opération. Parmi eux, le sous-directeur André Tulard, créateur du fichier des juifs de la préfecture de police qui, pour montrer l'excellence de son œuvre, affirmait à Dannecker qu'il pourrait rafler plus de juifs qu'il ne le pensait[5].

La préfecture de la Seine prépara la réquisition du Vélodrome d'Hiver situé dans le populeux 15e arrondissement et constitua un dossier collectant des actes notariés, des baux, des évaluations foncières, des renseignements de toutes sortes, montrant qu'elle entendait fixer dans les règles le prix de la location. La réquisition était faite « pour les besoins de la nation », et les indemnités seraient versées à la Société du Vélodrome d'Hiver à dater du jour de l'occupation[6].

Le 16 juillet, à quatre heures du matin commence la rafle monstre qui durera environ trente-six heures. D'après les comptes officiels fournis par la préfecture de police, les arrestations totalisèrent 13 652 personnes dont 3 118 hommes, 5 919 femmes, 4 115 enfants. 1 989 hommes et 3 003 femmes furent sélectionnés et conduits au camp de Drancy en vue d'une déportation sans délai. Séparation des mères et des enfants. 1 129 hommes, 2 916 femmes et 4 115 enfants furent acheminés au Vélodrome d'Hiver dans des autobus conduits par les chauffeurs habituels. Un représentant de la préfecture de la Seine fit signer aux concierges du Vélodrome, M. et Mme Neveu, l'acte de réquisition attestant que l'occupation des locaux avait eu lieu le 16 juillet[7].

Dans un abandon total et des conditions d'hygiène épouvantables, les 8 160 victimes croupirent sur les gradins et sur le noyau central du stade. Rien n'avait été préparé ni prévu. Elles y resteront six jours avant d'être évacuées vers des camps de « transit » puis déportées[8].

Au cours de la même période, les juifs étrangers internés en zone non occupée furent livrés par milliers aux Allemands.

Plus d'un an après, en novembre 1943, M. Frémon, le président du conseil d'administration du Vélodrome d'Hiver, adressa la facture de la location au service des réquisitions de la préfecture de la Seine. Un bref commentaire précédait les chiffres : « Au moment de la levée de réquisition, les locaux se trouvaient dans un état de saleté indescriptible et la préfecture a procédé à leur désinfection. Après quoi, le Vélodrome d'Hiver a procédé au nettoyage et aux réparations urgentes[9]. » Incluant dans le prix de la location, outre le loyer, les charges locatives et le remboursement des dégâts évalués à 63 980 francs, le montant de la facture s'élevait au total à 151 792, 50 francs[10].

Le service technique de la voirie de la préfecture de la Seine remarqua que « le prestataire ne demande pas de "bénéfice modeste" auquel, cependant, il paraît avoir droit puisqu'il exerce une profession commerciale[11] ». Ce « bénéfice modeste », la préfecture était disposée à l'accorder. En conclusion, il fut décidé d'allouer une indemnité. Quant aux dommages occasionnés par les victimes et dont la direction du Vélodrome d'Hiver réclamait le remboursement, il fut décidé de constituer un dossier « dommages de guerre[12] ».

Brinon connut par le détail la rafle et ce qui s'était passé au Vélodrome d'Hiver, à Drancy et dans les deux camps du Loiret. De tout, il n'ignora rien.

Comment réagirent à Vichy les principaux responsables ? Nous le savons grâce au pasteur Marc Boegner, président de la Fédération protestante de France, témoin irrécusable qui consignait sur le vif ses entretiens à Vichy où il se rendait régulièrement. Devant le déchaînement de haine et de crimes, il sollicita une audience auprès du maréchal Pétain qui, en réponse aux questions angoissées du pasteur, exerça sur lui l'art de l'esquive [13]. Le 20 août, après les grandes rafles, le pasteur Boegner, par une lettre adressée au maréchal Pétain, s'élevait avec force contre les livraisons des juifs étrangers aux Allemands, insistant sur les conditions abominables et cruelles. Le Maréchal ne répondit pas [14].

Début septembre, le pasteur Boegner fut reçu par Laval. Le chef du gouvernement n'eut pas de mots assez méprisants pour qualifier les juifs étrangers : « déchets, débris », dont il avait hâte d'être débarrassé. Le pasteur nota : « Laval a dit deux choses : "Je ne puis faire autrement et je fais de la prophylaxie." Il ne veut plus qu'un seul juif étranger reste en France [...]. Question précise : "1. Ferez-vous la chasse à l'homme ? – On les cherchera partout où ils sont cachés. 2. – Consentirez-vous à ce que nous sauvions les enfants ? – Les enfants doivent rester avec leurs parents. – Mais vous savez bien qu'ils seront séparés d'eux ! – Non. – Je vous dis que si. – Que voulez-vous faire des enfants ? – Des familles françaises les adopteront. – Je ne veux pas. Pas un ne doit rester en France [15]." » L'entretien se poursuivit sur ce ton, et le pasteur repartit convaincu que, du côté de Laval, il n'y avait rien à espérer.

Le comportement de Laval frappa Walter Stucki, le ministre de Suisse à Vichy, pourtant compréhensif à l'égard de l'État français : « Mentionnant les mesures sévères prises par la France à l'égard des juifs, Laval affirmait au ministre de Suisse qu'il y était contraint par les Allemands. Dans les milieux bien informés, on mettait en doute cette assertion : on pensait que Laval s'était laissé amener à éprouver une haine fanatique envers les juifs et prenait toutes les mesures de son propre chef [...]. Le pasteur Boegner, que Stucki rencontra immédiatement après son entrevue avec Laval, ne dissimula pas l'indignation que lui causait le comportement du chef du gouvernement [16]. »

Deux jours après son entretien avec Laval, le pasteur Boegner fut reçu par René Bousquet, le secrétaire général à la police. Bousquet assura que pour parer à la menace immédiate de la déportation des juifs français, il avait secondé Laval en proposant aux Allemands de leur livrer les juifs étrangers : « Faisant cette offre, Laval voyait le moyen d'écarter la menace toute proche et du même coup de nettoyer la France d'une présence insupportable de juifs étrangers toujours prêts à participer aux troubles intérieurs, peut-être même à les exciter », rapporte le pasteur. Quand Boegner parle des abominables méthodes d'exécution, Bousquet, tout en le niant, admet : « Évidemment, une opération de ce genre ne peut se faire avec douceur surtout lorsqu'il faut faire vite. » Et il annonce que partout où des juifs étrangers se cachent, il les débusquera et les livrera aux Allemands[17].

Après la guerre, au cours de son procès, Bousquet déclarera à des juges complaisants : « Je ne pense pas qu'il puisse être contesté que sur ce problème [la question juive], comme sur tous les autres, j'ai pris à la fois une position d'indépendance à l'égard du gouvernement et de résistance à l'égard des exigences allemandes [...]. Quelle fut mon attitude à l'égard des Allemands ? Je l'ai déjà dit et je crois qu'elle ressort clairement du dossier. J'ai été le défenseur constant d'une politique à l'égard de l'ensemble des israélites. C'est à moi que le gouvernement s'est adressé sans cesse lorsqu'il s'est agi de donner à cette protection une forme précise et courageuse[18]. »

Bousquet se distinguait aussi dans des activités lucratives qui nous instruisent sur sa personne. Significative est l'affaire des tapisseries des Gobelins appartenant à la marquise de Sèze. Ces tapisseries flamandes du XVIe siècle représentant deux grandes scènes de chasse étaient suspendues dans le château de Bord, en Haute-Vienne, propriété de cette famille. Au début de 1942, deux hommes se présentent au château et, suivant les dires de Mme de Sèze sollicitèrent l'autorisation de photographier les tapisseries et de les reproduire dans un livre d'art. Au cours de l'entretien, l'un des deux, nommé Bourdariat, expert en art, offre vingt millions de francs sans cacher qu'il agissait pour le compte du maréchal Goering. Étonnée par la valeur de ses tapisseries, Mme de Sèze mit les visiteurs en présence de son mari. Les époux de Sèze vivaient sous le régime de la séparation de biens. Les tapisseries appartenaient à Mme de Sèze. Les acheteurs potentiels font comprendre à M. de Sèze que s'il favorisait cette vente, en sus des vingt millions, on lui verserait à lui une certaine somme à Paris. Or Mme de Sèze avait légué par testament ses tapisseries aux musées nationaux. Afin de contourner l'objection de Mme de Sèze l'adjoint du général Hanesse, représentant la Luftwaffe à Paris, reçut l'ordre de se mettre en rapport avec le président Laval, tout acquis aux intérêts de Goering, qui prit en main les négociations. Bousquet entre en scène et dit à l'Allemand qu'il peut prendre livraison des tapisseries le 24 juin à Limoges, et les payer en présence du préfet de la Haute-Vienne. M. de Sèze en est informé. Désireux de convaincre son épouse de céder les Gobelins, il exprime le désir de recevoir une lettre signée du maréchal Pétain tenu au courant du marché, autorisant Mme de Sèze à procéder à cette vente. La veille de l'opération, Bousquet la décommande et va à Paris pour y rencontrer l'interlocuteur allemand. Il se fait accompagner par un ami de Laval, Hubert Outhenin-Chalandre, un industriel de l'aviation, intégré au milieu collaborationniste, habitué des déjeuners de la Table Ronde, chargé par Laval du rapprochement des parties.

Bousquet pria M. de Sèze de se rendre à Vichy où il recevrait la lettre du maréchal Pétain. Mme de Sèze, qui accompagnait son mari, déclara immédiatement à Bousquet qu'elle n'avait jamais eu l'intention de vendre ses tapisseries. Une fois pour toutes, elle ne veut plus qu'on lui parle de cette affaire qui lui vaut de recevoir des lettres anonymes, et, pour y mettre un terme, elle fait don sur-le-champ à l'État français des deux tapisseries des Gobelins, sans contrepartie. Elle en informera le Maréchal dès qu'il la recevra. Cette conversation avec Bousquet eut lieu en la présence de Bourdariat, le premier intermédiaire, et de M. Violet représentant de la Reichsbank qui était prêt à verser séance tenante les vingt millions. Laval annonça au représentant du maréchal Goering son intention d'intervenir à nouveau en refusant la donation, ce qui amènera Mme de Sèze, après un délai de réflexion, à vendre les Gobelins. L'adjoint du général Hanesse, qui rend compte des tractations, écrit : « Confidentiellement, j'ajoute que les recherches et les interventions effectuées par M. Bousquet sur le meilleur moyen de procéder à cet achat et de nous faire livrer les tapisseries des Gobelins a fait passer la somme à quarante millions, ce qui a provoqué parmi certains messieurs du gouvernement, surtout chez le maréchal Pétain et M. Laval un certain malaise. Ces messieurs savaient qu'en dehors des vingt millions, une grande partie de la somme restante devait servir de commission, une affaire de commission que ces messieurs si haut placés ne voulaient pas couvrir de leurs noms. Il serait préférable à l'avenir de reprendre cette affaire sur une autre base [19]. »

Le SS *Sturmbannführer* Dannecker se rendait fréquemment, une cravache à la main, au camp de Drancy, dernière station avant la déportation, et s'abandonnait à ses colères dévastatrices. Ce qui se passait à Drancy n'avait rien de secret. Ceux qui militaient dans les officines antisémites s'en réjouissaient et communiaient dans un délire meurtrier. Parmi ceux-là, Louis-Ferdinand Céline. Les outrages que subissaient les internés de Drancy attisaient sa verve et sa curiosité. La part contributive qu'il entendait apporter au destin des juifs le conduisit à demander à Brinon qu'il l'introduise auprès de Boemelburg, chef de la Gestapo et supérieur hiérarchique de Dannecker, afin de lui exposer son point de vue sur la manière dont il fallait traiter les juifs et s'en débarrasser. Brinon le reçut le 22 août 1942, l'écouta et adressa aussitôt après la lettre suivante à Boemelburg :

« Cher Monsieur le Directeur,

» Je recommande tout particulièrement à votre bon accueil mon ami CÉLINE que vous connaissez sûrement de réputation. Il a été, en France, bien avant la guerre, un ardent antisémite et, par ses livres, le plus utile défenseur du rapprochement entre la France et l'Allemagne nationale-socialiste.

» Je vous remercie d'avance et vous prie de croire, Cher Monsieur le Directeur, à mes sentiments très distingués.

» À Monsieur le Directeur Boemelburg

» 11, rue des Saussaies

» Paris [20]. »

Le 19 août 1942, des détachements anglo-canadiens débarquèrent à Dieppe en vue de procéder à la destruction d'objectifs militaires. L'opération se solda du côté canadien par un désastre, près de mille morts, six cents blessés et treize cents prisonniers. Deux jours après, Brinon apporta à Vichy des renseignements qui firent apparaître l'importance de l'entreprise [21]. Au nom du maréchal Pétain et du président Laval, Brinon fut chargé de transmettre au haut commandement allemand « leurs félicitations pour le succès remporté par les troupes allemandes qui par leur défense ont permis le nettoyage rapide du sol français [22] ». Le maréchal von Rundstedt : commandant en chef à l'Ouest, remercia et ajouta : « L'attitude de la population française en cette circonstance mérite une mention spéciale [23]. »

Quarante-huit heures plus tard, Brinon fit parvenir au Führer une lettre signée par le maréchal Pétain, mais que Benoist-Méchin avait pris l'initiative de rédiger : « Monsieur le Chancelier. Après un entretien avec le président Laval et comme suite à la dernière agression britannique qui s'est déroulée, cette fois-ci, sur notre sol, je vous propose d'envisager une participation de la France à la défense de son propre territoire. Si vous étiez d'accord, en principe, avec cette proposition, je serais volontiers disposé à en examiner les modalités d'exécution. Je vous prie de considérer cette initiative, monsieur le Chancelier, comme traduisant ma volonté sincère de faire prendre à la France une part active à la défense de l'Europe. Veuillez agréer, etc. [24]. »

Le Führer ne répondit pas mais donna des instructions. Le général von Stulpnagel II publia un communiqué félicitant la population de Seine-Maritime de « son calme remarquable » et mettait à la disposition des habitants lésés la somme de dix millions de francs [25]. Le lendemain, Brinon fit remettre au général ce message : « J'ai porté cette décision à la connaissance du Maréchal de France, chef de l'État, et du chef du gouvernement, et je suis chargé de vous transmettre leurs vifs remerciements pour ce geste de compréhension et de généreuse assistance [26]. »

Brinon annonça aux représentants de la presse parisienne les vifs remerciements du gouvernement français au Führer qui avait donné l'ordre de libérer des prisonniers de guerre dieppois et des communes avoisinantes. Il rappela que dans son fameux article de 1933 rapportant la première interview du Führer, il avait déclaré la confiance que lui inspirait « le chancelier du national-socialisme [27] ».

Peu avant l'affaire de Dieppe, le maréchal Pétain avait éprouvé des envies guerrières quand son attention s'était portée sur le mur de l'Atlantique que les Allemands édifiaient le long de la côte française. Il envisageait que la France s'y taillât un « créneau » à côté de la Wehrmacht. Brinon, présent, constata que le général Bridoux secrétaire d'État à la Guerre, était réticent, faute de troupes françaises motorisées. Le Maréchal était tenace et Bridoux s'en aperçut au cours d'un déplacement à Toulouse : « Très belle réception avec beaucoup d'enthousiasme, note-t-il. Un petit incident. Le Maréchal a réuni un nombre important d'officiers de la division ; il leur a parlé de la situation générale et des menaces de débarquement et il a fait allusion à un projet qui, jusqu'alors, n'avait pas dépassé les couloirs de l'hôtel du Parc, celui d'ouvrir un créneau français sur la côte de l'Atlantique. Il y eut une certaine émotion dans l'auditoire et j'ai dû mettre les choses au point après le départ du chef de l'État [28]. »

Dans le maelström des intrigues vichyssoises, Brinon observait avec un intérêt personnel que Pierre Laval, toujours soupçonneux et craignant d'être chassé une fois encore, crut déceler un complot ou une opposition dangereuse dont l'âme était Benoist-Méchin. Il en informa même Abetz qui signala que Laval, « qui est inquiet et aigri depuis des semaines par les bruits, répandus aussi par les milieux allemands, d'une prise incessante du pouvoir par Doriot et ayant les nerfs très ébranlés, en profita avec l'accord de Pétain pour se débarrasser de Benoist-Méchin [29] ». Le 26 septembre, celui-ci, ulcéré, quitta le gouvernement. Aussitôt, Laval prévenait Brinon d'ajouter à ses prérogatives celles que détenait Benoist-Méchin.

Brinon constatait que jamais Laval n'avait été aussi apprécié des Allemands. La grande rafle du Vélodrome d'Hiver, les convois de juifs étrangers quittant les camps de la zone non occupée à destination de Drancy grâce à l'efficacité des services français allaient être suivis d'arrestations de résistants, exécutées par des fonctionnaires français. Au début de novembre 1942, Brinon transmettait à Laval « les félicitations particulières [du général von Stulpnagel II] pour le résultat des opérations de police qui ont amené la découverte et l'arrestation des principaux chefs des organisations terroristes et des auteurs d'attentats commis dans la région parisienne dans la proportion de 90 %[30] ». Laval témoigna immédiatement sa gratitude à Stulpnagel II[31].

Peu de temps après, au début de décembre, Brinon fut mandé à l'ambassade d'Allemagne. « Conformément à une suggestion faite depuis longtemps par l'ambassade, rapporte Schleier, il avait été décidé de prélever sur le milliard de francs de l'amende imposée aux juifs, la somme de cinquante millions et de l'affecter au fonds de secours social des familles d'hommes et de femmes partis travailler en Allemagne. » Schleier en fit communication à Brinon : « L'ambassadeur de Brinon exprima au nom de son gouvernement les remerciements les plus cordiaux aux Services allemands pour ce don qui est une contribution substantielle en vue de favoriser l'engagement des travailleurs et de créer une atmosphère favorable[32]. »

CHAPITRE 30

Les deux bouts de la corde

Brinon entendait les responsables allemands repousser la victoire à une date indéterminée. Il se rappelait qu'à Steinort, au cours de son voyage à l'Est, Ribbentrop lui avait dit que l'Allemagne était prête à une guerre de trente ans. Il constatait que maintenant les Alliés parlaient en maîtres. Au mois d'août 1941, quoique les États-Unis fussent encore non belligérants, le Premier ministre Winston Churchill et le président Roosevelt avaient annoncé par une déclaration commune – la Charte de l'Atlantique – les principes démocratiques de coexistence et de sécurité collective qui animeraient le monde redevenu libre « après la destruction de la tyrannie nazie », et qui proclamait l'inéluctabilité de la défaite du camp hitlérien. Mais Brinon avait une foi absolue dans le génie du Führer qui finirait par avoir raison de ses ennemis.

La politique du gouvernement de Vichy se réglait ouvertement sur la formule énoncée par Laval à la radio dès le 22 juin 1942 : « Je souhaite la victoire de l'Allemagne car sans elle le bolchevisme, demain, s'installerait partout. » Brinon avait associé le maréchal Pétain à ces paroles en déclarant à la presse de la zone occupée : « J'approche souvent le chef de l'État. Je ne suis pas reçu une seule fois sans qu'il ne me dise : "Le dur et magnifique combat contre le bolchevisme est un combat nécessaire, et de tout mon cœur je souhaite le succès de l'Allemagne." Voilà ce qu'il faut répéter aux Français [...]. La France à son rang, à sa place, doit aider la victoire de l'Allemagne [1]. »

Au cours de la même allocution radiodiffusée, Laval avait annoncé la relève : en échange de trois ouvriers spécialisés allant travailler en Allemagne, un prisonnier de guerre serait rapatrié. Quarante-six mille ouvriers volontaires partirent pour l'Allemagne au titre de la relève alors que les Allemands en exigeaient trois cent cinquante mille. Devant ce déficit, une loi fut promulguée « relative à l'utilisation et à l'orientation de la main-d'œuvre » qui assujettissait tous les hommes de seize à cinquante ans et toutes les femmes célibataires de vingt et un à trente-cinq ans « à effectuer tous travaux que le gouvernement jugera utiles dans l'intérêt supérieur de la nation », mobilisant cette main-d'œuvre au service de l'effort de guerre allemand[2].

Le 8 novembre 1942, le débarquement anglo-américain, *Opération Torch*, débuta au cœur de la nuit en Algérie et au Maroc. L'amiral Darlan qui, par un concours de circonstances, se trouvait à Alger, proclama sa fidélité au maréchal Pétain et organisa son pouvoir avec sang-froid et méthode.

La nouvelle frappa Laval, arraché à son sommeil à Châteldon. Il téléphona aussitôt à Brinon, à Paris, et celui-ci se mit en rapport avec Abetz. Dans la matinée, une brève communication du Führer parvenait à l'ambassade d'Allemagne apportant la solution : « Je suis prêt à me ranger au côté de la France à la vie à la mort, si elle déclare la guerre à l'Angleterre et à l'Amérique. » L'expression « à la vie à la mort » était la traduction bâtarde de l'expression allemande : « *durch Dick und Dünn* », littéralement : « À travers le clair et l'épais. » Brinon comprit sans peine le message et allait s'en faire le propagateur actif, d'autant que, peu après, Abetz lui annonçait que le Führer invitait Laval à s'entretenir avec lui dès le lendemain à Munich.

Le général Bridoux, secrétaire d'État à la Guerre, consigna à chaud les événements. À l'hôtel du Parc, il apprit que le Maréchal, qui avait décidé de résister par les armes avait fait connaître sa décision au président Roosevelt en réponse à la déclaration par laquelle celui-ci expliquait que l'opération de débarquement en Afrique du Nord préludait à la libération de l'Europe et de la France. Bridoux poursuivit : « L'amiral Darlan, qui est à Alger depuis quelques jours, a rendu compte que M. Murphy, représentant des États-Unis en Afrique du Nord, lui a remis un ultimatum déclarant que toute résistance serait vaine, l'opération contre l'Algérie et le Maroc étant menée par cent quarante mille hommes [...]. Le conseil se réunit à onze heures et approuve sans réserve la décision du Maréchal de résister par les armes. Il prend connaissance de la situation, puis d'une communication du gouvernement allemand proposant à la France une aide militaire pour défendre l'Afrique du Nord, enfin un télégramme de l'amiral Darlan demandant que des avions allemands soient envoyés à Alger pour attaquer les navires assaillants. On saisit tout de suite la pensée de Laval : il ne souhaite pas une collaboration militaire ; il dit en effet que l'appel aux forces du Reich aurait l'inconvénient "d'attirer la foudre" [...]. Ce qu'il veut, c'est gagner du temps et porter l'affaire sur le plan politique. Approuvé par le conseil, il téléphone dans ce sens à M. de Brinon. Un deuxième conseil a lieu à 18 h 15. Il s'agit d'abord de définir la situation diplomatique entre les États-Unis et la France. Berlin s'étonne que le gouvernement français n'ait pas encore rompu les relations avec celui de M. Roosevelt. Le Président [Laval] répugne à prendre l'initiative d'une rupture et il désire se borner à constater que par les agressions contre la France, ce sont les États-Unis qui ont rompu les relations. Cela est précisé dans un communiqué ainsi rédigé : "Le Conseil des ministres constate que les États-Unis, en portant la guerre sur les territoires de l'Afrique du Nord, ont, de ce fait, rompu les relations diplomatiques." Le Président fait ensuite connaître qu'il vient de recevoir un télégramme d'Abetz demandant pour la Luftwaffe l'autorisation de survoler la zone libre et la mise à disposition de terrains dans cette zone. Laval va moins vite et précise qu'il attend l'avis des chefs militaires d'Afrique du Nord. Il continue ainsi à suivre son idée de gagner du temps[3]. »

Quant au maréchal Pétain, refusant tout compromis avec les États-Unis, il décide théâtralement de prendre le commandement en chef des armées rendu vacant par l'absence de Darlan.

Le lendemain, 9 novembre, le général Bridoux écrivait : « Laval est parti ce matin pour Munich. Les ministres sont présents à Vichy, mais on peut dire qu'il n'y a plus d'action gouvernementale[4]. »

Cette volatilisation du gouvernement, Brinon en était averti à Paris où il se concertait interminablement avec Abetz qui répétait que la France devait déclarer la guerre à la Grande-Bretagne et aux États-Unis et l'avisait que le commandant militaire allemand se préparait à une occupation totale de la France.

Quand Laval arriva à Munich, Hitler avait déjà pris ses dispositions. Outre l'occupation totale de la France, il avait décidé un débarquement en Corse et l'établissement d'une solide tête de pont en Tunisie que les Américains avaient commis l'erreur de ne pas investir. Le lendemain, Hitler donna audience à Laval au *Führersbau* où s'était tenue la conférence de Munich avant la guerre. Dans la salle se trouvaient Ribbentrop, Ciano, ministre des Affaires étrangères d'Italie, et d'autres encore en uniforme. « L'entretien avec Laval est superflu, constate Ciano, car on ne lui dira rien, ou presque rien, de ce qui a été décidé [...]. Hitler le traite avec une politesse glaciale. L'entretien est bref. Le Führer parle le premier et demande en peu de mots si la France est à même de nous garantir des points de débarquement en Tunisie. Laval, en bon Français, s'efforce de gagner du temps [...]. Laval ne peut prendre sur lui la responsabilité de céder Tunis et Bizerte à l'Axe ; aussi nous conseille-t-il lui-même de le placer devant le fait accompli, c'est-à-dire d'envoyer une note à Vichy pour lui communiquer les intentions de l'Axe. Le malheureux est loin d'imaginer devant quel fait accompli les Allemands allaient le placer[5]. »

Au cours de cette même journée, on apprenait que l'amiral Darlan avait signé à Alger avec les Américains un armistice s'étendant à toute l'Afrique du Nord.

Le jour suivant, 11 novembre, la réunion reprit : « Pas un mot ne fut dit à Laval de l'action imminente, et les ordres d'occuper la France furent donnés tandis qu'il fumait des cigarettes dans une pièce voisine et causait à droite et à gauche[6]. »

Le lendemain, avant de repartir par avion directement pour Vichy, Laval fut informé par Ribbentrop de l'occupation totale de la France. Pendant la nuit, des unités de la Wehrmacht avaient franchi la ligne de démarcation, en marche vers la Méditerranée, pendant que des régiments italiens se dirigeaient vers les Alpes et la Riviera française.

En France, à peine informés, les responsables de la défense nationale et Bousquet se réunirent au petit jour pour ordonner aux organismes militaires et à la police de n'opposer aucune résistance au passage des troupes allemandes[7]. Au cours de la matinée, le maréchal von Rundstedt, commandant les forces à l'Ouest, arrivé à Vichy, notifia solennellement l'occupation de la zone dite libre au maréchal Pétain qui lui serra la main.

Dans la ville thermale, la crainte que des détachements français ne se livrent à un baroud d'honneur porta le général Bridoux à réitérer l'ordre, par tous les canaux disponibles, de ne pas riposter à l'avance allemande sous peine de rompre l'armistice et de mettre en péril la population civile. De son côté, le maréchal Pétain se borna à rédiger une protestation remise au représentant du Reich à Vichy et encore, Brinon nota que la protestation du maréchal Pétain, brève et résignée, devait être attribuée à l'influence du général Weygand présent à l'hôtel du Parc[8].

Hitler avait accompagné la violation de la zone non occupée d'une lettre-fleuve adressée au maréchal Pétain. Invoquant les nécessités d'une guerre qu'il n'avait pas voulue, il lui tendait un hochet en l'autorisant à résider à Paris avec le gouvernement, s'il le souhaitait.

Les Allemands, qui réclamaient l'arrestation du général Weygand, parurent y renoncer quand il engagea sa parole de rester à l'écart des événements d'Afrique du Nord. Il fut décidé qu'il se rendrait d'abord à Guéret où il demeurerait à la préfecture jusqu'à ce qu'on lui procurât une habitation dans la Creuse, loin de toute agitation. Le 12 novembre, le général montait dans sa voiture, suivi par deux véhicules de policiers français, eux-même pistés par des agents de la Gestapo sous le commandement du SS *Hauptsturmführer* Geissler qui disposait spécialement d'une voiture plus puissante que celle du vieux général. Geissler, qui le surveillait depuis longtemps, avait méthodiquement enregistré ses habitudes de voyage, dénombrant même la fréquence et les causes des arrêts qu'il effectuait en cours de route. L'automobile, de Geissler, le dépassa, se mit en travers de la chaussée. Weygand fut directement déporté en Allemagne sans même passer par Paris.

Bousquet découvrit la disparition de Weygand qu'il était chargé de protéger et alerta Brinon devenu l'unique recours auquel étaient suspendus les dirigeants de Vichy. Suivant son habitude, Brinon accompagna les informations qu'il réunit de recommandations politiques. Dans un message, il adjura Laval que l'ordre de ne pas résister à l'occupation de la zone libre fût respecté et qu'en Afrique du Nord, malgré la trahison de Darlan, l'armée française se dressât contre l'envahisseur anglo-saxon : « Comme je vous l'ai dit, il y aurait intérêt à répéter fréquemment à la radio le passage de la délibération du Conseil des ministres condamnant le général Giraud et invitant à ne pas suivre les ordres qu'il pourrait donner et à exécuter uniquement ceux qui sont donnés par le Maréchal *[9]. » Une telle ligne de conduite pourrait aider à résoudre le cas du général Weygand « qui préoccupe si justement le Maréchal [10] ».

Brinon ne cesse de s'entretenir avec Abetz sur la situation nouvelle qui prévaut à Vichy. Abetz en réfère à Ribbentrop en lui transmettant la lettre de protestation de Pétain qui se porte garant de la loyauté du général Weygand et réclame sa libération : « L'émotion à Vichy

---

* Le général Giraud s'était taillé une renommée par son évasion spectaculaire, en avril 1942, de la forteresse de Königstein, en Saxe, où il était retenu en captivité avec d'autres généraux français. Sommé de retourner en Allemagne, le général Giraud avait pu jouir de la tranquillité en France grâce à une lettre d'allégeance au maréchal Pétain exprimant « ses sentiments de parfait loyalisme » et s'engageant à ne pas gêner sa politique qu'il approuvait. Mais, pensant à reprendre le combat, le général Giraud qui revendiquait le commandement de toute opération des Alliés affectant le sol de France, réussira, au moment du débarquement en Afrique du Nord, à quitter la France clandestinement à bord d'un sous-marin britannique et rejoindra Alger vingt-quatre heures après le début des opérations.

au sujet de l'arrestation du général Weygand persiste. Pétain est poussé par certains éléments de son entourage à donner sa démission. Il m'apparaît nécessaire de le soustraire aujourd'hui et demain à l'atmosphère de Vichy et de l'occuper par ailleurs. En conséquence, je prie de me faire connaître si je peux inviter le maréchal Pétain sous le prétexte d'une entrevue avec une haute personnalité allemande. Je propose, le cas échéant, que l'invitation soit faite au nom du maréchal von Rundstedt qui dispose de sujets de conversation avec le maréchal Pétain dans différentes questions techniques relatives à la zone nouvellement occupée [11]. »

Le lendemain, Brinon transmet la réponse de Ribbentrop accusant Weygand d'être un conspirateur, un homme sans parole qui avait pour interlocuteur à Alger le conseiller d'ambassade américain Murphy à qui il a déclaré « combien il concevait la nécessité de la défaite totale de l'Allemagne hitlérienne [...]. Les dispositions de détention honorable qui sont prévues pour le général Weygand en Allemagne prennent en considération dans tous les domaines et sous tous rapports son rang de général français et, en raison de tous les faits connus et exposés, cette mesure doit être considérée comme extraordinairement humaine [12] ».

À Paris, Brinon constatait que les tergiversations de Laval dressaient contre lui ceux-là mêmes qui avaient œuvré à son retour au pouvoir. Du coup, il part pour Vichy dans l'après-midi après s'être entretenu avec Abetz de la création d'une Légion impériale française qui combattrait les Alliés et les Français dissidents, en union avec les forces allemandes. Dans la soirée, Abetz téléphone à son représentant à Vichy que l'idée d'une Légion impériale est accueillie favorablement par le Führer et qu'il est nécessaire que le gouvernement français en prenne l'initiative : « Je demande que M. de Brinon soit immédiatement avisé sur ce point. J'ai déjà examiné avec lui ce matin la question dans ce sens [13]. »

Suivant les notes hâtivement dictées à Simone Mittre sur le moment, Brinon relate qu'il trouva les milieux vichyssois en plein désarroi. Laval est entouré de ses collaborateurs, parmi lesquels Bousquet, auxquels s'est joint le Dr Ménétrel. Ils sont coupés des réalités. Brinon leur expose que les événements peuvent précipiter un changement de gouvernement en France si telle est la volonté du Reich. Laval en est conscient, mais Brinon lui reproche de ne pas négocier avec les Allemands qui sont capables d'alléguer le ralliement des troupes françaises d'Algérie à la cause des Alliés pour invoquer une rupture de l'armistice entre la France et l'Allemagne. Il prédit que le Maréchal perdra tout son pouvoir et qu'il n'y aura plus de gouvernement français. « Grand effroi[14] ! », observe Brinon à propos des réactions des personnes présentes.

Accompagné de Laval, Brinon part voir le maréchal Pétain qu'on dit très fatigué et soumis aux drogues du Dr Ménétrel. Brinon le trouve moins abattu qu'on ne le prétend et toujours disposé à sévir contre ceux qui menacent son pouvoir. Il dresse un tableau catastrophique et presse le maréchal Pétain de constater l'état de guerre entre la France et les Alliés. « Cela n'engage à rien, dit-il, mais cela rend impossible la reprise des hostilités entre l'Allemagne et nous parce qu'il serait absurde de la part de l'Allemagne et de l'Italie d'être en guerre avec une puissance également en guerre avec leurs ennemis[15]. » Brinon insiste sur la formation d'une Légion impériale qui partirait se battre contre les Alliés en Afrique du Nord. Enfin, de connivence avec Abetz, il incite le Maréchal à se rendre à Paris pour s'entretenir avec le maréchal von Rundstedt des détails pratiques de la nouvelle situation. « "Eh bien, tout cela est faisable, mais il ne faut pas troubler l'opinion", dit le maréchal Pétain. Brinon répond : "M. le Maréchal, qu'est-ce que vous appelez l'opinion ? Ceux qui approuvent Giraud représentent-ils pour vous l'opinion ? Ils ont toujours été contre vous et, en cas de succès des Anglo-Saxons, croyez-vous que vous puissiez maintenir votre gouvernement et ce qu'il représente, malgré toutes les assurances qui peuvent vous être données ? La meilleure preuve en est que les Américains sont en train de libérer les communistes des camps d'internement d'Algérie. – Comment, ils font cela ! dit le Maréchal. On ne me l'avait pas dit. Il faudrait le publier immédiatement[16]" ». Finalement, le Maréchal consent à ce qu'on prépare un communiqué constatant l'état de guerre, à l'issue du Conseil des ministres auquel il n'assiste pas à cause de sa fatigue.

Brinon s'entretient ensuite avec le général Bridoux qui prône la constitution immédiate d'un corps de volontaires revêtus de l'uniforme français et des insignes de grades allemands.

Finalement, Brinon participe à un déjeuner réunissant Laval et quelques-uns de ses ministres. « Durant le déjeuner, conversation ridicule sur les termes possibles du communiqué. Laval ne mène pas son gouvernement, il tâche de le gagner par de petits moyens[17]. » Excédé, Brinon leur demande à tous de prendre leurs responsabilités. Bousquet fait chorus. On s'accorde sur un texte exposant les efforts faits par le chef du gouvernement pour ne pas rompre avec les États-Unis et conclut à leur responsabilité dans l'état de guerre existant. Après quoi, secondé par Bousquet, Brinon se prépare à regagner Paris par avion.

De retour à la Délégation générale, Brinon commence par recevoir la presse, se répandant en déclarations véhémentes à l'encontre de l'amiral Darlan et montrant qu'il préparait sa trahison depuis longtemps par ambition personnelle. Il file ensuite à l'ambassade d'Allemagne où le trio Abetz-Schleier-Achenbach est « atterré » par les atermoiements de Laval. Abetz parle d'un dépècement possible de la France si elle ne déclare pas la guerre aux États-Unis. Brinon travaille à informer Laval des moindres variations d'humeur des Allemands. Par un télégramme « urgent et confidentiel », il le hâte de prendre le jour même la décision qui s'impose en Afrique du Nord afin de convaincre les Allemands de la bonne volonté française : « ... Il y a nécessité absolue de décréter la peine de mort aux généraux dissidents. Je maintiens avec plus de certitude que jamais l'exposé de la situation que j'ai fait aujourd'hui [18]. » En fin de journée, échange téléphonique entre Brinon et Laval qui s'engage à publier le lendemain un document constatant l'état de guerre avec les États-Unis et la Grande-Bretagne. En concertation avec Abetz, Brinon lui en suggère les termes.

Le lendemain, par téléphone, Laval expose à Brinon que le Maréchal médite sur un communiqué mais que « très ému et très fatigué, il est prêt à lui passer ses pouvoirs [19] ».

Le 16 novembre, Laval réunit le Conseil des ministres. Il s'agit de rédiger le texte sur l'entrée en guerre. Le garde des Sceaux, Joseph Barthélemy, fait ressortir l'aberration : la France, privée de tout armement, se met en état de guerre avec les États-Unis. Il rappelle les termes de l'acte constitutionnel nº 2 fixant les pouvoirs du chef de l'État français, spécifiant qu'il ne peut déclarer la guerre sans l'assentiment préalable des Assemblées législatives. Or le Sénat et la Chambre des députés ont été mis en congé illimité. Laval l'enregistre et quand, le Conseil des ministres encore réuni, Brinon lui téléphona de Paris, Laval lui répond : « Mais non, il n'est pas adopté votre texte. Il est dépassé, votre texte [20]. »

Toutefois, rompu à retirer des drames nationaux des avantages personnels, Laval obtient, dans un climat de crise majeure, que le Maréchal lui remette ses pouvoir exécutifs, conservant pour lui-même la fonction de chef de l'État, incarnation de la souveraineté nationale, et seul habilité à promulguer les actes constitutionnels. « Article unique : Hors les lois constitutionnelles, le chef du gouvernement pourra sous sa seule signature promulguer les lois ainsi que les décrets [21]. »

Au cours de cette journée, le secrétariat d'État à l'Information publie un message du maréchal Pétain : « L'amiral Darlan dans une déclaration ose affirmer que je suis dans l'impossibilité de faire connaître ma pensée intime au peuple français et prétend agir en mon nom. Je ne suis pas homme à céder à la contrainte. Insinuer le contraire, c'est me faire injure. » En termes cinglants, le texte, dénonçant une fois de plus le général Giraud, « chef rebelle et félon », stipule : « L'amiral Darlan s'est ainsi placé en dehors de la communauté nationale. Je le déclare déchu de toute fonction publique et de tout commandement militaire*[22]. »

En dépit des périls qui menacent l'État français, Laval prend le temps de vaquer à ses affaires, d'acheter des terres, de penser à une fondation qui porterait son nom et de consulter son notaire. L'exaspération de Brinon s'intensifie. À Paris, en rapport constant avec les services allemands, il transmet au général von Stulpnagel II et à Abetz toutes les informations glanées à Vichy. Le 19 novembre, il repart pour la ville thermale en compagnie du conseiller Achenbach considéré, au côté d'Abetz, comme le spécialiste de la politique française. À peine arrivé, Brinon tance tout le monde : « Je ne peux m'empêcher d'être très dur[23] », dira-t-il. Il expose que « le Maréchal n'a pas le droit de perdre la France, qu'il faut une position claire ». Laval se rend chez Pétain qui accepte de parler le soir même à la radio, et il apporte à Brinon le texte de l'allocution. Brinon le rejette, faute d'y trouver la réaffirmation des ordres de résistance contre les Américains et les militaires français de haut grade ralliés à l'ennemi. Il monte à son tour chez le Maréchal qui se décide à ajouter les phrases nécessaires.

La radio diffuse dans la soirée un message par lequel le Maréchal réitère aux militaires de tous grades l'ordre de désobéir à des « chefs indignes » et de résister « à l'agression anglo-saxonne ». Il ajoute : « Dans l'intérêt de la France, j'ai décidé d'accroître les pouvoirs du président Laval pour lui permettre de remplir une tâche difficile. L'union est plus que jamais indispensable. Je reste votre guide. Vous n'avez qu'un seul devoir : obéir. Vous n'avez qu'un seul gouvernement : celui à qui j'ai donné le pouvoir de gouverner. Vous n'avez qu'une seule patrie que j'incarne : la France[24]. »

Il était convenu que Laval, à son tour, prononcerait une allocution sur les ondes le lendemain, mais, soudain, peut-être refréné par sa famille, il temporise et avance qu'il ne parlera pas avant d'avoir revu Hitler. Finalement, au milieu de l'après-midi, il se cale derrière une table et amasse devant lui des petits bouts de papier sur lesquels il a

* Le général Giraud et l'amiral Darlan seront déchus de la nationalité française et leurs biens confisqués.

fragmenté son discours. Il les assemble comme un puzzle, les disperse et recommence diverses combinaisons. Cet exercice dure plusieurs heures sous les reproches véhéments d'Achenbach en ébullition et de Brinon exaspéré. À un bout de la table, le gendre de Laval, René de Chambrun, finit par écrire le discours sous la dictée de Laval. Sans même montrer son texte au Maréchal, Laval s'en va le diffuser. Après avoir attaqué les Anglo-Saxons et mis en accusation le président Roosevelt, il annonce : « En outre, je décide la constitution d'une Légion française pour la défense de l'Empire [...]. Français qui souffrez pour votre pays, jeunes gens qui rêvez de rendre à votre patrie son ancienne grandeur, je vous appelle aux armes. La guerre dans laquelle le monde est plongé ne ressemble à aucune autre, et c'est pourquoi j'ai affirmé un jour que je souhaitais la victoire de l'Allemagne. Elle est une guerre de libération, une guerre pour la paix et l'unité de l'Europe, une guerre où la France trouvera son relèvement. C'est pour la France que je gouverne[25]. »

Laval fut si satisfait de son discours, qu'il se rendit au casino, offrit le champagne, puis alla dormir à Châteldon.

Revenu à Paris, Brinon fera à la presse un exposé des événements : « L'occupation de l'Afrique du Nord est due à la trahison des chefs, et pourtant nos soldats étaient prêts à se battre et à obéir aux ordres du Maréchal de France [...]. L'histoire dira que l'occupation des côtes algériennes et marocaines par les troupes anglo-américaines n'a pas été le fait d'une victoire militaire mais le résultat facile d'une trahison[26]. »

Jour après jour, Brinon délaiera ces arguments, s'en prenant avec virulence à Darlan, « le fourbe ». Il y reviendra et tracera à sa façon le portrait d'un « des plus cyniques fourbes de la vie publique ». Darlan devint d'abord immédiatement « l'ex-amiral Darlan », « le traître Darlan ». La matière était riche et Brinon illustra la duplicité de l'amiral en reprenant tous les propos ultra-collaborationnistes et anti-anglais qu'il avait tenus avant le débarquement d'Afrique du Nord[27].

S'activant à Paris, Brinon annoncera à la presse qu'il avait procédé à son bureau de la place Beauvau à une réunion des chefs de la nouvelle troupe d'élite, la Phalange africaine, dont les volontaires pouvaient s'engager dans les deux zones sous les ordres de Joseph Darnand, le chef du Service d'ordre légionnaire, chargé de l'organisation[28].

Dans son désir de sataniser les États-Unis, Brinon reprendra devant des correspondants de presse allemands ses accusations contre « les excitations belliqueuses » de William Bullitt avant la guerre qui, en accord avec le président Roosevelt, poussait la France à ouvrir les hostilités contre l'Allemagne[29].

Il n'est guère surprenant que devant une telle frénésie verbale, Brinon figurât dans la « Galerie des traîtres » que diffusait Radio-Patrie, la radio française de Londres. Il fit les frais du huitième portrait : « Nous allons aujourd'hui, comme nous vous l'avons annoncé, vous présenter le portrait de M. de Brinon, de Monsieur Fernand de Brinon, de monsieur le comte Fernand de Brinon, de l'ignoble de Brinon en un mot [30]. » Suivait un long commentaire sur sa vie où abondaient les inexactitudes.

Les Alliés avaient trouvé l'Algérie dans un état de décomposition morale qui en faisait la fille aînée du régime de Vichy. Quoique foncièrement anti-allemand, le général Weygand avait largement contribué à l'instauration de l'ordre nouveau sur un terrain exceptionnellement favorable. Il avait fait appliquer avec rigueur la législation de l'État français en Algérie, notamment les lois raciales.

Si les Allemands avaient pu s'y installer, l'Afrique du Nord aurait offert une forte contribution à la Solution finale. Brinon en était conscient et n'avait pas hésité, au début de l'année 1942, à fournir au commandant militaire allemand en France un rapport orienté qui insistait sur la propagande pro-anglaise que les francs-maçons répandaient au Maghreb grâce au soutien des juifs toujours aussi puissants et des capitaux considérables dont ils disposaient : « Tous les moyens financiers sont juifs. Ils sont centralisés par la banque Lazard à Paris, dont le directeur se trouve à l'hôtel Carlton à Cannes, tandis qu'un certain Hirsch, banquier à Paris, est un des principaux distributeurs en Algérie [31] ».

Ce rapport fut remis au baron von Welck, représentant de Ribbentrop à la Commission d'armistice de Wiesbaden. Il le commenta avec enthousiasme : « Cette note est remarquable par l'objectivité avec laquelle est présentée la situation en Afrique du Nord, en particulier le rôle des juifs et des francs-maçons dans cette région [32]. »

En le communiquant, Brinon mettait en cause la banque Lazard, dont les propriétaires avaient été spoliés, d'une manière d'autant plus surprenante que le siège social de cet établissement était occupé par le service allemand de « protection des changes », le *Devisenschutzkommando*, une succursale de la Gestapo chargée d'extorquer et de rafler tout ce qui avait de la valeur en France – bijoux, or, devises, métaux précieux, etc. – en usant au besoin de la torture, ce dont Brinon était informé.

La dernière conséquence de l'occupation de la zone Sud consomma la ruine de l'État français. Les Allemands considéraient l'amiral Jean de Laborde comme un homme sûr. Si sûr même que

Laval, en accord avec eux, l'avait maintenu en activité, malgré la limite d'âge, au poste de commandant en chef de la flotte de haute mer – dont Hitler avait autorisé la création –, ce qui plaçait sous son autorité directe l'armada française amarrée en rade de Toulon, désarmée mais intacte. Ce maintien, écrivait Brinon à Laval, s'ajoutait « à l'accord complet existant entre le Maréchal et vous, a causé une excellente impression[33] ». Il est vrai que l'amiral de Laborde avait pris l'engagement devant les Allemands de combattre les Anglo-Saxons en cas de nécessité. Il avait refusé de répondre à l'amiral Darlan qui d'Alger le pressait d'appareiller à destination de l'Afrique du Nord. Considérant Darlan comme un traître, Laborde avait fait décrocher son portrait qui ornait le carré des officiers de tous les navires. Quinze jours plus tard, deux divisions allemandes investissaient le camp retranché de Toulon afin de s'emparer des bateaux. L'amiral de Laborde qui, en témoignage de sa confiance en l'Allemagne, avait pris des mesures qui affaiblissaient la défense française, s'employa alors à obéir à d'anciennes instructions toujours en vigueur et donna l'ordre de sabordage. Une centaine de bâtiments, la moitié de la flotte française, s'enfoncèrent dans la rade ou basculèrent sur le flanc.

Le lendemain du sabordage, Hitler annonçait par écrit au maréchal Pétain sa volonté de démobiliser l'armée d'armistice. Précédant de quelques heures la lettre du Führer, les opérations de démobilisation avaient commencé la nuit, sans préavis, exécutées avec brutalité par la Wehrmacht et les SS. Les Allemands avaient isolé Vichy en coupant les communications téléphoniques[34]. Ils s'emparèrent du matériel de guerre dans les dépôts et les casernes. En outre, Italiens et Allemands décidèrent que les navires ayant échappé au sabordage de Toulon cessaient d'être la propriété de la France. Laval le déplora tout en reconnaissant ne disposer d'aucun moyen de s'opposer à cette expropriation[35]. Sans rancune, il confiera à Schleier qu'il réorganisait les services de renseignement disloqués par les événements d'Afrique du Nord, de manière qu'ils servent aussi bien à la France qu'aux puissances de l'Axe. Schleier répondit que tant qu'à faire, puisque certains agents français n'étaient pas sûrs, autant qu'un contrôle allemand coiffe le tout[36].

Ayant reçu le titre de ministre, Schleier était devenu pour une période indéterminée la principale personnalité de l'ambassade. Non qu'Abetz fût en disgrâce, mais il avait été rappelé le lendemain du débarquement américain en Algérie. D'après Ribbentrop, ce qui desservait Abetz, c'est que sa femme était française et qu'elle tenait parfois des propos inopportuns au cours de réceptions, et aussi qu'Abetz envoyait des invitations rédigées en allemand et en français et qu'il était plutôt partisan de maintenir les Français dans leur humiliation et leur effacement par la conciliation alors que la Wehrmacht et les SS étaient pour la manière forte[37]. Mme Abetz demeura à l'ambassade pendant les treize mois d'absence de son mari, toujours ambassadeur en titre à Paris. Si Abetz était fidèle à sa fonction, il ne l'était pas à sa femme. Il s'empressait auprès d'une jeune personne de vingt-six ans, Erna Noah, qui se disait tantôt étudiante en histoire, tantôt dessinatrice de mode. Il l'avait rencontrée en 1940-1941 au cours d'une soirée mondaine à Berlin et l'avait revue à l'occasion, jusqu'au jour où elle était devenue sa maîtresse[38].

Apprenant que le Führer allait recevoir Laval sous peu, Brinon écrivit aussitôt à Ribbentrop : « ... Afin que les rapports entre votre pays et le mien soient enfin complètement éclaircis et que de nouvelles déceptions ne soient plus possibles, je souhaiterais infiniment pouvoir vous dire à vous-même, avant ces entretiens Hitler-Laval quelles sont mes impressions et mes pensées. C'est en tant que vieux partisan plus que jamais résolu de l'entente loyale et totale que je viens vous demander de me recevoir et de m'entendre quand vous voudrez et où vous voudrez[39]... »

Brinon ne fut pas exaucé. Laval partit avec plusieurs collaborateurs pour la Prusse-Orientale, au quartier général du Führer, à Rastenburg, perdu dans la forêt de Görlitz, où Abetz était présent. Le comte Ciano se trouvait également dans les lieux qu'il décrit ainsi : « L'atmosphère est lourde. Peut-être qu'aux mauvaises nouvelles, il faut ajouter la tristesse de cette forêt humide et l'ennui de la vie collective dans les baraques du haut commandement. Il n'y a pas une tache de couleur, pas une note vive. Les antichambres sont pleines de gens qui fument, qui mangent, qui bavardent. Il règne une odeur de cuisine, d'uniformes, de bottes[40]. »

La contre-offensive victorieuse des Soviétiques qui se développait à partir du Don et de la Volga, l'agonie commencée des troupes allemandes à Stalingrad marquaient la fin, sur le continent européen, de l'invincibilité des forces militaires germaniques, et pesait de tout son poids funèbre sur le quartier général du Führer.

Comme lors de la précédente rencontre, le comte Ciano observera le personnage Laval : « Laval a fait un voyage dont il aurait pu se passer. Après deux jours de train, on lui a d'abord fait prendre du thé, puis on lui a offert à dîner, et on ne l'a pas laissé ouvrir la bouche. Dès qu'il essayait d'entamer une discussion, le Führer l'interrompait et faisait une conférence [...]. En somme, Laval est un Français dégoûtant, le plus dégoûtant des Français. Pour se mettre dans les bonnes grâces des patrons allemands, il n'hésite pas à trahir ses compatriotes, à dénigrer son malheureux pays. Il a dit toutefois une chose spirituelle, c'est qu'il lui était difficile de gouverner la France parce que où qu'il se tournât il n'entendait crier que "Laval au poteau !"[41]. »

L'interprète Schmidt, qui consigna l'entretien de Laval avec Hitler, montre aussi que, malgré quelques mots aimables à l'égard de son visiteur, le Führer avait, sans aucun ménagement, manifesté sa méfiance à l'égard de la France, humiliant du même coup celui qui n'apparaissait plus que comme l'exécutant de sa politique en France.

L'année 1942 s'acheva à Vichy sur les inquiétudes nées d'un communiqué du haut commandement soviétique, relayé par les radios alliées, annonçant la percée décisive sur le Don. Le maréchal Pétain s'en alarma et un des collaborateurs de Laval alerta immédiatement Brinon à Paris. Brinon prit langue avec Schleier et lui dit qu'il voudrait être en mesure d'informer le Maréchal sur ce qu'il en était dans la réalité et il ajouta que « quelques personnes amicales étaient à nouveau à l'œuvre pour influencer défavorablement le vieux monsieur[42] ». Schleier se livra à une vaste et difficile enquête au terme de laquelle il affirma qu'il n'y avait pas lieu de s'inquiéter : « D'ailleurs, les trois années de guerre ont prouvé que les communiqués militaires allemands disaient toujours la vérité, et que le meilleur moyen de s'informer était d'étudier avec soin et régulièrement ces communiqués[43]. »

CHAPITRE 31

« L'ami du petit déjeuner »

Pendant qu'à Vichy le gouvernement évoluait sur des sables mouvants, à Paris, Brinon formait un pôle de stabilité.

La Délégation générale s'était installée place Beauvau dans l'ancien ministère de l'Intérieur, vaste hôtel qu'avait fait édifier le maréchal du même nom. Brinon siégeait dans un bureau au premier étage. Dans la pièce communicante se tenait Simone Mittre, chef du secrétariat particulier. Nul n'ignorait la place qu'elle tenait dans la vie de Brinon. Elle s'en défendait, imaginant que les autres ne voyaient que ce qu'elle voulait bien montrer. Après la guerre, elle écrira : « Ma vie privée fut toujours si secrète qu'il n'est pas une personne qui puisse avoir la certitude que je fus la maîtresse de M. de Brinon et que devant les domestiques, dont j'avais la direction rue Rude, M. de Brinon m'a toujours présentée comme sa collaboratrice et que rien dans ma tenue ou mes attitudes n'a pu permettre une certitude. Ceci dit, ce n'est pas que je cherche à me disculper, au contraire, mais pour vous expliquer ma manière de vivre[1]. »

Elle certifia aussi qu'elle se tenait à l'écart de la politique et n'avait aucune influence sur Brinon à qui elle conseillait pourtant de se retirer à la campagne et d'écrire des livres. Il est confirmé que pendant les quatre années de l'Occupation, elle ne se rendit pas une seule fois à Vichy, s'en tenant à ses activités dont la plus salutaire consistait à délivrer des laissez-passer à des particuliers ayant intérêt à quitter la zone occupée. Elle dira qu'elle avait l'impression d'être une « sœur de charité », ne se préoccupant jamais des opinions politiques de ses protégés, uniquement soucieuse de leur qualité de Français, comme Brinon le lui avait recommandé une fois pour toutes. Une existence sollicitée par des tâches multiples, veillant tard et prenant à peine le temps de dormir. Ses repas, qu'elle partageait avec

Brinon, étaient également consacrés au travail, ayant toujours à côté de son assiette un bloc et un crayon. Elle s'accordait de loin en loin une séance de cinéma ou se rendait à quelque première. Bref, elle était surmenée par ce qu'elle appelait « ma vie de négresse[2] ». N'émargeant sur aucun livre public, elle gagnait cinq mille francs par mois que lui versait Brinon qui lui avait acheté, en vue de sa retraite, un logement à Paris.

Cette existence lui convenait, même s'il était dans sa nature de se poser en sacrifiée du devoir. Son point noir demeurait l'existence de Lisette de Brinon, l'épouse en titre, qu'elle poursuivait de sa rancune. Pour montrer que Brinon l'avait rejetée, elle dira non sans perfidie : « Mme de Brinon, que son mari tenait éloignée pour des raisons personnelles, ne pouvant admettre sa disgrâce, se chargeait de me faire une publicité désobligeante et déplacée pour justifier son isolement qui, d'ailleurs, n'avait rien à voir avec sa race puisqu'elle vivait à Vichy au Majestic et venait à Paris quand elle le voulait[3]. »

À partir de la fin de 1942, Mme de Brinon, dispensée du port de l'étoile jaune, se rendait à Paris pour une durée de trois à quatre jours. Le chauffeur de son mari venait la chercher à la gare et l'y reconduisait. Elle se rendait chez un dentiste ou un médecin et visitait ses couturiers et des maisons de mode. Elle descendait à l'hôtel Bristol, un palace à quatre pas de la place Beauvau. L'établissement était fréquenté par des hommes d'affaires de haut vol, surtout allemands, mais aussi suédois, suisses, italiens, et par des dignitaires nazis de passage à Paris. L'amiral Darlan, au temps de ses navettes entre Vichy et Paris, y descendait également. Elle passait la plus grande partie de son temps dans le grand hall de l'hôtel et ne recevait personne, hormis une seule visite de Brinon dans sa chambre-salon et le temps d'un repas. Au directeur de l'hôtel qui la connaissait, elle laissait l'impression d'une femme pratiquement séparée de son mari. Elle menait une vie excessivement calme et n'attirait pas l'attention sur elle[4]. La seule personne qu'elle rencontrait en ville était une agrégée de l'université qui, avant la guerre, donnait des leçons privées à ses fils[5].

À Beauvau, où il finira par obtenir du commandant militaire allemand l'autorisation de hisser les trois couleurs, Brinon avait établi l'imposante administration de la Délégation générale du gouvernement dans les territoires occupés[6]. Le personnel était stable, à l'abri des putschs d'antichambre qui renouvelaient les têtes à Vichy. L'organisation s'étendait maintenant à toutes les activités de la politique et de la vie publique françaises. Une sorte de gouvernement à lui tout seul dont Brinon, depuis qu'il avait été nommé secrétaire d'État, était le ministre-ambassadeur*.

Le service humanitaire, dont nous avons déjà parlé, d'abord appelé Délégation spéciale pour l'administration, par son importance croissante, prit le nom de Bureau des requêtes aux autorités allemandes. Cette dénomination recouvrait les activités créées dans l'intérêt des Français emprisonnés et condamnés à mort par les Allemands, à l'exclusion des juifs. Le Bureau des requêtes ouvrait autant de dossiers qu'il y avait de personnes en charge et adressait aux Allemands des suppliques, où l'historique de chaque cas était traité, avec la dignité et l'émotion qui s'imposaient, dans la diversité inépuisable des situations. De septembre 1940 à la fin de 1941, la Délégation générale enregistrera 4 500 arrestations et 552 condamnations à mort ; en 1942, 37 609 arrestations et 1 407 condamnations à mort ; en 1943, 52 000 arrestations et pendant les neuf premiers mois 473 condamnations à mort. Les noms de ces Français, soigneusement enregistrés, forment des listes épaisses comme des annuaires. Les lettres en faveur des cas les moins tragiques et les « notes verbales » relatives aux condamnés à mort et aux prisonniers étaient transmises par l'officier de liaison allemand affecté auprès de la Délégation générale qui les remettait aux autorités allemandes compétentes. À ces chiffres, il convient d'ajouter les innombrables victimes qui échappaient à la vigilance de la Délégation générale, telle la répression sauvage qui s'exerça en 1943 et 1944 autant sur les populations civiles qu'à l'encontre de la Résistance civile et armée, sans parler de la disparition d'hommes et de femmes en application du décret *Nuit et Brouillard*.

Les demandes de remises de peine étaient effectuées au nom de l'ambassadeur de France, délégué général du gouvernement dans les territoires occupés. Jacques Fournier, agent consulaire qui, à partir de 1942, sera le chef du Bureau des requêtes, attestera que Brinon ne refusera jamais d'intervenir en faveur des Français, quelle que soit leur appartenance politique. Fournier déclarera : « Je n'ai jamais manqué d'être surpris entre cette attitude et celle qu'il avait prise officiellement. J'ai trouvé en lui une compréhension parfaite, il n'a jamais hésité à secourir les Français que je lui signalais, signant mes rapports qui étaient souvent inexacts et se portant garant, souvent contre la réalité, des gens qui lui étaient signalés[7]. » D'autres membres de la Délégation générale, tel le commandant de Corcelles, chef du cabinet militaire, et Lucien Hubert, chargé de mission au ministère

---

* Voir en annexe l'organigramme de la DGTO, juin 1942.

de la Justice, témoignèrent dans le même sens[8]. Le comportement de Brinon en cette matière était d'ailleurs notoire, d'où le nombre croissant de personnes qui s'adressaient à lui.

Tant que ce fut l'administration militaire allemande qui reçut les demandes d'interventions humanitaires de la Délégation générale, il n'y eut ni limitation ni contingentement mensuel. Quand la SS fut chargée de la répression, Knochen et Oberg sommèrent Brinon de fermer le Bureau des requêtes de la Délégation, faute de quoi ils feraient procéder à sa disparition et à l'arrestation de ses responsables. Brinon réussit à biaiser et à maintenir ce service jusqu'à la fin, mais Oberg et Knochen, les seuls à décider en dernier ressort sur les questions de police, rejetaient la plupart des suppliques.

La première grande intervention collective de Brinon concerna le groupe du musée de l'Homme, le plus ancien mouvement de Résistance créé en France, dont les dirigeants appartenaient à ce musée. Dix-neuf de ses membres avaient été appréhendés. Le 17 février 1942, sept hommes et trois femmes furent condamnés à mort par le tribunal militaire allemand de Paris. Brinon fut sollicité d'intervenir. Dans une longue note verbale adressée au général commandant en chef des forces militaires allemandes en France, il reprit les accusations portées contre ces résistants, démontra aisément que certaines n'étaient pas fondées et trouva à l'égard de chacun d'eux l'appréciation élogieuse qui convenait : « L'ambassadeur de France, délégué général du gouvernement français dans les territoires occupés, croit devoir souligner en premier lieu la haute tenue morale dont les accusés ont fait preuve et qui est bien en harmonie avec leur caractère. Il relève d'autre part que bon nombre d'entre eux sont intellectuellement des personnalités d'élite. Or, les milieux intellectuels auxquels ils appartiennent et qui jouissent en France d'un grand prestige et y exercent une considérable influence se sont constamment montrés autant qu'attachés à leur liberté de jugement, doués de largeur d'esprit et soucieux de probité intellectuelle[9]. »

Cette demande en grâce fut rejetée en ce qui concerne les sept hommes, parmi lesquels un garçon de dix-sept ans, qui furent fusillés. La peine des trois femmes fut commuée ; elles seront déportées en Allemagne.

Autre intervention majeure : devant la décision du commandant militaire allemand de traiter tous les Français arrêtés comme des otages à fusiller en représailles aux attentats contre des membres de l'armée allemande, Brinon avait adressé à Goering un télégramme déjà cité. Tout en dénonçant ces « actes criminels » et ayant rappelé qu'il était un vieux militant de l'entente franco-allemande, Brinon se dressait contre cette mesure collective : « À la place où je suis, je sers de toutes mes forces la cause à laquelle j'ai toujours été attaché, et je ne pourrais conserver mon poste ni m'adresser à ceux de mes compatriotes de plus en plus nombreux qui me suivent, si j'avais la conviction que des Français innocents paient des crimes qu'ils n'ont pas commis[10]. » Il priait Goering de bien vouloir transmettre cet appel au Führer.

À partir de mai 1942, après que la SS l'eut emporté sur l'armée et se fut emparée de l'appareil de la répression, Brinon se tourna vers des interlocuteurs imposés. Il entretint des rapports avec Karl Boemelburg, le chef des services de la Gestapo, et avec Roland Nosek. Ce dernier était venu en France dès le premier jour de l'occupation de Paris. Il appartenait à la Section VI qui avait mission de surveiller les groupes politiques français, de les pénétrer et d'exercer une influence déterminante par des contacts réguliers avec des personnalités politiques, industrielles, commerciales et littéraires. Knochen, son chef, décrit Nosek comme « jeune, élégant, très mondain, intelligent[11] ». Nosek parlait couramment le français. Il rayonnait des milieux les plus huppés jusqu'aux bas-fonds de la Collaboration. Si les rapports de Roland Nosek à ses chefs avaient été divulgués après la Libération, la IVe République naissante aurait senti les flèches de ce fin connaisseur des dessous de l'histoire de France pendant l'Occupation tant il avait recruté d'informateurs et d'agents. Benoist-Méchin était son informateur le plus sérieux, spécialement en tout ce qui concernait Laval. Il y avait également Jean Fontenoy, toujours disposé à s'épancher. François Piétri, ancien ministre, puis ambassadeur de Vichy à Madrid le documentait également. Nosek utilisait ses relations dans les salons parisiens, un gisement inépuisable. En 1943, il se rendra à Lisbonne où fourmillaient les agents de renseignement des pays belligérants et reviendra porteur d'informations permettant de tirer profit des différends et antagonismes existant entre les partisans de Giraud et de ceux de De Gaulle. Parmi ses tâches, l'une, quotidienne, lui faisait obligation de maintenir en permanence le contact avec le parti de Doriot, qu'il tenait en tutelle, et qui l'abreuvait de renseignements, notamment par l'intermédiaire de Simon Sabiani, un lieutenant de Doriot, et l'un des chefs de la pègre marseillaise.

Nosek comblait Simone Mittre de prévenances. Il lui envoyait des fleurs, des invitations et obtenait d'elle des renseignements destinés à recouper ceux que Brinon lui communiquait au cours d'un repas, dans l'abandon de la bonne chère.

Knochen et Brinon avaient leurs habitudes. Ils prenaient le petit déjeuner ensemble une fois par semaine, soit rue Rude, soit au bureau de Knochen. « Il me renseignait utilement, dira ce dernier. Si un problème ou une question était soulevé au cours du repas, Brinon s'arrangeait pour obtenir des indications et me les faire parvenir par la suite. Il agissait de même avec Nosek et Boemelburg [12]. »

Les chefs SS désignaient Brinon par le nom code de *Fruhstuck-freund*, « l'ami du petit déjeuner ».

Un autre convive assistait à ces réunions, Herbert Hagen, l'adjoint d'Oberg. Hagen dira qu'au cours de ces entretiens des points de vue étaient échangés sur tous les problèmes concernant la politique et la police. Brinon en profitait pour intercéder en faveur de personnes qui subissaient toutes les rigueurs de la loi allemande. D'après Hagen, il ne semblait pas qu'il y eût une très bonne entente entre Brinon et Laval. Celui-ci se dispensait de donner des directives à son subordonné mais le mettait constamment à contribution pour aplanir les difficultés qui surgissaient. Hagen notait aussi que Brinon, quoique partisan d'une politique de collaboration avec l'Allemagne, ne se gênait pas pour critiquer à sa façon, très poliment, la ligne politique suivie par les Affaires étrangères du Reich. Après chaque entretien, Hagen fournissait un rapport à Oberg [13].

Tout en mêlant des démarches humanitaires aux renseignements qu'il livrait aux Allemands, Brinon, « l'ami du petit déjeuner », ne faillira jamais à donner des preuves d'attachement à la cause de l'Allemagne nationale-socialiste. Il mit à profit l'anniversaire de la naissance de Hitler et la commémoration de l'avènement au pouvoir du national-socialisme pour publier sa profession de foi dans *Notre Combat*, un hebdomadaire financé par les services de propagande du Reich. Le premier morceau s'intitulait : « Une image d'Adolf Hitler », et le commencement augurait de la suite : « J'ai eu plusieurs fois l'honneur d'approcher Adolf Hitler et, dans chaque occasion, j'ai ressenti la rare et merveilleuse secousse que l'on éprouve à se trouver en contact avec le Génie, mais aucune de ces rencontres ne m'a laissé une impression plus complète que celle d'un après-midi d'été de l'année 1934. Je crois bien que c'est ce jour-là que j'ai compris l'homme et que je me pris à l'admirer de toute mon âme de Français [14]. »

Dans la deuxième contribution qui célébrait le dixième anniversaire de l'accession du national-socialisme au pouvoir, Brinon rappelait qu'il avait été témoin de l'enthousiasme du peuple allemand à Berlin lors de l'événement : « L'ascension du national-socialisme, je l'avais suivie depuis des années, je savais la force du mouvement issu de la défaite, de l'injuste humiliation du grand peuple pauvre, de la misère, de la lutte des partis, des scandales juifs contre lesquels les gouvernements de la République de Weimar s'étaient révélés impuissants, je sentais instinctivement que, dans le dérèglement entraîné par la guerre, le national-socialisme pouvait devenir sous une forme déterminée par le sang et par le sol, selon les tempéraments et les caractères nationaux, la conception politique de l'avenir. » Les propos de Hitler sur la nécessaire entente entre les peuples lui inspiraient toute confiance : « En raison de ces espérances, je n'éprouvai que compréhension et sympathie envers le national-socialisme mais toutes les hypocrisies, toutes les sottises et toutes les bassesses humaines s'allièrent aussitôt aux intérêts et aux combinaisons des démocraties décadentes pour se dresser contre le Reich national-socialiste [...]. Dans nos épreuves, dans nos douleurs, je n'ai point changé de conviction. Dans ce dixième anniversaire de la prise du pouvoir par le national-socialisme, je crois plus que jamais que notre époque est marquée par le signe des révolutions nationales. Le fascisme, le national-socialisme, le phalangisme montrent la nécessité où se trouve la civilisation occidentale, si elle veut vivre, de se montrer au rythme du temps [15]. »

Brinon savait qu'au début de mars, Laval avait écrit au Führer, réaffirmant sa foi en la Collaboration tout en préconisant une politique qui permît à la France de sortir de sa condition précaire et de connaître son sort. Cette lettre fut transmise par Schleier qui énumérait quelques-uns des gages majeurs et des décisions favorables à l'Allemagne concédés par Laval : « Il a dû faire preuve d'une force de volonté inouïe pour s'imposer contre toutes les résistances venues de tous côtés [16]. »

La lettre de Laval attira l'attention du Führer sur la France ; il prit une décision qui était un premier pas vers l'inféodation de certains Français à sa personne. Oberg en fut instruit et chargé de l'appliquer. Il s'agissait de mettre sur pied une unité de la Waffen-SS formée de volontaires français, qui porterait le nom de régiment Charlemagne (Karl der Grosse). Consulté, Brinon estima que ce régiment devait être français si l'on voulait gagner l'opinion publique et qu'il fût présenté comme une formation d'élite de la LVF intégrée aux formations de la Waffen-SS en tant que telle. Sans être hostile à cette conception, Oberg dut exécuter la volonté du Führer [17].

Pendant que Laval et Brinon attendaient la convocation du Führer, Bousquet multipliait les bonnes manières à l'égard d'Oberg. Les Allemands couvraient Bousquet d'éloges. Non seulement il s'illustrait dans la rafle des juifs, mais il faisait accomplir par sa police tout ce qui lui était prescrit. Himmler lui-même l'avait félicité. Il s'était distingué quand, avant l'occupation totale de la France et avec l'accord de Laval, il avait secondé des commandos allemands chargés de détecter des postes émetteurs de la Résistance camouflés dans le Sud et avait procédé aux arrestations. Il avait organisé la pénétration de ces commandos dans la zone non occupée en fournissant aux Allemands deux cents fausses cartes d'identité leur conférant des patronymes français, des cartes grises comportant les immatriculations des voitures de marques françaises mises à leur disposition, et des ordres de mission dispensant les occupants des voitures, en cas de contrôle, de justifier de leur identité et d'être l'objet de fouilles ou d'interrogatoires [18]. Bousquet s'était chargé d'interroger les résistants arrêtés et accepta de livrer les étrangers qui figuraient parmi eux. « À remettre », nota-t-il sur la lettre que Geissler, chef de la Gestapo à Vichy, lui avait adressée réclamant le Russe Nicolas Andreev[*][19].

Bousquet avait dit à Oberg que le maréchal Pétain prendrait un grand intérêt à entendre de sa bouche de quelle manière collaboraient les polices allemande et française et que cette visite faciliterait à Oberg ses rapports avec les autorités administratives françaises. « Oberg répondit qu'il estimait que sa visite au chef de l'État français était convenable et pourrait être éventuellement utile pour l'avenir. Il lui fallait demander au préalable l'autorisation du Führer par l'intermédiaire du *Reichsführer* SS Himmler[20]. »

Deux semaines après, Oberg reçut l'autorisation sous la réserve impérative de n'aborder aucune question politique avec le maréchal Pétain. Suivant la méthode allemande, il était nécessaire de préparer cette visite avec le plus grand soin. Bousquet invita chez lui à déjeuner le Dr Ménétrel afin qu'il y rencontre Oberg. Depuis 1941, les Allemands surveillaient Ménétrel à cause de l'influence qu'il exerçait sur le maréchal Pétain. Ils observaient aussi ses relations avec la Suisse, dont il était difficile de démêler les intérêts qu'elles recouvraient. Ce qui intriguait les Allemands, c'était que Ménétrel, ennemi juré des juifs et des francs-maçons et qui le prouvait, ne cherchât pas à établir des relations de confiance avec eux[21].

« Quand Bousquet présente Ménétrel, celui-ci déclare immédiatement à Oberg : "Le mauvais esprit, l'auteur des troubles à Vichy, peut-

* Boemelburg avait donné à cette opération le nom de Donar (dieu des orages). Sa collaboration de tous les instants avec la police allemande n'empêchera pas Bousquet de conclure, lors de son interrogatoire après la guerre : « Enfin, je rappelle que pendant tout le temps de mon passage à l'Intérieur, il n'y a pas un seul exemple de coopération franco-allemande en matière de police. » JM 125/IX/A.b. 17 septembre 1948. Interrogatoire de Bousquet.

être me prenez-vous pour tel, monsieur le général ?" À quoi Oberg répond : "On parle tellement, monsieur le Docteur[22]." Autour de la table que présidait Mme Bousquet, se retrouvèrent également Leguay, le représentant de Bousquet en zone occupée, le SS *Standartenführer* Knochen et le SS *Sturmbannführer* Hagen, l'adjoint d'Oberg dont les yeux bleus éclairaient le visage émacié. Pendant le repas, et surtout au café, l'entretien fut général et roula sur la visite prochaine d'Oberg au Maréchal. Ménétrel apparut à Oberg très au courant des événements politiques dont il discutait certainement seul à seul avec le Maréchal. Son activité politique était très bien camouflée sous son activité médicale auprès du chef de l'État Français[23]... »

Oberg relatera que, pendant ce déjeuner, « nous nous entretînmes surtout de la situation psychologique du Maréchal[24] ». Oberg appréciait les décisions du Maréchal conformes aux objectifs de l'Allemagne et dont la dernière, au début de 1943, consistait en la création de la Milice dont Oberg prisait particulièrement le chef, Joseph Darnand.

Dans cette conjoncture, une réunion secrète fut organisée l'après-midi du 14 mars à la préfecture de Nevers entre Laval, Bousquet et Oberg. Après avoir cédé à de nouvelles exigences allemandes, Bousquet signala que l'actuelle garde personnelle du maréchal Pétain était composée de fonctionnaires en civil de la préfecture de police de Paris et de gendarmes en uniforme. En tant que secrétaire général à la Police, Bousquet revendiqua le commandement de cette garde afin de la soustraire à l'influence de l'entourage du Maréchal. Dès qu'elle serait placée sous son autorité, Bousquet assura qu'elle ne pourrait plus menacer la sécurité du président Laval si jamais le Maréchal s'avisait de le faire arrêter. Désireux de renforcer sa protection, Laval acquiesça à la demande d'Oberg qui voulait, aussitôt que Bousquet assumerait le commandement de la garde du Maréchal, que deux membres du commando SS de Vichy, sous les ordres du SS *Hauptsturmführer* Geissler, se tiennent en permanence dans un bureau de l'hôtel du Parc mis à leur disposition au même étage et à côté des pièces occupées par Laval, les chambres dont disposait le maréchal Pétain étant situées à l'étage au-dessus. « Afin d'éviter tout d'abord des difficultés de la part du Maréchal, le président Laval veut que cette garde rapprochée soit réservée à sa propre protection, mais il espère aussi obtenir l'assentiment du Maréchal pour intégrer ces deux membres de la SS dans sa garde personnelle qui doit être réorganisée. Il se trouve qu'on a arrêté hier à Vichy un Juif qui tentait de s'approcher du président Laval sous un faux nom. Laval veut profiter de cet incident, dont il a parlé au maréchal Pétain, pour obtenir son accord concernant les nouvelles mesures de sécurité. Le SS *Hauptsturm-führer* Geissler installera ses deux hommes à l'hôtel du Parc au cours de la matinée de dimanche. Au début de la semaine prochaine, des mesures encore plus appropriées seront arrêtées par un nouvel entretien avec Laval et Bousquet[25]. »

Quand le colonel Barré, commandant de la maison militaire du maréchal Pétain et de sa garde, l'apprit, il ne dissimula pas son étonnement à Laval. « On m'a imposé deux Allemands », dira ce dernier. Par précaution, le colonel Barré fit occuper la pièce au-dessous du bureau de Laval par plusieurs de ses subordonnés. Mieux encore, il déclarera : « Avant l'arrivée du président Laval, le matin, je fais visiter les placards et les armoires pour avoir la certitude qu'aucun Allemand n'est caché dedans[26]. »

La garde personnelle du maréchal Pétain comptait environ cinq cents gendarmes et une vingtaine de policiers en civil. Lors des déplacements du Maréchal, la Gestapo se mêlait toujours au service de sécurité français. Tant de bruits circulaient à Vichy que les Allemands avaient placé le maréchal Pétain, support de leur politique en France, au centre de leurs priorités sécuritaires. La fuite éventuelle du Maréchal vers quelque destination imprécise ou des menaces d'attentat comptaient parmi les sujets d'inquiétude de Ribbentrop qui enjoignit à Schleier de faire surveiller Pétain en implantant dans sa garde personnelle des Allemands qui en répondraient sur leur vie[27]. De son côté, Himmler donna des instructions à Oberg. Exécution rapide ! Après avoir imposé deux membres de la SS à l'étage de Laval, Oberg encercla la ville thermale en répartissant alentour plusieurs compagnies de SS. La nuit, vingt Allemands patrouillaient autour de l'hôtel du Parc. De plus, Oberg ordonna à Geissler, son représentant à Vichy, d'installer un poste d'observation permanent dans un immeuble situé vis-à-vis de la façade arrière de l'hôtel du Parc[28].

En raison de l'antipathie qu'il inspirait à Oberg, Brinon avait été tenu à l'écart des pourparlers qui précédèrent sa visite au maréchal Pétain, bien que sa fonction de Délégué général requît au moins sa présence. Il en fut informé mais ne fut pas convié à y assister.

Le 15 avril, l'entretien d'Oberg et du maréchal Pétain se déroula à l'hôtel du Parc dans le bureau du chef de l'État. Le commandant supérieur des SS et de la police s'était fait accompagner de Knochen et de Hagen qui servit d'interprète. Le Dr Ménétrel était là. Les trois SS, talons joints, la casquette pendant au bout des doigts, saluèrent à l'hitlérienne. Pétain leur serra la main. Bousquet présenta Oberg à Pétain en indiquant qu'ils collaboraient ensemble depuis près d'un an et qu'il avait toute raison de se féliciter de leurs rapports. Oberg dira : « Je fis connaître à Pétain que Bousquet et moi-même étions d'accord dans notre travail en commun et que nous avions signé un "gentleman agreement". Le Maréchal s'en étonna et fit remarquer à Bousquet qu'il n'était pas au courant de cet accord. Il fit remarquer au Secrétaire général à la police qu'en la circonstance, le chef de l'État avait été avisé de ces décisions après les préfets régionaux et les intendants de police. Enfin le Maréchal m'a dit : "Tout ce qui se passe en France m'intéresse aussi", et il termina en faisant connaître qu'il était heureux de la bonne entente qui régnait entre les deux polices qui assuraient ainsi le maintien de l'ordre en France. Comme dernière phrase, il me déclara : "Pour moi, j'estime que les plus grands ennemis de la France ce sont les francs-maçons et les communistes." Pétain m'accompagna lui-même jusqu'à l'ascenseur de l'étage, il m'a témoigné sa satisfaction et m'a serré la main. J'étais étonné de son état de fraîcheur et de sa vivacité d'esprit[29]. »

Knochen rédigera une relation de cette entrevue qui correspond à celle d'Oberg et la complétera, par l'indication que Bousquet annonça à Pétain que l'arrangement conclu avec Oberg, en vigueur dans la zone occupée, s'appliquait maintenant à toute la France. « Bousquet fit ensuite allusion aux armes qui étaient nécessaires à sa police en disant son espoir d'arriver également sur ce point à un accord avec Oberg. Le Maréchal a déclaré à Oberg qu'il attachait beaucoup d'importance à ce point et qu'il espérait le voir aboutir, et il souligna la jeunesse, le dynamisme, la compétence professionnelle de Bousquet en affirmant qu'il avait pleine confiance en lui[30]. »

Un dîner donné par Laval à l'hôtel Majestic en l'honneur d'Oberg clôtura cette journée vichyssoise, auquel assistaient les chefs des missions militaire et diplomatique allemands en poste à Vichy et, du côté français, en dehors de Bousquet, les ministres Cathala et Abel Bonnard, les secrétaires généraux Charles Rochat, Jacques Guérard et Georges Hilaire qui, tous, selon Knochen, à l'exception de Rochat, étaient des informateurs de la SS.

Les Allemands avaient fort bien perçu que Bousquet entendait se valoriser à leurs yeux en organisant cette visite au maréchal Pétain. Oberg et Knochen constatèrent aussi que le Maréchal n'avait pas profité de la circonstance pour demander la grâce d'un seul condamné ni qu'il avait élevé la moindre protestation contre les brutalités et le sort réservé aux juifs[31].

Malgré son apparente satisfaction, le maréchal Pétain se sentait frustré. Il déplorait qu'Oberg ait pris la précaution de lui faire savoir deux jours à l'avance qu'il refuserait de s'entretenir de toute question politique et n'aborderait que les affaires de police. Il en résultait que le Maréchal n'avait pu lui dire que l'activité gouvernementale du président Laval devait cesser. En politique intérieure, Laval ne montrait aucune énergie et, en particulier, il ne s'opposait pas au communisme de façon décisive et, d'autre part, il sapait la Révolution nationale[32].

Une fois encore, Brinon alerta Laval que l'éternelle vendetta du maréchal Pétain le menaçait encore. Comme de coutume, Laval alla se plaindre à l'ambassade d'Allemagne. Il tombait à pic. Schleier le rassura en l'informant que le Führer était hostile à tout changement de gouvernement et qu'il serait sous peu invité à se rendre auprès de lui. La date sera fixée au 29 avril[33].

Brinon ne put savoir s'il serait du voyage. La veille, il avait adressé au Führer, né un 24 avril, un télégramme célébrant son anniversaire : « À Son Excellence le Führer Chancelier Adolf Hitler. Je désire vous prier de bien vouloir accepter à l'occasion de votre anniversaire tous les vœux ardents que je forme pour le triomphe de la grande cause que vous incarnez et pour votre personne. Dans cette époque de durs combats, je tiens en effet à vous exprimer en tant que Président de la Légion des Volontaires Français qui se bat sous les ordres de la Wehrmacht, et aussi comme vieux militant de l'entente avec l'Allemagne, notre admiration et notre confiance pour le Führer du Grand Reich National-Socialiste. Fernand de Brinon[34]. »

Ribbentrop transmit les remerciements du Führer pour ces « vœux amicaux[35]. »

S'employant toujours à célébrer la Collaboration sans négliger aucune occasion, Brinon s'était rendu à la gare de Compiègne où devait arriver un convoi de sept cent cinquante prisonniers qui, ayant choisi le statut de travailleurs en Allemagne, avaient droit à une permission de quinze jours. Dans leurs uniformes ravaudés et râpés par trois années de captivité, nantis d'une boîte de sardines et d'une tablette de chocolat distribuées en guise de bienvenue, ils se groupèrent sur la place de la gare au son d'une musique militaire. Entouré d'officiels français et allemands, Brinon s'adressa à eux solennellement. Il leur dit qu'ils foulaient le sol de France grâce à la sollicitude du maréchal Pétain et à la politique du président Laval et, faisant allusion à leur nouveau destin de travailleurs, il conclut : « Vous étiez des prisonniers de guerre, vous devenez des collaborateurs[36]. » Une séquence filmée montre Brinon serrant quelques mains et fait entendre sa voix qui exclut toute sentimentalité.

Trois jours après, dans la matinée, aux Invalides où se déroule une prise d'armes de la LVF reconstituée après les pertes sanglantes subies l'année précédente en Russie, Brinon marche gravement en tête du cortège officiel qui passe devant la troupe alignée et se prête aux exigences de la cérémonie. Des officiers supérieurs et de hauts fonctionnaires du Reich se mêlent à des préfets et à des officiers français. Parmi tant d'uniformes divers, Oberg et son état-major. Les dirigeants des partis collaborationnistes se pressent : la LVF est leur enfant.

À l'issue de la prise d'armes, Brinon prend la parole. Il évoque Jeanne d'Arc, symbole de l'espérance française et du renouveau de la LVF : « C'est pourquoi la France vous encourage et vous remercie[*][37]. »

À l'issue de cette cérémonie, Brinon fut informé que le Führer recevrait Laval dans les vingt-quatre heures, qu'il était admis à l'accompagner et que le départ aurait lieu le lendemain matin. De la part de Hitler, cette convocation n'était pas une faveur mais clôturait une procession de six chefs d'État satellites.

La visite de Laval à Berchtesgaden s'effectuait dans une conjoncture différente de ses précédentes rencontres avec le Führer. L'aviation alliée dominait le ciel. La VIᵉ armée allemande avait capitulé à Stalingrad, mettant en berne pour la première fois le drapeau à croix gammée. La reconquête du Caucase par l'armée soviétique anticipait une poussée russe sur l'ensemble du front de l'Est. Les perspectives de débarquements anglo-américains sur le littoral européen se précisaient et étaient la hantise du grand état-major allemand. Surtout, la conférence de Casablanca (du 13 au 24 janvier 1943) sous la présidence de Roosevelt et de Churchill, s'était conclue par la décision d'imposer au Japon, à l'Allemagne et à l'Italie une « reddition sans conditions ».

Laval et Brinon embarquèrent au Bourget dans l'avion personnel du Führer. Charles Rochat, secrétaire général des Affaires étrangères, et un autre collaborateur du chef du gouvernement étaient du voyage ainsi que Schleier qui avait questionné Brinon au sujet de Rochat : « L'ambassadeur de Brinon qui connaît Rochat depuis de longues années a déclaré que déjà avant la guerre Rochat était intervenu en faveur de l'idée d'une entente et d'une collaboration franco-allemande et qu'il était de ce fait une exception parmi les fonctionnaires du Quai d'Orsay[38]. » Schleier reconnaissait que Rochat avait toujours

---

* Trois mois plus tard, à Nancy, Brinon remettra à la LVF « au cours d'une émouvante cérémonie », un fanion aux armes de Jeanne d'Arc. *Cri du peuple*, 17 juillet 1943.

informé l'ambassade loyalement et qu'il se conduit « très convenablement [39] ».

Ils atterrirent à Salzbourg et furent convoyés aux portes de la ville où s'élevait le château de Klessheim, ancienne demeure des princes-archevêques, dévolue aux invités de marque du Führer. En certaines occasions, Hitler y venait lui-même intimider tel ou tel vassal étranger en faisant retentir sous les plafonds sa voix que la fureur étranglait. Les Français se retrouvèrent dans un cadre familier : le mobilier venait de France.

Dans un salon, ils rencontrèrent une délégation italienne conduite par Giuseppe Bastianini, qui avait succédé aux Affaires étrangères à Ciano en demi-disgrâce. Si Laval avait été animé par un peu de curiosité ou de courage et surtout d'humanité, il aurait saisi cette opportunité d'avoir avec Bastianini un entretien relatif au sort des juifs vivant dans la zone italienne d'occupation – les Alpes et la Côte d'Azur. Bastianini protégeait, comme l'ensemble de l'armée italienne d'occupation, les juifs, tant français qu'étrangers, établis dans leur secteur. Il les protégeait non seulement contre les Allemands, mais contre la police et la gendarmerie françaises, provoquant la colère de Bousquet et l'exaspération de Laval qui ne pouvaient procéder aux rafles décidées de leur propre autorité et encore moins à celles qu'exigeaient les Allemands. Si Laval s'était entretenu de ces questions avec Bastianini, la conversation aurait forcément glissé sur le sort des juifs déportés. Bastianini savait qu'ils étaient mis à mort dans des chambres à gaz [40]. Laval ne l'ignorait pas, malgré ses dénégations ultérieures, tout comme le maréchal Pétain, ainsi que nous le constaterons plus loin.

Brinon eut la déception de ne pouvoir accompagner Laval au Berghof où l'attendait le Führer en présence de la délégation italienne. Le monologue hitlérien submergea le chef du gouvernement français. Il en ressortait que la règle imposée était simple : le soldat allemand donne son sang ; l'ouvrier français doit donner son travail. Le lendemain, Laval retournera chez le Führer qui exigea de la France une plus grande contribution à l'effort de guerre allemand par un accroissement de la main-d'œuvre destinée au Reich. L'épais dossier apporté par Rochat destiné à nourrir un débat sur l'assouplissement du régime de l'Occupation ne put même pas être entrouvert.

Après cette entrevue stérile où Laval avait été rudoyé mais qui pouvait le renforcer vis-à-vis du maréchal Pétain, Brinon eut droit à un tête-à-tête avec Ribbentrop qui allait présider au château de Klessheim le grand dîner en l'honneur des délégations italienne et française. Ribbentrop, qui aimait remuer le passé, parla de l'avant-guerre et des occasions manquées. Sur le présent, il amplifia par habitude les critiques du Führer à l'égard de la France. Toutefois, Brinon obtint pour lui-même l'autorisation de se rendre prochainement en Russie et de visiter des territoires conquis par la Wehrmacht.

Le communiqué final résuma l'affaire : « ... Les parties ont examiné avec objectivité la part que la France doit assumer dans l'effort et dans les charges nécessaires à l'organisation de l'Europe nouvelle qui incombent aux puissances de l'Axe, dans la lutte contre le bolchevisme et les ploutocraties anglo-américaines alliées avec lui, ainsi que les avantages que vaudra à la France sa contribution [41]. »

CHAPITRE 32

Hitlergruss

Quand Laval et Brinon regagnèrent la France, 53 convois de déportés juifs étaient partis, depuis le début de l'Occupation, à destination d'Auschwitz transportant 51 970 personnes. Après la guerre, on dénombrera 752 survivants [1]. Pas plus au cours de cette dernière visite au Führer que lors des précédentes, Laval n'avait émis la moindre réserve contre la Solution finale dont il était parfaitement informé, ni même n'avait prononcé le mot juif. De son côté, Hitler, n'ayant pas à formuler de réclamation sur cette question, ne l'aborda pas : les autorités françaises coopéraient avec zèle et gérait ce « problème » avec une efficacité qui évitait de prononcer des paroles risquées.

Le point de vue allemand fut exprimé par Knochen à l'instruction de son procès :

« En règle générale, nous n'avons rencontré aucune difficulté auprès du gouvernement de Vichy pour obtenir l'application de la législation juive allemande. La tendance du gouvernement de Vichy étant de procéder lui-même, par ses propres moyens, à l'exécution des lois ou mesures, il a donné les instructions nécessaires aux préfets et aux intendants de police pour que nous soient fournies les listes des juifs français ou étrangers.

» En principe, le Maréchal Pétain était d'accord sur le règlement de la question juive puisqu'il a nommé le premier commissaire général aux questions juives et qu'il a signé le premier train de lois. D'ailleurs, en acceptant la politique de collaboration, il s'était obligatoirement déclaré d'accord sur cette question [...]. J'ai remarqué notamment que dans ses messages ou dans ses lettres adressées à Hitler, il n'a jamais "protesté officiellement" contre les mesures antijuives, pas plus qu'au cours de la réception du général Oberg à laquelle j'assistai.

» Tout comme Pétain, Laval avait accepté de régler la question juive selon nos vues, mais de façon beaucoup plus accentuée étant donné qu'il était le promoteur de la politique de collaboration. Mais Laval a mis avec nous la question juive sur le plan "affaires" et a toujours cherché à s'en servir comme d'une monnaie d'échange. Discutant toujours sur le ton badin, il a fréquemment dit : "Pourquoi ne faites-vous pas travailler les Juifs ? Je vous donne tous les Juifs mais laissez-moi les travailleurs français." Il essayait ainsi d'éviter l'envoi en Allemagne de travailleurs français [...]. En résumé, d'accord sur le fond, Laval a fait de la question juive un marchandage, essayant toujours d'obtenir une contrepartie.

» Lors de l'installation d'Oberg, Heydrich a fait connaître à Bousquet ce qu'il attendait de lui pour le règlement de la question juive. Bousquet n'a élevé aucune protestation, se contentant de faire un rapport à Laval. En règle générale, Bousquet a été dans la question juive, comme dans toutes les autres d'ailleurs, le fidèle collaborateur de Laval, se servant des mêmes arguments et de la même tactique [...]. Bousquet a toujours très fermement insisté pour que toutes les mesures exécutives concernant les Juifs soient exclusivement laissées à la diligence de ses services. Il disait en substance à moi et à Oberg : "Je pense que j'ai votre confiance, laissez-moi faire et tout sera réalisé au mieux des intérêts de tous, mais surtout laissez les Français faire leur police eux-mêmes."

» De Brinon a fidèlement suivi la politique de Laval sur cette question sans prendre une position particulière. Étant marié avec une juive, il s'estimait heureux qu'on ne l'inquiète pas sur ce point et qu'on lui donne satisfaction pour certaines petites faveurs qu'il a demandées pour des amis.

» En conclusion, nous n'avons pas trouvé de difficulté auprès du gouvernement de Vichy pour appliquer la politique juive, et le Commissariat général aux questions juives a toujours fait preuve de bonne volonté. Il a même, à partir du moment de l'arrivée de Darquier de Pellepoix, fait de l'excès de zèle, allant au-devant de nos désirs et pratiquant, à l'occasion, la surenchère[2]. »

Rédigeant sa défense pendant l'instruction de son procès, Brinon fera valoir ses interventions humanitaires auprès des Allemands que Knochen appelait « certaines petites faveurs ». Il notera : « Enfin, quant au sort des israélites, mes difficultés se résument à ceci : que j'ai toujours agi seul sous ma propre responsabilité et à mes propres risques [...]. Faut-il ajouter que la position n'était pas facile étant donné que le Dr Ménétrel affirmait que le Maréchal n'avait pas à s'occuper des juifs, que Darlan au printemps 1942, avait déclaré au général von Stulpnagel qu'il devrait bien le débarrasser des juifs de la zone libre, et que Laval avait affirmé au capitaine Dannecker, en présence de Darquier de Pellepoix, que jamais il ne ferait de démarches pour un juif. Cependant, je suis parvenu jusqu'en juin 1944 à quelques résultats. Tristan Bernard, par exemple[3]. »

Désappointé de n'avoir pu rencontrer le Führer à Berchtesgaden, Brinon espérait être reçu par l'un des plus hauts personnages du Reich à l'occasion de sa prochaine tournée à l'Est. Au mois de mai, il s'en ouvrit au baron von dem Bongart, l'envoyé spécial du Dr Goebbels en France. À l'issue de leurs entretiens portant sur la situation créée par la politique du gouvernement français, il fut décidé que Brinon en consignerait la substance dans une lettre destinée à Goebbels que Bongart se chargerait de lui remettre en mains propres à Berlin, accompagnée d'une demande d'audience en faveur de Brinon.

Brinon rédigea une lettre de vingt-quatre feuillets, exposant en un style vivant et imagé les avatars de la Collaboration. Nous ne pouvons que survoler ce document qui nous permet de cerner son auteur.

Il y a crise, constate-t-il : « Je ne suis pas découragé, cependant l'état actuel de l'opinion et l'inefficacité de notre gouvernement m'inquiètent. Ce n'est pas parce que des milliers d'ouvriers français sont partis travailler en Allemagne que les rapports entre la France et l'Allemagne sont résolus d'une manière favorable. Il n'y a pas eu de Révolution nationale mais "une révolution de panique" consécutive à l'écrasement de la France. Les anciennes élites, loin d'avoir été balayées, sont représentées dans la haute administration et dans les mairies. Les seuls bouleversements politiques nés de la défaite sont l'œuvre de Laval. Les hommes au pouvoir ne sont pas de grands hommes. » Brinon en passe quelques-uns en revue : Darlan, « l'ambition qu'il nourrissait dépassait ses capacités » ; le général Huntziger à la tête des armées, « se perdait dans un jeu d'intrigues » ; le général Giraud, « avant tout extrêmement orgueilleux et extrêmement vaniteux, il est l'instrument des Jésuites* » ; Benoist-Méchin, quoique pro-allemand, était « dépourvu de tout jugement ». Et d'autres encore.

« ... Pour bien comprendre la situation politique en France, poursuit Brinon, il faut connaître le caractère et les traits particuliers du

---

* Brinon reprenait les termes de la lettre que le général Bourret, interné dans la même forteresse que Giraud, lui avait adressée après l'évasion de ce dernier qu'il critiquait en termes acerbes. AN 3 W-106. Lettre du général Bourret, 3 juillet 1942.

Maréchal, chef de l'État Français, et ceux du président Laval, chef du gouvernement, et il faut aussi connaître ce qui les met en opposition. Ils sont tous deux d'origine paysanne, mais malgré cela, ils sont très différents. Le Maréchal est un soldat dont la renommée repose sur sa valeur militaire et son aspect extérieur. Il a toujours méprisé les politiciens, même lorsqu'il s'intéressait lui-même à la politique. En sus, il déteste les francs-maçons comme beaucoup de vieux militaires. Pour parler des politiciens, il s'exprime "avec ironie", ce qui est un trait de son caractère. De cette manière, il encourageait les ennemis du régime. Il n'a jamais appartenu au clan des va-t-en guerre. On dit qu'avant la guerre, il avait des relations avec des hommes des mouvements fascistes. Mais il ne s'est pas opposé assez énergiquement contre la guerre en 1939 en raison de cet orgueil de vieillard qui constitue à présent l'un de ses traits les plus saillants. »

Malgré le rôle irremplaçable de Laval après l'armistice, écrivait encore Brinon, « le maréchal Pétain n'a pourtant jamais témoigné de reconnaissance à ce dernier ». Ce qui l'oppose à Laval, c'est « le profond sentiment de sa dignité personnelle. Toute sa manière de concevoir les choses et même une espèce d'antipathie physique ». Quand Brinon voulut lui parler de Laval quelques semaines après le coup du 13 décembre, Pétain lui dit : « Laissez-moi tranquille avec Laval, il me souffle la fumée au nez et il s'habille trop mal. » De plus, Laval a commerce avec des hommes, anciens parlementaires et hauts fonctionnaires que le Maréchal ne connaît même pas. Il a horreur de l'espèce de révolution conservatrice qui intéresse le Maréchal. Laval, ancien socialiste anarchiste, est avant tout un pacifiste. Si, avant le 13 décembre, Laval n'avait pas eu assez d'égards pour le Maréchal, à son retour au pouvoir, par excès de zèle, il le submerge de détails qui assomment Pétain. Brinon souligne aussi qu'une des raisons actuelles du désaccord entre Pétain et Laval, c'est que Laval a renvoyé l'amiral Platon, sous-secrétaire d'État, antimaçon acharné en qui le Maréchal, par cette raison, avait une grande confiance.

Parlant des décisions imposées par les Allemands et les Français, Brinon remarque : « Comment peut-on s'expliquer que les mesures nécessaires de salubrité prises contre les juifs sont souvent appliquées d'une manière si exaspérante. Des juifs de condition modeste sont durement poursuivis et deviennent ainsi des objets de pitié, alors qu'on rencontre dans les foyers des théâtres des juifs gaullistes et que la juive Mme Simone, sœur de Benda*, cet agitateur de guerre,

---

* Madame Simone, comédienne, romancière et auteur dramatique fort en vue dans la vie parisienne. Julien Benda, romancier et essayiste, excelle surtout dans la polémique.

assiste aux répétitions générales et proclame ouvertement qu'elle ne fera jouer ses propres pièces qu'après la victoire des Anglo-Américains ». Par d'autres exemples, Brinon montre le côté paradoxal, selon lui, d'une politique qui néglige les Français pleins de bonnes intentions au profit de gens qui détestent l'idée même de collaboration.

Constatation d'ordre général : « C'est le malheur de la France à l'heure actuelle de ne pas posséder d'homme de premier ordre. » Doriot ? Non, il n'est pas un idéaliste comme le Führer, mais plein d'appétits de jouissance. Et Brinon s'abandonne à ses sentiments d'incomplétude. Il termine en souhaitant que l'Allemagne laisse agir librement les Français en qui elle peut avoir confiance : « Le résultat serait surprenant ; il serait possible de pousser la France à une entente complète avec l'Allemagne [...]. Il est important que les dirigeants de l'Allemagne nationale-socialiste aient affaire non à des exploiteurs occasionnels mais à des hommes convaincus et courageux. J'espère faire un voyage en Allemagne et sur le front de l'Est au mois de juin. Je veux visiter la Légion des Volontaires Français dont je suis le président et que je voudrais encore étoffer davantage*. Il me serait agréable de pouvoir être reçu par vous à cette occasion[4]. »

Ayant pris connaissance de cette lettre, Goebbels la dépêcha au Führer en spécifiant : « Si je n'approuve pas toutes les déclarations de Brinon, le mémoire est en tout cas écrit d'une façon piquante et spirituelle. Je me permets de vous l'adresser, mon Führer, dans l'espoir qu'il vous intéressera**[5]. »

Pendant les cinq semaines séparant son retour d'Allemagne de son départ pour les territoires de l'Est, Brinon ne relâcha pas son activité malgré des crises de dysurie. Son état recommandait l'ajournement du voyage, mais il lui accordait une importance personnelle l'emportant sur ses malaises. Entre autres activités, il trouva le moyen d'accueillir à Vichy des Légionnaires français qui avaient combattu aux côtés des forces de l'Axe contre les Alliés en Tunisie où la bataille s'achevait maintenant par la déroute de l'armée allemande. Il les félicita d'avoir « en luttant contre les ploutocrates anglo-américains, lutté contre le bolchevisme[6] ».

Autant que les Allemands l'en avaient informé, l'itinéraire de son

---

* Brinon avait été nommé par Laval président de la LVF le 17 février 1943. Le siège social était situé 51, rue des Belles-Feuilles, Paris, 16e.

** Cette lettre de Goebbels et le mémoire de Brinon furent découverts après la guerre dans une caisse métallique appartenant à Goebbels, enterrée au sud-ouest de Berlin.

voyage à l'Est passerait par Varsovie. Quelques jours avant son départ, le 21 mai, parvenait la nouvelle de l'agonie du ghetto de cette ville dont le soulèvement héroïque et désespéré avait commencé le 19 avril, entraînant les quelque trente mille hommes, femmes et enfants survivants d'une population dont trois cent cinquante mille membres avaient été déportés dans les camps de la mort, et qui se prolongea officiellement jusqu'au 16 mai. L'information fut connue en France. Le journaliste Pierre Limagne la consigne dans ses *Éphémérides* : « Le "nettoyage" du ghetto de Varsovie n'est pas terminé. Hier, paraît-il, les SS ont coupé l'eau dans ce quartier et y ont jeté des bombes incendiaires après avoir, les jours précédents, employé pour le réduire l'artillerie. Soutenus et ravitaillés par la population d'autres quartiers, beaucoup de juifs se battaient avec l'énergie du désespoir. Dans plusieurs villes polonaises de province, il est question d'exécution de juifs dans des "salles d'asphyxie" spécialement aménagées[7]. »

Déjà Pierre Limagne consignait un an plus tôt, le 1er juillet 1942 : « En Pologne, depuis le début de l'occupation allemande, quelque sept cent mille juifs auraient été mis à mort, le plus souvent par série[8] ». Il reprenait une information diffusée le jour même par la radio anglaise : « Les Allemands utilisent des chambres à gaz. »

Ce qu'un simple journaliste savait, l'État français le connaissait encore davantage. Outre les services d'écoute branchés sur la planète dont disposait l'État français, les informations parviendront régulièrement à Vichy, pendant toute l'existence du régime, par de multiples canaux privés et officieux, et par les ambassades et légations maintenues en Europe dans les points sensibles : Madrid, Lisbonne, Berne, Budapest, le Vatican, sans parler du flux d'informations en provenance du Nouveau Monde, et naturellement à Berlin et à Paris qui était un petit Berlin.

Il suffit d'examiner ce qui subsiste des dossiers des Affaires étrangères de Vichy pour se rendre compte que l'État français était irrigué par l'information. Des émissaires venaient aussi transmettre oralement des messages à Pétain. Le président du Conseil du Portugal, Antonio Salazar, prenait soin d'alerter le Maréchal et de le mettre en garde contre un engagement trop poussé en faveur de l'Allemagne. Plus communément, la presse française se faisait l'écho, avec la bénédiction de la censure, des mesures radicales prises contre les juifs par des pays soumis au *Diktat* nazi, tels que la Roumanie, sans parler des dépêches d'agences de presse qui faisaient état, dans les pays occupés ou alliés à l'Allemagne, des persécutions contre les juifs. Le dépouillement de la presse allemande constituait également une mine de renseignements, sans omettre les appels à l'assassinat de masse claironnés par Hitler et largement diffusés. Auschwitz n'était pas inconnu : ce nom était prononcé à Paris par les services allemands concernés devant des interlocuteurs comme Laval, Bousquet et Brinon. Ce n'était pas un secret qu'on y déportait les juifs. On trouve même des références à Auschwitz dans un numéro des *Lettres françaises* clandestines (décembre 1943, n° 12). Les Allemands ne faisaient pas mystère aux responsables français de la Solution finale qu'ils déportaient les juifs en Pologne. Dans la bouche même de Laval, de Darlan, de Bousquet et de tant d'autres, l'expression si souvent prononcée à propos de juifs : « Que les Allemands nous en débarrassent [...]. Je vous les donne si vous nous en débarrassez » équivaut à une condamnation à mort parfaitement consciente. N'est-ce pas Laval qui disait à Olivier-Martin, secrétaire général à la Jeunesse, à propos des juifs : « C'est un problème politique. Il y a d'un côté l'Allemagne qui veut les exterminer. Il y a de l'autre côté l'Italie et le Vatican qui sont d'accord pour les protéger[9]. »

Illustraient encore d'une manière plus explicite l'extermination programmée de la communauté juive le spectacle des arrestations en France, la violence avec laquelle on séparait les femmes des enfants, arrachant même les nourrissons aux mères, comment on séparait les familles, comment on vidait les hôpitaux, les asiles de toute leur population juive composée de vieillards, de malades, d'aveugles, d'invalides, avec cette sauvagerie qui unissait la police française à la police allemande et faisait partie de « l'expiation », et comment les documents allemands adressés aux autorités françaises commençaient par cette formule programme : « Dans le cadre de la Solution finale de la question juive... »

En résumé, on peut dire que, pour les dirigeants français, le sort réservé aux juifs se lisait comme dans un livre ouvert.

Une semaine après l'annonce du « nettoyage » du ghetto de Varsovie, Brinon rédigeait, à l'intention du cabinet du chef du gouvernement, un rapport concernant les prisonniers français déportés en Allemagne dont personne n'entendait plus parler. Ce néant impénétrable résultait de l'application du décret *Nuit et Brouillard* édicté par le maréchal Keitel à la fin de 1941 sur l'ordre de Hitler. Il frappait ceux qui dans les pays occupés étaient accusés de menacer la sécurité et les installations des armées du Reich, principalement les membres de la Résistance. Hitler avait estimé que seules la peine de mort ou la disparition étaient de nature à inspirer la terreur et l'intimidation.

Le rapport de Brinon expose la situation des prisonniers civils français déportés en Allemagne, mis au secret pendant six mois, et de ceux passés par la trappe dont on ne sait plus rien : « La situation actuelle des prisonniers civils français détenus en Allemagne est l'un des plus douloureux problèmes posés par l'Occupation aux autorités françaises », écrivait Brinon. Tous les efforts de la Délégation générale ont été vains et se sont heurtés au mutisme allemand. Pas de réponse non plus aux nombreuses notes verbales que Brinon avait adressées aux autorités d'occupation. Il assure qu'il renouvellera ses démarches et proposera d'abord que les prisonniers aient au moins la faculté de donner un signe de vie par une simple phrase stéréotypée, et que les Allemands fassent connaître pour certains d'entre eux la date et le lieu de décès et d'inhumation. Brinon parle aussi de ces Français qui disparaissent surtout à la suite de délations calomnieuses. C'est un rapport au ton élevé [10].

Pendant que Brinon le transmettait au cabinet du chef du gouvernement, Laval n'hésitait pas à dénoncer à Krug von Nidda, ce représentant de l'ambassade d'Allemagne à Vichy, le général Georges, un vieil officier qui fut le deuxième personnage de l'armée pendant la guerre, « susceptible de passer à la dissidence ». Trop tard, le général Georges s'est éclipsé et a franchi clandestinement les mers. Krug von Nidda exige que des membres de sa famille soient internés dans un camp de concentration [11].

Près de mettre le cap sur l'Est, Brinon informa Laval que malgré sa santé déficiente, il ne pouvait différer son départ à cause des engagements pris : « D'autre part, M. le ministre Schleier insiste très vivement pour que j'obtienne du Maréchal non pas seulement la possibilité de parler en son nom aux légionnaires français, mais un texte rédigé et signé par lui. Il serait bon, d'après M. Schleier, que des fac-similés de cette lettre du Maréchal puissent être laissés par moi au bataillon de la Légion engagé sur le front de l'Est. Je vous serais reconnaissant de reprendre à ce sujet la conversation avec le Maréchal et de tâcher d'obtenir de lui un document personnel. Il suffirait d'une condamnation du bolchevisme et de l'expression aussi chaleureuse que possible de la sympathie du Maréchal à l'égard de ceux qui versent leur sang en Russie [12]. » Message suivi d'un autre réclamant une simplification des formalités d'engagement dans la LVF et s'impatientant de n'avoir pas encore reçu la lettre du maréchal Pétain destinée aux légionnaires. Il semble que Brinon ne l'ait pas obtenue, l'idée se faisant jour à Vichy que le sort des armes ne favorisait plus l'Allemagne.

La veille de son départ, Brinon déclara aux journaux parisiens qui donneront un grand retentissement à ce voyage : « Lors de ma dernière visite à Vichy, je me suis longuement entretenu avec le Maréchal. Celui-ci a tenu à souligner le service que les légionnaires rendent à la France en combattant le bolchevisme. Je dois leur remettre quelques cadeaux, tabac et cigarettes marquées à la francisque, qui leur manifesteront la sollicitude du chef de l'État [13]. »

Le 9 juin à la mi-journée, Brinon quitta Paris, invité officiellement par le haut commandement de la Wehrmacht à se rendre auprès de la Légion des volontaires français opérant à l'Est. Ensuite, il serait accueilli à Vienne par Baldur von Schirach à l'occasion du congrès de la presse européenne. Un voyage qui allait durer trois semaines et couvrir 9 000 à 10 000 kilomètres.

Dans sa suite figuraient notamment le colonel Puaud, destiné à prendre le commandement des trois bataillons de la LVF opérant en Russie blanche et deux journalistes renommés, en symbiose complète avec l'Allemagne nationale-socialiste, Robert Brasillach et Claude Jeantet qui avaient obtenu du Dr Eich, délégué de la *Propagandastaffel* à Paris, l'autorisation d'être du voyage. À son retour, Brinon fera connaître que s'il avait choisi ces deux journalistes pour retracer son périple, c'est que depuis toujours ils défendaient une politique qui correspondait le mieux aux intérêts de la France et de l'Europe.

Brinon arriva en gare de Berlin dans la matinée. Parmi les officiels venus l'accueillir figurait le Dr Bran de la Société germano-française et directeur des *Cahiers franco-allemands* publiés avant la guerre.

Il demeura deux jours à Berlin, hôte officiel de Ribbentrop absent de la ville. Il fut reçu par le club de la presse et des représentants de la Wehrmacht. Comme il l'avait souhaité, il eut un long entretien avec le Dr Goebbels dans une effusion d'idées convergentes. Quant au colonel Puaud, il était allé se recueillir à Potsdam devant le tombeau du Grand Frédéric, devenu le saint protecteur des entreprises guerrières vichystes à l'Est, et il avait prononcé un éloge dont l'emphase prêtait à rire.

De Berlin, accompagné de la même équipe, Brinon se rendit en Pologne, terre de l'horreur absolue, où régnait toujours Hans Frank, le gouverneur général de ce pays qui avait perdu jusqu'à son nom : le « roi Frank », ou encore le « Royal Frank », titres qu'on lui décernait à Berlin dans les cercles dirigeants sur un ton de plaisanterie admirative.

Ils effectuèrent une première halte à Lódz, germanisée sous le nom de Litzmannstadt. Pour les Allemands, cette ville industrielle était surtout un réservoir de main-d'œuvre servile constitué par l'immense ghetto où sur les cent cinquante mille juifs enfermés à l'origine, cinquante mille avaient déjà été déportés au camp de Kulmhof où ils avaient été mis à mort. Les survivants – ceux qui ne mouraient pas d'inanition, de maladie ou d'épuisement – seront tous exterminés dans les chambre à gaz d'Auschwitz en août 1944. Quittant Litzmannstadt, Brinon et ses compagnons traversèrent la grande plaine de Pologne jusqu'à Radom dont le ghetto avait la particularité d'être scindé entre deux différents districts de la ville et entouré d'un mur de style moyenâgeux, attestant, comme s'en vantaient les autorités allemandes, que, partout où elle régnait, l'Allemagne cultivait le goût des arts. Des écriteaux avertissaient que tout juif qui sortirait du ghetto serait exécuté. C'est à Radom qu'Oberg avait exercé son autorité avant d'être promu en France chef supérieur de la SS et de la police. Quand, après la guerre, il sera interrogé sur ses activités à Radom, il assurera que les Juifs étaient heureux dans le ghetto où « les policiers juifs portaient de très beaux uniformes », et que Radom était une ville sans histoire, ajoutant même qu'il n'y avait pas de mesures prises contre les Juifs [14] ». Lorsque Brinon et ses compagnons firent halte à Radom, le ghetto était vide et tous ses habitants avaient été acheminés vers les camps de la mort.

Quelques mois plus tôt, la *Gazette de Cracovie* reproduisait un discours du gouverneur général Frank proclamant : « Le fait que nous condamnions un à deux millions de Juifs à mourir de faim, cela va de soi. Il est entendu que si ces Juifs ne meurent pas de faim, cela aura probablement pour conséquence d'accélérer, d'activer les mesures dirigées contre eux [...]. Celui qui passe aujourd'hui par Cracovie, Lvóv, Varsovie, Radom ou Lublin doit reconnaître en toute justice que les efforts des autorités allemandes ont été couronnés de succès : on ne voit presque plus de Juifs [15]. »

Près de Radom se trouvait le camp de Kruzina, base de la Légion des volontaires français, où l'entraînement s'effectuait sous la férule d'instructeurs de la Wehrmacht. Entouré d'officiers allemands, Brinon passa en revue la troupe alignée au carré. Parmi tant de casquettes on distinguait le képi du colonel Puaud qui portait au côté une épée qui raclait presque le sol. Les légionnaires français étaient couverts de l'uniforme *feldgrau* et du casque au bord enveloppant de l'armée allemande. Le vent animait à un grand mât le drapeau à croix gammée.

De sa voix brève et nasillarde qui prenait un ton de commandement, Brinon délivra la bonne parole et s'intéressa à tous les détails, fort à l'aise dans son rôle de président de la Légion. Des propos martiaux furent échangés. Naturellement, le nom du maréchal Pétain fut rabâché et la sollicitude de « l'illustre soldat » à l'égard des légionnaires hautement soulignée. Brinon distribua une grande partie de la provision de tabac et de cigarettes marquées de la francisque qu'il transportait dans son bagage.

Toujours avec la même escorte, il se rendit à un petit cimetière militaire et, devant les croix de bois, il fit le salut hitlérien (*Hitler-gruss*), un salut qu'il exécutait ouvertement depuis le début de l'Occupation, sauf à Vichy. Ensuite, il fit dans un hôpital la tournée des blessés de la LVF. Ils avaient disposé sur une tablette quelques photos d'êtres chers, parmi lesquelles on remarquait celles de Hitler et de Pétain[16].

Curieux statut personnel que celui de Brinon : il était président de la LVF dont les membres avaient prêté serment de fidélité à Hitler, « Führer germanique »... À chaque halte, il était reçu par des militaires allemands auxquels se mêlaient des officiers SS de la sécurité. Pendant les repas, les éclats de voix montraient que l'on était entre hommes, et des plus virils. *Prosit !* Pour ne pas être en reste parmi tous ces uniformes, Brinon avait revêtu sa tenue des grandes tournées guerrières inaugurée lors de son premier voyage en octobre 1941, ajoutant seulement sur sa veste d'ambassadeur un écusson orné de l'aigle impériale, l'emblème de la LVF. Sa casquette de diplomate l'apparentait aux plus hauts grades.

Le temps était venu de s'enfoncer dans le paysage, de gagner par le chemin de fer des secteurs opérationnels. Le convoi fut aiguillé sur la ligne de Moscou et traversa la Russie blanche (Biélorussie) où guerroyaient de petites unités de la LVF. Les officiers allemands qui assuraient la maîtrise du voyage avaient placé Brinon et ses équipiers sous la réglementation militaire, mais Brinon nota qu'on le traitait comme un général en lui glissant sous le fessier une couverture pliée en quatre pour amortir la dureté de la banquette en bois. Dans leurs costumes avachis par le voyage, Brasillach et Jeantet éprouvaient une forte émotion à l'ombre des uniformes allemands. Loin des officines parisiennes de la Collaboration, ils avaient l'impression de vivre une splendide aventure.

Ils descendirent tous à Moghilev et, cahin-caha, atteignirent le secteur où cantonnait la LVF. Les légionnaires ne se battaient plus sur le front depuis les hécatombes qui avaient saigné leurs rangs dès les premiers engagements au cours d'un hiver russe quasiment polaire. Encadrés par des détachements allemands, ils apprenaient à affronter les traquenards de la campagne russe où les partisans les harcelaient. Ils pénétraient dans de misérables hameaux aux isbas rudimentaires et où la soldatesque allemande avait déjà sévi. Quand ils capturaient des partisans, femmes et hommes, les Allemands les pendaient de préférence devant les populations contre lesquelles ils se livraient à de féroces représailles.

À l'entrée du village où Brinon était attendu, on avait dressé en guise de bienvenue un arc en bois orné de feuillage sur lequel flottait la croix gammée. Un *Oberleutnant* corpulent et dont les énormes mains saillaient des manches d'un uniforme trop ajusté s'avança vers lui : Jacques Doriot était là, dans son appareil guerrier. Il avait proclamé sa fierté de combattre aux côtés des Allemands sur les chemins parcourus autrefois par la Grande Armée de Napoléon. Brinon le congratula et se fit initier à la guérilla. Il écouta et, si nous ignorons ce qu'on lui dit, nous avons lu ce qu'il rapporta à son retour en France. Quels renseignements recueillit-il sur les partisans ? Ainsi : « Ils existaient de tout temps, faisant œuvre de pillage, attaquant les convois et rançonnant des villages entiers. Actuellement, ces bandits sont ravitaillés par le commandement de l'armée Rouge. Ils dépendent d'une organisation qui siège à Moscou. Ils agissent principalement en posant des mines, en sciant des poteaux des lignes téléphoniques et télégraphiques, en tendant des embuscades. » Brinon affirmait que les paysans russes qui peuvent quitter la zone soviétique se réfugient dans les secteurs tenus par les Allemands « où ils sont beaucoup plus heureux [17] ».

Comme prévu, Brinon, à qui la troupe rendit les honneurs, distribua ce qui lui restait de tabac et répéta les bonnes paroles du Maréchal. Omniprésents, les Allemands approuvaient. Le moment culminant se produisit quand Brinon décora Jacques Doriot de la Croix de guerre légionnaire, une médaille frappée de deux épées croisées. Tout ce cliquetis donnait lieu au *Hitlergruss*, et Brinon levait le bras d'un jet.

On trinqua à la gloire du nouveau promu et celui-ci se montra fort aimable bien qu'il détestât Brinon, sentiment réciproque... Malgré leur antipathie, il y avait entre eux la complicité que crée l'adhésion totale à la même cause. Quand, trois mois plus tôt, Doriot, avec un sens inné de la mise en scène populaire, avait annoncé à ses partisans qu'il repartait pour le front russe, toute une pléiade de collaborationnistes lui avait rendu hommage dans le journal doriotiste *Le Cri du peuple*. Parmi les signataires, Fernand de Brinon.

Ce fut dans ces circonstances que Brasillach et Doriot posèrent ensemble pour une photographie qui fit date dans les annales de la Collaboration. À côté de l'intellectuel maigrelet, le mastoc *Oberleutnant* Doriot écrasait la pellicule. Lui qui aimait tant évoquer le souvenir du Grand Empereur devait connaître ce mot de Napoléon : « On devient l'homme de son uniforme », que certains légionnaires citaient quand leur moral était affecté par le port de la tenue militaire allemande qui les privait de patrie*.

Après ces rites guerriers, Brinon et son escorte prirent le train pour Smolensk d'où les Allemands, deux ans avant, avaient cru pouvoir s'élancer vers Moscou. De là, il se rendit dans la forêt de Katyn dont le nom s'était répandu à travers le monde un mois plus tôt quand, le 13 avril, le haut commandement allemand avait annoncé la découverte d'un charnier où gisaient les restes de milliers d'officiers polonais, tous tués d'une balle dans la nuque. La propagande allemande dénonça ce massacre perpétré par le régime soviétique. Dans les pays occupés, les Allemands sommèrent les autorités de déléguer à Katyn leurs meilleurs experts afin de vérifier en toute indépendance les indices suffisamment nombreux désignant les coupables. Brinon fut invité par l'ambassade d'Allemagne à obtenir de son gouvernement d'envoyer à Katyn le Dr Paul, fameux médecin légiste, afin qu'il puisse, avec d'autres collègues étrangers, examiner les corps. Pressenti, le Dr Paul fit connaître qu'il aurait accepté s'il n'avait pas été retenu à Paris par ses occupations. L'ambassade d'Allemagne insista auprès de Laval qui demanda à Gabolde, le nouveau garde des Sceaux, de contraindre le Dr Paul[18]. À la fin, c'est Brinon qui se rendra à Katyn.

Des prisonniers russes en guenilles et affamés étaient employés à déterrer les cadavres décomposés des officiers polonais. Environ un millier avaient déjà été extraits sur un total qu'on chiffrait à dix mille. Une séquence filmée montre Brinon dans sa tenue d'ambassadeur-soldat au bord des fosses puantes. Quelques officiers allemands l'entourent, parfaitement à l'aise tandis que lui-même presse un mouchoir contre son nez.

Certains Allemands, engagés dans d'autres massacres, estimaient que Katyn était peu de chose en comparaison de leurs propres agissements qui dépassaient tellement l'entendement que s'ils étaient divulgués personne ne pourrait le croire. En témoigne un document émanant du commissaire du Reich pour les territoires occupés de l'Est rédigé peu après la découverte du charnier de Katyn :

---

* Au moment où Brinon rencontrait les Légionnaires, loin de là, à Versailles, le commandant Siméoni, qui avait commandé un bataillon pendant cinq mois, achevait de rédiger son rapport. Il écrivait qu'il ne voyait en la LVF qu'une force mercenaire au service d'une Wehrmacht méprisante et se composant surtout d'individus tarés qui, sous l'uniforme allemand, se dénationalisent. Parmi les cadres les plus immoraux, il citait l'aumônier, Mgr Mayol de Lupé. AN 3W 110. Rapport du commandant Siméoni, 24 juin 1943.

« Le commissaire général Kube* nous a fait parvenir les rapports ci-joint, dignes d'une attention particulière :

» Il n'y a pas lieu de discuter la question du traitement spécial infligé aux Juifs. Il est difficile de croire qu'il puisse se passer des choses telles qu'elles ressortent du rapport du 1er juin 1943. Qu'est-ce que Katyn auprès de ces faits ? Imaginons que ces agissements viennent à être connus de l'ennemi et qu'il veuille en tirer parti pour sa propagande ! Il est probable que celle-ci resterait sans effet pour la bonne raison que ni les auditeurs ni les lecteurs ne pourraient y ajouter foi.

» La lutte contre les bandes de partisans revêt elle aussi des formes extrêmement critiques, bien que notre politique vise à la pacification et à l'exploitation des territoires [...]. Il n'en est pas moins possible d'éviter des cruautés et il siérait d'enterrer les personnes liquidées. Enfermer dans des granges des hommes, des femmes, des enfants et y mettre le feu ne me semble pas une méthode convenable même si l'on a l'intention d'exterminer la population [19]. »

Sur le chemin du retour, Brinon et les siens retraversèrent la Pologne jusqu'à Varsovie où ils firent étape. Jeantet publiera dans *Le Petit Parisien* un article assurant que les destructions de la ville étaient minimes. En réalité, des espaces béants marquaient l'emplacement de constructions effondrées. Mais surtout s'étendaient les décombres du ghetto qui fumaient encore un mois plus tôt à la suite de ce que Himmler avait appelé la « *Grossaktion* de Varsovie ». Le spectacle de la rue était à lui seul édifiant. Le regard de Brinon ne pouvait éviter les silhouettes grises d'une population endurant la faim et les privations.

Ils revinrent à Berlin où la petite délégation de la LVF qui avait été du voyage prit congé. Brinon fut reçu avec déférence et put avoir de nombreux entretiens sur le thème de la Collaboration. Il puisa dans son catéchisme politique des paroles du maréchal Pétain que les Allemands approuvèrent bruyamment. Brasillach et Jeantet constatèrent avec soulagement que la population était toujours confiante malgré l'interminable guerre et l'intensification des bombardements. Encore sous l'emprise de sa campagne de Russie, Brinon fit part de ses appréciations au correspondant de l'agence allemande Transocéan. Il se dit frappé par l'attitude impeccable des troupes allemandes : « Leur discipline est parfaite. » Il a été également ment « très impressionné par le travail de pacification que font les

---

* Wilhelm Kube, commissaire général en Russie blanche, assassiné en 1943 par une servante russe.

Allemands derrière le front. Ce travail est couronné des plus grands succès et présente un intérêt capital pour le sauvetage de l'Europe. » Il parla du souci des Allemands de rouvrir les églises en URSS. Passant à un autre sujet, Brinon déclare : « Nous n'oublierons jamais l'Afrique du Nord et l'Afrique occidentale française car l'Empire est pour la France une nécessité vitale. Je suis certain que nous pourrons reconquérir notre Empire dès que nous aurons conquis la confiance de l'Allemagne et que nous serons redevenus forts[20]. »

La phase principale de son séjour à Berlin fut la visite qu'il rendit au foyer des travailleurs français à l'occasion d'une représentation de gala donnée par d'anciens prisonniers de guerre qu'on appelait des « travailleurs transformés ». Brinon harangua l'assistance sans invoquer, dira-t-il, « ni ma qualité de membre du gouvernement ni ma qualité d'ambassadeur, mais tout simplement ma qualité d'homme qui a toujours lutté pour le rapprochement de l'Allemagne et de la France et qui n'a jamais varié ». Il prêcha l'entente entre travailleurs français et allemands et, parlant de son voyage à l'Est, il mit en opposition le faste officiel de l'Union soviétique et la misère des masses. Quant au charnier de Katyn, « je puis vous affirmer que cela dépasse en horreur toutes les imaginations ». Il faut en finir avec le régime communiste : « Cela, le gouvernement du maréchal Pétain l'a fort bien compris et c'est la raison qui l'a déterminé à créer la Légion des volontaires français[21]. »

Après l'intermède berlinois, Brinon, accompagné de Jeantet et de Brasillach, prit le train de Vienne où se tenait le congrès de la presse européenne réunissant les journalistes des pays sous domination allemande et des pays neutres tels que la Suisse, la Suède et des alliés au premier rang desquels figurait l'Italie. Brinon était l'hôte de Baldur von Schirach. L'avantageux ancien Führer de la Jeunesse hitlérienne était devenu Gauleiter et *Statthalter* (gouverneur) de Vienne.

Comme Abetz, Schirach s'était gardé de revêtir l'uniforme du combattant. Loin du front, il était toujours aussi grassement épanoui, aussi démonstratif, et riait toujours aussi fort en secouant la tête. Brinon fut logé à l'hôtel Neu Bristol, là même où il avait pris gîte lors des événements de l'*Anschluss*. Le Dr Goebbels avait chargé le baron von dem Bongart d'être le cicérone de Brinon également l'objet d'égards de la part du Dr Dietrich, vieux compagnon du Führer, chef des services de presse du Reich, qui organisa un banquet où il occupa la place d'honneur. On le couvrit d'attentions, on veilla à son bien-être. Brinon le consignera.

Bongart lui présenta un officier SS, proche collaborateur de Himmler, qui retint particulièrement son attention. Le *Standarten-*

führer (colonel) Eugen Steimle que Brinon qualifie du « plus intelligent des dirigeants politiques de la SS qu'il m'ait été donné de rencontrer[22]. » Eugen Steimle, qui témoignera sa compréhension à l'égard de la France et tendra la main à Brinon, avait commandé l'un des *Einsatzkommandos*, unités mobiles spécialisées qui suivaient la Wehrmacht en Russie et tuaient les juifs en masse. L'unité de Steimle, opérant en Ukraine, massacra cinquante mille personnes*.

À la fin du congrès, auquel participait l'écrivain norvégien Knut Hamsun, la propagande allemande avait exalté l'établissement d'une Europe nouvelle. Brinon partit alors pour Salzbourg. Il fut somptueusement hébergé à l'hôtel de l'Europe. Un envoyé de Ribbentrop le conduisit à une vingtaine de kilomètres à l'est de la ville, au château de Fuschl, magnifique résidence du ministre des Affaires étrangères allemand, située sur le bord d'un lac, où il était convié à déjeuner. Comme d'autres dignitaires nazis, Ribbentrop s'était octroyé une habitation à proximité de Berchtesgaden afin de répondre à toute convocation du Führer quand celui-ci s'y trouvait.

Il existe une photo montrant Ribbentrop presque de dos, en tenue de gentleman farmer, à l'instant où il accueille Brinon qui apparaît de face dans l'embrasure de la porte, le sourire suave et le regard adouci.

Les rencontres privées entre Brinon et Ribbentrop se passaient en conversations à bâtons rompus où l'on accordait plus d'importance aux hommes qu'aux événements, les Allemands ayant surtout besoin d'exécutants fiables. Les principaux acteurs de Vichy furent passés au crible. Brinon fournissait les renseignements qui pouvaient éclairer Ribbentrop. Leurs relations n'étaient pas marquées par cet « esprit de camaraderie » qu'affectionnaient Abetz et tant d'autres Allemands, mais empreintes d'une certaine suffisance mondaine par laquelle ils pensaient tous deux se distinguer du lot courant.

Encore une fois, Brinon transita par Berlin. Il y rencontra Abetz fort discret sur lui-même, mais éclatant de santé et ne pouvant faire accroire qu'une maladie l'éloignait de Paris. Il continuait à suivre les affaires de France, toujours consulté sur les questions épineuses. Précautionneux, il avait réuni les pièces nécessaires à la rédaction d'un volumineux rapport sur « les relations franco-allemandes depuis l'armistice et leurs répercussions sur le développement de la situation militaire en Méditerranée et en Afrique du Nord ». Il en ressortait

---

* Après la guerre, Eugen Steimle sera condamné à mort par un tribunal américain. La peine sera commuée en vingt ans de prison. Raul Hilberg, *La Destruction des Juifs d'Europe*, trad. fr., Fayard, 1988.

qu'il avait obéi scrupuleusement aux ordres : affaiblir la France en la divisant et en dressant les Français les uns contre les autres ; imposer la politique de collaboration qui permettait l'exploitation, au profit de l'Allemagne, des ressources naturelles et industrielles du pays ; interdire à jamais la reconstitution d'une force militaire ; œuvrer d'une main de fer à la Solution finale. « La collaboration avec le gouvernement français a été favorisée par le fait que Fernand de Brinon a exercé dans les premiers mois les fonctions de délégué de la vice-présidence du Conseil et du ministère des Affaires étrangères envers l'ambassade et le commandant militaire et qu'à la suite de notre exigence il a été chargé, le 17 décembre, de l'ensemble de la direction de la Délégation générale du gouvernement français dans les territoires occupés[23] », écrira-t-il.

Devant des résultats aussi concluants, les reproches faits à Abetz tels que de rédiger en allemand et en français les invitations de l'ambassade n'étaient que billevesées. Toutefois, ses relations avec Hitler ne connaissaient plus la périodicité des débuts de l'Occupation : « Avec le Führer, la grande force d'Abetz était d'être reçu relativement souvent par Hitler, témoignera le Dr Eugen Feihl, attaché de presse à l'ambassade d'Allemagne. Comme déjà dit, Abetz était très rusé et se servait souvent d'astuces pour approcher le Führer ou son entourage. Il cherchait surtout à intéresser Hitler en flattant sa vanité et ses goûts. Quand il allait le voir, il lui apportait toujours des plans d'une nouvelle ambassade qu'il avait formé le projet de faire construire à Paris et qui s'étendrait du Petit-Palais à la place de la Concorde. D'autre part, connaissant le penchant de Hitler pour les dessins grivois, il nous faisait toujours préparer, avant son départ, une quantité importante d'exemplaires du Rire, La Vie parisienne, Frou-Frou, etc., tous illustrés et contenant des images obscènes[24]. » Le goût de Hitler pour les dessins pornographiques fut confirmé par un nommé Venceslas Abert, dessinateur, qui avait créé une revue, Paris toujours, subventionnée par l'ambassade d'Allemagne et qui avait reçu d'Abetz la consigne de publier des dessins licencieux. « Le Führer aime bien cela[25] », disait-il.

Brinon rentra à Paris. Le ministre Schleier l'attendait sur le quai de la gare de l'Est, accompagné de personnalités allemandes et françaises parmi lesquelles le préfet de police. On remarquait, coiffé de son inusable chapeau noir à bord roulé, le visage grêlé, appuyant sa haute stature sur une canne, Westrick, cet Allemand ténébreux qui représentait l'autorité d'occupation auprès de la LVF et en était le vrai patron. Dans son rapport, dont nous avons déjà parlé, le commandant Siméoni de la LVF parlait de Westrick en ces termes :

« Un individu d'une amoralité complète, cultivant comme en serre et à plaisir tous les champignons vénéneux dont, par politique et par goût, il aime à s'entourer et qu'il aime à faire pousser[26]. »

Brinon rendit compte aussitôt de son voyage à Laval moins intéressé par les reportages que soulagé d'entendre que les Allemands n'avaient élevé contre lui aucune critique sérieuse.

Convié par Pétain qui passait des vacances à La Bourboule, Brinon se rendit à la villa qu'occupaient le Maréchal, son épouse et le Dr Ménétrel qui n'avait rien perdu de son habitude d'écouter aux portes. Brinon balança l'encensoir en rapportant au maréchal Pétain les propos révérencieux tenus par les généraux allemands sur sa personne. Une fois encore, le Maréchal approuva le combat que l'Allemagne menait contre l'URSS pour la défense de l'Europe.

Ce devoir accompli, Brinon livra ses impressions à la presse. Il loua l'Allemagne qui défend la civilisation européenne contre le bolchevisme et se moqua « du haut et du bas clergé » qui, en France, croit que « le bolchevisme a pu évoluer[27] ». Il parla de la « guerre officielle » que mène la Wehrmacht par une « pénétration pacifique », soulignant que la conquête allemande vise à rallier le plus grand nombre possible de Soviétiques. « Elle y réussit admirablement[28]. » Abordant son déplacement dans la forêt de Katyn, il parla de « vision dantesque », d'« une barbarie qui n'a guère d'exemple dans l'histoire de l'humanité ». Négligeant la version officielle qui comptabilisait alors cinq à six mille victimes, il évalua devant la presse le nombre des officiers polonais abattus entre soixante mille et cent mille. Il émit deux réflexions surprenantes : « J'estime que dans les circonstances et étant donné l'ampleur de ce charnier, la propagande allemande n'a peut-être pas fait assez de publicité. » Il ajouta : « Devant le charnier de Katyn, on ne peut se détacher d'une impression : le principal responsable de ces horreurs est le président Roosevelt, car rien n'empêchait la Pologne de conclure un règlement pacifique avec l'Allemagne[29]. »

De son voyage, il tira une ligne de conduite : « Il faudrait que la population française se rendît compte des réalités. Ainsi que l'a dit le président Laval, ce qu'on attend de la France, c'est qu'elle pense avant tout à maintenir l'ordre sur son territoire. Car, en cas de tentative de débarquement, l'armée allemande est en droit de nous demander d'assurer l'ordre sur ses arrières. Si la population savait comprendre, bien des choses seraient possibles[30]. »

Pendant que Brinon s'épanchait devant la presse, des événements décisifs se produisaient. Son voyage en Russie blanche s'était effectué vers la fin de la relative accalmie posthivernale observée par les belligérants. Délai au cours duquel les deux camps massèrent des forces considérables. L'offensive préparée par le haut commandement allemand fut déclenchée le 5 juillet sur le front du centre. Elle était destinée à réduire ce qu'on appelait le saillant de Koursk qui était comme la pointe avancée des armées soviétiques et formait un arc dont la courbe s'étendait sur près de 600 kilomètres. Le haut commandement allemand savait que cette offensive, même victorieuse, ne permettrait plus de vaincre l'Union soviétique et que toute victoire totale était désormais exclue.

L'offensive allemande, attendue par les Soviétiques, se développa avec des succès inégaux. Cinq jours après son commencement, les Anglo-Américains débarquaient en Sicile en prélude à l'invasion de la péninsule italienne, ouvrant un second front en Europe.

CHAPITRE 33

Une promenade du maréchal Pétain

Au retour de son périple à l'Est, Brinon constata que le pessimisme régnait à l'ambassade d'Allemagne. Schleier s'en faisait l'interprète quand il écrivait à Ribbentrop : « Les Français ne croient plus à notre victoire et même de nombreux partisans convaincus de la politique de collaboration sont devenus chancelants. Laval, lui, y croit toujours et tire de cette conclusion que les forces et les capacités de la France doivent être engagées totalement en faveur de l'Allemagne. Le prestige et la mystique du maréchal Pétain n'ont sans doute plus une signification très substantielle pour la grande masse des Français [...]. La Collaboration pratiquée par les amiraux, les généraux, les gens de l'entourage de Pétain n'était pas affaire de conviction mais d'opportunisme. Au quotidien, Laval s'appuie sur une police et une administration auxquelles il peut donner des ordres mais est impuissant à exiger d'elles un appui politique. D'où la nécessité de les ménager. Au fond, Laval est en proie à la solitude dans un milieu hostile. » Pourtant la France est calme, dans l'ensemble, en dépit de l'agitation mineure, somme toute, de jeunes réfractaires. Face à l'éventualité d'un débarquement, il faut un ministère Laval élargi où entreront des personnalités que le maréchal Pétain a jusqu'à présent repoussées par antipathie personnelle ou pour toute autre raison. D'où la nécessité de faire des concessions allemandes simultanément[1].

Brinon se retrouva dans la tourmente des dernières exigences allemandes concernant de nouveaux contingents de Français destinés à partir travailler dans le Reich.

À peine revenu au pouvoir Laval, désireux d'acquérir la reconnaissance et la protection de l'Allemagne, s'était empressé d'adresser à Abetz une lettre qui ouvrait des abîmes, et il l'avait prié de la communiquer au Führer « comme témoignage de la sincérité du gouvernement français ». Il écrivait : « ... L'Allemagne a mobilisé pour la plus grande bataille de l'Histoire les éléments les plus jeunes de son peuple et elle a, par conséquent, besoin d'hommes. Je comprends ces nécessités et je suis disposé à mettre mon concours à votre disposition. En conséquence, je désire que les Français prennent aussi nombreux que possible dans vos fabriques la place de ceux qui partent pour le front de l'Est [...]. Je ferai de mon mieux dans ce sens, et je vous prie de m'aider à établir les bases psychologiques qui pourraient faciliter mon action [2]. »

Comme à l'ordinaire, Brinon s'était affairé, et la première opération de la relève – un prisonnier libéré contre trois ouvriers partant en Allemagne – fut rapidement mise sur pied. Il annonçait à Laval : « J'ai eu ce matin un entretien avec monsieur l'ambassadeur Abetz auquel j'ai fait part immédiatement de votre désir de voir le premier convoi de prisonniers rapatriés arriver le plus vite possible. Je lui ai exposé que ce serait pour le succès du recrutement de la main-d'œuvre à envoyer en Allemagne la meilleure et la plus efficace des propagandes. M. Abetz m'a exprimé l'identité de ses vues [3]. »

Derrière ces mesures se profilait le Gauleiter Sauckel qui, promptement, se carra sur le devant de la scène. Nommé par Hitler en 1942 ministre plénipotentiaire de la main-d'œuvre dans les territoires occupés, le Gauleiter Fritz Sauckel, ayant jugé insuffisants les résultats obtenus en France, imposa la création du Service du travail obligatoire (STO) qui frappa d'abord la totalité des classes 1921 et 1922 [4]. En trois *Aktion* successives, il avait exigé le départ en Allemagne de 840 000 travailleurs français. Environ 420 000 avaient été fournis.

Dès la parution de la loi sur le STO, Brinon prit une position ferme face aux obstructions. Il dénonça la complicité de certains médecins qui déclaraient des ouvriers inaptes et il écarta tous les actes propres à envenimer les relations franco-allemandes et qui empêchaient l'application des décrets et réglementations. De son côté, Laval adressa aux préfets en février 1943 une circulaire prescrivant d'utiliser toutes les forces de police dont ils disposaient afin de rechercher les réfractaires et, pour resserrer les mailles du filet, il institua une carte de travail destinée aux classes 1920, 1921, 1922 dont le port était obligatoire. De son côté, Bousquet, après de longs entretiens avec Oberg, engagea la police française à forcer les travailleurs à se présenter aux bureaux d'embauche allemands [5].

Quand Brinon revint de son voyage en Allemagne et dans les territoires conquis, Sauckel avait organisé une quatrième *Aktion* ordonnant que un million de travailleurs supplémentaires soient soumis au

Service du travail obligatoire et affectés à des usines servant l'industrie de guerre allemande, et que cinq cent mille autres partent en Allemagne. Ce programme tomba pendant une période où des événements retentissants se produisaient en Italie. Au cours de la dernière semaine de juillet, Mussolini avait été destitué par le roi d'Italie et arrêté. Le parti fasciste était dissous. Le vieux maréchal Badoglio, un antifasciste, avait formé un gouvernement dont la tâche essentielle consisterait à conclure un armistice avec les Alliés. Ces faits secouèrent le milieu vichyssois, et Laval tout le premier. Brinon informa immédiatement les Allemands de l'attitude nouvelle de Laval. Le 28 juillet, dans la soirée, Kaltenbrunner, qui avait succédé à Heydrich à la tête du RSHA, se rendit à Paris afin d'étudier la situation créée par le comportement attentiste de Laval et de vérifier si les informations communiquées par Brinon étaient exactes. « Schleier fit la remarque qu'il considérait comme exagérées les informations de Brinon, comme c'était souvent le cas. Il défendit le point de vue que Laval ne serait en aucun cas aussi déraisonnable pour modifier actuellement d'une manière si fondamentale et décisive sa position dans un moment aussi précaire, nota Kaltenbrunner. Malgré les exhortations du SS *Gruppenführer* Oberg, et les miennes, il n'a pas été possible de le convaincre que Laval cherchait à obtenir de l'Allemagne, en faisant peser le changement de gouvernement survenue en Italie, des avantages en nature pour l'avenir de la France [6]. » Les interlocuteurs constatèrent aussi que Bousquet, pièce essentielle de leur politique exécutive en France, avait reçu de Laval l'avis de prendre en compte les événements d'Italie.

Au lendemain de cette réunion, Laval et Sauckel s'affrontèrent par des entretiens qui se prolongèrent pendant deux jours. Laval résista à l'envoi de cinq cent mille travailleurs en Allemagne. Brinon, présent, dut jouer de sa physionomie car Sauckel put écrire, après avoir vilipendé Laval : « Il ne m'a pas échappé que l'ambassadeur de Brinon a été lui aussi impressionné de la façon la plus pénible par l'attitude de son président du Conseil [7]. » À l'issue de cet affrontement, Sauckel affirma que le gouvernement français ne désire plus réellement aider l'Allemagne dans son combat contre le bolchevisme et qu'il va l'annoncer au Führer. Comme Brinon contestait devant Schleier le point de vue de Sauckel et invoquait l'impossibilité d'annoncer présentement à la population de nouveaux prélèvements considérables en main-d'œuvre, Schleier rétorqua que dans l'immédiat il fallait en mettre deux cent mille à la disposition de Sauckel pour le faire patienter. Brinon répondit qu'il transmettrait ces indications « à toutes fins utiles [8] ».

Le jour suivant se tint à Vichy le Conseil des ministres. Pétain, qui l'année précédente se félicitait devant Walter Stucki, le ministre de Suisse, que l'envoi d'ouvriers en Allemagne le débarrassait de communistes, s'affirma hostile à tout départ d'hommes et de femmes supplémentaires. Aussitôt après, comme de coutume, la peur des Allemands amena le Maréchal et Laval à rechercher un compromis. Assistant au Conseil en tant que secrétaire d'État, Brinon en rapporta le détail au SS *Haupsturmführer* Geissler qui avertit par télégramme Sauckel, toujours à Paris : « Je viens de m'entretenir avec Brinon dans sa chambre d'hôtel. Il m'a déclaré que le Conseil des ministres de ce jour n'a pas été un bien joli spectacle. On se serait cru reporté au temps du plus mauvais parlementarisme [...]. Brinon ajoute que Laval s'oppose effectivement à laisser partir un seul ouvrier français de plus. Il acceptera la demande aux termes de laquelle le million de travailleurs français réclamé par le Gauleiter Sauckel doit être employé en France pour l'industrie d'armement. Le Maréchal est lui aussi opposé à l'envoi ultérieur d'un seul ouvrier. Brinon est arrivé à Vichy dès cet après-midi à 16 heures et il s'est rendu immédiatement auprès du Maréchal pour essayer d'influencer ce dernier. Il me dit qu'il ne peut absolument rien obtenir car le Maréchal avait déjà subi l'influence de son entourage dans le sens contraire [9]... »

L'ambassade d'Allemagne dont le système politique reposait sur Laval s'alarma d'autant plus que le Gauleiter Sauckel clamait que si Laval ne convenait plus, il fallait le remplacer par un autre, Doriot en l'occurrence, dont il avait admiré les bandes qui défilaient sur les Champs-Élysées, surtout les femmes au pur type aryen*. Schleier crut prudent de couvrir l'ambassade par un exposé destiné à Ribbentrop mettant en doute l'objectivité, la hâte et le rôle de Geissler télé-commandé par Knochen qui outrepassait ses prérogatives en se mêlant de politique. Il s'avère que Brinon a été la seule source d'information et que Geissler l'a interrogé aussitôt après le Conseil des ministres : « Geissler n'aurait jamais dû se fier à une source aussi unilatérale dans une question aussi importante [...]. En raison de ses propres projets ambitieux personnels, Brinon ne peut pas être considéré pour l'instant comme un témoin principal objectif [...]. Le président Laval s'est exprimé aujourd'hui avec une violence qui ne peut

---

* Quatre mois plus tôt, avant que les événements d'Italie n'influent sur le comportement de Laval, Sauckel, se félicitant du comportement du chef du gouvernement français, déclarait que « seule la France avait exécuté à 100 % le programme de main-d'œuvre », JM O.-Kn. 58/IX/Aa n° 2589, du 24 avril 1943. Rapport de Schleier.

guère être dépassée contre les intrigues de l'ambassadeur Brinon qui sont venues à sa connaissance [...]. Laval a qualifié cette manière de procéder de Brinon d'intrigue infâme contre lui. Mais Brinon, dit-il, a été manifestement encouragé du côté allemand (non pas par l'ambassade) dans ses agissements, ayant dû donner l'assurance qu'il satisferait à tous les desiderata, sans tenir compte de l'état d'esprit régnant dans le pays et des répercussions possibles aux dépens de la sécurité et de l'ordre. » Schleier écrit encore : « Laval m'a déclaré que, par amour de son pays, il ne pensait pas du tout à céder le pouvoir à Brinon et que Pétain, informé de ces faits, l'a assuré qu'il conserverait ses fonctions quoi qu'il arrive. Il a déclaré que, dans ces conditions, il ne pouvait plus collaborer avec Brinon. J'ai cherché à calmer Laval autant que possible, étant donné que, dans les circonstances actuelles, aucune brèche ne pouvait être faite dans les rangs des collaborationnistes avérés. Laval l'a admis. Il y a toutefois lieu de supposer que Laval ne laissera plus Brinon à son poste à Paris [10]. »

Les gens de l'ambassade d'Allemagne n'étaient pas convaincus que Brinon songeait à prendre la succession de Laval, mais plutôt qu'il cherchait à s'emparer du ministère de l'Intérieur. Toutefois, on ne pouvait pas exclure qu'il pensait à devenir chef du gouvernement, à moins qu'il ne se ralliât à un cabinet formé par Doriot où il pourrait obtenir le ministère des Affaires étrangères. Doriot révéla même à Schleier qu'il avait eu récemment un long entretien avec Brinon.

De son côté, Oberg relata une conversation entre Knochen et Brinon, au cours de laquelle ce dernier avait fait état de déclarations de Laval selon lesquelles les rapports franco-allemands pourraient être modifiés à la suite de la chute de Mussolini et la fin du fascisme en Italie. La version de Brinon différait tellement des informations parvenues régulièrement à l'ambassade que Schleier signala avec beaucoup d'insistance à Oberg le penchant de Brinon à transmettre des renseignements sous une forme peu objective et avec des nuances de son cru. Les Allemands ne parvenaient pas à démêler si, en desservant Laval, Brinon visait à la formation d'un gouvernement plus énergique ou s'il cédait à des motifs d'ambition personnelle. L'ambassade d'Allemagne inclinait fortement à conserver Laval, même s'il renâclait devant les exigences de Sauckel, car Brinon était un homme seul ne disposant d'aucune force derrière lui et, d'autre part, un gouvernement dirigé par Doriot susciterait une résistance encore plus grande de la part de l'administration et de la police françaises. Depuis des mois, l'ambassade soutenait qu'aucun autre gouvernement que celui de Laval ne ferait preuve du même empressement et n'aurait « la possibilité de maintenir et de poursuivre avec la même ampleur les prestations faites jusqu'ici par la France à l'Allemagne [11] ».

Cependant, le soutien de Sauckel à Doriot se renforçait. Au cours d'un de ses déplacements à Paris, le Gauleiter annonça qu'il avait conclu un accord avec Doriot, lequel s'était engagé à mettre à la disposition des bureaux d'embauche de la main-d'œuvre des équipes armées s'assurant du départ effectif des travailleurs français en Allemagne. Sauckel se déclara même disposé à procurer à Doriot les armes nécessaires, ce qui provoqua l'opposition de Himmler qui ne tolérerait jamais en France une police privée [12].

Brinon savait que, malgré son antipathie, un jour viendrait où il se trouverait face à face avec Doriot qui incarnait la dernière force française en état de soutenir et d'imposer la Collaboration, et il le ménageait. Quant à Sauckel, qui avait l'oreille du Führer, Brinon, par une stratégie d'ensemble, tenait à être en bons termes avec lui. Le Gauleiter avait placé la France sous sa surveillance personnelle. Dans ses efforts forcenés pour transplanter de la main-d'œuvre en Allemagne, il multipliait les observations en se promenant dans Paris, fulminant contre ce qu'il voyait. Il fit prendre des films dans les grands magasins, dans la rue, aux portes des cinémas, etc., à l'intention du Führer pour montrer qu'hommes et femmes en âge de trimer pour le Reich ne manquaient pas à Paris. Brinon signalera à Laval que Sauckel poursuivait inlassablement ses investigations : « Il juge de plus en plus inadmissible le spectacle qu'offre la France du point de vue du travail. On lui a signalé notamment une usine des environs de Paris qui travaille uniquement à la construction de trottinettes, de patins à roulettes et de jouets d'enfant [13]. »

Oberg et ses principaux collaborateurs constataient que la réquisition effrénée de la main-d'œuvre française engendrait des réfractaires qui augmentaient les effectifs du maquis : « Nous avions donné à l'armée secrète le surnom d'"Armée Sauckel", dira-t-il. Vous pouvez croire que, par le danger que cela représentait, nous étions contre ce recrutement obligatoire qui mettait une population alors tranquille dans un état d'énervement inutile pour nous tous [14]. »

Après avoir marqué une pause de deux mois, le temps que l'Allemagne résolve les problèmes engendrés sur son sol par l'afflux de cinq millions de travailleurs étrangers, une Babel européenne et, en janvier 1944, Sauckel exigea un million de travailleurs français pour le Reich [15].

Les actes de servitude imposés par l'Allemagne à la France se renforçaient à l'heure où les armées anglo-américaines prenaient pied sur les rivages de l'Italie, précédant de peu le débarquement en Corse de troupes françaises réorganisées en Afrique du Nord. Après avoir signé un armistice avec les Alliés, l'Italie faisait volte-face et, le 13 octobre, déclarait la guerre à l'Allemagne.

Brinon observait ces événements qui préfiguraient un débarquement en France, créant à Vichy un désarroi dont les turbulences poussaient certains à prendre leurs précautions. Laval envisagea de disposer dans un endroit sûr – la Suisse toute proche – d'un capital qui lui permette éventuellement de passer le reste de sa vie dans un exil confortable. Il nomma son chef de cabinet, Jean Jardin, conseiller à l'ambassade de France à Berne. Départ discret le 1er novembre. Jean Jardin s'occupera de transférer en Suisse des actifs appartenant à Laval mais aussi à des personnes de premier plan compromises avec le régime de Vichy.

Jean Jardin était un de ces factotums d'envergure comme on en rencontre dans les milieux officiels, toujours prêt à rendre toutes sortes de services à des gens de pouvoir. Ayant exercé des fonctions dirigeantes dans les chemins de fer, solidement campé à droite mais sans sectarisme, cultivant des complicités dans d'autres camps, ce petit homme sans prestance avait trouvé son intérêt en se dévouant à Laval, dont il avait gagné la confiance par l'interpénétration de leurs deux mentalités et de leurs caractères.

Contrairement à Laval, Brinon n'envisageait d'autre destin que de lier son sort à celui d'une Allemagne nationale-socialiste qui ne pouvait être que victorieuse. Comme le remarquait, Schleier, il était un homme seul, n'ayant pour soi que sa capacité à servir le IIIe Reich, mais sans troupes, sans affidés. Le Groupe Collaboration placé sous son haut patronage ne lui fournissait aucun ami, et pas davantage la LVF dont il était le président. Il était partout le représentant du pouvoir de Vichy mais restait prudent dans ses accointances et peu porté à déroger.

Sa manière d'être suscitait de la part de certains Allemands, des réactions contradictoires. Le général von Stulpnagel II, étonné par l'ultra-collaborationnisme de Brinon qui le poussait à se faire l'informateur des services allemands, demanda un jour à Bousquet, « dans quelle mesure on pouvait considérer que M. de Brinon traduisait bien les vues du Maréchal et du gouvernement français ». « J'ai été gêné pour lui répondre, dit Bousquet, et me suis borné à déclarer que mon impression est que M. de Brinon dépassait quelquefois le gouvernement au lieu de le suivre [16]. »

Au contraire, quels que fussent les services rendus par Brinon, Oberg le considérait avec dédain : « M. de Brinon était connu chez nous comme étant un fantaisiste qui ne respectait guère la vérité [17]. » Antipathie réciproque. En tant que premier représentant du gouvernement de Vichy, Brinon ne pouvait l'éviter et, souvent, en des missions délicates. C'est ainsi qu'au mois d'octobre le maréchal Pétain qui cherchait toujours un contact avec Hitler par l'intermédiaire de la SS, chargea Brinon d'informer Oberg que devant le redoublement des attentats et la carence de Laval, il était disposé à le recevoir à tout moment et à discuter avec lui des mesures qui s'imposaient. Brinon apporta la proposition du Maréchal à Oberg, lequel devait obtenir préalablement l'accord du Führer qui se réservait l'autorisation des visites auprès des chefs d'État [18]. Il semble que la réponse ait été négative car Oberg ne retourna pas à l'audience du maréchal Pétain.

Informé, Ribbentrop dépêcha auprès du maréchal Pétain le ministre plénipotentiaire Krug von Nidda qui lui fit la déclaration suivante : « Le gouvernement du Reich a appris l'intention du Maréchal d'inciter le président Laval à se retirer et à constituer un nouveau gouvernement. Eu égard aux intérêts allemands en France, le gouvernement du Reich doit insister pour être informé en détail des projets du Maréchal. Il doit signaler dès maintenant qu'il ne pourra en aucun cas tolérer le remaniement du gouvernement sans son assentiment et qu'il est résolu à s'en tenir à la personnalité de Laval [19]... »

Depuis plusieurs mois, Brinon se rendait à Gouvieux, avoisinant Chantilly, où il disposait d'une maison appartenant à un Américain. Il prétendra l'avoir réquisitionnée pour son usage personnel, uniquement par désir de sauvegarder ce bien à son légitime propriétaire. Il ne payait aucun loyer et pas davantage le jardinier. Outre son agrément propre, cette maison lui permettait d'être à proximité du champ de courses où, réalisant un ancien désir, il était devenu propriétaire d'un cheval et faisait courir. Autre avantage, il se tenait dans le voisinage d'Otto Abetz qui s'était octroyé le château de Saint-Firmin, ancienne résidence d'été de l'ambassadeur des États-Unis, William Bullitt, situé à l'orée du parc du château de Chantilly.

Simone Mittre, toujours pathétique quand il s'agit de Brinon, indique qu'ils allaient ensemble à Chantilly presque tous les week-ends, « mais souvent nous arrivions le samedi après déjeuner et il y avait le secrétaire de la place Beauvau qui téléphonait et qui avait un recours en grâce à signer et c'était fini, on reprenait la voiture [...]. Nous avons fait tout ce que nous avons pu [pour sauver les gens]. Moi, je n'étais qu'une ombre à côté de lui [20] ».

Le samedi 14 octobre, Brinon va à l'hippodrome de Chantilly où il rencontre Marcel Boussac, le plus gros propriétaire de France, prospérant sous l'Occupation. Rentré chez lui, il dîne avec Simone

Mittre et se couche. Vers deux heures du matin, une explosion le dresse hors du lit dans une odeur de fumée. Il sort de la pièce. Une seconde explosion le projette à un mètre. Il s'en tire avec quelques égratignures. Simone Mittre, qui se tenait auprès de lui, a reçu un éclat de projectile sans dommage grave. Premières constatations : trois engins explosifs avaient été placés sur l'appui des trois fenêtres de la chambre à coucher. Seuls deux d'entre eux ont fonctionné. Attentat communiste, décrète aussitôt Brinon qui en fera un récit à la presse avec un feint détachement, comme conséquence naturelle de son engagement à la cause de la Collaboration, ajoutant : « Nous ne vivons pas des temps normaux et les méthodes que nous devons appliquer ne doivent plus être des méthodes normales. » Expliquant la blessure de sa secrétaire, il dira simplement : « Elle se trouvait dans la maison[21]. » Quand Mme de Brinon mère apprit la nouvelle, elle déclarera de bonne foi que son fils et Simone Mittre travaillaient bien tard pour se trouver ensemble à une heure aussi avancée de la nuit. Les auteurs de l'attentat ne furent jamais découverts.

Quelques jours passent et le courant des affaires allait absorber Brinon. Au début de novembre 1943, à Grenoble, une manifestation patriotique d'environ deux mille personnes se déroula devant le siège d'une division allemande. La place fut bouclée par la Wehrmacht. Des arrestations massives frappèrent autant les manifestants que les passants présents sur les lieux. Le 13 novembre, par un message à Brinon, Laval parla d'« une manifestation sans gravité réelle », à la suite de laquelle deux cents arrestations étaient maintenues. Laval annonça qu'il se réservait, après enquête, de prendre des sanctions contre les fauteurs de troubles[22].

Brinon communiqua à Knochen les arguments de Laval. Knochen répondit que Grenoble était devenue un centre d'agitation où les attentats se multipliaient, et que les informations apportées par Brinon ne concordaient pas avec les renseignements allemands. Il parla de l'impuissance et de la passivité de la police française. Le général Oberg, ajoutait-il, est formellement décidé à maintenir les mesures prises, relativement douces vu l'ampleur de la manifestation certainement d'origine communiste. Rendant compte à Laval, Brinon ajoutera que les éclaircissements du préfet régional contredisaient les déclarations de Knochen : « Dans ces conditions, et sauf instructions nouvelles de vous, il m'est impossible de faire une nouvelle démarche, cela d'autant que mon interlocuteur s'est étonné de la façon dont je lui présentais les choses[23]. »

Un autre drame requit l'intervention de Brinon. Le 6 décembre, des résistants, qualifiés par Laval de terroristes, s'emparent de M. et

Mme Payen, hôteliers à Nantua, convaincus de collusion avec les
Allemands. Le couple est promené à demi nu, porteur d'une croix
gammée et d'une croix de Lorraine. Une semaine après, la police
allemande s'empare à Oyonnax du maire, de son adjoint et de
M. Rocher, un industriel. À Nantua, elle se saisit du capitaine de
gendarmerie, de l'adjoint du maire et du docteur Mercier. Cent
trente-cinq personnes de dix-huit à quarante ans, appartenant à tous
les milieux, sont arrêtées, parmi lesquelles six professeurs et vingt et
un élèves. Au cours de la journée, les cadavres du maire et de l'adjoint d'Oyonnax ainsi que ceux de MM. Rocher et Mercier sont
retrouvés. Les autorités d'occupation affirment que le maire et l'adjoint d'Oyonnax ont été abattus par la police allemande lors d'une
tentative de fuite. Les cent trente-cinq personnes appréhendées sont
transférées le lendemain au camp de Compiègne. Laval désire que
Brinon effectue une démarche visant à faire élargir « le plus grand
nombre possible de personnes [24] ».

Faute d'avoir pu toucher immédiatement Oberg, Brinon se tourna
vers Abetz qui refusa d'intervenir, arguant qu'entre la date de l'incident de Nantua et la répression allemande, huit jours s'étaient écoulés
sans que le préfet régional et les autorités locales aient cru devoir
prendre des sanctions [25].

Finalement, Brinon fut reçu par Oberg et consigna ses propos :
« C'est lui-même qui a donné l'ordre d'effectuer l'opération conduite
par la police allemande dans la région Oyonnax-Nantua. Il couvre
toutes les mesures qui ont été prises et ne peut envisager pour l'instant aucune libération. Il doit constater – et il aurait préféré, dit-il,
ne pas avoir à faire cette communication – que les autorités françaises n'ont rien fait pour s'opposer à la manifestation organisée par les
terroristes le 6 décembre. Deux notabilités françaises de la ville de
Nantua ont pu être molestées pendant une partie de la journée sous
prétexte qu'elles étaient en rapport avec des Allemands sans qu'il y
ait de réaction ni chez les fonctionnaires ni dans la population. Le
général Oberg observe que si de telles choses peuvent se produire à
l'encontre de personnes attachées à la politique de collaboration
franco-allemande et par conséquent fidèles à la politique officielle
du gouvernement français, cela donne la mesure de l'autorité dont
dispose ce gouvernement dans certaines régions [...]. Dans tous les
cas, tant que se produiront des faits semblables, il continuera d'agir
de même et ses ordres seront encore plus énergiques et sa répression
encore plus dure. Fin de citation [26]. »

Interrogé après la guerre, Oberg dira qu'il se rappelait exactement
la visite de Brinon et que, cette fois-ci, « Brinon avait rapporté mot

à mot ses propos ». Il ajouta que Brinon parlant l'allemand, il s'entretenait directement avec lui dans cette langue : « D'une façon générale, pendant cet entretien, Brinon avait l'air gêné, se rendant compte que par sa démarche il intervenait en faveur de gens qui avaient agi contre les propres partisans de la politique de collaboration dont il était l'un des principaux artisans, ce que du reste je lui ai fait remarquer[27]. »

Abetz, également interrogé à ce propos, confirma l'exactitude des paroles que Brinon lui prête et ajouta : « M. de Brinon a émis l'opinion que le président Laval ne se montrait pas d'une façon générale assez actif et que le gouvernement français pourrait éviter de nombreux incidents s'il faisait preuve d'énergie dans le maintien de l'ordre[28]. »

Dans les jours qui suivirent les événements d'Oyonnax et de Nantua, Brinon fut confronté à une vague d'arrestations opérées dans quatre communes de la Drôme à la suite d'un attentat contre un train de permissionnaires allemands. Des affiches informèrent la population que les Français arrêtés seraient versés dans le Service du travail obligatoire. Par une note verbale remise à Oberg, Brinon « croit devoir élever une protestation contre ces mesures collectives qui tout en étant contraires aux prescriptions internationales frappent des innocents. Il prie les hautes autorités allemandes de bien vouloir lui faire connaître le statut auquel sont soumis ces prisonniers civils[29] ».

Loin de ces réalités, le maréchal Pétain, envisageant la défaite de l'Allemagne, voyait surgir avec hantise la haute stature du général de Gaulle qui menaçait son pouvoir. Stimulé par ses proches, il pensait ruiner les ambitions du général de Gaulle, qui n'hésiterait pas à le dépouiller de sa « légitimité », en dressant devant lui un mur législatif. Il voulait soumettre au vote de l'Assemblée nationale (Chambre des députés et Sénat), congédiée par lui mais qu'il suffirait de ranimer, une constitution de l'État français s'inspirant de l'ordre moral de la Révolution nationale. Le texte était prêt. Il en fit part à ses ministres le 13 novembre, et décida de l'annoncer au pays par une allocution radiodiffusée réaffirmant qu'il était le seul dépositaire de la légitimité en France. Chaque terme avait été pesé par deux de ses conseillers préférés, Henri Moysset et Lucien Romier.

« La première chose que Laval accomplit quand il eut connaissance du plan du Maréchal fut d'avertir le représentant du gouvernement français à Paris, M. de Brinon, lequel, à son tour, a immédiatement avisé le chargé d'affaires d'Allemagne [Schleier] de ce qui se tramait à Vichy[30]. » Le représentant de l'ambassade, Krug von Nidda, se précipita dans la matinée à l'hôtel du Parc et mit en demeure le Maréchal de différer son allocution, le temps qu'il obtienne la réponse du gouvernement du Reich à cette initiative. Le Maréchal accepta. Dans le courant de l'après-midi, Krug von Nidda l'informa que l'autorité allemande interdisait la diffusion du discours. La réponse du maréchal Pétain fut colportée dans les rares légations étrangères à se maintenir encore à Vichy sous cette forme : « Je vois que je suis plus que jamais traité comme un prisonnier. Je constate le fait et je m'incline. Mais je vous déclare que jusqu'au moment où je serai en mesure de diffuser mon message, je me considère placé dans l'impossibilité d'exercer mes fonctions[31]. » Aussitôt, les Allemands appelèrent cette situation : la *Marshallkrise*.

Au siège du groupement professionnel de la presse étrangère, les journalistes attendaient depuis sept heures et demie du soir d'entendre la voix du Maréchal à la radio et qu'on leur distribuât le texte comme cela avait été annoncé. Le téléphone sonna dans la salle : « C'était le cabinet de M. Bonnefoy, secrétaire général à l'Information, qui appelait notre chef de presse. Le silence se fit instantanément parmi nos confrères, et l'on entendit, non sans que nous soyons pris d'une furieuse envie d'éclater de rire, la voix provenant de l'hôtel du Parc déclarer : "Surtout, pas un mot concernant le message du chef de l'État ! Ce message n'existe pas et n'a jamais existé ! Vous m'entendez : n'a jamais existé !..." On devait apprendre quelques minutes après qu'un détachement de soldats allemands avait occupé le poste central de la radiodiffusion de Vichy afin d'empêcher, au besoin par la force, la transmission des paroles du chef de l'État[32]. » Brinon avait lui-même fait savoir au maréchal Pétain que des mesures militaires seraient prises par les Allemands pour prohiber l'émission[33].

Dans ce texte d'à peine une page, le Maréchal ayant d'abord spécifié que « sa santé et ses facultés intellectuelles étaient absolument intactes[34] » semblait préoccupé de sa disparition et annonçait la nouvelle Constitution de l'État français pour mieux affirmer sa légitimité : « C'est le respect de la légitimité qui conditionne la stabilité d'un pays. En dehors de la légitimité, il n'y a qu'aventure, rivalité de factions, anarchie et luttes fratricides. J'incarne aujourd'hui la légitimité française ; j'entends la conserver comme un dépôt sacré et qu'elle revienne à mon décès à l'Assemblée nationale de qui je l'ai reçue si la nouvelle Constitution n'est pas ratifiée[35]. »

Par ce transfert de son pouvoir à l'Assemblée nationale, le Maréchal estimait avoir placé devant le général de Gaulle un obstacle infranchissable. Depuis qu'il s'était sacré chef de l'État, c'était la quatrième fois qu'il modifiait sa succession politique. Ce texte, qui devait paraître au *Journal officiel*, ne fut pas publié, mais depuis plusieurs jours, les légations étrangères en avaient connaissance[36].

Brinon et Laval s'attendaient à la réaction violente des Allemands, mais Pétain, demeurant le pivot de leur politique en France, ils ne se hâtèrent pas de répondre à la menace du Maréchal de cesser d'exercer ses fonctions tant qu'il n'aurait pas l'autorisation de diffuser son message. Dès que Krug von Nidda eut sommé le maréchal Pétain de différer son discours, le Dr Ménétrel téléphona à Brinon, l'invitant à répéter aux Allemands que la nouvelle Constitution était dirigée avant tout contre de Gaulle. Quand, le lendemain, Brinon arriva à Vichy, il constata que le Dr Ménétrel ne cessait de claironner dans les couloirs de l'hôtel du Parc que de Gaulle était visé avant tout.

Brinon tomba dans une sorte de théâtre d'ombres où le haut personnel du gouvernement n'ayant plus prise sur rien faisait de la figuration. Le maréchal Pétain, acteur principal, que le Dr Ménétrel prétendait très fatigué, apparut guilleret et sifflotant un air d'opérette lorsqu'il manda Brinon. Personne ne savait à Vichy si le Maréchal, replié sur sa légitimité, exerçait ou n'exerçait pas ses fonctions. Dans des notes détaillées relatives à ces journées, Brinon narre les quiproquos, les propos insensés, la panique de ses interlocuteurs. Lui-même est opposé au rétablissement du Parlement proposé par Pétain et à la restauration, ne serait-ce que d'un semblant de démocratie. Il considère que le Maréchal ruine son œuvre en préconisant le rappel des spectres de la IIIe République et qu'il n'est qu'un vieux maréchal désemparé. Brinon tente de rendre Pétain à lui-même en agitant à son tour la menace du général de Gaulle. Du coup, Pétain invite Brinon à déjeuner. Désireux de mettre fin à la crise, Brinon cherche à obtenir le concours des SS. Il se rend auprès du colonel Knochen et du colonel Bickler, chef du service de renseignement : « Je leur expose très vivement mes vues. Seule issue est d'avoir enfin conversation avec le Maréchal, conversation très courtoise car il est très sensible à la courtoisie, mais très ferme aussi car il est également sensible à la fermeté et, au fond, il n'a jamais aimé franchir les obstacles[37]. »

Abetz fut chargé de résoudre la *Marshallkrise*. À la fin de novembre se tint à Berlin une conférence dans la perspective d'une invasion de la France par les Alliés. Avec l'autorisation de Hitler, Ribbentrop confia à Abetz la mission de maintenir le calme sur les arrières de l'armée allemande. La situation politique nécessitait une reprise en main qui devait renforcer la position de Laval. Tous les éléments jugés dangereux – politiques, militaires, culturels, etc. – devaient être liquidés d'une manière ou d'une autre. Il incombait à

Abetz de prendre personnellement cette affaire en main. On estimait à environ deux mille le nombre des personnalités suspectes et indésirables. À Laval de se charger de l'exécution étant donné que l'insuffisance des effectifs allemands rendait indispensable le concours de la police française[38].

Informé du retour prochain d'Abetz qui renforçait l'ambassade, Brinon exposa à Schleier que le désir du maréchal Pétain de ressusciter le Parlement, redevenu dépositaire du pouvoir à son décès, n'était qu'un coup monté contre de Gaulle si jamais celui-ci revenait en France, et que ce plan tendait aussi à rallier à la personne du Maréchal certaines catégories sociales qui avaient rejoint la Résistance. Il ajoute que Pétain, influencé par les événements militaires, « cherche à s'écarter par toute son attitude de la politique de collaboration trop puissante et trop active de Laval afin de gagner plus d'influence dans les milieux hostiles à cette politique. Il en ressort que Pétain et Laval ne sont pas du tout disposés à démissionner et que, dans une certaine mesure, ils se savent inséparables[39] ».

À Vichy, on s'inquiétait de cette crise qui durait depuis dix-sept jours quand le Maréchal apprit qu'Abetz était porteur d'une missive[40].

À Paris, Abetz, impatient, attend que la « protection » de la ville de Vichy par la police allemande soit achevée le 4 décembre pour remettre, à cette date, la lettre destinée au maréchal Pétain. En cas de démission de Pétain, « un château facile à surveiller, à proximité de Paris, est disponible comme lieu de séjour. En ce qui concerne les mille hommes de la garde militaire du maréchal Pétain, je recommande dans ce cas de leur accorder tout d'abord la permission d'accompagner le Maréchal à son nouveau lieu de résidence. Ce sera une manière de les amener hors de Vichy pour les interner ensuite [...]. Au cas où il faudrait s'attendre, si Pétain démissionne, à ce que son entourage résiste aux mesures allemandes, je prie de m'accorder les pleins pouvoirs visant à faire occuper l'hôtel du Parc et à faire arrêter dès maintenant, en cas de nécessité, les éléments récalcitrants de l'entourage du Maréchal et du gouvernement français[41]. » Ribbentron télégraphia aussitôt à Abetz son accord[42].

Le jour suivant, Abetz met au point « les directives relatives à l'interprétation qui devra être donnée dans le cas d'une démission du maréchal Pétain [...]. En conséquence, j'envisage d'inciter la presse et la radio françaises à faire à peu près les commentaires suivants : à la base de la démission de Pétain se trouve la tragédie personnelle du soldat sénile qui a été chargé par son peuple, à une heure grave, de la mission de liquider définitivement les fautes de la IIIᵉ République, de créer un État d'ordre social et d'assurer le redressement de la France dans une Europe nouvelle. Le Maréchal n'a pas su assumer cette mission[43] ». Suivaient des développements sur les intrigues d'une camarilla qui se couvrait de son nom.

Le 4 décembre 1943, Abetz arrive à Vichy escorté par des SS. Il est reçu en fin de matinée par le maréchal Pétain en présence de Brinon. Abetz remet à un collaborateur du chef de l'État français la traduction de la lettre de Ribbentrop dont il est porteur et lui demande d'en donner lecture. Un réquisitoire de treize pages dactylographiées. Il en ressort que le gouvernement du Reich s'oppose à la résurrection des deux Assemblées parlementaires, qu'il défend au gouvernement de Vichy de prendre une mesure législative sans en référer préalablement aux autorités allemandes. Pendant la durée de la guerre, aucune élection n'est autorisée en France. Interdiction est faite au Maréchal d'aborder publiquement ce sujet. Le Führer en personne constate que, malgré son comportement généreux, la Collaboration n'a été réalisée que partiellement. En conséquence, le gouvernement du Reich réclame le remaniement du cabinet sous la direction de Laval dans un sens acceptable pour l'autorité allemande. Il constate aussi que l'armée allemande est l'unique garante du maintien de l'ordre en France et de la protection de son régime politique contre le chaos bolchevique. Pétain est invité à prendre acte que l'Allemagne saura sauvegarder ses intérêts en toutes circonstances, d'une manière ou d'une autre.

La lettre s'achevait par cette menace de Ribbentrop : « Je ne puis supposer que vous vous refuserez, Monsieur le Maréchal, à reconnaî-tre les nécessités qui en résultent. Si cependant, vous ne vous jugiez pas en mesure de donner satisfaction aux demandes allemandes indi-quées ci-dessus ou si le rejet par nous de votre projet de loi dirigé contre les intérêts allemands vous décidait à considérer que vous êtes dans l'empêchement d'exercer vos fonctions, je tiens à vous faire savoir, au nom du Führer, qu'il vous laisse entièrement libre d'en tirer les conséquences qui vous paraîtraient indiquées[44]. »

Sans paraître s'émouvoir, le Maréchal déclara qu'il donnerait sa réponse le lendemain, dimanche, à midi.

Il s'ensuivit que par un projet de lettre qui resta dans les tiroirs, le Maréchal s'inclinait et certifiait qu'il n'avait jamais eu l'intention de démissionner et ne démissionnerait pas.

De son côté, travaillant dans l'urgence, la diplomatie allemande, consciente que les menaces réelles d'un débarquement allié en France requéraient le maintien du maréchal Pétain, décida de se modérer sans rien retrancher de ses exigences. Brinon fut dépêché auprès du Maréchal pour l'informer que, désirant lui être agréable, les autorités allemandes, souhaitant qu'il demeurât à son poste, avaient décidé que le maréchal von Rundstedt, commandant en chef à l'Ouest, que le Maréchal appréciait, déléguerait à Vichy un de ses représentants – ce sera le général von Neubronn – chargé de le renseigner en permanence sur toutes les questions militaires posées par la défense du territoire français.

Le dimanche, Pétain reçut Abetz et « décida de ne plus suspendre ses fonctions officielles jusqu'à ce qu'il ait fait parvenir une réponse détaillée à M. de Ribbentrop ». Mieux encore, quoique bafoué par Abetz qui avait tenté de lui dicter la lettre, « tenant à témoigner vis-à-vis de l'ambassadeur d'Allemagne d'une haute courtoisie, le Maréchal a retenu M. Abetz à déjeuner ». Le compte rendu français contenait ce commentaire : « Il est faux de dire que le Maréchal a cédé à une pression allemande. Cette pression ne s'est d'ailleurs pas exercée[45]. »

Le lendemain matin, de bonne heure, Abetz retournait à son ambassade après avoir donné les ordres nécessaires pour le renforcement de la « protection » de la ville de Vichy et estimé qu'« une ample épuration de l'entourage du Maréchal est nécessaire, d'urgence[46] ».

Brinon, qui, durant la présence d'Abetz à Vichy, avait servi d'intermédiaire, regagna Paris sous la protection des SS chargés de sa sécurité. Il fut rappelé en toute hâte à Vichy. Après de laborieux cheminements, le Maréchal avait décidé, plutôt que de répondre à Ribbentrop, qu'il serait plus digne d'adresser une lettre au Führer, chef d'État comme lui-même. Embarrassé par la rédaction, le cabinet du Maréchal pressa Brinon d'aider à sa mise en forme[47]. Puis, les conseillers du Maréchal y mirent la dernière main, usant de platitudes dès qu'il s'agissait de correspondre avec Hitler. Le Maréchal rappelait que le Führer lui avait accordé un armistice « dans l'honneur », qu'il était tout disposé à ce que Laval remaniât sans délai le cabinet suivant les désirs allemands et que lui-même demandait à Laval « de faire admettre par les Français le bien-fondé d'une politique pour laquelle il avait signé l'armistice[48] ». Brinon partit porter la lettre à Abetz.

Le Maréchal était convaincu d'avoir une position extrêmement forte, d'être inexpugnable. Une note de son cabinet analysait la situation : « ... Dans la position actuelle, le temps travaille pour le Maréchal contre M. Laval incapable d'assurer l'ordre en France et le fonctionnement de l'administration. Au surplus, le Maréchal ne risque rien, personne au monde ne pouvant rien contre lui. En particulier, on peut affirmer que ni l'armée [allemande] ni les SS ne toléreront un acte quelconque contre Monsieur le Maréchal. Nous sommes absolument sûrs que les Autorités allemandes considèrent

M. Laval comme voué à disparaître d'ici peu, quoi qu'il arrive, et Monsieur le Maréchal comme le seul capable de maintenir en France la légitimité du pouvoir[49]. »

La capitulation totale du Maréchal fut consommée quand, huit jours plus tard, par une autre lettre, il informait le Führer que, conformément « au désir que avez fait exprimer, je précise que les modifications des lois seront soumises avant publication aux autorités d'occupation[50] ».

Un accord sera passé avec l'ambassade d'Allemagne concédant à Laval toute liberté de procéder sans délai aux remaniements du gouvernement sans qu'aucune exclusive soit prononcée contre les personnalités appelées à y participer.

Ce fut la fin de la *Marshallkrise*.

Brinon le constata une fois encore, non seulement le maréchal Pétain endurait les pires affronts pour se maintenir en place, mais il était d'accord avec les Allemands sur la nécessité de mesures radicales contre la Résistance. C'est pourquoi, le moment venu, il approuvera immédiatement le désir d'Oberg de remplacer Bousquet, secrétaire général à la police, par Joseph Darnand, créateur et chef de la Milice, le bras armé de la Révolution nationale[51].

Dans une note à Laval, Pétain rappelait sa préoccupation dominante, maintes fois exprimée, qui était le maintien de l'ordre en France : « C'est à la fois l'intérêt du pays et une exigence des autorités d'occupation parfaitement justifiée [...]. Des mesures sévères devront être envisagées en ce qui concerne les perturbateurs de l'ordre public. Je vous ai dit depuis longtemps que je ne répugne pas à la création de cours martiales pour juger les hommes ayant tué. Mieux vaut en effet quelques exécutions spectaculaires que le trouble et l'émeute[52]. »

Brinon avait remarqué également que même les épisodes cruciaux de la *Marshallkrise* ne perturbaient pas les habitudes du Maréchal dont la promenade quotidienne formait une des priorités. Rares étaient ceux qui étaient conviés à le suivre. Brinon avait eu le privilège de faire quelques pas avec lui... mais jamais un tour complet.

Quittant l'hôtel du Parc, canne à la main, le Maréchal s'engageait dans la galerie couverte, que nous appelons le « cloître des hépatiques ». Par un itinéraire qui variait peu, il passait devant quelques-uns des soixante-quinze immeubles, surtout des hôtels, occupés par les ministères et les administrations auxquels s'ajoutaient les réquisitions des services allemands, de sorte que, dans ce secteur résidentiel de la ville, il n'aurait pu faire un pas sans que la vue de tel et tel bâtiment n'évoquât la chronique de son règne.

Dans le prolongement de l'hôtel du Parc étaient juxtaposés plusieurs grands établissements hôteliers. Le premier, l'hôtel des Princes et Plaza, abritait le ministère de l'Éducation nationale dont le titulaire, l'académicien Abel Bonnard, par ses mœurs, arrachait au maréchal Pétain des sarcasmes. Puis venait l'hôtel de la Paix où était installé le secrétariat à l'Information qui n'était qu'un service de censure et de propagande. Quelques pas plus loin s'élevait le bel hôtel Thermal, mué en ministère de la Guerre (sic) où officiait le général Bridoux, l'un des informateurs les plus diligents des autorités d'occupation, dont le Maréchal aurait aimé faire un ministre de l'Intérieur.

Par une rue transversale, le Maréchal gagnait le boulevard des États-Unis et marchait devant les chalets datant de l'empereur Napoléon III dont l'un était occupé par Le Cintra, un bar où, aux beaux jours, l'establishment politique se retrouvait sous les parasols.

Du même côté, sur le boulevard, le Maréchal passait devant le quartier général de la SS, un alignement de huit immeubles, lesquels, sous les désignations anodines de villa Murillo, villa Vélasquez, villa Portena, ou encore Hôtel du Portugal, regroupaient les services de sécurité du Reich et de la Gestapo dont le premier échelon avait été installé à Vichy en 1941. Un de ces immeubles était appelé la villa Geissler du nom du SS *Haupsturmführer* qui commandait l'ensemble. Dans la ville, tout le monde connaissait Geissler, au moins de nom. Le Maréchal lui-même avait dû l'identifier plus d'une fois dans son escorte en arpentant les couloirs de l'hôtel du Parc où plusieurs de ses hommes se tenaient en permanence. La villa Geissler, aménagée de manière à ce que les prisonniers ne laissent pas de trace, était un lieu de torture. Geissler en personne officiait, feignant d'abord la correction, puis libérait sa nature. Le commandant Loustaunau-Lacau, un proche collaborateur du maréchal Pétain avant la guerre, avait été arrêté pour faits de résistance par la police française. Malgré ses supplications, Bousquet l'avait livré à la Gestapo et Pétain avait refusé d'intervenir. Conduit à Vichy et atrocement torturé dans la villa Geissler, à cent mètres de l'hôtel du Parc, il avait été finalement déporté[53].

Le Maréchal ne s'était pas non plus formalisé d'une opération montée par Geissler quelques mois plus tôt et par laquelle le SS avait procédé à l'arrestation de plusieurs officiers français du Deuxième Bureau que Laval avait dénoncés sous l'accusation de gaullisme et d'émissions de radio clandestines[54]. Geissler s'était fait assister d'un fonctionnaire en civil. Le ministre Krug von Nidda notait : « Le président Laval me déclarait hier encore qu'il avait tout intérêt à ce que l'activité du Deuxième Bureau fût paralysée à titre définitif [...]. Laval m'assura qu'il traitait très confidentiellement le rapport du SS *Hauptsturmführer* Geissler concernant cette opération et qu'il n'en informerait de son initiative aucun service français[55]. »

Le maréchal Pétain longeait les immeubles de la Gestapo comme si de rien n'était, suivi par le Dr Ménétrel, son compagnon habituel, et tous deux répondaient au salut des passants en soulevant leurs chapeaux. Décrivant une courbe vers la rivière, la promenade se poursuivait dans les merveilleux jardins d'Allier, véritable arboretum, qui, même dépouillés par l'hiver, conservaient une densité profonde. Puis, parvenus à un rond-point, les deux promeneurs, suivis à distance respectueuse par une faible escorte française, elle-même talonnée par des hommes de Geissler, obliquaient vers la droite sur le chemin du retour.

Il serait fastidieux d'énumérer tous les immeubles devant lesquels passait le Maréchal et qui lui renvoyaient l'image de son régime. Il regagnait le quartier thermal par le boulevard de Russie où se trouvait la villa Roubeau, l'une des plus belles demeures de la ville, qui abritait l'annexe de l'ambassade d'Allemagne. Les factionnaires casqués présentaient les armes. Un drapeau à croix gammée jetait son ombre sur le visage du Maréchal quand il passait dessous. Arrivé à proximité du Grand Casino, il s'engageait sous le « cloître des hépatiques » et atteignait les abords de l'avenue du Maréchal-Foch. À quelques pas de là s'élevait le Petit Casino, réquisitionné en partie par la Milice qui torturait ses prisonniers dans les sous-sols. Aussitôt après, le Maréchal doublait le boulevard Carnot où était établi, à l'hôtel Algéria, le Commissariat aux questions juives. Plus loin, dans une autre rue, l'hôtel Célestin, vaste immeuble d'angle, était le navire amiral de René Bousquet qui avait fait du secrétariat général à la police un véritable ministère dont divers services avaient essaimé dans dix autres bâtiments.

Toujours sous la galerie couverte, le Maréchal longeait l'avenue du Président-Wilson où quelques magasins appartenant à des juifs avaient changé de main, les anciens propriétaires ayant été déportés comme tous leurs coreligionnaires demeurant à Vichy. C'était une artère animée. Les piétons, en nombre, saluaient le héros de Verdun, et le Maréchal, tout en soulevant son chapeau, dépassait l'hôtel Carlton, siège du ministère de la Justice où tant de lois abolissant les droits de l'homme avaient été rédigées.

La boucle était bouclée. Le Maréchal avait fini de prendre l'air. Il y avait une rencontre qui ne risquait pas d'offusquer ses regards s'il s'était aventuré davantage dans la ville, celle de la statue en bronze de la République. Depuis plus d'un an, elle avait été retirée du haut socle où elle déployait ses ailes.

Si la promenade avait lieu le matin, rentré à l'hôtel du Parc, le Maréchal vaquait à quelques obligations, puis il passait à table où les convives pouvaient admirer son appétit que rien ne savait troubler. L'usage voulait qu'un petit pain fût disposé de chaque côté de son assiette. Il les prenait et, d'un geste rituel, en offrait un à chacun de ses voisins[56].

CHAPITRE 34

Les plages de Normandie

Il s'agissait maintenant de s'emparer des juifs français. Craignant que la police, influencée par l'évolution de la guerre, hésitât à lui livrer des citoyens français, l'autorité allemande décida de résoudre cette difficulté en ordonnant d'abord la dénaturalisation de tous les juifs ayant acquis la nationalité française depuis 1927. D'après leurs estimations, cette mesure frapperait environ cinquante mille individus sur les soixante-dix mille qui vivaient encore en zone Nord et les quelque deux cent mille de la zone anciennement non occupée. Le garde des Sceaux Gabolde poussa la complaisance jusqu'à inclure dans le texte que l'épouse juive française d'un juif dénaturalisé serait également déchue de sa nationalité. Darquier de Pellepoix apporta encore des améliorations aux dispositions que Bousquet présenta à Laval qui signa le projet de loi revêtu du contreseing de Gabolde.

Revenant sur sa première intention, Laval ne se décidait pas à promulguer la loi sur les dénaturalisations. Soumis à la pression allemande, il se défaussa sur le maréchal Pétain, seul habilité à mettre en œuvre un texte législatif concernant les personnes, expliqua-t-il.

Brinon entra en scène en tant que délégué du gouvernement. À la mi-août, il informa Laval que devant le comportement négatif du maréchal Pétain, les Allemands avaient décidé de ne plus établir de différence entre juifs français et étrangers et de procéder aux arrestations sans distinction sur l'ensemble du territoire. Se tournant vers les Allemands, Brinon indiqua qu'il était « prêt à conduire les négociations avec un bon espoir d'aboutir si le Maréchal voulait bien lui confier cette mission [1] ». Il eut de sa propre initiative un entretien avec Hagen, l'adjoint d'Oberg, en présence de Knochen. Ce dernier déclara que faute de la coopération du gouvernement français, les Allemands agiraient seuls et qu'ils disposaient d'un régiment de la

police d'ordre *(Ordnungspolizei)* prêt à être engagé à tout moment :
« L'ambassadeur de Brinon a donné l'assurance qu'il avait déjà
signalé au Maréchal la mauvaise impression que le traitement de la
loi de dénaturalisation avait suscitée chez nous. Il a promis d'intervenir entièrement en faveur de la promulgation de cette loi [2] », consignera Hagen. Brinon ajouta qu'il était convoqué le lendemain à
Vichy afin d'en discuter directement avec le Maréchal.

À l'hôtel du Parc, Brinon fit son rapport au maréchal Pétain, qui
chargea son cabinet de rédiger une lettre exposant sa position : « ...
Le Maréchal estime ne pouvoir signer ce projet. Par son caractère
collectif, ce texte ne permet pas au Maréchal de faire aucune discrimination entre des individus dont certains ont pu rendre des services
à la France. D'autre part, les Autorités d'occupation insistent sans
cesse sur la nécessité du maintien de l'ordre en France. Le gouvernement français a dans ce domaine suffisamment de difficultés pour
éviter des mesures qui heurteront profondément les Français et
compliqueront encore sa tâche [...]. Mais le Maréchal tient à indiquer
qu'il a donné trop de preuves de sa volonté d'accord avec l'Allemagne pour que puisse être suspecté son désir de régler dans les meilleures conditions la demande qui lui a été présentée par les autorités
d'occupation [3]. »

Le maréchal Pétain, qui avait admis depuis longtemps le principe
de la révision des naturalisations au cas par cas et déjà signé des
décrets de dénaturalisation, donna des instructions pour que la
Commission en charge de cette question achevât ses travaux en frappant des juifs naturalisés depuis 1927. Il chargea Brinon d'en suivre
les développements de concert avec le garde des Sceaux.

De retour à Paris, Brinon montra à Knochen la lettre du Maréchal
acceptant de remettre aux Allemands des juifs déchus de la nationalité française et devenus apatrides tout en refusant d'édicter des
mesures collectives. Il crut bon de divulguer que le maréchal Pétain
avait reçu deux jours plus tôt la visite de Mgr Chappoulie, représentant à Vichy des cardinaux et évêques, l'informant que le pape craignait pour le salut de son âme s'il concédait de nouvelles dispositions
contre les juifs. Le Maréchal avait été très impressionné. Au surplus,
Laval avait exposé au Maréchal que lui-même ne disposait pas du
pouvoir de promouvoir cette loi en tant que président du Conseil et
qu'il ne voulait pas en assumer la responsabilité dans son for intérieur. Sur l'injonction de Knochen, Brinon s'engagea à exiger de
Gabolde, le garde des Sceaux, qu'il trouve la procédure la plus expé-
ditive et la plus simple pour parvenir à la dénaturalisation des juifs [4].

Brinon communiqua aussitôt au cabinet du Maréchal la « bonne impression » retirée de son entretien avec Knochen, sous réserve que la Commission de dénaturalisation accomplisse un travail sérieux[5]. Le soir même, il rencontrait le garde des Sceaux et s'étonnait que sur les 539 280 dossiers examinés, dont on estime qu'un tiers concernait les juifs, seuls 6 307 aient été retenus. Par message, Brinon avertit Laval que ce nombre est insuffisant et qu'il est nécessaire que la Commission achève ses travaux. Knochen s'impatiente. Sinon, « les mesures envisagées contre les israélites français seront mises à exécution[6]. »

Le lendemain, commentant ces chiffres à Hagen, Brinon déclara que ce piètre résultat établissait une nouvelle preuve de la perte d'autorité du gouvernement. Il dénonça le conseiller Mornet, membre de la Commission, comme étant le principal responsable et s'engagea à mettre un terme à son activité et à réactiver le travail de la Commission. Il assura qu'il allait avertir le maréchal Pétain que « le problème juif ne pouvait pas progresser sur cette base[7]. » Brinon en profita pour dénoncer l'attitude de Laval qui entendait se décharger de la question juive sur le Maréchal.

Le jour suivant, 27 août, Brinon annonce à Hagen la déchéance de la nationalité française de 7 035 juifs et que 20 000 dossiers font l'objet d'une enquête supplémentaire, comprenant sans doute une proportion de juifs assez importante. 12 000 dossiers ont été réservés, concernant approximativement 4 800 juifs prisonniers de guerre ou des indigènes résidant en Afrique. Enfin, 10 000 autres dossiers feront prochainement l'objet d'une décision : « Personnellement, écrivait Brinon, j'entretiendrai de nouveau le Maréchal de la question et je lui demanderai la signature immédiate des six décrets qui lui sont soumis et qui portaient dénaturalisation de plusieurs centaines de juifs[8]. »

Vingt-quatre heures après, Brinon faisait parvenir une autre missive à Hagen : « Le Maréchal s'est occupé personnellement ce matin de la question des dénaturalisations des juifs étrangers. Il a donné des ordres au garde des Sceaux pour que la procédure soit accélérée [...]. Le Maréchal signera dans la semaine un ou deux décrets donnant les premiers résultats[9]. »

Une semaine passa et Brinon s'entretint encore une fois avec Knochen et Hagen. Quand il annonça qu'en vertu de deux décrets signés par Pétain 165 juifs au total avaient été déchus de la nationalité française, Knochen se récria et avertit que si l'on ne pouvait aboutir par la loi, les services allemands imposeraient un quota à la Commission de dénaturalisation et supprimeraient toutes les exceptions accordées. Knochen souligne que « des effectifs suffisants de troupes allemandes sont disponibles, nous permettant de traiter par nous-mêmes, le problème juif », nota Hagen. Il s'agissait du régiment de police d'ordre commandé par le SS *Standartenführer* Griese spécialement formé pour « une action policière et militaire contre les juifs [10] ».

Brinon prit le parti de rédiger une lettre de synthèse à l'intention du maréchal Pétain : « Vous savez que j'ai obtenu du colonel docteur Knochen qu'il renonce à la procédure [de dénaturalisation globale] pour laquelle il avait obtenu l'agrément du Commissaire général aux questions juives et du président Laval, chef du gouvernement [11]. » Devant le petit nombre de juifs ayant été déchus de leur nationalité, Knochen « m'a prié de vous faire connaître que, dès maintenant, il allait se voir contraint, à son grand regret, d'appliquer les mesures qu'il avait souhaité écarter, et il m'a demandé de vous faire juge de la situation [12] ». Brinon expose que « Le Dr Knochen avait interdit en France toute prise d'otage d'israélites français et d'une manière générale il avait tenu compte, m'a-t-il affirmé, des recommandations qui lui avaient été faites pour un statut plus libéral, et même des exceptions, touchant la condition d'israélites citoyens français. Mais il avait également laissé prévoir qu'au cas où la formule qu'il acceptait pour les juifs étrangers ne donnerait pas de résultats sérieux, il reviendrait sur les exceptions consenties, ne tiendrait plus aucun compte des recommandations d'où qu'elles viennent, et serait amené à procéder aussi bien dans la zone Nord que dans la zone Sud du territoire français à des opérations de police conduites par les unités spéciales qui sont à sa disposition [13] ».

Pour étayer sa menace, Knochen a déjà pris des dispositions significatives. Les exemptions du port de l'étoile jaune accordées à quelques-uns sur une période de trois mois n'ont pas été renouvelées. « Il faut donc prévoir que des décisions très lourdes de conséquences seront prises par les autorités allemandes si nous ne sommes point capables de les informer aussi bien du nombre de juifs étrangers qui résident encore en France que des mesures que nous avons prises à leur endroit d'ici quelques jours. En m'avertissant très nettement de ces conséquences, le Dr Knochen a voulu répéter encore qu'il était toujours disposé, si vous l'entendiez ainsi, à donner à plusieurs centaines d'israélites français le statut spécial qui les mettrait à l'abri de toutes menaces [...]. Les autorités allemandes savent fort bien que d'innombrables israélites étrangers se trouvent dans la zone Sud de la France, notamment dans les départements du Midi et du Centre, sans qu'ils soient recensés ni même parfois connus des services administratifs français. Cela crée une situation très difficile et absolument défavorable à ceux qui ayant rendu dans différents domaines, au pays, d'incomparables services devraient être protégés par nous. Je sais parfaitement que c'est là votre préoccupation, et c'est pourquoi j'ai le devoir de vous avertir immédiatement. Par ailleurs, ce matin même, M. le conseiller Hoffmann de l'ambassade d'Allemagne m'a informé au nom du gouvernement du Reich de la gravité de la situation [14]... »

Brinon, de même que le maréchal Pétain et consorts, savait que les promesses de Knochen relatifs aux juifs français n'étaient qu'une forme de chantage. Des milliers d'entre eux avaient déjà été déportés et la totalité était vouée au même sort suivant un programme irrévocable. Les documents allemands attestent que les SS chargés d'appliquer la Solution finale en France se préparaient à faire transiter à Drancy tous les juifs, quelle que fût leur nationalité, et même, durant le transport, à les attacher ensemble par la main afin d'éviter les tentatives d'évasion.

Oberg trancha en exigeant l'application de l'article 3 de la convention d'armistice obligeant les autorités françaises à assurer la sécurité des troupes allemandes. Or les juifs, selon lui, étaient impliqués dans toutes les activités terroristes.

Finalement, au mois de novembre, Laval autorisa les forces de l'ordre françaises à procéder aux arrestations des derniers juifs étrangers de la zone Nord et chargea Brinon de transmettre à Oberg une note formulant ce souhait : « En prenant la décision de faire participer la police française à l'exécution des mesures de police contre les Juifs étrangers, le président Laval, chef du gouvernement, insiste et m'a demandé d'insister tout particulièrement auprès de vous pour que les Juifs français ne soient point désormais l'objet d'arrestation ou de mesures de coercition. Le gouvernement français attache un grand prix à ce que leur condition soit désormais garantie en accord avec vous. Il estime en effet que les instructions qu'il a décidé de donner désormais à ses fonctionnaires pour ce qui touche les étrangers lui permettent d'obtenir aisément de votre autorité les satisfactions qu'il demande pour les citoyens français [*][15]. »

Requête de pure forme, glissée entre deux portes. Brinon et Laval étaient trop dans la confidence des Allemands pour ignorer leurs desseins qui ne souffraient aucune exception. Brinon en eut une preuve supplémentaire quand il remit la note à Hagen, l'adjoint

---

* Dans une note adressée à Brinon, Oberg se félicite de la collaboration des préfets régionaux qui ont tous fait procéder à l'arrestation de juifs étrangers. AN 3 W 106. Réf. NGB 923/43/HG-WR.

d'Oberg, Hagen la reçut en disant qu'il réservait la décision de ses supérieurs.

Au cours de cette période, le cabinet du Maréchal avait saisi Brinon de plaintes relatives aux conditions d'internement inhumaines du camp de Drancy, d'abord administré par la gendarmerie française et depuis plusieurs semaines par le SS *Hauptsturmfürer* Aloïs Brunner, chef du commando spécial d'Eichmann en France. Sur un ton ironique, Knochen répondit par écrit à Brinon que Bousquet était convié à visiter Drancy en compagnie de Brunner afin qu'il juge par lui-même. Bousquet se déroba sous prétexte qu'il ne pourrait éviter les questions des journalistes à la sortie.

En décembre, Oberg décidait de créer une section dépendant directement de lui, chargée de traiter les interventions en faveur des prisonniers. Brinon devait demander audience à Knochen et à Hagen notamment[16].

Oberg compléta son dispositif répressif. En exécution de l'ordre du *Reichsfürer* SS Himmler, il avait décidé que Bousquet ne convenait plus. Joseph Darnand, le chef de la Milice, devait lui succéder. Brinon constatera que Bousquet avait cessé de plaire parce qu'il rechignait à engager la police et la gendarmerie contre les maquis. Bousquet voyait poindre le jour où il lui faudrait rendre des comptes aux Alliés victorieux. Craignant qu'il ne change de camp en faisant preuve de l'efficacité dont il avait témoigné dans le traitement des juifs, Himmler chargea Oberg de le neutraliser. Oberg, qui affirmera vouer à Bousquet une réelle amitié, lui dira que sa vie étant menacée par la Résistance, il voulait le mettre à l'abri en Allemagne. La chose se fit avec les égards que les Allemands lui devaient. Bousquet passera la fin de la guerre dans une belle maison mise à sa disposition, invité personnel de Himmler qui, pensant à le distraire, lui envoyait plusieurs de ses amis.

Laval ne s'opposa pas au limogeage de Bousquet. Nous donnons pour ce qu'elle vaut l'appréciation d'Oberg : « Beaucoup plus tard, j'ai découvert le jeu de Laval. Personnellement, il voulait l'éloignement de Bousquet parce qu'il sentait que celui-ci prenait trop de pouvoir en tant que chef de toutes les forces de police face à Laval en sa qualité de ministre de l'Intérieur[17]. »

Sans se compromettre, Brinon observait les rebondissements consécutifs aux atermoiements que Laval opposait à la nomination de Darnand. De son côté Abetz émit un jugement favorable : « Il [Darnand] est *Obersturmführer* des Waffen-SS français et il nous est

ainsi directement subordonné au point de vue de la discipline[18]. »
Laval qui semblait malgré tout avoir accepté la promotion de Darnand, à la direction de la Police revint sur son consentement et l'explicita à Abetz : « Laval a de nouveau joué avec l'idée de prendre sa retraite, consigna Abetz. Des chefs de la police lui ont offert leur démission à la nouvelle de l'éventuelle nomination de Darnand. Laval semble aussi motivé par la crainte qu'avec Darnand des éléments entrent dans la police qui attenteraient à ses jours [...]. Laval a appris aujourd'hui que l'un des premiers actes officiels qu'accomplirait Darnand serait de relaxer un certain Filliol. Filliol a été autrefois fréquemment utilisé par les Cagoulards pour commettre des assassinats[*][19]. »

Dans cette conjoncture, un messager de l'hôtel du Parc, le colonel Ferret, apportait à l'ambassade d'Allemagne l'accord du maréchal Pétain concernant la nomination de Darnand et insistait pour que le ministère de l'Intérieur soit retiré à Laval et confié au général Bridoux, lequel s'empressa aussitôt d'appuyer sa candidature en servant les intérêts allemands : « Le général Bridoux, écrit Abetz, que l'éventualité d'une prise en charge du ministère de l'Intérieur semble attirer, m'a transmis ce jour, par l'entremise d'un confident, des renseignements sur l'Armée secrète de la Résistance[20]. »

Oberg mit un terme à ces tractations en préconisant que Laval conservât le ministère de l'Intérieur en échange de la nomination de Darnand à la direction de la police.

Parmi les nouveaux promus, Marcel Déat auquel était échu le ministère du Travail et que le Maréchal détestait en raison de l'hostilité qu'il lui avait témoignée. L'autre, Philippe Henriot, promu secrétaire d'État à l'Information, était censé rallier les Français à la Collaboration intégrale par ses propos dévoyés et ses effets de tribun. Le maréchal Pétain, lui-même remarquait : « Les interventions de M. Henriot, malgré son talent, ont un résultat tout contraire au but qu'il se propose d'atteindre[21]. »

Brinon qui reprochait à Laval son manque de fermeté eut matière à réconfort. Dans des directives d'octobre, Laval avait défini la mission de la police française dans le cas d'une invasion, l'obligeant non seulement à maintenir l'ordre intérieur du pays mais à contribuer à la sécurité de l'armée allemande[22]. Le 20 janvier 1944, il promulguait la loi instituant la création des cours martiales sous l'autorité du secrétaire général au maintien de l'ordre. Il était dévolu à Darnand

---

* L'année précédente, Laval avait fait emprisonner le tueur Jean Filliol qui sera libéré par Darnand et deviendra un cadre de la Milice.

de fixer les mesures d'exécution[23]. Il le fera par un arrêté du 14 février accordant aux cours martiales une compétence territoriale dans toute la France. Les cours statueront à huis clos, sans que la comparution des inculpés et des témoins soit obligatoire : « L'exécution a lieu immédiatement après la sentence et, quoi qu'il arrive, dans un délai ne dépassant pas vingt-quatre heures, sous le feu d'un peloton composé de la Franc-Garde* ou des groupes mobiles de réserve ou, à défaut, de la gendarmerie, soit par la réunion de ces trois éléments et ce, sur l'initiative du préfet régional [...]. Hormis le cas d'impossibilité matérielle, l'enceinte de la prison sera le siège de la cour martiale et le lieu de l'exécution[24]. »

Des instructions secrètes et confidentielles furent communiquées aux préfets régionaux, éclaircissant l'application de cette loi[25].

Par courrier, Laval communiqua à Oberg le dossier complet des dispositions générales relevant des « forces de police françaises employées au maintien de l'ordre en cas de débarquement ou d'opérations militaires sur le sol français ». Oberg en fut si content qu'il chargea Brinon de remettre d'urgence un message à Laval, message qui lui fut délivré pendant le Conseil des ministres. « Je constate avec satisfaction, écrivait Oberg, que vous accorderez désormais au secrétaire général au maintien de l'ordre, en lui manifestant votre entière confiance quant à sa personne et aux mesures qu'il prend, tout l'appui qui est en votre pouvoir pour lui faciliter sa tâche qui est extrêmement difficile. De mon côté, je soutiendrai M. Darnand dans la mesure où les forces de police françaises se montreront à la hauteur de la tâche qui leur est confiée, qui est de rétablir l'ordre et le calme en France en combattant tous les facteurs de désordre[26]. »

De leur côté, les Allemands entendaient procéder par une action spéciale *(Sonderaktion)* aux arrestations de toutes les personnalités civiles et militaires suspectes, et les transférer dans un camp de concentration en Allemagne[27]. Cette décision prise à Berlin, en présence d'Abetz et d'Oberg, reçut le nom code d'actions « Attention I et II » *(Achtung I und II)*. Des listes furent dressées comprenant des personnalités qui avaient rendu des services aux autorités d'occupation mais qui, devant l'évolution de la guerre, pouvaient faire volte-face[28].

Dès le mois d'août 1943, Brinon répondit à une demande du maréchal Pétain qui voulait savoir ce qu'il en était des arrestations, et il rendit compte à Laval : « Je viens de parler à fond et avec une

---

* La Franc-Garde, organisation d'élite et de combat de la Milice.

complète franchise avec le Colonel Dr Knochen et le major Hagen qui m'ont demandé de porter à votre connaissance les considérations suivantes. Les ordres d'arrestation des hauts fonctionnaires exécutés hier et aujourd'hui ont été donnés en accord complet avec le Führer et avec le ministre des Affaires étrangères du Reich [...]. En agissant comme il le fait, le Dr Knochen affirme qu'il aide le gouvernement français auquel il doit se substituer dans la mesure où il n'agit pas lui-même contre ses adversaires les plus déterminés [29]. »

En décembre 1943, une autre opération avait été décidée au cours d'une conférence à Berlin au ministère des Affaires étrangères et qui sera dénommée « Attention III ».

En janvier 1944, Himmler donne l'ordre d'arrêter tous les généraux français, soit environ soixante, en prévision du débarquement et de les déporter [30]. Le 18 février, Ribbentrop s'impatiente et exige une exécution immédiate des actions prévues [31]. Les listes sont revues, complétées, n'épargnant aucun milieu. Pour certains cas, Pétain et Laval furent consultés afin de les rendre complices.

Le plus agréable des quatre camps destinés aux « personnalités éminentes » déportées en Allemagne avait reçu des Allemands le nom de « Rêve de valse ». À cette date, les Allemands estimaient que 25 000 Français, à titre divers, étaient prisonniers en Allemagne. En mars 1944, les Allemands ajouteront une liste spéciale de 507 personnalités [32].

À la sujétion totale de l'État français allait s'ajouter la mise en tutelle complète de son chef par l'entrée en fonction à Vichy de Cecil von Renthe-Fink, envoyé diplomatique spécial du Führer auprès du maréchal Pétain et chargé de lui dicter sa conduite. Informé à l'avance, le Maréchal déclara à Brinon qu'il « a pris soin personnellement du logement du ministre plénipotentiaire von Renthe-Fink et a donné l'instruction de préparer pour le ministre plénipotentiaire des locaux de travail dans sa proximité immédiate et des locaux d'habitation dans une aile latérale de l'hôtel du Parc [33]... ».

Cet Allemand fut présenté au Maréchal le 28 décembre. Walter Stucki, le ministre de Suisse, assure que le Maréchal l'appelait « ma bonne d'enfants [34]. » Renthe-Fink, national-socialiste triomphant qui se donnait des airs d'aristocrate, était si pénétré du rôle central du maréchal Pétain dans le système établi en France par le Reich qu'écrasé et obsédé par sa mission et craignant d'être pris en défaut, il rédigeait chaque jour, rapport, message, télégramme, n'épargnant aucun détail, si bien qu'il devint malgré lui le chroniqueur du maréchal Pétain pendant les huit derniers mois du régime.

Quand Brinon venait à Vichy, Renthe-Fink faisait partie de ses interlocuteurs obligés. Tous deux se préoccupaient de la situation de Pétain quand les Alliés débarqueraient en France, événement qui polarisait les anticipations. Une de ces anticipations devint une cruelle réalité quand la nouvelle tomba que l'ancien ministre de l'Intérieur Pucheu avait été fusillé à Alger où il avait cru, en changeant de costume, pouvoir s'intégrer impunément à l'armée française après la conquête de l'Afrique du Nord par les Anglo-Américains. Cette exécution engendra l'affolement des milieux gouvernementaux les plus compromis. Elle eut pour effet de renforcer Brinon dans sa détermination à se souder à l'Allemagne dont il restait convaincu qu'elle ne pouvait perdre la guerre. Depuis longtemps, ce n'était pas l'avis de Mme de Brinon. Ivan Loiseau, le secrétaire général de la Compagnie fermière écrit : « Au printemps 1943, sortant de la messe des Missionnaires, je rencontrai Mme de Brinon qui me demanda ce que je pensais des événements. Je lui dis qu'il me paraissait se dessiner de plus en plus que l'Allemagne irait à un effondrement total. Elle me dit : "Et pourtant, Fernand demeure très confiant." Je lui répondis qu'il ne fallait pas demander son avis à Fernand et qu'il suffisait de raisonner comme un enfant pourrait le faire. L'Allemagne a contre elle trois immenses pays : la Russie, la Grande-Bretagne et son empire, et les États-Unis. Si elle ne pouvait venir à bout d'aucun des trois, comment pourrait-elle venir à bout des trois réunis ? Elle en convint. J'ai déjà dit que c'était une femme d'une grande intelligence [...]. Mme de Brinon passait son temps à taper des recommandations transmises à son mari, et son mari s'en occupait toujours. J'en ai fait profiter nombre de personnes. Je crois devoir le rappeler [35]. »

En décembre 1943, le maréchal von Rundstedt, avait adressé au maréchal Pétain une lettre évoquant la probabilité d'un débarquement au printemps 1944 [36]. En prévision de cet événement, Brinon proposa à Abetz de constituer secrètement un « Comité de ministres », de manière à transmettre immédiatement à la police et aux autorités militaires allemandes les mesures à prendre, et il offrit de se placer à la tête de ce Comité. Pour sa part, Abetz recommandait « à quelques membres du gouvernement français de venir séjourner à Paris dans le cas d'une invasion étant donné qu'à Paris des abris étaient installés à leur intention, qui sont recouverts d'une épaisseur de 18 mètres de roches, alors qu'à Vichy, il n'existe pas la moindre installation de défense passive [37] ». Laval était naturellement invité. Quant à Pétain, on préférait lui trouver une résidence en zone Sud.

« Légitimité », entendait-on plus que jamais dans l'entourage chancelant du maréchal Pétain qui vivait dans la hantise du général de

Gaulle. Brinon déclarait : « Je connais de Gaulle depuis dix ans. À l'époque, le colonel de Gaulle était taxé de fasciste parce qu'il demandait de l'autorité et une armée de métier. Il admirait la réforme de l'armée allemande. J'ai dîné avec lui en février 1938 et je lui ai parlé à cette occasion de l'idée d'une alliance militaire franco-allemande qui l'intéressait beaucoup. Dans un article sur son livre dans lequel il demandait la création d'une armée de métier, j'ai fait ressortir que cette réforme n'était réalisable que sous un régime autoritaire. Dans une lettre, de Gaulle m'a exprimé ses remerciements. Charles de Gaulle est très ambitieux. Il doit sa réputation actuelle à son ambition qui l'a amené chez les Soviets en passant par Reynaud et Londres. Aujourd'hui, il est placé sous l'influence de Moscou. Certes, il n'est pas communiste, mais il ne peut se libérer de cette influence [38]. »

Dans la perspective d'un débarquement, Brinon préconisait d'intégrer un contingent de la Waffen-SS française aux unités de la Wehrmacht chargées de la défense côtière. Il demande au général Bridoux de trouver des officiers de carrière pour encadrer cette troupe. Bridoux répond que pas un seul n'est disponible. Sur les 4 200 officiers qu'avait comptés l'armée d'armistice, 3 245 ont été officiellement reclassés, 246 ont un emploi dans la défense terrestre. Les autres travaillent dans des entreprises familiales, souvent agricoles. Quelques-uns, fortunés, se sont mis à la retraite. Un nombre infime est passé à la Résistance [39].

Plus porté aux campagnes de la propagande, Brinon s'engagea à fond dans le triomphe qui fut réservé au Belge Léon Degrelle. Le chef du mouvement fasciste Rex revenait d'Union soviétique où il commandait la Légion wallonne avec le grade de général SS. Sa conduite lui avait valu la croix de fer par décision du Führer auquel il vouait un culte exigeant et quasi filial. Il voulait mieux que quiconque incarner « la nouvelle chevalerie européenne ».

Le 5 mars 1944, il y avait foule dans l'immense salle de théâtre du palais de Chaillot. Trois mille collaborationnistes, tous dressés dans le salut hitlérien, éclataient en ovations. Au premier rang du balcon, côte à côte, se tenaient Abetz, Brinon, le général Oberg et Darnand. Dans l'alignement, mais séparé par un passage, Doriot et Mgr Mayol de Lupé portaient l'uniforme allemand. Les drapeaux aux couleurs des pays qui disposaient d'unités de la Waffen-SS et les symboles du national-socialisme et de la Milice ornaient la scène occupée par des musiciens en uniforme de SS. Soudain, Degrelle apparut à la tribune salué par des applaudissements frénétiques. Il se lança dans un discours grandiloquent, exaltant le combat contre le bolchevisme, qu'il acheva par cette incantation : « Au grand Adolf Hitler l'honneur d'avoir recréé le Héros européen[40]. »

Quand la séance se fut achevée devant une assistance tenue en haleine, Brinon et Oberg s'entretinrent quelques instants avec Degrelle, Brinon donnera une grande réception rue Rude en l'honneur de Degrelle, la dernière qu'il offrira dans l'hôtel de la princesse de Faucigny-Lucinge, et qui réunira les plus authentiques acteurs de la Collaboration. Ce sera le bouquet final d'un époque éclairée par un soleil noir.

Deux jours après, le 7 mars, Brinon présidera le comité central de la LVF où, en présence de Doriot, il adressa des félicitations aux volontaires français dont la Wehrmacht avait reconnu la valeur combattante dans un communiqué.

Avec une ardeur renouvelée, Brinon exploitait les destructions et les morts provoquées par les bombardements intensifs des Alliés sur des objectifs français. Se rendant fréquemment sur les lieux dévastés, il multipliait les allocutions sur le thème : « Ils prétendent vous libérer et ils vous assassinent. » À l'inverse, plus discrète et même secrète fut la protestation vigoureuse qu'il éleva contre le massacre de 87 habitants d'Ascq, dans le Nord, exécuté par une unité SS en représailles au sabotage d'une voie ferrée (2 avril 1944).

Cette intervention humanitaire de Brinon coïncida avec son ultime manifestation de loyalisme à l'égard du maréchal Pétain. À l'occasion de son quatre-vingt-huitième anniversaire, il lui exprima son « ancien fidèle et très respectueux attachement avec l'espoir que les Français vous aident enfin à les relever[41] ».

Depuis quatre semaines, Brinon s'employait à organiser la nouvelle résidence du maréchal Pétain que les Allemands voulaient éloigner de Vichy et mettre en sécurité. Le château de Voisins, près de Rambouillet, appartenant à la famille de Fels, avait été choisi. Brinon qui y avait chassé le perdreau avant la guerre, s'occupa de sa réquisition et servit d'intermédiaire entre le cabinet du Maréchal et les autorités allemandes[42]. Bref exil. Pétain regagna Vichy au bout d'un mois.

Du côté de la Délégation générale, Brinon reçut en avril la démission de Charles Saint, le secrétaire général, qui assurait ne plus pouvoir s'associer à la politique suivie. À l'heure où tant d'indices annonçaient l'imminence d'un débarquement, c'était moins un désaveu qu'un lâchage de la part de celui qui, dès le début de l'Occupation, avait créé le service d'interventions humanitaires. L'agent consulaire Fournier, qui dirigeait le Bureau des requêtes aux autorités allemandes depuis plus de deux ans, éprouvait des difficultés croissantes à suivre le sort des Français déportés depuis l'application du décret *Nuit et Brouillard**. Faisant le point, il écrivait à Brinon : « Des dizaines de milliers de cas ont été l'objet d'enquêtes, des milliers de démarches ont été faites en leur faveur auprès des hautes autorités d'occupation[43]. » Jusqu'au début de l'année 1944, la plupart de ces interventions restaient sans effet. C'était le secret absolu. Brinon s'était efforcé de rompre ce silence de plomb avec quelque succès : « Les accords verbaux qui intervinrent fin 1943 entre monsieur de Brinon et le Dr Knochen ont amené une amélioration notable. Le Dr Knochen accepta qu'un officier de ses services donne à un fonctionnaire de la Délégation des précisions sur les arrestations opérées par le SD sur les personnes et les ressortissants non juifs et indique, dans le cas où le secret n'est pas de rigueur, les motifs de la mesure d'incarcération, les possibilités de libération, la procédure suivie et le régime de détention[44]. »

Dès la fin de février 1944, quelques renseignements parviennent concernant trois cents dossiers de Français enfermés dans les prisons du Reich. Soixante-dix étaient favorables. Aucune libération n'a pu être entérinée pour les hommes et les femmes détenues dans les camps de concentration.

À force d'intervenir auprès d'Oberg et de Knochen, Brinon obtint des assurances verbales relatives à la possibilité d'accorder à certains détenus en Allemagne, dont on était sans nouvelles depuis 1942, d'échanger de la correspondance avec leurs familles. Ces autorisations ont concerné d'abord quinze cents personnes en novembre 1943, puis deux mille autres en décembre, quatre mille en janvier 1944, cinq mille en février, chiffres toutefois insuffisants étant donné le nombre de Français précipités dans les geôles du Reich. On restait sans nouvelles de ceux qui avaient été déportés en 1940 et 1941. Pour ceux-là, la Délégation a demandé l'adoption d'une carte au texte imprimé que ces prisonniers signeraient et dateraient, témoignant qu'ils sont encore en vie. Demande renouvelée en mai 1944 et restée sans réponse. Il faudrait, estimait Fournier, que les autorités allemandes finissent, malgré quelques satisfactions accordées, à considérer l'inutilité du secret absolu. Les familles des victimes étaient profondément affectées de ne pas savoir quel régime subis-

---

* Il est à noter que les demandes de grâces étaient effectuées au nom de la Délégation générale par le Bureau des requêtes, mais à partir de 1944 elles le furent au nom de l'ambassadeur, secrétaire d'État auprès du chef du gouvernement, délégué général du gouvernement dans les territoires occupés. AN CSP, 840078 ART 5.

saient ceux des leurs qui croupissaient dans les camps de concentration.

La veille même du débarquement, le 5 juin, un autre responsable d'une autre sorte de déportation se démenait à Paris : le Gauleiter Sauckel. Tenant une réunion à laquelle participaient Brinon, Déat et Darnand, et du côté allemand Abetz et Oberg, Sauckel déclara que l'Allemagne avait besoin plus que jamais de main-d'œuvre. Il annonça la nécessité de lever la classe 1944 et de l'expédier en Allemagne trois jours après qu'elle aura été convoquée. Il laissa entendre que c'était aussi une façon de soustraire la jeunesse française à la tentation de la Résistance. Aucun des Français présents n'éleva d'objections [45].

Cette nuit-là, celle du 5 au 6 juin, ainsi que pour les nuits précédentes, la police nationale centralisa les informations relatives aux bombardements effectuées par de petites formations alliées sur le nord de la France et la région parisienne, guère plus intenses ni plus meurtriers que les autres fois [46].

Le 6 juin, à l'aube, le formidable événement se produisait. Des unités britanniques et américaines débarquaient sur des plages de Normandie, tandis que l'aviation alliée couvrait le ciel et qu'à l'horizon, un horizon qui se rapprochait, des milliers de navires chargés d'hommes et de matériels convergeaient vers les côtes, annonçant la libération de la France.

Le premier Français que les Allemands alertèrent fut Joseph Darnand qui, une semaine plus tard, sera nommé secrétaire d'État à l'Intérieur. À neuf heures du matin, Darnand adressait aux préfets et aux intendants du maintien de l'ordre une circulaire : « Selon message de Londres intercepté cette nuit par Autorités allemandes, suis informé qu'insurrection pouvant concorder avec débarquement doit avoir lieu sous vingt-quatre ou quarante-huit heures au plus tard. Prendre toutes dispositions pour éviter surprise. Alerter toutes unités stationnées dans votre secteur. Renforcer garde établissements publics. Prévenir immédiatement chefs régionaux et départementaux de la Milice française. Mettre en vigueur plan de protection prévu et prendre contact avec les Kommandeurs locaux de la SD. Me tenir informé de tous événements qui pourraient se produire dans votre secteur [47]. »

La garde fut renforcée rue Rude devant l'hôtel occupé par Brinon. Celui-ci reprendra largement devant la presse parisienne les avertissements de Pétain et de Laval, lancés quelques heures après le débarquement et dont le texte était préparé depuis longtemps. Le Maréchal appelait les Français à ne se mêler de rien et à se soumettre aux dispositions spéciales prises par les Allemands dans la zone des combats. Laval, plus prolixe, accusait les Anglo-Américains de détruire la France sous prétexte de la libérer. Il conjurait les Français de rester sourds aux appels les incitant à prendre part aux combats et, à l'exemple de Pétain, il s'efforçait de les effrayer par des menaces de destructions et de représailles en cas de désobéissance.

Il n'y eut pas de soulèvement patriotique. Le général Oberg s'en félicita, d'autant que comme chef de la sécurité du Reich en France, les minutieuses analyses émanant de ses services l'avaient toujours convaincu de la passivité du peuple français, à l'exception du petit nombre de ceux qui étaient engagés dans la Résistance et que les autorités allemandes allaient tenter d'anéantir partout où ils constituaient une menace insurrectionnelle. « La nouvelle du débarquement fut accueillie par la population française avec le plus vif intérêt, dira-t-il, mais elle n'a pas provoqué de manifestations exceptionnelles comme une grève générale [48]. »

Brinon crut d'abord que les Allemands pourraient refouler les envahisseurs. Le lancement des premiers VI sur Londres le persuada, comme tant de collaborationnistes, que d'autres armes encore secrètes assureraient la victoire finale du Führer. L'offensive des armées soviétiques à l'Est, la conquête de l'Italie par les Alliés – Rome était tombée l'avant-veille du débarquement en Normandie – ne refroidissaient pas la loyauté de Brinon, résolu, quoi qu'il advienne, à fondre son sort dans celui de l'Allemagne nationale-socialiste. Victime à son tour, sa maison de La Chassagne fut pillée par le maquis de la Creuse trois jours après le débarquement, mais Brinon ne s'y attarda pas, emporté par les événements.

Le 13 juin, les chefs de la Collaboration se réunirent à l'ambassade d'Allemagne à la demande d'Abetz. Brinon était présent en qualité de président de la Légion des volontaires français contre le bolchevisme. Abetz commença par regretter de n'avoir jamais réussi à réaliser une alliance militaire entre la France et l'Allemagne, mais il convint que, vu les circonstances, la politique la plus opportune pour la France était celle de la passivité absolue préconisée par Pétain et Laval. Encore qu'il fût utile, ajoutait-il, de savoir quels Français étaient disposés à combattre au côté de l'Allemagne. Le débat s'engagea. Doriot insista sur la nécessité de rapatrier au plus vite tous les Français engagés dans les combats à l'Est et dont on avait besoin en France, et il parla aussi d'organiser d'urgence un centre de rassemblement destiné à des auxiliaires français disposés à couvrir les besoins de l'armée allemande : chauffeurs, mécaniciens, personnel d'accompagnement des voitures, et de garantir à ces volontaires et à leur famille des avantages sociaux comparables aux dispositions prises par l'État français en faveur des combattants de la LVF : « L'ambassadeur de Brinon promit d'entreprendre auprès du gouvernement français les démarches nécessaires à cet effet[49]. »

Quant à la Milice qui regroupait quinze mille hommes et espérait en recruter autant, tous les protagonistes estimèrent qu'elle devait être réservée au maintien de l'ordre intérieur.

Informé de cette réunion, Oberg se déclara hostile à une participation militaire française dont rien ne permettait d'affirmer qu'elle se composerait de troupes sûres. C'était aussi l'avis de la Wehrmacht qui s'y opposa[50].

Plusieurs jours passèrent et le 22 juin, à l'occasion du troisième anniversaire de l'entrée en guerre de l'Allemagne contre l'URSS, Brinon put proclamer solennellement son attachement viscéral au Führer et son adhésion à l'idéologie nationale-socialiste, jamais énoncés publiquement en de tels termes, au cours d'une réunion monstre pleine de symboles et de drapeaux. Les partis collaborationnistes, la Milice, la LVF, la Waffen-SS, étaient venus en masse. Il prit la parole après le Dr Dietrich, chef de la presse allemande, arrivé spécialement de Berlin. Il gagna la tribune sur une scène garnie de Français et d'Allemands du plus haut niveau hiérarchique, revêtus d'uniformes divers.

Brinon s'adressa à l'assistance comme Hitler s'y prenait avec ses vieux compagnons de parti : « Mes Camarades ! » Il commença par rendre responsables de la guerre germano-russe « les ploutocraties anglo-américaines ». « Depuis lors, enchaîna-t-il, la secrète entente du capitalisme et du bolchevisme, qui ont besoin l'un de l'autre pour durer et dominer, est une alliance ouverte. Il s'agit d'empêcher l'avènement d'États où l'argent ne serait pas souverain, les Juifs les maîtres et la démagogie leur instrument [...]. C'est que l'Allemagne d'Adolf Hitler prétendait éliminer la puissance d'Israël et qu'elle rejetait la démocratie[51]. » Puis Brinon se lança dans une incantation funèbre : « Honneur d'abord aux morts de l'héroïque armée allemande qui porte avec ses alliés le poids principal de la lutte gigantesque ! Honneur à ceux qui meurent dans ces terres normandes où l'unité du royaume de France a été défendue contre l'Anglais ! Morts de la Légion des volontaires français contre le bolchevisme, de la Waffen-SS, morts français de la NSKK*, des régiments de transport, de l'organisation Todt ou de la Kriegsmarine, morts de la Milice, du Parti populaire français, du Rassemblement national populaire, du Francisme, de la Ligue française, du MSR*, morts de la Collabora-

---

* NSKK : Corps motorisé national-socialiste. MSR : Mouvement social-révolutionnaire fondé par Eugène Deloncle.

tion et de tous les groupements qui avez, selon vos moyens, participé au même combat, nous pensons à vous, à tous les foyers où battent des cœurs amis [...]. Tous les règlements pacifiques, tous les efforts d'explication et de réconciliation entre l'Allemagne et la France ont été, depuis le précaire accord de Munich en 1938, sabotés par les puissances associées du bolchevisme et du capitalisme juif [...]. Nous pensions que la Grande-Bretagne ne nous empêcherait pas de rechercher la paix avec nos voisins puisque, en 1938, elle avait recommandé l'arrangement de Munich. C'était mal connaître les influences du judaïsme sur le gouvernement britannique [...]. En bref, nous avons choisi notre camp. Nous le proclamons avec une entière clarté. Partout, par tous les moyens, nous aiderons l'Allemagne. Elle préserve l'Occident, sa lumière, sa culture, ses traditions : nous sommes à ses côtés. Nous n'avons jamais été des opportunistes. Mes camarades, nous avons été, nous sommes, nous restons des partisans. La certitude de vaincre est aussi puissante que notre foi et, dans ce jour anniversaire, nos vœux ardents et fervents montent vers le Führer Adolf Hitler qui conduit l'immense combat [52]. »

La salle, dressée, acclama ces dernières paroles, bras levés dans le salut hitlérien. Le *Hitlergruss* de Brinon s'effectua dans un élan si affirmé que son bras se positionna presque à la verticale.

Par cette profession de foi, Brinon espérait se désigner comme le chef français de la lutte à outrance au côté du Reich auquel les Allemands finiraient par faire appel. Pourtant, il savait que leur choix pourrait se porter sur Jacques Doriot qui disposait d'une troupe nombreuse et disciplinée offrant toutes les garanties.

Le 27 juin, les troupes alliées prenaient Cherbourg dont les capacités portuaires étaient indispensables à leur logistique. Près de un million d'hommes se trouvaient déjà débarqués, disposant de l'appui de plus de un million de tonnes de matériels.

À Paris, le lendemain, à six heures vingt du matin, un message parvenait au cabinet de la préfecture de la Seine émanant de la mairie du 7e arrondissement : « Monsieur Philippe Henriot a été abattu à six heures ce matin, 10 rue de Solférino, au ministère de l'Information par des individus armés de mitraillettes [53]. »

Brinon fut l'un des premiers à s'incliner devant la dépouille exposée dans les locaux du ministère. Avec cet assassinat disparaissait l'orateur le plus écouté du collaborationnisme. Henriot se trouvait à Berlin le jour du débarquement en Normandie. Il avait déclaré aussitôt : « ... Au moment où j'apprends sur le territoire allemand la nouvelle de la première tentative d'invasion, ma pensée de Français se porte immédiatement vers ceux de mes amis et camarades qui portent l'uniforme de la Waffen-SS[54]. »

L'exécution de Philippe Henriot dans sa chambre à coucher du ministère de l'Information et de la Propagande démontrait que la Résistance pouvait frapper jusque dans les endroits les mieux protégés. Le général Oberg déclarera qu'un vent de panique se répandit dans les rangs des ministres et des principaux collaborationnistes dont certains voulaient décamper et se cacher[55].

Laval, secoué par cette exécution qui préfigurait peut-être son propre destin, fit une longue déclaration à la louange du défunt qui avait « proclamé chaque jour la vérité ». Des obsèques nationales furent accordées. Le cardinal Suhard, archevêque de Paris, officia à Notre-Dame. Brinon trôna dans la cathédrale pour la dernière fois.

Le lendemain, dans la cour d'honneur des Invalides, Brinon participe à une cérémonie à la gloire de la Milice. Des miliciens sont alignés dans un garde-à-vous avachi. Quelques-uns présentent les armes. Les officiels les passent en revue. Darnand marche en tête, suivi de Brinon, Oberg et Knochen sur le même rang.

Dans les jours suivants, la Milice aura l'occasion de s'illustrer en assassinant Georges Mandel qui, déporté en Allemagne, puis ramené en France le 4 juillet, avait été livré à Knipping, le représentant de la Milice dans la zone Nord, et assassiné en lisière de la forêt de Fontainebleau. Brinon relatera que Knipping lui téléphona et, après des circonlocutions, prétendit que Mandel, ayant prétexté un besoin naturel, avait tenté de s'évader et fut tué par ses gardiens. Brinon n'en crut pas un mot. Il appela Laval à Vichy, déjà au courant du crime par une version que Darnand avait arrangée. Laval enjoignit à Brinon de se rendre à l'ambassade d'Allemagne, de protester en son nom et exiger d'Abetz que Léon Blum déporté en Allemagne, ne soit pas remis à la Milice comme Darnand l'avait laissé entendre.

Brinon et Laval se retrouveront cinq jours après, le 12 juillet, au Conseil des ministres à Vichy, le dernier du régime, que Brinon avait été chargé de convoquer d'urgence. Avant le Conseil, Brinon remit à Laval une longue « Déclaration », datée du 5 juillet, dont celui-ci avait déjà eu connaissance. Elle avait été concoctée à l'instigation du contre-amiral Platon, ancien sous-secrétaire d'État dont Laval s'était débarrassé, ce que ce fanatique partisan du IIIe Reich ne lui pardonnait pas au point de vouloir sa mort. Laval accusera Brinon d'avoir rédigé ce texte lors d'une réunion à laquelle avaient participé les gros calibres de la Collaboration parmi lesquels figuraient Benoist-Méchin et Drieu La Rochelle.

La « Déclaration » constatait que la mort de Philippe Henriot, « liquidait brutalement notre propagande nationale », tandis que la Résistance bénéficie d'un large appui populaire. « L'épreuve de force s'engage dans les pires conditions face à l'impuissance actuelle des pouvoirs publics. Dans un pareil climat, la désagrégation de ce qui reste de l'État français ne peut que se précipiter. Nous allons au chaos. » D'où la nécessité d'en finir avec « l'anarchie intérieure » et de recourir à des gestes et des actes volontaristes. Cinq décisions vitales s'imposent parmi lesquelles : le retour à Paris du gouvernement, l'élargissement du gouvernement par l'entrée d'éléments indiscutables et l'adoption de sanctions sévères pouvant aller jusqu'à la peine capitale à l'égard de tous ceux dont l'action encourage la guerre civile et compromet la position européenne de la France. « C'est seulement à ce prix que le Reich retrouvera à ses côtés une France capable de parcourir avec lui la dernière partie du chemin qui mène à la victoire de l'Europe. Si ces conditions ne sont pas réalisées, l'Allemagne devra finir la guerre avec tout le poids d'une France plongée dans le chaos [56]. »

Ce que les signataires reprochaient à Laval, visé sans être nommé, c'est d'avoir prononcé cette phrase dans son allocution de mise en garde aux Français le jour du débarquement : « La France n'est pas dans la guerre », affirmation qui confinait à la trahison pour les ultras de la Collaboration.

En ouvrant le Conseil des ministres, Laval parla de la « Déclaration » et en donna même la lecture. Quatre ministres avaient signé ce texte : Brinon, Abel Bonnard, Jean Bichelonne, Marcel Déat (absent du conseil). Laval leur demanda de s'expliquer.

Brinon déclara : « Monsieur le Président, je ne veux pas absolument m'opposer à vous, ce serait déplacé de ma part et j'ajoute qu'il n'en est pas question. Je n'ai pas rédigé ce texte. Je n'ai pas participé à sa rédaction et je n'en connais pas l'auteur. Mais je dois dire que ce texte répond à un souci qui est assez commun à Paris et qui pourrait se résumer ainsi : Conduite claire, choix net [...]. Enfin, d'une manière plus générale, je pense que la politique générale devrait être plus conforme à la politique qui a toujours été proclamée comme étant la sienne par le chef du gouvernement [57]. »

Laval assura qu'il avait refusé la livraison de Mandel dont Abetz l'avait averti. Brinon riposta : « Je dois vous dire, monsieur le Président, que M. Abetz n'est pas d'accord avec vous. Il dit que vous avez accepté cette livraison en disant simplement : "Ce n'est pas un cadeau à me faire [58]." »

Se tournant vers Brinon, dit le compte rendu du Conseil des ministres, Laval frappa du poing sur la table : « Je ne peux pas laisser dire une chose pareille. Je ne permets à personne de mettre ma parole en doute [...]. J'ai tenu en effet le propos rappelé par M. de Brinon. C'est un propos de conversation qui appuyait dans une forme familière mon refus. » Laval rejeta toute responsabilité dans ces faits et ne les couvrit pas : « Ce sont des méthodes que je réprouve de la manière la plus absolue [59]... »

Quant à la « Déclaration », les ministres présents qui l'avaient signée la désavouèrent, à l'exception de Brinon, et reconnurent le bien-fondé des propos de Laval, qui entendait que la France restât militairement neutre dans le conflit, d'autant plus que Laval avait réaffirmé que l'Allemagne seule était capable de lutter contre le bolchevisme et qu'il voulait un accord avec elle [60].

Brinon continuait à assumer la permanence des relations quotidiennes avec les autorités d'occupation. Malgré les opérations militaires de Normandie, elles maintenaient leur pouvoir total consistant aussi bien à fusiller des patriotes, à déporter des juifs qu'à veiller à la persistance des manifestations du « Gai Paris » et de maintenir les courses de chevaux quatre jours par semaine [61]. Brinon est aussi instruit de l'heure d'ouverture des théâtres et des lieux de plaisir que perturbent les coupures de courant. Les Allemands se félicitent que les acteurs français continuent à se produire sur scène en dépit du débarquement et du massacre d'Oradour, le 10 juin*. Ils refusent néanmoins de rapporter les mesures prises depuis plusieurs mois, en prévision du débarquement, qui réglementaient les sonneries des cloches des églises [62].

Les démarches humanitaires étant systématiquement rejetées, Brinon y renonça. L'agent consulaire Fournier, chef du Bureau des requêtes, avait été informé par les SS que toutes les interventions étaient suspendues depuis le 6 juin, date du débarquement. Jusqu'à la dernière minute, malgré la pénurie de transports ferroviaires, les Allemands trouvèrent les wagons à bestiaux nécessaires et formèrent encore quatre convois à destination d'Auschwitz et de Buchenwald qui emportèrent 2 881 déportés ; et le dernier convoi quittait Drancy le 17 août, le jour même où les SS s'enfuyaient en toute hâte de Paris dont les Alliés se rapprochaient. Il en est un pourtant qui, contraint par les événements, avait dû fermer son commerce : le

* Au mois d'avril, Himmler était venu en France où, accompagné d'Oberg, il avait inspecté aux environs de Saumur la division Waffen-SS *Götz von Berlichingen*, et, près de Toulouse, la division Waffen-SS *Das Reich* qui devait perpétrer les massacres d'Oradour-sur-Glane et procéder aux quatre-vingt-dix-neuf pendaisons de Tulle.

Gauleiter Sauckel. Lui-même et ses représentants à Paris refusèrent toutefois d'informer par un communiqué que le Service du travail obligatoire était aboli, mais ils consentirent le 19 juin « que cette mesure fasse l'objet d'une propagande de bouche à oreille[63] ».

C'est à cette époque que Brinon fut amené à s'intéresser au Dr Petiot.

En mars 1944, des pompiers découvraient à Paris, dans la cave d'un hôtel particulier appartenant à ce médecin, une dizaine de cadavres dépecés et des restes humains qui en augmentaient le nombre. L'enquête de la police française révéla que la plupart des victimes étaient des juifs que le Dr Petiot s'était engagé à convoyer vers une terre d'asile et assassinait pour s'emparer de l'argent et des bijoux qu'ils emportaient avec eux. Outre que les Allemands ne pouvaient admettre qu'un homme fût considéré comme un criminel parce qu'il tuait et volait des juifs, ils craignaient aussi qu'une confusion s'installât dans l'esprit du public et que Petiot passât pour un de leurs exécutants. Ils demandèrent le classement de l'affaire et effectuèrent dans ce sens une démarche auprès de Brinon qui le niera plus tard quand il sera sous les verrous, mais force est de constater que les journaux cessèrent d'en parler[64].

Le 20 juillet, Brinon fut informé de l'attentat contre Hitler à son quartier général de Prusse-Orientale en apprenant qu'Oberg, Knochen et tous les SS de Paris avaient été arrêtés sur ordre du général von Stulpnagel II qui, on l'apprit ensuite, faisait partie du complot. S'étant rendu à l'ambassade d'Allemagne, Brinon constata que les collaborateurs d'Abetz se perdaient en interrogations, saisis par une angoisse qui fut de courte durée car Ribbentrop faisait savoir par téléphone que l'attentat était manqué et le Führer bien vivant et indemne. On se pressa autour des postes de radio et, tard dans la nuit, la voix de Hitler, reconnaissable entre toutes, annonçait qu'il était sauf grâce à la Providence qui l'avait épargné afin qu'il achève sa mission. Ceux qui avaient osé attenter à sa vie seraient traités « de la façon dont nous autres nationaux-socialistes avons toujours su traiter nos ennemis ».

Oberg, Knochen et leurs troupes, qui n'avaient opposé aucune résistance, furent relâchés. Oberg recevra un appel téléphonique de Himmler qui les qualifiera ainsi que Knochen de « lâches » pour s'être laissés, eux et leurs hommes, mettre aussi facilement la main au collet sans même résister[65].

On sait que Stulpnagel II, rappelé à Berlin, tenta de se suicider à

Verdun et que, comparaissant aveugle et sur une civière devant le tribunal du peuple, il sera condamné à mort et pendu.

Abetz rencontra Brinon au lendemain de cette mémorable journée et expliqua, conformément à une première annonce officielle, que le complot était l'œuvre d'une petite clique d'officiers insensés, ambitieux et aigris. Toutefois, cette version ne mettait pas assez en relief le combat prométhéen que livrait le Führer contre les forces du mal. Brinon, qui avait transmis à Vichy la première mouture, annonça qu'Abetz lui-même, ayant reçu les instructions nécessaires, viendrait en personne informer le maréchal Pétain à qui l'on avait rapporté que les conjurés, en cas de succès, auraient signé un armistice avec les Soviétiques. La visite eut lieu et Abetz exposa que l'attentat du 20 juillet serait l'œuvre de « nationaux bolcheviques » de l'école de Ludendorff partisans d'un rapprochement germano-russe[66].

Durant ce mois, au cours duquel une trentaine de divisions allemandes s'opposaient aux Alliés en Normandie, des noms de villes jalonnaient l'avance des Anglo-Américains : Caen, Saint-Lô, et d'autres moins connues mais qui prenaient la consistance de victoires. La prise de Granville et d'Avranches, surtout, marquait l'effondrement d'une partie essentielle du dispositif allemand et ouvrait l'accès de la Bretagne aux forces alliées qui allaient pouvoir s'étendre en éventail jusqu'à la Loire.

À Paris, Brinon constatait que son territoire administratif se rétrécissait par la conquête des Alliés. Se préparant à une guerre longue, il envisagea de créer une annexe de sa juridiction dans la zone des combats. Le 29 juillet, après la percée d'Avranches, alors que le sort en était jeté, il adressa ce message à Laval : « Les autorités allemandes viennent de faire parvenir leur agrément au projet de loi relatif à la constitution d'une organisation de liaison entre la Délégation générale et le gouvernement français et la zone de combat. Elles demandent, cependant, que le nouvel organisme soit désigné sous le nom de Délégation pour les intérêts français dans les zones de combat[67]. » Un projet sans lendemain...

Peu après, le 2 août, Brinon lut dans le journal doriotiste *Le Cri du peuple* un grand appel à l'engagement de volontaires. Il adressa aussitôt un télégramme à Laval, le mettant en garde contre la bande de Doriot qui recrutait des hommes « pour prendre le pouvoir[68]. »

Rennes tombe, puis Vannes. Plus au sud, Nantes, Angers, Le Mans. L'offensive alliée se développe vers la Seine. À Paris, les collaborationnistes qui, peu de jours avant, fulminaient contre la radio anglaise, se penchent sur leurs postes et écoutent Londres pour suivre les opérations et calculer quand il leur faudra déguerpir, sans

renoncer au fol espoir qu'un front allemand se reconstitue et se stabi-
lise en avant de la capitale.

Dans les grands axes parisiens, à l'inverse des premiers jours du
débarquement où défilaient des unités de la Wehrmacht qui montaient vers le front, c'est le spectacle d'un reflux général. Les services
allemands déménagent à la hâte et font retraite vers l'Est sur toutes
sortes de véhicules chargés de matériel et de butin. Le cardinal
Suhard et des notabilités parisiennes cosignèrent une lettre adressée
au pape, au président de la Confédération helvétique, au roi de Suède,
au général Franco, au président de la République portugaise, les sup-
pliant de sauver Paris de la famine. Brinon communiqua le message
à Abetz qui se gaussa de cette « démarche humiliante [69] ». Aux premiers jours d'août, quand la seule question qui se posait encore était
la date d'entrée des Alliés dans Paris, Brinon fut associé malgré lui
à une tentative désespérée de Laval.

Entre en scène, André Enfière un fidèle d'Édouard Herriot, « troisième magistrat de la République », interné par les Allemands. À sa
demande, il est reçu à la fin de 1943 par Brinon auquel il indique
que Herriot, connaissant le président Roosevelt, pourrait se rendre
utile. Brinon en parle à Knochen qui refuse de libérer Herriot [70]. Renvoyé de l'un à l'autre, Enfière finira par rencontrer Laval à Vichy
quand les Alliés progressaient en Normandie. Laval se mit en tête de
ramener Herriot à Paris et d'en faire le pivot d'une ultime combinaison. Il se voulait tout à coup le champion de la légalité républicaine.
Il se proposait, assura-t-il, de réunir à Versailles l'Assemblée nationale renaissante et de rétablir la IIIe République dont les représentants
accueilleraient les armées alliées à Paris, plaçant de Gaulle dans
l'embarras. Lui, Laval, il deviendrait le restaurateur de l'ordre républicain tout en prenant la précaution de se mettre hors d'atteinte,
évitant de subir les effets de la machine judiciaire de la Libération.
Il en parla à Abetz qui, oubliant que le spectre de l'Assemblée nationale avait provoqué la *Marshallkrise*, trouva l'idée féconde et pensa
qu'en s'y prêtant il bonifierait sa propre cause après la guerre dont
l'issue ne faisait guère de doute.

Par plusieurs messages, Abetz avait informé Ribbentrop des
manœuvres de la dernière chance et des motifs de Laval. Avant
même d'avoir obtenu une réponse, Abetz, bousculé par la marche
des divisions américaines sur Paris, donna son agrément. Tenant
compte que les tractations politiques étaient du ressort de l'ambassade, Oberg ne s'y opposa pas et prêta même une escorte de SS qui
encadra Laval qui se mit en route le 12 août, sachant pertinemment
que Herriot ne disposait pas du pouvoir de convoquer l'Assemblée

nationale, mais remuant on ne sait quel stratagème avec cet art de « réduire les plus grands conflits humains à sa propre échelle [71] ».

Après avoir connu plusieurs lieux d'internement, le délire de la persécution s'était emparé d'Édouard Herriot. Il était traité à l'hôpital psychiatrique de Maréville, près de Nancy et il accusait les soignants de verser dans ses aliments du « venin syphilitique », une sorte de purée de tréponèmes [72]. Arrivé à Mareville, Laval serra dans ses bras Herriot et lui annonça qu'il était libre et avait un rôle politique déterminant à jouer.

Pendant que Laval emmène Herriot à Paris, la réponse de Ribbentrop parvient à Abetz : « Au sujet de vos différents télégrammes relatifs au transfert du gouvernement français à Paris et concernant l'idée d'une convocation de l'Assemblée nationale française, je vous prie de n'entrer en aucune discussion au sujet de telles questions. Ces projets sont complètement erronés et n'entrent pas en ligne de compte [73]. »

Dès lors, Herriot devient un embarras. Après cinq jours d'incohérence, et tandis que les Alliés ont débarqué le 15 août sur les côtes de Provence, Herriot, qui ne semblait pas hostile à une combinaison et rêvait de vivre à nouveau dans un palais national, déjeune même avec Abetz le 17 août, à Matignon. Après le repas, on se débarrasse de lui, et les SS qui l'ont escorté à Paris le remmènent, vers l'Est, d'abord à Nancy. À cette date, des ministres et des collaborationnistes de premier plan, leurs bagages faits, s'enfuyaient à toutes jambes jusqu'en Alsace et en Lorraine annexées par le Reich.

Douze ans après cet épisode, la fille de Laval, Josée de Chambrun, qui avait assisté au déjeuner de Matignon, accusera Brinon d'avoir contribué à l'échec de la solution Herriot, laquelle, comme nous venons de le voir, était mort-née [74]. En revanche, Brinon se vantera d'avoir facilité au début du mois d'août les premières démarches auprès des Allemands de Raoul Nordling, consul général de Suède à Paris, et destinées à obtenir la libération d'internés politiques français incarcérés dans les prisons de Paris et des environs et à empêcher qu'ils fussent déportés ou exécutés. Dans le volumineux rapport strictement confidentiel que Nordling adressera après sa mission au ministère des Affaires étrangères suédois à Stockholm, le nom de Brinon n'est pas cité une seule fois alors que tous ses interlocuteurs, même les plus insignifiants, sont nommés [75].

CHAPITRE 35

« Opération douce violence »

Le 9 août 1944, le général von Choltitz, qui avait commandé sur le front de Normandie, s'installe à Paris. Il est porteur d'instructions impitoyables reçues de la bouche même du Führer. La ville devait être défendue, dût-elle être détruite. Il remplaçait le général von Boineburg, commandant du Gross-Paris, à ceci près que le commandement du Gross-Paris qui comprend, outre la ville et la Seine, une portion de deux départements limitrophes, cesse d'exister et est remplacé, sous les ordres du général von Choltitz par le *Wehrmachtbefelshaber* (commandant de la Wehrmacht) qui place Paris sous la loi martiale[1]. Brinon sera reçu par le général von Choltitz et ne fera aucun commentaire.

Le 12 août, pendant que Laval voiturait Herriot jusqu'à Paris, Brinon retira de sa banque deux millions de francs[2]. Le 14, il reçoit une note allemande au sujet de soulèvements possibles à Paris en coordination avec l'arrivée des Alliés et des mesures de coercition qui s'imposeront à titre préventif[3]. Brinon sait qu'il ne sera plus présent et que son départ à l'Est n'est qu'une question d'heures. Le 15, il est convoqué à l'ambassade d'Allemagne. Abetz annonce que Laval sera emmené à Nancy et que lui, Brinon, devait se tenir prêt au départ pour le lendemain soir 16 août[4].

Le matin du 16 août, Brinon s'étant rendu pour la dernière fois à son bureau de la place Beauvau, réunit ses principaux collaborateurs et leur demande, sans grand succès, de le suivre à l'Est, à Belfort où le gouvernement doit se replier. Dans la journée, il signait un chèque de cent cinquante mille francs destiné à son épouse[5]. On ignore si Brinon lui remit ces fonds en mains propres et même s'il la revit avant son départ, mais nous savons par Simone Mittre qu'Alphonse de Châteaubriant, avant de se réfugier en Allemagne, avait révélé à Mme de Brinon la destination future de son mari[6].

Les bagages étaient prêts. Ils contenaient une quantité de produits que Brinon se faisait envoyer de Madrid par la valise diplomatique : cigares de La Havane, cigarettes américaines, parfums, savons. Il avait même constitué en Espagne une cagnotte à cet usage. Mme de Brinon profitait également de ces envois[7]. Vaquant aux derniers préparatifs, Simone Mittre avait entreposé des vêtements superflus et des objets chez une amie à Boulogne-sur-Seine[8]. Sa dernière initiative fut de recommander à Pierre Roussillon, chef de cabinet du Délégué général, de ne pas détruire les archives de la Délégation qui contenaient des documents à décharge en faveur de Brinon.

Le 16 août, le conseiller d'ambassade Westrick apparaît dans l'hôtel de la princesse de Faucigny-Lucinge, canne à la main, montrant son visage couturé de cicatrices sous son inusable chapeau noir à bord roulé. Sa rancœur à l'égard des Français n'a pas cessé depuis le jour d'août 1942 où, sortant du domicile de Marcel Boussac à Neuilly, il avait reçu sur la tête une pierre provenant de travaux en cours chez l'industriel, et, perdant son sang, il avait été transporté d'urgence à l'hôpital. Il est spécialement chargé de la personne de Brinon. Ce dernier est absent. En l'attendant, Westrick s'impose en maître. Il téléphone à plusieurs reprises au Majestic, centre administratif du commandant militaire, et réclame les papiers autorisant la circulation des voitures affectées à Brinon. Le départ est fixé le lendemain matin. Westrick s'invite à dîner, ne quitte pas Brinon et passe la nuit rue Rude. À onze heures, les portes de l'hôtel de la princesse de Faucigny-Lucinge se referment. La voiture de Brinon se déplace jusqu'à l'ambassade d'Allemagne devant laquelle elle s'immobilise. Un véhicule allemand vient stationner devant, une autre derrière. Westrick reste aux côtés de Brinon. L'attente se prolonge. Des personnalités de l'ambassade prennent enfin place dans les voitures allemandes. Départ général. On roule jusqu'à Nancy.

Avant de quitter Paris, Simone Mittre avait noté sur un morceau de papier : « Seul, Bout-de-l'An n'est pas parti avec tout le monde[9]. »

Francis Bout-de-l'An était secrétaire général adjoint de la Milice, un homme jeune qui posait à l'intellectuel. Sous son impulsion, la Milice avait tenté de s'emparer de tous les postes dirigeants de la police[10]. Le 10 août, Darnand demandait à Oberg l'autorisation d'intégrer une partie des effectifs de la Milice au mouvement de reflux des troupes allemandes vers l'Est. Consulté, Himmler donna son accord. Oberg prévint Darnand qu'il lui était impossible de fournir les moyens de transport. Par la suite, Oberg sera étonné de constater qu'en peu de jours Darnand avait réussi à véhiculer un grand nombre de miliciens avec femmes et enfants[11].

Bout-de-l'An était chargé de retourner à Vichy où la Milice entreposait des archives qu'il fallait faire disparaître. Mme de Brinon, qui se trouvait à Paris, se tenait en liaison avec lui, espérant qu'il l'aiderait à rejoindre son mari. Le lendemain du départ de Brinon, Bout-de-l'An, à la tête d'un petit détachement de miliciens, emmena Mme de Brinon en voiture jusqu'à Vichy. Elle voulait tenter d'obtenir un visa à la légation de Suisse pour elle-même et son mari afin qu'ils puissent éventuellement se réfugier dans la Confédération. Nous ignorons la position de Brinon qui, dans l'incertitude où il se trouvait, ne pouvait rejeter cette alternative visant, aussi de la part de Mme de Brinon, à se remettre en ménage et à tenir éloignée Simone Mittre, même provisoirement.

Dès son arrivée dans la ville thermale, Mme de Brinon dépêchait un intermédiaire auprès de Stucki, le ministre de Suisse. Celui-ci consigne dans son journal : « Visite de L. Il me dit que la femme de l'ambassadeur de Brinon souhaite me voir d'urgence : elle voudrait pour son mari et pour elle un visa pour la Suisse. Je réponds que cette visite est superflue, que je ne peux pas lui donner un visa [12].

Le lendemain, Stucki télégraphie au Département politique de la Confédération : « L'ambassadeur de Brinon a demandé hier soir un visa urgent pour la Suisse pour lui et sa femme. J'ai expliqué ne pas être qualifié et ne pouvoir obtenir une réponse avant huit jours. Il va probablement devenir furieux [13]. »

À Berne, les autorités fédérales refusèrent d'accorder un visa à Brinon. Fallait-il l'en informer personnellement ? Après plusieurs jours de réflexion, les gouvernants suisses tranchèrent le 24 août : « Il est inutile de télégraphier à Vichy qui ne peut rien dans cette affaire. Pas question de prévenir Brinon. D'ailleurs, comment le pourrions-nous [14] ? »

Effectivement, depuis le 20 août, le maréchal Pétain avait quitté Vichy et le régime qu'il avait instauré n'existait plus. L'évolution de la situation militaire porta Hitler à décider que le maréchal Pétain et son gouvernement devaient faire retraite à l'Est. À Paris, Abetz, responsable des questions politiques, et Oberg chef des forces de l'ordre, préparèrent le départ du Maréchal. Abetz s'entendit avec Renthe-Fink qui fut chargé de la mise en œuvre, et Oberg commit Boemelburg à l'exécution. Estimant nécessaire d'avoir lui-même son représentant à Vichy, Oberg y avait délégué Boemelburg, jusque-là chef de la Gestapo en France, parce qu'il connaissait fort bien Laval, Brinon, Bousquet et quelques ministres. Âgé de cinquante-sept ans, un âge avancé pour un SS, cela faisait sérieux auprès du maréchal Pétain, et le pendant de Renthe-Fink qui avait dépassé la cinquantaine. Possédant à fond son métier et connaissant comme nul autre les méthodes et les arcanes de la police française, Boemelburg rendrait d'inappréciables services à ce poste de choix. Quand le SS *Haupt-sturmführer* Geissler, Kommandeur à Vichy, avait été tué au cours d'une opération contre la Résistance, Boemelburg, déjà à pied d'œuvre, l'avait remplacé.

Devant l'accélération de l'avance des armées alliées à l'Ouest et dans la vallée du Rhône, le maréchal Pétain se préoccupait de son sort personnel. Depuis un mois, le général von Neubronn, délégué de la Wehrmacht à Vichy, l'avait convaincu de se transporter à l'Est, à Belfort, par exemple, plutôt que de tomber aux mains des Alliés. Influencé par les arguments militaires du général von Neubronn, le Maréchal avait donné son agrément et chargé le général Bridoux de régler les détails de l'opération. L'accord suivant en résulta : « Le Maréchal ne voulait à aucun prix faire couler le sang mais demandait qu'on fît "acte de violence symbolique". La mise en scène devait se faire de la façon qui suit : les troupes de la sécurité allemande encercleraient l'hôtel du Parc, fermé et barricadé. Un détachement allemand aurait à se frayer un passage et à lever les obstacles jusqu'aux appartements du Maréchal et là, le général von Neubronn lui-même ferait connaître au Maréchal la décision du gouvernement du Reich [...]. Sur la demande de Renthe-Fink le SS *Obersturmführer* Detering et le SS *Sturmbannführer* Boemelburg furent chargés de l'exécution de cette intervention [15]. »

À Paris, pressé de se mettre à l'abri, Laval avait également obtenu d'Abetz que son départ paraisse s'effectuer contre sa volonté et sous l'effet de la contrainte. Ayant acquiescé, Abetz lui confirma par écrit que le gouvernement du Reich fixait le siège du gouvernement à Belfort « pour la sauvegarde de l'ordre dans les régions de France non atteintes par les opérations militaires [16] ». Afin de se décharger devant l'Histoire et conformément au scénario convenu, Laval répondit : « Le gouvernement français n'accepte pas de transférer son siège de Vichy à Belfort, quelles que soient les raisons que vous invoquez [17]. »

La présence de Laval et de la plupart des ministres à Belfort sauvegardait l'apparente légalité du gouvernement, tout comme était préservée la légitimité du Maréchal. Le ministre Renthe-Fink remarquait : « En maintenant Pétain on évitait de sacrer de Gaulle chef légitime de la France [18] ? »

Le jour même du départ de Laval, celui du Maréchal entra dans sa phase exécutoire. « Il faudra faire comprendre que ce transfert en zone Nord est temporaire et imposé par la situation militaire [19] », nota

Renthe-Fink qui se présenta au maréchal Pétain l'avertissant qu'il devait se préparer à quitter Vichy. Le Maréchal refusa, ce qui était dans l'ordre des choses, arguant de la nécessité de s'entendre avec Laval. Renthe-Fink, toujours prolixe, adressa à Pétain un mémorandum relatif à son départ et à sa destination, et il expédia un rapport au ministre des Affaires étrangères du Reich.

Le lendemain, 18 août, à Berlin, Ribbentrop suit l'affaire de près. Au cours de la nuit, un de ses proches collaborateurs, Reinebeck, expédie ce message à Renthe-Fink : « 1. Le ministre des Affaires étrangères vous autorise à donner au maréchal Pétain l'assurance qu'il ne sera pas transféré en Allemagne mais qu'il restera à Belfort, le nouveau siège du gouvernement. 2. Il va de soi que le corps diplomatique devra suivre le gouvernement[20]. » Au cours de la même nuit, Renthe-Fink reçoit un second message de Reinebeck annonçant que « Laval et les membres de son cabinet se trouvent à Belfort, nouveau siège du gouvernement[21] ». Il ne faut pas tarder à transférer Pétain dans la même ville et, si nécessaire, manifester « une douce violence », sans mettre en péril la personne du Maréchal. « Vous-même, avec le détachement des Affaires étrangères, devez accompagner le Maréchal à Belfort. D'après le compte rendu du SS *Obergruppenführer* Oberg, les ordres nécessaires ont été donnés au SD de Vichy en date du 17 août au cours de la matinée[22]. »

Le 19 août, Ribbentrop s'impatiente et expédie à Renthe-Fink un télégramme stipulant qu'au besoin on fasse appel aux troupes allemandes stationnées aux alentours de Vichy pour « l'exécution de cette mission ». Un deuxième message, expédié à la suite, ordonne que l'action ne soit pas différée[23].

Déjà, Renthe-Fink avait notifié au maréchal Pétain que le départ aurait lieu le soir-même, énumérant les noms des personnes autorisées à l'accompagner, parmi lesquelles le Dr Ménétrel.

À Vichy des rumeurs alarmistes circulent en ville. Même les Allemands y sont sensibles. On colporte surtout que Laval aurait été arrêté par la Gestapo et déporté. Un démenti est aussitôt publié.

Le même jour, Renthe-Fink se consacre à une longue analyse écrite de la situation. Il en ressort que Pétain et ses fidèles, « malgré toutes les garanties et assurances données par les Allemands, leur rétorquent qu'il est incompréhensible que Laval lui-même ne les ait pas informés de ce transfert à Belfort par courrier motocycliste. Que faire, si ce n'est de démontrer au Maréchal "le caractère insensé" que présenterait toute tentative de résistance ? [...]. Ce trognon de gouvernement, absolument isolé du reste du monde, par l'intermédiaire duquel le Maréchal ne pourrait exercer aucune fonction, serait selon toute probabilité encerclé et interné dès les jours prochains par les forces insurrectionnelles [la Résistance] qui se concentrent tous les jours davantage. Hier déjà, la radio de Londres a raillé le gouvernement de Vichy dont le fonctionnement est paralysé à peu près totalement[24] ».

En fin d'après-midi, ce 19 août, Renthe-Fink, qui juge que la comédie s'éternise, remet en mains propres à Pétain une note où, examinant la situation, il énonce : « 1. Le président Laval se trouve avec les membres du gouvernement à Belfort, nouveau siège du gouvernement français. 2. Le gouvernement du Reich donne l'assurance formelle que, en toutes circonstances, le Maréchal demeurera sur le sol de France. 3. Le gouvernement du Reich assure que le Maréchal et le gouvernement français pourront revenir à Vichy dès que la situation sera assez sûre pour le permettre[25]. »

Le lendemain, Renthe-Fink télégraphie à Ribbentrop qu'il a notifié à Pétain que « son transfert aurait lieu même contre sa volonté. Le Maréchal a répondu qu'il ne partirait pas de son plein gré. Ses explications présagent que dorénavant il se considère comme empêché d'exercer ses fonctions de chef de l'État. Tout à coup, le nonce et le ministre plénipotentiaire de Suisse entrent dans la pièce. Ils devaient, semble-t-il, assister à l'entretien. Je m'y suis opposé énergiquement et sur-le-champ, j'ai interrompu l'entretien[26] ». Cette relation de Renthe-Fink est confirmée par les archives françaises et suisses.

Pendant que Renthe-Fink palabre, l'*Aktion* a été minutieusement préparée. Les lieux ont été repérés à l'hôtel du Parc par le conseiller militaire Böhland qui a parcouru le chemin qui mène jusqu'à l'appartement privé du Maréchal et, successivement, il a pris note du matériel nécessaire au forcement des obstacles.

Le soir même, à onze heures et demie, Böhland est convoqué d'urgence par le général von Neubronn qui l'attend dans sa chambre à l'hôtel des Ambassadeurs. Le général Debeney, conseiller du maréchal Pétain qui doit l'accompagner dans son exil, et le major Lüttitz, chef d'état-major de von Neubronn sont présents. Ils s'éclipseront bientôt devant la tournure de l'entretien. Le général von Neubronn s'adresse immédiatement à Böhland en lui rappelant ce qui avait été convenu : « Très excité, il me demande à quelle heure le départ du Maréchal est fixé le 20 août. Comme je lui répondais, pas avant sept heures, le général von Neubronn, qui voulait des précisions que je ne pus lui donner, se mit à crier que cela était dû à notre incapacité. Étant donné l'animosité du général von Neubronn, je voulus me retirer et il me cria : "Vous devez rester ici." Je lui dis que ce n'était pas possible de continuer sur ce ton, sur quoi von Neubronn rugit :

"Si vous dites encore un mot, je vous mets à la porte." [...] Il fit également remarquer qu'avec moi tous les Allemands auraient à en porter la responsabilité devant l'histoire et pour les siècles à venir si, au matin du 20 août, il y avait une effusion de sang à l'hôtel du Parc [...]. Comme l'état d'âme du général von Neubronn rendait toute discussion pratique impossible, je me suis retiré après avoir salué brièvement [27]. »

Böhland rapportera quelle était la situation le 19 août à la veille de l'action : « Départ du maréchal Pétain de Vichy obtenu par l'emploi symbolique de la force. Tard dans l'après-midi du 19 août, le ministre plénipotentiaire Renthe-Fink m'a fait savoir que le Maréchal voulait éviter une effusion de sang et qu'il se déclarait prêt à gagner Belfort à condition que nous simulions l'emploi de la force. Comme point de départ, nous avons pris la déclaration du général von Neubronn faite au Maréchal qu'il aurait à obtempérer à notre ordre de se rendre à Belfort ; cet ordre fut considéré comme symbole de mesure coercitive [...]. D'après le général von Neubronn, celui-ci a reçu, tard dans la soirée, la visite du ministre plénipotentiaire suisse Stucki pour lui proposer le projet français du simulacre de violence symbolique et sous quelle forme elle devait se réaliser effectivement le 20 août à la première heure : forcer la porte tambour de l'entrée de l'hôtel du Parc, forcer deux portes grillagées, puis la porte de la chambre à coucher du Maréchal [28]. »

Au signal donné, le SS *Sturmbannführer* Boemelburg et le SS *Obertsturmführer* Detering, chargés de l'exécution de l'opération, passèrent aux actes : « Comme il avait été convenu, relatera Detering, le dimanche 20 août à 6 heures 45 du matin, je me suis avancé en auto jusqu'à l'hôtel du Parc avec mon détachement composé de sept hommes en uniforme, armés uniquement d'un revolver qui, d'ailleurs, n'a pas été sorti de son étui et munis des outils nécessaires : leviers, scies à métaux, marteaux, etc. Après que j'eus essayé personnellement d'ouvrir la porte d'entrée sans y réussir, j'ai ordonné qu'elle fût ouverte de force. Quelques coups de pied cassèrent les vitres et l'accès fut dégagé. Quand je fus arrivé dans le hall de l'hôtel, le lieutenant Petit de la garde du Maréchal s'opposa à moi et me fit savoir que je me trouvais dans la maison du maréchal Pétain, chef de l'État français, et qu'il m'en interdisait l'entrée. J'ai répondu au lieutenant Petit que j'en prenais connaissance mais que j'avais reçu un ordre et que je l'exécuterais coûte que coûte. Après échange de salut militaire, le lieutenant Petit s'esquiva et, accompagné de mon détachement, je me rendis à l'escalier qui conduit aux appartements du Maréchal [29]. »

Les deux sous-officiers de la garde de Pétain, en faction devant l'escalier, se laissèrent écarter sans violence. Deux portes grillées sont successivement forcées avec facilité. Au deuxième étage, le ministre de Suisse Stucki est là, seul, et il observe tout ce qui se passe. Les SS arrivent au troisième et, sans rencontrer d'obstacles, ils parviennent devant la porte qui donne accès aux appartements de Pétain. Le colonel Barré, commandant la garde personnelle, les attend. Il déclare que le Maréchal se repose encore et demande qu'on ne trouble pas son sommeil. Dans le couloir, prévenus eux aussi depuis la veille, se tenaient les membres du gouvernement demeurés à Vichy, le général Bridoux, l'amiral Bléhaut, le secrétaire général des Affaires étrangères Rochat, ainsi que des membres du cabinet du Maréchal et de la Légion des combattants parmi lesquels le directeur général Lachal. Environ cinquante personnes présentes dont aucune ne songea à s'opposer aux huit SS du Kommando.

Entre-temps, le général von Neubronn est arrivé, mais il demeure dans la rue devant l'hôtel du Parc : « M. le général von Neubronn qui, dès ce moment, était déjà visiblement nerveux, essaya une fois encore d'esquiver cette mission en disant qu'il attendrait le Maréchal dans la rue, rapporta Detering. » Mais, contraint de remplir sa mission, il devra suivre Detering jusqu'au troisième étage. Une première porte fut facilement forcée. Le Kommando se trouva devant celle de la chambre de Pétain : « Nous avons frappé à plusieurs reprises mais en vain, poursuit Detering. Cette porte est alors forcée sans grand dommage grâce à un levier. Le général von Neubronn et moi-même entrâmes dans la pièce où nous pûmes constater que le Maréchal était en train de s'habiller. Il était assis dans un fauteuil et ne portait qu'une chemise. Immédiatement, sans dire un mot, nous nous sommes retirés [30]. »

Après vingt minutes d'attente, les Allemands retrouvent Pétain dans son bureau de travail : « Le général von Neubronn communiqua au Maréchal ce qui suit : "Monsieur le Maréchal, j'ai l'ordre de vous emmener et je vous prie de me suivre le plus rapidement possible." Le Maréchal répondit en personne et textuellement : "Je sais, on m'en a déjà parlé, mais j'ai encore à donner quelques signatures [31]." »

Pétain signa la note de protestation, préparée la veille, et adressée au gouvernement du Reich. De retour, von Neubronn et son chef d'état-major, le major von Lüttitz, saluent Pétain. Detering, consigne : « Ils ne s'adressèrent pas au Maréchal avec le salut allemand mais avec l'ancien salut militaire. Le général von Neubronn tint à faire remarquer au Maréchal que le major von Lüttitz partageait ses idées et ses conceptions. Le Maréchal répondit textuellement : "Je comprends", et serra amicalement le bras du général von Neubronn. Pendant que le Maréchal se préparait au départ, le général von Neubronn redescendit et me dit : "Je vous fais remarquer que, de notre côté, il ne doit rien arriver au Maréchal. Sur vos épaules repose la responsabilité du peuple allemand pour cent ans [32]." »

Pendant ce temps, Mgr Valerio Valeri, nonce apostolique, et le ministre Stucki, tous deux impressionnés par le déroulement du scénario, s'entretinrent avec Pétain dans son cabinet pendant vingt minutes. Vers huit heures, départ de Vichy. Le convoi arrive sans encombre le 21 août à sept heures et demie à Belfort.

Detering conclut : « M. le général von Neubronn, M. le ministre plénipotentiaire Renthe-Fink ainsi que l'entourage du Maréchal m'assurent que ma mission, très délicate en raison des circonstances, avait été exécutée comme il se doit. Entre-temps, le Dr Ménétrel a fait de cet acte de violence symbolique qui avait été convenu "un acte de violence brutale de la Gestapo" et, à plusieurs reprises, il a déclaré entre autres au capitaine Jeschke* qu'on a pris soin de faire connaître cette brutalité au monde entier par l'intermédiaire du ministre plénipotentiaire suisse et du nonce pontifical. Il déclara qu'à l'heure actuelle, à Vichy, on faisait des photographies afin de fixer à jamais les faits pour l'histoire [33]. »

Pour sa part, Renthe-Fink conclura ainsi sa relation de l'opération : « Le voyage qui commença entre huit et neuf heures se déroula sans incident. Partout, on a accédé au désir du Maréchal avec la plus grande déférence [34]. »

Quatre jours après le départ du Maréchal, que Mme Pétain accompagnait, la Milice et la Gestapo s'enfuirent de Vichy. Stucki télégraphia à son gouvernement : « Les hommes de la Milice ont quitté Vichy en tant que pillards et criminels de toutes sortes. Recommande instamment de n'admettre en aucun cas de tels gens chez nous. Déat et Brinon doivent être en route vers la Suisse. Ici tout est calme mais l'impatience et la fièvre sont sous-jacentes [35]. »

Stucki se trompait en ce qui concerne Déat et Brinon, mais à Berne, le chef du département politique, Pilet-Golaz, si longtemps favorable à l'Allemagne, annota le télégramme : « Pas question de recevoir Déat et Brinon. Même rejet à l'égard de la Milice [36].

---

* Commandant du IIe bataillon de la Feldgendarmerie qui, les 18 et 19 août, avait été en pourparlers avec Boemelburg et le commandant d'un bataillon de SS *Panzer Grenadier* afin d'arrêter les dispositions de sécurité à prendre pour assurer le départ du maréchal Pétain.

Mme de Brinon partit de Vichy avec la colonne de la Milice. Les miliciens laissaient derrière eux des tas de détritus dans les locaux qu'ils avaient occupés au Petit-Casino où ils avaient accompli tant d'actes de torture. Avant leur départ, ils tuèrent quelques suspects détenus dans leurs geôles. Le convoi de la Milice offrait le spectacle d'une horde : des femmes, des enfants accompagnaient les hommes, et les véhicules étaient surchargés de butin. Mme la marquise de Brinon avait décidé de lier son sort à cette expédition aux côtés de Bout-de-l'An, plein d'attentions à son égard. Le bruit courut même à Vichy qu'elle avait trouvé la mort au cours d'un combat qui aurait opposé la Milice à la Résistance[37].

Le surlendemain, les Forces françaises de l'intérieur entrèrent dans Vichy.

CHAPITRE 36

En guise d'apothéose

« À Nancy, foire terrible [1] ! », note Simone Mittre. Dans la ville, se déverse l'écume de l'État français. Des centaines de militants du parti de Doriot avec femmes et enfants cherchent des chambres et disputent les campements aux membres de la Milice, eux-mêmes encombrés de leurs familles. Tous les partis collaborationnistes apportaient leurs contingents de fuyards. À cette masse se mêlait une faune indéterminée où l'on repérait des journalistes, des affairistes, quelques avocats, des aventuriers inféodés au régime. Chacun transportait avec soi son magot, le plus souvent produit de caisses noires ou des subsides de l'occupant. On avait l'impression d'une foule qui se reformait sans cesse et que l'air était chargé de toutes sortes de bruits. Dans la capitale de la Lorraine annexée, les Allemands en civil et en uniforme émergeaient, et ils résolvaient leurs problèmes d'intendance par la réquisition, insoucieux du sort des Français.

Brinon logeait en compagnie de Simone Mittre chez un Allemand, Herr Philipps, qui dirigeait le seul quotidien de Lorraine de langue française, *L'Écho de Nancy*, auquel Brinon avait rendu visite au temps faste où l'Allemagne gouvernait l'Europe. Parmi les personnes de connaissance qu'il rencontra à Nancy pendant les trois jours qu'il y demeura, figuraient Paul Néraud, ami dévoué de Laval, et Jean Fontenoy, qui ne quittait pas son uniforme de capitaine de la LVF et devait périr à Berlin dans les derniers spasmes de la guerre.

Brinon, dans l'inconfort d'un gîte provisoire, ne discernait rien à Nancy qui le rassurât. Il écrivit à Ribbentrop, sollicitant un entretien d'autant plus urgent que le gouvernement français ne fonctionnait plus. Il décida de se mettre en route, accompagné par Simone Mittre et Westrick, qui ne le quittait pas des yeux. Arrivé à Plombières où il s'installa dans un hôtel, il parvint à signaler sa présence à Abetz qui, peu de temps après, le convoqua à une entrevue avec Ribbentrop. Brinon quitta Plombières, abandonnant pendant huit jours, sans donner de nouvelles, Simone Mittre et les gens de sa suite en proie à la terreur d'être assassinés par les personnages patibulaires qui rôdaient autour d'eux[2]. Il rejoignit Fribourg-en-Brisgau où l'attendait Abetz et tous deux prirent un avion qui atterrit près du quartier général du Führer, la « Tanière du loup », en Prusse-Orientale, proche de Rastenbourg. C'était une région giboyeuse, trouée d'étangs et de petits lacs, une sorte de Sologne prussienne où prédomine le bouleau et sur laquelle la touffeur de l'été s'appesantit alors que, le reste de l'année, règne un froid humide.

Dans cette région, Ribbentrop disposait de deux logis. Le premier était son train spécial, le *Westfalen*, un énorme convoi avec lequel il avait parcouru triomphalement les territoires occupés par l'armée allemande et qui, maintenant, bloqué dans une Allemagne virtuellement assiégée, était aligné près du train spécial du Führer dans la petite gare de Rastenbourg. Il disposait aussi à quelques kilomètres de la « Tanière du loup », à Steinort, d'un château qu'il avait réquisitionné et meublé suivant l'usage des dignitaires allemands avec des meubles et des objets d'art volés.

Son premier entretien avec Brinon prit place dans le *Westfalen*. Nous disposons de la déposition succincte de Brinon, à l'instruction de son procès, faite de mémoire deux ans après, et, dans le même dossier, du compte rendu de l'interprète Schmidt, auquel nous préférons recourir, la véracité de ses procès-verbaux n'ayant jamais été mise en doute par les historiens.

Ribbentrop commença par déclarer à Brinon avec un humour bien involontaire : « À vrai dire, les temps sont troublés[3]. » Se référant à leurs relations anciennes qui l'inclinaient à dire la vérité, Ribbentrop affirme que « l'Allemagne, malgré toutes les difficultés, gagnera la guerre et qu'il [Brinon] peut compter là-dessus[4] ». Faisant allusion à la lettre que Brinon lui avait écrite, il aborda sans détour, dit-il, les questions objectives. La France, sans aucun doute, va devenir une zone de combat. Il y aura deux France. D'une façon provisoire, de Gaulle dominera mais son influence sera en grande partie confisquée par les communistes. De Gaulle a importé en France le bolchevisme. Au lieu d'établir un gouvernement national, il a établi un nouveau Front populaire. Le communisme va contaminer les zones occupées partout en Europe par les Anglo-Américains.

Ribbentrop parla de Pétain venu malgré lui à Belfort. Mais qu'il se souvienne du sort de Pucheu ! Les Allemands lui ont probablement sauvé la vie. De même en ce qui concerne Laval. « Il aurait été certainement pendu par ses adversaires si on s'était saisi de sa personne. C'est dans son intérêt qu'il fut sommé de se rendre à Belfort[5]. » Il ajouta que Laval avait déçu en élevant une protestation de pure forme[6]. Par la suite, il indiquera que Laval était un homme usé. Brinon approuva...

Pour l'avenir, Ribbentrop veut opposer à la France bolchevique, une France nationale, ce qui implique un nouveau gouvernement comptant parmi ses membres Brinon, Doriot, Déat, Darnand. Toutefois, il faut lui conférer la légalité, d'où la nécessité de « forcer le Maréchal à constituer ce gouvernement ». Brinon exposa qu'il pensait aussi que si Pétain « était tombé aux mains de ses adversaires, il aurait été, sinon exécuté, du moins jeté en prison[7] ». À l'avenir, il est décisif que la France continue de combattre aux côtés, de l'Allemagne dans sa lutte pour l'Europe. Il est de première importance, du point de vue de la légalité, que le Maréchal fasse une déclaration et qu'il rompe avec les influences de son entourage. Brinon ne croit pas que le Maréchal soit disposé à former un nouveau gouvernement. Mieux vaudrait qu'il accorde une délégation générale de tous les pouvoirs administratifs dans la France encore occupée par les Allemands. Brinon considère dangereuse l'idée de Laval de convoquer le Parlement sous la présidence d'Herriot. Ribbentrop répliqua qu'il allait immédiatement resserrer la surveillance d'Herriot[*].

Concernant Doriot, reprit Brinon, « c'est un ancien communiste parfaitement insupportable pour le Maréchal ». Néanmoins, il peut jouer un rôle important dans la formation d'un parti unitaire. Il faut également éliminer les préfets auxquels on ne peut se fier. Brinon demande qu'on le laisse faire et qu'on lui fasse confiance.

Ribbentrop revient à la formation du gouvernement. Brinon lui assigne une tâche primordiale : la défense de la monnaie française en opposition aux mesures de dévaluation et autres manipulations prises ou envisagées par « les autorités d'occupation ennemies [les Anglo-Américains] ».

Ribbentrop désire des renseignements sur la personnalité de Doriot. « Un grand intrigant », réplique Brinon, et qui n'a pas renoncé à sa méthode stalinienne de former des cellules. Avant la guerre, il avait pris violemment parti contre le Führer à plusieurs reprises.

Ribbentrop parla encore de Laval, ce qu'il allait devenir. « Depuis quelque temps, dit Brinon, il a acquis toujours davantage la convic-

---

[*] Herriot sera transféré en Allemagne, à Potsdam.

tion que l'Allemagne allait perdre la guerre. Il n'est plus de notre mouvance[8]. »

Ils examinèrent encore le cas des uns et des autres. Brinon répéta que Pétain « ne pouvait plus supporter Renthe-Fink » dont la présence n'avait plus sa raison d'être. Lui [Brinon] et le général Bridoux sont davantage aptes à influencer le Maréchal. Parmi les personnes qui ont de l'emprise sur le Maréchal dans le sens anti-allemand, Brinon cita Mme Pétain et le Dr Ménétrel, mais si, du côté allemand, on se livre à une forte pression sur Ménétrel et s'il concevait des craintes sur son sort personnel, on pourrait l'amener aussi à agir sur le Maréchal dans le sens pro-allemand.

Là-dessus, Ribbentrop sortit s'entretenir avec Renthe-Fink, puis il le convia à se restaurer avec Brinon, Abetz et quelques-uns de ses collaborateurs.

Ensuite, Ribbentrop eut un nouveau tête-à-tête avec Brinon, assurant que l'Allemagne était résolue à constituer un nouveau gouvernement français, même sans Pétain. Brinon répondit que l'aval de Pétain était nécessaire et qu'on pourrait amener le Maréchal à coopérer en faisant des concessions qui flattent son prestige personnel. Ils parlèrent encore de Laval qui « ne jouit plus aucunement de la confiance des Français nationaux », insinua Brinon, mais qui pourrait encore rendre service en retirant les instructions qu'il a données aux préfets*.

Ribbentrop pria Brinon de consigner par écrit ses idées sur le nouveau gouvernement français. Brinon se mit aussitôt à rédiger la note qui fut traduite au fur et à mesure par l'interprète Schmidt. À la requête du ministre des Affaires étrangères, Brinon demeura sur place, sa présence pouvant être utile[9].

S'inspirant de ces entretiens, Abetz rédigea une note intitulée : « Constitution et fonction d'un gouvernement français ». Il concluait par la nécessité de fonder sa légalité sous la caution du maréchal Pétain « si nous ne voulons pas sacrer de Gaulle chef légal de la France ». Comme dirigeant, il citait trois candidats : Doriot, Déat, Darnand mais, considérant qu'aucun d'eux n'accepterait de se subordonner aux autres, il estimait que le choix devait se reporter sur Brinon bien que Darnand eût sa préférence, car « en sa qualité de chef de la Milice forte de quinze mille hommes stationnés dans l'est de la France, il a fait ses preuves en luttant sans merci contre les maquis, et son mouvement est le seul mouvement national d'une certaine envergure qui pourrait être reconnu en France. Je recom-

---

* Laval avait autorisé les préfets régionaux de Dijon, Belfort et Nancy à assurer l'administration sans aucune instruction du gouvernement.

mande donc que le pouvoir soit transmis à Darnand à condition que le maréchal Pétain soit d'accord [...]. Je demande l'autorisation de réaliser le remaniement du cabinet français conformément au point de vue exposé plus haut et approuvé par le ministre plénipotentiaire Renthe-Fink et l'ambassadeur de Brinon, et d'avoir la latitude d'organiser le détail selon les circonstances[10] ». Attente de la décision de Ribbentrop.

Brinon assurera qu'il vécut pendant trois à quatre jours dans le *Westfalen*, à la disposition de Ribbentrop, sans que rien ne soit modifié sur le fond. En vérité, nous ignorons ce qu'il fit et où il se trouvait, angoissé non seulement d'être supplanté par Doriot mais contraint d'intercéder en sa faveur auprès du Maréchal. Au lieu de revendiquer carrément pour lui-même la direction du futur gouvernement, son ambition ultime, il biaisait et louvoyait suivant son habitude.

Pressé de conclure, Ribbentrop va convoquer à Rastenbourg les collaborationnistes les plus éprouvés en les appâtant avec la promesse d'une entrevue avec le Führer. Laval décline l'invitation, s'en tenant à sa situation de chef de gouvernement hors d'état d'exercer ses fonctions, et se fait représenter par Paul Marion, secrétaire d'État à l'Information et président de la Waffen-SS française. Viennent Marcel Déat et Joseph Darnand auxquels se joint Brinon. Doriot arrivera de son côté en compagnie de Joseph Bürkel, le Gauleiter d'Alsace qui le patronnait et qui devait mourir un mois plus tard dans des conditions obscures. Du 28 au 31 août Ribbentrop conférera avec ces personnalités, ensemble et séparément. Ils logeront dans des cabines du train *Westfalen*, à l'exception de Doriot qui sera hébergé plus conventionnellement avec Bürkel.

Dans l'après-midi du 28 août, accompagné de Darnand et d'Abetz, Brinon se rend au château de Steinort, à quelques kilomètres de Rastenbourg, peuplé par Ribbentrop d'une nuée de collaborateurs et de serviteurs.

Ribbentrop ouvre les débats. L'interlocuteur principal est Darnand qui a du poids dans la balance des nazis. Il exprime sa volonté de respecter la légalité malgré les difficultés de l'heure et nul mieux que Brinon ne l'incarne par sa fonction de Délégué général du gouvernement dans les territoires occupés que lui a confiée le maréchal Pétain. Il estime que le recours à Brinon permettra la formation d'un « gouvernement révolutionnaire » ne tolérant aucun compromis avec l'idéologie nationale-socialiste. Cette profession de foi réjouit Brinon qui en prit acte et assura qu'il fallait se débarrasser des adversaires encore en selle, et il flétrit la mollesse de Laval[11].

Le même jour, Ribbentrop eut un entretien avec Déat et Marion. Tous deux haïssaient Doriot. Le principal des propos échangés se résume dans l'assertion de Déat : « Si le Maréchal se refuse absolument à coopérer, on doit assurer la légalité en la personne de Brinon, mais le concours du Maréchal est préférable, même au prix de quelques concessions. Il ne faut se faire aucune illusion sur les possibilités d'agir en dehors de la légalité [12]. »

Ribbentrop annonça qu'il recevrait Doriot le lendemain. Cette entrevue était si importante qu'elle s'étendit sur deux jours. Avec sa forfanterie coutumière, Doriot déclara se tenir prêt à remplir au plus haut niveau une tâche nationale, ajoutant qu'il fallait tirer un trait sur le régime de Vichy désormais caduc et promouvoir une politique révolutionnaire. Après de longs développements de part et d'autre, Doriot assura qu'il ne participerait à un gouvernement que s'il en était le chef. Sinon, mieux valait opter pour la formation d'une Délégation présidée par Brinon [13].

Ancré dans sa volonté d'imposer un gouvernement, Ribbentrop finit par se rallier à la constitution d'une Délégation nantie seulement du pouvoir administratif, présidée par Brinon et destinée à s'effacer rapidement devant un ministère Doriot, même si le Maréchal s'y opposait.

Ribbentrop convoqua Brinon le 31 août au matin. Il fit la synthèse des pourparlers. Il faut, dira-t-il, « procurer une chance à Doriot [14] ». Laval ne compte plus. Tâche immédiate : combattre les maquis. Seul Doriot a une envergure nationale suffisante pour lancer ce mot d'ordre.

Brinon répliqua que la situation militaire et l'opinion française défavorable à l'Allemagne rendaient impossible la constitution d'un gouvernement Doriot avec l'agrément du Maréchal. Alors, il faut éliminer Pétain, remarqua Ribbentrop. Du coup, Brinon se montra accommodant en déclarant qu'« il croit personnellement que Doriot se comporterait en chef du gouvernement d'une manière extrêmement raisonnable à l'égard du Maréchal. Si la situation militaire s'améliore et si l'hostilité de Pétain à l'égard de De Gaulle persévère, il sera possible d'amener le Maréchal à accepter un gouvernement Doriot. Il comprend parfaitement que, du côté allemand, on veuille se séparer de Laval qui, en quelque sorte, n'a plus d'autorité [15] ». D'autre part, on ne peut se passer du Maréchal pour maintenir la légalité sans laquelle il serait illusoire de croire que Doriot se maintiendrait au pouvoir. Dans ces conditions, Ribbentrop considéra que la France sera soumise à une administration militaire allemande.

Aussitôt, Brinon se rétracta, approuva la solution Doriot et assura qu'il allait constituer une Délégation qui administrerait provisoirement le pays. Il ajouta qu'il essaierait en deux ou trois semaines d'obtenir que le Maréchal constituât un gouvernement Doriot.

Ribbentrop exigea davantage : que Brinon demande immédiatement à ses amis s'ils observeraient une attitude loyale à l'égard de Doriot. Brinon rejoignit dans une autre pièce Déat, Darnand et Marion. Un quart d'heure après, il fit savoir à l'interprète Schmidt qu'il pouvait transmettre à Ribbentrop l'accord de tous.

Ribbentrop conclut sa série d'entretiens en réunissant, l'après-midi, Déat Darnand, Marion et Brinon. Il leur recommanda d'appliquer les décisions prises. Brinon intervint : « Je tiens à vous faire observer, monsieur le Ministre, que je vous ai seulement représenté comme très probable la possibilité de persuader le Maréchal de revenir sur sa déclaration relative aux entraves mises à l'exercice de ses fonctions de chef de l'État. J'ai ajouté que je considère comme difficile mais non comme impossible, de le convaincre qu'il faut constituer un gouvernement Doriot [16]. » Ribbentrop riposta que les événements militaires décideraient de l'attitude du Maréchal et que la solution était envisageable si la situation se stabilisait en France. Il évoqua aussi d'autres moyens pouvant influencer Pétain tels que d'organiser devant lui des ovations en faveur de Doriot de manière à « l'amener en patriote à prendre l'attitude désirée [17]. »

Comme au cours des réunions précédentes, il y eut force redites et digressions. Ribbentrop y mit un terme en annonçant : « Sauf imprévu, le Führer vous réservera l'honneur d'une courte réception [18]. »

Le lendemain matin, ce fut l'entrevue avec Hitler, à la « Tanière du loup », un ensemble de baraques et de bunkers circonscrit par un triple réseau de protection, que nous avons décrit précédemment.

Dans ses *Mémoires*, Déat affirme que l'entrevue prit place dans l'abri du Führer. Le procès-verbal distingue Brinon comme étant la personnalité la plus importante de la délégation française regroupant Doriot, Déat, Darnand, Marion. Les Français avaient été invités à ne pas porter d'armes sur eux et ils furent soumis à la fouille.

Du côté allemand, outre Ribbentrop, se tenaient son attaché auprès de Hitler, l'ambassadeur von Sonnleithner, ancien policier autrichien qui se trouvait dans la *Lagerbaracke* au moment de l'attentat, le SS *Brigadeführer* Frenzel, en charge des questions relatives au parti national-socialiste au ministère des Affaires étrangères, et le SS *Hauptsturmführer* Schultze qui surveillait les cinq Français.

Hitler était tel que le montrent les séquences des actualités cinématographiques de l'époque, revêtu d'une vareuse militaire marquée au dos par l'arc saillant des vertèbres, la main tremblante, la nuque maigre. Pour sa part, Brinon devait remarquer : « Je l'ai trouvé extrêmement changé, physiquement voûté, la voix cassée mais encore la parole vive [19]. »

L'interprète, le Dr Schmidt, officie. Après un propos de bienvenue, le Führer déclare : « Le combat qui fait maintenant rage a, d'un certain point de vue, quelque chose de bon. Il apporte une fois pour toutes la preuve que partout où les troupes allemandes se retirent, le bolchevisme avance, pas tout de suite peut-être à découvert, mais après quelques semaines avec toute sa brutalité. D'ailleurs, suivant les lois de la nature, la force de la vague adverse s'étend et se répand dans des régions toujours plus vastes. Il espère donc que le moment viendra où l'on pourra, à l'aide de la force mobilisée du peuple allemand, repousser l'assaut ennemi. » Parlant de l'attentat dont il faillit être victime, il remarqua : « Les événements qui se sont produits le 20 juillet, et dont les répercussions se sont fait sentir sur tous les fronts, ont offert la possibilité de satisfaire à la nécessité historique d'introduire de temps en temps une procédure d'épuration, et ils ont ainsi beaucoup renforcé la force percutante de l'armée allemande. Il est persuadé que le combat actuel, quelle que soit son issue, ne se terminera ni en 1946 ni en 1947, mais qu'il s'agit d'un conflit vraiment séculaire dont la fin décidera si l'Europe gardera la suprématie ou si elle se soumettra à l'Asie [20]. »

S'étant étendu sur ce thème, Hitler développa la thèse selon laquelle il n'avait jamais voulu la guerre avec la France. « Néanmoins, elle a été provoquée par les machinateurs anglo-saxons et la juiverie mondiale [21]. » Ayant abordé d'autres sujets, il remarqua qu'en 1939, après la campagne de Pologne, il avait formulé des propositions de paix et de cessation des hostilités : « La réponse qui fut donnée par l'Angleterre à cette proposition consista en un refus haineux derrière lequel, naturellement, se cachait la juiverie qui a vu dans la destruction d'économies nationales le meilleur encouragement au bolchevisme [22]. » Poursuivant son monologue, il parlera de Montoire et de son souhait de bâtir une Europe unifiée et serait heureux que la France apporte sa contribution.

« Brinon exprima dans sa réponse tout d'abord la satisfaction de pouvoir saluer le Führer avec ses amis français et de l'assurer que beaucoup de gens en France approuvent avec compréhension l'œuvre du Führer et suivent avec une grande admiration ses efforts pour la défense de l'Europe [23]. » Brinon et ses amis aimeraient que le Führer, leur dise s'il est possible de défendre une partie du territoire français sur laquelle devrait se réaliser le projet de gouvernement conçu par

Ribbentrop. Il s'agit d'abord d'obtenir que le maréchal Pétain rétracte ses dernières déclarations concernant son refus d'exercer ses fonctions, et qui sont inspirées par d'autres qui profitent de son âge et de son tempérament. Ensuite, « obtenir du Maréchal qu'il nomme un nouveau gouvernement national et révolutionnaire afin que la légalité reste attachée à un tel gouvernement[24] ». Dans le cas contraire, il faudrait faire en sorte que la collaboration avec l'Allemagne persiste.

Ribbentrop intervint : « En ce qui concerne le gouvernement mentionné, il s'agit d'un gouvernement Doriot[25]. »

Le Führer répondit que, personnellement, il serait très satisfait que le nouveau gouvernement soit formé sous les auspices de Pétain car il est d'avis que le couvert de la légalité prête toujours à tout gouvernement une certaine force. Il a pu venir lui-même au pouvoir en Allemagne par ses propres moyens, mais la délégation de pouvoirs que lui a donnée le président du Reich Hindenburg a produit un excellent effet car elle a écarté certaines objections juridiques et facilité à de multiples reprises la voie menant à des buts cachés[26]. « Quant au reste, poursuivit Hitler, l'Allemagne s'emploiera totalement à défendre sa position en France. » Mais quel que soit l'endroit où, en fin de compte, le front se stabilisera, la Wehrmacht ne s'arrêtera pas là. Il n'est pas homme à s'enliser dans la défensive. L'heure viendra où, grâce aux efforts allemands, avec l'aide d'autres armes nouvelles, l'initiative passera à nouveau en d'autres mains[27].

Le Führer regretta que de nouvelles destructions soient provoquées en France, mais elles se limiteront à ce qui est inévitablement nécessaire du point de vue militaire.

Après ces déclarations, le Führer prit congé des personnalités françaises avec quelques mots à l'intention de chacune d'elles.

Les Français eurent droit à une collation frugale. En quittant la « Tanière du loup », tous, sauf l'intéressé, étaient satisfaits que le Führer n'ait pas préconisé une solution Doriot. Brinon enregistrera que Ribbentrop avait été fâcheusement surpris par le légalisme affecté du Führer[28].

Les interlocuteurs de Hitler ont maintenant hâte de regagner leurs zones respectives. C'est que les forces alliées sont sur le point d'établir leur jonction et de remonter vers les Vosges et l'Alsace. Quand Brinon arrive à Belfort, le spectacle du reflux d'unités allemandes à travers la ville montre la fragilité de la promesse du Führer de ne pas lâcher la France.

De cette entrevue, Brinon devait souligner à son avocat, lors de sa détention : « J'ai été absolument le seul des Français à parler pour expliquer et maintenir tout ce que j'avais déclaré à Ribbentrop, Hitler m'a donné raison, se prononçant d'une curieuse façon pour le maintien de la légalité [29]. »

Pendant que Brinon et ses acolytes discutaient avec Ribbentrop à Wiesbaden, devant la Commission d'armistice franco-allemande, le général Vignol, qui présidait provisoirement la délégation française, avait élevé, au nom du maréchal Pétain, une protestation contre le transfert du chef de l'État et du gouvernement français à Belfort. Le général Vignol se référait à l'article 3 de la convention d'armistice suivant laquelle le gouvernement était libre de choisir son siège sur le territoire français. Le chef de l'État et le chef du gouvernement « ont déclaré qu'ils ont été ainsi placés dans l'obligation d'interrompre l'exercice de leurs fonctions [30] ». Préservant l'avenir, Pétain et Laval ne parlaient pas de mettre un terme à leurs fonctions, mais de les interrompre.

À Belfort, Brinon se hâta d'assurer son pouvoir avec une détermination méthodique. Sur les treize ministres du gouvernement Laval, neuf étaient présents, dont lui-même. Le pouvoir était vacant, même si Laval prétendait rester président du Conseil sans exercer ses fonctions et le maréchal Pétain incarner la légitimité tout en refusant d'assumer ses responsabilités. Brinon soutenait qu'il était toujours le Délégué du gouvernement dans les territoires occupés tout en constatant que ces territoires ne formaient plus qu'une poche qui se résorbait de jour en jour et dont bientôt il ne resterait rien sous la poussée des troupes alliées qui franchissaient la frontière belge et marchaient vers les premières lignes de défense du Reich.

Il fallut se loger. Le Maréchal résidait dans un château à Morvillars, distant d'une vingtaine de kilomètres de Belfort. Son propriétaire possédait deux autres petits châteaux dont l'un fut réservé à Laval. Le général Bridoux et Brinon occupèrent le troisième où Simone Mittre, quittant enfin Plombières, vint s'installer toujours sous le contrôle de Westrick. Le Maréchal était privé de toute liberté de mouvement. Les Allemands s'étaient opposés à ce qu'il assistât à la messe au village, pour des raisons de sécurité. Knochen, arrivé sur le lieux, flaira que le château était trop près de la frontière suisse pour que le Maréchal y demeurât. Ce fut la dernière intervention de Knochen*.

_____

* En avril 1944, au cours de sa visite d'inspection en France, Himmler avait exprimé à Oberg son mécontentement à l'égard de Knochen qui était selon lui, « trop peu soldat et trop peu diplomate ». En juillet, Himmler relevait Knochen de ses fonctions en France. Ce sera à Vittel, en août 1944, qu'Oberg transmet

Dès leur retour de Rastenbourg, Brinon, Déat, Darnand et Marion chargèrent Renthe-Fink de transmettre leur point de vue à Ribbentrop. Ils voulaient un gouvernement fort, regroupant des hommes qui avaient mené le combat depuis 1940 en faveur de la coopération franco-allemande. Le mieux était que Brinon se fasse immédiatement confirmer par le maréchal Pétain dans sa charge de Délégué général du gouvernement dans les territoires occupés, poste non ministériel, afin de faire fonctionner les services administratifs et sauvegarder la légalité, et seul barrage efficace contre la propagande gaulliste. Ils étaient disposés à accepter Doriot dans le futur gouvernement à condition qu'il n'en fût pas le chef, d'autant que ses forces, précisaient-ils, étaient inférieures à celles de Darnand avec la Milice, Déat avec le Rassemblement national populaire, Brinon président de la LVF et Marion, président de la Waffen-SS française.

Pendant que Brinon entamait ses consultations à la préfecture de Belfort, un ordre de Ribbentrop parvenait à Abetz le 3 septembre, stipulant qu'en raison de la situation militaire Pétain, Laval et le gouvernement français devaient se tenir prêts à partir pour l'Allemagne du Sud. La phrase, désormais habituelle, suivait : « S'il y a lieu, il faudra exercer une douce violence sur Pétain. Si Pétain invoquait l'assurance qui lui avait été donnée qu'il n'aurait pas à se rendre en Allemagne, il y aura lieu de lui faire remarquer que la situation militaire a changé et qu'elle impose un transfert hors de la zone d'opérations. On pourra ajouter que, naturellement, il lui sera loisible de retourner en France dès que la situation militaire le permettra. Renthe-Fink accompagnera le Maréchal. Vous-même et l'ambassade suivrez le gouvernement dans sa nouvelle résidence [31]. » On envisageait alors de s'établir à Freudenstadt, en Forêt-Noire.

L'agitation s'intensifie dans l'entourage du Maréchal. Le Dr Ménétrel et le général Debeney rendent visite à Laval et lui remettent une note dans laquelle Pétain lui demande de démissionner de ses fonctions de président du Conseil. Laval répond que puisque le gouvernement n'existe plus, il ne peut pas démissionner, car cela constituerait un acte gouvernemental. Ces documents seront saisis par le SS *Untersturmführer* Wild qui épiait les protagonistes [32].

à Knochen l'ordre de se présenter à Kaltenbrunner, à Berlin. Pendant quatre mois, Knochen subira un entraînement militaire, puis, récupérant ses fonctions, il devait être finalement en poste à Budapest quand l'avance de l'armée soviétique en Hongrie annula cette décision. Quant à Oberg, ayant appris à Nancy que le repli des armées allemandes était prévu jusqu'à Coblence, il finira par rejoindre Himmler à son quartier général de Prusse-Orientale.

Se méfiant de Laval et poussé par les événements, Brinon sollicite une audience du maréchal Pétain en annonçant qu'il est porteur d'informations importantes. Il sait que le Dr Ménétrel redouble d'influence sur le vieil homme qui est entré dans sa quatre-vingt-dixième année, et que le général Debeney constitue avec le médecin une sorte de conseil privé. Le Maréchal refuse de le recevoir et lui dépêche le général Debeney à la préfecture de Belfort où règne un désordre qui rappelle celui de la préfecture de Bordeaux en juin 1940 au moment de l'armistice, à cette différence près que les partisans de la cessation des hostilités d'alors sont pour l'heure aux abois ! Le Maréchal fait connaître par le général Debeney qu'« il se considérait comme prisonnier et ne voulait plus se mêler de rien [33] ».

Brinon informe Debeney de ses entretiens à Rastenbourg. Il assure s'être soustrait aux pressions de Ribbentrop auquel il a affirmé qu'il refuserait toute fonction politique s'il n'obtenait pas l'accord du maréchal Pétain seul détenteur de la légalité. Le Führer lui-même considérait qu'aucun arrangement politique ne pouvait être conclu sans l'investiture du maréchal Pétain. Ce que lui, Brinon, souhaitait, c'était représenter les intérêts français en Allemagne et de les préserver en France. Il devait rendre la réponse du Maréchal à l'ambassadeur Abetz [34].

Brinon n'avait fait aucune allusion aux propos de Ribbentrop qui exigeait un gouvernement dirigé par Doriot.

Le maréchal Pétain et ses deux conseillers délibèrent, tandis que la Feldgendarmerie, qui a pris position à 2 kilomètres du château de Morvillars, essuie des coups de feu. La fusillade pourrait provenir d'un groupe de maquisards... Des avions de reconnaissance allemands survolent fréquemment la région. On s'attend à des bombardements, car Belfort devient l'unique voie de retraite qui s'offre aux troupes allemandes. Finalement, le 6 septembre, dans le courant de l'après-midi, une note très brève du Maréchal est communiquée à Brinon par le Dr Ménétrel qui préfère en donner lecture plutôt que de la lui remettre : « Le 20 août dernier, le Maréchal a déclaré solennellement qu'il cessait d'exercer ses fonctions de chef de l'État. Il ne lui est donc plus possible d'étendre les pouvoirs de qui que ce soit. Cependant, étant donné l'importance des intérêts en cause, le Maréchal ne fait pas d'objections à ce que M. de Brinon continue à s'occuper des questions dont il était chargé en ce qui concerne les internés civils [35]. »

Constatant que cette note, quoique restrictive, ne mentionnait pas la suppression de sa fonction de Délégué général du gouvernement français dans les territoires occupés et comportait une sorte d'autorisation du Maréchal, Brinon mit immédiatement son projet à exécution. Dans la soirée, l'Office français d'information (OFI), agence officielle du régime de Vichy, publiait le « communiqué de Belfort » :

« En sa qualité de Délégué Général du Gouvernement français dans les territoires occupés, fonctions qu'il détient du chef de l'État et du chef du Gouvernement, Monsieur l'ambassadeur de Brinon assume la présidence de la Délégation française pour la défense des intérêts nationaux. Font partie dès maintenant pour les travaux les plus urgents de cette Délégation :

» 1. M. le ministre du travail Marcel Déat en qualité de Délégué à la Solidarité nationale, protection de la main-d'œuvre française en Allemagne et évacuations.

» 2. M. le Secrétaire d'État à l'Intérieur et au Maintien de l'ordre Joseph Darnand en qualité de Délégué à l'organisation des Forces nationales : Milice, Légion des Volontaires Français contre le Bolchevisme, Waffen-SS française.

» 3. M. le Général de corps d'armée Bridoux, secrétaire d'État à la Défense, en qualité de Délégué à la Protection des prisonniers de guerre et œuvres les concernant.

» 4. M. Jean Luchaire, président de la Corporation de la Presse, en qualité de Délégué à l'Information et à la Propagande[36]. »

Simultanément, Brinon fit diffuser cet appel :

« Français.

» Le Maréchal de France demeure le seul détenteur du pouvoir légal. Par conséquent, la protection des intérêts français, assurée depuis quatre ans sous son autorité, continue.

» J'assume à partir d'aujourd'hui la charge de défendre ces intérêts, notamment en Allemagne où ils sont fortement représentés.

» Vous connaissez les hommes qui veulent bien me prêter leur concours [...]. Vous savez que, personnellement, j'ai soutenu depuis la conclusion de la guerre 1914-1918 une politique de réconciliation totale avec l'Allemagne, condition nécessaire de la paix française et de l'organisation de l'Europe [...].

» Vive la France ! Vive le Maréchal[37] ! »

Déjà, Pétain avait en main le *pro memoria*, remis par Renthe-Fink, l'informant que la région allant devenir un théâtre d'opérations, il en résultait la nécessité d'un transfert hors de la zone de guerre. « Il est clair, concluait le texte, que le Chef de l'État français pourra rentrer en France dès que la situation militaire le permettra[38]. »

Le 7 septembre, avant de quitter la France, le maréchal Pétain remet à Renthe-Fink une lettre de protestation destinée à « M. le chef d'État Grand Allemand », constatant qu'une nouvelle contrainte lui est imposée malgré la promesse du gouvernement du Reich du 19 août qu'il demeurerait sur le territoire français : « Je reste dans l'impossibilité d'exercer les fonctions de Chef de l'État dont j'ai été investi par l'Assemblée nationale, et j'élève une fois encore contre cette violence la protestation la plus solennelle[39]. » On rappellera que le Maréchal n'avait jamais été investi « Chef de l'État français » par l'Assemblée nationale, mais par un coup d'État.

Mme de Brinon était arrivée d'abord à Nancy. Elle n'y trouva pas son mari. Belfort ! Elle s'y rendit. Il était absent. Questionnée, mais fort discrètement, par un juge d'instruction peu curieux, elle affirmera après la guerre qu'elle ne voulait pas quitter la France. Elle ne pouvait se rendre en Allemagne faute des papiers nécessaires, déclara-t-elle, et pourtant elle y alla pour tenter de retrouver Brinon, animée par des sentiments d'une bonne épouse qui se devait de ne pas abandonner un mari malade et dans l'adversité. Après une incursion en Allemagne, elle se déplace en Alsace et s'arrête à Mulhouse, dans l'attente des nouvelles de Brinon. Elle lui écrit des lettres qu'il ne reçoit pas. Elle tente de revenir en France. Impossible de passer. À la fin de septembre, désespérée d'être sans nouvelles, elle gagne Fribourg-en-Brisgau, puis arrive le 10 octobre à Constance où le parti de Doriot a pris ses quartiers. Elle y résidera sans difficulté jusqu'en avril 1945[40].

On remarquera avec quelle facilité Mme de Brinon s'est déplacée dans la zone des opérations militaires où l'on ne pouvait faire quatre pas sans présenter ses papiers, pour s'établir finalement et malgré les contrôles en Allemagne nationale-socialiste. Un périple qui s'achevait auprès des Doriotistes avec qui elle cohabitera en bonne intelligence. Comment expliquer cette chance peu commune, sinon par la protection dont elle bénéficiait au moment où les activités de son mari correspondaient plus que jamais aux intérêts supérieurs du Reich ?...

CHAPITRE 37

Au bord du Danube

Sigmaringen ! Le château médiéval reconstruit au XIXᵉ siècle est, à lui seul, *un burg* dont les assises semblent fondues sur le roc. Il se développe en une construction si énorme, si disparate, si étendue que l'œil le saisit par les détails faute de pouvoir l'appréhender en bloc. Un foisonnement de tourelles, de remparts, de corps de logis, de toitures dénivelées dont l'assemblage ressemble à un délire de pierre. En bas de ce site, le Danube, encore proche de sa source, est un paisible cours d'eau entre des berges où croit une végétation clairsemée.

L'extérieur annonce le labyrinthe intérieur. Les salles succèdent aux salles, ornées de trophées de chasse, d'armures, de tableaux d'ancêtres rappelant l'historicité de la dynastie des Hohenzollern. Le mobilier haute époque alterne avec les préciosités un peu lourdes d'un XVIIIᵉ siècle « made in Germany ». Passages, corridors, escaliers posent des difficultés d'itinéraire. Perdue dans cette immensité, la bibliothèque de quelque vingt mille volumes...

La hiérarchie des nouveaux habitants, arrivés les 8 et 9 septembre 1944, s'inscrit dans la hauteur des étages. Au dernier, dans les appartements du prince de Hohenzollern-Sigmaringen, le maréchal Pétain, son épouse et leur suite sont installés. Au-dessous, Pierre Laval et Mme Laval, le secrétaire général des Affaires étrangères, Charles Rochat, et Paul Néraud, l'ami dévoué de Laval qui l'accompagne à titre privé. Puis, ce sont les ministres *dormants*, comme les appelle Abetz, qui ont renoncé à toute activité gouvernementale : Bichelonne, Marion, Gabolde et le secrétaire général de la présidence du Conseil, Guérard. Dans un premier temps, en faisait partie Abel Bonnard qui s'établira ensuite dans la ville avec sa mère et son frère.

Aux gens de la Délégation est échue une aile à part. Pour son usage personnel, Brinon occupe trois pièces. Ses « ministres », le général Bridoux, Déat, Luchaire, Darnand en disposent chacun de deux.

Se sachant exposé à l'hostilité du clan Pétain et du clan Doriot, Brinon pour sa première initiative à Sigmaringen envoie à Hitler un télégramme transmis par Abetz :

« À son Excellence le Führer de l'Empire Grand-Allemand.

» Au moment où la Délégation pour la protection des intérêts nationaux de la France s'établit en territoire allemand, j'ai le devoir de vous exprimer notre reconnaissance pour l'accueil que Votre Excellence nous a réservé et de vous dire toute la joie que nous cause la confiance que vous voulez bien nous témoigner. Nous désirons, et nous espérons, que le travail que nous allons entreprendre de toutes nos forces dans le véritable intérêt de la France contribuera à la victoire finale de l'Allemagne. Je suis heureux de vous annoncer que plus de quatre mille hommes de la Milice qui ont déjà combattu coude à coude auprès de l'armée allemande se préparent désormais sur le sol allemand pour la bataille décisive.

» Je prie Votre Excellence de bien vouloir agréer les assurances de notre très haute et très respectueuse considération. – Fernand de Brinon [1]. »

En même temps que s'installait la Délégation gouvernementale, une partie du château était réquisitionnée pour l'ambassade du Reich à Paris. Vingt-huit pièces lui furent affectées. Abetz y fit transporter son butin, une quarantaine de tableaux, des tapisseries des Gobelins, des gravures, des dessins apportés de Paris... Cette cargaison comprenait une dizaine de Fragonard. Quelques toiles seront accrochées dans les deux pièces réservées à Abetz, dont le portrait de Metternich qui ornait son bureau parisien. Brinon obtiendra d'Abetz qu'il lui *prête* les tapisseries des Gobelins pour orner les locaux de la Délégation [2].

Renthe-Fink fut rapidement à l'œuvre. Il tenta vainement d'établir un contact entre Brinon et le Maréchal, mais après un entretien il constata que ce dernier admettait que l'activité de la Délégation pouvait être profitable aux intérêts des prisonniers de guerre, des travailleurs et des internés français : « En conséquence, il [Pétain] ne refuserait pas de donner son appui moral à l'ambassadeur de Brinon et il confirmait les pouvoirs qu'il lui avait donnés en tant que Délégué général [3]. »

Renthe-Fink pressa Brinon de nouer des rapports personnels avec le Maréchal, au besoin « en forçant sa porte ». Il lui rappela aussi l'obligation de laisser la place à un gouvernement Doriot. À condition, répliqua Brinon, que Doriot reçoive la consécration du maréchal Pétain. Dans cette alternative, lui, Brinon, se retirerait : « Un gouvernement Doriot qui ne comprendrait que ses partisans, ajouta-t-il, et qui ne disposerait pas de l'appui du Maréchal serait ridicule et jamais les Français ne l'accepteraient car, alors, ce ne serait pas un gouvernement français mais un produit allemand [...], Doriot n'était qu'un aventurier qui un jour pourrait se reconvertir au communisme dont il était issu[4]. »

Le soir, dînant avec Renthe-Fink, Brinon revint sur ses propos et se dit disposé à accepter Doriot même contre la volonté du Maréchal, pourvu qu'il ne devînt pas chef du gouvernement. Rapportant ces propos à Ribbentrop qui exigeait toujours la nomination de Doriot, Renthe-Fink écrivit : « Il [Brinon] croit que le ministre des Affaires étrangères avec sa politique favorable à Doriot est un isolé et qu'il ne jouit pas d'un appui solide auprès du Führer qui, de l'avis de Brinon, attache une grande importance à la légalité[5]. »

Cherchant à faciliter une reprise de ses relations avec Pétain, Brinon voulait se débarrasser du Dr Ménétrel qui s'était déjà fait remarquer à Belfort en répandant un tract apologétique en faveur de son patron. À peine arrivé à Sigmaringen, il avait tenté de gagner à la cause du Maréchal les travailleurs français affectés dans cette ville en leur racontant que, peu avant son départ de Vichy, celui-ci avait reçu un représentant du maquis venu l'assurer qu'il n'avait rien à craindre et pouvait se retirer tranquillement dans un château. Renthe-Fink à qui Brinon rapportait ces propos écumait d'indignation et estima aussi qu'il fallait emprisonner ou éloigner Ménétrel et le remplacer d'urgence par un médecin militaire ayant au moins le grade de capitaine et qui ne fût pas hostile à l'Allemagne[6]. Brinon invita le général Bridoux à se mettre en quête d'un médecin en prospectant les camps d'officiers prisonniers.

Le 15 septembre, la Délégation tint sa première séance plénière sous la présidence de Brinon, réunissant Darnand, Déat, Bridoux et Luchaire. Ce dernier, en dissension permanente avec Brinon, avait été imposé par Abetz. Luchaire rédigea le procès-verbal. Deux questions furent méthodiquement débattues et réglées : l'extraterritorialité que les Allemands devaient accorder au château des Hohenzollern et les rémunérations que chacun d'eux devait recevoir, appelées pour la circonstance : « les versements de fin de mois[7] ».

Chaque « commissaire » embaucha du personnel afin de densifier son importance. Dans la sphère de Brinon, Simone Mittre demeurait chef du secrétariat. Elle était secondée par une jeune femme venue dans les bagages du couple, Jacqueline Marchand, fille d'un ancien préfet de police, qui sombrait dans l'alcool et passait pour être la deuxième maîtresse de Brinon, ce qui avait valu à ces deux secrétaires, qui encadraient de près leur patron, d'être surnommées les « Sept femmes de Barbe-Bleue [8] ».

Le 30 septembre, en fin d'après-midi, Renthe-Fink informait par téléphone le maréchal Pétain que le lendemain matin se déroulerait dans la cour d'honneur une cérémonie consacrant l'extraterritorialité dont bénéficiait le château. Une heure après Brinon faisait remettre au Maréchal une lettre l'invitant à présider l'envoi des trois couleurs.

Pétain ne vint pas, ni aucun membre de sa suite. Pierre Laval qui ne participait plus à rien et qu'on avait presque oublié les imita. Du côté allemand, étaient présents Abetz, Renthe-Fink et des agents de l'ambassade d'Allemagne, et parmi les Français les membres de la Délégation, dénommée désormais Commission gouvernementale française pour la défense des intérêts nationaux à la demande des juristes du ministère des Affaires étrangères allemand qui faisaient valoir qu'un gouvernement en sommeil ne peut rien déléguer. Assistaient aussi à la cérémonie les ministres *dormants*. La garde allemande fut relevée au son des trompettes et des tambours par la Milice française qui allait assumer la protection du château sous les ordres du sinistre Vaugelas, un ancien officier aviateur.

Brinon proclama notamment : « Dans cette belle et noble cité, nous avons vu une garde française relever une garde allemande, et nos trois couleurs s'élever vers le ciel au faîte du monument chargé d'histoire que le gouvernement du Reich a bien voulu mettre à la disposition de la Commission gouvernementale française pour la défense des intérêts nationaux. Mes premières paroles expriment notre reconnaissance au Führer qui a arrêté lui-même que sur la terre du Reich [...] les Français qui travaillent pour leur patrie demeurent en France [...]. Nous sommes ici à côté du Maréchal, seul chef légitime de l'État français. » Poursuivant sur ce ton, Brinon acheva par un retentissant : « Vive la France ! Vive le Maréchal [9]. »

Le maréchal Pétain se déclara indigné qu'en Allemagne la Milice formât sa garde d'honneur dans le château d'un Hohenzollern. Il fit écrire à Renthe-Fink par le général Debeney que « la question de sa résidence soit réglée de manière à éviter de tels inconvénients ». Renthe-Fink refusa le message et le renvoya au général Debeney [10].

Le général Debeney, toujours à la tâche, remit à Brinon une note de protestation. L'en-tête de la lettre ne portait plus comme au temps de Vichy : « Le Maréchal Pétain, chef de l'État », mais simplement : « Le Maréchal Pétain. » Reprenant ses griefs, le Maréchal égrène une longue protestation contre les abus commis par Brinon depuis

Belfort, insistant sur la cérémonie de l'envoi des couleurs décidée sans lui en référer ni le consulter, et contestant les paroles que Brinon avait placées dans sa bouche. Il certifia qu'il ne l'avait chargé d'aucune mission puisqu'il s'était mis hors d'état d'exercer ses fonctions et lui reprocha d'avoir créé cette Délégation *gouvernementale* [souligné dans le texte] française pour la défense des intérêts nationaux. Il précisait : « Je tiens à vous faire remarquer que dans la situation actuelle, vous ne pouvez exciper de votre ancien titre de Délégué Général du Gouvernement français dans les territoires occupés, car il est évident que la fonction que je vous avais confiée en 1940 a perdu sa raison d'être. » Le Maréchal faisait appel à « [son] sens de l'honneur et de la discipline que vous préconisez à mon égard, et vous prie de rétablir la vérité [11] ». Aucune formule de politesse finale.

Ce même jour, Brinon avait adressé au maréchal Pétain une lettre l'informant que le gouvernement du Reich portait au crédit de la Commission gouvernementale des fonds français représentés par une avance provenant du clearing des échanges économiques entre la France et l'Allemagne : « J'ai l'honneur de vous demander si vous voulez bien me faire connaître quelle somme il y aurait lieu de consacrer chaque mois au paiement du personnel qui se trouve auprès de vous. Je désire aussi vous demander s'il vous conviendrait d'accepter que la Commission gouvernementale vous verse une liste civile et quel en serait le montant [12] ? »

Deux jours après, le Maréchal fit retour à Brinon de sa lettre, assurant qu'il ne pouvait « accueillir aucune communication de cette nature [13] ».

Brinon fit entendre les grandes orgues par une réponse qui couvrait six pages. Il se disait surpris et peiné, déplorant de n'avoir pas été reçu par le Maréchal depuis Belfort malgré des demandes répétées. « Quant au sens de l'honneur et de la discipline, vous savez trop bien, Monsieur le Maréchal, que les hommes qui ne redoutent pas de dire ce qu'ils pensent servent mieux que les courtisans. » Reprenant les propos récents du général Debeney qui assurait que « les intérêts qui le [Pétain] préoccupaient le plus en Allemagne étaient ceux des internés politiques », Brinon s'étonne : « Les internés politiques sont pour une bonne part les adversaires les plus acharnés des idées et des doctrines que vous avez défendues publiquement comme chef de l'État Français. » Brinon n'a pas de peine à prouver qu'il avait été le seul, à partir de 1944, après d'interminables pourparlers avec les Allemands, à avoir pu obtenir quelques améliorations au sort de certains déportés qui auraient pu s'accroître « si les suites du débarquement anglo-américain et l'extension armée des mouvements de résistance, condamnés solennellement par vous, n'avaient pas amené la suspension des mesures prises ». Comment le maréchal Pétain, qui n'est plus rien et n'inspire pas confiance aux Allemands, pourrait-il obtenir un adoucissement du régime des internés aujourd'hui ! « Peut-on dissimuler que le Dr Ménétrel s'est formellement engagé à n'avoir plus aucune activité politique. Cependant, il rédige et fait distribuer des documents par lesquels on porte condamnation sur votre œuvre de quatre années sous prétexte qu'elle aurait été imposée par la contrainte, mais en réalité pour essayer de complaire aux dissidents qui répondent par les manifestations d'un injurieux mépris. Enfin, il est établi qu'à Sigmaringen même, monsieur le docteur Ménétrel, profitant de la liberté qu'il possède, recherche les travailleurs et les prisonniers français pour leur faire savoir que les hommes du maquis avaient toute votre approbation [14]. »

Brinon écrit qu'au train où vont les choses et compte tenu des hommes dont Pétain s'entoure « on détruira dans l'histoire tout ce que vous avez été et tout ce que vous êtes. Vous ne serez plus le chef qui en demandant l'armistice de juin 1940 a préservé sa patrie d'une plus grande défaite, celui qui lui a permis de vivre relativement tranquille et prospère de 1940 à 1944, celui qui représentait les espoirs de redressement, vous serez l'homme que certains traitent d'usurpateur, tandis que d'autres disaient qu'ayant étouffé la République parlementaire il s'octroyait des pouvoirs plus étendus que ceux du roi Louis XIV ».

Brinon rappelle encore les jugements sévères énoncés par Pétain sur les institutions républicaines et sa certitude proclamée que « si l'Allemagne était vaincue le communisme s'installerait en Europe ». Il remarque qu'un très grand nombre de Français « ont bien constaté que la prétendue Révolution Nationale de Vichy n'avait été qu'une révolution de panique transformée bientôt, dans une atmosphère d'hypocrisie, en poursuite des prébendes et des vieilles combinaisons mais qui n'ont point renoncé pour autant aux espoirs qu'ils avaient placés dans votre personne et votre action [15] ».

Brinon achève sa lettre par un mélange de dures vérités et d'expressions de déférence car le Maréchal reste toujours le chef légal voulu par Hitler.

Le Dr Ménétrel et le général Debeney s'alarmèrent de cette abondance épistolaire à laquelle se prêtait le maréchal Pétain. Ils rédigèrent une analyse conjoncturelle qui le mettait en garde contre un comportement ambigu, lui rappelant que « les radios du monde ne manquent pas d'ailleurs de le souligner ["Le maréchal Pétain, lieutenant de Himmler"]. Il faut donc sortir de l'équivoque : 1. Le Maréchal travaille avec M. de Brinon. 2. Le Maréchal rompt avec M. de Brinon. Dans ce cas lui envoyer une lettre de rupture définitive [...]. En résumé, le Maréchal ne peut arriver à remettre aucune note à M. Renthe-Fink. Les relations politiques si cordiales que le Maréchal entretenait avec lui n'ont donc rigoureusement aucun avantage. Elles ont l'inconvénient d'être impossibles à expliquer plus tard devant un tribunal[16] ».

Cette dernière phrase élucide le comportement du Maréchal qui préparait sa défense pour le jour où il serait traduit en justice.

Plutôt que de rompre, le maréchal Pétain écrivit à Brinon qu'il l'avait effectivement autorisé, par une note communiquée à Belfort, à s'occuper des questions dont il était chargé, relatives aux internés civils, mais qu'il ne lui avait délégué aucune autre autorité. « Je suis donc en droit d'espérer que vous voudrez bien rétablir publiquement la vérité et ramener à la limite que j'avais fixée les attributions pour lesquelles je vous ai donné mon appui moral[17]. »

Ainsi, malgré ses dénégations antérieures, le Maréchal reconnaissait qu'il avait apporté à Brinon son « appui moral » dans le cadre d'une action limitée. Brinon l'exploita, arguant que toute action en faveur des déportés impliquait une coopération politique exigée par les Allemands en contrepartie.

Le général Debeney déclara à von Nostitz, un diplomate allemand qui glanait des informations : « Le Maréchal ne voulait plus rien avoir à faire avec M. de Brinon et qu'il ne le recevrait plus. Par son discours et par le fait qu'il s'est référé à l'autorisation du Maréchal lors de la création de la Délégation gouvernementale, il y a eu "abus de confiance"[18]. »

Selon les rapports des services allemands, le maréchal Pétain, grâce aux agissements du Dr Ménétrel, jouissait toujours d'un grand prestige auprès des prisonniers de guerre qui le dissociaient du gouvernement français. Une des premières tâches que s'assigna Brinon fut de charger un homme à lui, l'ancien intendant de police Pierre Marty, de constituer et de diriger la police locale et de lui rendre compte[19].

Le maréchal Pétain était pour les Allemands un casse-tête permanent. Renthe-Fink ne cessait de s'en entretenir avec Brinon : « En vue d'influencer le Maréchal d'une façon plus favorable à notre égard, écrit Renthe-Fink, je propose ce qui suit : 1. Comme le Maréchal est très sensible aux marques honorifiques, et surtout d'ordre militaire, il est nécessaire que les hautes autorités militaires de la région lui rendent visite, et même le maréchal von Rundstedt qui pourrait agir favorablement sur lui. 2. Qu'il soit accompagné dans sa promenade quotidienne par un jeune officier de la Wehrmacht, muni d'instructions précises, parlant le français et qui serait une compagnie agréable. 3. Bien que peu porté sur la religion, Pétain va régulièrement à la messe. Il faudrait, lui et sa femme, les mettre en rapport avec un ecclésiastique habile parlant le français. Par ce moyen, on pourrait exercer sur Pétain une influence certaine. 4. Lui donner l'occasion d'intervenir en faveur de prisonniers et de travailleurs français. Ça l'occuperait et faciliterait les contacts avec les membres du gouvernement français. 5. L'ambassadeur de Brinon et le général Bridoux sont d'avis que de toute nécessité le Dr Ménétrel doit être écarté. D'où la nécessité de réunir contre Ménétrel, que Pétain considère comme un fils, une documentation si compromettante que le Maréchal ne puisse s'opposer à ce qu'on l'éloigne [...]. 6. Enfin, il faut empêcher que le Maréchal et son entourage ne fassent des déclarations hostiles au Comité gouvernemental de Brinon et qu'elles se répandent à l'étranger [20]. »

Si du côté de Ménétrel, Brinon trouvait un opposant intraitable, avec Doriot il tenait un adversaire qui s'enrageait à le supplanter. Il apprit que Doriot, passant à l'offensive, avait adressé au maréchal Pétain un message s'achevant par cet engagement : « Ce que je peux vous affirmer en reprenant mon activité publique, c'est qu'à l'issue du combat que j'entreprends et que j'espère victorieux, mes camarades et moi aurons la grande joie de vous ramener à Paris à la tête d'un pays que vous avez si glorieusement servi [21]. »

Dans sa lancée, Doriot enverra à Ribbentrop une lettre programme contestant la légalité de la Commission présidée par Brinon, d'autant que « le Maréchal répudie formellement cet organisme par une réprobation publique [...]. M. de Brinon a obtenu le déblocage d'une partie des milliards de francs du clearing. N'ayant pas de base juridique, la Commission de Brinon s'approprie ces fonds illégalement [...]. C'est pour moi un fait caricatural de la politique française actuelle [22] ».

On comprend que Doriot qui n'avait vécu que de subsides allemands et vichystes, et avait émargé à toutes sortes de caisses noires, ne décolérait pas que la manne du clearing lui échappât.

Pendant qu'à l'Ouest les armées alliées avaient atteint les frontières du Reich et qu'à l'Est les forces soviétiques fonçaient vers la Prusse-Orientale, le Dr Goebbels assumait la tâche de mobiliser le peuple allemand dans une guerre totale, et Himmler était nommé commandant en chef des armées de l'intérieur. À Sigmaringen, Renthe-Fink s'embrouille dans la question de la légalité de la Commission gouvernementale de Brinon : « Comme il s'agit d'un cas *sui generis* qui n'a pas été prévu dans la Constitution française, les circonstances particulières de ce cas doivent être prises en considération, et le point de vue politique et moral doit être mis en balance avec l'aspect purement juridique. La position du Comité gouvernemental français présente une grande analogie avec celle d'un *negotiorum gestor*[23] ». Convaincu d'avoir trouvé le terme qui arrangeait tout, Renthe-Fink s'empressa de le faire savoir en spécifiant que la Commission gouvernementale ne faisait que poursuivre la politique du gouvernement de Vichy, ce qui la renforçait dans sa raison d'être.

La ville de Sigmaringen, avec sa partie ancienne et ses maisons à colombage, avait l'aspect pimpant que les Allemands confèrent aux vieilles cités germaniques. Ordinairement peuplée de quinze mille habitants, elle augmentait d'un apport de population française qui en doublait le nombre. Comme dans toutes les sociétés concentrées dans un lieu confiné, les mêmes propos s'exacerbaient de jour en jour, créant des tensions que rien ne pouvait apaiser et qui nourrissaient les haines.

Brinon avait eu d'abord fort à faire avec ses hommes de la LVF qui exigeaient que les prisonniers de guerre travaillant en ville les saluent sous le prétexte que ceux-ci s'étaient reposés durant quatre ans pendant qu'ils consentaient des sacrifices. Devant les protestations des prisonniers contre les membres de la LVF qui faisaient transporter leur linge à laver par voiture, ces derniers demandèrent à un sous-officier allemand de relever leurs noms pour qu'ils soient punis.

Dans ce dépotoir de tout ce que la Collaboration avait produit d'extrême, on n'en finirait pas de citer les vieilles connaissances qui se pressaient autour de Brinon en quémandeurs déférents. Parmi les plus empressés, Louis-Ferdinand Céline. Avant de venir à Sigmaringen, Céline s'était renseigné auprès de Simone Mittre sur les avantages qu'on pourrait lui offrir. Jamais, contrairement à ce qui fut publié par la suite, Brinon ne le nomma « médecin de la colonie française de Sigmaringen », ou ne lui accorda le moindre poste officiel. On lui répondit simplement qu'il aurait sa place à Sigmaringen s'il y venait. Céline qui transportait son épargne avec lui pouvait vivre décemment, mais son misérabilisme appartenait à son répertoire et lui valait un public acquis d'avance. C'est à cette époque que son visage commença à prendre ce masque hâve au regard incertain qui s'accentua les dernières années de sa vie et qui, avec les nippes dont il se revêtait, lui donnait l'air d'un épouvantail boudé par les oiseaux. Le bruit de la disgrâce prochaine du Dr Ménétrel s'étant répandu, il importuna Brinon pour devenir le médecin du maréchal Pétain.

Quand un autre fut nommé, il manifesta son dépit en émaillant ses propos de traits argotiques qui fondaient sa réputation, Brinon notera : « Rancœur de Céline qui voulait remplacer le Dr Ménétrel auprès du Maréchal [24]. »

Céline prendra sa revanche dans *D'un château l'autre* en rapportant qu'on qualifiait Brinon de « fameux animal des ténèbres », ou encore d'« animal des cavernes », rappelant aussi avec délices qu'il était marié à une juive qui se prénommait Sarah, et doutant qu'une de ses ancêtres ait été intime avec Mme de Maintenon puisque, après tout, il était sûr que Brinon s'appelait Cohen bien qu'il ait inscrit sur sa porte : *Graf* de Brinon. Et ainsi de suite, toujours plastronnant et perdu dans des affabulations d'un antisémitisme obsessionnel et persistant. Dans la débâcle du IIIe Reich, sa présence à Sigmaringen ne constituait qu'une étape sur la route du Danemark où il mettrait lui-même, sa femme et son magot à l'abri de la justice française.

Cette justice le jugera par contumace en février 1950. De son exil danois, Céline lui adressa une vingtaine de feuillets pour sa défense, jurant que depuis 1937 il n'avait jamais écrit une seule ligne antisémite : « Cette accusation [d'avoir poussé à la campagne antisémite] est juste le contraire de la vérité. » À propos de son séjour à Sigmaringen, il se plaira à dire : « Jamais je n'ai été si mal traité de ma vie, même pendant la guerre de 1914, crevant de froid, de fatigue, travaillant jour et nuit dans des conditions de fièvre et de cauchemar, sous bombardement, hors bombardement, ne dormant positivement plus, invalide et malade. Il est vraiment impossible d'être aussi malheureux que nous le fûmes, même à Buchenwald * [25]. »

Une information diffusée par l'agence officielle allemande DNB s'abattit sur la colonie française de Sigmaringen : l'exécution de l'amiral Platon, ancien secrétaire d'État, qui avait soutenu tous les excès du vichysme. Capturé, puis condamné à mort par un tribunal de la Résistance, il avait été fusillé. Comme s'il était chargé de l'annonce officielle, Brinon avisa par lettre le maréchal Pétain et en profita pour enfoncer le clou : « Avec quelle haute conscience, il [Platon] parlait de la conviction qu'il avait su former peu à peu sur M. Ménétrel, dont le diabolique esprit d'intrigue excitait les méfiances de M. Laval afin de l'écarter de vous. Tel était le Français et le soldat que les mêmes gens avec lesquels M. Ménétrel essaie de négocier et de composer ont fait fusiller. C'est pour moi un devoir pénible de vous informer que je rendrai publiquement hommage à sa

---

* Buchenwald, camp de concentration allemand, à proximité de Weimar, où la mortalité était d'environ 30 % des internés.

mémoire et que nous ferons célébrer un office religieux pour le repos de l'âme de l'amiral Platon fusillé par vos adversaires pour avoir bien servi la France et vous-même, monsieur le Maréchal[26]. »

Le Maréchal signa une « Note pour M. de Brinon » par laquelle il estimait que les informations contradictoires sur la mort de Platon ne permettaient pas d'en être sûr. Il n'était donc ni décent ni opportun de lui rendre hommage. « Je tiens à affirmer que toutes vos allégations concernant M. le docteur Ménétrel sont contraires à la vérité[27] », ajoutait Pétain.

Brinon fit une déclaration au sujet du sort de l'amiral Platon : « Cette exécution est plus qu'un crime [...]. Platon a toujours été un conseiller estimé et très intime du Maréchal. Il fut enlevé par des terroristes. Radio-Londres a osé publier une lettre soi-disant écrite par cet officier irréprochable, d'après laquelle Platon s'attendait à son exécution pour intelligence avec l'ennemi. Ce mensonge de la radio anglaise officielle démontre nettement à quel degré de bassesse le gouvernement de la Grande-Bretagne a pu tomber *[28]. »

Brinon tenta encore de forcer l'adhésion et la participation du maréchal Pétain en lui annonçant que Scapini ayant refusé de traiter avec la Commission gouvernementale, le général Bridoux prendrait en charge les questions relatives aux prisonniers de guerre **. Dans le même temps, le premier numéro du journal quotidien *La France*, fondé par Luchaire « grâce à une délicate générosité allemande », publiait un éditorial assurant en lettres capitales que le maréchal Pétain était « LE SEUL DÉPOSITAIRE LÉGITIME DE LA SOUVERAINETÉ FRANÇAISE ». S'étalait aussi la fameuse photo dédicacée du Maréchal : « À Fernand de Brinon, mon fidèle interprète auprès des autorités allemandes », que ce dernier avait

---

* En mars 1943, Laval avait écarté l'amiral Platon qui complotait contre lui. Outré, Platon avait eu une vision prophétique du sort qui l'attendait dans la lettre qu'il adressa à Laval : « Faut-il vous rappeler que je suis le membre du gouvernement du Maréchal et de *votre* gouvernement surtout, qui me suis le plus gravement compromis – et je ne le regrette pas – aux yeux des Anglo-Saxons et des dissidents, beaucoup plus gravement que vous, monsieur le chef du gouvernement, à telle enseigne que vous n'auriez rien à craindre pour la sécurité de votre personne de l'envahissement de la France par les Américains. Pourriez-vous donc garantir qu'il en est de même pour moi après les actes et les paroles que j'ai "commis" sous votre gouvernement pour l'aider, actes et paroles si nets que vous hésitiez à me les demander ? Ne m'en avez-vous pas félicité ! » AN 3W 110. Lettre du 2 mai 1943 de l'amiral Charles Platon à Pierre Laval.

** On dénombrait encore 940 000 prisonniers de guerre en Allemagne. Communication du ministère des Anciens Combattants, 1er juin 1949.

sortie de la grande valise contenant ses plus précieuses archives[29]. Le vieux maréchal s'énerva un peu, choqué par cette publication. Le journal rapportait aussi qu'il avait assisté à l'office funèbre d'un membre du parti de Déat. Le Maréchal renouvela aussitôt « son désir d'être hébergé en dehors de Sigmaringen afin d'éviter que la résidence commune qu'il partage avec la Commission gouvernementale ne fasse naître de fausses suppositions[30] ».

Dans le deuxième numéro de *La France*, sous le titre : « Le seul pouvoir légitime », on lisait : « La Commission gouvernementale présidée par M. l'ambassadeur de Brinon, dont la délégation personnelle a été confirmée par le consentement du maréchal Pétain... »

Le Maréchal réagit immédiatement, par une nouvelle note à Brinon, le mettant au défi d'en établir la preuve et s'achevant par cette sanction, la plus grave dans l'échelle des valeurs de la Révolution nationale : « Pour éviter toute équivoque, je vous demande de vous abstenir désormais de porter l'insigne de la Francisque[31]. »

Pétain se plaindra de Brinon aux Allemands en expliquant : « Un gouvernement français ne peut exister à l'étranger. » Il eût été facile d'y répondre, constate Renthe-Fink à qui Brinon dira qu'il n'était « pas recommandé d'exciter davantage le Maréchal en faisant ressortir les divergences d'idées[32] ». Il donnera à la presse et à la radio des directives de modération.

L'essentiel était de conférer à la Commission gouvernementale une assise institutionnelle reconnue par quelques nations. Or, à Sigmaringen, il n'y avait que l'ambassade d'Allemagne et celle du Japon. Brinon tenta du côté de l'Espagne et n'obtint rien. Il essaya de profiter de l'occupation allemande de la Hongrie pour signifier là-bas au doyen du corps diplomatique, le ministre de Suède Danielsson, que la légation de France à Budapest relevait de la Commission gouvernementale. Pas de réponse[33]. Il voulut aussi accréditer auprès du gouvernement fasciste italien en tant que consul à Vérone, le nommé Guy Daudier, un stipendié des Allemands qui avait travaillé pendant quelques mois dans une officine de presse à Vichy avant de se répandre ailleurs. L'affaire échoua. Il ne réussit pas davantage à obtenir de Berlin un représentant consulaire ayant pouvoir de célébrer les mariages à Sigmaringen. En vérité, Brinon était surtout préoccupé de maintenir son influence personnelle sur la Commission gouvernementale qu'il réunissait autour d'une table, et dont les quatre autres « commissaires » s'étaient octroyé le titre de ministre.

Il savait que Doriot, préparant l'estocade finale, noyautait les organismes de la Commission gouvernementale grâce à des hommes de son parti apostés à Sigmaringen. Dès son retour de la « Tanière du loup », il avait fait à ses proches un récit controuvé de l'entrevue avec Hitler et prétendu que le Führer lui avait demandé personnellement de former un Comité de résistance [34].

Rien de ce qui se tramait n'échappait à l'ancien chef de la Gestapo en France, le SS *Sturmbannführer* Boemelburg chargé en priorité de la sécurité du maréchal Pétain et des instances gouvernementales. Il disposait de la Gestapo, de membres du SD et d'un détachement de la Waffen SS [35]. Il pouvait également compter sur ses agents français repliés à Sigmaringen, dont un avocat parisien versé dans la dénonciation des juifs, et qui depuis le début de l'Occupation « lui fournissait d'excellents renseignements sur toutes les questions et la politique en général ». Boemelburg disait de lui qu'il était son « Larousse vivant [36] ».

À côté des audiences qu'il accordait dans le cadre théâtral du château, Brinon aimait aussi ressentir la fièvre qui monte des vastes auditoires. C'est pourquoi il souscrivit à l'idée d'Abetz d'organiser aux frais du Reich, dans les premiers jours de novembre, des Journées d'études des intellectuels français résidant en Allemagne qui se tiendraient dans la *Deutsches Haus* dont chaque ville était dotée et où le buste du Führer était exposé en point de convergence. Parmi l'assistance composée de l'intelligentsia collaborationniste figuraient quelques personnages renommés auxquels se mêlaient des Allemands qui, avant la guerre, gravitaient autour du Comité France-Allemagne. Dans l'affluence, on remarquait, disert et complaisant, le *Sonderführer* Gerhard Heller qui avait exercé tout au long de l'Occupation l'activité de censeur des lettres françaises. Un certain nombre d'hommes de lettres français présents savaient que, s'ils étaient capturés, ils encouraient les peines les plus sévères. Les noms de Robert Brasillach, Paul Chack, Georges Suarez, emprisonnés à Paris dans l'attente d'un jugement, circulaient dans la salle.

Les participants avaient « pour tâche d'étudier le regroupement et l'orientation des représentants de la pensée française décidés à continuer la lutte contre le bolchevisme et contre le capitalisme judéo-anglo-américain [37] ».

Brinon monta à la tribune. Il se félicita qu'une confrontation intellectuelle franco-allemande ait lieu au cours de ces journées : « Il faut d'abord l'affirmer : les défenseurs des droits de l'esprit, les champions de la culture et de la civilisation européennes sont dans notre camp, point dans l'autre. Il faut la cynique audace de nos adversaires, ce mépris des réalités dissimulé sous les formes spécieuses extraites des cervelles judaïques pour oser se réclamer de la protection de l'intelligence. » Pourfendant les ennemis, Brinon proclame que la tolérance est du côté de ceux qui poursuivent la lutte en Allemagne. En guise de preuve, il cite le cas de quelques écrivains hostiles à la Collaboration qui continuaient à figurer dans les librairies sous l'occupation allemande : « Nous voyions en eux des adversaires politiques, mais nous reconnaissions leur talent [...]. Au théâtre, M. Paul Claudel était représenté, joué et honoré. En 1943, on le vit ainsi assister en personne à la répétition du *Soulier de satin* et se gonfler dans sa loge centrale tel un vieux dindon satisfait, sous les applaudissements de tout ce que Paris comptait de snobs et de sots. Et M. Claudel, dans ce moment, s'accommodait fort bien du contact de l'armée allemande à laquelle il devait, après tout, de pouvoir être joué et célébré*. » Il désigne aussi François Mauriac qui avait souhaité l'appui de l'autorité allemande pour faire jouer au Théâtre-Français une « pièce de caractère osé » qui n'avait pas l'agrément de l'autorité ecclésiastique fortement représentée à Vichy. Par d'autres exemples, il compare la tolérance des autorités d'occupation avec l'ostracisme du régime de Vichy. Il conclut en souhaitant aux membres de l'assistance de bien servir leurs patries respectives dans l'ordre de l'esprit[38].

Une semaine après les journées d'études des intellectuels, Léon Degrelle débarqua à Sigmaringen en tant que combattant de l'Europe nouvelle. Il voulait que les Français profitent de ses expériences sur le front russe et partagent ses raisons de croire à la victoire finale de l'Allemagne. « Un grand banquet offert par M. Abetz s'est déroulé en son honneur dans la salle des fêtes du burg Hohenzollern. Le cadre est médiéval [...]. Mais la sobriété des toilettes féminines et l'uniforme *feldgrau* des officiers détournent la pensée de toute évocation d'un passé romantique, écrit un journaliste suisse. Les regards convergent vers le jeune chef wallon qui vient d'arriver du front de l'Est [...]. À son col est suspendu l'insigne de Chevalier de la Croix de Fer. Sur sa poitrine brille l'une des décorations les plus rares et les plus élevées de l'armée allemande : l'insigne en or de combats

---

* Le 26 novembre 1943, Brinon avait assisté à la Comédie-Française à la générale du *Soulier de satin*, mis en scène par Jean-Louis Barrault et interprété entre autres par Madeleine Renaud. Claudel était assis dans les premiers rangs de l'orchestre. La représentation s'étendait sur cinq heures. La prose déclamatoire et absconse de Claudel avait suscité des railleries. Devant la salle garnie du gratin mondain et d'officiers allemands en uniforme, Claudel, à la fin de la représentation, monté sur scène, s'était fait interminablement applaudir. Brinon faisait partie de ceux qui tournaient l'œuvre de Claudel en ridicule.

rapprochés pour l'obtention duquel il faut avoir affronté cinquante fois l'ennemi "dans le blanc des yeux", autrement dit avoir participé à cinquante corps à corps. Ce qui signifie que le chef du mouvement rexiste ne cesse de braver la mort. Aussi a-t-il été blessé cinq fois [39]. » Toujours favorable à Degrelle, Brinon est conquis une fois encore.

Le lendemain, les Français de Sigmaringen se pressent dans la grande salle de la *Deutsches Haus*. Pendant deux heures, Degrelle les tient en haleine par la matière de son discours : l'Europe périra ou vaincra. Degrelle proclame sa certitude de la victoire. Pourquoi ? À cause des armes nouvelles. La tension monte dans l'auditoire acquis d'avance. La guerre des chars, expose Degrelle, est gagnée grâce au *Panzerfaust*, ce tuyau de quelques francs qui détruit des chars qui coûtent vingt millions. Quant à l'aviation allemande, elle sera bientôt équipée de milliers d'appareils d'un type nouveau. Degrelle fait l'apologie du peuple allemand et fustige l'égoïsme bourgeois. « Paix de compromis ! clame-t-il. Jamais ! Plutôt crever [40] ! »

Les Français sont tout ragaillardis. Les armes nouvelles ! Brinon ne sera pas le dernier à y croire.

Quelques jours après, Degrelle adressa à Brinon un exemplaire de *La Toison d'or*, l'hebdomadaire francophone qu'il avait fondé à Berlin. Brinon le jugea de grande qualité. En le remerciant, il proposa à Degrelle une alliance : « J'aimerais bien pour ma part que nous envisagions une entente complète afin de nous engager dans la totale collaboration [41]. »

Malgré ses déclarations répétées sur la légitimité exclusive du maréchal Pétain face aux prétentions du général de Gaulle, Brinon ne parvenait pas à avoir accès auprès de lui. Même quand le Maréchal partait en promenade, la garde vigilante du Dr Ménétrel et du général Debeney s'exerçait sans défaillance.

Le Dr Ménétrel sera finalement éloigné après sa dernière initiative. Il avait envoyé en ville un messager nommé Sarrazin « reconnaissable à sa petite moustache, sa Francisque et sa cravate tricolore [42] », chargé de lui amener un certain Drouet, représentant des prisonniers de guerre du secteur. Ménétrel déclara à Drouet que « le Maréchal ne reconnaît pas de Gaulle et qu'il était comme par le passé chef de l'État tout en étant prisonnier à Sigmaringen ». Pétain ne reconnaîtra jamais la Commission de Brinon, et Ménétrel remit à Drouet copie des lettres de Pétain à Brinon. Arrêté par les Allemands, Drouet divulgua l'entretien. La semaine suivante, la Gestapo arrêtait Ménétrel à l'issue de sa promenade quotidienne avec le Maréchal, le transférant à Sheer, à une dizaine de kilomètres de Sigmaringen. Renthe-

Fink, qui avait tant travaillé à l'éloignement de Ménétrel relève :
« Le Maréchal a supporté assez bien la chose jusqu'à présent[43] »,
mais il estime que le général Debeney devrait détenir une liste de
personnalités allemandes à alerter si jamais Pétain tombait malade.
Renthe-Fink avait déjà écrit à Abetz à propos de la santé du Maréchal : « Mes considérations sont dictées par la raison très peu senti-
mentale que si nous voulons continuer à nous servir du Maréchal au
profit de notre politique, nous devons nous soucier de sa santé[44]. »

Comme si de rien n'était, le maréchal Pétain va chaque jour en
voiture à deux ou trois kilomètres de Sigmaringen, suivi d'un véhicule
de la police allemande, faire « une courte promenade hygiénique[45] ».

Enfin ! On put vérifier si des armes nouvelles allaient permettre
aux Allemands de renverser le cours de la guerre. Ce qu'on a appelé
l'offensive von Rundstedt commença par surprise le 16 décembre
1944 à travers les Ardennes. Les Alliés reculèrent. Ce fut une explosion de joie à Sigmaringen où les Français se voyaient déjà revenir
en vainqueurs à Paris : « Au moment de l'offensive des Ardennes,
un vent d'optimisme a soufflé sur tous ces gens persuadés que c'était
le commencement de la déroute des Alliés, déposera un témoin. Une
grande agitation s'est manifestée. Laval lui-même qui s'était ren-
fermé dans la solitude, a repris contact avec la Wilhelmstrasse.
C'était un véritable délire et les bruits les plus fantaisistes couraient,
notamment que les Allemands avaient atteint Reims. On voulait déjà
emmener le maréchal Pétain à Nancy. On a emballé les archives pour
les rapporter en France[46]. »

Deux semaines après le début de l'offensive, les unités américaines, d'abord prises au dépourvu et bousculées, puis appuyées par une
aviation massive, brisèrent la tentative allemande, et les troupes du
Reich battirent en retraite, ayant perdu environ cent mille hommes,
des centaines de chars et d'avions.

Noël eut lieu pendant le premier temps de la bataille quand l'optimisme prévalait. Brinon s'adressa aux Français par une longue déclaration radiodiffusée qui dura près d'une heure, et précédée de cette
annonce : « Son Excellence Fernand de Brinon, ambassadeur de
France, président de la Commission gouvernementale française pour
la défense des intérêts nationaux, vous parle. » Décrivant la situation
des Français au cours de ce sixième Noël de guerre, revenus de leurs
illusions quant aux bienfaits de la Libération, il se lança dans un
historique qui remontait à la Grande Guerre : « En 1918, une victoire
sans profit fut livrée aussitôt à l'exploitation du capitalisme judéo-
américain », qui allait briser toute chance de paix et de renouveau. Il

exalta la tâche accomplie par le maréchal Pétain et qualifia de traître
le général de Gaulle, lequel avait bénéficié de la protection du Maréchal dans sa carrière militaire : « Souvent, j'ai entendu le Maréchal
dire : "De Gaulle est un serpent que j'ai réchauffé dans mon sein." »
Après avoir évoqué les années de l'Occupation quand le maréchal
Pétain représentait l'espérance ultime, Brinon déclare : « En 1944,
les dés sont jetés. La France, elle aussi, aura sa libération. Français,
vous commencez de savoir ce que représente cette libération [...]. Je
vous le dis ce soir avec une triste assurance : cela ira beaucoup plus
mal encore. Modestement, je puis vous dire que je vous ai avertis.
Durant quatre ans, j'ai tenté, au poste que j'occupais, de vous défendre contre vous-mêmes. Je conserve la fierté d'avoir pu parfois, vous
protéger, c'est l'unique titre que j'invoque pour m'adresser à vous,
fût-ce vainement. » Puis il tira à boulets rouges contre quelques reve-
nants de la IIIe République de nouveau au pouvoir, « alliés aux pires
détracteurs de la religion et, dans leurs antichambres, des journalistes, marchands de naturalisation, des juifs étrangers et toute cette
pègre des démocraties agonisantes, troupes de valets, troupes de
lâches que la peur tient déjà aux entrailles, mais troupe dominée par
le bolchevisme qui exige que vous lui soyez livrés. Français, vous
avez déjà été les soldats de la ploutocratie juive, de la Grande-Bretagne et des États-Unis dans une guerre qui n'était pas la vôtre[47] ».

Il dénonce ensuite le pacte signé par de Gaulle avec Staline :
« Cette alliance ne gêne pas les plans de colonisation économique
des États-Unis, mais surtout elle répond aux aspirations de toute la
juiverie du monde, à sa soif de vengeance, à ses appétits de profits[48]. »

Maintenant, il s'en prend à un de ses anciens amis qui appartenait
comme lui-même au brain-trust de Daladier : « le journaliste juif
Jacques Kayser, fraîchement rentré d'émigration [...] qui eut en 1939
sur l'esprit d'Édouard Daladier une influence néfaste ». S'interrogeant sur les mobiles de l'épuration qui frappe « les meilleurs d'entre
nous », Brinon donne sa réponse : « Il s'agit de la défense de la race
juive et du triomphe du bolchevisme[49]. »

Il annonce ensuite : « Nous ne changerons pas de conduite, nous
disons que la cause de l'Allemagne est la cause de notre civilisation,
de notre avenir, une cause sacrée. Nous croyons à sa victoire par ce
que nous voyons et par ce que nous savons. Nous travaillons pour
que notre effort d'hier, prolongé par le travail d'aujourd'hui et de
demain, nous mène à une alliance totale. Nous saluons tous les soldats du combat historique qui, pour des générations, feront l'Europe
pacifiée, prospère et heureuse, les soldats incomparables de l'Alle-

magne, ceux de la République fasciste italienne et tous les légionnaires de notre croisade. Aux Français qui souffrent sous de Gaulle, nous crions : sachez enfin voir, comprendre et agir. La politique prétendue de libération est une politique de destruction et de mort. Français, résistez, désobéissez, aidez-nous, c'est seulement avec notre victoire que vous verrez la fin de vos maux [50]. »

À Berlin, l'agence officielle allemande DNB s'empara de l'appel radiophonique de Brinon et en nourrit la propagande nationale-socialiste en reprenant ses propos antisémites [51].

La rage de Brinon à l'égard de la France « démocratique » s'enflamma de nouveau quand, le 1er janvier 1945, la France, dont les États-Unis avaient reconnu à leur tour le Gouvernement provisoire de la République française dirigée par le général de Gaulle, signa la Déclaration des Nations unies, rédigée dès 1942, aux termes de laquelle chaque adhérent s'engageait à utiliser la totalité de ses ressources militaires ou économiques « contre l'Allemagne, l'Italie, le Japon et leurs alliés, qualifiés de forces sauvages et brutales qui cherchent à subjuguer le monde. »

Brinon rédigea un long mémoire radiodiffusé, rappelant que la convention d'armistice qui avait force de loi « interdit formellement à la France de reprendre les hostilités avec l'Allemagne et ses alliés et de donner d'une manière quelconque aide et assistance aux ennemis de l'Allemagne ». Il dira aussi que le général de Gaulle était prêt à sacrifier à ses alliés « le sang des Français et leurs dernières ressources [52] ».

À sa manière, Brinon préparait une riposte. Il subventionnait une école d'espionnage dont il avait confié la direction à un certain Harcourt. Les Français sortis de cette officine devaient s'infiltrer en Alsace et effectuer des sabotages de lignes de communication et rapporter des renseignements militaires. Brinon les rétribuait sur les fonds français que les Allemands avaient débloqués. À sa demande, Harcourt avait également établi une liste de magistrats, de fonctionnaires, de policiers contre lesquels des représailles devraient être exercées après le retour en France. Leurs noms étaient prélevés dans les journaux français.

Brinon entretenait un autre espoir. La présence à Sigmaringen de Cagoulards, dont celle du tueur, Filliol. Le fait même que Joseph Darnand, l'un des « ministres », ait été un chef de la Cagoule, que des Cagoulards en nombre aient rejoint la Milice et que le beau-frère du général Bridoux, un des rares fidèles de Brinon, en ait fait partie accaparait d'autant plus l'attention de Brinon que Doriot de son côté, s'intéressait à cette espèce d'individus. On citait le nom du général Giraud comme un des chefs de la Cagoule dans l'armée. Toute une illusion se construisit autour de Giraud qui, évincé par de Gaulle, avait perdu jusqu'à son commandement militaire et se retrouvait disponible. Le bruit courut qu'il était en Suisse où il se préparait à organiser un « maquis blanc » destiné à combattre les communistes, devenu le premier parti de France, dont il redoutait la prise du pouvoir. Il ne fut plus question que d'émissaires que le général Giraud envoyait à Constance pour s'entendre avec les exilés de Sigmaringen. Brinon se rendit plusieurs fois dans cette ville et prit langue avec des agents venus de France. Il profita aussi de son passage à Constance pour y rencontrer sa femme.

Il était en relation suivie avec Héraud, qui passait pour être le neveu du fabricant de chaussures Heyraud : « Héraud était à Sigmaringen l'homme de confiance et l'agent de liaison de Brinon avec les services allemands du SD. Il était en rapport permanent avec toutes les organisations nazies de la région et même avec celles de Berlin. Il avait une grosse influence sur Brinon qui le consultait à tout propos. Il allait très fréquemment en Suisse pour assurer une liaison entre Brinon et certains réfractaires français en Suisse, parmi lesquels le général Giraud [...]. Brinon a joué sa carte personnelle, surtout depuis qu'il s'était enfui en Allemagne. Il s'est successivement rapproché de tous les partis dits nationaux français et s'est constitué peu à peu une "petite cour" personnelle. Il se rendait fréquemment à Constance où il avait des entrevues avec des émissaires de certains dissidents français, rivaux du général de Gaulle, notamment avec des envoyés du général Giraud. Il était en lutte constante presque ouverte avec Doriot qu'il considérait comme son rival le plus redoutable [...]. C'est pourquoi, vers novembre 1944, Brinon s'est rapproché d'abord du général Giraud, puis de Héraud[53]. »

Doriot, « son rival le plus redoutable », Brinon en était tellement convaincu que, contraint par les événements, il finira par rechercher son alliance, surtout quand il apprit qu'il allait constituer un « Comité de libération » ouvert à tous et qui viderait de sa substance sa Commission gouvernementale où, déjà, Déat s'efforçait de prendre sa place. Doriot disposait désormais de l'appui total des principaux chefs allemands alors que l'échec de Brinon s'étalait de plus en plus au grand jour.

Le 6 janvier 1945, au moment où la bataille des Ardennes soulevait d'espérance les émigrés, la presse et la radio du Parti populaire français annoncèrent la création du « Comité de libération » placé sous la présidence de Doriot en pressant tous les nationaux se trouvant en Allemagne d'y adhérer, y compris les prisonniers de guerre et les travailleurs libres. Le « Comité de libération » programmait dans les régions les plus sensibles de France la constitution de groupes armés soutenus par une action de propagande intensive.

Au cours d'une réunion de la Commission gouvernementale au grand complet, Darnand, Déat, et Luchaire, considérant leurs intérêts propres, refusèrent de participer au « Comité de libération ». Seul, le général Bridoux parut disposé à s'aligner sur la position de Brinon, encore qu'il ait fait part de son intention de prendre sa retraite et de demander au haut commandement allemand de mettre à sa disposition une résidence en conformité avec son grade et de lui verser une pension correspondante. Brinon, convaincu que l'heure de Doriot était venue, estima qu'il convenait de réfléchir. Du côté allemand, il n'avait plus d'alliés. Quelques jours après l'éloignement de Ménétrel, Renthe-Fink, sa mission achevée, quittait Sigmaringen et, peu après, Abetz fut sommé par Ribbentrop de s'éloigner de la ville, aussitôt remplacé par Reinebeck, un haut fonctionnaire des Affaires étrangères.

Brinon signa son adhésion au « Comité de libération » le 1er février 1945, après s'être entretenu à Constance avec Doriot qui se montra accommodant, tant les adhésions affluaient malgré une situation militaire virant au cauchemar. Les pays satellites de l'Allemagne dans les Balkans sont tombés les uns après les autres. Les forces soviétiques, aux portes de Budapest, formaient une immense courbe vers le Nord et bientôt la Prusse sera coupée du reste du Reich tandis qu'au centre, à travers la Pologne, elles franchissaient le fleuve Oder, à 200 kilomètres de Berlin. À l'Ouest, les Alliés libèrent la Belgique et percent cette ligne Siegfried où l'armée française, à la veille de sa débâcle de mai-juin 1940, chantait qu'elle irait y suspendre son linge. On sent tout autour de l'Allemagne le grand souffle des armées conquérantes. Les généraux allemands vivent le spectacle quotidien de leur défaite.

Tel un vainqueur qui entre dans une capitale conquise, Doriot s'apprêtait à se rendre à Sigmaringen et à recevoir l'hommage des hôtes du château des Hohenzollern. Première étape, Mengen, où il devait rencontrer Déat dont il allait tenter d'obtenir l'adhésion. Le 22 mars, Doriot monte dans une voiture conduite par un chauffeur allemand, en compagnie d'une secrétaire. Aux abords de Mengen, il est tué par la mitraille d'un avion qui survolait le véhicule tandis que l'aviation alliée se montrait active dans la région.

La mort de Doriot fut ressentie comme un bienfait par Brinon, désormais seul maître à bord, croyait-il, convaincu, non sans raison, qu'aucun des lieutenants du chef du PPF n'était de taille à le remplacer. Brinon se fit même maître de cérémonie quand, sous la bannière du « Comité de libération » français, il prononça à la *Deutsches Haus* l'éloge funèbre de « Doriot, le titan », dira-t-il. Puis, il donna lecture de la lettre franchement amicale et coopérative que le défunt lui avait écrite l'avant-veille de sa mort. Se mettant en évidence, Brinon développa longuement son action en faveur de l'entente franco-allemande nouée d'abord sous les auspices de Ribbentrop, et dont il relata les grands moments, vilipendant les juifs au passage : « Nous pouvons êtres sûrs que nous ne nous sommes pas trompés et que c'est nous qui, pour notre patrie, avons vu juste. La campagne dite de libération a causé plus de ruines en quelques mois qu'une année de guerre et quatre années d'occupation. Il est évident que jamais les Français n'ont autant souffert que depuis la Libération américaine [...]. L'occupation anglaise et américaine entraîne infiniment plus de misères que l'occupation allemande, et même si toutes les horreurs que la propagande anglo-américaine reproche injustement à l'Allemagne étaient exactes, si l'Allemagne avait commis toutes les atrocités que l'on dit, elles seraient encore bien au-dessous des horreurs des bombardements terroristes des Anglo-Américains [...]. Seule la prodigieuse et l'admirable Allemagne défend aujourd'hui la civilisation. Voilà encore la vérité. Et devant les périls annoncés par le Führer, il ne reste plus qu'une chose, qu'un seul devoir, s'unir [...]. Le "Comité de libération" de Sigmaringen compte l'immense majorité des Français de Sigmaringen. Nous sommes au suprême tournant et dans un moment il faudra prendre parti. Ce parti, nous le prenons hardiment et joyeusement, et c'est pourquoi je ne vous dis plus qu'un seul mot, camarades du "Comité de libération" : à l'action qui seule est féconde[54] ! »

Brève fut la satisfaction de Brinon. Marcel Déat accentua la campagne qu'il menait contre lui, projetant la création d'un Conseil national dont Brinon serait exclu. Parmi les célébrités disponibles, Déat pressentit Alphonse de Châteaubriant, fort agité dans sa retraite de Grainau dans les Alpes bavaroises. Chantre et acteur ébloui des temps nouveaux, il avait été le propriétaire et directeur d'une entreprise florissante, *La Gerbe*, « hebdomadaire de la volonté française », et, comme le soulignera un rapport du ministre de l'Information à la Libération, « n'est pas le journal d'un parti. Elle n'a d'autre parti que l'Allemagne, ni d'autre doctrine que le national-socialisme[55] ».

Bien que jouant au sage et au prophète, Châteaubriant avait quand même le sens des réalités. Le 6 juin 1944, dès qu'il apprit le débarquement allié en Normandie, il retirait le jour même, par précaution, quatre cent mille francs de sa banque[56]. Tout en affirmant dans *La Gerbe* que Hitler aurait le dernier mot, que les Alliés seraient vaincus, il continua, par de substantiels retraits, à vider son compte en banque. Emportant ses millions, il s'enfuira avant tout le monde et se réfugiera en Allemagne avec sa compagne, Gabrielle Castelot, qui persistait à faire précéder sa signature d'un « *Heil Hitler* ».

Châteaubriant était redevable à Brinon d'avoir été élu président du Groupe Collaboration et membre du comité directeur de la Légion des volontaires français contre le bolchevisme ainsi que membre du comité d'honneur du Cercle européen. Il l'alerta sur les intentions hostiles de Déat et lui communiqua son projet de création d'un Conseil national. Néanmoins, la position de Châteaubriant parut critiquable à Brinon qui lui exprima son mécontentement. Le 3 avril, Châteaubriant écrit à Brinon en affirmant son amitié et lui faisant part des protestations qu'il a élevées auprès des Allemands devant l'hostilité dont Brinon était victime. Il achève sur une note pessimiste : « Que savons-nous de ce que le typhon va faire de nous[57] ? »

À l'Est, un million et demi de soldats soviétiques, répartis en trois fronts, encerclaient pratiquement Berlin écrasé par l'artillerie et les bombardements aériens. Au centre, les avant-gardes américaine et russe se préparaient à faire leur jonction sur l'Elbe. À l'Ouest, les armées alliées, le Rhin franchi, accentuaient leur avance sur toute la largeur de l'Allemagne.

Le cercle autour de Brinon se réduit jusqu'à devenir un point incandescent. Au cours d'une crise, dont les péripéties sont fastidieuses, Déat, Darnand et Luchaire s'unissent contre Brinon qui démet Luchaire de ses fonctions de « ministre ». Ce dernier se maintient en place et réclame l'arbitrage des Allemands autrement préoccupés par la situation militaire.

Brinon tente d'organiser sa retraite vers d'autres lieux. Il subit l'assaut de solliciteurs qui veulent protéger leur fuite du sceau officiel. Il distribue quelques ordres de mission sans valeur pratique et propose à Châteaubriant d'affecter Mme Castelot à une mission culturelle en Italie sous la direction d'Abel Bonnard, projet vite avorté. Châteaubriant remercie et ajoute : « Je me conformerai à tous vos conseils. Nous savons seulement qu'il faut nous hâter [...]. Au revoir, mon très cher ami. Il se peut que les circonstances nous amènent très prochainement à nous revoir. Je vous serre contre moi avec le ferme espoir qu'il ne subsistera rien de l'ombre qui s'est glissée entre nous, et notre amitié demeure plus que jamais le roc dans la tourmente[58]. »

Le départ des émigrés de Sigmaringen s'accomplit par un de ces signaux de panique qui gagnent de proche en proche sans qu'on puisse en situer la source et dégénèrent en un sauve-qui-peut général. De leur côté, les Allemands activaient les départs. Tous, à l'exception du maréchal Pétain, se hâtaient vers une direction autre que la France.

Laval, dont personne ne se souciait plus, s'en alla presque inaperçu. Après quatre mois passés à Sigmaringen, il avait été transféré à 18 kilomètres, à Wilflingen, dans une grande bâtisse confortable, en compagnie d'anciens collaborateurs et ministres. Jour et nuit, il entendait sur la voie ferrée passant près des fenêtres les trains de marchandises suisses qui livraient des armes à l'Allemagne jusqu'à la dernière minute [59]. Pendant son séjour à Sigmaringen, on le voyait se promener, flottant dans ses vêtements, avec sa femme. On ne pouvait se montrer plus discret. Sa seule tâche officielle consistait en des opérations de change pour lui-même et son entourage, portant sur la conversion de Reichsmarks suivant une allocation fixée par les Allemands [60]. La seule trace écrite qu'il laissa de son passage dans la ville s'inscrit sur le livre d'or de l'hôtel-café Zum Löwen « dont il était un client sympathique et fin connaisseur », au dire des patrons : « Sigmaringen est très joli, mais je préfère Châteldon, ne m'en voulez pas. Le 14 septembre 1944. Pierre Laval [61]. »

Trois ou quatre jours avant le départ, Mme de Brinon put enfin entrer à Sigmaringen malgré les lois raciales, mais elle n'eut pas le droit d'être hébergée dans le château des Hohenzollern où résidait son mari. Elle logea quelque part en ville. Elle venait de Constance où elle avait vécu sans heurts parmi les membres du PPF et quelques cadres de la Milice. Nous ignorons tout de son existence sur le bord du lac, elle-même n'en ayant rien dévoilé, et le juge qui l'interrogera à Paris ne manifestera pas de curiosité. Aucune trace non plus dans les papiers de son mari dont Simone Mittre hérita. Celle-ci se chargea de détruire toute référence à Mme de Brinon qu'elle détesta jusqu'à la fin de sa vie. À Sigmaringen, et pendant le périple qui suivit, Mme de Brinon se trouva en présence de Simone Mittre et de l'autre secrétaire, Jacqueline Marchand, toutes deux supposées partager l'intimité de Brinon. Toutefois, une ordonnance médicale sème le doute sur les activités amoureuses de Brinon : celle que lui délivra à Sigmaringen, en mars 1945, le Dr Lieb, chirurgien spécialiste, destiné au traitement d'un adénome de la prostate accompagné d'infection urinaire [62]. L'amaigrissement de Brinon témoignait des progrès du mal.

« Ils arrivent ! *Sie kommen !* » L'état d'alerte dure depuis deux jours. Le camion à gazogène appartenant à Brinon stationne dans la cour principale du château. Les Déat, les Luchaire et d'autres y enfournent leurs bagages. Bien que banni de Sigmaringen, Abetz donna l'ordre de mettre à l'abri les tableaux de maîtres qu'il avait apportés de Paris. Personne ne voulait s'en charger, les Alliés ayant averti par radio que tout Allemand trouvé en possession d'œuvres d'art volées serait condamné à mort. On pensait que ces tableaux appartenaient à la collection Rothschild et qu'il valait peut-être mieux le signaler. Finalement, le 20 avril, ils sont mis en caisse et expédiés vers le château de Wildenstein où les troupes françaises les récupéreront. Il restait dans les caves affectées à l'ambassade d'Allemagne des gravures et des dessins qu'Abetz avait ordonné de brûler. Lothar Haug, l'administrateur du musée des Hohenzollern, s'y opposa[63].

Le départ est arrêté pour le 21 avril. Tous les Français demeurant au château doivent s'éloigner au plus vite.

À la date fixée, à l'aube, le maréchal Pétain et son épouse sont installés dans une voiture entourée d'Allemands. Le sinistre Boemelburg veille à ce que les ordres soient exécutés avec ponctualité. Le convoi quitte l'enceinte du château. Adieu Sigmaringen !

Quelques heures plus tard, à onze heures vingt du matin exactement, un détachement de la Ire armée française ayant filé bon train s'arrête devant la lourde porte bardée de fer du château où se détache le blason sculpté des Hohenzollern. Le commandant Charles Vallin et quelques soldats parcourent les lieux encore tout chauds de leurs habitants en fuite. Ils défilent devant des portes : *Botschafter* Brinon... *Botschafter* Abetz... *Frau* Pétain... *Präsident* Laval : « Nous voici dans la chambre de Pétain. Le lit est défait, les tiroirs ouverts, des cartons sont épars sur les sièges. Sur la commode une bouteille d'eau minérale à moitié vide porte l'étiquette Vichy... je n'invente rien[64] ! »

Outre le camion à gazogène, le train personnel de Brinon comportait quatre voitures : sa Lancia blanche qu'on repérait si facilement dans les rues de Vichy, et trois autres véhicules de tourisme dont un accidenté pris en remorque. La destination de cet exode était la ville de Salò, en Italie, capitale de la République fasciste de Mussolini aux abois. Ayant grossi sciemment l'effectif qui composait sa suite, Brinon avait obtenu l'autorisation de passer vingt-cinq mille Reichsmarks à la frontière, à raison de mille Reichsmarks par personne, et des lires italiennes pour un montant de trente mille Reichsmarks. Le reste du trésor se composait de près de six millions de francs français en espèces. Ces autorisations de change étaient délivrées au « comte de Brinon, Français, ambassadeur et président de la Commission gouvernementale française ». Il était également muni d'un sauf-conduit. Onze personnes étaient réparties dans les véhicules. Outre le couple Brinon et les deux secrétaires attitrées, un interprète et son épouse, un préposé au service automobile et son épouse, le nommé René Pattu, inspecteur de police de la préfecture de Paris, le chauffeur du camion et le valet de chambre de Brinon [65].

Le convoi passe par Mengen où Doriot a été enterré. Le lendemain, Brinon et les siens quittent les Luchaire, les Déat et le reste de la bande, et se dirigent vers Innsbruck à travers un pays en plein chaos. Parvenus dans la capitale du Tyrol, on apprend des autorités que la route qui mène au col frontière du Brenner est réservée aux convois militaires. Il règne dans cette région la psychose de l'état de siège. Il n'y a plus de front mais des voies de pénétration s'ouvrent partout. Les Russes sont installés à Vienne depuis deux semaines où ils ont mis en place un gouvernement autrichien provisoire. Brinon comprend qu'il est pris au piège et ne décèle d'ouverture possible que par la frontière suisse. Par prudence, avant de se remettre en route, il dépose dans une banque d'Innsbruck une grosse somme d'argent : 584 310 schillings qui donneront 2 700 000 schillings à la suite d'une refonte monétaire après la guerre*.

Dans l'ambiance que l'on peut deviner et à laquelle participe l'affrontement continuel entre Mme de Brinon et Simone Mittre, les fugitifs rebroussent chemin et, de crainte de se trouver en présence des troupes alliées, empruntent des voies montagneuses jusqu'à Hoch Finstermünz, à la limite du Tyrol autrichien et de la Suisse, où ils arrivent le 24 avril.

Sans perdre de temps, Brinon se rend à la frontière et se séparera d'une partie de son personnel, à l'exception de Simone Mittre et de Jacqueline Marchand. Le lendemain, mercredi 25 avril, sa femme, Lisette de Brinon se présente en son nom pour la seconde fois à la frontière suisse et dépose un message urgent et quelque peu solennel : « M. de Brinon accompagné de son secrétariat désire rentrer en France. Il a obtenu des Allemands d'être conduit à la frontière suisse. Il demande que le Département des Affaires extérieures, notamment MM. Stucki et Montanach, soit avisé et prévienne le ministre de France que M. de Brinon serait désireux d'avoir un entretien avec lui au sujet des documents personnels très importants dont il est porteur [66]. » Il y joint l'identité des personnes concernées, leurs emplois et les numéros des voitures.

---

* Onze ans après, en 1956, Mme de Brinon pensa que cette somme se trouvait peut-être encore dans une banque d'Innsbruck et donna pouvoir à un avocat local pour la récupérer, mais la justice française l'avait saisie depuis plusieurs années au titre des biens confisqués.

Chaque jour, Brinon retournera à la frontière dans l'espoir de recevoir une réponse. Il apprend que le 27 avril Mussolini a été massacré. Puis il capte la nouvelle que le maréchal Pétain a été incarcéré au fort de Montrouge le jour même de son retour en France et que son procès va être instruit aussitôt. Il sera également informé que Laval a réussi à prendre un avion à destination de l'Espagne. Le 30 avril, Hitler se suicide. Le 2 mai, Berlin tombe, les Russes occupent la ville en ruine. Le gouvernement provisoire du Reich ayant à sa tête l'amiral Dönitz, siégeant dans le Holstein, est contraint d'ordonner la capitulation sans conditions de l'Allemagne. La signature a lieu le 8 mai 1945 à Reims. Ce jour-là, désespérant d'une réponse helvétique, Brinon, bloqué entre une frontière infranchissable et un pays aux mains des vainqueurs, est forcé de se faire connaître des autorités américaines qui viennent de se mettre en place. En attendant d'en savoir plus sur ce comte de Brinon, le commandant américain l'autorise par écrit à demeurer à Hoch Finstermünz et informe l'état-major de la Iʳᵉ armée française stationné non loin de là. Simone Mittre relate la suite : « Si bien que le lendemain matin, c'était le 9 mai, étant au balcon de la petite chambre que l'on m'avait donnée, Fernand de Brinon étant à l'autre fenêtre, je lui dis : "Dites donc, c'est drôle ce qu'il y a en-bas !" Lui, très froidement, me dit : "C'est pour nous ! – Comment, c'est pour nous ? – Oui, on vient nous cueillir, c'est sûr." En effet, il y avait un camion américain. Nous sommes tous partis[67]. »

La police américaine procède à l'arrestation de Brinon en présence d'un officier français venu exprès, qui déclare : « J'ai ordre de vous arrêter de la part du général de Lattre de Tassigny. » Brinon et les trois femmes qui l'accompagnent sont transférés avec leurs bagages dans deux camions américains à Lindau, sur le lac de Constance où est installée la Iʳᵉ armée française[68]. Émacié, mais toujours élégant d'après une photo, pochette et cravate assorties, Brinon est interrogé et emprisonné. Sur la porte de sa cellule, la prévôté a inscrit à la craie : « de Brinon ». Il y restera jusqu'au 18 mai.

Le jour même, après un an d'internement en Allemagne, Édouard Daladier, dont le patronage avait ouvert à Brinon la porte de Hitler, arriva à Lindau avant d'être rapatrié[69].

CHAPITRE 38

« Décédé à Arcueil »

Le 20 octobre 1944, pendant qu'à Sigmaringen Brinon s'évertuait à obtenir du maréchal Pétain la reconnaissance de sa Commission gouvernementale, la machine judiciaire s'emparait de lui en France. Un mandat d'arrêt, lancé par le premier tribunal militaire de Paris, ordonnait « à tout agent de la force publique d'arrêter et de conduire en la prison de Fresnes le sieur De Brinon Marie Fernand [...] inculpé de trahison, à l'heure actuelle sans domicile fixe[1]... ».

Le 25 octobre, un juge d'instruction du tribunal d'instance de Paris ordonnait à son tour l'arrestation de Brinon. À la mi-décembre 1944, aux termes du réquisitoire du procureur général, Brinon est inculpé d'intelligences avec l'ennemi et du crime d'attentat contre la sûreté intérieure de l'État. Deux mois plus tard, ses biens sont placés sous séquestre[2].

Après dix jours de détention à Lindau, Brinon, menottes aux poignets, fut transféré à Paris sur la plate-forme d'un camion, entouré de « ses » trois femmes : Lisette de Brinon, Simone Mittre, Jacqueline Marchand. Son ennemi irréconciliable, le Dr Ménétrel, appréhendé de son côté, fut embarqué dans le même véhicule.

Sitôt arrivé à Paris, le 20 mai 1945, Brinon est présenté au président Pierre Béteille, conseiller rapporteur près la Haute Cour de justice, en fait juge d'instruction, qui le soumet à un premier interrogatoire au cours duquel il relate les circonstances de son arrestation. Le président Béteille l'inculpe et le place sous mandat de dépôt après avoir posé les scellés sur la valise contenant les documents et les autres bagages.

Il est transféré à la maison d'arrêt de Fresnes, considérée comme une prison modèle lors de son inauguration en 1898. Ayant subi les formalités d'écrou – fouille, prélèvement des empreintes digitales, confiscation des objets personnels et attribution d'un numéro matricule –, on lui remit une couverture et un gardien le conduisit dans la troisième division. « L'intérieur se révélait abominable : une odeur âcre prenait à la gorge [...] une misère ahurissante. L'eau suintait partout ; on frôlait des chariots dégoulinant de restes de soupe, on glissait sur un sol humide ; les couloirs étaient encombrés de toutes sortes d'hommes qui se pressaient ; on hurlait des noms d'étage en étage[3]. » Au milieu de cette promiscuité, les ministres, les amiraux, les généraux, les hauts fonctionnaires de Vichy étaient regroupés au niveau le plus élevé et pouvaient circuler librement sur la coursive qui longeait un immense vide d'où montaient des émanations de vidange. Le régime imposé aux gens de Vichy était hautement humain et privilégié en comparaison de la cruauté sadique qui régnait à Fresnes, prison allemande, pendant l'Occupation où le traitement le plus doux était celui des coups quotidiens et de la privation de nourriture.

À peine Brinon était-il enfermé dans la cellule n° 169 qu'il dut être soigné pour ses troubles urinaires. En deux semaines, son cas s'aggrava. Impossible de le sonder. Le 10 juin, le chirurgien de l'infirmerie centrale pratiquera une incision de la vessie. On avait envisagé l'ablation d'un adénome de la prostate.

Me Chresteil informa Brinon, qui l'avait choisi pour défenseur dès son arrestation, qu'il ne pouvait assurer sa défense et fit savoir au président Béteille que, « pour des raisons » qui l'avaient déjà empêché « de prendre la défense du maréchal Pétain », il était « dans l'impossibilité d'accéder à son désir[4] ». Brinon fut d'autant plus désappointé qu'il avait rendu des services à Me Chresteil pendant l'Occupation, en lui évitant que les Allemands réquisitionnent son appartement. Pris de court, il se reporta sur deux autres défenseurs mais ne donnera pas suite[*]. Puis ce fut le tour de Me Campana qui accepta d'assumer sa défense. Estimant que la complexité du dossier justifiait un double attelage, il sollicita aussi Me Floriot qui se tailla une renommée en défendant le Dr Petiot et convoitait les dossiers les plus retentissants des procès devant la Haute Cour.

Le 4 juin eut lieu la levée des scellés de la valise aux documents dont Simone Mittre avait dressé l'inventaire avant de quitter Paris[5]. Brinon constata la disparition d'une note d'une dizaine de pages que le Maréchal lui avait adressée entre les 15 et 25 décembre 1940,

---

[*] Mes Adrien Peytel et Rice de Miromesnil, le 28 mai 1945.

après le renvoi de Laval, afin d'en communiquer la substance à l'ambassadeur d'Allemagne ; il assurait que rien ne serait changé à la politique de collaboration et exposait ce qu'il comptait faire pour améliorer les relations avec le Reich. Manquait également la fameuse photo de Pétain dédicacée « À monsieur de Brinon, mon fidèle interprète auprès des autorités allemandes ». Brinon supposa que cette récupération avait eu lieu pendant son emprisonnement à Laidau, où la seule visite qu'il avait reçue avait été celle de Charles Braibant, un conservateur des Archives nationales, chargé par le ministère de l'Éducation de récupérer les archives de la Commission gouvernementale de Sigmaringen. Brinon lui avait dit qu'elles étaient peu nombreuses et contenues dans six caisses expédiées en Bavière et dont on avait perdu la trace dès les premiers kilomètres [6].

Brinon sollicitera du président Béteille l'autorisation de voir au parloir sa femme, emprisonnée elle aussi à Fresnes, « dont vous connaissez la situation particulièrement pénible [7] », dira-t-il. Une compassion qui dissimulait aussi son inquiétude au sujet des quatre millions de francs et des bijoux qu'il avait remis à Mme de Brinon pour diviser les risques, croyant que, moins exposée que Simone Mittre, elle échapperait à la justice. Peine perdue ! Une saisie générale opérée à Paris le 20 mai 1945 dans les locaux de la police judiciaire l'avait dépouillée d'une serviette contenant 789 billets de 5 000 francs et 44 billets de 1 000 francs [8]. Interrogée par le juge d'instruction Pierre Marchat, en présence d'un avocat, elle tentera de prouver que cet argent lui appartenait en propre, expliquant qu'en tant qu'israélite il lui était interdit d'avoir un compte en banque. Quant aux billets de 5 000 francs, elle souligna qu'étant très dépensière, elle était « plus hésitante à entamer un gros billet qu'un moyen ou un petit [9] ». Elle rendit hommage à son mari qui, tuteur de ses deux fils menacés par les lois raciales, leur avait sauvé la vie en les pressant de gagner l'Algérie, hors de portée des Allemands. Elle reconnut qu'elle n'avait eu aucune influence sur lui, même si elle partageait son pacifisme avant la guerre, et « je dois dire, précisat-elle, que j'avais une grande admiration pour mon mari ; ses adversaires eux-mêmes rendent hommage à la sincérité et à la continuité de son activité et de ses opinions [10] ». Elle relata comment, jamais admise par les Allemands, elle ne put vivre avec lui à Paris : « Je n'ai pas besoin de vous dire que mon ménage, en raison de cette séparation, n'allait pas très bien [11]. » Elle s'étonna qu'on lui reproche d'être allée en Allemagne pour le retrouver : c'est qu'il était malade et elle ne savait pas ce qu'il était devenu ; ses lettres restaient sans réponse. Elle est partie à sa recherche, ayant eu « le coup de bambou ». Elle raconta comment, autre humiliation, ayant réussi au moment de la débâcle allemande à le rejoindre à Sigmaringen, elle ne fut pas autorisée à résider avec lui en raison de ses origines israélites.

Plusieurs témoins cités n'eurent pas assez de louanges à l'égard de Mme de Brinon qui intervenait en faveur des personnes arrêtées par les Allemands quand elle résidait dans la Creuse, à La Chassagne. Quant à son départ pour l'Allemagne, un témoin qui la côtoyait depuis vingt ans assura que « Mme de Brinon était d'un tempérament inquiet et était fort jalouse de son mari. Je pense vraiment, ajoutait-il, étant donné que je crois bien la connaître, qu'elle n'a voulu rejoindre son mari en Allemagne, en 1944, que par crainte d'être tout à fait abandonnée par lui et, surtout, par un sentiment chevaleresque, celui de ne pas vouloir se désolidariser d'un homme accablé [12] ».

Bien qu'aucune charge ne pesât sur elle, le commissaire du gouvernement refusa la mise en liberté provisoire de Mme de Brinon, « attendu que le maintien en détention paraît nécessaire à la continuation de l'information [13] ».

Mme de Brinon était emprisonnée depuis le 23 mai à Fresnes, division des femmes, dans la cellule n° 23 où elle était seule. Le 24 juillet, elle écrit au juge d'instruction une lettre de désespoir un peu décousue. Elle attend avec impatience la déposition des témoins qui devraient confirmer ses dires. Elle souligne que pendant les cinq années d'occupation elle n'est venue à Paris qu'« en catimini ». Si le juge d'instruction questionnait les personnes appropriées, il serait « persuadé, j'en ai la conviction, déclare-t-elle, de l'incroyable injustice de mon sort [14] ». Depuis plus de six semaines, elle est privée de colis parce qu'elle a égaré sa carte d'alimentation. À la suite d'une grave chute de bicyclette, remontant à août 1941, elle souffre encore d'une fracture du crâne et d'une de la clavicule qui, en raison de sa vie en cellule, lui causent de graves ennuis. Tous les objets de valeur qu'elle avait transportés à La Chassagne, la propriété de son mari, ont été dérobés. Ses enfants et elle-même ont tout perdu dans ce pillage. Sa maison familiale des Pyrénées a subi le même sort. Elle est démunie de tout : « De la situation de mon mari, de moi-même, je n'ai eu durant cinq années que la mauvaise part, vous en conviendrez [15]. » Elle insiste sur le fait que voulant le rejoindre à Belfort, c'est presque malgré elle qu'elle est passée en Allemagne : « Pardonnez-moi, je vous en prie, de m'être ainsi laissé entraîner par ma détresse. Ce mot, en débutant, n'avait d'autre but que de vous demander la chose suivante : voici deux mois que je suis seule en cellule, ce qui a de grands avantages mais finit par influer sur des nerfs déjà très à vif. La promenade surtout, solitaire, est à la longue bien éprouvante et des malaises la nuit sont aggravés par l'isolement. Voudriez-vous me relever de cet isolement ? Au moins que cette requête puisse, enfin, s'avérer utile. J'espère, monsieur le Juge, que vous voudrez bien m'excuser d'avoir ainsi abusé de votre temps, et je vous demande de trouver ici l'assurance de ma bien sincère considération [16]. »

Le 1er août, le juge Marchat missionna le Dr Paul, médecin légiste, afin qu'il dise si Mme de Brinon « peut supporter le régime de la détention [17] ». Huit jours après, le Dr Paul remit son rapport. Constatant divers troubles de santé dont souffrait Mme de Brinon, il concluait à la nécessité que la détention préventive ne fût pas trop prolongée.

Finalement, le dossier est classé à la mi-septembre. Mme de Brinon est remise immédiatement en liberté, sans le sou, ayant dépensé en prison l'argent que lui avait fait parvenir sa sœur.

Simone Mittre était enfermée à quelques cellules de Mme de Brinon. À son arrivée à Paris, un commissaire de police l'avait inculpée d'intelligences avec l'ennemi, et elle s'était retrouvée pendant trois jours dans la pestilence du dépôt. Déjà fouillée, on ne trouva sur elle que quelques bijoux personnels sans valeur qui furent placés sous scellés. Un juge d'instruction lui notifia les faits qui lui étaient imputés, délivra contre elle un mandat d'arrêt et elle fut internée à la prison de Fresnes. Elle se borna à tracer ces quelques mots sur un papier qu'elle réussit à faire passer à une amie : « Je suis à Fresnes. Préviens famille et amis. Baisers. S. [18]. »

Comparaissant devant le juge Pierre Marchat, Simone Mittre retraça longuement sa carrière et son existence au côté de Brinon qu'elle décrivit comme privé de tout sens pratique et tellement idéaliste que jusqu'à la dernière seconde il n'avait pas cru qu'une déclaration de guerre entre la France et l'Allemagne fût possible. Pendant l'Occupation, elle aida beaucoup de gens et en donnera la liste. Elle n'avait aucune influence politique sur son patron qui ne la consultait pas. Elle n'avait jamais fait de politique : « J'estime que rien dans mon activité n'est de nature, bien au contraire, à avoir porté préjudice à mon pays mais également à mes compatriotes, déclara-t-elle. J'étais appointée par M. de Brinon et je n'ai jamais émargé au budget de l'État ou de la Délégation [19]. » C'est Brinon qui la rétribuait, environ cinq mille francs par mois, selon un témoin.

Des témoins qui viendront confirmer ses propos et s'étendront sur l'assistance qu'elle leur avait accordée, rendant service à tous ceux qui la sollicitaient, sans tenir compte de leurs opinions. Outre les personnes d'origine juive qui en témoigneront, d'autres vanteront l'humanité, la compassion, la bienveillance de Simone Mittre et son désintéressement.

Un mois plus tard, Brinon déposera à son tour, lavant Simone Mittre de tout ce qui pouvait lui être reproché à lui. Il vanta la manière dont elle s'acquittait de l'octroi des laissez-passer d'une zone à l'autre : « Il est même arrivé à Mme Mittre d'avancer à des personnes sans ressources le montant du voyage qu'elles avaient à faire à propos d'événements de famille graves[20]. »

Une enquête du commissaire de la police judiciaire, Marcel Renaud, confirma toutes ces déclarations et aboutit à des conclusions favorables : Simone Mittre n'avait pas adhéré à un mouvement politique durant l'Occupation et ne paraissait pas s'être enrichie au cours des longues années où elle avait été la collaboratrice intime de Brinon, y compris pendant l'Occupation. Il signalait que Simone Mittre était la maîtresse de Brinon. La conclusion : « Il résulte de tout ce qui précède que Mme Mittre est loin d'avoir eu une influence certaine et déterminante sur Brinon. Il y a lieu, semble-t-il, de la considérer comme une simple secrétaire particulière jouissant de la confiance de son patron[21]. »

Ces termes furent repris dans la décision de classement par le commissaire du gouvernement. Le 16 septembre, Simone Mittre était libérée, neuf jours après Mme de Brinon. Pendant son incarcération qu'elle avait bien supportée, elle recevait des lettres de ses deux sœurs, femmes modestes, qui s'épanchaient longuement sur leurs petits malheurs personnels, leurs soucis quotidiens, et l'une d'elles poussait l'inconscience jusqu'à lui envoyer des recettes de cuisine[22].

Le passé du président Béteille n'était pas exempt des atteintes de l'Occupation. Comme tous les magistrats, à l'exception d'un seul, il avait prêté serment de fidélité au maréchal Pétain et il avait instruit le procès de Daladier devant la cour de Riom. Depuis la Libération, il était en charge des dossiers de Pétain, Laval, Brinon et Benoist-Méchin.

Le 23 juillet 1945 s'ouvrait le procès du Maréchal. Brinon avait écrit au premier président de la Haute Cour pour être entendu. Il fut exaucé et, le 9 août, il était introduit à la seizième audience, l'air affable, s'appuyant sur une canne.

La salle de la première chambre de la cour d'appel, au Palais de justice, est comble. Sur un fond de boiserie de chêne, jurés, journalistes et public forment un tableau confus. Les avocats sont à l'étroit. On y étouffe. Dans un minuscule espace ménagé au milieu de l'assistance, le Maréchal en uniforme est assis dans un fauteuil à côté d'un gendarme et devant une petite table occupée par son képi et une paire de gants blancs.

Au cours des quinze audiences précédentes, les témoins vedettes se sont succédé, chacun apportant sa vérité, qui ne correspondait pas forcément avec celle qui émanait des documents de l'instruction que le président de la Haute Cour Mongibeaux consultera à peine. Fort bavard lui-même, incapable de diriger les débats avec méthode, menant le procès à la petite semaine, il laisse les témoins se perdre en digressions stériles ou évoquer leurs cas personnels, si bien que ce grand moment d'histoire tourne aux effets de tribune. Le clou des audiences, qui précéda la comparution de Brinon, fut l'audition de Pierre Laval, expulsé d'Espagne et que les militaires américains venaient de remettre aux autorités françaises, lâché dans ce procès à l'improviste.

Étant lui-même inculpé, Brinon est dispensé du serment d'usage. Il montre presque aussitôt des signes de fatigue, se ressentant du traitement de sa maladie. Il porte une sonde. « Brinon, nez caricatural mais visage bien découpé, tient du diplomate et du client de boîte de nuit [23] », note l'écrivain Léon Werth, présent dans le prétoire.

Il assure qu'il a toujours rendu compte au maréchal Pétain de ce qu'il faisait, que c'est Laval qui avait eu recours à lui après l'armistice. Il précise que le Maréchal n'était pas partisan d'un renversement des alliances mais d'une réconciliation avec l'Allemagne qui maintînt la France hors de la guerre, et affirme qu'il n'avait jamais été question de double jeu, le Maréchal s'étant déclaré toujours partisan de la politique que lui, Brinon, conduisait. On évoque Montoire, le retour des restes de l'Aiglon, le renvoi de Laval dont Brinon relate les principaux épisodes. On parle aussi du débarquement des Canadiens à Dieppe et d'autres événements. À la fin, le président Mongibeaux demande à Brinon, comme s'il s'agissait d'un détail secondaire, de « répondre très brièvement » sur la participation du maréchal Pétain à l'élaboration des lois raciales, la relève et l'organisation des juridictions spéciales. De sa prison, Brinon recevait suffisamment d'informations, ne serait-ce que par ses avocats, pour savoir que la complicité du régime de Vichy dans l'extermination des juifs ne constituait qu'une charge accessoire du procès du maréchal Pétain et que la révélation de la Solution finale n'avait pas bouleversé la conscience nationale ni, jusqu'alors, suscité un hommage du pays aux victimes : « Pour les lois raciales, je peux vous répondre d'autant plus facilement que dès la fin de juillet 1940, ou le début d'août, j'ai moi-même attiré l'attention du Maréchal sur l'importance de la question et sur la nécessité de faire un statut français protégeant les israélites français. J'étais convaincu que ce statut-là, on pouvait le

faire et que si on ne le faisait pas à ce moment-là, les autorités allemande, tôt ou tard, nous en imposeraient un. Je l'ai exposé au Maréchal qui m'a dit : "Je suis d'accord, mais patientez. Il faut me donner
le temps." Le Maréchal s'est déclaré absolument d'accord pour, dans
la mesure du possible, protéger les israélites français[24]. »

Le sujet était sans doute trop indifférent ou trop embarrassant pour
que le président Mongibeaux relevât ce qu'il y avait de contradictoire
entre ces propos et la réalité, et il évacua toute demande d'éclaircissements. Aucun membre de la communauté persécutée n'avait été
appelé à témoigner.

On parla aussi de Sigmaringen, mais la cour s'intéressa plus au
côté anecdotique qu'à l'aspect politique de l'affaire. Les questions
de plusieurs membres du jury à la fin de la déposition de Brinon sont
révélatrices de la médiocrité générale des débats.

Brinon réintégra sa cellule à Fresnes.

Dès le début du mois de juin et pendant un an et demi, il recevra
régulièrement la visite de Me Castelain le jeune collaborateur de
Me Campana[25]. Castelain consignera méticuleusement les déclarations de Brinon qui, de son côté, rédigera des notes qui reprenaient
son témoignage du procès Pétain. Pas la moindre allusion à son adhésion au national-socialisme. Il trace de lui-même, à travers cent péripéties, le portrait d'un homme de bon sens et du juste milieu,
profondément humain.

La première séance d'instruction n'eut lieu que le 30 octobre 1945
en raison de l'affection urologique de Brinon. Introduit dans le cabinet du président Béteille, il eut un entretien avec Simone Mittre,
désormais libre. Me Castelain l'assiste. Malgré une lettre pneumati-
que de Brinon laissant entendre qu'il renonçait à son conseil, Me Floriot est présent : « Très enveloppant et empressé, il tutoie le greffier
et parle fort familièrement avec M. Béteille. Ce dernier est très sympathique. D'une grande courtoisie, il évoque quelques souvenirs avec
de fines remarques spirituelles[26]. »

Cette politesse régnera pendant l'instruction qui suit un rythme
assez lent. Brinon est placé près de Béteille dans sa tenue de malade :
pyjama et robe de chambre, un manteau jeté sur les jambes. Béteille
ordonne qu'il soit apporté à Brinon toute boisson ou tout remontant
qu'il pourrait désirer, « toutefois, avec un charmant sourire, et évoquant Laval, il demandera que soit omis le cyanure. Ce à quoi M. de
Brinon répondra qu'il n'en a aucune envie*[27] ».

---

* Allusion à la tentative d'empoisonnement au cyanure de Laval avant son
exécution.

Béteille annonça « aux excellents avocats et brillants défenseurs » qu'il entendait diviser l'instruction en trois périodes : celle antérieure à la guerre, celle qui englobe les années 1940-1944, et Sigmaringen.

Invité à parler, Brinon rapporte en détail sa première entrevue avec Hitler. Sa déclaration est jugée de la plus haute importance quand il révèle que cette rencontre s'est produite à la demande de Daladier désireux de sonder Hitler sur un rapprochement entre la France et l'Allemagne. Après plus de deux heures et très fatigué, Brinon demande au président Béteille d'interrompre l'interrogatoire, ce qui lui est accordé.

Avant de repartir, Brinon a encore le privilège d'un bref entretien avec Simone Mittre puis, accompagné d'un inspecteur, il descend le grand escalier du palais et prend place dans un véhicule où se trouvent trois autres inspecteurs. Une voiture suiveuse en contient cinq de plus. Ce personnel se comporte fort bien avec Brinon.

Après cet interrogatoire, Brinon déchargea Me Floriot du soin de l'assister : « Je vous ai dit souvent combien je tiens à ce que ma défense soit présentée avec l'indépendance qui a été, je crois, le caractère principal de ma vie. Je n'ai certes pas le dessein d'attaquer ou de dénigrer qui que ce soit, mais j'entends conserver une liberté entière et je prétends établir les différences essentielles entre les collaborationnistes de l'Occupation et moi. Or, comme je vous l'ai indiqué, je redoutais déjà un peu d'être confondu dans la troupe des prévenus notoires auxquels vous avez prêté ou vous prêtez le concours de votre talent. Depuis que vous avez définitivement accepté d'assister M. Jean Luchaire, ces craintes sont devenues des objections fondamentales. Je possède en effet la preuve écrite que M. Luchaire a fait des déclarations extravagantes me concernant et il est naturel que je revendique envers lui tous les droits de riposter et de dire la vérité. Je ne pense donc pas que les intérêts de sa défense soient compatibles avec les miens [28]... »

Les dépositions commencèrent. Certains témoins demeuraient introuvables, tel Charles Saint, le deuxième personnage de la Délégation. D'autres, nourris de rancœur, desservirent Brinon. Parmi ceux-là, le général de La Laurencie qui ne lui pardonnait pas de l'avoir évincé. Jean Luchaire, qui jouait sa tête et la perdra, accusa Brinon de lui avoir ordonné de parler trente-neuf fois à la radio de Sigmaringen en des émissions dont chaque mot était un cadeau à la trahison, et d'avoir tenté de l'éliminer avec l'aide des SS [29]. » Léo Chavenon, l'ancien directeur de *L'Information*, qui n'avait cessé de le couvrir de fleurs avant la guerre, assurait maintenant qu'il avait eu très peu de rapports avec Brinon et qu'il avait possédé un dossier qui l'accablait, lequel, malheureusement, avait disparu pendant l'Occupation[30].

Pour sa part, l'ancien ambassadeur à Berlin, François-Poncet, assura qu'avant la guerre Brinon, malgré sa familiarité avec les dirigeants nazis, ne l'avait jamais gêné dans sa tâche diplomatique et il lui reconnaissait un grand talent de journaliste. Le juge d'instruction s'intéressait aussi au témoignage de Melchior de Polignac qui avait présenté Brinon à Ribbentrop et qui, vice-président du Groupe Collaboration, avait été arrêté à Reims.

Brinon aurait aimé que Jean Cocteau qui, par son intermédiaire, grâce à des démarches auprès des autorités allemandes, avait pu faire représenter ses pièces à Paris malgré la censure de Vichy, témoignât en sa faveur, Cocteau se montra réservé et se manifesta comme à regret.

Il y eut des témoignages de fière allure, comme celui du marquis de Chasseloup-Laubat, quatre-vingt-trois ans, qui déclara que Brinon avait toujours répondu avec succès à ses demandes d'intervention. Notamment dans l'affaire des lycéens de Nancy condamnés à mort et qui attendaient leur exécution à la prison du Cherche-Midi. Il doit à Brinon, affirma-t-il, la libération de sa femme arrêtée comme israélite. En retour, Brinon demanda à Chasseloup-Laubat d'essayer d'obtenir du maréchal Pétain qu'une distinction soit établie entre israélites français et étrangers, mais sans résultat. Au début de 1944, au moment de la déportation de sa belle-sœur, Brinon dit à Chasseloup-Laubat que son influence allait diminuant auprès des Allemands et de Vichy. « Je considère comme étant de mon devoir de faire connaître la vérité, écrivait Chasseloup-Laubat, et je suis très fier d'être le courtisan du malheur, comme mon grand-père, le vainqueur de Dantzig, lorsqu'il a essayé de sauver le maréchal Ney[31]. »

Roger Génébrier, l'ancien collaborateur de Daladier, déclara que quoique Brinon sût parfaitement que leurs idées étaient opposées, il le reçut toujours avec amitié et respect. Qu'il intervint chaque fois que Génébrier l'en avait prié et qu'il avait sauvé du peloton d'exécution son gendre, Jean de Prémonville, arrêté comme résistant[32].

L'abbé Raymond Dulac, résistant, témoigna avec émotion que Brinon avait sauvé beaucoup de personnes sur sa demande et qu'il était honni de la bande de la Gestapo française de la rue Lauriston (Bonny et Lafont) dont d'ailleurs Brinon lui parla avec mépris. Il intervint et sauva la famille Renault (celle du colonel Rémy) arrêtée globalement comme otages. Il sauva une famille juive que Dulac lui avait signalée, et d'autres encore[33].

À son tour, Jacqueline Renault, l'une des sœurs du colonel Rémy, insiste sur « l'extrême reconnaissance » qu'elle et sa famille conservent à Brinon grâce à qui elle-même, sa mère et deux de ses sœurs furent libérées du camp de Compiègne[34].

L'homme politique Anatole de Monzie certifia que Brinon intervint inlassablement à sa requête en faveur de gens connus et inconnus. Parmi eux François de Tessan, ami d'avant la guerre de Brinon et homme politique. « Dans les papiers de Brinon, on doit trouver plusieurs douzaines de lettres de moi ayant toutes un objet similaire d'assistance. Je ne me rappelle pas qu'aucune de mes lettres soit restée sans réponse[35]. »

Des habitants de Felletin, proche de La Chassagne, arrêtés par la Gestapo, durent leur libération aux interventions de Mme de Brinon auprès de son mari[36].

D'autres témoignages révèlent l'assistance que Brinon apporta aux plus connus comme aux plus anonymes.

Un autre témoin, Otto Abetz, sera interrogé, mais celui-là était enfermé à Paris dans la prison militaire du Cherche-Midi après une longue traque. Quand il fut relevé de ses fonctions d'ambassadeur à Sigmaringen, Abetz avait été convoqué à Berlin où il se rendit en compagnie d'Erna Noah, sa maîtresse. Ribbentrop le chargea de constituer avec des collaborationnistes français se trouvant en Allemagne un maquis destiné à combattre les Alliés. Les 18 ou 19 avril 1945, Ribbentrop lui fit remettre un paquet contenant des Reichsmarks, des devises étrangères et des pièces d'or destinées sans doute à financer la future organisation.

Après la capitulation de l'Allemagne, Abetz changea fréquemment de refuge. Il vivra dans une cabane forestière à Ehrsberg, aux confins de la Forêt-Noire, au milieu d'une profusion de vivres. Non seulement il y enfouit de l'or et des devises, mais aussi le mémorandum rédigé à Berlin en date de juillet 1943, livrant l'essentiel de l'activité politique franco-allemande en France depuis l'armistice. Puis, il quitta cette cachette et, accompagné d'Erna Noah, il finit par s'abriter dans un sanatorium, à Hochenswand. Les services de la sécurité du gouvernement militaire français en charge de cette zone d'occupation étaient informés que des Allemands étrangers à la région y affluaient et disposaient de beaucoup d'argent. Des arrestations furent opérées. « Mais il manquait à l'appel un certain Laumann Friedrich comme en témoignait sa fiche d'hôtel et aussi une certaine Mlle Noah désignée comme étant en relation avec Laumann[37]. »

Remontant la filière, le lieutenant Caradec et le sergent enquêteur Ezac apprennent que Laumann n'est autre qu'Abetz et ils ont connaissance de l'endroit où il se terre avec Mlle Noah. Pendant ce temps, au sanatarium de Hochenswand, Abetz et sa compagne restaient sur le qui-vive. Il arriva même qu'Erna Noah, à qui Abetz avait donné une part du magot, prise de panique, jetât son paquet par la fenêtre dans le jardin puis, l'ayant récupéré, l'ouvrît et fît ruisseler les pièces d'or sur son lit en riant de plaisir à l'idée d'ouvrir une boutique de modes. Suivant les instructions d'Abetz, elle se préparait à faire fondre en lingots par un dentiste les pièces d'or dont la détention était interdite[38].

S'étant rendus sur place, les deux enquêteurs français mettent en état d'arrestation Laumann et Erna Noah. Laumann, qui ignorait que sa véritable identité était percée, fut aussitôt inculpé de trafic de devises et transféré au siège de la Sécurité militaire. Le lieutenant Caradec et son assistant le saluent immédiatement d'un « Bonjour, monsieur Abetz... » Pendant plus d'une heure, Laumann niera obstinément. Il fut prié de se déshabiller. On découvrit dans la doublure de son veston une étiquette portant le nom d'un tailleur de Paris, et au-dessous celui d'Abetz. À minuit, celui-ci signa une déclaration : « Il est absolument exact que je m'appelle Abetz Otto Friedrich et que j'étais, à partir du mois d'août 1940 jusqu'au mois d'août 1944, ambassadeur du Reich auprès du gouvernement Pétain[39]. » Il détenait sur lui 18 000 Reichsmarks. Les autorités françaises récupérèrent 13 000 francs suisses, 7 100 dollars, 125 000 Reichsmarks, 1 338 pièces d'or iraniennes et 15 millions de francs français en billets de 5 000 francs enterrés dans deux endroits différents. Huit personnes, dont Mme Abetz et Erna Noah, s'étaient partagé le trésor. Mme Abetz remit à la justice militaire française 18 Reichsmarks et 72 pièces d'or[40]. Abetz fut entendu une première fois par le président Béteille, en décembre 1945, hors de la présence de Brinon.

Tout en préparant sa défense, Brinon endurait une aggravation de son mal. Au mois d'août 1945, une lettre alarmiste de Me Floriot avait averti le président Béteille que si les conditions d'hospitalisation ne s'amélioraient pas, ce qui était impossible à l'infirmerie de Fresnes, on pouvait craindre une issue fatale. Floriot réitérera son avertissement. Brinon écrivit à Béteille : « Je désire vous faire connaître que je ne veux pas faire miennes les compatissantes appréhensions de Me Floriot touchant mon transport à votre cabinet[41]. »

En novembre est effectuée une expertise médicale à laquelle participe le Dr Frey, qui l'avait déjà soigné. Les médecins constatent que sa maladie durera tant que ne sera pas intervenu le deuxième temps de l'opération, l'ablation de la prostate. Il peut, en l'état où il se trouve, être emmené au Palais de justice pour un interrogatoire « avec l'inconvénient de l'exagération momentanée des douleurs provoquées par les secousses du transport[42] ». Brinon remarque que le Dr Frey qui, pendant l'Occupation, lui donnait de l'Excellence, le traite maintenant sans égard.

Brinon pressa le président Béteille de commencer l'instruction afin que le procès s'ouvre le plus vite possible : « C'est pourquoi aussi, en raison de mon incontestable affaiblissement physique et intellectuel, lui demandait-il, je désirerais subir l'opération qui modifierait, selon les médecins, ma condition actuelle[43]. »

Au début de mars, Brinon souffre de suppurations de l'urètre[44]. Le 2 avril, il subit l'ablation de la prostate à l'hôpital Cochin. La veille de l'opération, il rédigeait son testament, faisant de Simone Mittre sa légataire universelle. Il ajoutait : « Je m'en remets à ma famille, à ma sœur Simone, à Simone Mittre quant au lieu de ma sépulture. C'est mon ardent désir que Simone Mittre, si c'est sa volonté, trouve place auprès de moi dans la mort après avoir été la plus fidèle compagne dans ma vie[*]. » À l'adresse de Lisette de Brinon, il écrivit : « Je demande que l'on restitue à Lisette Franck, ma femme devant la loi, tout ce qu'elle peut avoir laissé lui appartenant, soit à La Chassagne, soit ailleurs. Qu'elle pardonne la peine que ces dispositions pourront lui faire. Ma conscience ne me reproche aucun tort grave envers elle. L'esprit a ses égarements. Pour moi, je pardonne entièrement l'incompréhension, le mal ou l'inconscience et ne veut voir que le dévouement d'heures douloureuses[45]. »

Le rapport d'expertise ordonné par Béteille considère que Brinon pourra être entendu à l'instruction à partir du 15 juin[46].

Pendant que Brinon se préparait aux derniers affrontements, les hostilités entre Mme de Brinon et Simone Mittre ne connaissaient pas de trêve. Les difficultés matérielles assaillaient Mme de Brinon. Son compte en banque était en rouge et les parts de l'entreprise paternelle dont elle avait hérité, mises au nom de Fernand de Brinon pendant l'Occupation pour échapper à la spoliation qui frappait les juifs, figuraient parmi les biens de son mari placés sous séquestre[47]. Elle allait de gîte en gîte, d'abord chez des amis, puis dans un hôtel bon marché, de nouveau chez des amis, mais scellait ses lettres à la cire en y imprimant le cachet gravé aux armes des Brinon.

Mieux lotie, Simone Mittre demeurait dans un logement que lui avait acheté Brinon. C'est à elle que s'adressaient ceux qui, ayant eu des rapports avec lui, désiraient manifester leur sympathie ou qui, au

[*] Simone Mittre décédera en 1982. La sœur de Brinon, Simone de Morineau, s'opposera à ce qu'elle soit inhumée dans le caveau familial.

contraire, craignaient de s'être trop compromis. Parmi ces derniers, Marcel Boussac, désigné par la presse comme étant « l'empereur du textile et le roi du turf », qui, en veine de reconversion patriotique, s'inquiétait de savoir si ses relations avec Brinon avaient laissé des traces. Simone Mittre lui répondit qu'elle avait brûlé le carnet d'adresses « au moment de nous constituer prisonniers, afin de ne compromettre personne [48] ».

Elle passait le plus clair de son temps à s'occuper directement de Brinon. Par l'intermédiaire de Me Campana, elle lui faisait parvenir de tendres lettres – « la petite enveloppe habituelle », disait-elle à l'avocat –, et elle en recevait de lui qui renforçaient leurs liens, si bien qu'elle s'appliquait à faire sentir à Lisette de Brinon qu'elle était exclue et indésirable. Si elles maintenaient des rapports de nécessité, Simone Mittre nourrissait sa haine de broutilles. Elle accusait Mme de Brinon de conserver des mouchoirs appartenant à Fernand, et de ne pas lui avoir transmis une lettre de Mme de Brinon mère, rien que pour l'énerver. Lisette de Brinon répondit par deux lettres pleines de patience que les mouchoirs avaient été remis à la sœur de Fernand, etc. Elle est prête, au contraire, à aider Simone Mittre et à coopérer : « Nous sommes toutes, y compris sa pauvre mère, dispo-sées à tout faire pour lui atténuer son malheur. Quant à moi, je crois avoir donné les preuves quotidiennes que mon seul désir est que je veux collaborer avec vous en toute amitié dans le même but commun que nous poursuivons avec quelles terribles difficultés, hélas [49]. » Elle pousse la complaisance jusqu'à énumérer les vivres dont elle fait un colis destiné à Fernand. Elle annonce quel est son plan : elle va tenter d'inciter Léon Blum à intervenir en sa faveur et d'autres aussi, tel le diplomate britannique Charles Mendl. D'elle-même, elle livre peu de choses, si ce n'est que « le temps n'est pas drôle sans un manteau chaud ». Elle dit encore que son plus jeune fils a pu rendre visite à Fernand et « l'a trouvé maigri mais plutôt meilleur teint [50] », et assez pressé d'aller à l'instruction. Nous disposons de quelques lettres d'elle écrites à Me Campana, par lesquelles elle s'efforçait de se rendre utile.

Cette bonne volonté n'amadouait pas Simone Mittre. Elle écrivait à Me Campana, quand le plus jeune fils de Mme de Brinon fut de retour en France : « Faire attention à ce que le petit dieu qui va être démobilisé et qui n'a rien à se mettre ne soit pas habillé avec ce qui se trouve dans les valises. Je crois bien que l'idée est en marche [51]. » Elle voulait aussi faire interdire à Mme de Brinon de fouiller dans les objets entreposés rue Rude, et qui avaient pris le chemin du garde-meubles : « Je conseille aussi qu'elle ne touche pas à l'argenterie [...]. Et tout ce qui pourrait à la rigueur nous faire de l'argent un jour. Il faut enfin être sérieux et ne pas perdre de vue qu'elle a les mains percées et un fils incapable, qui a même vendu sa bicyclette[52]. » Autre drame, Melchior de Polignac avait donné un porte-cigarettes en or à Brinon et l'épouse affirmait maintenant qu'elle l'avait reçu de son beau-père. Elle avait même certifié que « la garniture smoking en cristal et or » de Brinon appartenait à un de ses fils. Simone Mittre aurait voulu aussi que la mère de Brinon dise que les bijoux saisis étaient à elle et qu'elle les avait prêtés à Fernand[53].

Simone Mittre voulait qu'on se souvienne de « tous les juifs dont il s'est occupé avec succès et de toute la campagne qu'il fit auprès du Maréchal lui-même pour protéger les juifs et dont les traces sont peut-être dans les lettres au Maréchal[54] ». Sur ce chapitre, Brinon lui fit passer un papier contenant les noms des deux principaux dirigeants de la banque Lazard, André Meyer et Pierre David-Weill, comme étant à contacter. Il conservait dans ses papiers deux lettres de la femme de Pierre David-Weill, restée seule en France avec ses enfants, et qui, voulant rejoindre son mari aux États-Unis, lui demandait de l'aider à se rendre en Espagne, lui seul pouvant la secourir : « Monsieur l'Ambassadeur, je viens faire appel à vous, à votre amitié pour Pierre et pour moi, car je me trouve dans une situation très angoissante[55] », écrivait-elle en 1942, quelques jours après que les Allemands eurent occupé la France entière. Brinon s'était aussitôt entremis, mais le visa de sortie français dépendait de Bousquet qui n'avait pas donné suite[56].

L'instruction de Brinon commença le 16 mai et s'acheva le 3 juin 1946 pendant qu'il était hospitalisé à Cochin. Le président Béteille s'y transporta pour l'entendre, bien que les médecins aient spécifié qu'il ne serait pas apte à répondre avant le 15 juin. La fatigue dont il fit preuve interrompit souvent les interrogatoires. Brinon en subira huit auxquels s'ajoutera le procès-verbal du 15 juillet 1945 consacré à ses missions en Allemagne sous les auspices de Daladier. Béteille s'en tint au plan qu'il avait communiqué dès le début. À chaque séance, plutôt que d'interroger Brinon au coup par coup, il énumérait tout ce qu'il avait trouvé dans les documents relatifs au sujet traité et en faisait une lecture ininterrompue qui défiait la mémoire de l'inculpé. Brinon répondait par un bref commentaire d'ensemble qui laissait la plupart des faits reprochés dans l'ombre. Le magistrat s'en contentait. Par exemple, quand le président Béteille releva contre lui, en un long chapelet, quarante-sept déclarations condamnables faites à la presse et marquant son engagement complet dans la Collaboration et son adhésion à l'Allemagne nationale-socialiste, Brinon se bornera à répondre :

« Essayant de me servir au peu d'influence morale que je pouvais avoir en Allemagne, j'ai tâché de donner par mon langage confiance aux Allemands et cela a parfois réussi [...]. En ce qui concerne le texte des articles, je fais remarquer qu'étant le seul représentant du gouvernement français à Paris je tenais une conférence de presse chaque semaine. À partir de 1942, pour éviter toute déformation de ma pensée, j'ai remis aux journalistes un texte écrit.

» Demande : – Contestez-vous ces textes et avez-vous quelque chose à ajouter ?

» Réponse : – Je ne les conteste pas. Je n'ai rien à ajouter[57]. »

Plusieurs de ces interrogatoires eurent lieu en présence de deux nouveaux avocats choisis par Brinon et qui ne firent qu'un temps. L'un d'eux, Me Alexandre Zévaès, socialiste et publiciste réputé, voulait plaider que le comportement de Brinon remontant à l'avant-guerre s'inscrivait dans une perspective historique et une politique d'apaisement à l'égard de l'Allemagne défendue par la plupart des hommes politiques français et qui s'accordait avec les thèses pacifistes développées à la Société des Nations. Brinon refusa un tel système de défense, trop neutre à son goût, voulant souligner la continuité de son action personnelle indépendante de la politique française jugée par lui cahotique, irrationnelle et pusillanime. À cette mésentente s'ajoutaient les honoraires élevés de Me Zévaès qui ne pouvaient inciter Brinon qu'à rompre avec lui[58].

Au mois d'août, quand Brinon fut informé de la clôture de l'instruction, il protesta par une lettre au président de la commission d'instruction de la Haute Cour de justice, d'autant qu'en tout il n'avait été interrogé qu'une dizaine de fois. Il s'étonnait que les garanties de la justice puissent être à ce point négligées « dans une affaire si grave et si complexe [...]. De tous les procès en instance devant la Haute Cour de justice dont vous présidez la commission d'instruction, le mien est assurément celui qui devrait requérir l'information la plus complète puisque, Délégué général du gouvernement du maréchal Pétain pendant les quatre années d'occupation, j'ai été mêlé à tous les événements politiques[59] ». Il énumère les lacunes de l'instruction concernant les années de l'Occupation et celles de l'avant-guerre qui forment une continuité. Cette lettre qu'il avait rédigée à l'hôpital pénitentiaire de Nanterre où il était en convalescence fut sans effet.

Deux mois plus tard, la commission d'instruction, réunie sous le nom de chambre d'accusation, décida, dans sa séance du 17 octobre, de prononcer un non-lieu sur le crime contre la sûreté intérieure de l'État, faute de charges suffisantes, et elle renvoya Brinon devant la Haute Cour de justice pour répondre des crimes d'intelligences avec l'ennemi et de participation, en tant que secrétaire d'État, à un pseudo-gouvernement ayant exercé son autorité en France entre le 16 juin et l'installation sur le territoire métropolitain du Gouvernement provisoire de la République française. Après cet arrêt, le procureur général près la Haute Cour dressa l'acte d'accusation qui reprenait ses réquisitions précédentes.

De l'hôpital pénitentiaire de Nanterre à la prison de Fresnes, Brinon rencontra deux détenus qui l'intéressèrent. Pendant l'été 1946, il eut d'abord pour compagnon de cellule Georges Prade, dit Yoyo, ancien conseiller municipal devenu l'homme de confiance de Luchaire et l'exécutant du Dr Blanke, directeur des affaires juives à l'état-major administratif en France. Impliqué dans des scandales de presse et de corruption, Georges Prade avait été également l'un des familiers de Lafont, ce chef de la bande de tortionnaires de la Gestapo française de la rue Lauriston. Brinon étudia avec Georges Prade, qui sera condamné à sept ans de travaux forcés, l'éventualité d'une publication sous forme de *Mémoires* des notes qu'il rédigeait allant de juin 1940 à août 1944. Prade devait céder la place à un autre compagnon de cellule, Jean Lasserre avec lequel Brinon se lia étroitement[60]. Ancien journaliste de *La Gerbe*, Lasserre était en attente de jugement et, plus tard, pour échapper à la vie carcérale, il simulera la folie.

Avec l'accord de Simone Mittre, Jean Lasserre devait faire l'apologie de Brinon à l'aide d'articles de presse publiés avant la guerre, dont les extraits, judicieusement agencés, montraient qu'il n'avait cessé de dénoncé le danger allemand. Ce montage recevra par antiphrase le titre de : « Fernand de Brinon "agent de l'ennemi", 1920 à 1939[61]. » Lasserre s'emploiera, toujours avec l'assentiment de Simone Mittre, à bricoler les *Mémoires* de Fernand de Brinon en utilisant ses notes et des documents contenus dans ses papiers d'où était expurgé ce qui était de nature à nuire à son portrait. Ayant envisagé une telle publication, Brinon désirait que l'ouvrage s'intitulât : *J'ai informé*. Il était également soucieux qu'aucun des propos qu'il avait tenus devant des camarades de captivité sur des événements vécus ou dont il avait été témoin ne puisse être utilisé pour faire un livre, même clandestin. Au cas où cela se produirait il demanda à l'un de ses avocats de procéder aux interventions qui s'imposeraient. Il adressa à Lisette de Brinon une notification du même ordre. Dans sa prison, il avait lui-même projeté d'écrire un livre en cinq parties : « L'Europe-Paris-Sigmaringen-la cellule-la mort ».

L'hiver s'annonçait rude dans la prison de Fresnes appelée la *Big House*, où à l'étage réservé aux notables de la Collaboration dominait le ton du Grand Siècle. L'écrivain Abel Hermant, interné pour son comportement pendant l'Occupation, écrivait à son ami l'académicien Pierre Benoit : « Je vis dans une cellule ouverte de huit heures du matin à huit heures du soir. Je circule comme je veux et je passe des heures à la bibliothèque. Et puis la compagnie est pittoresque, un peu mêlée. On n'entend dans les couloirs que des "Bonjour, monsieur le ministre..." "Avez-vous bien dormi, mon cher ambassadeur ?..." "Vous n'avez pas par hasard un journal d'hier, monsieur le Préfet ?" [Bussières, l'ex-préfet de police]. "Monsieur le Gouverneur général..." "monsieur le Conseiller", le Procureur, le Président, Amiral. On entend aussi des bouts de conversation comme ceci quand un nouveau venu paraît à la promenade : "Êtes-vous prévenu ou condamné ? – Oh, condamné. – À quoi ?" Du ton le plus naturel : "À mort. – Oh ! – Il y a longtemps, plus de six semaines. J'ai reçu avis de ma grâce hier soir, on m'a aussitôt retiré les fers : je les portais jour et nuit depuis quarante-cinq jours. Je ne marche pas encore très bien [62]". »

Brinon s'affaiblissait. Il avait appris qu'Oberg et Knochen, d'abord détenus à Nuremberg, étaient maintenant emprisonnés au Cherche-Midi. Il s'étonnait, puis protestait de n'avoir pas été confronté avec eux, qui avaient été investis en France « des pouvoirs les plus étendus ». Il avait appris également la création d'une commission parlementaire chargée d'enquêter sur les événements survenus entre 1933 et 1945 et désirait qu'elle l'interrogeât, lui qui était une mine de documentation. Pour peu, il pensait que l'intérêt des historiens était de le conserver en vie. La liste de ses « étonnements » était longue, tant il relevait de lacunes dans l'instruction de son procès.

Il se tenait informé de la situation politique. Le départ du général de Gaulle en janvier 1946, la toute-puissance du « régime des partis » qui, comme au temps de la IIIe République, faisait et défaisait les ministères, les scandales qui ravageaient la vie publique, l'affaiblissement de la France jamais remise de la défaite de 1940 et de l'Occupation, la désunion des Français, l'emprise du parti communiste tandis que se manifestaient les premiers signes de la vitalité du peuple allemand malgré son écrasement et sa partition, toute cette évolution contribuait à conforter Brinon dans les prises de position qui l'avaient amené là où il était, dans sa cellule de Fresnes.

A certains moments, entraîné par ses pensées, il était surpris qu'on l'aimât : « On vous aime parce que c'est vous [63] ! » lui répondit Simone Mittre au parloir de la prison, un vendredi. À Jean Lasserre, Brinon avait énuméré ses péchés, ses défauts et il avait pleuré. Lasserre lui avait fait la même réponse : « On vous aime parce que c'est vous ! » Lasserre jugeait que Brinon avait un caractère sceptique et généreux, chevaleresque et loyal. Il avait surnommé Simone Mittre : « la *chica* de Brinon », et il appelait Brinon : « Don Fernando [64]. »

D'autres preuves de dévouement lui parvenaient à l'occasion des visites d'avocats qui lui remettaient, outre des lettres de Simone Mittre, celles de sa femme qui s'évertuait à lui faire sentir son attachement. Le beau-frère de Mme de Brinon, le Dr Brissaud, dont les deux fils, engagés volontaires, étaient morts dans les combats de la Libération, se rendit plusieurs fois en consultation auprès de Brinon à qui tout l'opposait. Mme de Brinon continuait de faire bonne figure à Simone Mittre pleine d'arrogance, et qui ne la désignera plus que par « l'horrible Lisette de Brinon [65] ».

Le procès était annoncé. Brinon ne disposait plus que d'un seul défenseur, Me Campana, fidèle depuis qu'il l'avait choisi en juin 1945, assisté de Me Castelain. Pressenti, Me Jaffré, l'un des avocats de Laval, après un entretien avec Brinon et l'étude du dossier, préféra renoncer. Le bâtonnier commit d'office un deuxième conseil, Me Bizos [66]. Simone de Morineau, la sœur de Brinon, assumera les frais de la défense et du procès et se ruinera, déboursant environ six cent mille francs. Elle-même avait connu de fortes émotions. S'étant occupée des œuvres sociales de la Légion des volontaires français contre le bolchevisme, elle avait quitté son domicile quelques jours avant la libération de Paris, munie d'une fausse carte d'identité. À son retour, elle ne sera pas inquiétée.

Le 4 mars 1947, le procès s'ouvrit dans la salle des séances de l'Assemblée nationale, au palais de Versailles. La presse parisienne était en grève. L'immense hémicycle était presque vide. Brinon arriva entre deux gendarmes, spectral, le visage émacié, les yeux enfoncés dans les orbites, frissonnant dans un manteau trop grand dont il avait relevé le col. Il s'appuyait sur une canne et serrait sous le bras un mince dossier sanglé contenant quelques pièces de sa défense. La Haute Cour de justice était souveraine. Il n'existait aucune autre juridiction au-dessus d'elle.

Louis Noguères, l'ancien condisciple que Brinon avait chansonné au temps où ils étaient étudiants en droit, présidait, très haut magistrat avec ses moustaches relevées et sa barbiche en pointe. Aux deux vice-présidents s'ajoutaient vingt-quatre membres du jury composé de parlementaires de tous les partis.

D'emblée, Me Bizos déposa des conclusions visant à récuser le président Noguères au motif qu'il avait été membre de la commission d'instruction, les fonctions d'instruction et de jugement étant incompatibles. Après délibération, les conclusions de l'avocat furent rejetées. On passa à l'acte d'accusation dont la lecture dura exactement une heure et vingt-trois minutes d'après Me Castelain, l'assistant de Me Campana, qui chronométra les phases du procès. Un texte fouillé, précis, accablant, présentant Brinon comme un traître dont le nom restait attaché à la politique de collaboration avec l'Allemagne nazie. Un tir nourri de preuves qui détaillaient son activité pendant l'Occupation et le rendait déjà complice de Hitler avant la guerre. La pièce à conviction qui résumait sa trahison au regard de l'accusation était constituée par la lettre-fleuve qu'il avait écrite au Dr Goebbels, dénonçant, entre autres, l'inefficacité de Pétain et de Laval et l'insuffisance de l'action gouvernementale dans le cadre de la Collaboration et se présentant, par prétérition, comme le seul homme capable d'imposer en France l'ordre national-socialiste. Ce qui lui était reproché, ce n'était pas tant l'exercice de ses fonctions officielles de Délégué général qu'« une activité politique personnelle [...]. Il s'agit des efforts qu'il n'a cessé de déployer pour réaliser des conceptions politiques et pour imposer au peuple français, livré sans défense à l'ennemi, une politique qui, sous le nom de Collaboration, était en réalité – ce qu'il ne pouvait ignorer à la place où il se trouvait – une politique d'asservissement ».

L'acte d'accusation inscrivait à son actif ses interventions humanitaires dont plusieurs personnes avaient témoigné à l'instruction et « on doit reconnaître, au vu des documents figurant au dossier, qu'il a usé de son crédit auprès des Allemands pour sauver des vies françaises et que, dans bien des cas, il y a réussi[67] ».

Poursuivant l'exposé des faits, l'acte d'accusation traitait du comportement et de l'action de Brinon à Sigmaringen jusqu'à son arrestation par un détachement américain qui mit un terme à « sa carrière de traître ».

La défense réclama une reprise de l'instruction, incomplète selon elle, car elle avait omis de s'intéresser au rôle de Brinon touchant aux rapports franco-allemands depuis le traité de Versailles jusqu'aux accords de Munich, soulignant que pendant de nombreuses années Brinon avait été le leader de la politique étrangère du très officieux *Journal des débats*. Ensuite, il avait défendu la politique européenne de la France dans les colonnes de *L'Information* où il était « la voix de la banque Lazard ». Enfin, il fut « ambassadeur *in partibus* » à Berlin de la politique libérale menée par Daladier vis-à-vis de l'Allemagne. Cela méritait d'être approfondi. Quant à ses interrogatoires, ils ont été menés, malgré l'avis des experts médicaux, lorsque sa maladie diminuait ses facultés. En outre, la défense, malgré deux demandes motivées et officielles, n'a pu consulter les dossiers de la Délégation générale où se trouvent réparties les preuves des démarches humanitaires individuelles que Brinon a effectuées personnellement pendant l'Occupation.

La cour statua de reporter à la fin des débats la décision concernant un complément d'information.

L'avocat général Fontaine s'érigea contre la reprise de l'instruction mais déclara solennellement qu'il ne mettait pas en doute les interventions humanitaires de Brinon : « Qu'on me dise qu'il est intervenu mille fois, deux mille fois, cinq mille fois, dix mille fois, je ne le contesterai pas [68]. »

Le président Noguères fit savoir que la Haute Cour se transporterait le lendemain au ministère de l'Information afin d'assister à la projection d'un film documentaire relatif au voyage de l'accusé sur le front de l'Est avec la Légion des volontaires français contre le bolchevisme.

Brinon déclara alors que son seul souci était de dire la vérité mais comme on ne lui accordait pas qu'il s'explique sur son action d'avant la guerre, il demandait à se retirer des débats « étant dans l'incapacité d'assurer ma défense [69] ». Malgré les assurances du président Noguères, qui accordait à la défense de citer tous les témoins qu'elle désirait, Brinon maintint sa décision.

La matinée du lendemain fut consacrée à la projection du film annoncée par le président Noguères, hors de la présence de Brinon sommé d'y assister. Ce documentaire produisit un singulier effet sur l'assistance. Comme le dira l'avocat général, on y voyait Brinon aux anges gambader autour d'officiers allemands.

L'audience reprit l'après-midi en l'absence de l'accusé qui persistait dans son refus de comparaître. Le président Noguères fit pendant trois heures un exposé complet du dossier avec une maîtrise qu'admirèrent les connaisseurs. Après une suspension durant laquelle l'ordre fut transmis à Brinon de comparaître à l'audience, au besoin par la force, celui-ci obtempéra sur le conseil de Me Campana qui s'était rendu à la prison de Fresnes. Dès la reprise, Brinon demanda la parole et déclara qu'il était venu sous la menace et la contrainte et par déférence pour la Haute Cour, mais qu'il restait sur ses positions, estimant qu'on lui refusait les moyens de sa défense : « Je suis par conséquent présent physiquement mais absent aux débats[70]. »

Le président rappela que la Haute Cour n'avait pas refusé un complément d'information mais avait différé sa décision jusqu'à la fin des débats. La défense n'avait donc pas à s'inquiéter prématurément.

Vint le tour des témoins. Ils seront cinq. Le premier fut le général Doyen qui avait présidé pendant quelques mois la Délégation française de la commission d'armistice de Wiesbaden. Appelé à témoigner au procès du maréchal Pétain, il avait accusé de trahison le gouvernement de Vichy. Il reprocha à Brinon d'avoir tardé à l'alerter de la condamnation d'un groupe de pasteurs de Dôle, tout en admettant qu'il avait protesté par lettre contre cette imputation. Le général Doyen rapporta qu'il avait rencontré une seule fois Brinon quand il était le représentant personnel de Laval à Paris et que, lui ayant exposé dans quelle atmosphère lourde les Français vivaient à Wiesbaden, Brinon répondit : « Général, je ne comprends pas que vous viviez là-bas dans une telle atmosphère. Ici, à Paris, nous nous entendons très bien avec les Allemands : ils sont si gentils[71]. » Cette remarque : « ils sont si gentils » sera retenue à charge dans le réquisitoire final.

Le second témoin, le général de La Laurencie, fut à lui seul tout un spectacle, comme si les dimensions imposantes de la salle des séances de l'Assemblée nationale, où se tenait le procès, l'incitaient à déployer ses talents. Il fit un véritable roman de ses rapports avec Pétain et les Allemands. Ses propos montraient surtout qu'il voulait se venger de Brinon à qui il attribuait son éviction de la Délégation générale. Il avait commencé son monologue par une invention : « Je veux placer ma déposition sous l'égide d'un grand nom français, M. Jules Cambon ambassadeur de France, qui, quelques mois avant la guerre, sur son lit de mort, conseillait à une de ses proches de ne jamais entrer en relations avec M. de Brinon, même si celui-ci insistait pour le faire. Il ajoutait : "M. de Brinon est un espion à la solde de l'Allemagne depuis de longues années". Ce propos me fut rapporté par une amie commune au moment où j'étais nommé Délégué général du gouvernement à Paris, au moment où j'allais entrer très probablement en rapport avec M. de Brinon[72]. »

Comment Jules Cambon aurait-il pu faire cette prétendue confidence sur son lit de mort quelques mois avant la guerre de 1939 puisqu'il était décédé en 1935 ? Personne, ni la défense ni les magistrats, n'en fit la remarque.

Ce que l'accusation retint de l'interminable déposition du général de La Laurencie et reprit à son compte, ce fut le qualificatif qu'il employa à l'égard de Brinon : « Le traître intégral. »

La défense tenta d'embarrasser La Laurencie en tirant de ses propos une complaisance certaine à l'égard d'officiers allemands de l'armée d'occupation, mais négligea de lui rappeler qu'il avait, en zone occupée, appliqué avec zèle les premières lois raciales édictées par le maréchal Pétain et ses ministres.

Plus redoutable fut le troisième témoin, Paul Caujolle, expert-comptable, qui s'était fait connaître par son habileté à éclaircir les comptes de l'escroc Stavisky. Il avait passé au crible les actifs du couple Brinon. Le président Noguères ayant déjà donné lecture des conclusions de l'expert, Caujolle s'attacha aux anomalies les plus patentes. De cette énumération de chiffres, il apparaissait que les émoluments occultes que percevait Brinon avant la guerre, en provenance de la banque Lazard et de son ami Georges Lévy de la banque Rothschild, ne figuraient pas dans ses relevés bancaires ; que les sommes importantes de son traitement officiel pendant l'Occupation, auxquelles s'ajoutaient les gratifications prélevées sur les fonds secrets que Pétain accordait chaque mois à ses ministres et que Laval augmenta au profit de Brinon, s'élevaient, sur la durée de l'Occupation, à environ six millions de francs. Cette somme comprenait un million de francs que l'administrateur du journal *Le Petit Parisien* lui avait remis en plusieurs versements par chèques à son ordre à l'intention des victimes des bombardements alliés. Si ce million était bien entré dans les comptes de Brinon, il n'en était pas ressorti pour être affecté aux destinataires. On pouvait donc supposer que Brinon l'avait conservé. Dans son réquisitoire, l'avocat général allait en induire que ce million avait été donné à Brinon sur l'ordre des Allemands qui voulaient rétribuer ses services. L'expert Caujolle montra que si Brinon avait reçu en tout, officiellement, six millions, le total des sommes dépensées, par lui pendant cette période s'élevait à sept millions environ, dont un million trois cent mille francs de dépenses somptaires englobant les réparation effectuées à son « château » de La Chassagne, des achats de bijoux, d'un cheval de course, etc. D'où l'existence de fonds provenant de caisses noires.

Cette accusation avait été renforcée par une première déclaration mensongère de Mme de Brinon qui affirme à l'expert Caujolle que son mari lui remettait pendant l'Occupation soixante mille francs par mois auxquels s'ajoutaient des cadeaux. Consciente de la portée de ses propos, elle les rectifia par une lettre à Caujolle, avouant qu'il lui versait, en réalité, entre quinze et vingt mille francs, sans plus. Quant aux dépenses effectuées à La Chassagne qui était inhabitable avant la guerre et n'appartenait pas encore à son mari, elle reconnut que c'était elle qui avait amené l'eau courante par captation de source, installé le chauffage, refait la toiture, aménagé l'intérieur. Elle s'occupait aussi de la ferme sise sur ces terres et la fit restaurer. Brinon intervenait pour modérer les dépenses[73].

Otto Abetz fut le quatrième témoin. Son jeu consistait à se donner l'air d'un bon Allemand en prenant ses distances avec le régime hitlérien dont il parlait comme s'il n'était pas concerné ou n'en avait été que le spectateur. Il s'associa à l'action de Brinon en assurant d'un ton suave que leur tâche à tous deux avait consisté à tirer de la défaite française une politique de rapprochement franco-allemand qui fût favorable à la France, de même qu'il avait tenté de réconcilier les deux pays avant la guerre*.

Au début de la troisième audience, la parole fut donnée à Brinon, résolu à dire quelques mots. En fait, il s'expliqua longuement sur son action d'avant la guerre, sur celle qu'il engagea à Vichy, puis à Sigmaringen, n'ajoutant rien de significatif à ce qu'il avait déjà apporté à l'instruction et au début du procès, et se résumant par cette affirmation : avant la guerre, il souhaitait œuvrer à la préservation de la paix ; pendant l'Occupation, il travailla à la défense de ses compatriotes ; à Sigmaringen, il tenta de protéger les prisonniers de guerre et les travailleurs français, s'opposant à tout engagement militaire au côté de l'Allemagne. Il avait toujours rejeté les actes de violence. Contre toute évidence, il nia avoir écrit la longue lettre à Goebbels qui était au cœur de l'accusation, mais admit avoir tenu de tels propos devant le comte von dem Bongart, un envoyé de Goebbels, qui les avait rapportés à son patron sous une forme épistolaire.

Le cinquième et dernier témoin fut Édouard Daladier dont Brinon n'avait même pas réclamé l'audition à l'instruction. L'ex-« taureau du Vaucluse », soixante-deux ans, était maintenant un personnage vieillissant, engoncé dans ses vêtements, au maintien presque effacé, même s'il avait réussi à se faire réélire député. Il relata d'un ton paisible, en les nuançant, les tractations qui aboutirent, à son initiative, à la première rencontre entre Brinon et Hitler, reconnaissant volontiers qu'avant 1933 il avait pu utiliser les relations ou les connaissances de Brinon dans divers pays étrangers. « En tout cas, en 1939, si ma mémoire est fidèle, je n'ai eu que des rapports lointains avec M. de Brinon et, après les douloureux événements de la crise tchécoslovaque, je considérais qu'il était de ces Français qui

_____

* En 1949, Abetz fut condamné à vingt ans de travaux forcés et libéré cinq ans après, en 1954.

avaient fait un peu trop légèrement confiance aux déclarations solennelles de Hitler. C'est pourquoi nos relations cessèrent et, à partir de cette date, je ne l'ai plus revu (je vous parle de la fin de l'année 1938) et, malheureusement, je ne le revois qu'ici [74]. » Brinon constatera que pendant sa déposition Daladier n'avait pas eu un regard pour lui.

L'audience fut suspendue. La défense annonça que Brinon, fatigué, n'assisterait plus aux débats mais restait à proximité en cas de nécessité.

Malgré la nouvelle tentative d'un défenseur de Brinon de faire prévaloir le résultat des démarches humanitaires de son client qu'il chiffra à mille vies françaises sauvées et à quinze mille peines de prison rapportées par les autorités allemandes, l'heure de l'avocat général Fontaine était venue. Il développa un réquisitoire nourri par l'acte d'accusation dont il avait donné lecture au début du procès. Il reconnaissait que Brinon avait sauvé des vies mais qu'il n'avait fait que son devoir, d'autant que la Délégation générale dans les territoires occupés s'était adjoint un service chargé des interventions auprès des autorités allemandes créé uniquement dans ce but. « C'était sa mission, c'était son métier de fonctionnaire. Il l'a fait, c'était normal. » Brinon était un traître intégral qui aurait déjà dû être exécuté si, par humanité, il n'avait pas bénéficié de soins que réclamait sa santé et dont le nombre avait retardé le procès. Des journalistes, des écrivains ont été condamnés et exécutés pour une propagande pro-allemande de la même eau que celle mise en œuvre par Brinon de sa propre initiative et à laquelle s'ajoutaient des actes de trahison que le procès avait mis abondamment en relief. À des actes de trahison purs, que l'avocat général énuméra et commenta, Brinon a ajouté ceux de la corruption que l'expert Caujolle a fort bien exposés. « Je vous ai dit que Brinon était le traître intégral ; je n'ai rien à ajouter, et cela va me permettre, sur la peine, d'être très bref. À trahison intégrale, peine intégrale. Ce qui surprend dans ce dossier, c'est qu'on ne trouve aucun élément, si léger soit-il, qui vienne en faveur de Brinon. La colonne "passif" est lourde ; à la colonne "actif" : "néant" ! » L'avocat général Fontaine acheva son réquisitoire par ces mots : « Il faut qu'il paie [75]. »

Le président Noguères donna aussitôt la parole à la défense. Elle se récusa sur l'instruction formelle de son client de ne pas plaider.

Le jury délibéra. Il rejeta la demande de complément d'information formulée par l'accusé et ses avocats et, statuant sur le fond, condamna Brinon à la peine de mort, assortie de la dégradation nationale et de la confiscation de tous ses biens au profit de l'État.

Dans une pièce attenante, Brinon apprit sa condamnation à mort.

De retour, la nuit, dans la prison de Fresnes où l'on était informé de sa condamnation, Brinon fut soumis au régime inhérent à sa peine. Dépouillé de ses vêtements civils, il dut revêtir la défroque du condamné à mort : un pantalon de bure informe dont les jambes étaient munies sur toute la longueur d'une rangée de boutons permettant de l'ôter malgré les deux chaînes réunies par un anneau central qui seront bouclées à ses chevilles. Il reçut également une veste du même assortiment et une sorte de manteau rugueux par ces temps de froidure, et une paire de sabots. Il fut conduit au quartier des condamnés à mort, au rez-de-chaussée de la première division, qui apparaissait comme une sorte de souterrain où s'alignaient des cellules rongées par l'humidité. C'est là qu'il reçut les chaînes pesant quatre à cinq kilos. Un gardien se tiendra près de lui en permanence dans cet espace où, à la clarté parcimonieuse qui tombait d'un châssis pendant le jour, succédait, la nuit, la lumière crue d'une ampoule électrique.

Le 7 mars 1947, au lendemain de la condamnation de Brinon, Vincent Auriol premier président de la IVe République élu depuis deux mois, se penchait dans son bureau de l'Élysée, sur une pile de dossiers de condamnés à mort. Vieux routier de la politique, homme d'équilibre, il avait été l'un des quatre-vingts parlementaires qui, à Vichy, en 1940, avaient voté contre les pouvoirs accordés au maréchal Pétain. Ce jour-là, il examinait les recours en grâce qui s'étaient accumulés, depuis longtemps avant son élection[76]. Encore fallait-il que le président de la République disposât des éléments nécessaires à motiver sa décision. C'est pourquoi, le jour suivant, il fut décidé qu'une commission des grâces nommerait pour chaque dossier un ou plusieurs rapporteurs. Leurs conclusions seraient lues au Conseil de la magistrature devant lequel, selon la Constitution, le président de la République exerce le droit de grâce. De son côté, le président de la République entendra les avocats à qui on aura préalablement demandé un mémoire, et il fera part au Conseil de ces conversations, des arguments de la défense, de l'impression qu'il aura lui-même ressentie. Restera ensuite à prendre la décision[77].

« On m'a apporté les dossiers de grâce concernant les condamnés à mort, note Auriol. J'en ai le frisson. [...] Le nombre de ces hommes accumulés depuis des mois est considérable. Il faut aller vite pour abréger l'atroce agonie de ces êtres[78]. »

Trois jours passent et, devant le Conseil de la magistrature, il résume ses principes : « Une décision de grâce, dis-je, est un acte d'humanité et aussi un acte politique. Le plus difficile est de savoir pardonner. Sans doute parmi les condamnés, il en est d'irréductibles, mais combien d'autres, égarés par une fausse conception du patriotisme, une totale incompréhension des événements, une aveugle obéissance au pouvoir, ont collaboré avec l'Allemagne et peuvent comprendre leur erreur [...]. C'est pourquoi, je m'efforcerai de distinguer dans les affaires politiques, entre ce que j'appelle les crimes intellectuels – activités de propagande, adhésion virulente et active à la collaboration, etc. – et les crimes de droit commun, les crimes crapuleux de ceux qui ont livré des Français aux occupants moyennant salaire et qui ont aidé ceux-ci, à les trahir, à les déporter vers les fours crématoires. Pour ceux qui ont arrosé la terre de France, déjà meurtrie, de sang français, et, sauf examen du dossier, tendance à laisser suivre le cours de la justice. Pour les autres, tendance à la commutation de la peine de mort aux travaux forcés[79]. »

Pendant que Vincent Auriol « frissonnait » à la vue des dossiers de recours en grâce qui lui étaient soumis, la machine judiciaire s'était emparée de Brinon une dernière fois. Conformément à la règle, le procureur général près la Haute Cour de justice informait le garde des Sceaux ministre de la Justice de la condamnation à mort de Brinon et la motivait. Il écrivait : « En dehors de son abondante propagande écrite et parlée en faveur de la politique de collaboration et l'instauration en France d'un régime national-socialiste, en dehors de son activité comme président de la Ligue (*sic*) des volontaires français contre le bolchevisme, Brinon s'est vu reprocher certains faits qui ont démontré qu'il n'était pas seulement un traître mais encore un espion au service de l'Allemagne. »

Le procureur général s'étend ensuite sur le contenu de la lettre de Brinon à Goebbels. Puis il expose que, documents à l'appui, il a été démontré que Brinon, aussitôt après les Conseils des ministres, informait les Allemands des décisions prises, « leur permettant ainsi de faire acte d'autorité envers le gouvernement de Vichy ». Enfin, l'information a permis de se rendre compte que de Brinon avait bénéficié sous l'Occupation de sommes très importantes auxquelles ne lui donnait pas droit sa seule activité officielle comme Délégué du gouvernement de Vichy auprès des autorités occupantes. « À aucun titre le condamné ne peut bénéficier d'une mesure de grâce[80]. »

Le garde des Sceaux, André Marie, répondit par trois lignes : « J'ai bien reçu votre rapport en date du 12 mars 1947 relative à l'affaire de Brinon. J'ai pris note de vos conclusions[81]. »

Une trentaine de personnes, parmi lesquelles quelques célébrités, écrivirent des lettres appelant à la grâce de Brinon, chacune ayant à cœur de rappeler comment il les avait aidées ou secourues pendant l'Occupation. Lisette de Brinon s'adressa sans résultat au diplomate anglais en poste à l'ambassade britannique avant la guerre, Sir Charles Mendl, qui n'avait cessé de recourir aux analyses politiques de Brinon et de le relancer lors du drame des Sudètes. Un de ses cousins, Nicolas de Brinon, à qui il léguera ses deux fusils de chasse et sa bague à cachet, écrira à Winston Churchill qui lui fera répondre poliment par son secrétaire qu'il regrettait de ne pouvoir rien faire.

Le président Auriol avait reçu dans son bureau Mᵉ Bizos, le principal avocat de Brinon, le jour même où il avait exposé sa manière à l'égard des condamnés à mort devant le Conseil de la magistrature. Auriol n'avait sans doute pas de papier sous la main, car il déchira la page blanche d'une revue et nota dessus au crayon recto verso les principaux arguments présentés par le défenseur qui insista spécialement sur l'action humanitaire de Brinon. Sachant Auriol sensible à ces deux cas, Mᵉ Bizos assura que si Léon Blum n'avait pas été exécuté, c'était grâce à Brinon et que celui-ci avait effectué des démarches en faveur de Gabriel Péri. Il avait obtenu quinze mille remises de peine et sauvé mille personnes du peloton d'exécution. « Est-ce que toutes ces vies françaises épargnées ne valent pas le geste de commutation[82] ? » insista-t-il. Quant aux documents allemands les plus incriminants produits par l'accusation, certains étaient de photocopies n'ayant pas vraiment valeur de preuves.

Deux jours après, le Conseil supérieur de la magistrature se réunissait. À l'ordre du jour figuraient quatre recours en grâce, ceux de Brinon et de trois journalistes : André Algarron, Pierre-André Cousteau dit Alcibiade, et Lucien Rebatet. Ces trois journalistes, apologistes du national-socialisme, avaient par leurs articles et leurs livres incité au crime et à la trahison. Non seulement ils avaient dénoncé des gens publiquement, mais obéi au mot d'ordre qui circulait dans les rédactions parisiennes de transmettre à la Gestapo les lettres de dénonciation que des lecteurs aussi enragés qu'eux leur adressaient.

Le Conseil de la magistrature ayant délibéré, le président Auriol gracia ces trois hommes et rejeta le recours de Brinon, écrivant devant son nom inscrit à l'ordre du jour : « Exécution*[83]. »

De sa cellule, Brinon sut qu'il n'avait pas bénéficié de la grâce présidentielle et que les trois journalistes l'avaient obtenue. Dans une lettre écrite le jour même, Rebatet relate : « De Brinon a demandé à nous voir. Nous serions du reste passés chez lui de toute façon. Il est

---

* Voir annexe.

très calme, serein même, couché comme à l'ordinaire, avec son gardien à son chevet. Je lui dis quelques paroles d'espoir. Je ne crois pas qu'il y croit beaucoup plus que nous. Notre commutation équivaut presque à la certitude de son exécution. Selon moi, il peut cependant avoir encore quelque chance [...]. Brinon seul y passera. Pauvre type ! On fusillera une espèce de cadavre. Mais je le connais à peine et il n'est pas de ceux qui inspirent spontanément la sympathie *[84]. »

Neuf jours après le rejet de la grâce, le garde des Sceaux informait le procureur général près la Haute Cour que « cette condamnation doit être ramenée à exécution. Je vous prie de prendre les mesures nécessaires pour qu'il soit procédé à l'exécution, et me rendre compte[85]. »

Depuis la fin de son procès, Brinon avait rédigé quelques pages destinées à éclairer sa destinée, « une sorte d'examen de conscience », écrira-t-il en ajoutant : « C'est un bon lieu qu'une cellule de condamné à mort pour se livrer à l'introspection. Le temps n'y manque point pour la méditation. Je suis convaincu d'être parvenu à un détachement quasi total. C'est l'essentiel[86]. »

Il remonta à son enfance, à la manière dont il s'y était pris pour jauger les idées reçues de son « milieu » et les contester. Puis viendra le temps de ses activités de journaliste : « Ce qu'a été mon action, mes articles en sont le plus sûr témoin. » La guerre, l'Occupation, il en disserte plus en moraliste qu'en politique. Il assure que pendant l'Occupation, « j'aurais parlé avec le Diable pour ce que je croyais être l'intérêt des Français[87] ». Il réfute tous les points capitaux de l'accusation ; égaré dans une sorte d'état second, il interprète les faits à son avantage, convaincu que même dans le pire, il a voulu le meilleur, s'incarnant dans un personnage qu'il n'a pas su être.

Pris par le besoin de laisser jusqu'au bout une trace de lui-même, il notera, le 5 avril, dans un supplément à ses dernières volontés : « L'infirmier détenu Liénard, le surveillant chef Enoult, le brigadier Bacle et les gardiens pourront, en dehors de l'abbé Popot et du P. Mourène naturellement donner des détails sur mes derniers jours... Les feuilles

---

* Libéré en 1952, Rebatet publiera en 1953 dans un numéro du *Crapouillot*, « À bas les prisons », un article sur son expérience carcérale. Sur Brinon, il rédigera ces quelques lignes : « Nous devions aussi faire nos adieux à Fernand de Brinon. Je l'avais jugé bien souvent sans indulgence. Il nous reçut, transformé en forçat romantique par une espèce de redingote brune et un long bonnet, dans la cellule où deux gardiens, assis à côté de son grabat, le surveillaient jour et nuit. Il était déjà presque moribond des suites d'une grave opération. Notre grâce était son arrêt de mort ; il le savait, nous le savions. Toute parole mensongère eût été une injure à son courage, à son admirable sérénité. »

de papier buvard sur lesquelles j'ai écrit jusqu'au dernier moment, je les donne à Simone Mittre ainsi que le manuscrit de mes notes[88]. »

Par un codicille à son testament destiné à Mᵉ Campana, il écrit parmi d'autres instructions : « Je lui serai reconnaissant d'aider de ses conseils et de ses démarches ma mère et ma sœur à se faire remettre mon corps le plus tôt possible ainsi que cela a été fait pour Pierre Laval[89]. »

Le jour se lève le 15 avril 1947 quand le cortège funèbre pénètre dans le couloir des condamnés à mort. Marchent en groupe, l'avocat général Fontaine qui a requis la peine de mort, Bouchardon, le nouveau président de la Commission d'instruction, Mᵉˢ Bizos et Campana ses défenseurs, le Dr Paul, médecin légiste, M. Maurice directeur général de la police municipale, M. Sauve, directeur adjoint de la même direction, MM. Caplain et Pierre commissaires divisionnaires, et Christian Migonneau, le commissaire de police spécialement chargé de la circonscription de Gentilly agissant en tant qu'auxiliaire du procureur de la République et assumant la rédaction du procès-verbal.

Était présent, aussi, le colonel de gendarmerie Bouquet, représentant l'autorité militaire dont dépend maintenant le condamné. C'est lui qui devra signer la levée d'écrou « comme autrefois cette mainlevée était signée par l'exécuteur des Hautes Œuvres[90] ».

L'ouverture de la cellule est effectuée à sept heures moins dix. Brinon est informé que son exécution va avoir lieu. Après les préparatifs usuels, accompagné de l'aumônier de la prison, il est transporté en fourgon cellulaire jusqu'au fort de Montrouge où le peloton d'exécution l'attend. À sept heures trente-quatre, suivant le procès-verbal, en présence des mêmes personnes auxquelles s'est joint Louis Noguères, président de la Haute Cour, « le nommé Brinon est abattu par le peloton d'exécution[91] ». Le procureur général près la Haute Cour constatera : « Aucun incident n'est à signaler[92]. »

Le commissaire de police Migonneau déclara le décès à la mairie d'Arcueil, Arcueil où Brinon, âgé de dix-huit ans, était sorti du collège Albert-le-Grand pour commencer sa vie d'homme. La mention « décédé à Arcueil[93] » sera inscrite sur son acte d'état civil.

Un de ses amis de jeunesse, Charles du Breuil, et Jacqueline Marchand, qui l'avait accompagné à Sigmaringen, réussirent à assister à l'exécution et à repérer au cimetière de Thiais l'emplacement fraîchement remué où Brinon était inhumé anonymement dans le carré des condamnés, et ils en feront un croquis sommaire[94].

L'abbé Jean Popot, l'aumônier des prisons de Fresnes, écrira à une religieuse, sœur Élisabeth, fille de la Charité, liée à la famille de Brinon :

« J'ai assisté monsieur de Brinon pendant son court séjour à Fresnes, j'allais le voir presque tous les jours, et me tenais en relations avec les siens. Son moral qui, au début, était assez bas, est bientôt remonté, car il s'occupait à écrire et à mettre au point toutes choses.

» Je dois dire qu'il ne s'est jamais fait beaucoup d'illusions sur la fin qui l'attendait ; aussi a-t-il demandé lui-même à faire ses Pâques. Il a également désiré revoir les trois journalistes qui avaient été graciés, et il leur a exprimé sa joie de les voir, eux si jeunes, reprendre la vie.

» Au matin même de son exécution, il a été d'un grand courage et d'un grand calme. Contrairement à tout ce que les journaux ont pu écrire, il n'a fait aucune déclaration, mais il a simplement dit à ceux qui venaient le chercher : "Vous ne m'avez rien épargné."

» Puis, il a rédigé quelques notes, il a fait sa toilette ; ensuite, il a communié et m'a demandé de l'accompagner jusqu'au bout. J'étais seul avec lui dans la voiture cellulaire qui le conduisait au fort de Montrouge. Je l'engageais alors à se remettre pleinement entre les mains de Dieu avec la plus grande foi. Il me répondit alors que son sacrifice était fait, et que sa seule douleur était de penser aux siens et principalement à sa chère maman. Profitant de ses sentiments, je devais l'entretenir de sa mère, et ce fut notre seule conversation. Il avait un véritable culte pour sa mère chrétienne, et certainement que sa pensée, à ce moment suprême, devait mettre en ordre bien des choses et l'aider grandement à bien mourir.

» Au fort de Montrouge, il adressa quelques mots très bas à l'adjudant qui commandait le peloton d'exécution, et me demanda s'il pouvait me remettre son pardessus. Il le retira donc aussitôt, et je compris que c'était pour qu'on puisse voir sa rosette d'officier de la Légion d'honneur qu'il avait gardée sur son veston. Je lui montrai alors le crucifix, et, aussitôt, la salve retentit.

» Il fut tué sur le coup, et je conduisis son corps au cimetière de Thiais. Je rendis visite à sa mère, à ses sœurs, à sa femme et à Mme Mittre.

» Voilà, très exactement résumés, les derniers instants de monsieur de Brinon. Sa mort a été très courageuse, et je suis sûr que sa pensée était près de Dieu[95]. »

Depuis longtemps, Fernand de Brinon repose en Creuse dans la tombe familiale du petit cimetière de Saint-Quentin-la-Chabanne. On peut lire sur la pierre une inscription presque effacée :

Marie Fernand de Brinon
Ambassadeur de France
Décédé le 15 avril 1947
à l'âge de 61 ans.

Sans conclusion

Brinon reprochait au président Béteille de ne pas l'avoir confronté avec Karl Oberg et Helmut Knochen qui avaient détenu, en France, « les pouvoirs les plus étendus ». Sans doute avait-il espéré, face à ces deux Allemands, qui avaient rompu tout lien avec l'humanité, donner plus de relief encore à ses démarches humanitaires.

Le 9 octobre 1954, la première chambre du tribunal des forces armées de Paris condamnait à mort Oberg et Knochen, emprisonnés au Cherche-Midi. Après trois ans et demi, au cours desquels l'exécution fut suspendue, la peine était commuée en celle de travaux forcés à perpétuité par le décret du 15 avril 1958 signé du président de la République française René Coty, cosigné par le président du Conseil Félix Gaillard, le garde des Sceaux René Lecourt et le ministre de la Défense nationale Jacques Chaban-Delmas.

Le 31 décembre 1959, une seconde commutation réduisait la peine à vingt ans de travaux forcés en prenant en compte les années déjà passées en prison.

Le 8 avril 1962, le général de Gaulle, au pouvoir depuis quatre ans, libérait ces deux hommes en accordant par décret présidentiel la remise gracieuse des deux dernières années de travaux forcés que devaient encore accomplir Oberg et Knochen qui avaient été les bourreaux de la France et les auteurs de crimes imprescriptibles contre l'humanité.

Notes

Dans les notes qui suivent, la plupart des sources sont citées en termes explicites, à l'exception de celles dont nous indiquons ci-dessous les significations des sigles employés.

AN	Archives nationales.
BDIC	Bibliothèque de documentation internationale contemporaine.
DDF	Documents diplomatiques français.
DFCAA	Délégation française auprès de la commission d'armistice allemande.
JM/Ab.	Archives de la Justice militaire, dossiers Abetz.
JM/Ob-Kn.	Archives de la Justice militaire, dossiers Karl Oberg et Helmut Knochen.

1
Le tiroir

1. Collection privée. *Carnet* d'Henri Coudraux, 17 juin-10 décembre 1940.
2. *Ibid.*
3. Commission des Affaires étrangères. Chambre des députés 1er mars 1939.
4. AN F1 B1-1055. Rapport d'Angelo Chiappe, mai 1942.
5. AN 411 AP 7. Rapport Caujolle. Lettre Brinon à Laval, 10 juillet 1940.
6. AN 411 AP 6.
7. Jean Fontenoy, *L'École du renégat*, Gallimard, 1936.
8. *Ibid.*
9. Paul-Louis Bret, *Au feu des événements*, Plon, 1959.
10. AN 382 AP 47. Archives René Cassin. Rapport sur Jean Fontenoy.
11. Cf. note 10.
12. AN Z6-48. Instruction du procès Luchaire devant la Haute Cour. Déposition de Pierre Laval. À noter qu'Abetz n'avait pas encore été promu ambassadeur.
13. A. Raffalovitch, *L'Abominable Vénalité de la presse*, Librairie du Travail, 1931.
14. JM/Ab. 135/IV. Témoignage d'Eugen Feihl, 154 pages.
15. Jacques Nels, *Fragments détachés de l'oubli*, Ramsay, 1989.

2
Le vicomte Fernand

1. Archives municipales de Libourne.
2. Archives Perrine de Brinon.
3. Archives Perrine de Brinon. Cité par le Dr Henri de Brinon dans « Généalogie de la famille de Brinon », non publié, 420 pages.
4. *Ibid.*
5. Ces extraits sont tirés de la « Généalogie » du Dr Henri de Brinon.
6. Archives départementales de la Creuse. Inventaire de la bibliothèque de La Chassagne, 12 avril 1945.
7. AN 800 474 article 13. Rapports d'inspection, dossier individuel.
8. Archives Perrine de Brinon. Baptême de Fernand de Brinon, 24 septembre 1885.
9. Archives municipales de Libourne.
10. AN F10-1756. Rapport d'inspection du haras de Libourne.
11. Archives municipales de Libourne.
12. AN 800 474, article 13, lettre du 13 novembre 1887.
13. AN 800 474, article 13, lettre du 18 novembre 1887.
14. AN 800 474, article 13, lettre du 23 novembre 1887.

3
« *La plus noble conquête que l'homme ait jamais faite* »

1. AN 800 474, article 3. Rapports d'inspection 1895 et 1898.
2. Archives départementales de la Creuse. 1886 cote 6 M 108.
3. AN 800 474, article 45.
4. *Ibid.*
5. AN 800 474, article 3. Inspection du 27 août 1893.
6. AN F10-1760. Inspection générale des haras de Saintes, 1890.
7. Archives municipales de Saintes. Notice de l'institution Saint-Pierre.
8. Archives municipales de Saintes, « Recueil de la Commission des arts et monuments de la Charente-Maritime », 1940.
9. Archives municipales de Saintes. Brochure « Externat Saint-Pierre de Saintes. »
10. Bibliothèque municipale de Saintes. Externat Saint-Pierre de Saintes, distribution des prix, 29 juillet 1898.
11. *Le Moniteur de la Saintonge*, 25 juin 1893.
12. *Le Moniteur de la Saintonge*, 29 janvier 1893.

4
« *Un jeune homme de la Renaissance* »

1. P. Stanislas Reynaud, *Le P. Didon, sa vie, son œuvre (1840-1900)*. Librairie académique Perrin, 1904.

2. Bibliothèque du couvent des Dominicains, Paris.
3. Bibliothèque du couvent des Dominicains, Paris. P. Didon, « Discours sur la culture de la volonté ».
4. Bibliothèque du couvent des Dominicains, Paris. P. Didon : « Discours sur les devoirs de la jeunesse lettrée ».
5. Bibliothèque du couvent des Dominicains, Paris. P. Didon : « Discours sur l'apprentissage de la vie par l'école ». Les discours du P. Didon, parus en fascicule, sont réunis pour la plupart dans *L'Éducation présente*, Librairie Plon, 1898.
6. Lettre à l'auteur du R. P. Montagnes, couvent Saint-Thomas-d'Aquin, Toulouse.
7. Fernand de Brinon, *À ses amis*, opuscule imprimé clandestinement après son exécution.
8. AN 411 AP 1.
9. Archives du conseil de l'ordre des avocats, Paris.
10. Lettre à l'auteur d'Alain Lancelot, directeur de l'Institut d'Études politiques de Paris, 11 avril 1995.
11. *Georges Berryer 1848-18...* notice biographique de Jean Laurentie, avocat à la cour de Paris, Firmin-Didot, 1923.
12. Archives du conseil de l'ordre des avocats, Paris. Dossier Fernand de Brinon.
13. AN 411 AP 1.
14. Archives du conseil de l'ordre des avocats, Paris. Dossier Fernand de Brinon. Lettre du 29 juillet 1913.
15. Archives du conseil de l'ordre des avocats, Paris.

5
Le Journal des débats

1. Gustave Schlumberger, *Mes souvenirs 1844-1928*, Plon, 1932.
2. *Journal des débats*, 5 janvier 1905.
3. *Journal des débats*, 6 août 1909.
4. Alfred Pereire, *Le Journal des débats*, Champion, 1914.
5. *Le Gaulois*, 22 décembre 1893.
6. Alfred Pereire, *Le Journal des débats, op. cit.*
7. Communication de Mme Gillonne d'Origny.
8. Quelques-uns des articles de Brinon parus dans les *Débats* de 1909 à 1913 relatifs au cheval : « Les courses et le pari mutuel ». « À propos du cheval de guerre », « À propos du cheval de selle », « La politique et l'élevage », « Le vainqueur du Derby d'Epsom », « trotteurs et galopeurs », « La crise des courses », « À propos du budget des haras », « Le concours hippique de Vichy », « La grande semaine de Saumur », etc.
9. *Journal des débats* : « La Crise des courses ».
10. Citons dans les *Débats* : « Montalembert » par le comte D'Haussonville (27 janvier 1913). « Edmond et Jules de Goncourt », par le marquis de Ségur (20 janvier 1912). « les Souvenirs de grand'route », par Jean Richepin (1er février 1913). « Chiens de luxe » (19 décembre 1912), etc.
11. *Journal des débats*, juillet 1913.
12. *Ibid.*
13. *Ibid.*

14. *Ibid.*
15. Archives Castelain. Note de Brinon à son avocat reprise à l'instruction de son procès.
16. *Journal des débats*, 5, 6, 9 juillet 1913.
17. *Journal des débats* : « La Grande Semaine de Saumur », 18 juillet 1913.
18. *Ibid.*

6
« Les hommes couverts de boue sont éblouissants de beauté »

1. Jean de Pierrefeu, *Plutarque a menti*, Grasset, 1923.
2. AN 3 W 112.
3. « La bataille des Flandres », *Journal des débats*, 23 octobre 1914.
4. « En Alsace », *Journal des débats*, 17 novembre 1914.
5. AN 3 W 112. Dossier militaire de Fernand de Brinon.
6. *Journal des débats*, 8 décembre 1914.
7. « À l'armée de Champagne. Vie des tranchées », *Journal des débats*, 24 janvier 1915.
8. *Ibid.*
9. *Ibid.*
10. Raymond Poincaré, *Verdun 1916*, « 20 février 1916 », Plon, 1936.
11. Archives Castelain. Note de Brinon à son avocat, reprise à l'instruction de son procès.
12. Jean de Pierrefeu, *GQG, secteur 1*, G. Crès éditeur.
13. Étienne de Nalèche, lettre du 28 février 1916.
14. Joseph Paul-Boncour, *Entre deux guerres*, t. I, Plon, 1945.
15. Général Joffre, *Journal de marche (1916-1919)*, « 29 juin 1916 », Service historique de l'armée de terre, 1990.
16. AN 411 AP 1. Message signé Pellé, 26 juin 1916.
17. Raymond Poincaré, *Verdun 1916, op. cit.*, « 13 septembre 1916 ».
18. Raymond Poincaré, *L'Année trouble*, « 20 avril 1917 », Plon 1932.
19. Étienne de Nalèche, lettre du 24 avril 1917.
20. Étienne de Nalèche, lettre du 12 février 1920.
21. Guy Pédroncini, *Les Mutineries de 1917*, PUF, 1983.
22. Archives Perrine de Brinon.
23. AN 411 AP 6. Note de Brinon : « Politique avec l'Angleterre ».
24. Général Mordacq, *L'Armistice du 11 novembre 1918. Récit d'un témoin*, Plon, 1937.
25. *Journal des débats*, 21 novembre 1918.

7
Premiers pas en Allemagne

1. Général Mordacq, *L'Armistice du 11 novembre 1918. Récit d'un témoin*, op. cit.

2. Maréchal Foch, *Mémoires*, Plon, 1931 ; Raymond Poincaré, *Victoire et armistice*, Plon, 1933.

3. Décision prise le 14 mars 1919 par le président Wilson et le Premier ministre britannique Lloyd George. Cf. Pierre Renouvin, *Histoire des relations internationales*, Hachette, 1994, t. III ; Maurice Baumont, *La Faillite de la paix*, PUF, 1945.

4. AN 3 W 112. Dossier militaire de Fernand de Brinon.

5. Lettres de Nalèche, 24 novembre et 27 décembre 1918 et 25 février 1919.

6. Général Mordacq, *L'Armistice du 11 novembre 1918. Récit d'un témoin*, *op. cit.*

7. Lettre de Nalèche, 28 février 1916.

8. Lettre de Nalèche, 16 février 1919.

9. Lettre de Nalèche, 15 février 1919.

10. Lettre de Nalèche, 10 avril 1919.

11. Lettre de Nalèche, 7 mai 1919.

12. *Journal des débats*, 7 mai 1919.

13. Lettre de Nalèche, 23 mai 1919.

14. Lettre de Nalèche, 31 mai 1919.

15. Fernand de Brinon, *France-Allemagne 1918-1934*, Grasset, 1934.

16. Shakespeare, *Henri V*, acte IV, scène VIII.

17. Lettre de Nalèche, 18 juillet 1920.

18. Lettre de Nalèche, 7 avril 1920.

19. AN 411 AP 6. Note de Brinon pour l'instruction de son procès.

20. *Ibid.*

21. AN 411 AP 6 et lettre de Nalèche, 22 février 1920.

22. Titre de l'article de Brinon dans *La Liberté*, 7 mars 1921.

23. Éric Bussière, *Horace Finaly, banquier*, Fayard, 1996.

24. Jean de Pange, *L'Allemagne 1789-1945*, Fayard, 1947.

25. Fernand de Brinon, *France-Allemagne 1918-1934*, *op. cit.*

26. *Ibid.*

27. *Ibid.*

28. *Ibid.*

29. *Ibid.*

30. *Ibid.*

31. *Ibid.*

32. *Ibid.*

33. *Ibid.*

34. *Ibid.*

35. *Ibid.*

36. *Ibid.*

37. *Ibid.*

8
Les travaux et les femmes

1. AN 411 AP 6. Lettre de Nalèche à l'avocat de Brinon, 3 mars 1946.

2. Communication de Mme Gillonne d'Origny.

3. Cité par Édouard Dolléans, *Histoire du mouvement ouvrier*, Armand Colin, 1953, t. III, p. 288.

4. Lettres de Nalèche, 12 et 20 octobre 1920.
5. Milioukov, Seignobos, Eisenmann : *Histoire de la Russie*, E. Leroux, 1933, t. III.
6. *Journal des débats*, 19 mai 1919.
7. AN 2 AV 1-3.
8. AN 411 AP 8. Lazare Kessel, *À l'huile et à l'œil.*
9. AN 2 AV 1-3.
10. *Ibid.*
11. *Ibid.*
12. AN 411 AP 8. Note autobiographique de Simone Mittre.
13. *Ibid.*
14. *Ibid.*
15. AN 411 AF 7. Notice biographique. « Esquisse de portrait », 10 juillet 1941.
16. Archives de la Comédie-Française. Dossier Yvonne Ducos.
17. Archives de la Comédie-Française. Revue *Cinéma 25*, avril 1913.
18. Archives de la Comédie-Française, *Masques et visages*, 26 juillet 1913. Article de Louis Delluc.
19. AN 411 AP 1. Lettre de Daladier à Brinon, août 1926.
20. *Paris-Midi*, 21 mars 1930.

9
Retour en Allemagne

1. AN 411 AP 6. Notes de Brinon sur ses activités générales.
2. Fernand de Brinon, *France-Allemagne, 1918-1934, op. cit.*
3. Articles de Brinon dans le *Journal des débats* des 11, 12, 13 avril 1923.
4. AN 411 AR 6. Note de Brinon pour son avocat.
5. Archives Castelain. Note parue en Suisse, recoupée par les Renseignements généraux.
6. *Journal des débats*, 11 janvier 1924.
7. *Ibid.*
8. *Journal des débats*, 7 février 1924.
9. *Ibid.*
10. *Ibid.*
11. AN 190 AQ 22. Archives de Wendel. Lettre de Brinon à François de Wendel, 12 septembre 1922.
12. *Ibid.*
13. Fernand de Brinon, *France-Allemagne 1918-1934, op. cit.*
14. AN 190 AQ 22. Lettre de Brinon à F. de Wendel, 11 août 1924.
15. AN 190 AQ 22. Lettre de Brinon à F. de Wendel, 8 janvier 1926. Lettre de F. de Wendel à Brinon, 9 janvier 1926.
16. AN 190 AQ 22. Lettre de Brinon à F. de Wendel, 2 octobre 1926.
17. AN 190 AQ 22. F. de Wendel à É. de Nalèche, 13 août 1929.
18. AN 190 AQ 22. F. de Wendel à Brinon, 11 octobre 1926.
19. *Ibid.*
20. AN 190 AQ 22. Guy de Wendel à François de Wendel, 26 juin 1927.
21. *Ibid.*
22. *Ibid.*

23. *Ibid.*
24. *Ibid.*
25. AN 190 AQ 22. François de Wendel à Guy de Wendel.
26. *Ibid.*
27. AN 411 AP 6. Lettre de Nalèche à l'avocat de Brinon, 3 mars 1946.
28. AN 2 AV 1-3. Témoignage de Simone Mittre.
29. AN 411 AP 7. Rapport Caujolle.

10
Brinon et l'Allemagne

1. William Bullitt, *For the President*, Houghton Mifflin Company, 1972.
2. *L'Information*, « La psychologie de l'hitlérisme », 22 décembre 1931.
3. *Ibid.*
4. *Ibid.*
5. *L'Information*, « Le succès de l'hitlérisme », 20 avril 1932.
6. Par une série d'articles de fond, Brinon rendit compte dans *L'Information* du 16 juin au 3 juillet 1932 de la conférence de Lausanne. Nous en citons plusieurs : « Début de la conférence de Lausanne », « La conférence de Lausanne », « De Lausanne à Genève », « La seconde phase de la conférence de Lausanne », « La situation à Lausanne », « Où en sommes-nous à Lausanne ? », « À Lausanne. Vers une conclusion provisoire », « La dernière phase de la conférence de Lausanne », « Bilan de la conférence de Lausanne », « L'affaire des dettes ».
7. *L'Information*, « La Retraite de M. Brüning », 30 mai 1932.
8. *Ibid.*
9. Du 17 au 19 octobre 1932, Brinon donna dans *L'Information* une suite d'articles documentés : « Vers la nouvelle Allemagne ».
10. *Sans-Fil*, 29 juillet 1932.
11. « La *Gleichberechtigung* et le plan français de désarmement », *La Revue de Paris*, 15 octobre 1932 ; *L'Information*, 19 octobre 1932.
12. AN 411 AP 6. Procès-verbal du 30 octobre 1945, et archives Castelain.
13. AN 411 AP 6. Note de Brinon, et archives Castelain.
14. Archives des Affaires étrangères, vol. 752, série 7, carton 36, dossier 6.
15. *Ibid.*
16. Documents diplomatiques français (DDF), t. II, n° 275, 8 février 1933.
17. François Bédarida, *La Stratégie secrète de la drôle de guerre*, Éditions du CNRS, 1979.
18. *Procès de Brinon*, Albin Michel, 1948, déposition d'Édouard Daladier.
19. AN 411 AP 1. Cf. les lettres de Georges Lévy à Brinon.
20. AN 411 AP 1. Lettre de Daladier, 25 août 1926.
21. *Ibid.*
22. AN 411 AP 1. Lettre de Daladier, 27 septembre 1926.
23. Lettre de Nalèche, 16-17 mars 1929.
24. AN 411 AP 1. Lettre du général Victor Bourret, 14 novembre 1932.
25. AN 411 AP 1. Cf. les lettres du général Bourret à Brinon.
26. AN 411 AP 1. Lettre de Marcel Clapier, 6 mars 1928.
27. AN 411 AP 1. Lettre de Génébrier père, 25 avril 1930.
28. AN 411 AP 1. Cf. note 27.

29. AN 411 AP 1. Lettre de Daladier, 2 février 1926.
30. AN 411 AP 1. Lettre de Loucheur à Brinon, 8 novembre 1930.
31. *L'Information*, « Le ministère Daladier », 1er février 1933.
32. *L'Information*, « L'évolution allemande et la politique française », 3 février 1933.
33. *L'Information*, « Le renouveau allemand et l'ordre international », 2 articles, mars 1933.
34. Archives Castelain. Note de Brinon à l'instruction de son procès.
35. AN 411 AP 1. Texte du discours du Dr Goebbels.
36. Archives des Affaires étrangères, volume 75, rapport de François-Poncet, 2 mars 1934.
37. AN 411 AP 6. Procès-verbal, 30 octobre 1945.
38. AN 411 AP 6. Lettre du 25 mai 1934 ; AN 2 AV 1-3. Témoignage de S. Mittre.
39. Message du président Roosevelt, 16 mai 1933.
40. *Discours* de Hitler, 17 mai 1933.
41. *L'Information*, 17 mai 1933.
42. AN 411 AP 1.
43. *Ibid.*
44. AN 411 AP 1. Neuf lettres non datées de Georges Lévy adressées à Brinon, dénotant l'intimité et l'amitié des deux hommes.
45. Ivan Loiseau, *Souvenirs et témoignages*, Éditions Les Cahiers Bourbonnais, 1974.
46. *Procès de Brinon, op. cit.*, déposition de Daladier.
47. *Ibid.*
48. AN 411 AP 1. Les deux télégrammes de Ribbentrop furent adressés à la villa Les Flots, au cap Brun. Brinon les avait communiqués à Baladier.
49. Cf. note 47.
50. *Ibid.*

11
Les premiers pas qui comptent

1. AN 411 AP 1. Lettre de Ribbentrop, 30 août 1933.
2. Archives Castelain. Le passeport diplomatique de Brinon.
3. *L'Information*, « Le drame allemand », 3 juillet 1934.
4. Archives Castelain. Note de Me Castelain sous la dictée de Brinon.
5. AN 411 AP 1. Procès-verbal écrit par Brinon sur le papier à lettre de Ribbentrop, daté du 9 septembre.
6. *Ibid.*
7. *Ibid.*
8. *Ibid.*
9. *Ibid.*
10. *Ibid.*
11. *Ibid.*
12. *Ibid.*
13. *Ibid.*
14. *Ibid.*

15. Archives Castelain. Note de Brinon. Cf. aussi AN 411 AP 6.

16. AN 411 AP 1. Message de Ribbentrop, 13 septembre 1933.

17. AN 411 AP 1.

18. AN 411 AP 1. Procès de Brinon. Cf. aussi Ribbentrop : *De Paris à Moscou*, Paris, 1954.

19. BDIC, pièce 5760 : « Fernand de Brinon, agent de l'Allemagne 1920-1939 », intitulé aussi : « La vérité sur Fernand de Brinon. »

20. *Ibid.*

21. AN 411 AP 6.

22. Lettre de Nalèche, 24 février 1919.

23. AN 190 AQ 22. Compte rendu de la visite de M. Silvain, 25 octobre 1939. AN 411 AP 6. Note manuscrite de Brinon (10).

24. On l'a dit, Daladier avait révélé la mission de Brinon auprès du Führer à Georges Bonnet, ministre des Finances et homme lige de la banque Lazard, qui s'était empressé de le rapporter à André Meyer.

25. AN 411 AP 7. Rapport Caujolle.

26. AN 411 AP 1. Les papiers personnels de Brinon comportent vingt-sept lettres que lui a adressées Chavenon de 1929 à 1935 et dont la plupart lui tressent des louanges.

27. AN 411 A 7. « La vérité sur Fernand de Brinon », p. 92.

28. AN 411 AP1. Lettre de Charles Saglio, 19 octobre 1933.

29. AN 411 AP 6. Note de Brinon en vue d'une autobiographie.

30. AN 411 AP 6. Procès-verbal d'interrogatoire du 21 mars 1945, scellé n° 4.

31. *Ibid.*

32. *Ibid.*

33. *Ibid.*

34. *Candide*, 25 janvier 1934.

35. AN 411 AP 6. Procès-verbal d'interrogatoire du 21 mars 1946, scellé n° 6.

36. *Le Matin*, 23 novembre 1933, « Une conversation avec Adolf Hitler ».

37. *L'Information*, 23 novembre 1933.

38. AN 411 AP 1. Lettre du 30 novembre 1934 de Brinon à Robert Bollack.

39. *Izvestia*, 1er mars 1934.

40. Brinon dans *Lecture 40*, juillet-août 1940.

41. *Journal des débats*, article de Jean Bernus, 27 novembre 1933.

42. AN 411 AP 7. Rapport Caujolle.

43. AN 411 AP 1. Lettres de Charles Saglio, 19 et 20 juin, 27 et 28 septembre 1933.

44. DDF n°s 2076, 2077, 23 novembre 1933.

45. *Ibid.*

46. DDF n°s 2097-2099, 24 novembre 1933.

47. André François-Poncet, *Carnets d'un captif*, Fayard, 1952, p. 237.

48. *Le Petit Parisien*, 16, 17, 18, 19, 22 novembre 1933.

49. *L'Information*, 28 avril 1934.

50. AN 411 AP 6. Inspection générale des services de police administrative, propagande anti-allemande en France, n° PA 8473/1 du 25 mai 1940, a/s de M. de Brinon.

51. AN 411 AP 6. Procès-verbal d'interrogatoire de Brinon, 30 octobre 1945.

52. Cf. note 50.

53. *Ibid.*

54. *France-Allemagne 1918-1934, op. cit.*, introduction.

55. *France-Allemagne 1918-1934, op. cit.*

56. *Ibid.*

57. *Candide* : « Un quart d'heure avec Fernand de Brinon », par André Rousseaux, 25 janvier 1934.

58. *L'Information*, 31 janvier 1934.

59. AN 411 AP 1. Lettre du 22 février 1934 de Brinon à Guy La Chambre.

60. Constance Coline, *Le Matin vu du soir*, Éditions Anthropos, 1980.

61. *Ibid.*

62. *Ibid.*

63. AN 411 AR 5. Manuscrit de « La marche vers la guerre ».

64. AN 411 AP 8. Notice autobiographique de Simone Mittre.

65. AN 411 AP 1. Le général Bourret écrivait à Brinon : « Je vous envoie donc pour vous le papier qui règle le sort de votre protégé David-Weill. Lui est parvenu officiellement ou le sera. Annoncez-le-lui d'avance. »

66. Archives historiques de l'archevêché de Paris, 6 novembre 1934. Supplique au pape de Mme Louise Franck.

67. Ivan Loiseau, *Souvenirs et témoignages, op. cit.*

68. AN 411 AP 1. Louise Ullmann à Alexis Léger, lettre du 25 juillet 1934.

69. AN 411 AP 1. 27 juillet 1934.

70. Archives municipales de Neuilly-sur-Seine.

71. Archives Perrine de Brinon. Attestation de mariage à la paroisse de Saint-Sulpice, 17 novembre 1934. « Généalogie de la famille de Brinon », *op. cit.*

12
La séduction

1. Archives Castelain. Note de Brinon.

2. *L'Information*, 19 septembre 1931.

3. Archives Castelain. Note de Me Castelain.

4. *France-Allemagne 1918-1934, op. cit.*, chap. 20 : « Le national-socialisme expliqué par M. Roehm ».

5. Archives Castelain. Note de Me Castelain.

6. *Ibid.*

7. AN 411 AP 6. Note manuscrite de Brinon.

8. AN 382 AP 47 ; *Vorwärts*, Berlin 12 janvier 1932 ; *Westdeutscher Beobachter*, 23 janvier 1932 ; *Der Weltkampf*, n° 95, 1931.

9. AN 411 AP 1. Rapport de Brinon à Pierre Laval, 24 juillet 1935, 17 pages.

10. *Ibid.*

11. *Ibid.*

12. *Ibid.*

13. *Ibid.*

14. DDF, t. XIII. Télégrammes de François-Poncet à Pierre Laval n°s 2671-2675, Berlin, 19 octobre 1935.

15. *La Revue de Paris*, « Le drame européen », 15 août 1934.

16. Déposition de Georges Oudard, 28 mai 1946.

17. William Bullitt, *For the President, op. cit.*

18. *Ibid.*

19. *Ibid.*

20. Brinon rendra compte des obsèques du maréchal Pilsudski : « Le deuil de la Pologne et l'alliance française », *L'Information*, 16 mars 1935.
21. DDF, t. XII. Télégrammes de François-Poncet à Pierre Laval, 12 septembre 1935.
22. *Ibid.*
23. Telford Taylor, *Procureur à Nuremberg*, Le Seuil, 1995.

13
L'engagement

1. DDF, t. XIII, 13 novembre 1935, D. n° 1627. M. Arnal à M. Laval, et AN 15257/1. Inspection générale des services de police administrative, 5 juin 1940.
2. Statut du Comité France-Allemagne, 22 novembre 1935.
3. Archives Perrine de Brinon.
4. Bertrand de Jouvenel : « Une politique de rapprochement franco-allemand est-elle possible ? », *Le Petit Journal*, 16 novembre 1935.
5. *L'Œuvre*, 29 novembre 1935.
6. Cf. les dossiers des archives du ministère des Affaires étrangères sur la propagande de l'Allemagne en France, notamment le vol. 756 dans la série « Europe 1918-1940 ».
7. AN 411 AP 1. Concert du 10 février 1936.
8. AN 411 AP 1. Lettre du général Bourret, 20 juin 1934.
9. DDF, t. II. Message de Charles Alphand, 15 janvier 1936.
10. *L'Information*, 22 mars et 4 décembre 1935.
11. AN 411 AP 1. Pierre Viénot, secrétaire général du Comité franco-allemand d'information et de documentation, avait longuement écrit à Brinon, le 28 juillet 1925, pour solliciter son concours. Il se montra pressant jusqu'en 1929.
12. AN 43 AS 2. Archives Henri Pichot. Discours de Pichot à Guéret. 28 avril 1937.
13. J. E. Spenlé, « Les assises morales de l'Allemagne hitlérienne », revue du *Mercure de France*, 1er février 1935.
14. JM/Ab. s. dossier I. Lettre d'Abetz à la direction de la Jeunesse du Reich (*curriculum vitae* du SS *Untersturmführer* Otto Abetz) du 23 août 1937. Le consul de France en Bade avait signalé, dans un rapport du 30 mars 1933, la nocivité du journal national-socialiste *Le Führer* paraissant à Karlsruhe. AE « Europe 1918-1940 », vol. 752, série Z, carton 36, dossier 6.
15. *Ibid.*
16. *Ibid.*
17. JM/AB. S. dossier. Lettre d'Abetz à Ribbentrop.
18. Archives Castelain. Déposition de la comtesse Deydier de Pierrefeu reçue par le commissaire Pierre Mace, 31 mai 1940.
19. AN 3 W 108. Lettre de Ribbentrop datée de l'ambassade d'Allemagne à Londres, 13 juillet 1937.
20. *L'Information*, « Le discours de Léon Blum », 2 juillet 1937.
21. RM 305. 403 Révélations du journaliste allemand Baron (juin 1939) et de sa femme, condamné à mort pour espionnage au profit de l'Allemagne par le tribunal militaire de Nancy.
22. AN F7 14715.

23. JM/Ab 135 IV. Témoignage d'Eugen Feihl ; AN F7 14715.

24. AN CJ 402-4130. Lettre de A. von Engelbrecht à Mme Castelot, janvier 1937.

25. AN CJ 402-4130. Lettre de Mme Castelot à Lindach, 1937.

26. AN CJ 402-4130. Lettre de Mme Castelot à Diewerge, 28 juillet 1938.

27. *Ibid.*

28. AN CJ 402-4130. Lettre de Mme Castelot à Diewerge, 27 juillet 1937.

29. Archives Castelain. Note de l'avocat résumant des propos de Brinon à la prison de Fresnes.

30. *La Lumière*, 11, 18, 25 février et 4 mars 1938. L'article du 11 février est intitulé : « Tient-on enfin le fil conducteur du complot du CSAR au Comité France-Allemagne par le Club du Grand Pavois ? »

31. Archives de Paris. Cour d'assises, complot du CSAR. Carton 12, cote 22179/3.

32. Collection privée. Comité de confiscation des profits illicites. Citation n° 1754. Rapport de M. Antony.

33. AN 411 AP 6. Inspection générale des services de police administrative PA 8473/I. Propagande allemande en France a/s M. de Brinon, 25 mai 1940.

34. Cf. note 18.

35. AN 471, AP 1-2. Archives du Moulin de Labarthète. Bulletin n° 1 du Club du Grand Pavois.

36. Brinon, « Allemagne 1937 », *La Revue de Paris*, 15 septembre 1937.

37. AN 471 AP 1-2. Lettre de James de Pourtalès, 12 mars 1937.

38. AN 471 AP 1-2. Bulletin n° 1 du Club du Grand Pavois.

39. AN 43 AS 2. Allocution du professeur von Arnim, 8 février 1936.

40. AN 411 AP 6. Brinon fut invité comme vice-président du Comité France-Allemagne. La carte d'invitation figure au dossier.

41. Archives Perrine de Brinon.

42. Archives secrètes de la Wilhelmstrasse, Plon, 1950, t. 1. Rapport de Schacht sur son séjour à Paris du 25 au 29 mai 1937. Cf. aussi archives Perrine de Brinon.

43. AN 43 AS 9.

44. *Ibid.*

45. *Ibid.*

46. *Ibid.*

47. *Ibid.*

48. *Ibid.*

49. *Ibid.*

50. Archives Castelain. Note de Brinon.

51. Brinon : « Allemagne 1937 », *Revue de Paris*, 15 septembre 1937, 22 pages ; « Du congrès de Nuremberg aux discours de Berlin », *Revue de Paris*, 15 octobre 1937, 11 pages.

52. *Ibid.*

53. *Ibid.*

54. David Pryce-Jones, *Paris in the Third Reich*, Londres, Collins, 1981. Témoignage de Simone Mittre. Voir aussi le témoignage de S. Mittre dans AN AV 1-3.

55. AN 411 AP 1. Lettre de Jean de Beaumont.

56. Proclamation du Führer. Congrès de Nuremberg, 1937.

57. Hitler, « Discours sur la culture », Nuremberg, 1937.

58. Cf. note 56.

59. Brinon, « Du congrès de Nuremberg aux discours de Berlin », *Revue de Paris*, 15 octobre 1937.

60. Brinon, « Allemagne 1937 », *Revue de Paris*, 15 septembre 1937.

61. Alphonse de Châteaubriant, *La Gerbe des forces, op. cit.*

62. AN 43 AS 2.

63. AN 411 AP 1. François-Poncet à Brinon, 3 février 1938.

64. Archives secrètes de la Wilhelmstrasse, t. I. Rencontre Hitler-Scapini, 17 décembre 1937.

65. Brinon, *Nouvelle Revue de Hongrie*, novembre 1936.

14
Mortelle année

1. *L'Information*, 21 janvier 1938.

2. AN 411 AP 6. Procès-verbal d'interrogatoire de Brinon, 20 octobre 1945, scellé 6 s/dossier 4, cote 1.

3. *Berliner Morgenpost*, 21 janvier 1938.

4. Archives Castelain. Déclaration de Brinon à Me Castelain à Fresnes.

5. Discours de Hitler, congrès de Nuremberg 1937. Cf. aussi dans *La Revue de Paris* l'article de Brinon, « Du congrès de Nuremberg aux discours de Berlin », 15 octobre 1937.

6. Louis Lévy, « La Propagande hitlérienne en France », *Le Populaire*, 22 janvier 1938.

7. *L'Écho de Paris*, 21 janvier 1938.

8. *La Lumière*, février 1938.

9. *La Dépêche*, 22 janvier 1938.

10. Brinon, « La fin de l'Autriche », *L'Information*, 15 mars 1938.

11. *Ibid.*

12. Brinon, « De Königsberg à Vienne » *L'Information*, 15 mars 1938.

13. Stefan Zweig, *Le Monde d'hier*, Belfond, 1993.

14. Archives Castelain. Déclaration de Brinon à Me Castelain à Fresnes.

15. AN 3 W 109. Déposition de Georges Oudard, 28 mai 1946.

16. Archives Pierre Benoit. Mémoire de Pierre Benoit après la guerre.

17. AN 3 W 109. Déposition de Georges Oudard, déjà citée.

18. Archives Castelain. Déclaration de Brinon à Me Castelain à Fresnes.

19. AN 411 AP 1. Lettre de Léo Chavenon, 29 mars 1935.

20. AN 411 AP 1. Lettre de Léo Chavenon, sans date.

21. AN 411 AP 1. Note de Brinon sur sa situation matérielle.

22. AN 411 AP 1. Lettre d'Humbert de Wendel à Brinon, 1er août 1926.

23. AN 411 AP 1. Engagement de vente de la *Forbacher Burgerzeitung*, 8 juin 1921. Intervention de Brinon dans cette affaire, 8 juillet 1938. Lettre de Guy de Wendel à Brinon, 8 juillet 1936.

24. AN 411 AP 1. Lettre de Georges Bonnet à Brinon, 6 avril 1937.

25. AN 411 AP 1. Lettre de Ward Price à Brinon, 27 février 1938. Refus courtois de Neville Chamberlain exprimé par un de ses collaborateurs, 12 mars 1938.

26. Archives Pierre Benoit. Lettre de Pierre Benoit à Brinon, 28 juillet 1938.

27. AN 411 AP 5. Discours de clôture de Brinon au congrès de Baden-Baden, juin 1938, *Cahiers franco-allemands*, p. 325 et suiv.

28. Liliane Crips, « Eugen Fischer, théoricien de l'hygiène raciale », IHTP, t. II, colloque 6-8 décembre 1990.

29. Cf. note 27.

30. AN 411 AP 1.

31. AN 411 AP 1. Note de Brinon.

32. « La paix et ses tribulations », *L'Information*, 16 novembre 1938.

33. Article de Kérillis, *L'Époque*, 21 octobre 1938.

34. AN 411 AP 1. Lettre de Kérillis à Brinon, 27 juin 1936.

35. AN 411 AP 5. *Lecture 40*, 25 juillet 1940.

36. AN 411 AP 7. Note autobiographique de Simone Mittre.

37. Archives secrètes de la Wilhelmstrasse, t. IV, 30 novembre 1938.

38. Archives secrètes de la Wilhelmstrasse, t. IV. Note du ministre Paul Schmidt sur l'entretien entre Ribbentrop et Bonnet du 6 décembre 1938, n° 297, RM 265.

39. Archives secrètes de la Wilhelmstrasse, t. IV. Déclaration franco-allemande du 6 décembre 1938 cosignée par Ribbentrop et Bonnet.

40. AN 411 AP 6. Note de Brinon.

41. AN 411 AP 1. Lettre de Fredo Lehrer à Brinon, 7 décembre 1938.

42. Robert Coulondre, *De Staline à Hitler*, Hachette, p. 233.

15
« Brinontrop »

1. William Bullitt, *For the President, op. cit.*

2. *L'Époque*, 11 décembre 1938.

3. AN 411 AP 1. Brinon à Bullitt, 20 février 1939.

4. AN 411 AP 1. Bullitt à Brinon, 27 février 1939.

5. AN 411 AP 1. Kérillis à Brinon, 22 décembre 1938.

6. AN 411 AP 1. Lettre de Kérillis à Pierre Benoit et à François de Tessan, 24 décembre 1938.

7. AN 411 AP 6. Inspection générale des services de police administrative. Cf. note 33 chapitre 13.

8. AN 411 AP 1. Communiqué de Brinon, Agence Havas n° 35, 16 février 1939.

9. Robert Coulondre, *De Staline à Hitler, op. cit.*, p. 238.

10. Archives secrètes de la Wilhelmstrasse, t. IV, n° 311, 7 février 1939.

11. Robert Coulondre, *De Staline à Hitler, op. cit.*, p. 233.

12. *Ibid.*

13. Archives secrètes de la Wilhelmstrasse, t. IV, n° 309, 6 février 1939.

14. AN 411 AP 1. Lettre de Coulondre à Brinon, 17 février 1939.

15. *L'Époque*, 27 février 1939.

16. Cf. note 8.

17. AN 3 W 109. Intervention de G. Bonnet à la Chambre des députés, 1er mars 1939.

18. AN 411 AP 1. Lettre de Kérillis à Brinon, 2 mars 1939.

19. AN 411 AP 8. Note autobiographique de Simone Mittre adressée à Me Campana.

20. AN 411 AP 7. Rapport Caujolle. Lettre de Brinon du 21 mars 1939 à l'administration fiscale.

21. AN 411 AP 7. Rapport Caujolle.

22. Archives secrètes de la Wilhelmstrasse, t. II, n° 145. Directives stratégiques générales, 7 juillet 1938.

23. AN 411 AP 6. Note autobiographique de Brinon.

24. AN 411 AP 6. Inspection générale des services de police administrative. Cf. chapitre 13, note 33.

25. *Ibid.*

26. *Ibid.*

27. AN 890158, articles 1-2. Fichier central de la police. Comité France-Allemagne 15257/1.

28. Archives Castelain. Déposition de la comtesse Deydier de Pierrefeu. AN 15257/1. Rapport de la DJP sur Melchior de Polignac, 31 mai 1940. Rapport n° PA 9313-I sur diverses personnalités dont le professeur Fourneau. Rapport DJP, 2ᵉ section, du 9 février 1940. Rapport DJP, du 10 août 1939, sur le comte de Chappedelaine, etc. D'une manière générale, cf. AN 890158, direction de la police nationale, fichier central.

29. Archives Perrine de Brinon, « L'Espagne de Franco et la mission du maréchal Pétain ».

30. *Ibid.*

31. *Ibid.*

32. *Ibid.*

33. *Ibid.*

34. AN 411 AP 1. Lettre de Brinon au centre de recrutement de Paris, 24 septembre 1939. Lettre du centre de recrutement à Brinon, 4 octobre 1939.

35. Archives Pierre Benoit. Lettre de Brinon à Pierre Benoit, 31 décembre 1939.

36. Anatole de Monzie, *Ci-devant*, Flammarion, 1941.

37. *L'Époque*, 6 novembre 1939.

38. *L'Époque*, 5 janvier 1940.

39. AN 411 AP 5. « La marche vers la guerre ».

40. *Ibid.*

41. AN 382 AP 25. Archives René Cassin. Traduction du discours de Hitler, le 6 octobre, devant le Reichstag.

42. L'expression « armée en trompe l'œil » figure dans *Diplomatie et outil militaire* par Jean Doise et Maurice Vaïsse, Imprimerie nationale, 1987.

43. AN 890158, articles 1-2. Lettre au préfet de Pau, 21 mai 1940 (15257/1) DJP, 2ᵉ section. Note du secrétaire général de la préfecture des Pyrénées-Atlantiques (15257/1). Note inspection des services de police criminelle 21 et 31 mai 1940. AN 411 AP 6 ; cf. chapitre 13, note 33.

44. Nerin Gun, *Les Secrets des archives américaines : Pétain, Laval, de Gaulle*, Albin Michel, 1979, chap. 5.

45. AN 3 W 106. Lettre de Brinon à Laval. Orriule, 10 juillet 1940.

46. AN F1 BI 1055. Dossier de carrière d'Angelo Chiappe.

16

« Gde journée »

1. AN AB XIX 3565. Agenda du maréchal Pétain.

2. Ivan Loiseau, *Souvenirs et témoignages, op. cit.*

3. William Bullit, *For the President, op. cit.*

4. Walter Stucki, *La Fin du régime de Vichy*, La Baconnière, 1947.
5. William Bullit, *For the President, op. cit.*
6. *Ibid.*
7. *Ibid.*
8. *Ibid.*
9. *Ibid.*
10. *Ibid.*
11. *Ibid.*
12. Riiksarkivet (Archives nationales de Suède), HP, 979, 20 juillet 1940.
13. *Ibid.*
14. Roger Martin du Gard, *Journal*, Gallimard, 1993, t. III, Séjour à Vichy, 11-27 juillet 1940.
15. *Ibid.*

17
« *Une révolution de panique* »

1. AN 3 W 110. Interrogatoire de Brinon, 13 mai 1946.
2. AN 411 AP 6. Note de Brinon A^V.
3. *Ibid.*
4. *Ibid.*
5. JM/Ab. 135 IV. Témoignage d'Eugen Feihl.
6. AN 411 AP 6. Note de Brinon A^V.
7. JM/Ab. Témoignage d'Eugen Feihl.
8. *Ibid.*
9. *Ibid.*
10. David Pryce-Jones, *op. cit.* Témoignage de Helmut Rademacher.
11. AN 411 AP 6. Note de Brinon A^V.
12. *Ibid.*
13. *Ibid.*
14. *Ibid.*
15. Délégation française auprès de la commission allemande d'armistice (DFCAA), A. Costes éditeur t. I, p. 17.
16. F. Charles-Roux, *Cinq mois tragiques aux Affaires étrangères*, Plon, 1949.
17. *Ibid.*
18. AN 3 W 107.
19. JM/Ab., sous-dossier 3. Abetz à Ribbentrop, 18 juillet 1940.
20. JM/Ab., sous-dossier 3, cote 593 bis. Rapport de Brinon au maréchal Pétain, 3 juillet 1940 (17 pages) ; AN 3 W 108, scellé 22.
21. *Ibid.*
22. *Ibid.*
23. *Ibid.*
24. *Ibid.*
25. *Ibid.*
26. *Ibid.*
27. *Ibid.*
28. *Ibid.*

29. Archives Castelain. Notes recueillies par Me Castelain auprès de Brinon à Fresnes.
30. *Ibid.*
31. Archives Castelain. Note de Brinon concernant Montoire.
32. JM, dossier Epting.
33. JM, dossier Epting, 57/II.
34. JM, dossier Epting 254/1568. Rapport du commissaire divisionnaire Marc Bergé, 17 juin 1947.
35. JM, dossier Epting. Procès-verbal d'interrogatoire d'Epting, 10 juin 1947.
36. JM/Ab. Télégramme de Schleier, 25 juillet 1940.
37. AN 3 W 108. Rapport de Brinon à Pierre Laval, juillet 1940.
38. *Ibid.*
39. *Ibid.*
40. Cité par Pascal Ory, dans *Les Collaborateurs 1940-1945*, Le Seuil, 1976.
41. AN 3 W 108. Rapport de Brinon à Pierre Laval, juillet 1940.
42. AN 3 W 108. Note de l'ambassadeur Léon Noël au commandant de la place de Paris, 31 juillet 1940.
43. JM/Ob-Kn., 3/IX/Aa.
44. *Ibid.*
45. JM/Ob-Kn., 4/IX/Aa, 27 juillet 1940. Berlin n° 40.
46. *Ibid.*
47. JM Ob-Kn 6/ Ann I B. Interrogatoire Knochen, 6 janvier 1947.

18

Ambiance

1. Jean Chauvel, *Commentaire*, Fayard, 1971, t. I p. 205.
2. Ivan Loiseau, *Souvenirs et témoignages, op. cit.*
3. *Ibid.*
4. Roger Martin du Gard, *Journal, op. cit.*, chap. 16, note 14.
5. Charles Rist, *Une saison gâtée*, Flammarion, 1983, p. 204.
6. Henri, comte de Paris, *Mémoires d'exil et de combat*, Éditions Marcel Jullian, 1979.
7. Roger Langeron, *Paris, juin 40*, « mardi 10 décembre », Flammarion, 1946.
8. Archives Castelain. Brinon, note à son avocat.
9. Pierre Nicolle, *Cinquante mois d'armistice*, « 20 août 1940 », Éditions André Bonne, 1947.
10. Loi du 27 août 1940. *JO* du 30 août 1940.
11. Pierre Nicolle, *Cinquante mois d'armistice, op. cit.*
12. Dominique Rossignol, *Vichy et les Francs-maçons*, Lattès, 1981.
13. Jean Chauvel, *Commentaire, op. cit.*
14. Collection privée. Direction de la police nationale. Procès-verbal d'interrogatoire de l'ex-commissaire de la police nationale Batissier Jany, 18 décembre 1945, n° 35, p. 4.
15. Collection privée. Premier comité de confiscation des profits illicites. Aff. 1176-1177-1180, c 1176 à 1179, c 1177 à 1180, c 1178 à 1180. 10 février 1946.
16. AN F7-14692.

19
A votre service

1. AN 3 W 107. Ordre de mission signé P. Laval, 1er août 1940.
2. JM/Ab. Message de Schleier à Abetz, 3 août 1940.
3. AN 3 W 107. Instruction du 30 août 1940 signée par le maréchal Pétain.
4. AN 45 AS 71. Archives du P. Le Bret contenant les rapports du général de La Laurencie. En l'occurrence : « Une mission de quatre mois à Paris. »
5. Lucien Lamoureux, *Souvenirs*, manuscrit, vol. XIII. Notes depuis la déclaration de guerre jusqu'au 5 juin 1940 ; à cette époque L. Lamoureux était ministre des Finances. Bibliothèque municipale de Vichy.
6. AN 45 AS 71. Rapport du général de La Laurencie.
7. AN 3 W 108, scellé n° 22. Rapport de Brinon traitant de l'entretien avec le général Streccius, août 1940.
8. Cf. note n° 6.
9. *Ibid.*
10. JM/Ab. s/ dossier III, cote 26. Message d'Abetz à Ribbentrop.
11. AN 3 W 108, scellé n° 22. Rapport de Brinon sur la rencontre avec le maréchal von Brauchitsch, 28 août 1940.
12. *Ibid.*
13. *Ibid.*
14. AN 411 AP 6, note IV de Brinon pour l'instruction de son procès.
15. JM/Ab. 135 IV. Témoignage d'Eugen Feihl.
16. Télégramme de Heydrich à Ribbentrop, 24 juin 1940. Berlin. Cf. *Eichmann en Hongrie*, documents publiés par Jenö Levaï, Éditions Pannonia, Budapest.
17. JM/Ab 4 II. Lettre du 3 août de Ribbentrop répondant à une demande de l'OKW du 23 juillet 1940.
18. JM/Ab. 2 VI n° 413. Abetz à Ribbentrop, 20 août 1940.
19. AN 411 AP 6. Note de Brinon à la prison de Fresnes traitant des israélites.
20. Rapport du Comité international de la Croix-Rouge sur son activité pendant la Seconde Guerre mondiale, Genève, 1948, vol. III.
21. Georges Scapini, *Mission sans gloire*, Morgan, 1960.
22. AN 3 W 108. Lettre d'Abetz à Brinon, 29 août 1940.
23. *Lecture 40*, 25 juillet 1940.
24. Archives des Affaires étrangères, 1939-1940, Allemagne, vol. 616. Rapport de l'ambassadeur de France à Berlin, 1er février 1933, n° 110.
25. DFCAA, t. III, 24-30 novembre 1941. Procès-verbal n° 8553/B-M.

20
Lèse-humanité

1. AN 3 W 106. Entretien Brinon-Abetz, 15 septembre 1940.
2. JM/Ab. 49 : IV. Lettre de Jean Fontenoy, 4 novembre 1940.
3. Ivan Loiseau, *Souvenirs et témoignages, op. cit.*
4. JM/Ab. 12/III. Télégramme d'Abetz, 10 août 1940.
5. JM/Ab. 12/III. Télégramme de Ribbentrop, 16 août 1940.

6. AN 3 W 106. Rapport de Brinon à Laval sur entretien avec Abetz, 15 septembre 1940.

7. JM/Ab. Liasse 2 s/dossier 3a. Rapport Abetz sur situation en France, octobre 1940.

8. Émission du 11 octobre 1940.

9. Collection privée.

10. Paul Baudouin, *Neuf mois au gouvernement*, La Table Ronde, 1948.

11. Collection privée. Carnet d'Henri Coudraux, *op. cit.*

12. Jean Chauvel, *Commentaire, op. cit.*, p. 147.

13. Lettres de Nalèche, 18 septembre et 25-26 octobre 1920.

14. JM/Ab. Témoignage d'Eugen Feihl, déjà cité.

21
Erika et ses conséquences

1. Allocution radiodiffusée du 9 octobre 1940. Philippe Pétain, *Discours aux Français*, Albin Michel, 1989.

2. Message du 10 octobre 1940 lu à la raido par Tixier-Vignancour. *Ibid.*

3. *Ibid.*

4. Procès-verbal de P. O. Schmidt, 22 octobre 1940, dans A. Hillgruber, *Les Entretiens secrets de Hitler, septembre 1939-décembre 1941*, Fayard, 1969.

5. *Ibid.*

6. *Ibid.*

7. Albert Kammerer, « L'entrevue de Montoire », *Une semaine dans le monde*, 1er et 8 mai 1948.

8. AN 411 AP 6. Note de Brinon.

9. Témoignage d'Achenbach dans *Paris in the Third Reich, op. cit.*

10. AN 411 AP 6. Note de Brinon.

11. AN 411 AP 6. Note A^V de Brinon.

12. Ordre du jour du général Mangin, 18 décembre 1916.

13. AN 411 AP 6. Note A^V.

14. Notes sur l'entrevue entre le Führer et le maréchal Pétain du 24 octobre 1940, dans A. Hillgruber, *Les Entretiens secrets de Hitler..., op. cit.*

15. *Ibid.*

16. *Ibid.*

17. *Ibid.*

18. *Ibid.*

19. AN 411 AP 6. Note de Brinon A^V.

20. JM/Ab. 44 II. Témoignage d'Eugen Feihl, déjà cité.

21. AN 411 AP 6. Note de Brinon A^V.

22. AN 3 W 109.

23. *Ibid.*

24. Message radiodiffusé du 30 octobre 1940. *Discours aux Français, op. cit.*

25. AN 3 W 109. Lettre de Brinon à Laval, 4 décembre 1940.

26. JM/Ab. 135 IV. Témoignage d'Eugen Feihl, déjà cité.

27. Anciennes archives du Rectorat de Paris, carton 7.

28. *Journal officiel*, 3 novembre 1940.

29. 3 W 107. Ordre de mission du 25 novembre 1940.

30. Édouard Daladier, *Journal de captivité*, Calmann-Lévy, 1991, « 7 novembre 1940 ».

31. *Paris-Soir*, 7 novembre 1940.

32. Riksarkivet (Archives nationales suédoises), HP. 380. Rapport du ministre Hennings, 10 novembre 1940.

33. AN 3 W 111. Note du professeur Basdevant, 8 novembre 1940.

34. JM/Ab. 68/III n° 1216 du 15 novembre 1940. Télégramme de Schleier à Abetz. La note confidentielle remise par Brinon fit l'objet d'un compte rendu allemand par télégramme n° 1157 du 11 novembre 1940.

35. AN 3 W 109. Lettre de Brinon à Laval, 4 décembre 1940.

36. AN 3 W 110. Procès-verbal de l'interrogatoire et de confrontation de Pierre-Étienne Flandin à l'infirmerie de Fresnes, 1er février 1945.

37. DFCAA, t. V, Appendices ; AN 3 W 110.

38. *Ibid.*

39. *Ibid.*

40. *Ibid.*

41. Témoignage de Speidel, dans *Paris in the Third Reich, op. cit.*

42. JM/AB. 78/III. Télégramme d'Abetz à Ribbentrop, 11 décembre 1940.

43. AN 3W 108. Note d'Henry-Haye à Pierre Laval à l'attention de M. de Brinon, 10 décembre 1940.

22
Le cloître des hépatiques

1. AN 3W 107. Note du secrétariat général de la présidence du Conseil, 29 novembre 1940.

2. Riksarkivet (Archives nationales suédoises). HP, 380. Rapport du 29 novembre 1940.

3. AN 3W 107. Lettre de Brinon à Abetz, 11 décembre 1940.

4. AN 3W 107. Message du maréchal Pétain à P. Laval, 12 décembre 1940.

5. AN 45 AS 71. Rapport du général de La Laurencie, lettre du 7 novembre 1940.

6. *Ibid.* Lettre du 14 novembre 1940.

7. *L'Œuvre*, 18 novembre 1940.

8. AN 45 AS 71. Rapport du général de La Laurencie, note III. « Les journées historiques de 1940 ». « La journée du 9 décembre à Vichy. »

9. AN 411 AP 3.

10. AN 2 AV 1 à 3. Entretien Simone Mittre-Chantal Bonazzi, 10-16 mars 1981.

11. *La Vie en France sous l'Occupation*, Institut Hoover, t. III. Témoignage de Paul Luquet, 1er juin 1948. Cf. aussi AN 411 AP 6. « Le 13 décembre », note de Brinon.

12. *Lettres et notes de l'amiral Darlan*, Éditions Economica 1992, colligées par H. Coutau-Bégarie et C. Huon, p. 204, « 13 décembre 1940 ».

13. Collection privée.

14. AN. Cf. note 10.

15. Témoignage d'André Luquet. Cf. note 11.

16. *L'Illustration*, 21 décembre 1940. Déclarations d'Abetz et de Brinon. AN 3W 109. Un laissez-passer rédigé en allemand et en français invitait la personne

nommée à se présenter le 14 décembre 1940 à minuit moins le quart aux Invalides pour la remise des restes du duc de Reichstadt.

17. *Lettres et notes de l'amiral Darlan*, op. cit. Entretien du 15 décembre 1940 réunissant Abetz, Schleier, Acherbach, amiral Darlan, général Laure, commissaire de la marine Fatou.

18. JM/Ab. 84/III.

19. JM/Ab. 84/III. Télégramme n° 1556, 18 décembre 1940.

20. AN 3 W 107. Scellé n° 15. Télégramme de Paul Baudouin, 18 décembre 1940 à une heure moins dix.

21. AN 3 W 101. Message de Brinon, 7 janvier 1941.

23
L'ensevelissement

1. AN 45 AS 71. Note III. Cf. aussi Guillain de Bénouville, *Le Sacrifice du matin*, Robert Laffont, 1946, chap. XIX, pp. 167-168.

2. JM/Ab. s/dossier 3, cote 80 et cote 86.

3. Procès du maréchal Pétain, 11ᵉ audience, 3 août 1945.

4. AN 3 W 107. Message à M. de Brinon, 20 décembre 1940.

5. *Ibid.*

6. AN 3 W 107. « Instructions pour M. de Brinon », 21 décembre 1940.

7. A. Hillgruber, *Les Entretiens secrets de Hitler*, op. cit., « Notes sur l'entretien entre le Führer et l'amiral Darlan, 25 décembre 1940 ». De son côté, Darlan rédigea un compte rendu comprenant d'intéressantes remarques psychologiques ; cf. *Lettres et notes de l'amiral Darlan*, op. cit., n° 150.

8. AN 3 W 107. Rapport de Brinon au maréchal Pétain, 29 décembre 1940.

9. AN 3 W 107. Message à Brinon, 7 janvier 1941.

10. AN 3 W 107. Brinon au général Laure, 9 janvier 1941.

11. AN 3 W 107. Rapport de Brinon au maréchal Pétain, 11 janvier 1941, 9 pages.

12. JM/Ab. 133/III. Berlin, 8 janvier 1942, Weizsacker à Ribbentrop.

13. JM/Ab. 135/III. Abetz à Ribbentrop, 10 janvier 1941.

14. JM/Ab. 137/III, 13 janvier 1941.

15. *Ibid.*

16. JM/Ab. 147/III, 15 janvier 1941.

17. *Lettres et notes de l'amiral Darlan*, op. cit., n° 153, 18 janvier 1941.

18. AN 3 W 107. Rapport de Brinon au maréchal Pétain, 22 janvier 1941.

19. *Ibid.*, 30 janvier 1941.

20. JM/Ab. 165/III n° 451. Abetz à Ribbentrop, 8 février 1941.

21. *Lettres et notes de l'amiral Darlan*, op. cit., n° 150, 28 janvier 1941. Cf. aussi DFCAA, t. IV, note 11878, 22 janvier 1941.

22. JM/Ab. 168 bis/III. Dossier du Führer, 11 janvier 1941.

23. *Ibid.*, 13 février 1941.

24. AN 3 W 107. Lettre de Darlan à Brinon, 10 février 1941.

25. JM/Ab. 171/III n° 519. Message d'Abetz, 15 février 1941.

26. *Ibid.*

27. AN 3 W 111. Allocution de Brinon au banquet du groupement de presse de Paris, 1ᵉʳ février 1941.

24
« *La Maison de France* »

1. AN 3 W 107. Présidence du Conseil, n° 2059 SG, 20 décembre 1940.

2. AN 3 W 107. Message de Brinon au général Laure, 11 janvier 1941.

3. AN 3 W 111. Visite du général von Stulpnagel à Brinon, 29 ou 30 janvier 1941.

4. JM/Ob-Kn. 3 Ann I/A. Déposition d'Oberg. Direction des bureaux de documentation en Allemagne, 9 décembre 1945. Document n° F 779 du ministère public. Interrogatoire du 30 mars 1946 à Nuremberg par Henry Monneray. Interrogatoire de Knochen par la Direction des renseignements généraux, 3e audition, 24 décembre 1946.

5. AN 486 AP 2. Archives du général Bridoux. Lettre du général Bridoux à l'amiral Darlan, 13 décembre 1941.

6. *Ibid.*

7. AN 486 AP 2. Inventaire dressé par le général Bridoux, 1er avril 1941.

8. AN 486 AP 2. Dossier 3.

9. AN 3 W 107. Note de Brinon, 1er février 1941.

10. AN 3 W 109.

11. AN 3 W 107. Lettre de Brinon au maréchal Pétain, 24 avril 1941.

12. William Langer, *Le Jeu américain à Vichy* (*Our Vichy Gamble*), Plon, 1948.

13. JM/AB. 201/III n° 1270. Abetz à Ribbentrop, 24 avril 1941.

14. AN 3 W 107. Instruction de mission 3514 SG, 11 août 1941.

15. JM/Ab. 205/III n° 1376. Rapport d'Abetz à Ribbentrop, 5 mai 1941.

16. *Ibid.*

17. *Ibid.*

18. JM/AB. 225/III n° 1728. Télégramme d'Abetz au Dr Schwartzmann, collaborateur de Ribbentrop, 8 juin 1941.

19. JM/Ab. 209/III. Direction commerciale 110. Berlin, 8 mai 1941. De Wiehl à Ribbentrop.

20. AN 3 W 107. Lettre de Brinon au maréchal Pétain, 8 mai 1941.

21. *Ibid.*

22. *Documents diplomatiques suisses*, t. XIV. Document 140 E 2809 1/2, 16 décembre 1941.

23. A. Hillgruber, *Les entretiens secrets de Hitler*, op. cit., n° 77 : « Notes sur l'entretien entre le Führer et l'amiral Darlan, le 11 mai 1941, au Berghof. »

24. *Ibid.*

25. *Ibid.*

26. *Ibid.*

27. *Ibid.*

28. J. Benoist-Méchin, *De la défaite au désastre*, t. I : *Juillet 1940-avril 1942*, Albin Michel, 1984.

29. *Le Procès Benoist-Méchin*, Albin Michel, 1948, compte rendu des débats, audience du 30 mai 1947.

30. AN 3 W 109. Lettre de Brinon à Darlan, 14 mai 1941.

31. JM/Ab. n° 1480. Abetz à Ribbentrop, 14 mai 1941.

32. *Lettres et notes de l'amiral Darlan*, op. cit., n° 198. Communication au Conseil des ministres, 14 mai 1941.

33. AN 3 W 110 ; DFCAA, t. IV, annexe au compte rendu n° 59. Les Protocoles de Paris, 21-28 mai 1941.
34. J. Benoist-Méchin, *De la défaite au désastre, op. cit.*, t. I, p. 128.
35. *Ibid.*
36. JM/Ab. 234/III. Note de Ritter à Ribbentrop, 26 juin 1941.

25
« Sühne *: expiation* »

1. AN 33 AP 40. Déclaration d'Adrien Marquet à son procès.
2. *La Vie en France sous l'Occupation*, t. II, témoignage de Xavier Vallat.
3. Préface de Xavier Vallat au livre de Gabriel Maglaive : *Juif ou Français*.
4. Serge Klarsfeld, *Vichy-Auschwitz*, Fayard, 1983, t. I, chap. 1.
5. Knochen fut soumis à des interrogatoires conduits par le commissaire divisionnaire Marc Bergé de la Direction des Renseignements généraux, et comportant six procès-verbaux totalisant cent vingt-sept pages d'une dactylographie serrée.
6. JM/Ob-Kn. Interrogatoire de Knochen, 6 janvier 1947, 5ᵉ audition.
7. Collection privée. Cour de justice du département de la Seine. 1ʳᵉ division, CC-CJ 44, Service central, 25 novembre 1944.
8. JM/Ob-Kn. Cf. note 6.
9. JM/Ob-Kn. 169 II, 14 mars 1950 et 173 II/E, 25 mars 1950. Témoignage de Victoria Visciano.
10. JM/Ob-Kn. 9 IIIB/C. Villa Boemelburg : 40, avenue Victor-Hugo à Neuilly-sur-Seine.
11. AN 3 W 107. Télégramme du 8 juin 1941 à 11 h 15.
12. AN 3 W 107. Télégramme du 8 juin 1941.
13. *Carnets du pasteur Boegner*, « 15 juin 1941 », Fayard, 1992.
14. AN 411 AP 2. Lettre de Philippe de Rothschild, 1ᵉʳ janvier 1942.

26
Premier voyage à l'Est

1. *Revue d'histoire de la Deuxième Guerre mondiale*, n° 64 : « Sur la propagande ».
2. JM/Ab. 326/III n° 1 du 23 juillet 1942. Message d'Abetz à Ritter.
3. AN 3 W 110. Rapport de Lehrer à MBF, 16 juin 1941.
4. AN 411 AP 3. Lettre de Jean Fontenoy, 12 juin 1943.
5. AN 411 AP 3. Lettre de Madeleine Charnaux, 12 juin 1943.
6. AN 3 W 110. Rapport de Brinon au maréchal Pétain, 19 août 1941.
7. Archives Castelain. « Affaire des magistrats. » Déposition de J.-P. Ingrand, 2 juin 1945.
8. AN 3 W 110. Procès-verbal d'interrogatoire de Brinon, 17 juillet 1945.
9. AN F1 BI 1084. « Note justifiant mon activité ». J.-P. Ingrand, 30 octobre 1944, 9 pages.
10. Les journaux parisiens des 23-24 août 1941.
11. Archives Castelain. Cf. note 7.

12. AN 3 W 110. Message téléphoné de Brinon, 22 août 1941.

13. *Journal officiel*, 23 août 1941. Cette loi porte la date du 14 août quand ses premiers éléments furent conçus. Cf. aussi note 7.

14. *Ibid.*

15. AN 3 W 110. Procès-verbal d'interrogatoire Brinon, 17 juillet 1945.

16. Sur la personnalité des condamnés et des magistrats, se reporter au livre d'Hervé Lamarre, *L'Affaire de la Section spéciale*, Folio, 1975.

17. AN 3 W 110. Communication de Brinon, 22 août 1941. Cf. Louis Noguères, *Le Véritable Procès du maréchal Pétain*, Fayard, 1955, pp. 334-335.

18. JM/Ab. 242/III. Rapport du consul général Otto Hagerdorn.

19. AN 3 W 110. *L'Émancipation nationale*, 6 septembre 1941. Déclaration de Brinon.

20. Archives Perrine de Brinon. Lettre de la comtesse Greffuhle à Mme Jeanne de Brinon, 6 mai 1941.

21. *Ibid.* Lettre du 1er août 1942.

22. *Journal officiel*, 7 septembre 1941.

23. AN 3 W 110. Réunion à la DGTO, 23 septembre 1941.

24. *Les Nouveaux Temps*, 25 septembre 1941.

25. *Le Matin*, 5 août 1941.

26. Joseph Billig, *Le Commissariat général aux questions juives*, Éditions du Centre, 1955, t. I, pp. 139-140, Cf. aussi Marc Knobel, *De l'étude des juifs chez Georges Montandon*, IHTP, fascicule II, dans *Les Relations franco-allemandes dans les années trente*, décembre 1990.

27. AN F60 1485 DGTO.

28. *Au pilori*, 2 octobre 1941.

29. AN 411 AP 5.

30. AN 3 W 107. Rapport de Brinon, non daté, 9 pages.

31. *Ibid.*

32. AN 3 W 110. Rapport de Brinon à Pétain sur son voyage en Allemagne et ses divers entretiens, 31 octobre 1941.

33. AN 411 AP 6. Déclaration de Brinon à la presse, 5 novembre 1941.

34. AN. Cf. note 32.

35. *Ibid.*

36. *Ibid.*

37. *Ibid.*

38. JM/Ab. Télégramme d'Abetz au cabinet du ministre des Affaires étrangères, train spécial Westfalen.

39. *La Persécution des juifs dans les pays de l'Est*, Recueil de documents, présenté à Nuremberg, Éditions du Centre, 1949.

40. *Ibid.*

41. *Ibid.*

42. AN 411 AP 6. Déclaration de Brinon à la presse, 5 novembre 1941.

43. *Ibid.*

44. *Ibid.*

45. Louis Noguères, *Le Véritable Procès du maréchal Pétain*, op. cit., p. 357.

46. AN 486 AP 2. Rapport du capitaine Caboche, 19 décembre 1941.

47. AN 3 W 110. Rapport de Brinon au maréchal Pétain, 31 octobre 1941.

48. AN 411 AP 6. Cf. note 42.

49. AN 3 W 112.

27
Retour sans fanfare

1. AN 3 W 110. Rapport de Brinon, 7 novembre 1941.
2. *Ibid.*
3. *Ibid.*
4. AN 3 W 111. Lettre de Brinon à Darlan, 10 novembre 1941.
5. JM/Ab. 264/III n° 3431 du 3 novembre 1941. Télégramme du 4 novembre d'Abetz à Ribbentrop et à la Commission d'armistice de Wiesbaden.
6. JM/Ab. 268/III n° 1249 du 11 novembre 1941. Télégramme de Ribbentrop à Abetz.
7. AN 3 W 108. Note d'Abetz à Brinon, 19 novembre 1941.
8. JM/Ab. 27 : III RAM 247/4 I GRS, 8 décembre 1941.
9. *Ibid.*
10. JM/AB 270/III. Compte rendu de Saint-Florentin, 1er décembre 1941.
11. Déclaration de Brinon à la presse, le 2 décembre 1941.
12. AN 3 W 107. Lettre de Brinon au ministre plénipotentiaire Hemmen, président de la délégation économique à la Commission d'armistice de Wiesbaden. Hemmen s'était fait le porte-parole outragé de Ribbentrop par cette intrusion de Darlan et de Goering dans le domaine diplomatique.
13. DFCAA, t. V, annexe IV du « Dossier Vignol », p. 379.
14. AN 3 W 108. *Journal officiel*, 18 mai 1940.
15. AN 3 W 108. Affaire des gardes territoriaux. Lettre de Brinon à Darlan, 12 août 1941.
16. AN 411 AP 6. Note de Brinon pour l'instruction de son procès, VII.
17. Presse parisienne, 13 décembre 1941.
18. AN 3 W 107. Message du 16 décembre 1941 de Brinon à Pétain et à l'amiral Darlan. Darlan avait rencontré le 12 décembre à Paris le général von Stulpnagel qui lui avait fait part des représailles qu'il avait l'intention d'appliquer après les attentats.
19. AN 3 W 107.
20. Archives Perrine de Brinon. Télégramme de Brinon à Goering, 7 décembre 1941.
21. Documents diplomatiques suisses, t. XIV. Document 147 E 2300 Paris 95. Walter Stucki au chef du département politique Pilet Golaz, 8 janvier 1942. Cf. aussi Edgar Bonjour, *Histoire de la neutralité suisse*, La Baconnière, 1970, t. V.
22. JM/Ab. 298 :III, 9 janvier 1942. Télégramme n° 52 du conseiller Struve à Schleier.
23. Article du 8 janvier 1941 signé Celsius et rédigé par A. François-Poncet.
24. JM/Ab. 276/III n° 64, janvier 1942. Rapport du conseiller Rahn au ministère de la Propagande.
25. *Gringoire*, 26 janvier 1942. Déclaration de Brinon à ce journal.
26. AN 3 W 111. Déclaration de Brinon à la presse, 28 janvier 1942.
27. AN Z 6 non-lieu 15352. Dossier des déjeuners de la Table Ronde.
28. *Ibid.*
29. AN 474 AP 1 et 2. Lettre de Brinon à l'amiral Darlan, 13 mars 1942.
30. *Ibid.*
31. *Ibid.*

32. *Ibid.*
33. *Ibid.*
34. AN 411 AP6. Note de Brinon pour l'instruction de son procès, VI.
35. AN 3 W 107. Lettre de Darlan à Brinon, 24 juin 1941.
36. AN 411 AP 6. Note de Brinon.
37. Collection privée. Affaire René Pineton de Chambrun. Cour de justice. Exposé des motifs.
38. AN 411 AP 6. Note de Brinon.
39. JM/Ab. 285bis/III n° 1307. Télégramme d'Abetz à Ribbentrop, 27 mars 1942.
40. AN 411 AP 6. Copie des notes sténographiées de Brinon, scellé 39.
41. Archives Perrine de Brinon. *Le Réveil de la Creuse*, n° 3786, 23 octobre 1942.
42. Cf. note 40.
43. *Ibid.*
44. Acte constitutionnel n° 11, 18 août 1942.

28
Cloaca maxima

1. AN 3 W 109. Déposition de la concierge de l'immeuble. Brinon résiliera le bail en juillet 1942.
2. AN 3 W 107.
3. AN 411 AP 2.
4. Collection privée, 10-11-44/10. Préfecture de police, 17 juillet 1941.
5. *Ibid.*
6. AN 411 AP 2. Lettre de Mme de Faucigny-Lucinge à Brinon, 12 septembre 1941. Le 20 février 1943, par lettre, Darquier de Pellepoix, commissaire général aux questions juives, informera Brinon que la princesse de Faucigny-Lucinge avait fait donation de l'hôtel à ses deux filles (demi-juives) mariées respectivement au prince de Broglie et au comte d'Andigné : « Par conséquent cet immeuble est redevenu aryen. » Et Darquier informait Brinon que désormais il aurait à traiter directement avec les donataires.
7. AN 411 AP 7. Lettre de Gabrielle Dorziat, 15 décembre 1941.
8. Jean Cocteau, « Salut à Breker », *Comœdia*, 23 mai 1942.
9. Archives Perrine de Brinon. Réception en l'honneur de Breker. Allocution de Brinon.
10. AN 411 AP 5, 25 mai 1941.
11. AN 411 AP 5.
12. *Ibid.*
13. *Ibid.*
14. *Ibid.*
15. Archives Pierre Benoit. Lettre d'Henry Bordeaux à Mᵉ Maurice Garçon, 3 mars 1946.
16. Archives Pierre Benoit. Lettre de l'amiral Lacaze, 22 mars 1946.
17. AN 3 W 107 et C.P. 10-11-44/01. Ordre de réquisition du 17 juillet 1941 signé du préfet de la Seine Charles Magny. Décision du 21 juillet fixant le loyer de l'hôtel particulier 2, rue Rude, signée par Brinon.

18. Archives Castelain. Ministère de la Guerre. Service de la comptabilité centrale n° 3769-901/GBC, donnant les rémunérations du maréchal Pétain et de Brinon. 21 avril 1945.

19. JM/Ob-Kn. 9/X/Aa.

20. JM/Ob-Kn. 3/VIII A, n° 1629 PS/28.

21. JM/Ob-Kn. 5/VIII/A.

22. JM/Ob-Kn. 37/VIII/A. Déposition d'Otto von Stulpnagel à l'instruction de son procès, alors qu'il était emprisonné au Cherche-Midi, peu de temps avant qu'il ne se pende dans sa cellule.

23. JM/Ob-Kn. 15/VIII/A.

24. *Ibid.*

25. JM/Ob-Kn. 17/VIII/A. Lettre de Stulpnagel, 21 octobre 1941.

26. JM/Ob-Kn. 23/VIII/A. Lettre de Stulpnagel, 8 novembre 1941.

27. JM/Ob-Kn. 25/VIII/A. Chef de la police de sûreté et du SD. 143/41 du 6 novembre 1941. Affaire secrète du Reich et direction de la police judiciaire n° F64492. Parquet de la Seine 2525 (2).

28. *Ibid.*

29. *Ibid.*

30. JM/Ob-Kn. 26/VIII/A. Lettre du haut commandant de l'armée, 26 décembre 1941.

31. JM/Ob-Kn. 27/VIII/A. Lettre d'Abetz, 2 février 1942.

32. JM/Ob-Kn. 28/VIII/A/ Télégramme du 5 février 1942 de Stulpnagel au haut commandement de l'armée.

33. JM/Ob-KN. 16/II/A A1 n° 1002/41-151 Fr. Message du 2 décembre 1941.

34. AN 3 W 107. Lettre de Brinon à l'amiral Darlan, 2 février 1942.

35. *Paris-Soir*, 26 février 1942.

36. JM/Ob-Kn. 1 annI/B. Interrogatoire de Knochen du 4 janvier 1947. JM/Ab. s/dossier VI. Lettre d'Abetz à Zeitschel, 1er mars 1941.

37. *Au pilori*, 2 octobre 1941. « Vive les Juifs ! » L.-F. Céline.

38. AN F 60 DGTO. Correspondance avec des particuliers 1491-1497. Céline à Brinon, 2 juillet 1941. Céline était intervenu par lettre le 27 juin. Aussitôt Brinon avait agi, mais l'exécution eut lieu le 28. Il avait été alerté par le Dr Tuset, de Quimper, qui le remerciera de sa démarche par lettre du 30 juin.

39. Même cote que note 38. Lettre de Céline non datée.

40. JM/Ob-Kn. 60/II A. Ordre du Führer du 2 mars 1942, et 1/II c-a, note du 18 mars 1942, à Paris, destinée à Schleier, à Achenbach et au consul général Quiring.

41. JM/Ob-Kn. 53/ANN I/B. Propos d'Oberg à Knochen. Audition de Knochen, 20 novembre 1946.

42. JM/Ob-Kn. 3/AnnI-a. Direction des bureaux de documentation en Allemagne, 19 décembre 1945.

43. *Ibid.*

44. JM/Ob-Kn. 125/IX/Ab. Interrogatoire de Knochen, 6 janvier 1947.

45. JM/Ob-Kn. 36/IX/Ab. Interrogatoire de René Bousquet, 1er septembre 1948.

46. Cf. note 42.

47. Cf. note 44.

48. JM/Ob-Kn. Télégramme de Schleier, 11 septembre 1942.

49. JM/Ob-Kn. 125/IX/Ab. Interrogatoire de René Bousquet.

50. AN 334 AP 40.

51. JM/Ob-Kn. 11/amIB. Interrogatoire de Knochen, 4 janvier 1947.

52. JM/Ob-Kn. 34/IX A : a. Déclaration de Bousquet à la réunion de police franco-allemande du 16 avril 1943.
53. JM/Ob-Kn. 3/Ann I/A. Synthèse des activités du SS *Obergruppenführer* K.A. Oberg, avril 1942-août 1944. Fait le 9 mars 1945.
54. JM/Ob-Kn. 34 II A MBF b° 16/1942 et 36 II A Ref V in 100/1 1400/42.
55. JM/Ob-Kn. 24/II A OK/WEST/42, 10 mars 1942.
56. Direction des Renseignements généraux. Interrogatoire de Knochen, 4 janvier 1947.
57. Archives Castelain, DGTO, Paris, 30 mai 1942.
58. *Ibid.* Et circulaire du 30 mai 1942 de G. Tanguy, directeur de la police judiciaire.
59. Collection privée. 1011-44/1 C6/dossier n° 1. Lettre de l'ambassadeur de France à messieurs les préfets, 21 juin 1941. Circulaire signée par Brinon sur papier à en-tête du Commissariat général aux questions juives.
60. Jacques Copeau, *Journal 1916-1948*, Seghers, 1991, t. II, « 12 juin 1942. »
61. AN F60 1685. Lettre du maréchal Pétain à Brinon, 12 juin 1942.
62. JM/Ob-Kn. Carton VIII C. Compte rendu de Hagen.
63. JM/Ob-Kn. 1/VIII/H, 26 septembre 1949.
64. AN 411 AP 2.
65. JM/Ob-Kn. Carton 8/VIII C. Message du 10 juillet 1942.
66. AN 411 AP 7.

29
Mesures d'expiation

1. JM/Ob-Kn. Cette liste et ses variantes figurent dans plusieurs dossiers des archives concernant Oberg et Knochen.
2. JM/Ob-Kn. Message de Schleier, 11 septembre 1942.
3. JM/Ab. Lettre d'Abetz à Ribbentrop, non datée.
4. C.P. Préfecture de la Seine. Rapport du secrétaire général à M. le préfet, 11 juillet 1942 ; Direction des affaires économiques et sociales de la préfecture de la Seine, 11 juillet 1942. Compte rendu par M. Garnier, sous-directeur, de la conférence tenue au Commissariat général aux questions juives le 10 juillet 1942.
5. *Ibid.*
6. Archives de Paris 6096/70/1, liasse 476.
7. *Ibid.*
8. Archives de Paris 1011/44/1, carton 20.
9. Archives de Paris. 1096/70/1, liasse 476, facture du 11 novembre 1943.
10. *Ibid.*
11. Archives de Paris. Préfecture de la Seine. Réquisition allemande. Affaire du Vélodrome d'Hiver, 8 mai 1944.
12. *Ibid.*
13. *Carnets du pasteur Boegner, op. cit.*
14. *Ibid.*
15. *Ibid.*
16. Edgar Bonjour, *Histoire de la neutralité suisse, op. cit.*, 17 décembre 1942.
17. *Carnets du pasteur Boegner, op. cit.*

18. JM/Ob-Kn. 28/VIII/E. Procès-verbal d'interrogatoire et de confrontation de René Bousquet, 1er octobre 1948.

19. Parquet général. 1320 W c. 138. Dossier 368. Séquestre de biens ennemis. Général de la Luftwaffe, Paris 26 juin 1942 : « Exposé sur l'achat des Gobelins de la famille marquis de Sèze. » Et lettre du ministre de l'Éducation nationale, René Capitant, à M. le directeur des Arts et Lettres, 3 mars 1945.

20. AN. Cf cote à la note 38 chapitre 28. Lettre de Brinon au SS- *Sturmbannführer* Boemelburg.

21. AN 486 AP 7. Général Bridoux, « Souvenirs de Vichy », 19 et 21 août 1942.

22. AN 3 W 110. Message du commandant en chef de la région Ouest (O.K. West)

23. AN 3 W 111. Remerciements à l'O.B. West, sans date.

24. AN 3 W 107. Vichy, 21 août 1942 à 18 h 40, message n° 514.

25. AN 3 W 110. 22 août 1942.

26. AN 3 W 110. Message de Brinon, 13 août 1942.

27. AN 3 W 110.

28. AN 486 AR 7. Général Bridoux, « Souvenirs de Vichy », 14 juin 1942. Et 3 W 110. P-V interrogatoire de Brinon, 20 juillet 1945.

29. JM/Ab. Télégramme d'Abetz à Ribbentrop n° 4367, du 30 septembre 1942.

30. JM/Ob-Kn. 118/IX/Ab. Message n° 57, du 10 janvier 1943.

31. JM/Ob-Kn. 119/IX/Ab. Message de Laval au major Humm, agent de liaison du MBF, 6 novembre 1942.

32. JM/Ab. Télégramme du 9 décembre 1942 de Schleier aux Affaires étrangères à Berlin.

30
Les deux bouts de la corde

1. *Aujourd'hui*, 18 juin 1942.

2. Loi du 4 septembre 1942 relative à l'utilisation et à l'orientation de la main-d'œuvre.

3. AN 486 AP 7. Général Bridoux, « Souvenirs de Vichy », *op. cit.*, 8 novembre 1942.

4. *Ibid.*, 9 novembre 1942.

5. Comte Galeazzo Ciano, *Journal politique*, t. II, 10 et 11 novembre 1942.

6. *Ibid.*

7. JM/Ab. 344bis/III n° 5109 du 11 novembre 1942. Télégramme de Schleier à Ribbentrop.

8. AN 486 AP 7. Général Bridoux, « Souvenirs de Vichy », *op. cit.*

9. JM/Ab. sous-dossier III. Message de Brinon à Laval, 13 novembre 1942 ; AN 3 W 108.

10. *Ibid.*

11. JM/Ob-Kn. 411 B/b n° 5158 du 13 novembre 1942. Message d'Abetz à Ribbentrop.

12. JM/Ab. sous-dossier III, cotes 1 et 3, message n° 61 de Brinon à Laval, 14 novembre 1942 ; AN 3 W 108.

13. AN 3 W 106. Message d'Abetz, 14 novembre 1942.

14. AN 411 AP 6. Notes de Brinon, scellés n°s 7 et 39, le 8 juin 1945, 33 pages.

15. *Ibid.*
16. *Ibid.*
17. *Ibid.*
18. AN 3 W 106. Télégramme de Brinon à Laval.
19. Cf. note 14.
20. Joseph Barthélemy, *Mémoires 1941-1948*, Éditions Pygmalion, 1989, section III.
21. Acte constitutionnel n° 12 du 17 novembre 1942. Le 27 novembre, l'acte constitutionnel n° 12 bis accordait clairement au chef du gouvernement l'exercice du pouvoir législatif.
22. Philippe Pétain, *Discours aux Français, op. cit.* ; message du 16 novembre 1942.
23. Cf. note 14.
24. Philippe Pétain, *Discours aux Français, op. cit.*, message du 16 novembre 1942.
25. AN 3 W 106. Discours de Laval daté par Brinon : 19 novembre 1942, 8 heures du soir.
26. *Le Moniteur*, 10 décembre 1942. *Le Progrès*, 10 décembre 1942. *Aujourd'hui*, 9 décembre 1942. Déclaration de Brinon du 9 décembre 1942.
27. *Le Moniteur*, 19 décembre 1942. *Le Cri du peuple*, 19 décembre 1942. *Paris-Soir*, 20 décembre 1942. *Le Progrès*, 21 décembre 1942.
28. Déclaration de Brinon à la presse, 23 novembre 1942.
29. *Pariser Zeitung*, 10 janvier 1943 cité par *Aujourd'hui*, 11 janvier 1943.
30. *Radio-Patrie* : « La Galerie des traîtres », 21 février 1943.
31. AN 3 W 110. Rapport transmis par Brinon au chef d'état-major (colonel Speidel) du commandant militaire allemand en France, janvier ou février 1942.
32. *Ibid.*
33. JM/Ab, s/dossier III, message n° 60 de Brinon à Laval, Paris, 13 novembre 1942. Cf. aussi AN 3 W 109.
34. AN 486 AP 7. Général Bridoux, « Souvenirs de Vichy », *op. cit.*, 27 novembre 1942.
35. JM/Ab. 385/III. Télégramme de Schleier n° 124, 7 janvier 1943.
36. JM/Ab. 383/III. Télégramme de Schleier n° 27, 4 janvier 1943.
37. JM/Ab. 37 : II. Commentaire de M. Lalouette, représentant du ministère des Affaires étrangères à la délégation française au Tribunal militaire international, 19 avril 1946.
38. JM/Ab. 19/I c. Témoignage d'Erna Noah, 28 février 1946. Cf. aussi 74/I, 16 octobre 1945.
39. AN 3 W 112. Schleier transmet par télégramme n° 5548 du 30 novembre 1942 une lettre de Brinon de la même date.
40. Comte Galeazzo Ciano, *op. cit.*, 18 décembre 1942.
41. *Ibid.*
42. AN 3 W 112. Télégramme de Schleier au ministère des Affaires étrangères du Reich (sans numéro), 18 décembre 1942.
43. *Ibid.*

31
« L'ami du petit déjeuner »

1. AN 411 AP 8. Simone Mittre à Me Campana.
2. *Ibid.*
3. *Ibid.*
4. AN Z6 n.1. 10774. Témoignages d'Hippolyte Jammet, propriétaire de l'hôtel Bristol, et de Robert Fabre, sous-directeur, 29 août 1947.
5. Même cote. Témoignage de Mathilde Pommès.
6. AN 411 AP 5. Sans date.
7. AN 411 AP 6. Déposition de Jacques Fournier, 8 avril 1946.
8. JM/Ob-Kn. Carton 3 A dossier 3/AG. Lettre de Jacques Fournier, 28 janvier 1950.
9. Procès Brinon. Audience du 5 mars 1947.
10. *Ibid.*
11. Direction des Renseignements généraux. 5e audition de Knochen, 6 janvier 1947.
12. *Ibid.*
13. J.M/Ob-Kn. 6/dossier 4. Direction de la Sûreté (DDT). Interrogatoire de Herbert Hagen, 5 août 1947.
14. *Notre Combat*, n° 42, avril 1943.
15. *Ibid.*
16. JM/Ab. 396 bis/III n° 1784 du 19 mars 1943.
17. JM/Ab. 398 bis/III n° 1784 du 19 mars 1943.
18. JM/Ob-Kn. 10/II c/b.
19. JM/Ob-KN. 6/III c/b. Interrogatoire d'Henry Cado, adjoint de René Bousquet, 13 octobre 1944.
20. JM/Ob-Kn. Synthèse des activités du SS *Obergruppenführer* K.-A. Oberg en France, déjà cité.
21. JM/AB. 266/III. Communication de Schellenberg, chef de la police de sûreté et du SD. Berlin, 8 novembre 1941. Cf. aussi 433/III, n° 4504 du 6 juillet 1943, Schleier à Ribbentrop.
22. JM/Ob-Kn. c/Ann I B. Interrogatoire de Knochen, 6 janvier 1947.
23. *Ibid.*
24. JM/Ob-KN 1 : Ann I A. Interrogatoire d'Oberg, 15 janvier 1946.
25. JM/Ab. sous-dossier n° 5. Télégramme de Schleier au ministère des Affaires étrangères du Reich, 14 mars 1943.
26. JM/Ob-Kn. 2/IX/Bb. Déposition du colonel Barré, 12 juin 1948.
27. JM/Ob-Kn. 2/IX/Ba n° 684 du 12 mars 1943. Télégramme de Ribbentrop à Schleier.
28. JM/Ob-Kn. 4/IX/Ba n° 1934 du 26 mars 1943. Réponse de Schleier à Ribbentrop.
29. JM/Ob-Kn. Cf. note 24.
30. JM/Ob-Kn. Cf. note 22.
31. Direction des Renseignements généraux. 4e audition de Knochen, 4 janvier 1947.
32. JM/Ob-Kn. 38/IX/Aa. n° 2589 du 24 avril 1943. Rapport de Schleier à Ribbentrop.

33. *Ibid.*

34. AN 3 W 110. Télégramme de Brinon au Führer, 24 avril 1943.

35. AN 3 W 110 cab. 4957/G. sans date.

36. AN 3 W 110. Réception des ex-prisonniers de guerre, 24 avril 1943.

37. AN 3 W 110. Prise d'armes de la LVF aux Invalides, le 28 avril 1943 2ᵉ anniversaire de sa fondation.

38. JM/Ab. 394 bis/III nº 180/4 du 25 janvier 1943.

39. *Ibid.*

40. Serge Klarsfeld, *Vichy-Auschwitz, op. cit.*

41. Presse parisienne du 30 avril 1943.

32
Hitlergruss

1. Cf. Serge Klarsfeld, *Le Mémorial de la déportation des juifs de France.*

2. Direction des Renseignements généraux. 4ᵉ audition de Knochen, 4 janvier 1947.

3. AN 411 AP 6. Note de Brinon à propos de Léon Blum, 11 janvier 1947.

4. AN 3 W 110. Lettre de Brinon au Dr Goebbels, 17 mai 1943, 24 pages.

5. AN 3 W 110. Du Dr Goebbels à Hitler, 7 juin 1943.

6. Presse parisienne.

7. Pierre Limagne, *Éphémérides*, « 21 mai 1943 », Éditions de Candide, 1987.

8. *Ibid.*

9. *La Vie de la France sous l'Occupation, op. cit.*, t. II. Témoignage de Félix Olivier-Martin.

10. AN 3 W 110, nº DG 3753 : 43/S. 27 mai 1943.

11. JM/Ab. Télégramme de Schleier, Paris nº 3478, 29 mai 1943.

12. AN 3 W 110. Note de Brinon à Laval, 4 juin 1943.

13. AN 3 W 110. Déclaration de Brinon à la presse, 7 juin 1943.

14. JM/Ob-Kn. 1/VIII : H. 26 septembre 1949. Et 3/Ann I a. Interrogatoire d'Oberg, déjà cité.

15. « La Persécution des juifs dans les pays de l'Est », déjà cité. *Gazette de Cracovie*, 18 août 1942.

16. AN 3 W 112. Une série de photos illustrent le voyage de Brinon.

17. *Le Petit Parisien*, 7 juillet 1943. Brinon réserve ses impressions de voyage à ce journal auquel son compagnon de route Jeantet livrait ses reportages.

18. AN 3 W 110. Message nº 24 du 20 avril 1943 de Brinon à Laval. Message du 21 avril de Laval à Brinon.

19. Michel Mazor, *Le Phénomène nazi*, Éditions du Centre, 1957. « Riga, 18 juin 1943 », document nº 2607.

20. AN 3 W 111. Déclaration de Brinon faite à Vienne.

21. Archives Perrine de Brinon. Journaux divers, 21-22 juin 1943.

22. Fernand de Brinon, *Mémoires, op. cit.*

23. JM/Ab. s/dossier IV cote 543. Rapport d'activité d'Abetz, 14 juin 1940-14 juin 1941.

24. JM/Ab. 44/II. Témoignage d'Eugen Feihl, déjà cité.

25. JM/Ab. 130/IV. Interrogatoire de Venceslas Abert, 3 août 1945.

26. AN 3 W 110. Rapport du commandant Siméoni, chef de bataillon, comman-

dant le 1/638ᵉ du 22 décembre 1942 au 11 mai 1943. Fait à Versailles, le 24 juin 1943.

27. *Le Petit Parisien*, 6 juillet 1943.

28. *Le Moniteur*, 7 juillet 1943.

29. *Le Petit Parisien*, 6 juillet 1943.

30. *Ibid.*

33
Une promenade du maréchal Pétain

1. JM/Ab. 440/III n° 5024 du 27 juillet 1943. Rapport de Schleier à Ribbentrop, 24 feuillets.

2. JM/Ab. 306/III. Télégramme n° 1954 du 12 mai 1942. Abetz à Ribbentrop.

3. AN 3 W 108. Message de Brinon à Laval, juillet 1942.

4. Loi du 16 février 1943 instituant le Service du travail obligatoire (STO).

5. JM/Ob-Kn. Synthèse des activités du SS *Obergruppenführer* K-A. Oberg en France, déjà cité.

6. JM/Ob-Kn. 38/VIII Z pièce 2077/LM. Télégramme du 4 août 1943 de Kaltenbrunner à Hitler.

7. JM/Ob-Kn. 11/III D/a GZ : 5780/366/43. Rapport de Sauckel.

8. AN 3 W 108. Entretien Brinon-Schleier, août 1943.

9. JM/Ob-Kn. 11/III D/a GZ : 5780/366/43. Lettre de Sauckel au Führer.

10. JM/Ob-Kn. 13/III D/a n° 5436 du 13 août 1943. De Schleier à Ribbentrop.

11. JM/Ob-Kn. 38/IX/Aa n° 2589 du 24 mars. Rapport de Schleier, 13 pages.

12. Cf. note 5.

13. AN 3 W 108. Message n° 266 du 14 janvier 1944 de Brinon à Laval.

14. JM/Ob-Kn. I/A 27 juin 1945. Interrogatoire d'Oberg au H.Q. 12th Army Group War Crime Branch. French Mission.

15. AN 3 W 108. Communiqué du *Gauleiter* Sauckel, 22 octobre 1943.

16. JM/Ob-Kn. 127 : IX/Ab. Interrogatoire de René Bousquet, 24 juin 1948.

17. JM/Ob-Kn. 4/VII/B. Interrogatoire d'Oberg 13 décembre 1949.

18. JM/Ob-Kn. 54/IX/Aa. Télégramme d'Oberg à Himmler, 18 octobre 1943.

19. JM/Ab. Message de Ribbentrop. Berlin, 28 octobre 1943. Réf. Pol II 5052 Secret 2ᵉ suite.

20. AN 2 AV 1 à 3. Entretiens S. Mittre avec Mme Bonazzi, 10-16 mars 1981

21. *Le Petit Parisien*, 20 octobre 1933.

22. JM/Ob-Kn. 50/III c/j. Message n° 695, Paris 1943.

23. JM/Ob-Kn. Message de Brinon n° 244, Paris, 13 novembre 1943.

24. JM/Ob-Kn. 48/III c/j. Message n° 708, Laval à Brinon, 16 décembre 1943.

25. JM/Ob-Kn. 49/III c/j. Brinon à Laval, 18 décembre 1943.

26. *Ibid.*

27. JM/Ob-Kn. 12/III : c/j. Interrogatoire d'Oberg, 5 octobre 1950.

28. JM/Ob-Kn. 53/III : c/j. Interrogatoire d'Abetz, 25 juillet 1950.

29. JM/Ob-Kn. Arrestations opérées le 27 décembre 1943 dans les communes de Verchany, Pontaix, Sainte-Croix et Barsac.

30. Riksarkivet (Archives nationales suédoises). HP. 384. Rapport du ministre de Suède à Vichy à son ministre des Affaires étrangères, 20 novembre 1943.

31. *Ibid.*

32. Robert Vaucher. « Retour en France. À propos d'un message qui ne fut pas radiodiffusé », *Gazette de Lausanne*, 14 avril.

33. Riksarkivet. HP. 384. Analyse effectuée par la Légation de Suède à Washington, 4 novembre 1943.

34. Louis Noguères, *op. cit.*, chap. xvi, p. 572.

35. Riksarkivet. HP. 384. Cf. note 33. Texte du message du maréchal Pétain reçu par la légation de Suède à Washington.

36. Riksarkivet. HP 384. 4 novembre 1943.

37. AN 411 AP 6. Notes de Brinon, scellés 7 et 39. Journée du 15 novembre 1943.

38. Procès d'Abetz devant le tribunal militaire permanent de Paris. Réquisitoire du capitaine Flicoteaux, p. 147.

39. JM/ab. 50/11 cote 124. Instruction du procès du maréchal Pétain.

40. *Ibid.*

41. JM/ab 476/III n° 7592 du 21 décembre 1943. Télégramme d'Abetz à Ribbentrop.

42. JM/Ob-Kn. 10/IX/Ba. Télégramme de Ribbentrop, 2 décembre 1943.

43. JM/Ab 478/III n° 7606 du 3 décembre 1943. Télégramme d'Abetz à Ribbentrop.

44. Archives Castelain. Le ministre des Affaires étrangères du Reich, Berlin, 26 décembre 1943.

45. JM/Ab. 501/III cotes 613 et 614. Haute Cour de justice. Instruction du procès du maréchal Pétain.

46. JM/Ab. 482/III n° 574 du 5 décembre 1943. Abetz à Ribbentrop.

47. AN 486 AP 7. Général Bridoux : « Souvenirs de Vichy », « 10 décembre 1943 ».

48. JM/Ab. 500/III. Lettre du maréchal Pétain au Führer.

49. JM/Ab. 500/III. Note du cabinet du maréchal Pétain, 28 novembre 1943.

50. Cf. note 48.

51. JM/Ab. 498/III n° 7990 du 28 décembre 1943. Abetz à Ribbentrop.

52. JM/Ob-Kn. 131/IX/Ab. Note du maréchal Pétain au chef du gouvernement, Vichy, 27 décembre 1943.

53. JM/Ob-Kn. 24/III :Ba. Déposition de Loustaunau-Lacau lors de l'instruction du procès Oberg-Knochen, 27 juillet 1952.

54. JM/Ob-Kn. 1 III c/c. Krug von Nidda à Ribbentrop, 6 juin 1942.

55. J.M/Ob-Kn. 11 III c/c Krug von Nidda à ambassade d'Allemagne à Paris, 9 janvier 1943.

56. Jean Chauvel rapporte la tradition des petits pains, dans *Commentaire 1938-1945, op. cit.*

34
Les plages de Normandie

1. JM/Ob-Kn. 70/VIII/D. Note d'archives de Hagen, 23 août 1943.

2. *Ibid.*

3. AN 3 W 106. Lettre du maréchal Pétain à Brinon, 24 août 1943.

4. JM/Ob-Kn. 72/VIII/D. Télégramme de Knochen à Kaltenbrunner, 25 août 1943.

5. JM/Ob-Kn. 79/VIII/D. Note d'archives de Hans Jungst, proche collaborateur d'Oberg, 27 août 1943.

6. AN 3 W 106. Scellé n° 9. Message n° 205 de Brinon à Laval, 26 août 1943.

7. JM/Ob-Kn. 74 :VIII/D. Note d'archives de Hagen, 26 août 1943.

8. JM/Ob-Kn. 77 :VIII/D. Note de Brinon à Hagen, 27 août 1943.

9. JM/Ob-Kn. 80/VIII/D. Note de Brinon à Hagen, 28 août à 19 heures.

10. JM/Ob-Kn. 87/VIII/D. Note d'archives de Hagen, 10 septembre 1943.

11. AN 3 W 106 scellé n° 9. Lettre de Brinon au maréchal Pétain, 8 septembre 1943.

12. *Ibid.*

13. *Ibid.*

14. *Ibid.*

15. AN. 3 W 106. Note de Brinon à Oberg, 23 novembre 1943.

16. JM/Ob-Kn. 8/III/A-i. Interrogatoire d'Oberg, 16 décembre 1949.

17. JM/Ob-Kn. 43/IX/Ab. Interrogatoire d'Oberg au procès de René Bousquet.

18. JM/Ab. 492/III n° 7939 du 21 décembre 1943. Télégramme d'Abetz à Ribbentrop.

19. JM/Ab. 494/III n° 7939 du 22 décembre 1943.

20. JM/Ab. 498/III n° 7990 du 23 décembre 1943. Abetz à Ribbentrop.

21. JM/Ob-Kn. 131/IX/Ab/ Note du maréchal Pétain au chef du gouvernement, 27 décembre 1943.

22. JM/Ab. 490/III n° 7899 du 19 décembre 1943. Rapport d'Abetz sur le terrorisme en France et note de Laval, 14 octobre 1943.

23. *Journal officiel*, 21 janvier 1944.

24. A-P 1011-44-01, article 10. Arrêté du 14 février 1944 signé de Joseph Darnand.

25. Même cote. Instructions de Joseph Darnand à MM. les préfets régionaux et bordereau d'envoi, 15 février 1944.

26. JM/Ob-Kn. 52/III c/j. Message n° 284 du 19 février 1944.

27. JM/Ab. 488/III. Télégramme n° 7186 du 9 février 1944 d'Abetz à Ribbentrop.

28. JM/Ob-Kn. 11/III/ B/e.

29. JM/Ob-Kn. 32/III B/d. Message n° 192 du 11 août 1943.

30. JM/Ob-Kn. 14/III B/e.

31. JM/Ob-Kn. 19/III/ B/e.

32. JM/Ob.Kn. 35/III/ B/e n° 1038 du 8 mars 1944.

33. JM. Ob/Kn. 15/IX/ Ba. Message d'Abetz n° 7779, 12 décembre 1943.

34. Walter Stucki, *op. cit.*

35. Ivan Loiseau, *op. cit.*

36. AN 3 W 108 scellé n° 33.

37. JM/Ab. 508/III n° 2130 du 9 mai 1944. Message d'Abetz.

38. AN 3 W 111. Déclaration de Brinon à Georg Schroeder, correspondant de l'agence Transocéan, Allemagne, 23 février 1944.

39. AN 3 W 110.

40. AN CJ42-4130.

41. AN 3 W 111 Brinon au maréchal Pétain, message n° 35, 24 avril 1944.

42. AN 411 AP 3. Réquisition du château de Voisins, 25 avril-3 juillet 1944.

43. AN 3 W 112. Note de Fournier à Brinon 30 mai 1944.

44. *Ibid.*

45. AN 3 W 110. Rencontre franco-allemande du 5 juin 1944.

46. AP 10-11/44/1 carton 10.

47. Collection privée. OFF. CRE. DD de Paris 07344-153-6-0900. Secrétariat général du maintien de l'ordre à préfets régionaux. Intendance maintien de l'ordre. Préfets départementaux. Sous-préfets faisant fonction de préfets en zone Nord.

48. JM/Ob-Kn. 3 : Ann IA. 9 décembre 1945. Synthèse des activités de K-A. Oberg, déjà cité.

49. JM/Ab. Réunion du 13 juin à l'ambassade d'Allemagne. Télégramme du 14 juin d'Abetz à Ribbentrop.

50. *Ibid*. AN 3 W 110. Lettre de Marion à Laval, 13 juin 1944. Lettre de Knipping à Darnand, même date.

51. AN 411 AP 3. Interfrance n° 151, 29 juin 1944. Déclaration de Son Excellence Fernand de Brinon.

52. Le discours de Brinon fut jugé si important que l'agence de presse Interfrance le reproduisit en grand format (n° 151, 28 juin 1944). Cf. aussi AN 411 AP 3.

53. AP 1011/44/01 article 10. Cabinet (permanence) de la préfecture de la Seine, 28 juin 1944 6 H. 20, poste n° 86.

54. *Le Matin*, 7 juin 1944.

55. JM/Ob-Kn. 3/VIII/C. Déclaration d'Oberg.

56. JM/Ab. sous-dossier V -330/V/7. Procès-verbal du Conseil des ministres du 12 juillet 1944 à 16 heures à l'hôtel du Parc.

57. *Ibid*.

58. *Ibid*.

59. *Ibid*.

60. *Ibid*.

61. AN 411 AP 3. Lettre de Brinon à Abetz, 15 juillet 1944.

62. CP Komdt. du Grand-Paris n° 60/44/I/Ke du 5 février 1944. Objet : sonneries des cloches d'église.

63. AN 3 W 108. Rapport du 11 juin 1944.

64. CP Police judiciaire. Brigade criminelle. 17 décembre 1945, n° 1649. Rapport de l'inspecteur principal Poiret. Rapport du 7 octobre 1945. Audition de M. Georges Suard 17 décembre 1945 par le commissaire divisionnaire Lucien Pinault.

65. JM/Ob-Kn.s/ dossier 2. Interrogatoire de Herbert Hagen, 5 août 1947. Direction de la sûreté. Surveillance du territoire.

66. AN 3 W 111. Cabinet du maréchal Pétain. Note confidentielle du 26 juillet 1944.

67. AN 3 W 108. Message n° 340 du 29 juillet 1944. De Brinon à Laval.

68. AN 3 W 108. Message n° 345 du 2 août 1944. De Brinon à Laval.

69. AN 3 W 109, août 1944.

70. AN 411 AP 7. Lettre de Brinon qui, ayant lu en prison le livre d'Adrien Dansette, *La Libération de Partis*, rectifiait les erreurs le concernant dans l'affaire Herriot.

71. Léon Blum, dans *Le Populaire*, 12 décembre 1935 et dans *L'Histoire jugera*, Éditions Diderot, 1945.

72. AN 411 AP 3. Rapport secret concernant Édouard Herriot, août 1945.

73. JM/Ob-Kn. 26/IX/Ba. Cabinet du ministre des Affaires étrangères du Reich 863/44.

74. *La Vie de la France sous l'Occupation, op. cit.*, Témoignage de Josée de Chambrun : « Édouard Herriot » à Paris en août 1944. Dans ses *Mémoires politiques*, Marcel Déat rapporte qu'il était intervenu auprès d'Abetz.

75. Riksarkivet, HP 385. Kungl. Svenska Konsultet. Rapport de Raoul Nordling, 18 novembre 1944, 18 pages.

35
« *Opération douce violence* »

1. JM/Ob-Kn. 3 Ann/Ia. Synthèse des activités du SS *Obergruppenführer* K.-A. Oberg en France, déjà cité.
2. AN 411 AP 7. Rapport Caujolle.
3. AN 3 W 110. Instruction du procès Laval, carton 131, chemise III, 1A3 pièce 9.
4. AN 3 W 112. Procès-verbal d'interrogatoire de Brinon, 27 mai 1946.
5. AN 411 AP 7. Rapport Caujolle.
6. AN 411 AP 8. Sur un bout de papier, S. Mittre notait : « A. de Ch[âteaubriant] Mme Castelot : 2 jours avant départ : le plus mauvais service rendu. Seul Bout-de-l'An n'est pas parti avec tout le monde. »
7. AN 3 W 109. Le dernier envoi d'Espagne fut expédié le 27 juillet 1944, malgré la débâcle allemande sur le front de l'Ouest. C'est le directeur de cabinet de Brinon, Pierre Roussillon, qui s'occupait de cet approvisionnement.
8. AN 411 AP 8. Relation de S. Mittre sur le départ de Paris et la suite, 16-17 août 1944.
9. AN 411 AP 8. Cf. note 6.
10. JM/Ob-Kn. Cf. note 1.
11. *Ibid.*
12. Walter Stucki, *op. cit.*
13. Archives fédérales de Berne. Département politique, E 2001(D)3/268.
14. Même cote. Note de Pierre Bonna, chef de la division des Affaires étrangères du département politique fédéral.
15. JM/Ab. « Transport de Pétain en Allemagne ». Dossier du ministre plénipotentiaire Renthe-Fink, 193 pages. Rapport de Knochen à Renthe-Fink, 12 octobre 1944.
16. Même cote que note 15. Cf. aussi JM/Ob-Kn. 6/Amm I B. Le procès-verbal de l'interrogatoire de Knochen du 6 janvier 1947 confirmant que Laval demande que son départ pour Belfort apparaisse « contraint et forcé ».
17. Même cote que note 15. Laval à Abetz, 17 août 1944.
18. Même cote. Note de Renthe-Fink.
19. Même cote.
20. Même cote. Reinebeck à Renthe-Fink, 18 août 1944.
21. Même cote. Reinebeck à Renthe-Fink, second message, 18 août 1944.
22. Même cote.
23. Même cote. Télégramme de Ribbentrop, 19 août 1944.
24. Même cote. Note de Renthe-Fink, 19 août 1944.
25. Même cote. Note de Renthe-Fink au maréchal Pétain, 19 août 1944.
26. Même cote. Télégramme de Renthe-Fink à Ribbentrop, 20 août 1944.
27. Même cote. Rapport de Böhland sur les événements du 19 août 1944.
28. Même cote.
29. Même cote. Rapport de Detering sur son action du 20 août et le départ de Vichy du maréchal Pétain.

30. Même cote.
31. Même cote.
32. Même cote.
33. Même cote.
34. Même cote. Rapport de Renthe-Fink, Belfort 22 août 1944.
35. Documents diplomatiques suisses, *op. cit.*, t. 15. Télégramme de Walter Stucki.
36. *Ibid.*
37. Walter Stucki, *op. cit.*

36
En guise d'apothéose

1. AN 411 AP 8. Récit de S. Mittre sur le départ de Paris, déjà cité.
2. *Ibid.*
3. AN 3 W 112. Aufz. RAM n° 33/44. Entretien Brinon-Ribbentrop, 23 août 1944.
4. *Ibid.*
5. *Ibid.*
6. AN 3 W 112. Procès-verbal de l'interrogatoire de Brinon, 27 mai 1946.
7. Cf. note 3.
8. *Ibid.*
9. *Ibid.*
10. JM/Ab. Papiers Renthe-Fink. « Constitution et fonction du nouveau gouvernement français », 24 août 1944.
11. AN 3 W 112. Aufz. RAM 33/44. Entretien Brinon, Darnand, Ribbentrop, 28 août 1944.
12. Entretien Ribbentrop, Déat, Marion, 28 août 1944, dans Henry Rousso, *Pétain et la fin de la Collaboration*, Éditions Complexe, 1984.
13. Henry Rousso, *op. cit.* Entretien Ribbentrop-Doriot, 30 août 1944.
14. AN 3 W 112. Aufz. RAM 36/44. Entretien Brinon-Ribbentrop, 31 août 1944.
15. *Ibid.*
16. AN 3 W 112. Aufz. RAM 37/44. Entrevue Ribbentrop, Déat, Darnand, Marion, Brinon, 31 août 1944.
17. *Ibid.*
18. *Ibid.*
19. AN 3 W 112. P-V. interrogatoire de Brinon, 27 mai 1946.
20. AN 3 W 112. Aufz. FUH. IV r 37/44. Entrevue Hitler, Brinon, etc., 1er septembre 1944.
21. *Ibid.*
22. *Ibid.*
23. *Ibid.*
24. *Ibid.*
25. *Ibid.*
26. *Ibid.*
27. *Ibid.*
28. AN 3 W 112. Procès-verbal d'interrogatoire de Brinon 27 mai 1946.

29. Archives Castelain. Note manuscrite de Brinon sur Sigmaringen destinée à son avocat.

30. JM/Ob-Kn. 68/IX/Ba et 69/IX/Ba n° 48519. Archives de France, dossier 90. Lettre de protestation de la Délégation française de la commission d'armistice adressée par le général Vignol, 29 août 1944.

31. JM/Ab. Papiers Renthe-Fink. Ordre de Ribbentrop transmis par Reinebeck, 3 septembre 1944 à onze heures du soir.

32. JM/Ab. Papiers Renthe-Fink. Visite du Dr Ménétrel et du général Debeney à Laval, 4 septembre 1944.

33. AN 3 W 112. Procès-verbal d'interrogatoire de Brinon, 27 mai 1946.

34. AN 3 W 112. Compte-rendu du général Débeney de son entretien avec Brinon à Belfort, 4 septembre 1944.

35. Louis Noguères, *La Dernière Étape, Sigmaringen*, Fayard, 1956.

36. JM/Ab. Papiers Renthe-Fink. Communiqué de l'agence OFI, 6 septembre 1944.

37. *Ibid.* Déclaration de Brinon, 6 septembre 1944.

38. *Ibid.* Note de Renthe-Fink à Pétain, 3 septembre 1944.

39. *Ibid.* Protestation du maréchal Pétain, 7 septembre 1944.

40. AN Z 6 n.1. 10774. Non-lieu en faveur de Mme de Brinon.

37
Au bord du Danube

1. AN 3 W 112. Télégramme n° 1, transmis par Abetz, 9 septembre 1944.

2. JM/Ab. 28-I-c. Témoignage de Lothar Haug, administrateur du musée de Sigmaringen.

3. JM/Ab. Papiers Renthe-Fink. Note de Renthe Fink 14 septembre 1944.

4. *Ibid.* Propos de Brinon, 16 septembre 1944.

5. *Ibid.* Rapport du 17 septembre 1944.

6. *Ibid.* Rapport du 28 septembre 1944.

7. Procès de Luchaire. Audience du 22 janvier 1946. Réquisitoire du commissaire du gouvernement Lindon, Albin Michel, 1948.

8. *La Vie de la France sous l'Occupation, op. cit..* Témoignage de Gérard Rey, t. III, p. 1253.

9. AN 3 W 112. Discours de Brinon, 1ᵉʳ octobre 1944, dans Louis Noguères, *op. cit.*

10. JM/Ab. Papiers Renthe-Fink, note du maréchal Pétain, 2 octobre 1944.

11. AN 3 W 112. Note verbale du maréchal Pétain à Brinon, 2 octobre 1944.

12. JM/Ab. Papiers Renthe-Fink. Lettre de Brinon à Pétain, 2 octobre 1944.

13. AN 3 W 112. Lettre du maréchal Pétain, 4 octobre 1944.

14. AN 3 W 112. Lettre de Brinon au maréchal Pétain, 4 octobre 1944.

15. *Ibid.*

16. AN 3 W 112. Note du Dr Ménétrel et du général Debeney au maréchal Pétain, 6 octobre 1944.

17. AN 3 W 112. Note du maréchal Pétain à Brinon, 7 octobre 1944.

18. JM/Ab. Papiers Renthe-Fink. Rapport de von Nostitz, 4 octobre 1944.

19. Cour de justice du département de la Seine. Le procureur général n° 249 CJ45, 27 août 1945.

20. JM/Ab. Papiers Renthe Fink. Télégramme n° 2142 du 5 octobre 1944
21. *Ibid.* Lettre de Doriot à Pétain, 19 octobre 1944.
22. *Ibid.* Lettre de Doriot à Ribbentrop, 18 octobre 1944.
23. *Ibid.* Lettre de Renthe-Fink à Abetz, 20 octobre 1944.
24. AN 411 AP 8. Note de Brinon, sans date.
25. Archives préfecture de police. Dossier L.-F. Céline.
26. AN 3 W 112 et J.M/Ab. Papiers Renthe-Fink. Lettre de Brinon au maréchal Pétain, 21 octobre 1944.
27. AN 3 W 112. Note du maréchal Pétain à Brinon, octobre 1944.
28. AN 411 AP 6. Déclaration de Brinon à l'agence DNB, 22 octobre 1944.
29. JM/Ab. Papiers Renthe-Fink. Rapport de Renthe-Fink du 22 octobre 1944. Le n° 1 du journal *La France*, « né dans le deuil de la France », organe officiel de la Commission gouvernementale, 26 octobre 1944. Cf. l'instruction du procès de Luchaire, AN Z6 48.
30. JM/Ab. Papiers Renthe-Fink. Rapport de Renthe-Fink, 22 octobre 1944.
31. AN 3 W 112. Note du maréchal Pétain à Brinon, 29 octobre 1944.
32. JM/Ab. Papiers Renthe-Fink. Note de Renthe-Fink, 22 octobre 1944.
33. Riksarkivet. INK D.N : O 8 : B/526. Télégramme confidentiel du ministre Danielsson, chef de la légation de Suède à Budapest, 25 novembre 1944.
34. Parquet, cour d'appel de Paris, n° 2414 C.J.45. Direction de la police judiciaire. Déposition de Ginette Garcia, maîtresse de Doriot, 31 juillet 1945.
35. JM/Ob-Kn. 3 Ann I/A déjà cité.
36. JM/Ob-Kn. 2 VIII F. Note de la Sûreté générale, 20 septembre 1946. Et 6/Ann I B, interrogatoire de Knochen, 6 janvier 1947.
37. AN 3 W 111. Réunion d'étude des intellectuels résidant actuellement en Allemagne. Brinon et Déat, notamment, prendront la parole.
38. *Ibid.*
39. « Les proscrits de Sigmaringen », article de Paul Gentizon publié dans *Le Mois suisse* de janvier 1945 et reproduit par le ministère de l'Information dans *Articles et documents* du 19 février 1945.
40. *Ibid.*
41. AN 3 W 110. Lettre de Brinon à Degrelle, 27 novembre 1944.
42. JM/Ab. Papiers Renthe-Fink : « Note sur l'activité politique du Dr Ménétrel », 13 novembre 1944.
43. *Ibid.*
44. JM/Ab. Papiers Renthe-Fink. Note de Renthe-Fink à Abetz, 30 octobre 1944.
45. *Ibid.*, 23 au 30 novembre 1944.
46. Archives Castelain. Haute Cour de justice. Cabinet d'instruction n° 277. Déposition de Pierre Diétang, 13 juin 1947.
47. Archives Castelain, préfecture de police. Direction police judiciaire. Extraits du « Bulletin des écoutes radiophoniques » du 25 décembre 1944.
48. *Ibid.*
49. *Ibid.*
50. *Ibid.*
51. *Ibid.*
52. *Ibid.*
53. Quatre notes concernant le général Giraud, intitulées « Affaire Giraud », furent transmises par la Direction des services de police judiciaire au juge d'instruction chargé de l'affaire : SN/PJ/R.RCh 16696, 24 septembre 1946. Dans l'une de ces notes (11 pages), l'activité de Brinon à Sigmaringen est largement exposée.

« Affaire Giraud, synthèse », Direction de la surveillance du territoire, nᵒ D 621608/031/SN/STE, Paris, 2 août 1945.

54. Archives Castelain. Discours prononcé par M. de Brinon à la *Deutsches Haus* le 25 mars 1945.

55. AN CJ 402-4130. Dossier Châteaubriant. Rapport du ministre de l'Information.

56. *Ibid.*

57. *Ibid.*

58. *Ibid.* Lettre non datée.

59. *La Vie de la France sous l'Occupation, op. cit.*, t. III, p. 1265. Lettre de Josée de Chambrun à Walter Stucki, 18 juin 1947.

60. JM/Ab. Laval était autorisé à changer pour lui-même 8 500 RM par mois, soit 170 000 francs de l'époque, ce qui était important.

61. Rapport du commandant Charles Vallin sur Sigmaringen, 21 avril 1945, Maréchal Jean de Lattre de Tassigny, *Reconquérir. Écrits 1944-1945* – Plon, 1985.

62. AN 411 AP 8, 19 mars 1945.

63. JM/Ab. 28-I-C.

64. Cf. note 61.

65. AN 411 AP 6 et 411 AP 8. Brinon avait annoncé que sa suite se composait de 25 personnes alors qu'elle n'était que de 10.

66. AN 3 W 109. Premier interrogatoire de Brinon par le président Béteille, 20 mars 1945.

67. AN 2 AV 1 à 3. Entretien avec Simone Mittre.

68. AN 3 W 111. Transfert de Brinon à Lindau.

69. Édouard Daladier, *Journal de captivité, op. cit.*

38
« Décédé à Arcueil »

1. AN 3 W 106. Sous la signature du général Stehlé, juge d'instruction.

2. AN 3 W 106. et A.N. 3 W 111. Ordonnance du 16 février du Président du Tribunal civil de première instance du département de la Seine et par ordonnance du 15 février du parquet de la Haute Cour de Justice.

3. Abbé Jean Popot : *J'étais aumônier à Fresnes* – Perrin 1962.

4. AN 3 W 106. Lettre de Mᵉ Chresteil, 25 mai 1945.

5. AN 411 AP 8.

6. AN 3 W 111. Ouverture des scellés le 8 juin 1945, et AN 3 W 112 s/dossier 4.

7. AN 3 W 106. Lettre de Brinon au président Béteille, 4 juin 1945.

8. AN 3 W 112. Lettre du Procureur général de la Haute Cour de justice au directeur des domaines, 21 juillet 1947.

9. AN Z6 nᵒ 1. 10774. Interrogatoire de Mme de Brinon par le juge Pierre Marchat, 12 juin 1945.

10. *Ibid.*

11. *Ibid.*

12. AN Z6 n.1. 10774. Témoignage de René Piquet, 28 août 1945.

13. AN Z6 n.1. 10774. Lettre du commissaire du gouvernement, 6 août 1945, et ordonnance de rejet du juge Marchat, 10 août 1945.

14. AN Z6 n.1. 10774. Lettre de Mme de Brinon, 24 juillet 1945.

15. *Ibid.*

16. *Ibid.*

17. AN Z6 n.1. 10774.

18. AN 411 AP 8. À Mlle Odette Ziloti.

19. AN Z6 n.1. 10775. Interrogatoire de Simone Mittre, 5 juin 1945.

20. *Ibid.* Déposition de Brinon, 12 juillet 1945.

21. *Ibid.* Rapport du commissaire Marcel Renaud, 25 juillet 1945.

22. AN 411 AP 8.

23. Léon Werth, *Impressions d'audience, le procès Pétain*, Éditions Viviane Hamy, 1995.

24. *Procès du maréchal Pétain*, compte rendu in extenso, Éditions Louis Parientes, 1976.

25. Archives Castelain. Autorisation de communiquer délivrée le 31 mai 1945.

26. Archives Castelain. Note personnelle de Me Castelain. Instruction du 3 octobre 1945.

27. *Ibid.*

28. Archives Perrine de Brinon ; lettre de Brinon à Me Floriot. Fresnes, 12 novembre 1945.

29. Archives Castelain. Déposition de Jean Luchaire. Molmi, juge d'instruction, p. 35 SNRG 2b n° 6254.

30. Archives Castelain. Direction police judiciaire. Cce 664 Rre 115. Exécution d'une commission rogatoire par Henri Mathieu, commissaire de police, 1er juillet 1945.

31. AN 3 W 112. Déposition de Chasseloup-Laubat, 5 juin 1946.

32. *Ibid.* Déposition de Roger Génébrier, 3 juin 1946.

33. *Ibid.* Déposition de l'abbé Dulac, 4 juin 1946.

34. *Ibid.* Déposition de Jacqueline Renault, 6 juin 1946.

35. *Ibid.* Déposition d'Anatole de Monzie, 15 juin 1946.

36. *Ibid.* Déposition de Robert Cancalan, 15 juin 1946.

37. JM/Ab. 27/I/D. Rapport du 27 octobre 1945.

38. JM/Ab. 16/I/C et 74/I.

39. JM/Ab. Cf. cote n° 37.

40. JM/Ab. 52/I/C, et 53/I/C, et 55/I/C. Cf. aussi 411 AP 6. Déposition d'Abetz, 10 décembre 1945.

41. AN 3 W 106. Lettre de Brinon à Béteille, 22 octobre 1945.

42. AN 3 W 106. Expertise médicale, 12 novembre 1945.

43. 3 W 106. Lettre de Brinon à Béteille, 9 décembre 1945.

44. AN 3 W 106. Rapport du Dr Leurey, 13 mars 1946.

45. AN 3 W 112. Testament de Brinon daté de l'hôpital Cochin, 1er avril 1946.

46. AN 3 W 106. Rapport des docteurs Michon et Pérard, 8 avril 1946.

47. AN 3 W 111. Rapport Caujolle.

48. AN 411 AP 8. Simone Mittre à Marcel Boussac, 9 avril 1954.

49. AN 411 AP 8. Lettre de Mme de Brinon, sans date.

50. *Ibid.*

51. AN 411 AP 8. Note de Simone Mittre à Me Campana.

52. *Ibid.*

53. *Ibid.*

54. *Ibid.*

55. AN 411 AP 2. Lettres de Berthe David-Weill à Brinon, 16 décembre 1942, et 26 avril 1943.

56. AN 411 AP 7. Brinon note : « J'avais absolument obtenu de Krug von Nidda la promesse de visa pour l'Amérique. Il n'y avait qu'une difficulté, le visa français qui dépendait de Bousquet. Je n'ai jamais su ce qu'il en était advenu. »

57. AN 411 AP 6. Procès-verbal d'interrogatoire et de confrontation, 20 mai 1946.

58. Archives Perrine de Brinon. Lettre de Brinon à Me Zévaès. Infirmerie de Nanterre, 10 décembre 1946.

59. AN 3 W 112. Lettre de Brinon au président Béteille, 18 août 1946.

60. AN 411 AP 7.

61. BDIC F pièce 5760 et AN 411 AP 6.

62. Archives Pierre Benoit. Lettre d'Abel Hermant, 6 juin 1944.

63. AN 411 AP 8.

64. AN 411 AP 8. Lettre de Jean Lasserre à Simone Mittre, le 15 avril 1947, jour de l'exécution de Brinon.

65. AN 411 AP 7. Lettre de Simone Mittre à Me Campana, 6 novembre 1947.

66. AN 3 W 112. Lettre de Me Jaffré, 29 juillet 1946. Lettres du bâtonnier au procureur général, 13 janvier 1847.

67. Procès Brinon. Acte d'accusation, audience du 4 mars 1947.

68. Procès Brinon, audience du 4 mars 1947.

69. *Ibid.*

70. Procès Brinon. Audience du 5 mars 1947.

71. Procès Brinon. Déposition du général P.-A. Doyen, 5 mars 1947.

72. Procès Brinon. Déposition du général de La Laurencie, 5 mars 1947.

73. AN 3 W 111. Lettre de Mme de Brinon à l'expert Caujolle, 26 janvier 1946.

74. Procès Brinon. Audience du 6 mars 1947. Déposition d'Édouard Daladier.

75. Procès Brinon. Audience du 6 mars 1947. Réquisitoire de l'avocat général Fontaine.

76. Vincent Auriol. *Journal du septennat*, t. I, « 7 mars 1947 ».

77. *Ibid.*, 8 mars 1947.

78. *Ibid.*, 27 mars 1947.

79. *Ibid.*, 1er avril 1947.

80. AN 3 W 112. Lettre du procureur près la Haute Cour de justice, 12 mars 1947.

81. AN 3 W 112. Lettre du garde des Sceaux, ministre de la Justice, 12 mars 1947.

82. Archives Vincent Auriol. 552 AP 61 cote 4 AV21 Dr5 sdrb.

83. *Ibid.*

84. Lucien Rebatet, lettre du 6 avril 1947, dans *Lettres de prison 1945-1952* adressées à Roland Cailleux, Éditions Le Dilettante, 1993.

85. AN 3 W 112. Lettre du garde des Sceaux, 11 avril 1947.

86. « Fernand de Brinon à ses amis », plaquette publiée après son exécution.

87. *Ibid.*

88. AN 411 AP 6. Fresnes, 5 avril 1947. À l'intention de Me Campana.

89. AN 411 AP 6. Codicille au testament de Brinon du 1er avril 1946.

90. Cour de justice, département de la Seine. Le commissaire du gouvernement C.J. Divers, Service central, 27 novembre 1945.

91. AN 3 W 112. « Procès-verbal de l'exécution capitale du nommé DE BRINON Marie 15 avril 1947, 6 h 30. »

92. AN 3 W 112. Lettre du procureur général près la Haute Cour de justice au garde des Sceaux, 15 avril 1947.

93. Archives municipales de Libourne. État civil.

94. AN 411 AP 13.

95. Archives Perrine de Brinon. Lettre de l'abbé Jean Popot, 19 mai 1947.

Annexes

Annexe n° 1

Carte recto verso de Ribbentrop à Fernand de Brinon avant sa première entrevue avec Hitler le 9 septembre 1933.

Nous avons donné en clair copie de cette carte page 115, avec les
explications nécessaires.

BERLIN-DAHLEM
LENTZEALLEE 9
UHLAND 1385

61

30. Août

Cher ami. J'ai reçu votre
lettre du 27. Août. Je suis content
de vos nouvelles et heureux de la
prochaine visite de vous et de votre
ami. Si cela vous convient je
vous chercherai aux trains Nord Express

Arrivant à Berlin station "Zoo"
à 8.22 du matin le vendredi le 8 [...].
Veuillez m'écrire si c'est utile.
   Entre temps je vous prie, cher
Monsieur de croire à mon amitié
toujours dévouée.

PS Puis je vous rappeler à l'importance
de vos [...] complets surtout de votre [...]
pendant le voyage [...] ce train votre [...].

Annexe n° 2

Lettre du 27 juillet 1934 par laquelle Alexis Léger, Secrétaire général des Affaires étrangères, informe Fernand de Brinon que l'ambassadeur Charles-Roux pense obtenir rapidement du Vatican le « privilège paulin » autorisant le mariage religieux de la future Mme de Brinon (voir p. 139).

Dans ses essais de singularisation de son écriture, Alexis Léger (Saint-John Perse) avait en toute simplicité finit par arrêter son choix.

Ministère
Des
Affaires Étrangères

Paris, le 27 Juill. 34

Cher ami

En très grande
hâte, avec une
amicale pensée,
je vous envoie
copie de la lettre

que je reçois de
Charles-Roux.

Bonnes vacances
et bien à vous

Alexis Léger

Annexe n° 3

Le « privilège paulin ». Nous donnons ci-après le texte traduit du latin de la requête formulée en faveur de Louise Franck afin qu'elle puisse épouser religieusement Fernand de Brinon, et la réponse du Saint-Office (voir pages 138-139).
(Archevêché de Paris – Archives historiques.)

Requête :
« L'Ordinaire parisien, prosterné aux pieds de Votre Sainteté, expose ceci :

» Louise Franck, juive, a contracté un mariage légitime avec Claude Ullmann, également juif, de qui elle est maintenant séparée par un divorce civil (...). Cette personne, convertie à la vraie foi, a reçu récemment le baptême dans l'Église catholique et elle désire contracter un nouveau mariage avec un homme catholique en usant du privilège paulin. Comme de droit, les sommations à l'homme juif ont été faites, mais celui-ci a refusé de donner réponse.

» La requérante demande humblement qu'elle puisse passer outre pour de nouvelles noces.

» Et Dieu... »

« Du Palais du Saint-Office, le 18 octobre 1934.

» Notre Illustrissime Seigneur en Dieu, le Pape Pie XI par la Providence divine, dans l'audience accordée à l'Excellentissime et Révérendissime Seigneur Assesseur du Saint-Office, l'exposé de la supplique ayant été entendu, a donné avec bienveillance son consentement pour que la requérante, toute sommation ultérieure à l'homme juif négligée, puisse passer outre pour contracter de nouvelles noces en vertu du privilège paulin, pourvu que ce qui a été exposé soit vrai.

» Ceci malgré quelque opposition que ce soit. »

Lettre du 2 juillet 1941 de Louis-Ferdinand Céline à Fernand de Brinon (Voir pages 375-376)

Annexe nº 5

Liste de quelques-uns des invités de Fernand de Brinon à la réception qu'il donna en l'honneur d'Arno Breker, au début du mois de juin, en l'hôtel réquisitionné de la princesse de Faucigny-Lucinge. (AN 411 AP 3.)

En dehors de M. et Mme Arno BREKER et de Mr et Mme MAILLOL, assistaient également à cette réception :

S.E. L'Ambassadeur d'Allemagne et Mme ABETZ,
Mr le Major HUMM
Mr le Major SOEHRING
Mr le Conseiller ZEITSCHEL
Mrvon WALDTHAUSEN
Mr et Mme O. FRIEZ
Mr et Mme DERAIN
Mr Charles DESPIAU
Mr DUNOYER de SEGONZAC
Mr HAUTECOEUR, Directeur Général des Beaux Arts
Mr Lucien LELONG
Mr et Mme André SALMON
Mr et Mme BELMONDO
Mr et Mme Marcel DEAT
Mr et Mme Jean LUCHAIRE
Mr Robert BRASILLAC
Mr SERGERAERT
Mr J.P.M. PETERS
Mr Maurice PRAX
Mr et Mme Raymond LOPEZ
Mr et Mme A. DUBONNET.
Mr et Mme François DUPRE
Mr et Mme Charles BEDAUX
Mr J.P. BROUARDEL
Melle Nicole BORDEAUX
Mr Jean COCTEAU
Mme Madeleine RENAUD
Melle ARLETTY,
                              etc..
                        etc..

Annexe n° 6

Lettre du 12 juin 1942 du maréchal Pétain à Fernand de Brinon, consécutive à la huitième ordonnance allemande imposant aux Juifs le port de l'étoile jaune (voir page 383).

LE MARÉCHAL PÉTAIN   Vichy, le 12 Juin 1942
    CHEF DE L'ÉTAT

                Mon Cher Ambassadeur,

                        Mon attention vient d'être attirée
                à plusieurs reprises sur la situation douloureuse
                qui serait créée dans certains foyers français si
                la récente Ordonnance des Autorités d'Occupation
                instituant le port d'un insigne spécial pour les
                juifs était appliquée sans qu'il soit possible
                d'obtenir des discriminations naturelles et
                nécessaires.

                        Je suis convaincu que les Hautes
                Autorités Allemandes comprennent parfaitement
                elles-mêmes que certaines exceptions sont indis-
                pensables; le texte de la huitième Ordonnance les
                prévoit d'ailleurs. Et cela me semble nécessaire
                pour que de justes mesures prises contre les
                israélites soient comprises et acceptées par les

                                                        ....

onsieur de BRINON
CRETAIRE d'ETAT

                Français. Je vous demande donc d'insister auprès
                du Général Commandant les Troupes d'Occupation en
                France pour qu'il veuille bien admettre le point
                de vue que vous lui exposerez de ma part, pour que
                Monsieur le Commissaire Général aux Questions
                Juives puisse promptement obtenir la possibilité
                de régler par des mesures individuelles et exceptionnelles certaines situations particulièrement péni-
                bles qui pourraient nous être signalées.

                        Croyez, mon Cher Ambassadeur, à mes
                sentiments les meilleurs.

                                Ph. Pétain

Annexe n° 7

Ordre de réquisition du Vélodrome d'Hiver pour la grande rafle, « requis pour les besoins de la Nation» La réquisition est effectuée par le préfet de la Seine, Charles Magny, à l'usage de la préfecture de police.

Les signatures du couple de concierges, M. et Mme Neveu, indiquent que l'occupation des lieux est devenue effective (voir page 387).

PREFECTURE DU DEPARTEMENT DE LA SEINE

-:-:-:-:-

N° 234

OBJET : Réquisition pour

la Préfecture de Police

-:-:-

ORDRE DE REQUISITION

En exécution des prescriptions de la loi du 11 juillet 1938, sur l'organisation générale de la Nation en temps de guerre, du décret portant règlement d'administration publique du 28 Novembre 1938, de l'arrêté de M. le Ministre de l'Intérieur relatif aux réquisitions d'immeubles et du décret-loi du 1er Juin 1940,

Vu le décret de M. le Président de la République portant ouverture du droit de réquisition

Occupation effective le :

LE PREFET DE LA SEINE (Signature)

Les locaux dont la désignation est faite au verso du présent avis sont requis pour les besoins de la Nation. Il est interdit d'en disposer.

Ces locaux seront utilisés selon les besoins, et les indemnités prévues par les règlements seront attribuées à l'ayant-droit à compter du jour de l'occupation effective.

Fait en double exemplaire, dont l'un est conservé par l'intéressé, et l'autre par le Préfet à titre d'accusé de réception.

Emargement de l'intéressé (1).

A PARIS, le 15 juillet 1942

LE PREFET DE LA SEINE.

(Sceau)

Signé : CHARLES MAGNY (Signature)

Pour copie conforme.

Le Directeur des Affaires de Réquisitions et d'Occupation

Paris le 16.7.42

Pour le Maire empêché L'Adjoint au Maire

SERVICE DU MATÉRIEL - BUREAU DES CIRCULAIRES

Annexe n° 8

Organigramme de la Délégation générale du gouvernement français dans les territoires occupés, arrêté au 15 juillet 1942.

DELEGATION GENERALE
DU GOUVERNEMENT FRANÇAIS
DANS LES TERRITOIRES OCCUPES

Place Beauvau, PARIS-8ᵉ - Tél.: ANJou + 28-30

∎

DELEGUE GENERAL :

Son Excellence M. Fernand de BRINON, Ambassadeur de France,
Secrétaire d'Etat auprès du Chef du Gouvernement.

— CABINET DU SECRETAIRE D'ETAT (Cabinet Civil)

Directeur du Cabinet : M Pierre Roussillon.

Chef du secrétariat particulier : Mme Simone Mittre.
Chef adjoint : M. Maurice Fortier, inspecteur d'enregistrement.
Chargés de mission : M. Jean-Charles Giraud, homme de lettres.
                M. Alexis Vequaud, vice-consul en retraite.
Attaché : M. Henri Béranger, inspecteur principal des renseignements
généraux au ministère de l'intérieur.

Bureau de Presse
(Service rattaché au cabinet civil)

Chef du bureau : M. Lefranc.

II. — SECRETARIAT GENERAL

Secrétaire général : M. Charles Saint.
Adjoint au secrétaire général : M. Lucien Hubert.

SECTION DES AFFAIRES ETRANGERES

Chef de la section : M. Saint, secrétaire général de la délégation.
Attaché : M Vuillaume, chargé de la transmission aux autorités allemandes des projets de loi et décrets français.

BUREAU DES REQUETES AUX AUTORITES ALLEMANDES

Chef du bureau : M. Fournier, attaché de consulat..
Adjoint . M. de Soubeyran.
Attaché : M. Bayle.

BUREAU DE LA TRADUCTION

Chef du bureau : M. Moreau.

SECTION ECONOMIQUE ET FINANCIERE

Chef de la section : M. Dondelinger.
Adjoint : M. le Colonel Souhart.
Chargés de mission : MM. de Guenyveau.
        Couin (documentation).

SECTION JURIDIQUE

Chef de la section . M. Lucien Hubert, conseiller juridique du ministère des affaires étrangères.

SECTION ADMINISTRATIVE
61, rue de Monceau, PARIS-8ᵉ - Tél.: LABorde 96-60

Chef de la section : M. Ingrand, maître des requêtes au conseil
d'Etat, délégué du ministère de l'intérieur dans les territoires
occupés.
Adjoint : M. Wilhelm, conseiller commercial.

SERVICE DES LAISSEZ-PASSER
11, rue Cambacérès - Tél.: ANjou 28-30

A) LAISSEZ-PASSER DES FRANÇAIS

Chef du service : M. le Commandant Barbier.
Adjoint : Mᵉ de Castex.

B) LAISSEZ-PASSER DES ETRANGERS

Chef du service : M. Moutarde.

LIAISONS AVEC LES ADMINISTRATIONS CIVILES
FONCTIONNANT EN ZONE OCCUPEE

Chargé de la liaison avec le ministère des affaires étrangères :
  M. Saint, secrétaire général de la délégation.

Chargé de la liaison avec le ministère de la justice : M. Lucien
  Hubert, adjoint au secrétaire général, chef de la section juridique.

Chargé de la liaison avec le ministère de l'intérieur : M. Wilhelm,
  adjoint au délégué du ministère de l'intérieur dans les territoires
  occupés, 61, rue Monceau, PARIS. Tél.: LABorde 96-60.

Chargé de la liaison avec les ministère suivants :
  Ministère de l'Agriculture et du Ravitaillement, ministère des
  Finances, Secrétariat d'Etat à la Production Industrielle, Secrétariat d'Etat au Travail, Secrétariat d'Etat aux Colonies, Délégation générale à l'Equipement National, Commissariat général
  aux Questions juives : M. Dondelinger, chef de la section économique.

Chargé de la liaison avec le secrétariat aux Communications et le
  Commissariat général à la Famille : M. Maxence Faivre d'Arcier,
  inspecteur des finances, chef du service d'études générales au
  aux Communications : 244, boulevard Saint-Germain, PARIS.
  Tél.: LITtré 46-40.

Chargé de la liaison avec le Ministère de l'Education Nationale et
  le Secrétariat d'Etat à la Santé : M. Sauvage, agrégé de l'Université.

III. — CABINET MILITAIRE

Chef de Cabinet : M. le Commandant de Corcelles.
Adjoints au chef de Cabinet : MM. le Capitaine Bourdrel.
                                        Rémy Lefebvre.
Attaché : M. Sylvain de Lanney.
Agent de liaison du Secrétariat d'Etat à l'aviation : M. le Commandant Crestey.
Officier de liaison de la direction des services de l'armistice : M. le Lieutenant-Colonel Laporte.

SECTION DE LA GENDARMERIE

Chef de la section : M. le Commandant Sérignan.
Adjoints : M. le Commandant Lebas.
           M. le Capitaine Sthemer.
           M. le Capitaine Rombach.

SERVICE DU COURRIER ET DE LA COMPTABILITE

Chef du service : M. le Capitaine de Vaulx.

Bureau du courrier interzone

Chef du bureau : M. Desmales.

Bureau de la comptabilité

Chef du bureau : M. Grisati.

SERVICE INTERIEUR

Chef du service : M. Ferrari.

LIAISONS AVEC LES DELEGATIONS EN ZONE OCCUPEE DES ADMINISTRATIONS MILITAIRES

Chargé de la liaison avec le Secrétariat d'Etat à la Guerre : M. le Commandant de Séré, 231, boulevard Saint-Germain, PARIS. Tél.: SEGur 98-10.
Chargé de la liaison avec le Secrétariat d'Etat à la Marine : M. le Capitaine de Corvette Maincent, 3, place Fontenoy, PARIS-7°. Tél. SEGur 40-90.
Chargé de la liaison avec le Secrétariat à l'Aviation : M. le Comman-

Annexe n° 9

Ambiance et organisation simplifiées de l'ambassade d'Allemagne à Paris.

L'ambassade d'Allemagne à Paris

La comtesse von Roedern qui travailla à l'ambassade et dont le mari avait été l'adjoint de Neuendorf, chef du parti nazi en France, témoignera après la guerre :

« L'atmosphère à l'Ambassade n'était pas réjouissante. Au cours des années se forma un appareil gigantesque composé de gens qui pour la plupart n'avaient aucune formation diplomatique – je pense tout particulièrement au ministre plénipotentiaire Schleier. Il régnait un assez grand désordre ; constamment surgissaient des conflits de compétence avec des autorités militaires. Il arrivait fréquemment que de petits employés habitaient dans de grands appartements juifs réquisitionnés. Tous voulaient représenter et vivre sur un grand pied. À mon avis, une des raison de l'échec et des monstruosités incompréhensibles du national-socialisme réside dans l'aide qu'il a donnée à toute une catégorie de gens dont la seule compétence professionnelle était leur "foi au Führer".» (JM Ab 51/ID.)

Bien qu'il soit difficile de cerner les services pléthoriques de l'ambassade d'Allemagne qui allaient se répandre dans différents immeubles, on peut toutefois en préciser les grandes lignes suivant l'organigramme ci-après.

AMBASSADE D'ALLEMAGNE À PARIS

Chef de mission : Ambassadeur Abetz, juin 1940-novembre 1942
décembre 1943-mars 1944
avril-août 1944

Annexe à Vichy

ministre plénipotentiaire : Krug von Nidda
(novembre 1942-décembre 1943).
conseiller de légation : Struve
ministre plénipotentiaire : V Renthe-Fink
(décembre 1943-août 1944)

Chargés d'affaires :

ministre plénipotentiaire Schleier : juin 1940-novembre 1943.
ministre plénipotentiaire Hemmen : décembre 1943-mars 1944.
ministre plénipotentiaire Bargen : avril-août 1944.

PROTOCOLE Conseiller de légation Kraft von Dellmenssingen	Section politique	Section culturelle	Section de presse	Section économique	Section juridique	Section consulaire
	Conseiller de légation Achenbach (1940-1942) Conseiller de légation Hofmann (1943-1944)	Institut allemand : Dr Epting Knueger Propagande · Boscher	Conseiller de Lég. E. Feihl (1940-1941) Conseiller d'ambassade Schwendemann (1942-1944)	Dr Kuntze	Dr von Bose coordonné à la section politique	Service des laissez-passer

On notera que dans la section politique dirigée par Achenbach et qui comptait 5 départements, le Dr Zeitschel, qui avait rang de conseiller de légation, dirigeait le département : question juive et question relative à la franc-maçonnerie. Dès son arrivée à Paris, Abetz s'était préoccupé de l'attacher à l'ambassade.

Annexe n° 10

Lettre de Sacha Guitry du 14 octobre 1943 remerciant Fernand de Brinon pour la libération de Tristan Bernard qui, à soixante-dix-sept ans, avait été transféré au camp de Drancy avec son épouse, en attente de leur déportation (voir page 425).

scelle 14 cote 33

18 avenue Elisée Reclus

Paris 14 Octobre 1943

Puis-je vous dire ma reconnaissance, Monsieur
l'Ambassadeur, puis-je vous dire la gratitude que vous auront
les Lettres Françaises d'avoir bien voulu demander et d'avoir
obtenu la grâce de Tristan Bernard.

J'ai pu le voir, hier, à l'Hopital de la rue
Picpus. Ils y sont traités, sa femme et lui, avec certains égards
qui le touchent infiniment.

Je sais que sa libération est une question
d'heures maintenant - n'est-ce pas ?

Je ne puis pas me permettre d'adresser mes
remerciements personnels au Colonel Docteur Knochen, mais si
vous aviez l'occasion - pardon - de les lui transmettre, vous
m'obligeriez vivement.

Peut etre aimera-t-il connaitre ce mot
admirable du philosophe qu'est Tristant Bernard - et je suis
bien sur que vous allez en apprécier la mélancolie et la
drolerie. Il m'a dit :

Tu comprenas, c'est délicieux.... depuis trois
ans, je vivais dans la crainte, depuis trois jours, je vis

dans l'espoir.

Je suis de votre Excellence l'ami respectueux
et dévoués.

signé : Sacha Guitry

Annexe n° 11

Nacht und Nebel : Nuit et Brouillard

Les dispositions Nacht und Nebel furent imposées par Hitler et signées par le maréchal Keitel en décembre 1941. Appliquées dans toute l'Europe occupée, elles visaient avant tout à créer un sentiment de terreur en déportant en Allemagne sans laisser de traces tous ceux qui par leurs actes étaient considérés comme les ennemis inexpiables de l'Allemagne, au premier rang desquels les résistants. Ceux des déportés qui auraient survécu aux mauvais traitements étaient voués à l'extermination finale.

Dans un rapport du 27 mai 1943 adressé au Secrétaire général du Chef du gouvernement, Brinon évoque d'abord les cas des prisonniers français déportés en Allemagne avant même d'être jugés ou parce que la peine capitale à laquelle ils avaient été condamnés n'avait pas été appliquée. Il insiste sur les conditions sévères de leur détention et sur les difficultés à suivre leurs traces.

Puis, il aborde le cas des prisonniers civils entrant dans la catégorie Nacht und Nebel, encore que cette expression ne fût pas connue à l'époque et que Brinon lui-même l'ignorât :

« Des déportations massives ont eu lieu à de fréquentes reprises parmi les internés politiques des camps de concentration. Le camp de Compiègne-Royallieu (Frontstalag 122) est un camp où sont rassemblés les internés et prisonniers politiques provenant de différentes régions de France.

» Dans les années 1941 et 1942, il s'agissait en majorité d'internés suspects, aux yeux de la police allemande, d'attaches avec les organisations communistes. Depuis l'occupation militaire de la zone sud, la plupart des gens arrêtés dans cette zone comme suspects sont dirigés sur Compiègne. Ce fut le cas de nombreux Marseillais et Marseillaises du Vieux-Port, des gens se trouvant dans les départements pyrénéens et soupçonnés d'avoir voulu franchir la frontière, etc.

» Lors des opérations de recensements, de nombreux jeunes gens suspects de vouloir se dérober à leurs obligations légales furent aussi dirigés sur ce camp. Ainsi, dans le seul département de Meurthe-et-Moselle, au cours d'une opération de police allemande effectuée entre le 2 et le 8 mars 1943, 294 personnes, arrêtées dans ces conditions, ont été transférées à Compiègne.

» Venant des prisons de Marseille, Perpignan, Bayonne, Lyon, du Fort de Hâ près de Bordeaux, etc. ces prisonniers civils, après avoir été groupés au Frontstalag 122, ont été en presque totalité déportés en Allemagne. Les derniers départs semblent avoir porté sur plusieurs milliers d'individus et eurent lieu aux dates des 16, 20 et 28 avril 1942.

» Les Autorités allemandes ont jusqu'à ce jour refusé d'indiquer la région où ces prisonniers étaient envoyés, et le gouvernement français ignore tout de leur sort ainsi que leur identité et les motifs précis des mesures qui ont été prises à leur égard. Les familles sont dans l'ignorance la plus complète de ce qu'il est advenu des leurs puisque dès qu'ils ont quitté le camp de Compiègne, ils ne peuvent plus leur adresser ni lettre ni colis.

» La Délégation Générale est intervenue à différentes reprises auprès des Autorités allemandes en faveur de tous ces prisonniers, soit qu'elle leur ait demandé d'examiner favorablement des cas individuels, soit qu'elle ait tenu à faire des protestations de principe.

» Les plus récentes de ces démarches sont celles en date du 20 novembre 1942 (n° 1359/9) et celle du 21 avril 1943 (n° 305/5). Pour la première, elle demandait aux Autorités d'occupation d'accorder à l'occasion de Noël 1942, la possibilité pour les familles des déportés du Frontstalag 122, de recevoir un message de leurs prisonniers et de leur adresser un colis de denrées alimentaires. Cette démarche n'ayant été suivie d'aucune réponse, la Délégation Générale, le 21 avril 1943, rappelant notamment les conversations que M. Saint, Secrétaire général de la Délégation Générale, avait eues à l'Hôtel Majestic avec Monsieur le Commandant Humm, officier de liaison du Commandant en Chef des Forces militaires allemandes en France, soulignait la sévérité du traitement infligé aux internés politiques transférés en Allemagne. Elle demandait aux Autorités allemandes de bien vouloir informer les Autorités françaises des déportations envisagées et d'autoriser ces prisonniers à correspondre avec leur famille en utilisant par exemple les modalités prévues pour les prisonniers de guerre.

» Il est nécessaire de souligner que ce dont souffrent le plus les familles françaises est le manque de nouvelles. Des situations douloureuses et parfois tragiques sont ainsi créées, auxquelles les Autorités françaises, sont, malgré leurs efforts, dans l'impossibilité de porter remède. La Croix-Rouge française (service des prisonniers civils) a bien, à la demande de la Délégation Générale, et à la suite d'un entretien avec M. Saint, mis sur pied un système de messages destinés aux prisonniers civils français détenus en Allemagne. Ces messages sont dactylographiés, ils ne peuvent contenir que des expressions strictement familiales et ne dépassent pas 40 mots. Ils sont transmis aux Autorités allemandes qui sont chargées de les faire parvenir à leurs destinataires. Mais il n'a pu être confirmé que les détenus reçoivent ces messages ; il semble au contraire que l'on soit en droit de penser qu'ils ne parviennent que rarement à ceux à qui ils sont destinés.

» La situation actuelle des prisonniers civils français détenus en Allemagne est un des plus douloureux problèmes posés par l'Occupation aux Autorités françaises.

» La Délégation Générale, malgré ses efforts sans cesse renouvelés et ses démarches nombreuses, n'a pas jusqu'à ce jour obtenu de résultats satisfaisants. La disparition de ces milliers de ressortissants français qui, parfois depuis plus de deux ans, n'ont jamais donné signe de vie à leur famille, crée un malaise incontestable dans la population qui ne peut s'expliquer la rigueur de ces mesures dont elle souffre. Il serait utile en attirant à nouveau l'attention des Hautes Autorités allemandes sur ces faits, d'insister sur la situation paradoxale provenant des mesures prises par elles à l'égard des prisonniers civils français. Des gens simplement suspects aux yeux de la police allemande, et suspects souvent sur une simple dénonciation calomnieuse, sont transférés en Allemagne dans des lieux inconnus, avec interdiction de tout échange de correspondance ; par contre, des gens coupables au regard des lois et ordonnances allemandes de faits précis (espionnage, aide à l'ennemi, hébergement d'aviateurs ennemis, etc.) qui ont été condamnés par des tribunaux militaires à de fortes peines de réclusion, parfois à la peine de mort, commuée sur les instances des Autorités françaises, sont détenus dans des prisons connues de leurs proches, et peuvent entretenir avec les leurs une correspondance qui les tient au courant de leur santé physique et morale. Cette disproportion dans le traitement reste inexplicable aux esprits logiques et heurte le sentiment de l'équité et de la justice. Il semble que les Autorités allemandes ne pourraient émettre d'objections valables à l'amélioration du sort de ces détenus français, qui résulterait d'un échange de correspondance avec leur famille, et qu'il leur serait aisé de faciliter la tâche des Autorités françaises en leur communiquant le nombre et l'identité des prisonniers, le motif de leur arrestation, la durée de la détention qui leur est infligée ainsi que le lieu où ils ont à purger leur peine.»

(AN 3 W 110. Délégation Générale du Gouvernement français dans les territoires occupés n° DG 3753/43/S.)

Annexe n° 12

Le 3 avril 1947, au cours de la séance du Conseil supérieur de la magistrature, la condamnation à mort de Brinon fut entérinée. En marge de l'ordre du jour, le président de la République Vincent Auriol écrivit le mot : « Exécution », devant le nom de Brinon.

Pour les journalistes Cousteau, Rebatet et Algarron, la peine de mort fut commuée en travaux forcés à perpétuité. Vincent Auriol le nota en marge (voir page 563). (Archives Vincent Auriol.)

CONSEIL SUPÉRIEUR DE LA MAGISTRATURE

~:~:~:~:~:~:~:~:~

Séance du Jeudi 3 Avril 1947.

ORDRE DU JOUR

1°) Appel des membres du Conseil

2°) Lecture du procès-verbal de la séance du Ier avril 1947.

Exécution — 3°) Rapport de M. LISBONNE sur la condamnation à mort de DE BRINON.

Trav. forcés à perpétuité — 4°) Rapport de M. MARS sur la condamnation à mort de COUSTEAU. *(11 contre 3)*

5°) Rapport de M. MARS sur la condamnation à mort de REBATET. *(12 contre 2 — Haurion pour celle-ci)*

6°) Rapport de M. CHARPENTIER sur la condamnation à mort d'ALGARRON.

7°) Rapport de M. *Fleys* sur la nomination d'un Président de Chambre à la Cour de Cassation.

8°) Exposé de M. le Président de la Commission de Discipline sur l'affaire MARCHAT.

9°) Fixation de l'ordre du jour de la prochaine séance.

I0°) Fixation de la date de la prochaine séance.

Index des noms de personnes

Abernon, lord d', 66.
Abetz, Otto, 11, 13, 14, 150, 151, 152, 153, 154, 159, 160-163, 168, 171, 172, 180, 189, 204, 205, 208, 224, 225, 226, 227, 229, 230-240, 246, 250, 251, 253, 254, 255, 257, 260, 261, 262, 263, 264, 267, 269, 273, 275, 276, 277, 278, 280, 282, 283, 284, 286, 290, 291, 292, 293, 294, 296, 297, 298, 299, 300, 301-304, 306, 307, 310, 311, 312, 314, 315, 316, 317, 320, 322, 323, 324, 328, 339, 341, 342, 350, 352, 357, 359, 361, 362, 364, 368, 369, 373, 375, 378, 383, 386, 392, 395, 396, 398, 399, 400, 401, 402, 405, 406, 437, 438, 439, 442, 443, 449, 451, 452, 454, 455, 456, 457, 467, 468, 469, 471, 472, 475, 476, 479, 480, 482, 483, 484, 485, 486, 488, 489, 496, 497, 499, 500, 506, 507, 510, 511, 512, 513, 522, 523, 525, 529, 533, 546, 547, 559.
Abetz, Suzanne, 13, 261, 290, 339, 406, 547.
Abric, Georges, 127.
Achenbach, Ernst, 226, 237, 269, 271, 272, 280, 292, 376, 401, 402, 403.
Ahmed, guide de Scapini, 365.
Alençon, duc d', 17.
Algarron, André, 563, 635.
Alibert, Raphaël, 227, 228, 247, 248, 256, 265, 285, 287, 289, 297, 359.

Alphand, Charles, 157.
Andreev, Nicolas, 415.
Ardant, Henri, 321, 322, 359.
Arenberg, prince d', 54, 167.
Arletty, 81, 309, 367.
Arnim, Achim von, 151, 154, 163, 168, 169, 171, 188.
Auriol, Vincent, président, 561, 562, 563, 635.
Aymard, Camille, 104.

Bacle, brigadier, 564.
Badoglio, Pietro, maréchal, 444.
Baldwin, Stanley, 157.
Barrault, Jean-Louis, 523.
Barré, colonel, 417, 493.
Barrès, Philippe, 100.
Barthélemy, Joseph, 324, 332, 333, 337, 379, 401.
Barthou, Louis, 162, 186.
Basdevant, Jules, 279.
Bastard, Émile, 334, 337.
Bastianini, Giuseppe, 421.
Baudouin, Paul, 198, 199, 223, 224, 250, 265, 272, 277, 293.
Baudrillart, Alfred, cardinal, 329.
Bauer, Hans, 116.
Bayet, Albert, 181.
Bazaine, Achille, maréchal, 57.
Beaumont, Jean de, 174, 237.
Beaussart, Mgr, 349.
Beauvau-Craon, prince de, 309, 358.
Beauvoir, Louis de, 282.

Beethoven, Ludwig Van, 169, 369.
Belin, René, 266.
Bellessort, André, 369.
Belmondo, Paul, 368.
Benda, Julien, 426.
Benoist-Méchin, Jacques, 300, 301, 304, 310, 311, 312, 314, 316, 317, 330, 338, 357, 358, 365, 368, 391, 392, 412, 425, 479, 541.
Benoit, Pierre, 185, 188, 197, 203, 208, 369, 370, 553.
Bergeret, Jean, général, 333.
Bergson, Henri, 383.
Bernard, Tristan, 425, 630.
Bernus, Pierre, 131.
Berryer, Georges, 32.
Berryer, Pierre-Antoine, 19, 32.
Bertin, les frères, 34, 37.
Bertrand, Louis, 150, 203.
Best, Dr Werner, 256, 320.
Béteille, Pierre, 536, 537, 538, 541, 543, 544, 547, 548, 550.
Bethmann-Hollweg, Theobald von, chancelier, 68.
Beumelburg, major, 331, 334.
Bichelonne, Jean, 480, 510.
Bickler, colonel, 454.
Bidou, Henri, 37.
Bismarck, Otto von, chancelier, 70.
Bizardel, Yvon, 106.
Bizos, avocat, 554, 555, 563, 565.
Blanke, Dr, 322, 367, 552.
Blomberg, Werner von, 116, 117, 121, 122, 125, 126, 143, 155, 169, 181.
Blum, Léon, 12, 162, 163, 170, 172, 187, 236, 248, 278, 360, 479, 549, 563.
Bockelberg, général von, 234.
Boegner, pasteur Marc, 325, 387, 388.
Boemelburg, Karl, 238, 323, 325, 326, 390, 391, 412, 413, 415, 488, 489, 492, 494, 522, 533.
Bohan, chanoine, 349.
Böhland, 491, 492.
Boisanger, Yves Bréart de, 317.
Boishébert, marquis de, 353.
Boissel, Jean, 329.
Boissieu, Charles-Albert de, 285.
Boitel, 227.
Bollack, Robert, 94

Bongart, baron von dem, 425, 437, 559.
Bonnard, Abel, 329, 364, 365, 418, 459, 480, 510, 531.
Bonnefoy, 453.
Bonnet, Georges, 123, 124, 132, 187, 194, 195, 198, 199, 200, 271.
Bonvoisin, Gustave, 154, 163, 168, 171.
Bonny, voir aussi Lafont, 545.
Bordeaux, Henry, 48, 369.
Boris, Georges, 187, 192.
Bossuet, 18.
Bouquet, colonel de gendarmerie, 565.
Bourbon-Parme, prince René de, 164.
Bourdariat, 389, 390.
Bourget, Paul, 36.
Bourret, Victor, général, 106, 107, 137, 155, 208, 425.
Bousquet, René, 359, 379, 380, 385, 386, 388, 389, 390, 397, 398, 399, 400, 414-417, 421, 424, 429, 443, 444, 448, 458, 459, 460, 462, 467, 488, 550.
Boussac, Marcel, 321, 322, 323, 449, 487, 549.
Bout-de-l'An, Francis, 487, 488.
Bouthillier, Yves, 266, 317.
Bovy, Berthe, 81.
Braibant, Charles, 538.
Bran, Friedrich, 172, 431.
Brasillach, Robert, 431, 433, 434, 436, 437, 522.
Brauchitsch, maréchal von, 253, 254.
Bréchet, André, 334, 337.
Breker, Arno, 367, 368, 620.
Breuil, Charles de, 565.
Briand, Aristide, 31, 65, 87, 99, 137, 186.
Bridoux, général Eugène, 198, 308, 309, 346, 392, 395, 396, 397, 400, 459, 468, 472, 489, 493, 499, 505, 508, 511, 512, 517, 520, 527, 529.
Brinon, Achille de, 16, 139, 201.
Brinon, Guillaume I de, 16.
Brinon, Guillaume II de, 16.
Brinon, Jean de, 17, 39.
Brinon, Jeanne de, 21, 22, 138, 336.
Brinon, la comtesse de, 195.
Brinon, Louise, dite Lisette, de, 112, 135, 137, 139, 146, 154, 155, 168, 170, 195, 201, 202, 241, 242, 289,

336, 343, 363, 364, 384, 409, 471, 486, 487, 488, 495, 509, 532, 534, 536, 538, 539, 540, 541, 546, 548, 549, 552, 554, 558, 563, 616.
Brinon, Marie de, 18, 21.
Brinon, Nicolas de, 563.
Brinon, Odette de, 22, 336.
Brinon, Robert de, 15, 16, 19, 20, 21, 22, 23, 24, 25, 26, 28, 201.
Brinon, Simone de. Voir aussi Morineau, Simone de., 22.
Brinon, Yves de, 17.
Brissaud, médecin, 554.
Brisson, 74.
Broglie, prince de, 167.
Brüning, Heinrich, chancelier, 98, 99, 140.
Brunner, Aloïs, 467.
Bryn, Fernand, 39, 41.
Bullitt, William, 147, 196, 197, 216, 217, 218, 219, 267, 278, 279, 360, 403, 449.
Bürkel, Josef, 500.
Bussière, Amédée, 553.

Caboche, capitaine, 346.
Cambon, Jules, 557.
Campana, avocat, 537, 543, 549, 554, 555, 556, 565.
Campinchi, César, 31.
Capelain, 565.
Capgras, Roger, 227.
Caradec, lieutenant, 546, 547.
Caraman, comte de, 167.
Caraman-Chimay, cf. Greffuhle, 336.
Carbine, François, pseudonyme de F. de Brinon, 39.
Cassel, Maximilien von, 154.
Castelain, avocat, 142, 543, 554, 555.
Castelnau, Édouard de, général, 56.
Castelot, André, 165, 166.
Castelot, Gabrielle, 165, 166, 531.
Catelas, Jean, 337.
Cathala, Pierre, 212, 359, 418.
Catherine de Médicis, 17.
Caujolle, 558, 560.
Caziot, Pierre, 266, 324.
Céline, Louis-Ferdinand, 309, 339, 375, 376, 390, 391, 518, 519, 619.
Chack, Paul, 329, 522.

Chamberlain, Neville, 103, 188, 190, 194.
Chambrun, Josée de, 485.
Chambrun, René de, 166, 358, 361, 403.
Chambure, Élisabeth de, 325, 326.
Chappedelaine, Roland de, 164.
Chappoulie, Mgr, 463.
Charles IX, 17.
Charles-Roux, François, 139, 616.
Charnaux, Madeleine, 12, 330.
Chasseloup-Laubat, marquis de, 545.
Chastenet de Puységur, Armand, 322.
Châteaubriant, Alphonse de Brédenbec de, 165, 166, 172, 175, 277, 486, 530, 531.
Chaumeix, André, 65, 88, 90, 92, 93.
Chautemps, Camille, 162, 163, 178, 186, 219.
Chauvat, abbé, 350.
Chavenon, Léo, 124, 125, 126, 132, 186, 544.
Chevalier, greffier, 32.
Chiappe, Angelo, 10, 11, 14, 212, 213, 220.
Chiappe, Jean, 212.
Choltitz, général von, 486.
Chotek, Sophie, 186.
Chresteil, avocat, 537.
Churchill, Winston, 54, 217, 218, 230, 394, 420, 563.
Ciano, Galeazzo, 198, 199, 396, 406, 421.
Clapier, Marcel, 106, 107, 115, 139.
Claretie, Jules, 81.
Claudel, Paul, 523.
Clausen, Mlle, 185.
Clemenceau, Georges, 58, 60, 62, 64, 65, 66, 211.
Clément, Philippe, 139, 329.
Clémenti, Pierre, 329.
Clermont-Tonnerre, duc de, 167.
Clouet, peintre, 242.
Coconasso, Annibal comte de, 17.
Cocteau, Jean, 309, 367, 368, 545.
Colette (Colette Clément), 136.
Colette, écrivain, 135, 383.
Collas, les frères, 34.
Collette, Paul, 335.
Colson, Louis, général, 9.
Copeau, Jacques, 382.

Corcelles, commandant de, 410.
Costantini, Pierre, 329.
Cot, 236.
Coty, François, 90, 92, 93.
Coty, René, 188.
Coubertin, Pierre de, 41.
Coudraux, Henri, 9.
Coulondre, Robert, ambassadeur, 199, 200.
Courbet, Gustave, 36.
Courthille, Alfrédhine de, 139.
Courthille de Saint-Avit, 16.
Cousteau, Pierre-André, 563.
Cousteau, Raymond, 239, 635.
Crussol, Jeanne de, 131.

Daladier, Édouard, 82, 100, 103-115, 117-124, 126, 127, 131-135, 139, 140, 142, 155, 156, 181, 186, 187, 190, 192, 193, 196, 198, 204, 207, 208, 210, 227, 233, 278, 279, 341, 359, 360, 526, 535, 541, 544, 545, 550, 556, 559, 560.
Daluege, Kurt, 179.
Danielsson, diplomate, 521.
Dannecker, Theodor, 320, 322, 340, 375, 378, 379, 381, 386, 390, 425.
Darlan, François, amiral, 216, 218, 266, 280, 281, 287, 290, 291, 292, 293, 296, 298, 299, 301-304, 310, 311-317, 319, 320, 324, 329, 333, 342, 349, 351-354, 357-365, 370, 395-398, 401, 402, 403, 405, 409, 424, 425, 429.
Darnand, Joseph, 403, 416, 458, 467, 468, 469, 472, 475, 479, 487-500, 502, 506, 508, 511, 512, 527, 529, 531.
Darquier de Pellepoix, Louis, 379, 380, 382, 424, 425, 462.
Dassonville, Michel, 321, 322.
Daudier, Guy, 521.
Daumier, Honoré, 37.
David-Weill, D., 124.
David-Weill, famille, 99, 137.
David-Weill, Pierre, 137, 186, 550.
Dawes, Charles, 88.
Déat, Marcel, 261, 285, 287, 289, 295, 297, 329, 335, 359, 468, 475, 480, 494, 498, 499, 500, 501, 502, 506,

508, 511, 512, 528, 529, 530, 531, 532, 534.
Debeney, général, 491, 506, 507, 513, 514, 515, 516, 524, 525.
Decazes, Élie, duc, 21.
Degrelle, Léon, 238, 472, 473, 523, 524.
Dehérain, 267.
Dejean, Maurice, 235.
Deloncle, Eugène, 167, 245, 329, 335, 370, 371, 372, 477.
Demaison, Maurice, 37.
Denikine, Anton, général, 76.
Derain, André, 368.
Deschanel, Paul, 65.
Despiau, Charles, 368.
Detering, SS *Obersturmführer*, 489, 492, 493, 494.
Deydier de Pierrefeu, comtesse, 163.
Didelet, colonel, 198.
Didon, le P. Henri, 28, 29, 30.
Dietrich, Otto, 179, 185, 437, 477.
Diewerge, 166.
Dollfuss, Engelbert, chancelier, 120, 142.
Dönitz, 535.
Donnay Maurice, 369.
Doriot, Jacques, 12, 161, 246, 261, 265, 328, 329, 345, 412, 427, 434, 445, 446, 447, 473, 476, 478, 483, 496, 498, 499, 500, 501, 502, 504, 506, 507, 509, 511, 512, 517, 521, 527, 528, 529, 530, 534.
Dornier, Claudius, 84.
Dorziat, Gabrielle, 367.
Doumergue, Gaston, 162.
Doyen, général, 557.
Dreyfus, capitaine Alfred, 27, 34, 35, 247.
Drieu La Rochelle, Pierre, 150, 152, 479.
Drouet, 524.
Drouillet, 184.
Drumont, Édouard, 339.
Dubonnet, M. et Mme André, 282, 359.
Ducos, Yvonne, 81, 82, 83, 104, 111, 137.
Dulac, Raymond, 545.
Dunoyer de Segonzac, André, 368.
Dupré, François, 358.
Duseigneur, Edmond, général, 167.

Duval, Raymond, général, 54, 66, 155.

Ebert, Friedrich, chancelier, 58.
Eich, Dr, 431.
Eichmann, Adolf, 467.
Enfière, André, 484.
Engelke, Fritz, 362.
Enoult, 564.
Entraigues, baronne d', 163.
Ephrussi, Ignace, 34.
Epp, général von, 340.
Epting, Karl, 226, 235, 236.
Fabien, Pierre Georges, dit colonel, 331.
Fabre, Émile, 82.
Fabre-Luce, Alfred, 204.
Faucigny-Lucinge, princesse de, 366, 368, 473, 487, 620.
Fauran, Jacques, 167.
Fayolle, Marie-Émile, général, 51, 54, 267.
Feihl, Eugen, 14, 168, 299, 439.
Fels, Edmond de, 111.
Fels, Marthe de, 99, 244, 245, 473.
Fernet, Jean, amiral, 262.
Ferret, colonel, 468.
Ferry, Jules, 20.
Feuillet, R.P., 28.
Filliol, Jean, 468, 527.
Finaly, Horace, 67.
Fischer, Eugen, 189.
Flandin, Pierre-Étienne, 111, 286, 293, 296, 297, 303.
Floriot, René, avocat, 537, 543, 544, 547.
Foch, Ferdinand, maréchal, 51, 55, 56, 63, 154, 267.
Fontaine, avocat général, 556, 560, 565.
Fontenelle, Mgr, 139.
Fontenoy, Jean, 12, 13, 14, 232, 258, 261, 329, 330, 412, 496.
Fouquet, Jean, peintre, 242.
Fourneau, professeur, 154, 163, 166, 188, 205.
Fournier, Jacques, 410, 473, 481.
France, Anatole, 153.
Franck, Henri, 136, 139.
Franck, Louise dite Lisette (Mme de Brinon), 136, 137, 138, 342, 548.
Franco, Francisco, général, 162, 205, 206, 271, 484.

François-Ferdinand, archiduc d'Autriche, 43, 186.
François-Poncet, André, ambassadeur, 102, 103, 132, 147, 155, 158, 170, 176, 199.
Frank, Hans, 180, 343, 344, 346, 431, 432.
Frémon, 387.
Frenzel, SS -*Brigadeführer*, 502.
Frey, médecin, 547, 548.
Friesz, Othon, 368.
Fritsch, Werner von, général, 179, 181.
Funk, Walter, 179.

Gabolde, Maurice, 333, 435, 462, 463, 510.
Galtier-Boissière, Jean, 14.
Gamelin, Maurice, général, 211, 236, 272, 360.
Ganay, marquis de, 40.
Gaulle, Charles de, 217, 252, 273, 274, 281, 303, 324, 412, 452, 453, 454, 455, 472, 484, 489, 497, 499, 501, 524, 526, 527, 528, 553.
Gauvain, Auguste, 62, 63.
Geissler, SS *Hauptsturmführer*, 381, 398, 415, 416, 417, 445, 459, 460, 489.
Génébrier, père, 107.
Génébrier, Roger, 106, 107, 208, 545.
Georges, Maurice-Gustave, général, 430.
Gillouin, René, 355.
Giraud, Henri, général, 398, 400, 402, 412, 425, 527, 528.
Giraudoux, Jean, 262.
Gobineau, Clément Serpeille de, 161.
Goebbels, Josef, 101, 103, 109, 110, 132, 154, 155, 168, 175, 191, 198, 215, 226, 233, 327, 425, 427, 431, 437, 517, 555, 559, 562.
Goering, Hermann, 101, 109, 110, 147, 148, 149, 155, 172, 178, 181, 185, 190, 198, 226, 240, 269, 280, 292, 339, 340, 341, 342, 347, 350, 351, 352, 353 354, 361, 362, 372, 373, 389, 390, 411, 412.
Goethe, Wolfgang, 153, 169, 179.
Gorki, Maxime,, 76.
Gouet, Yvon, 152.

Goy, Jean, 152, 158, 164.
Greffulhe, Élisabeth, comtesse, 336.
Grévy, Jules, 20.
Griese, SS *Standartenführer*, 465.
Grimm, Friedrich, 154, 171, 172, 359, 360, 361.
Grothe, 168.
Groussard, Georges, colonel, 288.
Grynszpan, Herschel, 191, 192.
Guasco, Jean-Raymond, 41, 45.
Guenther, 338.
Guérard, Jacques, 357, 358, 418, 510.
Guillaume II, empereur, 55, 64, 69, 70.
Guitry, Sacha, 188, 630.
Guyot, 337.

Hagen, Herbert, 380, 413, 416, 417, 462, 463, 464, 465, 466, 467, 470.
Hagerdorn, Otto, 335.
Haguenin, Émile, 67, 68, 69, 84.
Hammerschmidt, major, 345.
Hamsun, Knut, 438.
Hanesse, général, 339, 340, 352, 389, 390.
Hanfstaengel, « Putzi », 155.
Hanovre, duchesse de, 18.
Harcourt, 40, 527.
Harden, Maximilien, 69, 70.
Hardon, Eugénie (Mme Pétain), 266, 267.
Haug, Lothar, 533.
Hauteclocque, Xavier de, 80.
Hautefort, commandant de, 164.
Heiden, Conrad, 103.
Heine, Henri, 153.
Helldorf, Wolf von, 100, 141, 245.
Heller, Gerhard, 522.
Hélot, 30.
Hemmen, Hans, 305, 352.
Henkall, 95.
Hennings, Einar, 220, 283.
Henri-Haye, Gaston, 171, 204, 219, 226, 232, 282.
Henri III, 17.
Henriot, Philippe, 468, 478, 479.
Henri V, 63, 64.
Héraud, 528.
Hermant, Abel, 553.
Herriot, Édouard, 88, 104, 105, 107, 137, 156, 195, 484, 485, 486, 498.

Hervé, Gustave, 161.
Hess, Rudolf, 109, 148, 180, 315, 316.
Heydrich, Reinhardt, 185, 239, 240, 254, 255, 306, 307, 321, 371, 372, 373, 374, 377, 378, 379, 380, 385, 386, 424, 444.
Heyraud, 528.
Hilaire, Georges, 379, 418.
Himmler, Heinrich, 116, 161, 179, 184, 185, 239, 306, 307, 343, 362, 377, 380, 381, 414, 415, 417, 436, 437, 447, 467, 470, 481, 482, 487, 505, 506, 515, 517.
Hindenburg, maréchal von, 55, 58, 70, 97, 100, 103, 109, 143, 219, 251, 310, 504.
Hirsch, 404.
Hitler, Adolf, 11, 14, 69, 72, 87, 89, 94-98, 100-104, 107, 108, 109, 111, 113-124, 126-134, 138, 141-146, 148, 149, 152, 154, 155, 156, 158-160, 164-166, 169, 170, 171, 173-176, 181-184, 190-199, 203, 204, 207, 209, 210, 215, 218, 219, 223, 226, 229, 230-233, 235, 237, 246, 251, 252, 258, 263, 264, 267, 269, 270-273, 275, 276, 281, 285, 286, 290, 293, 298, 299, 312-315, 341, 347, 348, 352, 355, 359, 361, 362, 364, 369, 372, 373, 374, 377, 380, 396, 397, 402, 405-407, 413, 414, 419, 420, 421, 423, 429, 433, 439, 443, 449, 454, 457, 473, 477, 478, 482, 488, 502, 503, 504, 505, 511, 515, 522, 531, 535, 544, 555, 559, 560, 632.
Hlond, August, cardinal, 349.
Hoare, Samuel, 157, 279.
Hoffmann, 466.
Hohenberg, prince de, 186.
Hoover, Herbert, président, 89, 141.
Hubert, Lucien, 410.
Humann-Heinhoffer, général, 198
Huntziger, Charles, général, 261, 263, 266, 280, 281, 287, 293, 297, 302, 303, 316, 317, 324, 333, 425.

Ingrand, Jean-Pierre, 331, 332, 337.
Ivanoff, Serge, 309

Jacomet, Robert, contrôleur général, 360.
Jaffré, avocat, 554.
Jansen, 366.
Jardin, Jean, 448.
Jean, abbé, 25.
Jeanne d'Arc, 211, 243, 313, 420.
Jeantet, Claude, 150, 431, 433, 436, 437.
Jeantet, Gabriel, 249.
Jeschke, capitaine, 494.
Joffre, Joseph, maréchal, 44, 48, 50, 51, 52, 54, 56, 63.
Jouvenel, Bertrand de, 152, 161, 225, 383.
Jouvenel, Renaud de, 48.
Julien, Adolphe, 38.
Jurquet de La Salle, Robert, 166, 169.

Kaltenbrunner, Ernst, 444.
Katzaroff, Mme, 204.
Kayser, Jacques, 112, 526.
Keitel, Wilhelm, maréchal, 234, 273, 275, 280, 341, 374, 429, 632.
Kempner, Paul, 99.
Keppler, Wilhelm, 116.
Kérillis, Henri de, 84, 192, 193, 196, 197, 200, 204, 208, 209.
Kerrl, Hans, 179.
Kessel, Joseph, 79, 80.
Kessel, Lazare, 79.
Knipping, Max, 479, 554.
Knochen, Helmut, 238, 240, 307, 321-323, 359, 361, 371, 372-374, 377, 378, 380, 381-384, 411-413, 416-418, 423, 424, 445, 446, 450, 454, 462, 463, 464, 465, 466, 467, 470, 474, 479, 482, 484, 505, 506, 553.
Koltchak, Alexandre, amiral, 76.
Krug von Nidda, Roland, 168, 363, 430, 449, 452, 453, 454, 459.
Kube, Wilhelm, 436.

La Baume, Robert Renom de, 279.
La Chambre, Guy, 135, 227, 360.
La Laurencie, Léon de Fornel de, général, 251, 252, 253, 258, 263, 283, 284, 285, 286, 289, 291, 292, 293,

295, 306, 331, 341, 342, 544, 557, 558.
La Rochefoucauld, A. duc de, 164, 167.
La Rocque, François de, 251.
Labonne, colonel Éric, 346.
Laborde, Jean de, amiral, 404, 405.
Lacaze, amiral, 369.
Lachal, 493.
Lacombe, Charles de, 19, 21, 30.
Lacordaire, Jean-Baptiste, 28.
Lafont, 545, 552.
Lamarle, Albert, 180.
La Monneraye, amiral de, 317.
Langeron, Roger, préfet de police, 227.
Lanrezac, général, 44.
Laporte, Bernard, 127.
Lasserre, Jean, 552, 554.
Lassig, SS – *Haupsturmführer*, 371.
Lastic de Saint-Jal, Charles-Gaston de, 23.
Lattre de Tassigny, Jean-Marie de, maréchal, 535.
Laubreaux, Alain, 238.
Laumann, Friedrich, 546, 547.
Laure, Émile, général, 107, 275, 285, 286, 289, 290, 291, 292.
Laurent, représentant du peuple, 27.
Laval, Josée. Voir aussi Chambrun, Josée de, 141.
Laval, Mme, 510.
Laval, Pierre, 10-14, 140-143, 145-147, 154, 156, 157, 184, 209, 212, 213, 215, 219, 220, 223, 224, 225, 227-234, 236-239, 242, 245, 246, 247, 250-258, 260-263, 265, 267, 269-277, 279-293, 296-306, 309, 313, 316, 317, 322, 334-337, 342, 350, 357-359, 361-365, 370, 376-379, 383, 385, 386, 388-403, 405-407, 412-421, 424-426, 429, 430, 435, 440, 442-452, 454-460, 462-471, 475, 476, 479, 480, 481, 483-486, 488-491, 496-501, 505-507, 510, 513, 519, 520, 525, 532, 533, 535, 538, 541-543, 554, 555, 557, 558, 565.
Lavisse, Ernest, 36.
Law, Bonar, 85.
Lazard, Simone, 137.
Le Boucher, José, 168.

Le Grix, François, 100.
Leahy, William D., amiral, 310, 363.
Lebaudy, Pierre, 62.
Lebrun, Albert, 179, 212, 216, 217, 219, 239.
Léger, Alexis, 100, 138, 139, 187, 245, 616.
Legrain, René et Mimy, 113.
Legrand, Maurice, dit Franc-Nohain, 49.
Leguay, Jean, 416.
Lehideux, François, 359.
Lehrer, Fredo, 195, 289, 329.
Leibniz, Gottfried, 18.
Leitgen, 162, 163.
Lemaitre, Jules, 36.
Lenine, 55, 77.
Lenoël, Émile, 21.
Léopold III de Belgique, 170.
Lestandi de Villany, 166, 167.
Lévis, marquis de, 167.
Lévis-Mirepoix, duc de, 54.
Lévy, Bernard, 119.
Lévy, Georges, 104, 105, 112, 186, 238, 558.
Ley, Robert, 169, 173.
Leyden, comte de, 72.
L'Hopital, commandant, 153, 154, 158.
Lichtenberger, Henri, 152.
Lieb, Dr, 532.
Liebknecht, Karl, 66.
Liénard, 564.
Lifar, Serge, 367.
Limagne, Pierre, 428.
Litvinov, Maxime, 157.
Loiseau, Ivan, 138, 242, 262, 471.
Lorenzelli, Mgr, 30.
Loucheur, Louis, 87, 88, 107.
Louis XI, 248.
Louis XIII, 18.
Louis XIV, 18.
Louis XVI, 26.
Louis XVIII, 21.
Loustaunau-Lacau, 459.
Luchaire, Jean, 13, 14, 161, 261, 301, 304, 362, 508, 511, 512, 520, 529, 531, 532, 534, 544, 552.
Ludendorff, Erich, 70, 72, 483.
Luquet, Paul, 254, 287.
Luther, Martin, 96, 255.

Lüttitz, major, 491, 493.
Luxemburg, Rosa, 66.

Mac-Mahon, Edme de, 20.
Madelin, Louis, 48.
Magny, Charles, 227, 282, 622.
Maillol, Aristide, 368.
Maintenon, Mme de, 18, 519.
Marie, André, 562.
Malaparte, 343.
Malvy, Louis, 105, 106.
Mandel, Georges, 60, 61, 62, 63, 236, 248, 341, 353, 479, 480.
Mangin, Charles, général, 273.
Mansart, Jules Hardouin-Mansart, dit, 18.
Manteuffel, maréchal von, 228.
Marchand, Jacqueline, 512, 532, 534, 536, 565.
Marchandeau, 246.
Marchat, Pierre, 538, 540.
Margerie, Roland de, 66, 186.
Marin, Louis, 161, 200.
Marion, Paul, 317, 500, 501, 502, 506, 510.
Maroni, Fernand, 93, 124.
Marquet, Adrien, 239, 240, 263.
Marquet, Marie, 81, 367.
Marréaux-Delavigne, avocat, 32.
Martin du Gard, Roger, 220, 242, 262.
Marty, Pierre, 516.
Massigli, René, 137.
Masson, 204.
Maulaz, SS *Sturmbannführer*, 322.
Maurice, 565.
Mayol de Lupé, Mgr, 152, 345, 435, 472.
Mayrisch, Émile, 158.
Mendl, Charles, 549, 563.
Ménétrel, Bernard, 248, 249, 272, 357, 364, 399, 400, 415, 416, 417, 424, 440, 454, 460, 490, 494, 499, 506, 507, 512, 515, 516, 517, 518, 519, 520, 524, 525, 529, 536.
Mercier de Lacombe (famille), 30.
Mercier de Lacombe, Jeanne. Voir aussi Brinon, Jeanne de, 15, 19.
Mercier, Ernest, 247.
Mercier, médecin, 451.
Méténier, François, 289.

Metternich, Klemens von, 235, 511.
Meyer, André, 99, 112, 123, 124, 125, 131, 186, 223, 238, 550.
Meyer-Labastille, capitaine, 230.
Michel, Elmar, 322, 359.
Michelet, Jules, 214.
Migonneau, Christian, 565.
Milch, général Elmar, 180.
Mirman, 66.
Mitford, Unity, 155.
Mittre, Simone, 18, 37, 78, 79, 80, 94, 137, 174, 193, 201, 236, 241, 250, 260, 277, 287, 289, 290, 309, 367, 369, 375, 399, 408, 412, 449, 450, 486, 487, 488, 496, 497, 505, 512, 518, 532, 534-538, 540, 541, 543, 544, 548, 549, 550, 552, 554, 565, 566.
Mole, Boniface de la, 17.
Mollet, Mlle, 278.
Moncocol, Célestin, 249.
Mondanel, commissaire, 288, 289.
Mongibeaux, Paul, premier président, 542, 543.
Montanach, 534.
Montandon, Georges, 338, 339.
Montespan, Mme de, 18.
Montjou, Guy de, 84.
Monzie, Anatole de, 208, 546.
Morand, Paul, 152, 359.
Mordacq, Henri, général, 58.
Morineau, colonel de, 201.
Morineau, Simone de, 80, 201, 329, 548, 554.
Mornet, conseiller, 464.
Moser, Alfons, 330, 331, 333, 337.
Moulin de Labarthète, Henri du, 272, 285, 286, 287, 289, 301, 370.
Mourène, le P., 565.
Moysset, Henri, 452.
Murat, prince, 40.
Murphy, Robert, 211, 281, 395, 399.
Mussolini, Benito, 122, 182, 190, 196, 198, 258, 446.

Nalèche, Étienne de, 34, 36, 38, 39, 44, 49, 52, 60, 61, 62, 63, 66, 74, 75, 76, 79, 87, 89, 90, 91, 92, 93, 106, 110, 124, 168, 266, 369.
Napoléon Ier, 39, 286, 290, 315, 434.

Naumann, Victor, 70, 71.
Néraud, Paul, 496, 510.
Nels, Jacques, 14.
Neubronn, général von, 457, 489, 491-494.
Neurath, Konstantin von, 151, 179
Neveu, M. et Mme, 387, 622.
Ney, Michel, maréchal, 545.
Nietzsche, Friedrich, 153.
Nivelle, Robert, général, 50, 52, 53.
Noah, Erna, 406, 546, 547.
Noailles, Anna de, 136, 336.
Noailles, famille de, 253.
Noël, Léon, ambassadeur, 140, 228, 229, 231, 237, 251.
Noguères, Louis, 31, 554, 555, 556, 558, 560.
Nordling, Raoul, 485.
Nosek, Roland, 412, 413.
Nostitz, von, 516.

Oberg, Karl, 376-386, 411, 413-418, 420, 423, 424, 432, 443, 444, 446-452, 458, 462, 466-469, 472, 474-477, 479, 481, 482, 484, 487, 488, 490, 505, 506, 553.
Oberlindober, Hans, 154, 164, 172, 180.
Olivier-Martin, 429.
Otzen, colonel, 306.
Oudard, Georges, 184, 185.
Outhenin-Chalandre, Hubert, 389

Painlevé, Jean, 106.
Painlevé, Paul, 105, 186.
Papen, Fritz von, 98, 99, 100.
Paris, comte de, 244.
Pattu, René, 534.
Paul, médecin-légiste, 435, 540, 565.
Paul-Boncour, Joseph, 50, 100, 105, 121, 122, 123, 126, 132, 137.
Payen, M. et Mme, 451.
Pechkoff, lieutenant, 76.
Pellé, général, 48, 51, 54.
Péri, Gabriel, 563.
Pernot, Maurice, 48, 67.
Perret, Auguste, 188.
Pétain, Philippe, 10, 49, 50-57, 63, 66, 107, 146, 147, 157, 161, 168, 189, 205, 206, 207, 211, 214-217, 219,

220, 223, 224, 226-229, 231-234, 236, 237, 239, 240, 243, 244, 246, 247, 248, 251-254, 256, 257, 263-267, 269, 271-278, 281-287, 289, 290, 292, 293, 296-305, 309, 310, 312, 313, 314, 317, 324, 329, 330, 333, 337-343, 345-347, 350-357, 359, 360-365, 370, 383-386, 388-392, 394, 396-400, 402, 405, 407, 415-419, 421, 423, 424, 426, 428, 430, 432, 433, 436, 437, 440, 442, 445, 446, 449, 452-460, 462-466, 468-471, 473, 475, 476, 483, 488-494, 497-502, 504-508, 510-522, 524-526, 532, 533, 535, 537, 538, 541-545, 547, 551, 555, 557, 558, 561, 621.

Peter, Dr, 239.
Petiot, Marcel, Dr, 482, 537.
Petit, lieutenant, 492.
Peyrouton, Marcel, 248, 263, 264, 265, 266, 285, 287, 289, 364.
Peytel, Adrien, 537.
Philipps, 496.
Pichot, Henri, 152, 158, 159, 203.
Pierre, 565.
Pierrefeu, Jean de, 41, 48.
Piétri, François, 412.
Pie XI, pape, 102, 618.
Pigeon, Marcel, 364.
Pilet-Golaz, 494.
Pilsudski, Josef, maréchal, 146, 272.
Pironneau, André, 153.
Platon, Charles, amiral, 303, 426, 479, 519, 520.
Poincaré, Raymond, président, 48, 51, 53, 65, 85, 87, 105, 211.
Polignac, Melchior de, 41, 54, 95, 99, 153, 188, 204, 359, 545, 550.
Polignac, prince de, 167.
Pomaret, Charles, 289.
Popot, abbé Jean, 564, 566.
Posse, Hans, 116.
Potocka, comtesse, 34.
Pourtalès, James de, 167, 169.
Prade, Georges, 552.
Prémonville, Jean de, 545.
Prévost, Marcel, 48.
Proust, Marcel, 336.
Prud'hon, Pierre, 32.
Puaud, colonel, 431, 432.

Pucheu, Pierre, 167, 331, 332, 333, 337, 348, 471, 497.

Radek, Karl, 130.
Rahn, Rudolf, 275, 383.
Rath, Ernst vom, 191.
Rathenau, Walther, 68, 69, 70, 87.
Rebatet, Lucien, 246, 359, 563, 564, 635.
Reichstadt, duc de (L'Aiglon), 282, 283, 284, 286, 290, 298, 341.
Reinebeck, 490, 529.
Ritter, Carl, 318.
Rémy, colonel, 545.
Renan, Ernest, 36, 80.
Renaud, abbé, 357.
Renaud, Madeleine, 81, 309, 367, 523.
Renaud, Marcel, 541.
Renault, famille, 545.
Renault, Jacqueline, 545.
René Fonck, 269.
Renthe-Fink, Cecil von, 470, 488, 489, 490, 491, 492, 494, 499, 500, 506, 508, 511, 512, 513, 516, 517, 518, 521, 525.
Reyer, Ernest, 37.
Reynaud, Paul, 204, 210, 211, 217, 219, 227, 236, 248, 278, 341, 353, 472.
Ribbentrop, Annelies von, 110, 195.
Ribbentrop, Joachim von, 95, 97, 99, 100, 109, 110-117, 120, 121, 122, 127, 133, 141-146, 150, 152, 153, 154, 159, 161, 162, 163, 179, 185, 195, 196, 198, 199, 200, 204, 226, 228, 229, 232, 233, 234, 235, 239, 240, 244, 246, 254, 255, 261, 263, 269-273, 275, 292, 293, 296, 299-303, 310, 312, 314, 318, 339, 341, 342, 343, 350, 352, 359, 361, 394, 396, 397, 398, 399, 404, 405, 406, 417, 419, 421, 431, 438, 442, 445, 449, 454, 455, 456, 457, 482, 484, 485, 490, 491, 496, 497, 498, 499, 500, 501, 502, 504-507, 512, 517, 529, 530, 545, 546.
Rice de Miromesnil, avocat, 537.
Riefenstahl, Leni, 155, 188, 198.
Ripert, Georges, 288.
Robien, Louis de, 235.

Rochat, Charles, 418, 420, 421, 493, 510.
Rocher, Mr., 451.
Rodocanachi, Mme, 307.
Röhm, Ernst, 116, 141.
Romains, Jules, 152, 203.
Romier, Lucien, 452.
Roosevelt, Franklin D., président, 110, 111, 196, 216, 278, 360, 394, 395, 396, 403, 420, 440, 484.
Rosay, Françoise, 110.
Rosenberg, Alfred, 143, 172, 180.
Rosenberg, collectionneur, 235, 378.
Rossa, 16.
Rosselli, les frères Carlo et Nello, 167.
Rothschild, Édouard de, 89, 184.
Rothschild, famille de, 186.
Rothschild, Louis de, 184, 185.
Rothschild, Philippe de, 325.
Rousseau, Jean-Jacques, 339.
Roussillon, Pierre, 487.
Rouvier, Maurice, 78.
Runciman, Walter, 190.
Rundstedt, Gerd von, maréchal, 378, 391, 397, 399, 400, 457, 471, 516, 525.

Sabiani, Simon, 412.
Saglio, Charles, 124, 125, 126, 131, 132.
Saglio, Mme, 124.
Saint, Charles, 308, 349, 359, 473, 544.
Saint-Vallier, Charles-Raymond de, 228.
Salazar, Antonio, 428.
Salland, colonel, 306.
Sarrazin, 524.
Sauckel, Fritz, 443, 444, 445, 446, 447, 475, 482.
Sauve, 565.
Scapini, Georges, 158, 171, 176, 203, 204, 257, 300, 365, 520.
Scarron, Paul, 18.
Schacht, Hjalmar, 144, 170.
Schaeffer, Dr, 358.
Scharzmann, Dr, 340.
Schaub, SS Gruppenführer, 240.
Schleier Ernst, 225.
Schiller, 153.

Schirach, Baldur von, 178, 179, 181, 346, 431, 437.
Schleicher, général von, 100.
Schleier, Rudolf, 164, 225, 229, 230, 232, 233, 236, 250, 269, 273, 280, 335, 339, 369, 393, 401, 405, 407, 414, 420, 430, 439, 442, 445, 446, 448, 452, 455.
Schmidt, général, 275, 337, 417, 419.
Schmidt, Paul, 270, 314, 407, 497, 499, 502, 503.
Schotz, frau, 155.
Schröder, banquier, 116.
Schueller, Eugène, 258.
Schultze, SS Hauptsturmführer, 502.
Schuschnigg, Kurt von, chancelier, 182, 183.
Seligmann, collectionneur, 235.
Sérigny, général, 54.
Seydoux, Jacques, 88.
Sèze, marquis de, 389, 390.
Sèze, marquise de, 389, 390.
Sieburg, Friedrich, 168, 226.
Sieling, 168.
Siméoni, commandant, 435, 439.
Simon, Jules, 36.
Simone, Pauline Benda, dite Mme, 426.
Sommer, SS Sturmbannführer, 371.
Sonnleithner, Franz von, 502.
Spangemacher, 143.
Speidel, Hans, lieutenant-colonel, 280, 281, 306, 310, 337, 361.
Staline, 526.
Starhemberg, prince, 120.
Stavisky, Alexandre, 134, 558.
Stehlin, commandant, 280.
Steimle, Eugen, 438.
Stenger, 162, 163.
Stinnes, Hugo, 70, 85, 86, 87.
Streccius, général Alfred, 229, 233, 251, 252, 253, 258, 307.
Streicher, Julius,, 174.
Stresemann, Gustav, 99, 104.
Stroms, Gabrielle, née Lesfort, 165.
Stucki, Walter, 355, 388, 445, 470, 488, 492, 493, 494, 534.
Stulpnagel, Heinrich von Stulpnagel dit Stulpnagel II, 262, 374, 378, 380, 391, 392, 393, 425, 448, 482.
Stulpnagel, Otto von, 258, 259, 291,

295, 306, 307, 309, 310, 320, 331, 337, 348, 353, 354, 361, 369, 371, 372, 373, 374.
Stum, Braun von, 101, 185.
Suarez, Georges, 522.
Suhard, Emmanuel, cardinal, 349, 479, 484.
Szkolnikoff, Michel, 362.

Tacite, 17.
Taffe, 80.
Tagger, Theobald, 160.
Taine, Hippolyte, 36.
Taittinger, 161.
Tardieu, André, 65, 66, 81, 107, 140, 186.
Tessan, François de, 49, 98, 197, 546.
Thomas, général Max, 238, 239, 240, 306, 371, 372, 373, 380.
Thyssen, August, 86.
Thyssen, Fritz, 86, 87.
Toggenburg, comte von, 167.
Touchstone, 39.
Trotha, vice-amiral von, 180.
Tschammer und Osten, von, 152, 153.
Tudesq, André, 45.
Tulard, André, 321, 386.
Turner, général, 231, 232, 233, 282.
Tzrebrucki, Abraham, 333, 334, 337.

Ullmann, Claude, 136, 138, 342.
Ullmann, Émile, 136.
Ullmann, Louise dite Lisette (Mme de Brinon), 83, 99, 111, 112, 136, 137.

Valeri, Valerio, Mgr, nonce apostolique, 494.
Vallat, Xavier, 319, 320, 324, 338.
Vallery-Radot, Robert, 168.
Vallin, Charles, 533.
Van Dongen, Kees, 368.
Vaugelas, 513.
Vauréal, Pierre de, 44, 61, 74.
Vibraye, Régis de, 151.
Vignol, général, 505.
Violet, 390.

Viollette, Maurice, 152.
Vlaminck, Maurice de, 368.
Vogl, général, 311.
Vogüé, vicomte de, 36.
Voisin-Laverrière, Guy, 362.

Wagner, Richard, 169, 369.
Wagner, Adolf, 169, 174, 374.
Wagner, Eduard, 372.
Wagner, Winifred, 369.
Waldeck-Rousseau, René, 65.
Ward Price, G., 129, 184, 185.
Warlimont, Walter, 280, 281, 316, 373.
Weiland, Jacques, 151.
Weizsäcker, Ernst von, 299.
Welck, baron von, 404.
Welczek, von, 170, 186, 194, 195.
Wendel, famille de, 75, 76, 85, 87, 90, 91, 93, 186, 187.
Wendel, François de, 65, 74, 75, 83, 85, 87, 88, 89, 90, 91, 93, 124, 168.
Wendel, Guy de, 65, 75, 90, 91, 99, 187.
Westrick, Julius, 168, 328, 335, 439, 487, 496, 505.
Weygand, Maxime, général, 10, 76, 211, 236, 239, 250, 262, 263, 282, 317, 319, 341, 342, 350, 352, 356, 360, 397, 398, 399, 404.
Wiehl, de, 312.
Wild, SS-*Untersturmführer*, 506.
Wilson, Woodrow, président, 59, 61.
Woog, Jacques, 337.
Worms, banque ou groupe, 335.
Wrangel, Pierre de, général, 76, 77.

Ybarnegaray, Jean, 10, 11, 200, 208, 233, 236, 251.
Young, Owen, 88.

Zaharof, Basil, 65.
Zeitschel, Carl Theo, 340, 344, 368, 383.
Zévaès, Alexandre Bourson, dit, 551.
Zola, Émile, 153.
Zousmann, Alexis, 112.
Zweig, Stefan, 184.

Remerciements et sources

C'est un moment agréable pour l'auteur de remercier ceux dont le concours a permis que cet ouvrage se fasse.

Ma gratitude va à Mme Perrine de Brinon qui, spontanément et avec une grande générosité, a mis à ma disposition les archives ancestrales et familiales des Brinon dont elle est la détentrice et qui contiennent une abondante documentation sur les proches ascendants paternels de Fernand de Brinon ainsi que sur ses activités de journaliste et d'homme politique, et des pièces de son procès devant la Haute Cour.

Grâce à Mme Gilonne d'Origny, nièce d'Étienne de Nalèche, dont la mémoire est sans faille, et qui connut Fernand de Brinon, j'ai eu les renseignements les plus fiables sur ce que fut le *Journal des débats* dans l'entre-deux-guerres. Elle-même et sa cousine, Mme Henri de Nalèche, m'ont confié les lettres qu'Étienne de Nalèche adressait à son ami Pierre Lebaudy de 1915 à 1929. Ces lettres apportent une contribution inédite à la connaissance de la Grande Guerre et des années qui suivirent.

Par Me Marc Brossollet, toujours plein d'attentions amicales, j'ai pu consulter à loisir les dossiers de Me Castelain, l'un des avocats de Brinon à son procès devant la Haute Cour de justice.

Mes remerciements vont à Francis Esménard qui m'a autorisé à consulter les archives personnelles de Pierre Benoit.

Aux archives municipales de Libourne, ville natale de Fernand de Brinon, M. Laffite, archiviste, m'a aidé à trouver les documents qui permettent de reconstituer le cadre et le train de vie des Brinon.

Grâce à l'amabilité du directeur du haras de Saintes, j'ai pu recréer ce que furent les sept années que Fernand de Brinon y vécut. À la bibliothèque municipale de Saintes, Mme Agathe Morin m'a procuré les pièces des institutions religieuses où Fernand de Brinon fut un brillant élève.

Le père bibliothécaire du couvent des Dominicains de la rue Saint-Honoré a mis à ma disposition la documentation concernant le P. Didon et ses œuvres, me permettant de suivre Fernand de Brinon dans sa scolarité au collège

Albert-le-Grand à Arcueil, et le P. Montagnes, du couvent Saint-Thomas-d'Aquin, m'a donné des renseignements sur sa scolarité.

Il me faut aussi souligner l'obligeance que m'a témoignée M. Ozanam au conseil de l'ordre des avocats, grâce à qui j'ai pu suivre la carrière d'avocat avortée de Fernand de Brinon.

Aux archives historiques de l'archevêché de Paris, M. l'abbé Philippe Ploix m'a remis copie des documents issus du « privilège paulin » par lequel Louise Franck put épouser religieusement Fernand de Brinon.

Aux archives de la justice militaire, j'adresse un remerciement particulier au colonel Matignon et à son équipe dont l'efficacité, la gentillesse et l'hospitalité ont présidé aux quelque sept mois que j'ai consacrés dans leurs locaux à l'étude des pièces de l'instruction des procès d'Otto Abetz, de Helmut Knochen et de Karl Oberg contenus dans 39 cartons qui recèlent une part essentielle de l'histoire de l'Occupation.

Par Mme Gaultier-Voituriez, j'ai pu prendre connaissance de pièces tirées des archives personnelles d'Édouard Daladier et de Vincent Auriol léguées à la Fondation nationale des sciences politiques.

Mes remerciements s'adressent aussi aux Archives du ministère des Affaires étrangères où j'ai consulté les pièces de la politique de la France à l'égard de l'Allemagne avant la guerre de 1939 et des dossiers relatifs à la propagande nationale-socialiste lors de la prise du pouvoir par Hitler. Elles détiennent aussi « les papiers Brinon » qui témoignent, s'il en était besoin, du rôle central de Brinon dans la politique franco-allemande au temps de l'Occupation.

Par les ayants droit de François de Wendel, j'ai eu l'autorisation de consulter ses archives se rapportant au *Journal des débats* et à ses relations avec Fernand de Brinon.

Parmi d'autres sources privées, il faut souligner l'intérêt qu'offrent les archives de René Cassin et celles d'Henri Pichot, ce dernier ayant appartenu au cercle dirigeant du Comité France-Allemagne.

Des sources d'informations indispensables – telles que les procès de la Cagoule – sont conservées dans les très riches archives historiques de la Ville de Paris où l'on m'a accordé les facilités nécessaires à mes diverses recherches.

Dans cet ouvrage, les vénérables Archives nationales tiennent une place prépondérante. Elles conservent des séries d'archives qui constituent les grands pôles de la recherche concernant Fernand de Brinon. La Section contemporaine m'a accordé les dérogations que j'avais sollicitées. J'ai eu largement recours aux Archives personnelles et familiales qui détiennent les substantiels papiers personnels de Brinon, et à d'autres fonds d'archives dont j'ai tiré le plus grand profit. Je dois ajouter que mes demandes nombreuses et variées ont été satisfaites par les Archives nationales. Je suis également redevable d'intéressantes consultations au Centre des archives contemporaines à Fontainebleau, annexe des Archives nationales.

J'ai mis à contribution des archives départementales : Allier, Charentes-Maritime, Creuse, Seine-et-Marne.

Il est juste aussi de remercier Mme Minard de la bibliothèque municipale de Vichy où j'ai consulté le fonds de l'État français et les *Mémoires* manuscrits de Lucien Lamoureux.

Et comment ne pas remercier plusieurs personnes passionnées d'histoire et détentrices de documents qu'elles ont bien voulu me communiquer ?

Afin d'obtenir des témoignages maîtrisés et une documentation inusitée, j'ai consulté les archives de deux pays neutres qui avaient leurs légations à Vichy.

— Les Archives fédérales suisses, dont j'avais déjà apprécié l'ordre et la méthode pour un ouvrage précédent, ont bien voulu m'accueillir de nouveau.

— À Stockholm, j'ai consulté intégralement les Archives nationales suédoises (Riksarkivet) couvrant les années 1940-1944 en France, dans lesquelles figurent de nombreux aperçus sur Fernand de Brinon. Mention particulière doit être faite pour cette institution où tout est mis en œuvre pour faciliter, sans perte de temps, le travail du chercheur.

Un regret. L'archevêché de Paris a rejeté ma demande de consultation du dossier du cardinal Suhard qui m'aurait permis d'éclairer les relations que Brinon entretint avec ce prélat pendant l'Occupation.

Les notes qui accompagnent chaque chapitre livrent au lecteur toutes les indications archivistiques et bibliographiques.

Table des matières

Première partie

1. – Le tiroir 9
2. – Le vicomte Fernand 15
3. – « La plus noble conquête que l'homme ait jamais faite » 22
4. – « Un jeune homme de la Renaissance » 28
5. – Le *Journal des débats* 34
6. – « Les hommes couverts de boue sont éblouissants de
     beauté » 43
7. – Premiers pas en Allemagne 58
8. – Les travaux et les femmes 74
9. – Retour en Allemagne 84
10. – Brinon et l'Allemagne 95
11. – Les premiers pas qui comptent 115
12. – La séduction 140
13. – L'engagement 151
14. – Mortelle année 178
15. – « Brinontrop » 196
16. – « Gde Journée » 214

Deuxième partie

17. – « Une révolution de panique » 223
18. – Ambiance 241
19. – À votre service 250
20. – Lèse-humanité 260
21. – Erika et ses conséquences 269

22. – Le cloître des hépatiques.. 283
23. – L'ensevelissement... 295
24. – « La Maison de France ».. 305
25. – *Sühne* : expiation 319
26. – Premier voyage à l'Est... 327
27. – Retour sans fanfare... 348
28. – Cloaca maxima 366
29. – Mesures d'expiation 385
30. – Les deux bouts de la corde 394
31. – « L'ami du petit déjeuner ».. 408
32. – *Hitlergruss* 423
33. – Une promenade du maréchal Pétain 442
34. – Les plages de Normandie.. 462
35. – « Opération douce violence ».. 486
36. – En guise d'apothéose... 496
37. – Au bord du Danube... 510
38. – « Décédé à Arcueil » 536
Sans conclusion 567

Notes 569
Annexes 613
Index des noms de personnes.. 637
Remerciements et sources 649